国家哲学社会科学成果文库

NATIONAL ACHIEVEMENTS LIBRARY
OF PHILOSOPHY AND SOCIAL SCIENCES

卫星账户的
核算理论与中国实践

蒋萍 著

科学出版社

内 容 简 介

本书以卫星账户的核算理论与方法为主线，旨在推动中国派生产业核算（或卫星产业核算、卫星子系统核算）的改革与完善，内容涵盖数字与新兴产业核算、生产性服务业与生活性服务业核算、资源环境核算及其他领域核算等，重点探讨了卫星账户在“理论研究-体系构建-试编探索”三个方面的挑战与进展。首先，从学术角度详细阐述了卫星账户的理论机制、方法逻辑及研究思路，为派生产业核算提供了理论支持；其次，追踪并梳理了国际卫星账户的规范及各国实践中的经验，为卫星账户体系的构建提供了国际化参考；最后，结合中国国情，构建并试编了相关领域的卫星账户，推动了卫星账户本土化研究的深入发展。

本书可供对国民经济核算、经济统计学、经济学有浓厚兴趣和研究需求的人员参考。

图书在版编目(CIP)数据

卫星账户的核算理论与中国实践 / 蒋萍著. -- 北京 : 科学出版社, 2025. 5. -- (国家哲学社会科学成果文库). -- ISBN 978-7-03-081770-9

Ⅰ. F221

中国国家版本馆 CIP 数据核字第 20257BP643 号

责任编辑：徐 倩 / 责任校对：王晓茜
责任印制：张 伟 / 封面设计：有道设计

科学出版社 出版
北京东黄城根北街 16 号
邮政编码：100717
http://www.sciencep.com
北京中科印刷有限公司印刷
科学出版社发行 各地新华书店经销
*
2025 年 5 月第 一 版 开本：720 × 1000 1/16
2025 年 5 月第一次印刷 印张：52 1/4 插页：2
字数：690 000

定价：398.00 元
（如有印装质量问题，我社负责调换）

《国家哲学社会科学成果文库》出版说明

为充分发挥哲学社会科学优秀成果和优秀人才的示范引领作用，促进我国哲学社会科学繁荣发展，自 2010 年始设立《国家哲学社会科学成果文库》。入选成果经同行专家严格评审，反映新时代中国特色社会主义理论和实践创新，代表当前相关学科领域前沿水平。按照“统一标识、统一风格、统一版式、统一标准”的总体要求组织出版。

全国哲学社会科学工作办公室

2025 年 3 月

序：开创卫星账户系统化研究新局面，引领派生产业核算本土化研究新方向

在当今这个信息化、数字化高速发展的时代，派生产业发展已经成为推动经济发展和社会进步的重要力量。然而，如何准确衡量派生产业的经济贡献，如何科学指导派生产业的健康发展，成了摆在我们面前的重要课题。在中国，卫星账户的研究经历了不断探索、试验、积累与推进的过程。在这个过程中，理性地吸收国际上的先进经验，并随着对国内实际情况理解的加深，不断地对这些经验进行调整和优化，是本土化研究中必须解决的重要问题。东北财经大学蒋萍教授及其团队所著的《卫星账户的核算理论与中国实践》一书，无疑是这一领域的一部力作。该书不仅深入探讨了卫星账户的核算理论，还结合中国的实际情况，对其在中国的应用进行了较为全面而系统的阐述，旨在推动派生产业核算更加有效地融入中国的国民经济核算体系中，促进派生产业健康发展，为中国经济社会发展做出更大的贡献。

该书的具体特点如下。

1. 理论探讨：深度解析与系统阐释

该书先对卫星账户的核算理论进行了全面且深入的阐述。作者从卫星账户的基本概念入手，循序渐进地探讨了其构建原则、核算方法以及国际的比较与借鉴。通过系统研究，揭示了卫星账户在捕捉派生产业经济活动、评估派生产业对经济增长贡献等方面的独特优势。在理论框架的构建过程中，作者还特别强调了卫星账户的灵活性和适应性。卫星账户可以根据不同领域的

实际需求，进行针对性构建和调整，从而更精准地反映特定领域的经济活动。这种灵活性与适应性的特征，不仅提升了卫星账户的应用价值，也为其在更广泛领域内的推广提供了可能。

该书通过系统化、规范化探讨，不仅为读者呈现了一个清晰、完整的卫星账户理论框架，还为后续的研究提供了坚实的基础和有益的启示。无论是对于卫星账户的研究者，还是对于全产业链经济增长贡献评估的关注者，该书都将成为一部不可或缺的参考之作。

2. 本土化推进：全域探索与实景呈现

在理论探讨的基础上，该书还结合中国的实际情况，对卫星账户在中国的应用进行了翔实和具体的阐述。作者通过大量的数据和案例，展示了卫星账户在重要领域的广泛应用和深远影响。从数字经济卫星账户到R&D（research and experimental development，研究与试验发展）卫星账户、从卫生卫星账户到非营利机构卫星账户、从体育卫星账户再到环境资源卫星账户等，作者逐一剖析了卫星账户在不同领域内的具体应用与独特价值。这些实践案例不仅凸显了卫星账户在捕捉特定经济活动、评估经济贡献、彰显社会价值等方面的显著优势，更让读者深刻感受到了卫星账户在进行全产业链监测与评估中所展现出的巨大潜力与无限可能。

该书的阐述方式具体而翔实，不仅增强了读者对卫星账户应用实践的直观理解与深刻感受，更为其提供了丰富的实践经验与宝贵启示。无论是对于卫星账户的研究者，还是对于相关领域的决策者与实践者，该书都将成为一部极具参考价值与实践指导意义的佳作。

3. 国际前沿：把握精髓与合理吸纳

该书不仅深度挖掘了卫星账户的理论精髓，而且紧跟国际学术前沿，全面捕捉并梳理了国际卫星账户研究的最新动态。作者不仅详细阐述了卫星账户在国际上的发展历程、构建原则、核算方法及应用领域，还通过对比分析，揭示了不同国家和地区在卫星账户方面的异同点和创新点。通过对比分析不同国家和地区在卫星账户方面的异同点和创新点，进一步揭示了卫星账户的多样性和复杂性。这些深入的分析与探讨，不仅丰富了该书的内容，更为读者提供了更为广阔的学术视野和实践启示。

值得一提的是，作者在追踪国际卫星账户研究最新动态的过程中，并未止步于简单的复述与模仿，而是将目光投向了更为深远的地方—本土化转化。作者明确指出，盲目地照搬国际经验并非真正的本土化，而是需要脚踏实地，结合中国的实际情况，进行有针对性的研究与探索。这种战略定位不仅彰显了作者的远见卓识，更为中国的卫星账户实践提供了宝贵的参考与借鉴。

4. 双重彰显：学术价值与实践意义

该书不仅具有很高的学术价值，还具有重要的实践意义。从学术价值来看，该书对于卫星账户的核算理论进行了系统而深入的探讨，为相关领域的研究提供了重要的参考和借鉴。从实践意义来看，该书结合中国的实际情况，对卫星账户在中国的应用进行了全面而系统的阐述，为政府决策、企业发展和学术研究提供了有力的支持和指导。特别是在当前中国经济社会快速发展的背景下，该书的研究成果和实践经验对于推动中国卫星账户理论的发展和应用、提升派生产业的核算水平，具有重要的现实意义和深远的历史意义。

综上所述，《卫星账户的核算理论与中国实践》一书无疑是一部具有较高学术价值和实践意义的力作。该书不仅全面系统地阐述了卫星账户的核算理论，更结合中国的实际情况，进行了深入细致的实践探索。这种理论与实践相结合的方法，使得该书的内容更加充实和丰富，也具有更强的说服力和可信度。

展望未来，相信该书将成为相关领域研究的重要参考和指引，不仅会为中国卫星账户核算理论研究提供前沿知识、独特视角和崭新思路，更会切实推动中国派生产业核算实践的进步，为推动卫星账户的核算理论在中国的发展和应用做出更大的贡献。同时，也期待作者能够继续深入研究，为中国卫星账户研究领域贡献更多的智慧和力量。

许宪春

2024 年 12 月

前 言

本书以卫星账户的核算理论与方法为主线，以中国派生产业核算（或卫星产业核算、卫星子系统核算）的改革与完善为目的，围绕数字与新兴产业核算、生产性服务业与生活性服务业核算、资源环境核算及其他领域核算等方面展开，重点探讨卫星账户在“理论研究-体系构建-试编探索”三个方面的问题。首先，从学理角度对卫星账户的理论机理、方法逻辑与研究思路进行了阐释，为派生产业核算提供了理论依据；其次，追踪并梳理了国际卫星账户的规范和各国实践中的经验，为卫星账户内容体系构建提供了可借鉴的国际准则；最后，针对中国国情，构建了相关领域的卫星账户，并进行了试编，有效推进了卫星账户的本土化研究。

本书是在国家社会科学基金重大项目“卫星账户编制的理论、方法与中国实践”（19ZDA120，项目结项鉴定等级为优秀）最终成果的基础上修订而成的。

为了高质量完成该成果，2020 年 1 月 12 ～ 13 日，课题组在西安召开了“卫星账户编制的理论、方法与中国实践”学术研讨会暨国家社会科学基金重大项目开题论证会，听取了九三学社贺铿教授，国家统计局李强原副局长、孙学光研究员，西安财经大学杨涛教授、李萍教授、韦艳教授、东方社奇教授，山西财经大学李宝瑜教授，中国人民大学高敏雪教授，广东财经大学林洪教授，江西财经大学罗良清教授、李海东教授、平卫英教授，北京师范大学王亚菲教授，中国统计出版社徐颖编审，西北大学王莉副教授，财政部谷彬处长等专家学者的意见，初步确定了课题的研究框架、研究内容与研究思路。之后，课题组积极开展学术交流活动，召开了40余次内部交流研讨会，聘请专家进行学术交流。例如，2020年12月邀请国家统计局于洋高级统计师做了题为《知识产权产业统计核算》的学术报告，2021年11月邀请国家统计局陈希副司长做了题为《国民经济核算及地区生产总值统一核算改革》的学术报告，2021年12月邀请国家统计局陈杰副司长做了题为《SNA2008修订情况》的学术报告，2022年1月和6月邀请国家海洋信息中心宋维玲研究员分别做了题为《海洋经济统计核算、监制与评价体系》《中国海洋投入产出表的编制与应用研究》的学术报告，2024年3月邀请广东财经大学林洪教授做了题为《逻辑的国民经济核算与国民经济核算的逻辑》的学术报告等。

课题组成员参加对外学术交流活动30余人次。例如，2020年（第1届）中国统计教育学会社会经济统计分会年会暨第14届全国企业经济统计学会年会邀请课题组成员做大会特邀报告，分别为：蒋萍教授《国民经济核算课程体系初探》；王勇教授《非营利机构卫星账户编制的国际进展：标准更新及国家经验》。2020年12月13日，中国社会经济统计研究中心学术报告第11期邀请王勇教授做《中国体育产业核算新思路：欧盟的经验及启示》特邀报告。2022年6月25日，第三届青年统计学者论坛邀请马晓君教授做《农林渔业卫星账户：历史演进、国际实践及标准前沿》分会场报告。2022年10月21日，南开中青年经济学者论坛第101期邀请马晓君教授做《FISIM核算方法的改进及其中国实践——基于融合风险与期限双因素的视角》特邀线上报告。2023年7月16日，王勇教授在2023年（第四届）全国投入产出与大数据研究会年会上做《福利测度的内在逻辑、理论体系与实践价值》分会场报告。2023年11月5日，谷越博士在第二十二次全国统计科学讨论会上做《环境经济核算体系空间分解的国际经验、发展困境与政策举措》分会场报告。2024 年 7 月 3 日，王勇教授受邀为江西财经大学统计与数据科学学院师生做《国民经济核算研究的五种范式及示例》线上报告。2024 年 9 月 21 日，2024 年中国国民经济核算研究会年会邀请蒋萍教授做《卫星账户的解锁逻辑》大会报告。2024 年 11 月 3 日，马晓君教授在第二十次全国中青年统计科学研讨会上做《从辅助探索到全面实施：卫星账户形成和发展的历史逻辑、理论逻辑与实践逻辑》分会场报告等。

初稿形成后，课题组于 2022 年 12 月 18 日召开“卫星账户编制的理论、方法与中国实践”专家咨询会，邀请肖红叶教授、曾五一教授、许宪春教授、李宝瑜教授、耿直教授、邱东教授、赵彦云教授、徐国祥教授、向书坚教授、文兼武总工程师、康君一级巡视员、罗良清教授、苏为华教授、李金昌教授、史代敏教授、石磊教授为咨询专家。专家对研究报告初稿既给予了充分肯定，也提出了进一步修改和完善的建议。

自 2019 年获批国家社会科学基金重大项目“卫星账户编制的理论、方法与中国实践”至 2024 年底，课题组成员先后发表学术论文 18 篇，包括《统计研究》8 篇、《统计与信息论坛》和《人口与发展》等其他中文核心期刊 5 篇、英文论文 5 篇（SCI 一区 2 篇、SSCI[①]一区 1 篇、SCI 二区 1 篇、SCI 三区 1 篇）；出版相关专著 2 部；提交资政建议 5 篇，获得 6 位省部级领导与 1 位正厅级领导批示，其中 2 篇获得省部级以上领导肯定性批示并被有关实际部门采纳；获得辽宁省哲学社会科学奖·成果奖三等奖两项。

研究报告《卫星账户编制的理论、方法与中国实践》于 2023 年 5 月完成，并提交至全国哲学社会科学工作办公室申请结项，于 2023 年 11 月

① SSCI 即社会科学引文索引（Social Sciences Citation Index）。

25 日获准结项（证书号：2023&J157），鉴定等级优秀。

在研究期间，还先后征询了玉溪师范学院王力宾教授，国家统计局统计科学研究所闾海琪所长、何强研究员，国家统计局国民经济核算司郑学工司长、柳楠副司长、谷亚丽处长，国家统计局上海调查总队金红队长，北京工商大学李朝鲜教授，厦门大学杨灿教授、朱建平教授，内蒙古财经大学杜金柱教授、王春枝教授，中国社会科学院李金华教授，上海交通大学朱启贵教授，中国人民大学李静萍教授，中南财经政法大学张虎教授、徐映梅教授，吉林财经大学马秀颖教授，山东工商学院王艳明教授，北京师范大学宋旭光教授、陈梦根教授、吕光明教授、赵楠教授等专家的意见，在专家建议的基础上，通过进一步优化、充实和完善，形成专著初稿《卫星账户的核算理论与中国实践》，并申报 2024 年度《国家哲学社会科学成果文库》。2024 年 10 月收到入选通知，同时收到全国哲学社会科学工作办公室转交的匿名评审专家意见。根据专家的建议，我们又做了进一步精炼、校准与核查。

本书共五篇、二十五章。第一篇基础理论篇以国际统计标准的卫星账户核算理论为指导，分别对卫星账户的研究视角与体系结构，卫星账户的国际标准修订与理论研究进展，派生产业核算的理论机理与方法逻辑，卫星账户的分类、框架与核算内容进行了学理研究。第二篇数字与新兴产业核算篇对数字与新兴产业、战略性新兴产业等重点产业卫星账户的国际经验、构建方法与中国实践等展开了探索性研究，具体包括：卫星账户框架下数字经济增加值核算方法研究，战略性新兴产业的分类、识别与评价方法研究，R&D 卫星账户的编制基础与中国实践，海洋经济卫星账户的发展历程与中国实践，数字与新兴产业核算的应用实践。第三篇生产性服务业与生活性服务业核算篇对生产性服务业与生活性服务业卫星账户的国际进展、中国方案设计和账户应用等内容进行了比较分析，具体包括：交通运输卫星账户的编制问题、改进方案与中国实践，基于属权原则的对外贸易统计体系及其应用，文化卫星账户的理论基础、国际经验与中国实践，教育与培训卫星账户的国际标准与中国实践，体育卫星账户的核算理论与中国实践，卫生卫星账户的理论基础与中国实践。第四篇资源环境核算篇围绕资源环境核算的相关问题展开讨论，具体包括：环境经济综合核算体系的修订历程、核算框架与账户体系，生态系统卫星账户的发展历程、核算框架及国际经验，农业环境卫星账户的修订历程、国际经验与核算框架，投入产出视角下农业碳排放核算的理论基础与编制应用，能源卫星账户的修订历程、核算框架与国际经验，水资源资产负债核算的理论基础与编制应用。第五篇其他领域核算篇包括：非营利机构卫星账户编制的国际进展，中国非营利机构卫星账户的核算框架，养老金卫星账户的发展历程、核算理论与编制价值，中国自贸区核算体系的理论基础、最新进展与中国实践。

本书力求做到两点：一是国际视野的把握，尽量追溯卫星账户相关标准的修订过程，明晰标准中的重点与难点，将国际前沿标准引入中国；二是本土化研究的推进，进行相关卫星账户的试编工作与应用分析，推动中国卫星产业核算与国际接轨的进程。

非常感谢各位专家在百忙之中抽出时间对我们的研究进行审阅，并提出了专业和详尽的修改建议。这些建议对我们来说是无价之宝，我们已将这些建议体现在最终研究成果中。感谢全国哲学社会科学工作办公室为本书入选《国家哲学社会科学成果文库》及出版提供的全方位支持。

本书的作者是蒋萍教授（东北财经大学教授、西安财经大学特聘教授）；篇章负责人是东北财经大学马晓君教授、王勇教授、祝志杰副教授、刘丹丹副教授，大连民族大学艾伟强教授，西安财经大学张维群教授，国家海洋信息中心宋维玲研究员；执笔人多达 30 人，分别标注在正文中。

由于学识、能力和水平有限，加之时间仓促，本书难免存在不足，期待同行专家与读者批评指正，以便进一步完善提高。

作 者

2024 年 12 月

目　录

第四篇　资源环境核算篇

CONTENTS

PART 5 ACCOUNTING IN OTHER FIELDS

第一篇　基础理论篇

第一章
卫星账户的研究视角与体系结构[①]

SNA 2008[②]相对于 SNA 1993 的重要变化之一是将"卫星账户"全面引入，改变了 SNA 1993 中"附属账户"的表述，不仅将 SNA 1993 之后开发的卫星账户纳入 SNA 2008，还将国际收支平衡表和国际账户、政府财政统计、货币与金融统计视为卫星账户的一种形式。从"附属账户"到"卫星账户"不仅仅是对卫星账户作用与地位的升级诠释，更是对卫星账户与中心框架间彼此作用、互为补充、缺一不可关系的形象概括（蒋萍等，2013）。

卫星账户为什么是不可或缺的？它对中心框架有哪些补充作用？本章从中心框架口径、范围等存在的限定谈起，探寻卫星账户的研究视角，分析卫星账户界定的行业范围、行业统计与现行国民经济行业分类对应的行业范围、行业统计有什么区别，以展示中心框架与卫星账户之间的关系以及卫星账户的体系结构。

第一节　中心框架口径与范围的限定

以综合经济账户为重要体现的 SNA 中心框架是完整的、一致的，为了满

① 本章执笔人：蒋萍、蒋再平。本章现已发表于《统计研究》2020 年第 9 期。

② SNA 是 System of National Accounts（国民账户体系）的缩写，参见《2008 年国民账户体系》（联合国、欧盟委员会、经济合作与发展组织、国际货币基金组织、世界银行编，中国国家统计局国民经济核算司、中国人民大学国民经济核算研究所译）。

足完整性与一致性，SNA 对中心框架的口径与范围做出严谨的界定，形成特定意义的概念框架。

一、受限于统计口径的常住单位

1. 中心框架核算的行为主体是统计口径的常住单位，与国家意义的本国企事业单位不完全对应，与主权概念的“我国”不完全对应

由于中心框架确定的统计主体单位限于常住机构单位，所以会发生统计口径“常住单位”与国家意义“本国企业”不完全一致的情况，以下列三种情况为例。第一种情况：本国企业集团的子公司在国外从事生产经营达一年以上，该子公司就是本国的非常住单位，不是本国的常住单位。第二种情况：一个单一法律实体在两个及以上的经济领土从事实质性生产活动时，要对该法律实体做拆分处理，对于这种类型的本国企业，虽然在国外没有子公司，也需要将其总运营指标按比例分配给各个不同的经济领土。例如，从事跨境的水运、空运、水电工程、管道、桥梁、隧道、海底电缆等活动。第三种情况：一国经济领土上的土地、建筑物等不动产的所有者，即使在该国并没有从事其他的经济活动或交易，也被认为在该国具有经济利益中心，因此所有的土地和建筑物都为常住者所拥有。换句话说，在我国持有土地、建筑物等不动产的非常住者都视为常住者。由此引发的思考是：与主权概念的“我国”更加贴近的角度是什么？是否有必要加强这方面的研究以互为补充？

2. 国内生产总值是统计意义上的国内生产，不完全是国家意义上“本国企业”的生产

为了满足常住性要求，中心框架以经济领土为统计范围，由于“经济领土”对应的不是国家意义上的“地理领土”，所以不能将国内生产完全等同于国家意义上的本国企业生产。由此引发的思考是：与国家意义更为贴近的核算原则是什么？经济领土原则还是国民原则？二者核算的差别，除了结果

的差别，其内在逻辑有什么区别，其背后隐含的是技术问题还是立场问题？如何从国内生产总值中识别出国家意义上“本国企业”的贡献并加以运用，以作为经济领土原则的补充？

二、受限于SNA口径的生产范围

按理说，SNA的生产范围应该与经济意义上的生产范围完全一致，但由于各种原因，SNA对生产范围的限制比一般生产范围要严格，导致SNA的生产范围比经济意义上的生产范围窄，即不包括“供家庭成员消费的家庭服务和个人服务的生产，包括做饭、照顾和养育儿童、清洗、修理等”，造成统计口径的生产范围不完全与经济意义上的生产范围相对应。

三、受限于经济意义的生产范围

中心框架对产生外部性的经济活动不予记录。外部性经济活动强调单方行为与非交易。外部性或外部效应可能是有益的，也可能是有害的，负的外部效应虽然会造成资源浪费、效率低下，但是生产企业没有为此赔偿损失。同理，正的外部效应会改善环境，使更多的人受益，但生产单位没有为此得到补偿。由于国民经济核算的范围仅限于“经济生产”，所以社会效益、生态效益、环境效益、人文环境、政治生态等外部性无法包括在中心框架中。

四、受限于机构部门分类和国民经济行业分类

机构部门分类法或行业分类法将经济总体分为五个机构部门或21个行业门类[①]，由于机构部门分类法或行业分类法不能满足所有的分类需求，有些部门或行业并不是唯一地归在某一个机构部门或某一个行业，而是归在不同的机构部门或不同的行业。例如，公共部门归在三个机构部门——广义政

---

① 第四次修订的《所有经济活动的国际标准行业分类》将整个国民经济总体分为21个行业。

府部门、非金融公司部门与金融公司部门。这样，就无法根据现有分类直接获取公共部门的相关信息。

五、受限于一国经济总体

中间产品与最终产品的界定限定于具体的国家或地区，国内生产总值是对最终产品的度量，出口产品从国内的角度看是最终产品，是国内生产总值的重要组成部分。国内的出口产品从进口国的角度看，很可能不是最终产品，只是中间产品，进口国将国内出口的中间产品作为原材料生产出新的产品又可能以进口商品的身份重新出口到国内。由此可以看出，进口总额与出口总额并不与最终产品相对应。由此引发的思考是：对出口产品的最终产品属性是否需要重新审视，如何审视？从全球价值链的角度看，出口产品中中间产品与最终产品的作用有什么区别，对经济增长的贡献如何判断？在经济发展日益全球化的今天，是否需要打破国家限制，重构核算框架，客观描述全球生产？

六、受限于“国外”视角

中心框架中的综合经济账户按国内与国外将统计主体分为两大类：“经济总体”与“国外”。“经济总体”对应的是国内，“国外”对应的是国外账户，国外账户虽然反映的是对外经济交易状况，但是，国外账户是从国外角度设置的，不是“国内”角度的对外经济往来和资产负债存量记录。例如，出口应处理为国外的使用，进口应处理为国外的来源。如果从国内经济的角度看，货物的出口应记录为收入，货物的进口应记录为支出。

七、受限于按主要活动进行归类的原则

一个企事业单位/基层单位可能从事多种生产活动，按重要程度将其分为

主要活动、次要活动和辅助活动，同一企事业单位/基层单位从事不同的生产活动应将其生产成果归到不同的行业中，但这一规则在执行过程中往往落实不到位，在进行数据汇总时，往往按主要活动进行归类，即将从事多种生产活动的企事业单位/基层单位的所有成果汇总到同一个行业中，而没有将主要活动与次要活动分开并分别统计到相应的行业中。对于辅助活动，中心框架认可不进行区分的做法，这就很容易造成产出计算的非同质性。

除此之外，在估价方法、概念界定等方面也存在与学理不符或动态调整的情况。例如，教育等文体服务部门产出仍采用投入法而非产出法；研究与开发、数据库等知识产权产品是否作为非金融资产来处理在 SNA 1993 与 SNA 2008 中是不一致的（许宪春等，2012）。

第二节　卫星账户的突破视角

中心框架研究口径与范围的限定正是卫星账户的切入视角。

一、突破常住性与经济领土的限定

中心框架对生产活动成果的统计是以一国（或地区）经济领土为核算范围、以常住性为核定标准的。封闭经济状态下，该原则可以较好地反映经济总体生产的真实水平与经济实力。在经济全球化与跨国经营背景下，一国的国内生产总值并不完全由本国国民创造，不能真实反映一国的居民收入。从这个意义上说，突破中心框架“常住性”和“经济领土”原则，换个角度思考问题，不失为一种有意义的尝试。例如，是否可以编制基于所有者的中美贸易卫星账户、基于国民原则的卫星账户等。与经济领土原则相比较，国民原则可能是与主权概念的“我国”更加贴近的研究视角。

二、突破 SNA 的生产范围

突破SNA的生产范围是指将那些属于经济意义生产但不包括在SNA生产中的活动涵盖到卫星账户的研究范围中。例如，为了全面估算运输在经济中的作用，将住户用自己的汽车提供的运输服务包括在运输卫星账户的研究中。再如，住户卫星账户（韩中，2011；刘丹丹，2012）、未观测经济卫星账户等都对非 SNA 生产（住户自给性服务）的经济价值进行了核算。

三、突破经济意义的生产范围

突破经济意义的生产范围是指对生产活动的外部性或外部效应进行测度和分析。既然外部效应不属于 SNA 的生产，无法通过国民经济账户中的生产指标来反映，那么可行的做法就是建立卫星账户，通过专门的统计指标来反映外部效应对社会环境和居民福利的影响。事实上，环境与经济综合核算体系（System of Integrated Environment and Economics Accounting，SEEA）就是一个能较好反映环境与经济发展关系的卫星账户（李金华，2008）。参照 SEEA 的做法，教育、科技进步等外部效应也都可以通过相应的卫星账户来进行核算。

四、突破分类体系

1. 打破机构部门分类法限制

受机构部门数量较少的限制，机构部门分类法不可能考虑所有的分类需求。例如，无法通过现有的机构部门反映出非营利机构的总体状况，因为非营利机构单位分别归在非金融公司部门、金融公司部门、广义政府部门和为住户服务的非营利机构部门，要想了解非营利机构的总体情况，就需要将各机构部门的非营利机构单位识别出来，整合到一起进行分析与研究。非营利机构部门卫星账户、公共部门卫星账户等均属于此类卫星账户。

2. 打破行业分类法限制

打破行业分类法限制是指在现有行业分类法不同层级基础上重新整合，形成新的行业类别或产品分类，并对新形成的行业或产品进行分析与研究。分类重组可以是不同门类之间的重组，也可以是同一门类不同大、中、小类别的重组，以重组后的行业类别为研究对象进行卫星账户的研究。例如，教育部门卫星账户、文化卫星账户、旅游卫星账户（康蓉，2009）、卫生卫星账户（艾伟强和蒋萍，2013）、新兴产业卫星账户（屈超和张美慧，2015）、数字经济产业卫星账户（向书坚和吴文君，2019）等。

五、突破一国的“经济总体”视角

中心框架所指的“经济总体”针对的是一国或某一地区，为了适应经济全球化发展，可以考虑打破一国“经济总体”的限定，在更大范围内进行研究，国家间投入产出关系研究就是突破一国“经济总体”视角的最好尝试。一国“经济总体”界限的突破会带来很多基础概念的变化，如从某一个国家的角度看，中间产品与最终产品都会有明确的界定，但在国际分工的背景下，是否会发生变化？再如，目前关于全球经济总量与经济增长的分析都是建立在国别统计基础上的，如果以全球经济为总体，经济总量与经济增长应该如何衡量？哪些指标可以反映各国间经济的相互依存关系？跨国企业的经济行为如何描述？全球化对传统指标会产生哪些影响？等等。

六、突破国外账户的“国外”视角

国际收支核算就是从国内角度考虑的，通过国际收支平衡表和国际投资头寸表，对一定时期经济总体与其他国家或地区之间发生的货物、服务、收入方面的交易、无偿转让和资本往来进行系统的核算，综合反映经济总体的国际收支平衡状况、收支结构、储备资产的增减变动情况，以及对外金融资产和负债存量状况。这也是可以将国际收支核算理解为与中心框架相对应的卫星账户的原因。

七、SNA 生产范围框架下的突破

1. 辅助生产活动或次要产品外部化

按 SNA 对基层单位归类的原则，不同产品应归于不同的基层单位，这只是理论上的期望，实际上很难精准做到，这样就会产生两种情况：一是将次要产品归到了主要产品所属的行业中；二是将辅助生产归到了主要产品所属的行业中。卫星账户的目的就是将错位归类的生产活动识别出来，归到应该归入的那个行业中，以解决行业增加值同质性不高的问题。例如，运输行业卫星账户（黄璆，2016）。

2. 估价方法的改进

中心框架对估价方法进行了理论上的严格界定，只有按严格界定的方法执行才能保证国家间数据的可比性。但是，由于统计能力限制，并不是所有的估价方法都能应用于实践。例如，教育等文体服务部门产出仍采用投入法而非产出法，居民自有住房服务产出仍采用成本法而非市场租金法等。卫星账户的目的就是寻求各种估价方法的可能性与可行性，为账户体系的完善提供知识储备与技术支持。例如，基于产出法的教育卫星账户、基于市场租金法的居民自有住房服务卫星账户、基于参考利率法间接计算的金融中介服务卫星账户等。

3. 基本概念的变化

中心框架界定的基本概念并不是一成不变的，概念变化前与变化后往往是学界或实践部门关注的焦点。概念变化前的研究在于论证变化的必要性与可行性，概念变化后的研究在于分析规模与特点、发现牵动作用与影响机制等。例如，SNA 2008 扩展了资产的范围，对非金融资产的边界进行了扩展，主要表现为：将研究与开发、数据库等知识产权产品纳入非金融资产；引入了“知识产权产品”的概念，并将其作为一类重要的生产资产，同时取消了原有的“无形生产资产”的概念。R&D 卫星账户正是在此背景下展开的（陈丹丹，2017；徐蔼婷和祝瑜晗，2017）。

除此之外，SNA 2008 还引入雇员股票期权概念，将雇员股票期权作为雇员报酬处理；引入经济所有权概念，将享有土地承包经营权的农民作为土地的经济所有者处理，农民将土地承包经营权流转给其他个人单位使用所获得的收入属于居民财产收入，并成为居民收入的重要组成部分等。

第三节　卫星账户研究角度与行业增加值核算的区别

我国《国民经济行业分类》（GB/T 4754—2017）将整个国民经济分为 20 个门类，与此相对应，理论上存在 20 种行业统计与 20 个分行业的行业增加值，比如，制造业统计与制造业增加值。从卫星账户研究视角看，也可以将制造业作为研究对象，形成制造业卫星账户，在卫星账户研究中也会形成相应的价值量指标。通过基层核算单位增加值可以汇总得到行业增加值，有了行业增加值，为什么还要有卫星账户呢？原因在于卫星账户研究角度不同。

一、强调全口径

提到卫星账户，特别是那些关键部门或重点行业卫星账户，有种观点总是与现有的行业统计相提并论，认为以《国民经济行业分类》（GB/T 4754—2017）为基础的行业统计似乎包括了大家熟悉的教育卫星账户、卫生卫星账户、文化卫星账户等涉及的所有领域。实际上，行业统计中的教育统计、卫生统计、文化统计与卫星账户中所说的教育、卫生、文化有很大的不同，其中最大的不同是卫星账户中的教育、卫生、文化是全口径的概念，而《国民经济行业分类》中的行业并不是全口径的概念。

对某一个具体的基层单位来说，站在不同的角度可以将其归为不同的行业。例如，球类制造企业、健身器材制造企业、娱乐船和运动船制造企业、运动场地用塑胶制造企业、运动防护用具制造企业，可以归为制造业，也可以归为体育产业。为了避免重复计算，保证国民经济总体测算结果的完整性，在《国民经济行业分类》中将这些企业归在了制造业，并没有归在体育行业中。从国民经济总体的角度看，这样处理达到了全面性、完整性、一致性的要求，但是，从体育行业的角度看，就是不全面、不完整、不一致的。如果从卫星账户的角度看，这些企业都需要归到体育行业中。所以，卫星账户可以解决行业统计口径不全的问题。

二、保证同质性

由于我国目前还做不到采用联合国推荐的方法按基层核算单位进行归类，因此普遍存在着按企事业单位生产性质进行归类的处理方式，这就无法保证行业增加值的同质性。

卫星账户是在现有不同层次行业分类基础上进行重新整合，形成更为同质的行业类别。例如，第四次修订的《所有经济活动的国际标准行业分类》共 21 个门类，如果以“石油和天然气”为研究对象进行重新组合，就要横跨四个门类：采矿和采石门类中的原油和天然气开采（类别号：ISIC 06[①]），制造业门类中的石油炼制品的制造（类别号：ISIC 1920），运输与存储门类中的管道运输（类别号：ISIC 4930），批发零售业以及汽车和摩托车修理门类中的固态、液态、气态燃料与相关产品的批发（类别号：ISIC 4661）以及汽

① ISIC 为《所有经济活动的国际标准行业分类》（International Standard Industrial Classification of All Economic Activities）。

车燃料的零售（类别号：ISIC 4730）（参见 SNA 2008 29.24 段）。重新组合后的“石油和天然气”行业既保证了该行业的全口径，又保证了该行业的同质性，进而保证了该行业口径的全面性、一致性与完整性。

三、强调过程而非单一的结果

一提到行业生产统计，很多人先想到的是反映行业生产规模的行业增加值，将其作为行业生产统计的终极目的。但是，只有生产结果统计是远远不够的，还要有反映过程的卫星账户序列或相关的平衡关系表述，以便全景描述该行业的生产过程、投入产出关系、资金来源与流向、收入分配与使用、投资与消费等相关问题。这些问题的表述单靠行业增加值是解决不了的，还需要从更深入的层次进行挖掘，这就是卫星账户的责任担当。

实际上，国家统计局在重点行业或关键部门的分类上已经迈出了很大一步。为了满足国家发展战略的需求，国家统计局制定了《养老产业统计分类（2020）》《知识产权（专利）密集型产业统计分类（2019）》《体育产业统计分类（2019）》《健康产业统计分类（2019）》《新产业新业态新商业模式统计分类（2018）》《国家科技服务业统计分类（2018）》《战略性新兴产业分类（2018）》《国家旅游及相关产业统计分类（2018）》《高技术产业（服务业）分类（2018）》《文化及相关产业分类（2018）》《高技术产业（制造业）分类（2017）》等，这些分类标准为各层级重点行业或关键部门卫星账户的研究奠定了基础。

可惜的是，这些在不同口径重点行业或关键部门的分类并没有落实到卫星账户的编制与实证分析中，重点行业或关键部门的研究还仅限于生产结果层面，没有深入到过程层面。卫星账户方面的理论研究与编制实践远远满足不了国家战略需求，这不仅需要统计学界专家学者的努力，更需要经济学界专家学者的共同探讨。

第四节 小 结

SNA 的中文翻译是“国民账户体系”或“国民经济核算体系”，它是由联合国牵头制定的国际统计标准，除此之外，国际货币基金组织也牵头制定了若干国际统计标准与准则。例如，《政府财政统计手册 2014》（Government Finance Statistics Manual 2014，GFSM 2014）、《货币与金融统计手册及编制指南 2016》（Monetary and Financial Statistics Manual and Compilation Guide 2016，MFSMCG 2016）、《国际收支和国际投资头寸手册（第六版）》（The Sixth Edition of the Balance of Payments and International Investment Position Manual，BPM6）等。SNA、BPM、GFSM 和 MFSMCG 都是国际统计标准体系的组成部分，因此，有些学者将这几个标准体系并列看待，视为构成宏观经济统计体系的内容。但是，从研究内容与研究角度看，BPM6 展示的国际收支平衡表和国际账户、GFSM 2001 展示的政府财政统计、MFSMCG 2016 展示的货币与金融统计均可视为卫星账户的一种形式（参见 SNA 2008 29.86 段）。如果可以将 SNA 理解为 SNA 口径的国民经济核算体系，则可以把 SNA、BPM、GFSM 和 MFSM（Monetary and Financial Statistics Manual，《货币与金融统计手册》）理解为宽口径的国民经济核算体系。因此，卫星账户可以分为“SNA 中的卫星账户”以及“与 SNA 并列的卫星账户”两部分。

一、SNA 中的卫星账户

从账户内容上看，SNA 包括两大部分：中心框架即综合经济账户和卫星账户。其中，卫星账户又分为三类：关键部门卫星账户（key sector satellite accounts）、内生卫星账户（internal satellite accounts）和外生卫星账户（external satellite accounts）。

关键部门卫星账户是打破产品分类和产业分类的标准顺序与排列层级，从中选择对经济具有特殊重要性的一组产品或产业组成关键部门，属于突破分类体系的卫星账户。这些关键部门可能是石油部门、采矿部门或农业部门，关键部门在国民经济中的作用具有特殊性，可能产值较大，可能牵动作用较大，可能关系国计民生，也可能是新兴的小产业。SNA 并未对关键活动或关键部门的确定作出具体的规定，关键活动或关键部门可由各个国家根据经济发展水平和发展战略自己判断决定。

内生卫星账户“涉及重新排列中心分类并可能引入补充内容……它们可能与中心体系有些不同，如对辅助活动采取了另一种处理方法，但并未从根本上改变 SNA 的基本概念”（参见 SNA 2008 29.5 段），属于 SNA 生产范围框架内突破的卫星账户。以运输为例，中心框架中的运输活动产出只包括作为主要产品或次要产品提供给第三方的运输服务，自给性运输视为辅助活动，运输卫星账户可以将那些作为辅助活动处理的运输活动识别出来，合并到运输行业的生产过程中。

外生卫星账户“主要以对 SNA 概念的替代为基础”（参见 SNA 2008 29.6 段），如突破 SNA 生产范围的卫星账户、突破经济意义生产范围的卫星账户、突破经济领土原则的卫星账户、突破一国“经济总体”的卫星账户、突破“国外”视角的卫星账户等。

当然，对于一个具体的卫星账户而言，可能同时具有上述几种卫星账户的特征。例如，交通运输卫星账户可能既包括企业自给性运输服务，也包括住户用私家汽车提供运输服务。自给性运输服务属于辅助生产活动，原本就包括在了企业生产中，只不过可能没有归到运输行业中，所以，企业自给性运输服务属于辅助生产活动外部化，应归在内生卫星账户的研究范畴。住户用私家汽车提供运输服务不属于 SNA 的生产范围，不应计入 SNA 生产成果，如果将其纳入运输卫星账户则意味着扩大了 SNA 的生产范围，应归在外生卫星账户的研究范畴。

二、与SNA并列的卫星账户

国际收支平衡表和国际账户是对中心框架中“国外”角度的突破，“国外账户”站在国外的角度核算各种对外交易流量和资产负债存量。而BPM6站在国内的角度记录一定时期内常住单位与非常住单位之间发生的所有经济收支往来，以及核算期末累积的对外资产负债存量状况，反映一国的对外经济联系。

政府财政统计是对机构部门分类法的一种突破，它不仅包括广义政府部门，还包括公共公司。从研究内容与切入角度看，政府财政统计侧重财务收支数据的记录，其概念、分类和定义针对的是财务交易，如税收、支出、借款和贷款等。而SNA侧重货物和服务的生产、消费，在SNA中，广义政府单位是非市场生产者，非市场生产者生产的货物和服务是无偿或按经济意义不显著的价格向整个社会或住户进行分配。为了对社会生产进行全面的核算，这些货物和服务的生产、分配是SNA必须记录的非货币交易。由此看来，政府财政统计又是对SNA概念的突破。

货币与金融统计从统计对象看是金融公司部门，这一点与SNA的金融公司部门是一致的，但是，金融公司下设的子部门分类方法并不完全一样，这就存在重组的问题。从内容上看，货币与金融统计又是SNA有关内容的延伸与具体化，有些概念在SNA中并未包括，如货币总量。所以，货币与金融统计并不是SNA中心框架的复制，而是具有特定研究角度与研究内容的卫星账户。

正如投入产出、国内生产总值、资产与财富等既可以从统计学视角研究，也可以从经济学视角研究，既可以从学理角度进行基础性研究，也可以从应用角度进行实证分析一样，在统计学界、经济学界专家学者和实际工作者的共同努力下，卫星账户一定会得到更完善的开发，为服务于国家经济管理需要发挥独特作用。

第二章
卫星账户的国际标准修订与理论研究进展[①]

从“附属账户”的提出到 SNA 2008 全面引入“卫星账户”的过程中，既存在名称的变化，也存在内容以及内涵的变化，因此有必要展现从附属账户到卫星账户的转变历程。同时，在卫星账户的研究过程中，往往由国际组织或发达国家出台相应的国际标准，卫星账户发展和完善的过程也由相应国际标准的修订来推动，那么对卫星账户国际标准的修订问题加以阐释也尤为重要。另外，关于卫星账户内涵、生产范围和概念替代等理论问题的梳理，乃至对卫星账户发展趋势的预判，也是展开卫星账户后续研究的基础。

第一节　从附属账户到卫星账户的转变

卫星账户最初被称为附属账户，国际相关研究起始于 20 世纪 60 年代。附属账户可以同中心框架密切联系起来，促进对专有领域的深入分析，同时，不同附属账户之间也可以联系起来进行深入分析。因此，附属账户既是分析的工具，又是统计协调的工具，在保持中心框架结构完整和系统严谨的同时，增加了 SNA 体系的灵活性，弥补了中心框架无法开展国民经济专门领域核算的局限。自 SNA 1993 发布起，附属分析和附属账户被正式纳入国民经济核

① 本章执笔人：艾伟强。

算体系，此后经过20余年的发展，附属账户在应用领域与核算范畴等方面均有所拓展。自SNA 2008发布起，为了凸显附属账户的重要性、独立性和完整性，将“附属账户”的名称变更为“卫星账户”。总体上看，从附属账户到卫星账户的演进过程和国际变化可以归纳为附属账户的提出、附属账户转变为卫星账户、卫星账户的发展及内涵扩展等三个阶段。

一、附属账户的提出阶段

20世纪60年代，研究者认识到为了强调经济生活的某个特定方面，需要以灵活的方式扩大国民经济核算的分析容量，同时又不过分加重中心框架的负担或打乱该体系，为此，就出现了在中心框架之外的特殊部分，即卫星账户。由于研究处于起步期，SNA 1968仍未正式纳入附属账户，只是提及在构建附属账户的过程中有待研究的若干问题，如支出功能分类、经常支出与资本支出之间的界限以及教育和卫生保健核算问题等。通过对这一时期研究的总结，可以将附属账户产生的动因归纳为三个方面：一是中心框架只衡量产出，不用来衡量社会福利的标准，可以通过附属账户将净经济福利指标体现出来；二是中心框架无法满足非市场经济分析的要求，附属账户可以扩展国民生产投入和产出的核算范围，为检验某些难以测算的非市场生产活动提供分析框架；三是中心框架无法将基层单位的辅助活动从主要和次要活动中区分开，附属账户则可以通过重构中心框架下的分类体系进行国民经济专门领域生产活动的全面核算。总体来看，该阶段的研究重心是附属账户基本概念和原理的界定与提出，主要是通过纳入卫生、文化、研发和住房等方面的内容，构建功能性分析框架，完成对SNA的补充，并将其界定为附属账户。

二、附属账户转变为卫星账户阶段

经过近30年的发展，SNA 1993正式纳入附属账户，将“附属分析和附属账户”作为单独的一章呈现，内容涵盖附属分析、功能性附属账户框架和SEEA 三个部分。随着应用领域的不断拓展，一些研究开始用“卫星账户”替代“附属账户”，到 21 世纪初，卫星账户的提法开始普及。从 SNA 1993 到 SNA 2008 阶段，世界各国、国际组织和核算专家充分认识到开发卫星账户的重要意义，研究发现不同领域的卫星账户具备一些共同特征，基于这些特征构建的功能性核算框架将满足不同领域经济活动的可比性，同时通过延伸内容来反映不同领域经济活动的特殊性，以此为契机，各专门领域的卫星账户开始出现，如文化、教育、卫生保健、旅游、环境保护、研究与开发等；同时，这一时期出台了诸多国际标准和准则，包括 SEEA、卫生账户体系（system of health accounts，SHA）、旅游卫星账户（tourism satellite account，TSA）和运输卫星账户（transportation satellite account，TrSA）等 20 余种，可以说是国际标准和准则推动了世界范围内卫星账户的发展。

三、卫星账户的发展及内涵扩展阶段

SNA 2008 将“卫星账户和其他扩展”作为一章纳入其中，在内容上较 SNA 1993 要更加充实和完整，主要表现为：在概念界定方面，将卫星账户细分为关键部门卫星账户、内生卫星账户和外生卫星账户等；在实例部分，不仅将 SNA 1993 之后开发的卫星账户纳入 SNA 2008，如旅游、环境核算、卫生和未付酬住户活动等四类卫星账户，还将卫星账户的应用领域加以延伸，在 SNA 2008 公布后，国际组织和研究机构陆续开发出数字经济卫星账户（digital economy satellite account，DESA）、体育卫星账户（sports satellite account，SSA）和文化卫星账户（cultural satellite account，CSA）等；更为突出的是，卫星账户的内涵得到了进一步扩展，SNA 2008 认为 BPM6 展示的国际收支平衡表和国际账户、GFSM 2001 展示的政府财政统计、MFSM 展示的货币与金融统计等，甚至非正规部门和养老金账户也可视为卫星账户的一种形式[①]。除此之外，国际社会在进行卫星账户开发和实践的过程中，认为可以将卫星账户的核算范围扩展到闲暇价值、地下经济和外部性等非市场活动的估算方面。

第二节　卫星账户的国际标准修订

SNA 1993 发布以后的近 20 年间，卫星账户发展迅速，与中心框架不同的是，卫星账户的研究是以体系的构建为主线开展的，目的是形成相对独立、自成体系的账户体系，而中心框架的研究多集中于具体问题计算方法的选择或概念范围变动的讨论，整个中心框架的核算体系与核算原则并未发生变化。从这个意义上说，卫星账户的研究多为“原创”性的，中心框架的研究多为“补充”性的。近年来，许多国家和国际组织都开展了卫星账户的研究和开发工作，其代表性成果是系列国际标准与准则的出台，如综合环境经济核算卫星账户、信息通信技术卫星账户、住户卫星账户、卫生账户体系等。因此，开展对卫星账户的系统研究有必要先对卫星账户国际标准的出台背景和修订过程加以系统地梳理，为中国相关领域卫星账户的研发与实践提供启示和借鉴。

一、国际标准的出台背景

（一）卫星账户的研发需要有完善的国际标准作支撑

统计标准是统计工作的基础，只有采取统一的统计标准，统计数据才可以整合，统计结果才可以比较。同样，国际统计标准是为了使数据的统计结果具有可比性、统一性和便于分析性，规定在进行数据统计时应该采用统一的规定体系，包括概念、定义、统计单位、分类、术语和代码等，同时还为

① 参见 SNA 2008 29.86 段。

了提高统计数据的使用效率和统计结果使用的普遍性。卫星账户自提出以来，始终伴随着相应国际标准的开发与指导，可以说，国际标准推动了世界范围内卫星账户的发展。现阶段关于卫星账户国际标准最具代表性的成果主要集中在两个方面：一是以经济合作与发展组织（Organisation for Economic Co-operation and Development，OECD）、欧盟统计局（Eurostat）、联合国统计司（United Nations Statistics Division，UNSD）和联合国开发计划署（United Nations Development Programme，UNDP）为代表的国际组织出版的工作手册；二是SNA对构建卫星账户提出的指导和建议。

从国际组织的主要工作上看，国际组织为了促进各国卫星账户的统计核算工作、完善卫星账户的统计核算体系，颁布了推荐性国际标准和实施细则，主要以工作手册的形式呈现，内容包括：完善卫星账户统计标准的政策体系及实施机制、建立国际通行的分类标准、高度重视统计标准的连续性、明确统计标准的负责机构、制定统计标准的动态发展指导原则、加强统计标准的合作与协调等。

总体来看，关于卫星账户的国外研究主要由国际组织和发达国家推动，OECD，世界银行（World Bank，WB），美国商务部经济分析局（U.S. Bureau of Economic Analysis，BEA），Eurostat，世界卫生组织（World Health Organization，WHO），联合国教育、科学及文化组织（United Nations Educational，Scientific and Cultural Organization，UNESCO），国际货币基金组织（International Monetary Fund，IMF），UNSD，UNDP，联合国旅游组织（UN Tourism），联合国经济及社会理事会（United Nations Economic and Social Council，UNECOSOC）和澳大利亚统计局（Australian Bureau of Statistics，ABS）等国际组织出版了诸多用于指导国民经济重点领域核算的工作手册。例如，针对医疗健康产业核算的SHA、针对R&D核算的《弗拉斯卡蒂手册》、针对环境核算的SEEA、针对旅游核算的《国际旅游统计建议》等。法国、美国、加拿大、德国、英国、澳大利亚、日本等国家相继开展卫星账户的编制工作，涉及农业、卫生、R&D、运输、贸易、教育、环境、自然资源和社会保障等诸多领域。

卫星账户国际标准的主要宗旨是：对关系到经济、社会和环境发展的重要领域进行专门核算，确保核算数据和信息的连续性与一致性，不同来源的数据和信息具有可比性和整合性，便于通过数据分析经济、社会和环境的变化。为了实现这一宗旨，卫星账户国际标准的战略目标可以归纳为三个方面：一是使用概念框架体系；二是对于统计主体的概念、变量、分类以及与其相关的总体和个体统计使用统一的标准定义；三是在整个调查中，对于要获得的数据始终采用相同的收集方法和加工程序。

从 SNA 的角度上看，SNA 1993 和 SNA 2008 均将卫星账户专门作为独立的一章加以介绍，可见 SNA 对卫星账户的研究更加侧重整体性和一般性的指导，这也是有别于国际组织出版的专门领域卫星账户工作手册的重要方面。以 SNA 2008 为例，其在第 29 章中，对卫星账户的种类划分、生产范围的界定、功能分类、核心概念和指标等方面均进行了阐释，为卫星账户的研发提供了可供参考和借鉴的标准。

（二）各个国家卫星账户的编制需要标准的方法框架

SNA 2008 推出后，联合国国民经济核算工作组和国民经济核算专家组最重要的工作是推动 SNA 2008 的实施，并强调联合国成员国要根据全球实施方案，制定实施 SNA 2008 的本国方案。从各个国家的统计实践来看，也将卫星账户的编制作为国民经济核算的重要内容，国民经济核算不再仅仅是中心框架涵盖的范围，还包括了众多卫星账户，特别是美国、英国、加拿大、澳大利亚等发达国家对卫星账户进行了专门研究。表 2-1 列出了部分国家已经编制或正在开发的卫星账户。

表 **2-1**　部分国家已经编制或正在开发的卫星账户

国家	卫星账户类别	国家	卫星账户类别
英国	旅游卫星账户	澳大利亚	旅游卫星账户
	环境卫星账户		非营利机构卫星账户
	R&D 卫星账户		信息与通信技术卫星账户
	住户卫星账户		文化卫星账户
新西兰	旅游卫星账户	荷兰	体育卫星账户
	非营利机构卫星账户		卫生卫星账户
美国	运输卫星账户	加拿大	非营利机构与自愿活动卫星账户
	旅游卫星账户		旅游卫星账户
	卫生卫星账户		养老金卫星账户
	R&D 卫星账户		R&D 卫星账户
	环境经济卫星账户		文化卫星账户
	属权贸易卫星账户		
	文化卫星账户		

资料来源：蒋萍等（2013）

由于卫星账户的存在与发展是 SNA 灵活性的体现，同时，每个国家国民经济核算体系的发展基础与发展重点也不同，因此，各个国家初期编制的卫星账户往往不具备国际可比性，这严重影响了卫星账户作为 SNA 重要补充的国际通用性。以卫生卫星账户为例，美国在编制卫生卫星账户时，将生产范围延伸到家庭成员之间提供的无酬护理服务，这是由于美国的统计基础较完备，较早开展了时间利用调查研究，并能够获得充分的无酬服务数据，然而，其他大部分国家没有能力将这一部分融入本国卫生卫星账户的编制中。因此，建立统一的卫星账户核算标准和核算体系则显现出重要意义，这样既保证了不同国家的特殊需要，体现了灵活性原则，又不影响卫星账户的国际可比性，这也是国际组织出版各类卫星账户国际标准的出发点和立足点。

二、国际标准的历次修订

SNA 2008 将卫星账户划分为关键部门卫星账户、内生卫星账户和外生卫星账户三类。其中，关键部门卫星账户属于首次在 SNA 中提出，目前针对关键部门卫星账户的研究较少；内生卫星账户的特点是重新排列 SNA 中心分类并引入补充内容，但未从根本上改变 SNA 的根本概念；外生卫星账户的特点是对 SNA 的概念替代。

1. 关键部门卫星账户的引入

SNA 2008 指出，打破《主产品分类》(Central Product Classification，CPC）和 ISIC 的标准顺序和排列层级，从中选择对经济体具有特殊性的一组产品或产业组成关键部门，是极有意义的。此类选择可能相当具体，如专注于某一种农作物或某一种矿物，也可能相当宽泛，如选择主要服务于某一产业的全部货物和服务。无论哪种情况，都可以按照集中于关键部门，同时合并所有其他产品和产业的模式编制一套供给使用表，通常，行按照 CPC 分类，列按照 ISIC 分类。关键活动的特征是：其在出口、外汇资产以及政府资源中具有重要作用。由 SNA 2008 的指导可知，关键部门同样可以编制卫星账户，这里的关键部门不一定规模庞大，即使是处于起步阶段的小产业，也可以被视为关键部门，其区别于其他两类卫星账户的基本特点是：仅将 SNA 原有的产品和产业分类加以重新排列组合，凸显关键产品和产业，同时将其他产品和产业合并显示。关键部门卫星账户的编制方法相对简单，但对关键领域问题的分析能力较强，同样值得加以关注并开展相关的研究和实践工作。

2. 内生和外生卫星账户的修订

与 SNA 1993 相比，SNA 2008 明显的变化是对卫星账户的内容进行了细分，将卫星账户划分为内生卫星账户和外生卫星账户两类。内生卫星账户的核算范围及核算规则与中心框架相同，如旅游卫星账户。外生卫星账户的核算范围或核算规则会发生一些变化。例如，卫生卫星账户的生产范围就扩展到无酬的家庭医疗护理服务，其理由是，与有酬的家庭医疗护理一样，提供了服务，就应该有对应的收入，也应该有对应的使用，相反，无酬家庭医疗护理不包括在中心框架的生产范围内，其价值也不计入国民总收入与 GDP 中。

截至 2023 年，已经启动或正在开发中的卫星账户有 20 多种，几乎每一类卫星账户都有相应的国际标准。仍旧以卫生卫星账户为例，在 2000 年，OECD 出版了 SHA，SHA 2000 立足于医疗卫生资金的投入角度，通过卫生费用核算账户记录了医疗卫生体系内的资金来源、分配和使用情况，核心核算指标为卫生总费用。在 2011 年，OECD、Eurostat 和 WHO 联合出版了 SHA 2011，其主要变化是完善了 SHA 2000 的基本分类和账户体系，将核算总量划分为核心的医疗卫生支出和扩展的医疗卫生支出两部分，同时，建立了与 SNA 中心框架的衔接关系。由此可见，卫星账户国际标准在不断修订的过程中得到完善，因此，要掌握卫星账户的分析功能和发展演变的规律，有必要对卫星账户国际标准的修订过程加以梳理，这样才能把握住国际上的研究前沿。同时，通过整合各类卫星账户的编制方法，总结各类国际标准的成功经验，进一步有效吸收国际标准和国际先进做法，完善有利于卫星账户实践的方法体系，才能扩展卫星账户在中国的应用领域，推动中国国民经济核算的改革与发展。

第三节　卫星账户的理论研究进展

国际上关于卫星账户的研究已经积累了大量的成果，中国自 20 世纪 90 年代末开始关注卫星账户，对卫星账户的研究相对滞后，但仍然积累了诸多成果，截至 2023 年，在中国知网以“卫星账户”为主题可搜索到论文 300 余篇，涉及的卫星账户有近 20 种，如旅游卫星账户、资源环境卫星账户、卫生卫星账户、信息通信卫星账户、人力资本卫星账户、住户部门卫星账户和R&D卫星账户等。因此，在进行中国卫星账户的系统研究之前，有必要对国内外研究状况加以梳理，并对卫星账户的发展趋势加以预判。

一、关于卫星账户的内涵

卫星账户是以国民经济核算体系的中心框架为基础，对某些概念加以修改而建立的附属核算体系。卫星账户的特点是：以中心框架为中心，又与中心框架保持距离。国民经济核算体系的中心框架是一套统一定义的概念，该体系具有严谨性，同时要求用户必须按事先统一定义的概念模式应用这套体系及其提供的数据，因此，中心框架缺乏灵活性，不能满足用户多种多样的需求。运用卫星账户，把中心框架的有关内容直接或间接地引入其中，再加上补充的或替代的概念，既避免了对中心框架严谨统一性的破坏，又极大地扩展了国民经济核算体系的分析功能，为满足不同需要提供途径，如旅游卫星账户、资源环境卫星账户等。卫星账户并不是一个新概念，历经多年的发展，卫星账户不仅成为SNA中心框架的重要延伸和扩展形式，弥补了SNA中心框架无法全面核算特定领域经济总量的缺陷，也为社会各领域基于卫星账户的经济分析提供了各国普遍认可的科学统计系统。

BEA较早对中心框架以外的范围进行研究，对卫星账户的代表性描述如下：卫星账户作为扩展经济分析能力的框架，不会增加过多的细节，也不会影响其设计初衷。卫星账户是对现有账户的补充而不是取代，它以一种完全一致的、符合近期分析热点的方法组织信息，同时保持与现有账户的衔接。在最灵活的运用方式下，它可以使用不同于现有账户的定义和分类……此外，卫星账户通常会加入一些细节和其他信息，包括经济中某一具体方面的非货币信息等。SNA 1993中也有类似的描述：卫星账户提供了一个与中心框架相联系的体系，可以关注国民核算范围内经济和社会生活的某个领域或方面，常见的卫星账户有环境账户、旅游账户和无酬住户活动账户……卫星账户的主要作用是以一种灵活的方式扩展国民账户体系对国民经济重要领域的分析能力，而不会扰乱中心框架或增加其负担。

随后，美国商务部经济统计局（Economics and Statistics Administration，ESA）将附属账户的主要特征归纳为五个方面：一是就社会关心领域的功能种类或跨部门种类提供附加的特别信息；二是当需要扩大国民经济核算账户概念框架的范围时，使用补充的或替代性概念，包括使用补充或替代性的分类和核算框架；三是扩展人类活动成本和收益的范围；四是利用相关指标和总量对数据进行更进一步的分析；五是强调实物量数据来源。

为了阐明其重要性，SNA 2008、ESA 2010 正式使用“卫星账户”这一术语，并设立一个章节来介绍卫星账户及其在一些领域（如旅游、环境）的特色性内容。这一时期卫星账户的总体发展主要呈现三个特点：一是国际手册和准则的推出，这一举措促进了卫星账户在方法上的不断融合。国际组织一直致力于卫星账户的持续开发，目前在理论和实践中发展比较成熟的卫星账户有 SEEA、TSA、住户卫星账户、卫生卫星账户等。二是各国卫星账户的编制研究，使得卫星账户逐渐成为国民经济核算的重要内容，许多发达国家相关统计部门相继开展卫星账户的编制实践，如法国、英国、美国、加拿大、澳大利亚等。三是卫星账户逐渐成为社会不同领域统计核算的新“偏好”，这促进了卫星账户的进一步整合。

二、关于卫星账户的分类体系和生产范围

1. 分类体系方面

ISIC 是国民经济生产活动的统计分类标准，是 SNA 核算范围划分的基础，即 SNA 框架下的核算过程是 ISIC 口径下的行业核算。ISIC 以国民经济的产业结构作为分类基础，以各基层单位所从事的主要活动作为分类依据，

目的是将国民经济总体划分为可以进行国际比较的若干产业。ISIC 现行的版本是 ISIC 4.0，该分类体系从全社会产品生产的角度，根据生产活动的同质性，将国民经济整体划分为 21 个门类、88 个大类、238 个中类和 419 个小类。SNA 2008 中心框架的生产单位是基层单位，要按其主要活动根据 ISIC 4.0 进行划分，在 ISIC 4.0 中，提供某类生产活动的部门总称为“行业”，通常，在 SNA 2008 中心框架下展开的核算就是基于“行业”进行的。

SNA 2008 的第 29 章中对卫星账户的基本分类有所阐释，基本表述为：科学、完整的分类体系是构建卫星账户核算框架的基础，也是实现卫星账户分析功能的前提条件，卫星账户的基本分类以功能分类为起点和核心，同时也包括活动分类和产品分类等。Aizcorbe 等（2008）将卫星账户的基本分类与 ISIC 4.0 加以比较，指出二者是性质不同的两个概念，并将主要区别总结如下。

ISIC 4.0 是从生产角度定义的，着眼于国民经济的整体，确保国家宏观层面统计核算结果的全面和完整。因此，从核算框架与研究内容的角度上看，基于 ISIC 4.0 的行业划分是完整的，但是，该划分的基础是针对国民经济整体来说的。由于 SNA 2008 侧重对国民经济生产成果的统计，建立在以生产或供应为导向的理论框架内，核算角度定位于宏观经济角度，根据经济活动的相似性（工艺和生产技术等），将生产活动分成各个具体的行业。

对于社会公众而言，关联程度更高的并不是生产，而是需求，住户个人进行生产的目的主要是促使劳动力的再生产。从国民经济的宏观视角看，更侧重生产，从住户的微观视角看，更侧重需求。也就是说，卫星账户分类体系是从需求角度定义的，立足于需求统计，反映的是社会公众的需求。卫星账户功能分类弥补了 ISIC 4.0 的核算局限，着眼于中观经济角度，具有不可替代性。由于卫星核算的活动是从需求角度定义的概念，只有通过功能分类才能够将其从国民经济的各个行业中剥离出来并汇聚成一个整体，因此，卫星账户以功能分类为核心，并由功能分类派生出活动分类和产品分类。另外，卫星账户基本分类的建立以 SNA 2008 中心框架下相应的分类为基础，但需要对其进行重新组合，即根据具体的分析功能，建立以产品为主体的分类体系。

2. 生产范围方面

ISIC 4.0 口径下的行业统计不仅遵循 SNA 2008 中心框架的核算规则，而且遵循其概念模式，因此二者的生产范围具有一致性。但是，对于卫星账户的生产范围而言，可以对 SNA 的生产范围有所突破。根据 Eurostat（2008）对卫星账户核算生产活动的界定，可将其内容细分为三部分：一是作为基层单位的主要活动；二是作为基层单位的次要活动；三是作为基层单位的辅助活动。其中，主要活动和次要活动包括在 SNA 2008 中心框架的生产范围内，但是，对于辅助活动，SNA 2008 指出：当一些经济活动以辅助活动的形式存在，并仅限于为本单位的主要活动或次要活动提供支持时，SNA 不视其为独立的基层单位，其生产活动被视为本单位的中间消耗。SNA 2008 中心框架对辅助活动采取这一处理方式的原因是：首先，ISIC 4.0 并未建立关于辅助活动的专门分类，导致辅助活动及其相关产品不能以独立产品的形式出现；其次，辅助活动用于对主要活动或次要活动提供支持，相对于国民经济总体而言，其产出价值较小，如 ISIC 4.0 口径下的医疗卫生服务只包括作为主要产品或次要产品提供给第三方的服务，将职业医疗卫生保健服务视为辅助活动，并将其产出视为中间消耗。

OECD（2011）从卫星账户的设置角度对辅助活动的特征进行了总结：首先，辅助活动广泛存在于基层单位中，其产出具备一定的规模；其次，卫星账户的目的是对国民经济重要领域的生产活动进行全口径核算，并了解生产活动及其产出情况的全貌，实现该目标不仅需要将次要活动从主要活动中分离出来，而且需要识别和确定辅助活动。因此，辅助活动是重要组成部分，有必要将其纳入卫星账户的生产范围。以运输为例，中心框架中运输活动的产出只包括提供给第三方的运输服务，自给性运输作为辅助活动，投入是其所服务的生产单位费用中没有单列出来的组成部分，如果想要更全面了解运输活动的情况，至少对生产单位的自给性运输加以识别和计算。然而，在某些情况下，如旅游和环境保护活动，识别过程是很复杂的，因为相关的活动和产品很可能以小类的形式出现在中心框架的分类中，甚至没有出现在中心框架的分类中。

另外，住户部门提供的家庭服务是“无酬服务”，主要指住户为家庭其他成员提供的没有货币报酬的服务。SNA 2008 中心框架将为住户自身最终消费提供的全部服务作为住户部门的非市场性生产，不计入其生产范围，因此，家庭成员之间相互提供的、用于家庭内部最终消费的服务不能在 SNA 2008 中心框架中体现。但是，OECD（2011）提出有必要将住户无酬服务纳入卫星账户的生产范围，其原因可以归纳为两点：一方面，随着科技的进步，生产力水平不断提高，社会经济在快速发展，原有的家务劳动已经开始显现出社会化的趋势，在此状态下，住户部门的无酬服务对整个国民经济体系的影响力在逐渐增强，其已经不能够自成体系独立于国民经济核算体系之外；另一方面，通过住户部门的无酬劳动所提供的各类服务是全社会所必需的，对提升社会福利水平有极其重要的意义，家庭服务不仅可以由家庭成员自行提供，也可以通过雇用家庭服务人员来提供。因此，住户选择自行提供，还是对外付费雇佣，对国民经济整体核算具有较大影响。

《宏观经济测算的前沿问题：国民经济账户的新设计》一书中提到：住户无酬服务不以市场价格提供，但是此类服务的大部分可以在市场中寻找到替代服务，因此，住户无酬服务同样可以进行估价，价格来源于市场上的同类服务。实际上，在现行的国民经济核算实践中，已经纳入了很大一部分的家庭自我供给性质的生产活动，如农户留作家庭消费的农副产品、住户自有住宅的虚拟服务，上述生产活动的价格也是参考市场上同类生产活动的价格来估计。虽然这种估价的方式处于逐渐研究和完善的阶段，但是住户无酬服务在理论上是应该纳入国民经济核算范围内的。同时，住户无酬服务数量庞大，具有经济意义，其提供过程伴随着各种生产要素的投入，并且该服务的生产同样是在机构单位——住户的控制和负责下进行的，与按市场价格购买的住户服务类似，服务的提供、收入的形成以及使用的形成应该具有一致性。因此，从全口径核算的角度看，卫星账户的生产范围应该包括住户无酬服务。

三、关于卫星账户的概念替代

在概念替代方面，SNA 2008 指出：当卫星账户的生产范围扩大后，原始收入是增加的，对于生产范围内增加的活动要虚拟估算其收入。如果各个项目有关的数额不同于中心框架中相同流量的数额，如某一卫星账户的建立是独立于中心框架而建立的，那么该账户的编制以对 SNA 概念的替代为基础，具体包括生产范围的不同选择、消费概念或资本形成概念的扩大、资产范围的扩展等，进而带来局部新的总量，从而达到对中心框架补充的目的。概念替代问题涉及比较重要的经济现实变化，要解决这些问题，需要对国民经济核算某些基本概念做出修正。

从概念替代的视角看，应该着重对外生卫星账户的核算方式进行探索。总结国际标准和国外学者的已有研究，可归纳为四个方面：一是面对全球化带来的冲击，按照常住性确定国民经济核算范围的方法受到质疑，为此需要引入所有权、控制权原则，探索建立基于所有权的核算框架，提供有关生产、资产以及对外进出口的数据信息；二是着眼于可持续发展理念，把资源环境因素引入国民经济核算，需要扩展原来的资产概念，修改原来的生产概念，探索建立综合环境经济核算体系，提供更加接近于可持续发展描述、评价的数据信息；三是根据知识经济的特征，国民经济核算需要对投资概念、资产概念予以修改，确认有关知识的无形资产和相应的投资概念，建立相应的核算框架，如 R&D 账户、人力资本账户、无形资产核算账户等，描述在此定义下的国民经济核算体系；四是扩展现有金融资产负债的定义和范围，建立相对独立的金融交易和金融资产账户，在更广泛意义上探索金融经济与实体经济的关系。

第四节 卫星账户的发展方向

随着 SNA 2008 的正式发布，国际社会关于国民经济核算的研究也在发生变化，研究者不再仅仅关注 SNA 2008 自身的变化，而是将研究范围扩展到了中心框架之外，逐渐认识到中心框架和卫星账户都是国民经济核算体系的重要组成，由于二者的研究重点与角度不同，这两部分内容不能互相替代。并且，越来越多的事实表明：GDP 已不能准确反映一国国民财富的真实状况。另外，一国经济发展的质量和发生风险的概率，也并非仅体现在经济增长的速度上。因此，如何评估真实的 GDP 增长水平以反映一国财富创造的能力以及经济内生增长的动力源泉是一个重大而具有挑战的议题。

从世界范围看，当今全球进入了大数据、云计算、金融互联网、物联网、能源互联网、工业互联网的新时代，经济发展动力进入了以技术创新为主导的历史阶段。正在出现的全球新一轮科技革命和产业变革与我国加快转变经济发展方式的新常态形成历史性交汇。面对全球经济快速增长以及我国经济高质量发展的现实状况，迫切需要对国民经济核算体系进行变革。当前，中国国民经济核算体系滞后于国际标准，也难以符合中国经济转型升级的要求。2017 年，国家统计局印发《中国国民经济核算体系（2016）》，一方面在核算范围上有所拓展，将长期以来无法被传统 GDP 核算识别的无形资产和要素“有形化”“资本化”，如将 R&D 支出、土地流转收入等计入其中；另一方面，根据我国管理需求和统计基础状况纳入扩展核算，包括资源环境核算、人口和劳动力核算、卫生核算、旅游核算和新兴经济核算。

党的十九大报告指出，“我国经济已由高速增长阶段转向高质量发展阶段”①。2018 年，宁吉喆在全国统计工作会议上指出，“统计系统将紧紧围绕推动经济高质量发展、建立现代化经济体系的要求，加快形成推动高质量发展的统计体系”②。目前，我国的统计核算体系与建成高质量统计体系的目标要求仍有一定的差距，因此，现阶段我国亟须构建与完善国民经济核算的卫星账户体系，对国民经济重要领域开展专门核算，这样才能够使我国的国民经济核算体系与经济高质量发展的测度相匹配。

① 《习近平：决胜全面建成小康社会 夺取新时代中国特色社会主义伟大胜利——在中国共产党第十九次全国代表大会上的报告》，https://www.gov.cn/zhuanti/2017-10/27/content_5234876.htm[2017-10-27]。

②《加快形成推动高质量发展统计体系》，https://www.gov.cn/xinwen/2018-01/13/content_5256222.htm[2018-01-13]。

第三章
派生产业核算的理论机理与方法逻辑[①]

派生产业是在国民经济核算基本概念和分类体系的基础上，通过概念的扩展和分类的重构而形成的，实现了对某些领域的详细描述，满足了特定类型分析和专门领域管理的需要。本章在阐释派生产业内涵、明确派生产业核算功能和作用的基础上，以新冠疫情医疗救助为典型案例，指出派生产业提出的现实意义，进一步依据微观视角生产过程和宏观视角社会再生产过程分别对应产品生产过程和总产品生产过程这一逻辑关系，探讨派生产业的研究范围与核算视角，解析派生产业总产品引入的内在逻辑与外在决定性因素，并通过卫星账户核算方法是派生产业核算理想方法和有效工具的论证诠释了派生产业核算的方法逻辑。

第一节　派生产业与派生产业核算

传统产业转型升级以及新产业、新业态、新商业模式的不断涌现，逐步形成了助推经济高质量发展的各类新兴产业或重点产业。由于这些新兴产业或重点产业无法与现有国民经济行业分类对接，需要在现行国民经济行业分

① 本章执笔人：蒋萍、艾伟强、王勇。本章已发表于《统计研究》2021 年第 11 期。

类基础上重新组合划分，某些行业甚至会超越现行国民经济行业的涵盖范围，为与现行国民经济行业分类标准中的行业相区分，可将其统称为派生产业。

派生产业核算研究需要从理论与实践两个层面展开，共同解决“是什么”和“用于什么”的问题。关于派生产业核算研究实践层面的论述相对较多，在制度设计方面，国家统计局出台了高技术产业（制造业）、知识产权（专利）密集型产业、战略性新兴产业、文化及相关产业、健康产业、生产性服务业等系列派生产业分类标准，相关统计部门也开展了部分派生产业产出与增加值的核算；在研究与探讨方面，多是实际部门工作者针对派生产业统计工作遇到的实际问题展开（张娟，2020；俞灵燕，2015）。相比之下，学术界研究较少，即使有所涉及，多是由某种具体派生产业切入，如信息与通信产业（屈超和张美慧，2015）、数字经济产业（向书坚和吴文君，2019）、卫生产业（艾伟强和蒋萍，2013）等。对派生产业核算理论机理与方法逻辑进行一般性归纳的研究较少，某种程度上影响了派生产业核算的深入展开。例如，关于派生产业核算问题的研究，大多仅集中于“是什么”的讨论，对“用于什么”也仅限于派生产业自身发展的贡献，至于派生产业对其他产业（派生产业之外的产业）的撬动作用或间接贡献的相关研究相对较少。

本章从派生产业提出的现实意义出发，依据微观视角生产过程和宏观视角社会再生产过程分别对应产品生产过程和总产品生产过程这一逻辑关系，探讨派生产业研究范围与核算视角，解析派生产业总产品引入的内在逻辑与外在决定性因素，论证卫星账户是派生产业核算的理想方法与有效工具，针对派生产业核算研究存在的问题提出了建设性改进建议。

第二节　派生产业提出的现实意义——从新冠疫情医疗救助谈起

现行国民经济行业分类标准虽然涵盖门类、大类、中类、小类各种层级，但是相对于不断变化的产业形态和实践需求仍显不足，从新冠疫情医疗救助遇到的问题可以看出，派生产业核算研究具有重要的现实意义。

一、常规概念中的医疗卫生行业

常规概念中的医疗卫生行业是指“卫生和社会工作”门类中的“卫生”大类[①]，包括医院、基层医疗卫生服务、专业公共卫生服务、其他卫生活动四个中类，综合医院、中医医院、民族医院、专科医院、疗养院、社区卫生服务中心（站）、疾病预防控制中心、妇幼保健院（所、站）、急救中心（站）服务等 20 个小类。对于医疗卫生发展水平的衡量指标，可以从我国统计年鉴中找到最具权威性的指标体系，包括卫生总费用、政府卫生支出、社会卫生支出、人均卫生费用等用价值量表示的指标，也包括医疗卫生机构数、医疗卫生人员数、医疗卫生机构床位数等实物量指标，还包括医疗卫生机构服务情况方面的指标，如诊疗人次数、入院人数以及反映医疗卫生综合发展水平的平均预期寿命等。由此可以看出，常规概念中的医疗卫生行业指的是医疗卫生服务业，生产单位指的是从事医疗卫生服务行业的机构，生产的产品指的是医疗卫生服务机构提供的服务产品，从业人员指的是医疗卫生服务行业的从业人员。

二、新冠疫情医疗救助遇到的实际问题

新冠疫情初期，医护人员告急、医院床位告急，医疗救助水平取决于

---

① 《国民经济行业分类》（GB/T 4754—2017）将整个国民经济分为 20 个行业门类，分别是：农、林、牧、渔业，采矿业，制造业，电力、热力、燃气及水生产和供应业，建筑业，批发和零售业，交通运输、仓储和邮政业，住宿和餐饮业，信息传输、软件和信息技术服务业，金融业，房地产业，租赁和商务服务业，科学研究和技术服务业，水利、环境和公共设施管理业，居民服务、修理和其他服务业，教育，卫生和社会工作，文化、体育和娱乐业，公共管理、社会保障和社会组织，国际组织。

医护人员数量和床位数量，医疗救助水平与服务业中的医疗卫生行业相挂钩。随着疫情发展，人们意识到，只有医护人员和床位还不够，还需要口罩、防护服、呼吸机、检测试剂盒、药品等防疫物资和医药产品，防疫物资生产能力与生产水平、药品的治疗效果直接影响临床救治效果及疫情控制程度，即医疗卫生货物产品的生产能力与生产水平同样影响着医疗卫生服务水平。

当全国各地援助的医疗物资集结武汉市红十字会时，初期出现了防疫物资供应周转不够快、调拨不够及时的问题，一方面防疫物资积压仓库，另一方面医院告急，缺少防疫物资，影响医疗救助工作的展开。这说明医疗物资的运输能力、调拨与分销能力影响着医疗救助工作，这也是反映医疗卫生行业发展水平的重要方面。医疗卫生行业各类产品（货物产品、运输服务、销售服务、医疗服务）存在着相互牵制、互相影响、协同发展的关系。

以上两个实际问题的出现对医疗卫生行业统计口径与核算方法提出了挑战：从统计口径看，医疗卫生行业不仅包括医疗卫生服务业，还包括医疗物资生产、医疗物资运输、医疗物资销售等环节；从核算方法看，仅仅反映医疗卫生行业整体规模还不够，还需要有反映医疗卫生行业内部各类产品协同关系与牵动作用的有效方法。

按照国民经济行业分类标准，口罩、防护服、呼吸机、检测试剂盒、药品等生产属于“制造业”门类，防疫物资的运输属于“交通运输、仓储和邮政业”门类，防疫物资的调拨与分销属于“批发和零售业”门类，国民经济行业分类标准中的“卫生和社会工作”门类中的“卫生”大类只是医疗卫生行业中的服务业，依据现行国民经济行业分类标准无法获得涵盖医疗卫生货物产品生产、医疗卫生货物产品运输、医疗卫生货物产品销售、医疗卫生服务等所有环节的医疗卫生行业总产品概念，也缺少对医疗卫生行业总产品进行专门统计的有效方法，更缺少对医疗卫生行业总产品构成部分关联影响与牵制作用的针对性分析。

三、口径、视角与方法的思维转换

新冠疫情防控工作对国家公共医疗卫生体系建设、医疗卫生产品产业化链条有机衔接、医疗卫生事业国家战略布局都带来了新的思考与反思，同时也引发了医疗卫生行业统计口径、统计视角与核算方法的思维转换。

思维转换一：从统计口径上看，如果仅将医疗卫生事业发展水平局限于医疗卫生服务业是不够的，医疗卫生服务业只是医疗卫生产品产业化链条中的一个环节，在进行医疗卫生事业国家战略布局时应该将整个产业链条作为一个整体，从而整体上提升医疗卫生水平。国民经济行业分类对接的是社会总产品，派生产业分类对接的是派生产业总产品，本章将这种思维转换视为社会总产品向派生产业总产品的转换。

思维转换二：从统计视角上看，如果仅将扩展后的全口径医疗卫生行业局限于供给侧生产结果统计是不够的，还要从需求的角度分析“使用了哪些产品”，以便从供需平衡角度分析医疗卫生产品总供给与总需求的匹配程度。本章将这种思维转换视为行业产品供给侧生产水平核算向派生产业供需平衡关系研究的转换。

思维转换三：从核算方法上看，如果仅将扩展后的全口径医疗卫生行业各类产品——货物产品、运输服务、销售服务、医疗服务等简单汇总，局限于派生产业自身对经济发展的直接贡献是不够的。医疗卫生产品产业化链条是社会再生产系统的一个子系统，子系统除了对总系统产生直接贡献外，还会间接牵动其他子系统的发展。本章将这种思维转换视为行业产品对经济发展直接贡献研究向派生产业直接贡献加间接贡献全面研究的转换。

第三节　派生产业研究范围与核算视角

一、产品、总产品与社会总产品

“产品包括货物与服务……它们是生产过程的结果”[①]。理解“生产过程”有两个角度，一个角度是微观层面的，即企业的或生产单位的，另一个角度是宏观层面的，即全社会的。企业角度的生产过程指产品本身从投入到产出的生产过程，反映新产品的形成过程。社会角度的生产过程是指产品的社会再生产过程，包括从研发、生产流通到最终消费等环节，反映社会最终产品的形成过程。社会角度的生产过程不仅包括货物产品的生产活动，还包括服务的提供活动。例如，篮球企业生产的篮球是货物产品、运输企业对篮球的运输是生产性服务活动、销售企业对篮球的销售是生活性服务活动，三种活动对应三种不同品种的产品——货物产品、生产性服务活动产品、生活性服务活动产品，每一种产品都是独立的，具有不同的生产属性或物理特征，其生产过程体现在各自产品从投入到产出的过程，这就是企业视角的产品生产过程。从社会生产角度看，这三种生产活动都不是完整的，只有将这三种生产活动组合到一起才能形成完整的篮球再生产全过程。因而，社会再生产角度的篮球产品生产过程包括篮球的生产、篮球的运输、篮球的销售。为便于区别，本章把微观层面企业角度生产过程视为产品生产过程，宏观层面社会角度生产过程视为总产品生产过程。

总产品是与中间产品、最终产品对应的概念。从计量的角度看，总产品也有汇总的含义，具有总量指标属性。根据汇总范围的不同可以形成不同口径的总产品，如行业总产品、社会总产品等。本章在对产品与总产品区分时，

---

① 参见 SNA 2008 6. 14 段。

依据的不仅仅是"是不是通过汇总得到的"，还依据于生产过程视角。如果是对微观层面企业（或生产单位）生产过程相对应形成的产品进行汇总，则视为产品视角；如果是对社会再生产全过程相对应形成的产品进行汇总，则视为总产品视角。图 3-1 展示了不同层面生产过程与产品或总产品的对应关系。

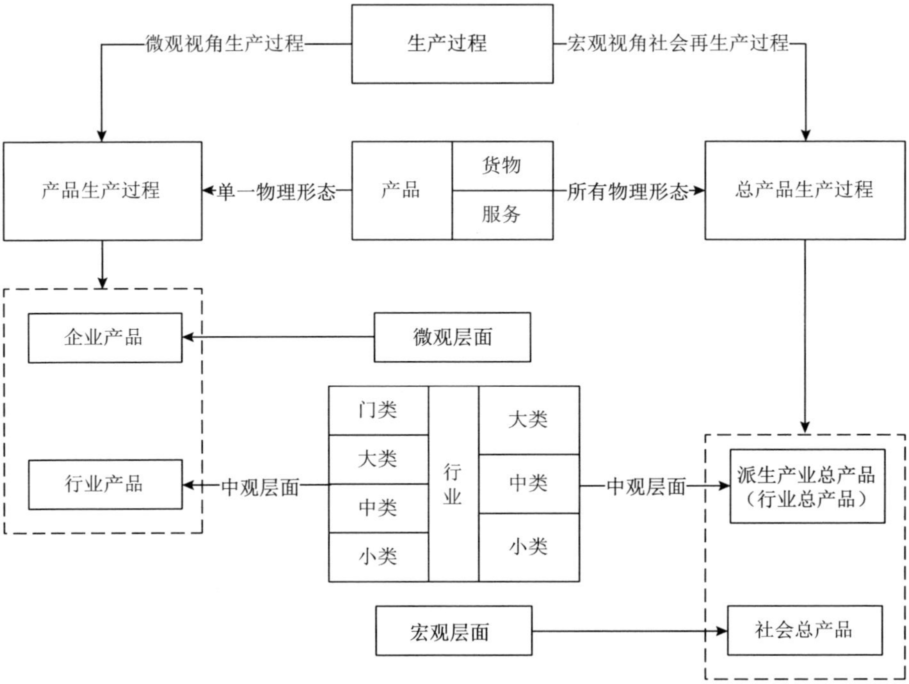

图 3-1　不同层面生产过程与产品或总产品的对应关系

由图 3-1 可以看出，对于一个具体的企业或生产单位而言，其生产过程仅涵盖社会再生产过程的一个环节而不是全部，对企业产品的汇总不是宏观层面的，不能称为企业总产品，只能称为企业产品，与此对应的产出指标为企业产品产出（或企业产出）。对于一个国家来说，其生产过程是宏观的，对全社会所有产品的汇总是宏观层面的社会总产品视角，与社会总产品对应的产出指标是社会总产品产出，或社会总产出。

二、派生产业总产品与行业产品

除微观层面企业产品与宏观层面社会总产品外，客观上存在一个中观层面的产品与总产品，即行业产品与派生产业总产品（或行业总产品），与此对应的产出指标分别为行业产品产出与派生产业总产品产出（或行业总产品产出）。与微观层面不同的是，中观层面既存在与产品相对应的行业产品，也存在与总产品相对应的派生产业总产品。行业产品与派生产业总产品研究视角不同，二者缺一不可（图3-1）。

1. 行业产品是对本行业企业角度生产过程对应的同一种类产品进行汇总

“行业产品”可以拆分为两个词：“行业”与“产品”。“行业”虽然是个中观口径概念，但对生产过程的理解是微观视角的，它是对企业角度生产过程对应的产品进行汇总，从社会再生产过程看是不完整的。行业产品与现行国民经济行业分类中的分类层级、类别数量相对应，有 20 个行业门类产品、97 个行业大类产品、473 个行业中类产品、1381 个行业小类产品。

2. 派生产业总产品是对社会再生产视角全产业链条对应的所有种类产品进行汇总

派生产业总产品对生产过程的理解是社会角度的，派生产业总产品生产过程包括社会再生产过程的所有环节与所有阶段。相对于生产单位与全社会，派生产业总产品可以理解为中观层面的，但对派生产业生产过程的理解是宏观的，是站在宏观角度看待中观层面的派生产业生产问题，这是派生产业总产品与行业产品的本质区别。由于派生产业总产品包含了派生产业社会再生产过程所有阶段所有环节的产品，所以也可称为全口径行业产品。

行业产品可以分别与门类、大类、中类、小类对应，形成不同口径范围的行业产品：行业门类产品、行业大类产品、行业中类产品或行业小类产品。

派生产业总产品只能从大类、中类、小类切入，形成相应的派生产业大类总产品、派生产业中类总产品或派生产业小类总产品，无法从门类切入。

3. 派生产业总产品与行业产品区别的实例分析

派生产业总产品与行业产品是不同的。以体育为例，我国现行国民经济行业分类中的“体育”归在“文化、体育和娱乐业”门类中的“体育”大类，体育产品指与“体育”大类相对应的服务活动，属于第三产业。体育派生产业总产品指为社会提供各种体育产品（货物和服务）和体育相关产品的集合，其不仅包括“体育”大类对应的服务，还包括归在“公共管理、社会保障和社会组织”门类中的体育社会事务管理等活动、归在“教育”门类中的体育教育与培训活动、归在“新闻和出版业”大类中的体育传媒与信息服务活动、归在“制造业”门类中的体育用品及器材制造业生产的产品等。国家统计局公布的《体育产业统计分类（2019）》指的就是体育派生产业总产品。

三、派生产业总产品核算视角

1. 核算范围的全口径

派生产业总产品既可以在现有国民经济行业类别基础上扩展形成，如教育培训及相关产业统计分类、农业及相关产业统计分类等，也可以根据研究目的重新组合，形成新的研究范围，从而形成新的派生产业部门，如能源产品产业部门、三新经济产业部门、数字经济产业部门等。无论是哪一种派生产业总产品，其与行业产品的区别是核算范围的全口径，因此，如何识别派生产业总产品并对其进行全面核算是派生产业核算面临的重要任务。

2. 供给与需求双向视角的切入

派生产业总产品既可以从生产角度理解，也可以从最终消费与使用角度理解。从生产角度看，派生产业总产品指生产该产业产品涉及的所有基层核算单位生产的产品之和；从最终消费与使用角度看，派生产业总产品指为社会提供的可供消费和使用的、该产业生产的货物和服务之和。派生产业总产品核算的重要任务就是既要从供给的角度反映产品的来源，也要从需求的角度反映产品的使用，供给与需求平衡思想的实现是派生产业核算需解决的重要任务。

3. 直接贡献与间接贡献的全方位展示

国民经济各产业部门间不仅存在着错综复杂的直接经济联系，还存在着千丝万缕的间接依存关系。派生产业在国民经济发展中的作用不仅体现在直接贡献上，还体现在间接贡献上，直接贡献指派生产业部门在自身生产经营活动中，通过直接投入获得的生产成果和创造的就业机会，如派生产业产出与增加值、派生产业增加值占国内生产总值比重、派生产业发展速度、派生产业就业人数等。间接贡献指派生产业发展带动其他产业（派生产业之外的产业）发展而产生的经济贡献和创造的就业机会等。派生产业核算不仅要核查本产业发展的直接贡献,还要识别本产业发展对相关产业发展产生的影响，从而在全局上、宏观上把握派生产业全产业链生产状况及其对国民经济的总体贡献。

第四节　派生产业总产品视角引入的内在逻辑与决定性因素

以国民经济行业分类为基础的行业产品概念广为人知，实践中应用颇多，在宏观经济管理中起到了非常重要的作用。本节将讨论引入派生产业总产品概念的内在逻辑与决定性因素。

一、内在逻辑

多数人对行业的理解以国民经济行业分类为依据，而国民经济行业分类的目的是保证社会总产品的完整性，无法保证行业产品口径的全面性，即依据现有行业分类获得的行业产品只代表社会总产品视角下的具体行业产品之和，不代表涵盖整个再生产过程的派生产业总产品。

首先，从产品形态看，社会总产品是将所有行业类别作为一个整体来看待的，既包括货物产品，也包括服务产品，因而国民经济行业分类保证了社会总产品的完整性，反映的是全社会最终产品的生产总量。反之，如果将每一个行业类别独立看待，每一个行业类别对应的是货物产品或者服务产品，这与企业视角下产品形态的对应方式类似，与“总产品”视角下产品形态的对应方式不符。

其次，从生产过程看，社会总产品的生产全过程与20个行业的生产行为相对应，每一个行业的生产都是社会再生产过程的一个环节或阶段，国民经济行业分类满足了社会总产品从生产到最终消费全过程的描述。从派生产业总产品的视角看，现有行业分类所代表的行业生产行为只是派生产业总产品视角生产过程中的一个环节，无法反映派生产业总产品从生产到最终消费的全过程。例如，我们常用的农业增加值指标反映的是社会总产品生产过程中农业产品生产环节的最终生产成果，而不是农业总产品生产全过程，从农业总产品的角度看，除了包括农林牧渔业产品的生产，还应包括农产品的生产、加工、物流、销售等全产业链的各个生产环节。

最后，从不重复、不遗漏计算原则的掌握上看，国民经济行业分类保障的是社会总产品的全面与完整，而不是派生产业总产品的全面与完整。既然国民经济行业分类对于派生产业总产品的涵盖是不全面的，那么能否修改行业分类使之满足派生产业总产品全面性与完整性的要求呢？答案是否定的。如果满足了派生产业总产品全面性与完整性的要求，从社会总产品的角度看就存在重复计算。例如，从农业总产品视角看，农产品生产与农产品销售都属于农业生产活动，但如果将农产品销售归入农业总产品，从社会总产品角度看就存在重复计算，因为农产品销售活动归在了“批发和零售业”。所以，依据不重复、不遗漏计算原则，国民经济行业分类标准无法满足派生产业总产品全面性和完整性的需求。由于基于国民经济行业分类无法获得全口径的派生产业总产品，因此客观上存在着突破行业分类界限、重构派生产业总产品的内在需求。

二、决定性因素

“派生产业总产品”中的“派生产业”对应中观口径，“总产品”对应宏观视角社会再生产过程，引入派生产业总产品的意义在于：从宏观层面社会再生产视角审视行业发展问题，通过社会再生产循环理论解读行业再生产过程，揭示派生产业总产品生产过程各个环节与各个阶段的互促关系和制约因素。

1. 大国经济格局特殊性决定了派生产业总产品视角在我国具有特殊重要意义

新中国成立以来，我国成功走出了一条具有中国特色的新型工业化发展道路，走过了发达国家几百年的工业化历程，创造了人类发展史上的奇迹。“我国成为全世界唯一拥有联合国产业分类中所列全部工业门类的国家”（工业和信息化部，2019）。“门类齐全、独立完整”是个平铺的数量概念，对不同品种产品生产的分析可以反映现代化生产过程及其在国民经济发展中的贡献。但是，生产的目的是满足人民日益增长的物质和文化需求，必须落地为社会视角的总产品实现。因此，必须将物质产品的生产-运输、销售等生产性服务-生活性服务-公共服务等从纵向上连通起来进行整体把握，以分析行业产品在生产、加工、储运、销售和消费环节的有序运行。

派生产业总产品视角产业链不同于行业产品视角产业链。行业产品视角产业链以产品本身的生产为主线，构建从原材料到终端产品制造的各生产部门的完整链条，目的在于反映产品本身生产过程中各个环节的国际合作、地域合作或企业合作。派生产业总产品视角产业链以派生产业总产品社会再生产全过程为主线，在行业产品视角产业链基础上，尽可能地向上下游拓展延伸。向上游延伸可使产业链条进入基础产业环节或技术研发环节，向下游拓展则进入市场拓展环节、生活性服务环节或公共服务环节等。以飞机生产为例，据悉，美国波音公司生产的波音 747 飞机所用的几百万个零部件，是由 6 个国家的 1500 家大型企业和 1.5 万家中小型企业参与协作分工生产出来的。以波音 747 生产为目的形成的飞机生产产业链属于行业产品视角产业链。飞机派生产业总产品视角产业链除了包括飞机本身的生产，还包括其前期研发、基础培训等，以及后续生产活动——航空运输、维修服务等。

关于产业间纵向联系的研究，目前多是基于社会总产品视角，如三次产业构成与关联分析、基于投入产出表的产业链分析等。社会总产品是个高度抽象与综合的概念，难免抵消了行业间、产品间的发展差异，平滑了不同行业的发展趋势，因而需要有针对性地对具体派生产业总产品进行深层次解读。当前，我国已经具备了完整的工业体系和齐全的工业门类，在此背景下，进行纵向上派生产业总产品视角的分析则更具重要意义。

2. 高质量经济发展与产业升级国家战略的实施决定了派生产业总产品视角在升级版产业链研究中具有重要作用

高质量经济发展与产业升级国家战略实施无论是从行业产品视角还是从派生产业总产品视角都会带来产业链条的优化与延伸。从行业产品本身的生产上看，以技术创新为引领，以新技术、新产业、新业态、新模式为核心，以知识、技术、信息、数据等新生产要素为支撑，形成的产业融合发展新格局打破了以往对产品边界的认知。信息技术、网络技术、数字技术等相继融入传统生产部门，深刻改变了传统部门的行业、产业属性，横跨若干行业“跨界产品”的出现为派生产业总产品视角产业链研究提供了空间。例如，第一产业内部的种植业、养殖业、畜牧业等，在与生物技术融合的基础上，通过生物链重新整合，形成生态农业等新型产业形态。新型产业形态的出现对在传统产业认知基础上形成的与行业分类相对应的行业产品视角提出了挑战。从派生产业总产品社会再生产链条上看，随着高质量经济发展与产业升级相关国家战略的实施，不同行业或同一行业在技术与制度创新基础上相互渗透、相互交叉，构建了更加复杂的升级版产业链条，催生出更具关联性的加长版供应链和产业链。此种情况下，社会视角下生产过程产业链研究的意义与作用远大于产品生产本身。

3. 改革开放背景下国际贸易的纵深发展决定了派生产业总产品视角在全球化研究中起到不可替代的作用

在封闭经济状态下，某一国家社会总产品中的中间产品与最终产品的界限是明晰的，中间产品指没有成为最终产品之前处于加工过程中的产品，最终产品指一定时期内生产而同期不再加工就可直接为社会提供的最终消费和使用的产品。进入 21 世纪，在经济全球化进程中，社会分工得以在更大范围内进行，随着世界经济一体化进程快速推进，国际分工进一步加深，国际贸易由最终产品贸易向以初级品、半成品和零配件为主要内容的中间品贸易形式转变，出口产品无法与最终产品相对应。在这种情况下，如何从派生产业总产品视角出发，反映贸易增长如何带动产业升级，并且在多大程度上融入全球产业链的发展过程，就显得尤为重要。特别是新冠疫情的发生，对世界经济贸易产生了巨大冲击，其冲击覆盖面与冲击强度在不同行业间有显著不同，对国际产业链供应链也产生了严重的影响，这就更需要对贸易产品进行分行业的、总产品视角的纵向产业链研究。

第五节　卫星账户核算方法是派生产业核算的理想方法与有效工具

卫星账户是通过不同核算形式（包括二维账户平衡表、矩阵平衡表、投入产出表等）对特定研究领域（如派生产业领域）进行全面核算的方法。将卫星账户核算方法运用于派生产业核算是实现派生产业核算理念转换的有效工具。

一、卫星账户核算方法是解决派生产业核算理念转换的有效工具

“卫星账户”（satellite accounts）是从英文文献直译过来的，不了解“卫星账户”内涵的人会从字面上进行解读，因此，比较关注“卫星账户”的名词属性，误以为卫星账户指的就是“二维账户平衡表”。实际上，卫星账户指的是核算方法，所用的账户也不限于二维账户平衡表。“卫星账户”可以分解为两个词：“卫星”与“账户”。“卫星”指的是研究领域，还意味着自成体系，是子系统的概念。“账户”指各种账户形式，既包括二维账户平衡表，也包括其他账户形式，如供给使用表、投入产出表等。卫星账户指通过各种账户形式对卫星子系统进行全面核算。因此，可将“卫星账户”理解为“卫星子系统核算”，卫星子系统核算既包括卫星子系统生产核算，也包括卫星子系统供给使用核算、卫星子系统投入产出核算。

派生产业核算针对的是派生产业总产品，派生产业总产品着眼于社会再生产全过程，包括主产品的前期研发、中期的生产制造及后期的销售服务，关联产品的生产与开发等，因此，派生产业具有明显的子系统特征。这就意味着派生产业核算不能仅局限于派生产业生产结果核算，还要从宏观视角对派生产业总产品供给与需求状况、派生产业全产业链产品的相互依存关系进行分析。这就需要用到卫星账户的核算理念与核算方法。卫星账户核算方法包括卫星子系统生产核算、卫星子系统供给使用核算与卫星子系统投入产出核算。在账户形式与核算方法的对应关系上，二维账户平衡表对应卫星子系统生产核算，供给使用表对应卫星子系统供给使用核算，投入产出表对应卫星子系统投入产出核算。将卫星账户核算方法运用于派生产业核算是指将卫

星账户涉及的所有账户形式——二维账户平衡表、供给使用表、投入产出表运用于派生产业核算中，从而形成派生产业核算的全部内容：派生产业生产核算、派生产业供给使用核算、派生产业投入产出核算。派生产业生产核算在于解决派生产业口径界定与派生产业生产规模统计问题，派生产业供给使用核算在于解决单纯从供给侧生产水平核算向派生产业供需平衡关系研究转换的问题，派生产业投入产出核算在于解决单纯从直接贡献研究向派生产业直接贡献加间接贡献全面研究转换的问题。

二、将卫星账户核算方法全面运用于派生产业核算拟解决的实践问题

1. 通过派生产业生产核算反映其对经济发展的直接贡献

派生产业生产核算先要解决派生产业总产品的口径或分类问题，要在现有国民经济行业分类基础上，识别出派生产业的特征产品和关联产品，并重新分类。例如，在卫生派生产业中，可将卫生服务、卫生公共管理服务、卫生教育和研发等作为特征产品，将对病人的运输服务、药品和其他医疗物品等作为关联产品，特征产品与关联产品均归于卫生派生产业类别中。派生产业生产核算是通过编制派生产业生产账户实现的，账户来源方记录派生产业生产活动的产出，使用方记录派生产业的中间消耗，平衡项是派生产业增加值。派生产业直接经济贡献是通过派生产业增加值占 GDP 的比重及其增长速度体现的，比重越高、增长速度越快，说明派生产业对经济发展的直接经济贡献越大。

2. 通过派生产业供给使用核算揭示派生产业总产品的供需平衡关系

对派生产业而言，既要注重总产品的供给，也要注重总产品的需求和使用，这样才能打通阻碍派生产业总产品供需平衡的堵点，补齐短板，贯通生产、分配、流通、消费各环节，形成需求牵引供给、供给创造需求的更高水平动态平衡，从而提升国民经济体系的整体效能。因此，编制派生产业供给

使用表，展现派生产业供给侧和需求侧的平衡关系是派生产业卫星账户编制的关键点和重中之重。另外，官方统计机构和研究者目前对派生产业分类的界定仍未达成一致的标准和准则，存在派生产业分类界定不清的问题。通过派生产业供给使用表可以明确派生产业总产品的来源和使用去向，从而将派生产业链条中的各个环节识别出来，以清晰界定派生产业的具体类别，形成派生产业完整的分类体系，为提供更好的统计信息服务夯实标准基础。派生产业供给使用表还可以展现派生产业总产品与国民经济各部门的联系和平衡关系，以揭示派生产业总产品的产业关联度与协调关系。例如，卫生供给使用表是将卫生派生产业总产品的供给和使用纳入同一个核算框架，通过卫生供给表和卫生使用表展现卫生派生产业产品的供需平衡关系。需要注意的是，在卫生供给使用表中，横行和纵列能够分别将卫生派生产业和卫生派生产品单独完整地展示出来，这是与国民经济总体供给使用表的最显著区别。

3. 通过派生产业投入产出核算分析其对经济发展的间接贡献

派生产业投入产出表来源于国民经济总体的投入产出表，并在此基础上进行改进：将散落在不同国民经济行业中的派生产业产品进行剥离，被剥离出来的派生产业产品汇总形成派生产业，在投入产出表中与国民经济其他产业并列。实践中，根据研究的需要，对于投入产出表中的派生产业可以有两种处理手段：将派生产业作为一个完整行业在投入产出表中展示或者将派生产业进一步细化为不同来源产业。对于派生产业投入产出表中的其他产业也有两种处理手段：既可以汇总为一个“其他产业”，也可以按照国民经济总体投入产出表中的原有产业维度进行展示。

基于派生产业投入产出表能够考察派生产业对其他产业（派生产业之外的产业）发展的间接贡献。间接经济贡献大多通过派生产业投入产出表测算的乘数效应来反映，比较常用的是影响力系数。派生产业的影响力系数是指派生产业增加一个单位最终产品时，对国民经济其他产业所产生的生产需求波及程度，派生产业的影响力系数越大，说明派生产业对其他产业的拉动作用越大。此外，派生产业投入产出表中包含了较为详尽的数据，可以对派生产业的若干核心指标进行提取，包括派生产业进出口、派生产业最终消费结构、派生产业增加值结构等。基于相关指标并引入就业数据可以测算派生产业的劳动生产率。例如，《知识产权产业统计核算问题研究》一文，通过知识产权产业投入产出表的编制，研究了知识产权产业在国民经济发展中的间接作用和影响（于洋，2020）。

第六节　派生产业核算研究中存在的问题及改进建议

一、存在的问题

第一，局限于口径范围的扩展与重组，缺少生产过程全面描述的宏观意识。派生产业需要先解决口径与范围问题，从现有的国民经济行业分类标准中识别出研究对象的类别，重新归类，重组为新的派生产业，汇总出派生产业总产出或增加值。派生产业总产出与增加值虽然是派生产业核算的重要任务，但如果仅限于此就失去了派生产业核算的意义，更重要的是要解决生产过程的全面展示问题。第二，局限于供给侧生产总成果的描述，缺少产品供需双向视角的平衡思维理念。生产成果不仅体现在规模上，还体现在产品结构上，对于派生产业，汇总出总产出或增加值固然重要，但更重要的是要了解派生产业生产的具体产品提供给了哪些部门，每个部门分别使用了派生产业中的哪些产品，只有这样才能了解派生产业生产的产品是否满足了社会对派生产业产品的需求。第三，局限于对经济发展直接贡献的研究，缺少对直接贡献与间接贡献叠加的深层分析。派生产业大多指对经济发展具有特殊作用的部门，如制造业部门、空间科技产业部门、新能源汽车产业、高科技智慧产业等，它们或者在出口、外汇资产中占有一定份额，或者对经济增长起重要牵动与引领作用，对产业调整与产业升级起重要推动作用。国内对派生产业生产状况的研究大多集中于其对经济发展的直接贡献角度，缺少对其间接贡献的研究,无法全面解读派生产业在社会再生产产业链条中的牵动作用。第四，对卫星账户在派生产业核算中所起的作用认识不足、研究较少。从整个社会再生产过程把握行业发展现状与未来发展趋势是卫星账户要解决的重要问题，但卫星账户在核算派生产业生产中的作用鲜为人知：卫星账户不仅包括二维生产账户，还包括供给使用表和投入产出表；不仅包括生产核算，还包括供给使用核算和投入产出核算。

二、改进建议

第一，全面理解派生产业核算的内容与任务。派生产业核算要先解决认识问题：派生产业生产核算是基础；派生产业供给使用核算与派生产业投入产出核算是派生产业生产核算的扩展研究与深入开发；通过派生产业供给使用表和投入产出表的编制，可以对派生产业生产在国民经济中的贡献有进一步的深入了解。第二，充分利用现有派生产业分类标准，由派生产业口径范围研究向派生产业核算方法研究推进。为了适应派生产业研究需求，国家统计局开展了系列派生产业分类标准研究，出台的派生产业分类标准有《教育培训及相关产业统计分类（2020）》《农业及相关产业统计分类（2020）》《养老产业统计分类（2020）》《健康产业统计分类（2019）》《国家旅游及相关产业统计分类（2018）》《文化及相关产业分类（2018）》等。派生产业分类标准是派生产业核算的前提与基础，也是派生产业核算方法研究的重要资源，对于现有分类标准确定的派生产业，可将研究重点由派生产业口径范围研究向派生产业核算方法研究推进，以便对具体派生产业生产核算的方法与原则、供给使用表的编制思路与应用范围、投入产出核算的表式设计与系数含义等提供方法指导。第三，充分利用现有的国民经济总体数据资源，将派生产业核算向实证研究推进。派生产业是在现行国民经济行业分类基础上剥离出来重新组合的，这为派生产业核算从理论研究向实证研究推进指明了方向，即在实证研究中，要以现行的国民经济总体数据资源为基础，以便剥离、重组。目前，实证研究多集中于派生产业产出或增加值核算上，利用的数据资源也仅限于分行业分类别的产出或增加值等，实证研究中可加大现有国民经济总体数据资源的利用范围。例如，我国每五年开展一次的全国性投入产出调查对应编制的相关投入产出基本表和投入产出延长表都是派生产业供给使用表与投入产出表编制不可或缺的数据资源。在现有国民经济总体数据资源基础上，辅以相关核算方法，派生产业生产核算、派生产业供给使用核算、派生产业投入产出核算的实证研究必将取得重要进展。

第四章
卫星账户的分类、框架与核算内容①

卫星账户（也可以称为卫星子系统核算、卫星产业核算或派生产业核算）是以国民经济核算体系中心框架为基础，引入补充或替代概念后形成的附属核算体系。从不同视角看，卫星账户有不同的表现形式。因此，本章先介绍卫星账户的分类，以此为契机从国民经济核算体系灵活应用的属性出发，阐释卫星账户的核算框架，即在账户体系的设置方面，卫星账户与中心框架保持一致，都具备全套的账户序列，最后从卫星账户的核算范围、产品划分和总量指标等方面提炼卫星账户的主要核算内容。

第一节　卫星账户的分类

为了强调经济活动的某个特定方面，需要以灵活的方式扩大国民经济核算的分析容量,同时又不过分加重 SNA 中心框架的负担或打乱该体系,为此,就出现了在 SNA 中心框架之外的特殊部分，即卫星账户。卫星账户可以理解为一种工具，也可以理解为一种思考方式或研究问题的切入角度，根据不同的视角，可以将卫星账户按照相应的标准加以分类。

① 本章执笔人：蒋萍、艾伟强。

一、按内生与外生分

与 SNA 1993 相比，SNA 2008 明显的变化是对卫星账户的内容进行了细分，按是否改变 SNA 的基本概念将卫星账户划分为内生卫星账户和外生卫星账户两类，两类卫星账户的范围、生产和产品、生产的测度、支出的构成、使用者或受益者、资金的来源以及实物量指标等方面也具有其独有的特征。内生卫星账户的特点是重新排列 SNA 中心分类并引入补充内容，但未从根本上改变 SNA 的基本概念；外生卫星账户的特点是在生产范围、资产范围、消费概念、资本形成概念等方面扩展了 SNA 的基本概念[①]。另外，有些卫星账户也会同时具有内生卫星账户和外生卫星账户的特性。按意译理解的话，内生卫星账户可理解为内生卫星系统核算，外生卫星账户可理解为外生卫星系统核算。

内生卫星账户和外生卫星账户的共性是均以支出的功能分类[②]为起点，即由原有的 SNA 中心框架下的生产角度转变为卫星账户体系下的支出角度。二者的差异性主要表现在内生卫星账户着眼于对 SNA 中心框架下分类体系的重构，并不改变 SNA 中心框架下的基本概念；外生卫星账户则改变了 SNA 中心框架下的基本概念，如在生产范围方面，内生卫星账户与 SNA 中心框架的生产范围一致，外生卫星账户则扩展了 SNA 中心框架的生产范围。

---

① 参见 SNA 2008 29. 5 段、29. 6 段和 29. 85 段。

② 为了对联合国系统内部机构和各国政府往来的所有业务进行管理和统计分析，联合国编制了一套按目的划分的支出分类体系，统称为功能分类。功能分类包括四种，分别为：个人消费目的分类（classification of individual consumption according to purpose，COICOP）、政府职能分类（classification of the functions of government，COFOG）、为住户服务的非营利机构目的分类（classification of the purposes of non-profit institutions serving households，COPNI）和生产者支出目的分类（classification of the outlays of producers according to purpose，COPP）。

二、按产业划分

按产业划分的卫星账户称为关键部门卫星账户或派生产业卫星账户，该账户将核算主体从中心框架的机构部门角度转变为产品（活动）角度，从根本上解决了产品（活动）的来源和去向，即“从谁到谁”的问题，如石油天然气产业卫星账户、旅游卫星账户、高技术产业卫星账户、节能环保清洁产业卫星账户、战略性新兴产业卫星账户等[①]。SNA 2008 指出，卫星账户编制的起点从充分认识“关键部门”着手，打破 CPC 和 ISIC 的标准顺序和排列层级，将关键部门从中心框架中提炼出来，并编制出关键部门完整的账户序列，即为卫星账户编制的核心思想。按意译理解的话，可将按产业划分的卫星账户理解为关键部门核算或派生产业核算，如石油天然气产业核算、旅游产业核算、高技术产业核算、节能环保清洁产业核算、战略性新兴产业核算等。

卫星账户的研究重点集中于特殊产业或重点部门，这里的特殊产业或重点部门不同于《国民经济行业分类》（GB/T 4754—2017）中的行业或产业，它是在现行国民经济行业分类基础上按行业总产品概念重新组合形成的（蒋萍等，2021），某些产业甚至会超越现行国民经济行业涵盖的范围，为与现行国民经济行业分类标准中的行业/产业相区分，可将卫星账户中的行业/产业称为派生产业。

关键部门/派生产业核算内容由两大部分构成：基本核算与扩展研究。基本核算与扩展研究的划分可以参照中心框架与灵活应用的划分理念，即与账户序列对应的核算内容属于基本核算，在基本核算基础上的深入开发属于扩展研究。由于卫星账户针对的是某个单一产业，无法通过账户合并编制综合经济账户，所以基本核算主要指全套账户序列对应的内容。理论上，派生产业全套账户序列的编制是成立的，但是受基础资料限制，实践中难以实现，

① 参见 SNA 2008 29. 3 段、29. 21~29. 29 段。

目前来看，卫星账户的基本核算多以派生产业生产核算、派生产业资产核算等为主。扩展研究包括派生产业供给使用核算、派生产业投入产出核算、派生产业资产负债核算、派生产业劳动力核算等。其中，派生产业供给使用核算、派生产业投入产出核算、派生产业资产负债核算是对派生产业全套账户序列相关内容的扩展研究。

三、SEEA、BPM、GFSM、MFSM属于卫星账户，已纳入SNA 2008

SNA是由联合国牵头制定的国际统计标准，除此之外，国际货币基金组织也牵头制定了若干国际统计标准与准则，如GFSM 2014、MFSMCG 2016、BPM6等，SNA、GFSM、MFSM和BPM都是国际统计标准体系的组成部分，很多人认为上述统计体系以及SEEA等是与SNA并列的内容，实际上，这是一个误解。从研究内容与研究角度看，BPM6展示的国际收支平衡表和国际账户、GFSM 2001展示的政府财政统计、MFSM展示的货币与金融统计均可视为卫星账户的一种形式[①]。如果可以将SNA理解为SNA口径的国民经济核算体系，则可以将GFSM、MFSM和BPM理解为宽口径的国民经济核算体系。

另外，SNA 2008第29章讲述“卫星账户和其他扩展”，在“卫星账户的例子”这一节中讲述了SEEA，并明确说明：SEEA应视为SNA的一个卫星账户，它同时具有内生卫星账户和外生卫星账户的特征[②]。

四、SSDS可视为卫星子系统核算

联合国统计委员会于1975年正式发布了SSDS（Towards a System of Social and Demographic Statistics），中文译本为《社会和人口统计体系》（联合国经济和社会事务部统计处，1985）。SSDS的基本形式与SNA相似，

---

① 参见SNA 2008 29.86段。

② 参见SNA 2008 29.105段。

主要由矩阵、模型、序列构成，以人的生命及生活为主线，侧重对人类社会生活活动的描述，如人口的出生死亡与迁移、社会等级分层与流动、住房及环境、社会保险和福利服务、学习与教育、健康与保健、公共秩序和治安等。SSDS 包括的基本信息有：一是个体和群体的存量、流量信息，如关于个人、家庭、住户的存量、流量信息数据；二是经济信息，如关于社会服务项目，社会救济的分配、消费和积累等；三是关于时间的信息，如关于日、周、月、年等的时间利用方式，闲暇时间的构成与分配等（李金华，1996）。

SSDS 与 SNA 对社会生产活动的描述有所不同。SSDS 的研究视角既包括存量也包括流量，核算形式既包括矩阵平衡表也包括二维账户平衡表，但是 SSDS 中的存量和流量、矩阵平衡表和二维账户平衡表与 SNA 完全不同，它是一套独立的核算体系，因此，可以将 SSDS 视为卫星子系统核算。

图 4-1 列示了卫星账户对应的卫星子系统核算内容。

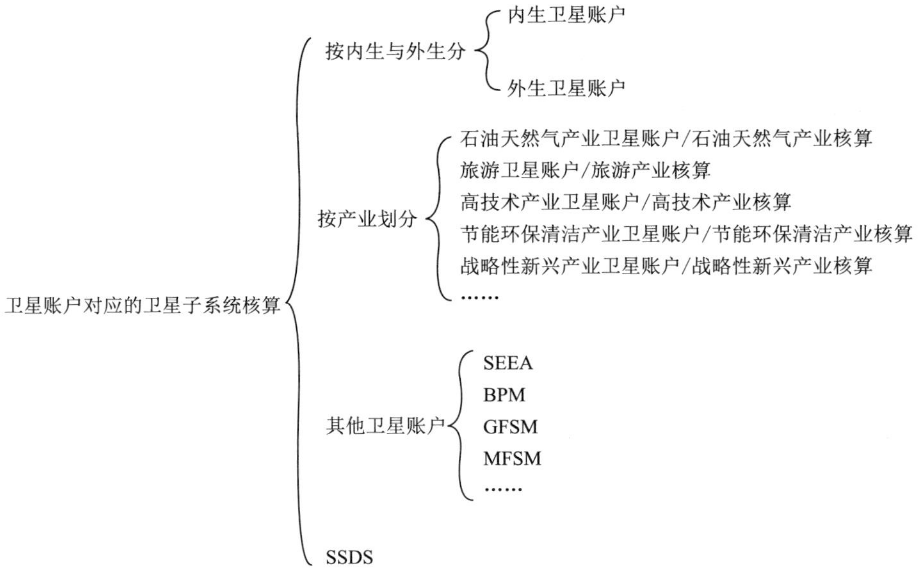

图 4-1　卫星账户分类示意

第二节　卫星账户的框架

卫星账户是以国民经济核算体系中心框架为基础，对其中某些概念加以修改而建立的附属核算体系。其以中心框架为中心，又与中心框架保持距离。国民经济核算体系的中心框架是一套统一定义的概念，这使该体系具有严谨性，但同时要求用户必须按事先统一定义的概念模式应用这套体系及其提供的数据，因此缺乏灵活性，不能满足用户多种多样的需求。运用卫星账户形式，把中心框架的有关内容直接或间接地引入其中，再加上补充的或替代的概念，既避免了对中心框架严谨统一性的破坏，又极大地扩展了国民经济核算体系的分析功能，为满足不同需要提供了途径。

一、卫星账户归属于 SNA 2008 灵活应用部分

SNA 2008 共 29 章，分四个部分：总论、基础性知识、中心框架、灵活应用。其中，灵活应用是中心框架的扩展研究与深度开发，对应第 18 章～第 29 章，灵活应用的核算内容是“其他账户体系”对应的核算内容，它是在中心框架基础上的深入开发或扩展研究。之所以称之为“灵活”，是因为在某一个（或几个）方面（或角度）不同于中心框架。灵活应用共涉及 12 章，根据研究角度与研究特点的不同，可将其大致分为三类：中心框架所列内容的扩展研究、卫星账户对应的卫星子系统核算、其他相关研究。

SNA 的账户体系包括两大部分：综合经济账户体系和其他账户体系[①]。综合经济账户体系包括全套账户序列、货物和服务账户、国外账户和综合经济账户。其他账户体系包括供给使用表、投入产出表、三维资金流量表、完整的三

---

① 参见 SNA 2008　2. 74 段。

维资产负债表、人口与劳动力统计表等[①]。图 4-2 是 SNA 账户体系构成示意图。

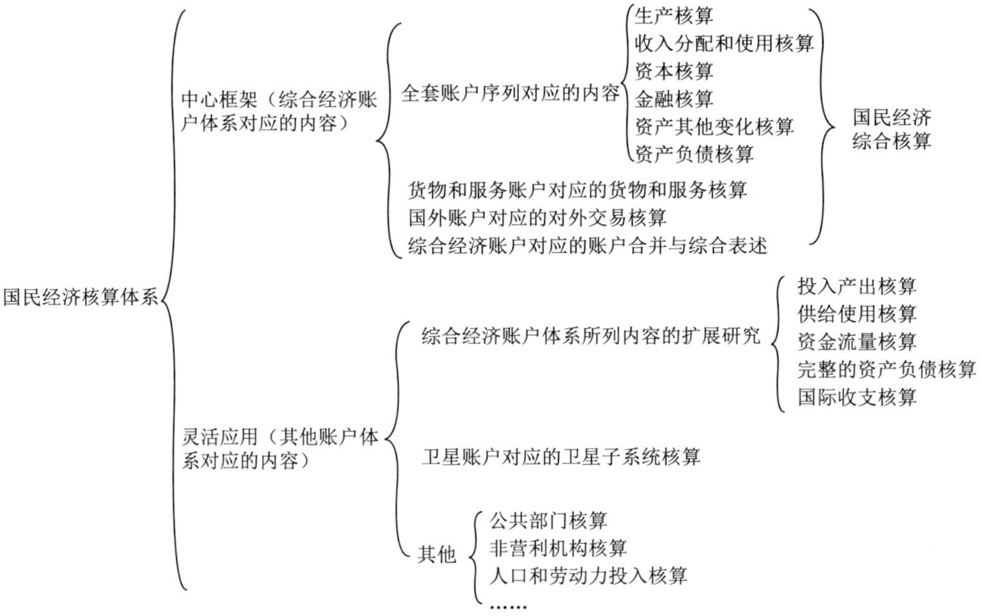

图 4-2　SNA 账户体系构成示意图

由图 4-2 可知，综合经济账户体系与其他账户体系分别对应中心框架与灵活应用，即中心框架对应综合经济账户体系，灵活应用对应其他账户体系。综合经济账户体系与其他账户体系的区分标志是“基本表式是否为二维账户平衡表”，所以，中心框架的核算形式是二维账户平衡表构成的综合经济账户体系，灵活应用的核算形式是二维账户平衡表以外的平衡表构成的其他账户体系（卫星账户除外）。灵活应用中卫星账户的核算形式与其他略有不同，它还包括二维账户平衡表。卫星账户虽然可以通过二维账户平衡表编制卫星产业生产账户或卫星产业全套账户序列，但是无法编制“综合经济账户”，所以，卫星账户的核算形式无法归入中心框架（综合经济账户体系），只能归入灵活

① 参见 SNA 2008　2. 76 段、2. 147~2. 158 段。

应用（其他账户体系）。

二、卫星账户具备全套账户序列

SNA 1993 提出：当对某一特定产业（领域）进行分析时，一般需要针对特征生产者建立全套账户序列，同时，核算单位只限于机构单位，为了进一步扩大分析范围，可以将主要生产活动具有相同特征的机构单位重新组合，构成特征生产者部门[①]。总体上看，卫星账户可以编制生产与收入形成账户、其他经常账户、积累账户和供给使用表。另外，SNA 1993 对卫星账户的全套账户序列是否包括资产负债表没有具体要求。

1. 生产与收入形成账户

该账户由生产账户和收入形成账户合并构成。其中，生产账户将机构单位的生产活动分为特征活动、关联活动与其他活动三类。SNA 2008 指出：对任何所关注的领域而言，起点是确定该领域的特有产品。卫星账户习惯上将特有产品分为特征产品和关联产品。特征产品是指那些在该领域具有典型性的产品；关联产品是指包括在特定领域的支出概念内，但是不具有典型性的产品[②]。以卫生行业为例，特征产品是卫生服务、卫生公共管理服务、卫生教育和卫生研发服务等；关联产品是病人的运输、药品和其他医疗物品（如眼镜）等。因此，卫星账户的核算范围包括但并不局限于对本行业内产品的核算。通过这样的划分就可以将机构单位所从事的本领域及相关行业的生产活动与其他生产活动区分开。例如，在卫生卫星账户中，各机构单位的生产活动被区分为卫生及相关行业生产活动和非卫生行业生产活动两个大类，同时，本领域及相关行业的生产活动又被细分为核心生产活动、相关生产活动和扩展生产活动三个部分。实

① 参见 SNA 1993　21. 106 段。

② 参见 SNA 2008　29. 59 段和 29.60 段。

际上，卫星账户的生产账户也可以视为对中心框架生产账户的重构。

卫星账户的生产与收入形成账户矩阵通式见表 4-1。生产账户的来源方记录特征活动和其他活动的产出，使用方记录特征活动和其他活动的中间消耗，平衡项是增加值，记录产出与中间消耗的差额。由于表 4-1 将生产与收入形成账户合并，所以表中并未体现平衡项，而是将增加值分配到雇员报酬、生产和进口税补贴、固定资本消耗、营业盈余净额以及混合收入净额中，同时，收入形成账户的各项目也是按照特征活动和其他活动划分。在建立生产与收入形成账户时，需要注意几个问题：一是与中心框架使用的产品分类和活动分类不同，生产与收入形成账户将产出按照特征产出和其他产出划分，将中间消耗按照特征活动和其他活动划分；二是识别市场产出、住户自身最终使用产出和非市场产出；三是根据生产范围的变化，对 SNA 2008 交易项目的范围进行调整；四是生产账户中的产出和增加值使用基本价格估价，中间消耗使用购买者价格估价。

表 4-1 卫星账户生产与收入形成账户

生产与收入形成账户			
中间消耗		产出	
	——特征活动		——特征产出
	——其他活动		——其他产出
雇员报酬			
	——特征活动		
	——其他活动		
生产和进口税补贴（–）			
固定资本消耗			
营业盈余净额			
	——特征活动		
	——其他活动		
混合收入净额			
	——特征活动		
	——其他活动		

资料来源：SNA 1993

2. 其他经常账户

其他经常账户承接收入形成账户，主要记录收入再分配数据，初始流量是由收入形成账户转来的营业盈余，描述的是如何以经常转移收支的方式将机构单位（部门）的原始收入（除实物社会转移外）转换成可支配收入。通过将特征活动所属机构单位的原始收入加上经常转移收入，减去经常转移支出，核算出相应机构单位的可支配收入，同时将特征活动和其他活动所属机构单位的可支配收入加以区分，进一步反映可支配收入用于消费支出和储蓄的状况。卫星账户其他经常账户见表 4-2。

表 4-2　卫星账户其他经常账户

其他经常账户	
财产收入	营业盈余
	混合收入
所得、财富等经常税	财产收入
社会缴款和社会福利	社会缴款和社会福利
	其他经常转移
其他经常转移	
对住户的养恤基金净权益变化的调整	
公共消费	
储蓄净额	

资料来源：SNA 1993

3. 积累账户

积累账户记录了机构单位的金融资产和负债，以及非金融资产和负债的获得减处置，具体包括资本账户、金融账户和其他资产变化账户（表 4-3）。其中，固定资本形成总额可以细分为四类：一是新增或现有有形固定资产的获得减处置；二是新增或现有无形固定资产的获得减处置；三是有形非生产资产的重大改良；四是与非生产资产所有权转移相关的费用。在建立卫星账户的积累账户时，由于 SNA 2008 指出，对某些分析目的而言，可以认为 SNA

中心框架对资本形成总额的定义过于狭窄[①]，因此，在构建积累账户时，需要注意资本形成概念的扩大和资产范围的扩展等问题，如是否应将人力资本和耐用消费品视为固定资本形成等。

表 **4-3** 卫星账户积累账户

积累账户	
固定资本形成总额	净储蓄
——特征活动	应收资本转移
——其他活动	应付资本转移
固定资本消耗（-）	
存货变化	
珍贵物品的获得减处置	
非生产非金融资产的获得减处置	负债净发生
金融资产净获得	——用于资助特征活动
其他积累项	——其他
	其他积累项
	净值的其他变化

资料来源：SNA 1993

4. 供给使用表

从供给角度建立账户的关键是建立机构单位的生产账户，由于卫星账户的基本原理是将与某一特定产业活动相关的产出（增加值）从国民经济各部门中剥离，用以计算特征活动的总量，所以应先建立卫星账户的供给使用表，将供给和使用纳入同一个核算框架，这与 SNA 2008 中心框架的设置原则是一致的。供给使用账户是卫星账户的重要组成部分，用于分析某一特定产业特征产品、关联产品和其他产品的供给使用情况。从内容上看，主要由供给、中间消耗、最终使用、增加值和补充信息五个部分构成。

供给使用表从结构上看，主要分为供给表和使用表。供给表的主要部分

① 参见 SNA 2008 29.12 段。

是分产业的产品矩阵，该矩阵表示产业（生产单位）与所供给产品的对应关系，见表 4-4。在 SNA 2008 的中心框架中，供给表中产品分组的基础通常是 CPC，生产单位分组的基础通常是 ISIC。但是，在卫星账户的供给表中，产品分类使用的是特征产品分类，将产品区分为特征产品、关联产品和其他产品，生产单位分类使用的是特征生产者分类，并区分为市场生产者和非市场生产者，其中，行表示特征产品（服务），列表示国内生产者的生产和进口情况。

表 **4-4**　卫星账户供给表

<table>
<tr><th rowspan="3">资源</th><th rowspan="3">总供给</th><th rowspan="3">商业和运输费用</th><th rowspan="3">产品税</th><th rowspan="3">产品补贴（–）</th><th colspan="8">特征生产者</th><th rowspan="3">其他生产者</th><th rowspan="3">经济总体</th><th rowspan="3">货物和服务进口</th></tr>
<tr><th rowspan="2">合计</th><th colspan="3">市场生产者</th><th colspan="4">非市场生产者</th></tr>
<tr><th>主要生产者</th><th>次要生产者</th><th>附属活动</th><th>主要生产者</th><th>次要生产者</th><th>附属活动</th><th>其他</th></tr>
<tr><td>货物和服务</td><td colspan="15" rowspan="14">产　出</td></tr>
<tr><td>供给：</td></tr>
<tr><td>特征产品</td></tr>
<tr><td>1</td></tr>
<tr><td>2</td></tr>
<tr><td>⋮</td></tr>
<tr><td>m</td></tr>
<tr><td>关联产品</td></tr>
<tr><td>1</td></tr>
<tr><td>2</td></tr>
<tr><td>⋮</td></tr>
<tr><td>n</td></tr>
<tr><td>其他产品</td></tr>
<tr><td>合计</td></tr>
</table>

资料来源：SNA 1993

卫星账户使用表的基本分类与供给表一致，见表 4-5。使用表中的主要内容是中间消耗，因为在特征产品（服务）的生产过程中，某些特征产品（服

表 **4-5** 卫星账户使用表

使用	总使用	特征生产者								其他生产者	经济总体	货物和服务出口	最终消费支出						
		合计	市场生产者			非市场生产者							住户	为住户服务的非营利机构	政府		固定资本形成总额	存货变化	珍贵物品的获得减处置
			主要生产者	次要生产者	辅助活动	主要生产者	次要生产者	辅助活动	其他					个人	公共	个人			
货物和服务																			
供给：																			
特征产品																			
1																			
2																			
⋮										中间消耗									
m																			
关联产品																			
1																			
2																			
⋮																			
n																			

续表

使用	总使用	特征生产者									其他生产者	经济总体	货物和服务出口	最终消费支出				固定资本形成总额	存货变化	珍贵物品的获得减处置
		合计	市场生产者			非市场生产者								住户	为住户服务的非营利机构	政府				
			主要生产者	次要生产者	辅助活动	主要生产者	次要生产者	辅助活动	其他						个人	公共	个人			
其他产品	中间消耗																			
合计																				
总增加值/国民生产总值																				
雇员报酬																				
产品税																				
其他生产税																				
产品补贴（–）																				
其他产品补贴（–）																				
营业盈余净额																				
混合收入净额																				

续表

使用	总使用	特征生产者								其他生产者	经济总体	货物和服务出口	最终消费支出						
		合计	市场生产者			非市场生产者							住户	为住户服务的非营利机构	政府		固定资本形成总额	存货变化	珍贵物品的获得减处置
			主要生产者	次要生产者	辅助活动	主要生产者	次要生产者	辅助活动	其他					个人	公共	个人			
固定资本消耗																			
特有产品																			
非特有产品																			
营业盈余总额																			
混合收入总额																			
合计	中间消耗																		
劳动力投入																			
固定资本形成总额																			
特有产品																			
非特有产品																			
固定资产存量净额																			

资料来源：SNA 1993

务）生产者的产出要作为生产其他特征产品（服务）的中间消耗。另外，使用表中还记录了特征产品（服务）的最终使用情况，包括最终消费支出、固定资本形成总额以及货物和服务出口三个部分。最终消费支出是指全社会所消费的全部特征货物和服务，固定资本形成总额是指特征产品（服务）生产者所购置的全部资产，货物和服务出口是指提供给非常住单位的特征产品（服务）。因此，通过卫星账户供给表记录的产出数据和使用表记录的中间消耗数据就可以核算出特征活动的增加值，虽然卫星账户供给使用表的编制主要依据了SNA 2008中心框架的供给使用表，但是对相关分类进行调整后的供给使用表更加适用于对特征活动的研究，另外，还可以将上述供给使用表转化为一张行和与列和相等的投入产出表。实际上，SNA中心框架与卫星账户之间的桥梁就是供给使用表。

第三节　卫星账户的核算内容

一、卫星账户是核算形式与核算内容的合集

SNA存在两种表述：国民账户体系和国民经济核算体系。国民账户体系属于直译，侧重对核算形式的概括。国民经济核算体系属于意译，侧重对核算内容的归纳。两种表述虽然强调的角度不同，但对应的内容相同，对应的都是SNA，所以两种表述的内涵是相同的。这就意味着，对SNA的理解仅从核算形式角度切入或仅从核算内容角度切入都是有偏的，SNA是核算形式与核算内容的合集，它通过账户体系这种核算形式对国民经济运行过程进行核算。

由于SNA是核算形式与核算内容的合集，并且核算形式与核算内容同等重要，因此，对“satellite accounts”的理解与表述既可以从核算形式上直译

为卫星账户，也可以从核算内容上意译为卫星系统核算、卫星产业核算或派生产业核算。卫星账户与卫星系统核算对应的英文概念是一个，所以卫星账户与卫星系统核算的内涵是一致的。只不过卫星账户强调核算形式，卫星系统核算强调核算内容。

卫星账户也是核算形式与核算内容的合集，这就意味着，无论是表述为卫星账户还是表述为卫星系统核算，指的都是用卫星账户这种核算形式对卫星系统进行核算。从核算形式看，卫星账户不仅包括二维账户平衡表，还包括矩阵平衡表等其他核算形式。

受先入为主的影响，不论是学界还是实际部门，都对国民经济核算体系这一表述认同度比较高，自然而然地认为国民经济核算体系包括投入产出核算、供给使用核算、资金流量核算、国际收支核算、资产负债核算等。又由于 SNA 同时存在两种译法,所以对国民经济核算体系等价于国民账户体系的认同度也比较高。卫星账户则不同，官方译法只有这一种，如果对卫星账户涵盖内容不了解，难免望文生义，仅从核算形式角度理解卫星账户，误以为卫星账户中的账户指的是二维账户平衡表，且很少将卫星账户与投入产出核算、供给使用核算、资产负债核算等联系起来，也很少有人会认识到卫星账户等价于卫星系统核算。

二、卫星账户的主体内容

1. 卫星账户的核算范围

实际上,卫星账户的核算范围是在对 SNA 中心框架核算范围进行拓展的基础上界定的，拓展主要来自两个维度。

首先，从产业链延伸的角度进行拓展，将 ISIC 口径下的行业产品核算拓展到行业总产品核算。在实践过程中，人们极易将行业产品核算与行业总产品核算的概念相混淆，并在对行业总产品的分析过程中，使用行业产品的相关核算指标加以替代，结果导致行业总产品的经济价值被低估，进而无法准确衡量其对国民经济的贡献率和影响力。产生此谬误的主要原因是：长期以来，人们已经形成了将行业核算与行业产品联系在一起的思维定式，即一提到行业核算，人们自然想到的就是以行业产品为核算对象。但是，从卫星账户的视角看，其着眼于社会再生产的全过程，核算的范围是行业总产品。根据 SNA 2008 的分析和阐释，行业总产品核算即特有产品核算。

其次，从经济活动延伸的角度进行拓展，将中心框架下的生产范围拓展到辅助活动和无酬活动等领域。在辅助活动方面，SNA 2008 将生产单位所从事的经济活动细分为主要活动、次要活动和辅助活动三个部分。但是，中心框架并未将辅助活动纳入其生产范围，原因是 ISIC 并未建立关于辅助活动的专门分类，导致辅助活动及其相关产品不能以独立产品的形式出现，这使得大量自给性生产活动被排除在中心框架生产核算范围之外。但是，从行业总产品视角看，辅助活动广泛存在于基层单位中，其产出具备一定的规模，如职业医疗卫生服务，其广泛存在于基层单位中，是卫生行业总产品的重要组成部分，如果将其排除在核算范围之外，则会损失重要的医疗卫生活动信息，无法反映卫生行业总产品及其产出情况的全貌。因此，行业卫星账户将基层单位的辅助活动从其他活动中识别并分离出来，纳入其核算范围。例如，在卫生卫星账户中，卫生活动的提供者分类中包括“医疗卫生辅助活动提供者”一类[①]。在无酬活动方面，SNA 中心框架将为住户自身最终消费提供的全部服务作为住户部门的非市场性生产，不计入其生产范围。但是，在某些卫星账户的编制过程中，研究人员认为无酬活动大量存在于住户部门中，如家庭成员之间相互提供的用于家庭内部最终消费的护理服务等。住户部门的无酬活动对整个国民经济体系的影响力在逐渐

① 参见 SHA 2011 ICHA-HP 分类项“HP. 8. 2”。

增强，通过住户部门的无酬劳动所提供的各类活动是全社会所必需的。因此，在卫星账户构建的过程中，研究人员有意识地将无酬活动纳入其核算范围。例如，在卫生卫星账户中，卫生活动的提供者分类中包括“家庭卫生活动提供者”一类[①]。

2. 卫星账户的产品划分

行业总产品分类体系的设计是构建卫星账户的前提和基础。SNA 2008对如何设计卫星账户（或关键部门卫星账户）的分类体系有如下说明：打破产品分类（CPC）和产业分类（ISIC）的标准顺序和排列层级，从中选择对经济具有特殊重要性的一组产品或产业组成关键部门，是极有意义的。上述阐释传递出的信息是行业总产品分类不同于行业产品分类，或者说行业总产品分类是在行业产品分类的基础上通过进一步排列和重新组合建立的。

从行业产品分类方面看，其隶属于 SNA 中心框架，是从产品生产角度定义的，以 ISIC 为分类标准，分类项目是 ISIC 口径下的具体行业。虽然 ISIC 分类是一种分层次的平铺式分类体系，不同类别之间不存在重叠，但是 ISIC 分类并不是一种功能划分，与购买者以及购买目的并不相关。这也是通过中心框架只能获得行业产品的统计数据，而无法获得包括产业链条各环节的关联行业或者行业总产品统计数据的本质原因。

从行业总产品分类方面看，其隶属于行业卫星账户，是从支出或使用角度定义的。从支出角度看，中心框架并未建立相应的行业总产品分类体系，这也是中心框架的局限所在。SNA 2008 指出，从支出角度，建立功能分类将会增强 SNA 的分析力，同时，功能分类也是部分卫星账户研究的起点[②]。其

① 参见 SHA 2011 ICHA-HP 分类项“HP. 8. 1”。

② 参见 SNA 2008 29. 2 段。

中，可以将“部分卫星账户”理解为“行业卫星账户”。另外，SNA 2008 对卫星账户的功能分类也进行了阐释，认为卫星账户的功能分类是在整合机构部门功能分类的基础上建立的，进一步通过行业卫星账户的功能分类便可以确定行业总产品。因此，只有立足于中观经济统计视角，构建独立于中心框架的行业卫星账户，并将其核算对象锁定在“行业总产品”，才能够将社会再生产环节中的生产环节、生产性服务环节以及生活性服务环节纳入同一核算框架，实现对行业总产品的全口径统计。

3. 卫星账户的总量指标

卫星账户对 SNA 的补充分析或概念替代会改变中心框架原有总量指标的内涵与核算方式。例如，如果将住户无酬服务的最终消费纳入卫星账户的生产范围，就会增加相关行业的产出和增加值；如果将人力资本视为经济资产，就会增加固定资本形成。因此，概念替代会带动卫星账户中生产、收入分配、消费和积累等环节一系列总量指标的改变。

从收入角度看，当生产范围扩大后，初始收入的规模会增加，对于生产范围内增加的活动要虚拟估算其收入[1]。从货物和服务的使用角度看，中间消耗、最终消费和资本形成都会因生产概念的扩大而发生改变。例如，将住户无酬服务包括在生产范围中，那么该服务也应该包括在最终消费中。同时，也可以将中间消耗、最终消费和资本形成三者之间的界限加以调整。例如，如果教育和医疗保健服务的最终消费被划归为固定资本形成，则中心框架相应的交易将重新分类，从消费转为固定资本形成[2]。在生产范围扩大，消费和资本形成之间的界限发生改变的情况下，储蓄的概念会相应扩展，非金融资产的范围也会发生改变。

---

① 参见 SNA 2008 29. 38 段。
② 参见 SNA 2008 29. 44 段和 29. 45 段。

第四节 小 结

首先，卫星账户对应的是卫星系统核算。提到卫星账户，大多数人认为卫星账户与重点关注的行业或领域相关，如教育卫星账户、卫生卫星账户、文化卫星账户和旅游卫星账户等。实际上，卫星账户涵盖的范围不仅于此，特别是从国际统计标准与准则上看，根据研究内容与研究角度，BPM6、GFSM、MFSM 及 SEEA 均可视为卫星账户的一种形式，甚至非营利机构账户和养老金账户也可以视为卫星账户，其共同构成国民经济统计体系的卫星系统核算。

其次，卫星账户的账户序列具有一定的灵活性。卫星账户的账户序列可以参考中心框架的账户序列，编制从事行业总产品生产活动的全套账户。实际上，由于分析需要及数据限制，在实践中很难编制全套账户。因此，卫星账户往往只编制与关键活动最相关的账户和交易，如生产账户、收入形成账户、资本账户等，还可以进一步扩展到就业等非货币性数据和产出指标。同时，由于不同行业的差别较大，不同行业卫星账户的账户序列内容也有所差异，如卫生卫星账户包括消费账户、生产账户、就业账户和非货币价值量账户等，物流卫星账户的基本表式包括消费账户、生产账户、资产负债账户和就业账户等。

最后，卫星账户的编制需要考虑实际情况。在卫星账户的实践过程中，不应局限于卫星账户基本类别（内生或外生）的限制，要充分考虑数据的可得性，可以按照“关键部门—内生—外生”的编制过程渐次进行。例如，卫生卫星账户通常被认为是外生卫星账户，原因是卫生卫星账户应纳入住户无酬护理活动，但是，目前在我国并不能获得相应的数据，这需要统计调查体系的进一步发展，因此，在实践中，可以将卫生卫星账户按照内生卫星账户的基本方法编制。

第二篇　数字与新兴产业核算篇

第五章
卫星账户框架下数字经济增加值核算方法研究①

数字经济是以数据资源为关键要素，以现代信息网络为主要载体，以信息通信技术融合应用、全要素数字化转型为重要推动力，促进公平与效率更加统一的新经济形态。数字经济卫星账户就是卫星账户在数字经济领域的具体应用。目前，由于数字经济卫星账户尚处于起步阶段，在数字经济内涵和行业范围界定、规模测算和 GDP 贡献度等方面，不同国家、组织和学者存在很大的差别，因此各国数字经济增加值核算方法并不一致。基于此，本章在对不同的数字经济增加值核算方法进行比较分析的基础上，针对目前卫星账户框架下数字经济增加值核算研究内涵范围界定和测算结果的差异，选取了中国、美国、英国、加拿大等各国数字经济增加值的核算实践案例，对数字经济核算方法和测算结果进行对比分析，提出了卫星账户框架下数字经济增加值核算实践的难点和挑战。

第一节　数字经济卫星账户编制的基本问题

一、数字经济的内涵与范围界定

从广义上讲，数字经济是一个含义比较广泛的概念，从不同角度看，其

① 本章执笔人：祝志杰、苏倩华。

内涵边界也不尽相同。随着信息经济、网络经济再到数字经济的发展，人们对于数字经济的认识和理解也在不断扩展,关于其概念和范围也在不断丰富，但数字技术与传统产业的融合度会因各国的经济发展水平和产业结构差异而存在不同。目前在数字经济的核算上，国际上还没有统一的数字经济及卫星账户的定义和界定范围。

目前，国际上对数字经济的范围界定大致可以分为两种口径。

第一种窄口径，主要针对信息通信技术产业增加值进行测度。

OECD 出版的《数字经济展望 2017》指出数字经济包括信息通信技术产业中生产制造的数字产品、支撑数字经济的基础设施和服务以及数字化交易活动。根据 OECD 的判断依据，一种数字经济形态需同时具备数字化订购、平台化促成和数字化交付三大特征。

新西兰统计局将数字活动衡量为新西兰生产的“数字订购”和“数字交付”商品和服务。相比之下，BEA 将美国的数字活动衡量为信息通信技术的生产，并根据数字经济框架的多个维度选择了主要数字产品，并在 2018 年发布的《定义和测算数字经济》中指出，数字经济包括数字基础设施（计算机硬件、软件、电信设备与服务等）、电子商务（企业对消费者、消费者对消费者、企业对企业等）和数字媒体（直接销售、免费数字媒体、大数据）三个部分（Barefoot et al.，2018）。ABS 在国民账户中捕捉了澳大利亚数字经济的许多方面，但它并没有单独识别所有数字活动，由于定义、分类和计量问题，也没有将估计的总经济表现追溯到其数字来源。

在国内，向书坚和吴文君（2019）认为数字经济包括一系列支持经济活动数字化的基础设施和服务业以及进行数字化交易的产业活动；许宪春和张美慧（2020）提出数字经济是以数字技术和数字化赋权基础设施为核心，通过互联网数字化平台开展的一系列产业经济活动。

第二种宽口径，范围涉及数字赋能化的各行各业，相对于窄口径数字经济，其宽口径主要体现在卫星账户框架下通过数字技术和服务提高全要素生产产出的经济活动部分。

2016 年 G20 峰会上提出的《二十国集团数字经济发展与合作倡议》将数字经济界定为“以使用数字化的知识和信息作为关键生产要素、以现代信息网络作为重要载体、以信息通信技术的有效使用作为效率提升和经济结构优化的重要推动力的一系列经济活动”[①]。

《中国数字经济发展白皮书（2020 年）》中指出，数字经济是以数据价值化（生产要素）为基础，以数字产业化和产业数字化（生产力）为核心，以数字化治理（生产关系）为保障的四化协同发展框架，驱动实现数字技术与实体经济深度融合，提质增效构筑新型数字经济发展新优势。

国家统计局发布的《数字经济及其核心产业统计分类（2021）》与 G20 峰会中明确的数字经济的概念基本一致，区别是把数据资源作为关键生产要素，并将数字经济分为数字产业化和产业数字化两部分，其中产业数字化部分是指通过数字技术与传统产业的融合而带来的经济产出。

卫星账户框架下，宽口径的数字经济规模测度将未纳入统计核算范围的新型数字经济活动（通过数字投入得到显著增强的经济活动）做进一步分层处理，即将产业数字化部分产出剥离开来分别计算加总。

在实际测算层面，由于产业数字化部分的融合很难被精确地剥离和测度，我国的数字经济在进行宽口径的卫星账户核算时仍有一定的难度。根据相关机构研究报告与文献综述，中国信息通信研究院、腾讯研究院、中国社会科学院、中国信息化百人会等都采用宽口径对数字经济规模展开了测度，但测量结果存在较大的差异，相关结果讨论会在本章第三节加以阐述。

---

①《二十国集团数字经济发展与合作倡议》，http://www.g20chn.org/hywj/dncgwj/201609/t20160920_3474.html[2016-09-20]。

二、数字经济卫星账户对 SNA 中心框架的继承与联系

在国民经济核算中，尽管中心框架从理论上看是一致的，但由于统一的定义标准或过于细致的分类，在某些情况下仅仅利用中心框架是不够的，缺乏一定的灵活性，其应用难以满足深入分析需求。

卫星账户是以 SNA 中心框架为基础，对其中某些概念加以修改或补充而建立的附属核算体系。卫星账户的构建使国民经济核算框架既包含那些已经在中心账户中包括的内容，同时再增加一些补充内容和替代性表述，以助于分析一些重要领域。

广义而言，卫星账户有两种。第一种卫星账户涉及重新排列中心框架分类并可能引入补充内容，主要是为某领域量身定制的账户。它们并未从根本上改变 SNA 的基本概念，但可能相对于中心体系存在差异。这种卫星账户有效避免了各经济部门细节过多造成的核算体系复杂问题。第二种卫星账户主要以对 SNA 概念的替代为基础，使用这些替代概念的目的是对中心体系进行补充，其可能会形成局部的补充性总量。卫星账户由于对 SNA 概念或中心体系作出补充修改，因此相较于中心框架有更高的自由度。

目前应用最广泛的是旅游卫星账户，有超过 70 个国家在某个阶段编制过旅游卫星账户。旅游卫星账户是卫星账户在旅游业领域的应用，用来测度旅游业经济影响，通过把由旅游消费引发的各种直接和间接的旅游产出从相关国民经济行业中分离出来，进行单独核算并加到传统旅游业中，对旅游经济进行全面测量。目前，加拿大、美国、新西兰等国都进行了旅游卫星账户编制的实践。除此之外，卫星账户也被应用于环境、能源、数字经济等领域。

数字经济卫星账户就是卫星账户在数字经济领域的具体应用，它把数字经济活动全流程视为一个完整的整体，使之能够充分反映其在数字经济中的经营与发展特征。数字经济卫星账户的主要作用是将 SNA 核心架构下的全部

数字经济活动进行显性处理，弥补了它们在数据协调和分析方面的缺陷，使之不仅能反映出数字经济的发展方式，也可以观察到它们对宏观经济的贡献，以及传统工业和数字经济的相互融合。数字经济是一种高度融合、高度渗透的经济交易活动，如果仅仅以数字经济的产业和产品来构建它，就会造成发生在非数字经济产业的数字经济活动被遗漏（张美慧，2021）。

关于DESA框架构建，2017年OECD基于数字交易特征来识别数字经济活动，做出前沿研究。国内以杨仲山和张美慧、向书坚和吴文君为代表的学者也在构建数字经济卫星账户及其供给使用表的制度方面做了积极的尝试和研究。

三、数字经济卫星账户编制的分类基础

对数字经济产业和相应的数字产品进行分类是卫星账户供给表、使用表和其他核心表式编制的前提和基础，其为卫星账户框架下的数字经济规模的测算做了一定的准备。目前，不同国家乃至不同的研究对数字经济的产业和产品划分存在一定的差异。

2018年，OECD会议上提出，供给使用表中的产业部门主要由以下7个组成：数字促成产业部门、数字中介平台产业部门、依赖于中介平台的数字产业部门、电子卖家、只提供数字金融服务的公司、其他数字企业和非数字产业部门。这一供给使用框架对于在全球范围内进行具有国际比较意义的数字经济体系统计研究具有一定的启示意义。在国内，向书坚和吴文君（2019）根据《新产业新业态新商业模式统计分类（2018）》（以下简称《“三新”统计分类》）及《战略性新兴产业分类（2018）》对我国数字经济产业进行划分，相较于OECD，该划分不包含只提供数字金融服务的公司，并将电子卖家的范围扩大到了电子商务产业，对中国数字经济卫星账户的可行性以及两类数字产业分类的融合进行了详细的论述。罗良清等（2021）则认为，虽然有许多研究采用或参考OECD的行业分类，但该分类下的行业界限模糊，甚至有

可能出现重叠，因此，将其划分为基础和融合产业，是中国数字经济战略发展的重要方向，同时也可以避免产业间的交叉。

中国数字经济卫星账户体系结构的产品分类可以先与现有的战略性新兴行业、重点商品与服务交易进行区分，然后在此基础上对其进行细分。根据数字经济的产业划分，将产品对照划分为数字产品和数字化产品两大类。数字产品是数字产业化的重要组成部分，可以分为数字货物、数字付费服务和数字免费服务三大类。数字化产品是产业数字化的产物，某一经济交易活动如果有数字技术的参与，则可以被认为是数字化产品。数字经济的产业和产品相应对照，通过数字经济交易连接。

四、数字经济卫星账户编制实践：研究现状、关键问题与发展挑战

1. 卫星账户框架下数字经济的渗透性

截至 2022 年，全世界互联网用户占总人口的 63%，数字经济在信息互联网行业的不断成熟发展中，边际效益和消费者效用越来越高，呈现外部经济。数字技术作为一种通用技术，能够广泛渗透于经济社会各领域，进而衍生出新需求、新模式、新业态。类似地，数字经济交易活动的发生也可能同时涉及多个产业，因此数字经济产出无所不在，广泛分布于各行业及其细分领域中。通过与其他生产要素在各产业部门中的协同生产带来全要素生产率的提升，渗透性表现为数字技术与传统实体经济的融合。

数字技术的渗透效应对社会经济增长具有重要贡献，并会持续促进数字经济规模的扩张，为我国数字经济国际竞争力提升发挥重要推动作用，但这种渗透性也对国民经济核算提出了一些新的要求和挑战，其中一个比较公认的方法是将数字经济的卫星账户作为附属体系纳入国民经济核算系统中，利用卫星账户将数字经济产出剥离再核算，以便对数字经济规模进行全面的测度核算。

2. 数字经济卫星账户的研究现状

目前，国内外对数字经济卫星账户的研究仍处在摸索的过程中。OECD已初步建立了以数字经济供给使用情况表为基础的数字经济卫星账户，它可以精确地监测数字经济的发展规模和传统工业与数字经济的融合，是该领域具有重要引领作用的国际组织。新西兰在OECD编制的数字经济卫星账户的基础上，初步建立了自己的数字经济卫星账户体系。BEA进一步完善了数字经济的定义和范围，并对美国的数字经济做出了一个初步的预测，为制定数字经济卫星账户打下了坚实的基础。

在国内，杨仲山和张美慧（2019）、向书坚和吴文君（2019）也尝试建立中国数字经济卫星账户的基础架构，以对我国数字经济发展规模和对我国宏观经济增长的影响进行较为全面、系统的测量。也有学者从范围界定、指标选取和账户编制等方面进行了一定的研究，但全国范围内仍然没有一个标准统一的数字经济卫星账户。由于缺乏全国统一的数字经济统计体系，不同的测算方法会产生数字经济总量测算差异大、数字经济产业界定差异大、数字经济开展国际对比难等问题，这也是现在数字经济统计监测面临的突出问题。

3. 数字经济卫星账户编制中的关键问题与国际可比性挑战

第一，数字经济总量测算差异大。

基于国民经济核算体系的中心框架，数字经济卫星账户是对其中某些概念加以修改或补充而建立的附属核算体系。为特定领域经济活动编制数字经济卫星账户来进行核算时，可能会重新排列中心框架分类并可能引入补充内容，或者使用一些替代概念的目的是对中心体系进行补充，可能会形成局部的补充性总量。因此，不同国家会根据自身国内经济发展特点编制适合经济体数字经济核算的卫星账户，核算时补充或替换一些数字经济总量，最终导致数字经济总量测算差异大。

第二，数字经济产业界定差异大。

根据上述关于数字经济卫星账户的产业分类，不同国家的不同研究机构在编制卫星账户的供给使用表前，会先将数字经济产业进行划分，然后根据产业划分，选择不同的核算范围和方法对增加值进行核算。目前，国内外关于数字经济的内涵和产业界定尚未达成一致，OECD 提出的供给使用表中的产业部门分类虽然在全球范围内具有一定的启发和引导作用，但国内有学者结合战略性新兴产业分类对该产业分类进行了修改，也有学者认为该产业分类下的行业界限模糊，甚至有可能出现重叠，并提出划分为基础和融合两类。因此，各国根据自身数字经济发展战略界定数字经济产业，全球范围内存在较大差异。

第三，数字经济开展国际对比难。

在数字经济卫星账户核算中，由于数字经济总量测算差异大、产业界定差异大以及其他关于供给使用表编制和核算方法的差异，关于数字经济增加值核算的实例测算的数字经济增加值及其对 GDP 的贡献度结果差异也较大，数字产业化和产业数字化的结构规模占比也不尽相同。因此，在测算结果差异较大的情况下，很难开展国际对比，或者说对比结果具有较高的不准确性。

4. 数字经济卫星账户的应用前景与展望

当前，世界正历经百年未有之大变局，在这样的时代环境下，数字经济呈现出顽强的韧性，在线教育、网上办公、互联网电商直播等新模式、新业态蓬勃兴起，成为支撑我国宏观经济持续发展的新动力。

数字经济卫星账户作为卫星账户框架在数字经济领域的最新应用，虽然仍处于初步探索阶段，也面临着数字经济的产品和产业划分不明确、供给使用表的编制尚不成熟以及难以测算“免费”数字内容和“非货币化”交易的潜在价值等困难和挑战，但是，在互联网信息技术高速发展的时代背景下，应用卫星账户法对数字经济增加值进行核算，能够较全面地反映出国民经济各个部门的数字经济特征。

随着数字经济的进一步应用发展，以及卫星账户框架供给使用表及其他核心表式的编制、完善和成熟，数字经济卫星账户的框架构建与实例应用将在全球范围内得到更广泛的推广，极大地促进各国的国民经济全面核算，提高数字经济增加值的国际可比性（特别是经济发达国家与发展中国家之间的比较）。总的来说，未来数字经济卫星账户在国内外有着巨大的应用价值和发展前景。

第二节 数字经济增加值核算方法的技术要点与比较分析

由于数字经济产业中免费商业模式、共享经济等的存在，数字经济增加值核算方法并不一致，不同学者在数字经济的内涵及范围界定、核算方法以及构建指标体系上也存在诸多差异。有的学者基于国民经济增加值核算理论，通过生产法、收入法、支出法构建增长核算框架来测算数字经济规模；有的学者通过构建指标体系或者构建数字经济卫星账户来测算。

一、基于 GDP 核算方法的数字经济增加值核算方法解析

从不同角度出发，GDP 的常规核算方法主要有生产法、收入法和支出法。数字经济增加值作为GDP的一部分，自然可以按照GDP的核算方法进行测算。

由于数字产品和服务对数字化赋能产业部门具有高渗透性和替代性，实际生产活动中很难通过最终产品的性质区分哪一部分属于数字资本投入带来的数字经济，而增长核算框架能够将各种数字资本要素的投资与产出增长的贡献分离开来，为区分各产业部门的数字经济提供了方法。

具体来说，增长核算框架就是将数字产品和服务作为要素投入引入生产函数中，从产出中分离出数字类生产要素对总产出的贡献度，确定产业部门

的数字经济增加值增量。在增长核算框架下，产业数字化增加值一方面由信息通信技术投资直接贡献；另一方面，由于数字资本投入的渗透效应所产生的部分全要素生产率（total factor productivity，TFP）间接贡献，可以采用计量方法将渗透效应发挥作用产生的部分 TFP 间接贡献从 TFP 中提取出来（蔡跃洲和张钧南，2015）。因此，数字资本对产出的贡献是数字资本投入对产出的直接贡献与 TFP 中数字资本投入对总产出的间接贡献之和。

在数字经济增加值核算的实践中，国际上 OECD 从数字媒体和电子商务出发，以增加值测算为基础，首次提出了数字经济的测算框架；基于此，BEA 运用美国数字产品和服务的增加值、价格指数变动率来测算美国的数字经济；ABS 采用 BEA 的数字经济增加值计算方法，测算了澳大利亚的数字经济增加值和数字经济对 GDP 的贡献率。在国内，许宪春和张美慧（2020）在 BEA 的核算方法基础上，通过对国民经济行业分类和构建的结构系数、调整系数、行业增加值率等指标进行分析，得出 2016 年中国数字经济的增加值总额为 42 388.06 亿元，占当年 GDP 的比例为 5.73%。

在我国，中国信息通信研究院以及许多学者都将常规的 GDP 核算方法与增长核算框架相结合，以“先增量再总量，先贡献度后规模”为整体核算的研究思路，对数字经济规模进行测算。

数字技术依赖于数字经济的替代效应和渗透作用，推动产业数字化与数字产业化的协调发展。根据产业分类，关于数字产业化部分，主要包括信息通信技术各产业，这部分是数字经济的基础核心产业，大多通过 GDP 核算中的生产法、支出法、收入法核算，将各产业增加值直接加总求得；关于产业数字化部分，参照中国信息通信研究院的数字经济核算框架（图 5-1），将各种传统行业中的数字技术渗透的贡献部分从行业总产出中分离出来，主要考虑效率提升和产量两个方面，通过构建增长核算框架和分行业 ICT（information and communication technology，信息与通信技术）资本存量进行核算，再进行加总。其中，采用永续盘存法，通过计算中国 ICT 投资价格指数，测算出 ICT 资本存量，加总得到数字经济总体规模。

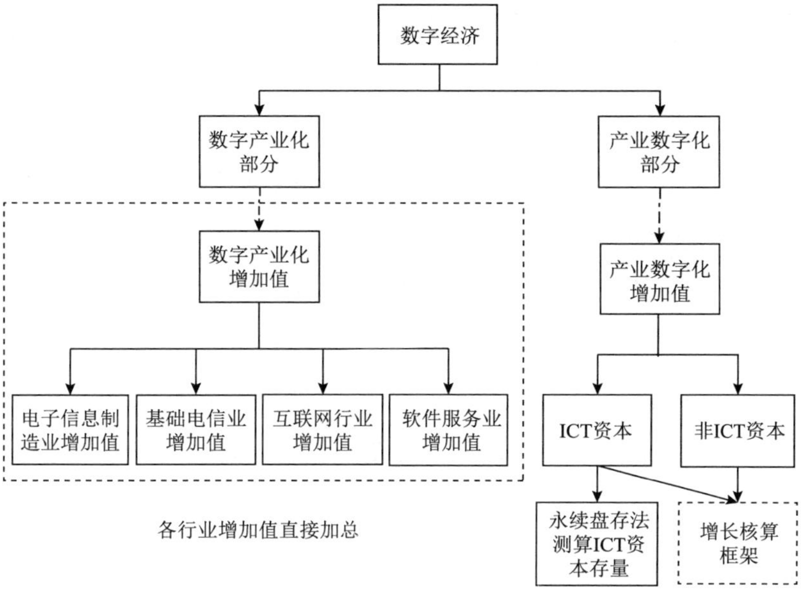

图 5-1　中国信息通信研究院的数字经济核算框架

在基于常规核算方法的数字经济增加值核算应用实例方面,《中国数字经济发展白皮书（2020 年）》计算了各行业的资本存量增加值，并将增长核算框架与中国的数字经济相结合，计算出 2019 年的数据总量为 35.8 万亿元，约为 GDP 的 36.2%。金星晔等（2020）运用直接法，将数字经济基础设施、服务业、电子商务、数字化信息产业等基础产业的增加值直接加总，对数字化生产活动中的数字经济融合部分则运用增长核算框架进行统计，最终将两部分加总得出 2019 年我国的数字经济规模为 290 735.06 亿元，占 GDP 的 29.3%。

二、基于计量经济方法的数字经济增加值核算方法解析

目前，采用计量经济学方法统计数字经济增加值的国家和政府统计机构

仍较为有限。在实践中，运用计量经济学的方法，可以对数字技术渗透与经济发展的关系进行有效的度量，指标构建综合评价也能从一定程度上反映数字经济水平及竞争力情况，但其在变量选取和指标体系等应用上存在一定的不足。

有学者通过采用计量方法将增长核算框架中渗透效应发挥作用产生的部分 TFP 间接贡献从 TFP 中提取出来（蔡跃洲和张钧南，2015），分行业计算产业数字化部分。腾讯研究院（2017）运用“互联网+”数字经济指标和 GDP 面板数据，计算出 2016 年中国数字经济的总增加值为 22.77 万亿元，占 GDP 的 30.61%，并通过构建固定效用模型估算出 2017 年、2018 年数字经济规模达到了 26.70 万亿元、29.91 万亿元，GDP 贡献率分别为 32.28%和 33.22%。

在有关指数的制定上，国内外有关部门多是利用计量模型和指数评价方法来衡量有关的指标。OECD 已建立起 ICT 和数字经济的统计指标；欧盟制定了数字经济与社会指标。在国内，建立了中国数字经济指数（digital economy index，DEI）、腾讯研究院“互联网+”数字经济指数、赛迪顾问数字经济发展指数（digital economic development index，DEDI）等综合评价指数，用来核算数字经济规模和影响。

这些相关指数分别有各自的优缺点，如中国信息通信研究院构建的 DEI，充分考虑了产业数字化和数字产业化对宏观经济的影响，但是理论框架尚不完善，部分指标不具有长期观测性，但是在数字经济统计测度的研究中也发挥了重要的推动作用。

三、基于卫星账户法的数字经济增加值核算方法解析

2016 年，OECD 建立了数字经济卫星账户的初步框架，并尝试编制了供给使用表，为建立和推广数字经济卫星账户打下了坚实的基础。2018 年，BEA 通过对供给使用表进行数据分析，得出 2016 年美国数字经济增加值达到

18.62 万亿美元，占 GDP 的 6.5%（Barefoot et al.，2018）。

近年来，国内学者基于 OECD 构建的关于数字经济卫星账户的初步框架，结合我国实际发展情况与国民经济统计体系，在编制数字经济卫星账户方面也做出了以下一些尝试。

向书坚和吴文君（2019）借鉴国内外关于数字经济的分类和核算实践，针对可以从传统产业中剥离出来的数字促成产业和电子商务产业，计算得出数字经济增加值，如表 5-1 所示。易观察到 2012～2017 年，这两个数字产业增加值由 46 179.74 亿元增至 161 463.48 亿元，占 GDP 的比重也提高了 10.97 个百分点。

表 **5-1**　**2012**～**2017** 年主要数字产业的增加值及占 **GDP** 的比重情况

项目	2012 年	2013 年	2014 年	2015 年	2016 年	2017 年
主要数字产业增加值/亿元	46 179.74	59 791.82	86 772.48	113 489.81	133 090.84	161 463.48
占 GDP 的比重/%	8.55	10.04	13.47	16.47	17.90	19.52

杨仲山和张美慧（2019）先系统总结了 OECD、欧盟等国际组织及新西兰、美国等国家对数字经济测度及数字经济卫星账户的实践研究经验，在此基础上，阐明了中国数字经济卫星账户的基本概念、中心框架，并编制了包括数字经济供给使用表、投资矩阵表与生产信息补充表的一系列核心表式，构建出中国数字经济卫星账户的整体框架，并以通过网络平台订购民宿为例，进行了数字经济供给使用表的模拟实践，为宏观层面数字经济卫星账户的编制提供启发。

上述学者在通过卫星账户测算数字经济增加值时总体上沿用了 OECD 的基本框架。不同于 OECD 提出的以特征识别数字经济活动的方法，罗良清等（2021）从数字技术与国民经济在宏观层面的融合的视角，基于中国数字经济发展需要，构造了以数字经济增加值指标为核心的卫星账户统计指标，并编制了数字经济供给表、使用表、投资矩阵表等五个国民经济核算表式。

基于国民经济核算体系中心框架构建卫星账户，将其用于数字经济领域，对目前各产业渗透的数字经济产值进行统计监测和核算，是目前统计局、研究机构和学者的研究趋势，也是本章研究的重点。其中，编制适用于具体国情和经济结构的卫星账户供给使用表，并与国际编制进行科学合理的融合以满足可比性，是当下研究的关键。

四、卫星账户框架下数字经济增加值核算方法的技术比较

基于 GDP 核算方法、基于计量经济方法和基于卫星账户法这三种数字经济增加值测算方法，是目前数字经济核算领域的主要方法，三者各有自身的技术特点以及适用场景，如表 5-2 所示。

表 5-2　数字经济增加值核算方法的技术特点及适用情况

数字经济增加值核算方法	技术特点	适用情况
基于 GDP 核算方法	优点：基于现有的 GDP 核算方法，测算体系相对成熟。 挑战：产业数字化融合部分较难测度	数字经济增加值占 GDP 的比重、对 GDP 增长的贡献率
基于计量经济方法	优点：系统反映数字经济发展水平。 挑战：理论框架尚不完善，部分指标不具有长期观测性	数字经济发展水平、竞争力
基于卫星账户法	优点：全面系统地反映各行业数字经济增加值情况。 挑战：编制供给使用表、构建核算框架困难	数字经济领域特定经济活动

目前，基于 GDP 核算、计量经济、卫星账户的三种核算方法在实例运用中，都有一定的优势，也有一定的不足和挑战。根据上述数字经济增加值核算方法的技术特点和适用情况，可以根据统计需求选择相应的核算方法。其

中，卫星账户是数字经济增加值核算中较为全面系统的，优势比较显著，也是目前构建核算框架的主要研究趋势。

数字经济是 GDP 的一部分，因此可以依据 GDP 核算方法，采用生产法、收入法和支出法来测算数字经济增加值。这些方法相对成熟，但由于数字经济在传统产业和新兴产业中的渗透融合，其部分界定范围较为模糊，给测算带来了较大难度。

基于计量经济方法的数字经济增加值核算，通过构建指标体系和计量回归方法得出数字经济发展综合指数，系统反映发展水平，但是基于计量经济方法测算，有关数字经济的理论框架尚不完善，变量和指标选取也有一定的局限性。

基于卫星账户法的数字经济增加值核算，可以将数字经济产出从各行业剥离再测算，得到特定数字经济交易活动增加值，但是目前由于数字经济的内涵范围界定、产业产品分类等尚不统一，在编制卫星账户的供给使用表以及构建卫星账户核算框架上仍存在很大困难和挑战。此外，国际可比性也是卫星账户核算方法的关键要求。

第三节　数字经济增加值核算实践案例的梳理与比较

随着近年来数字经济如火如荼地在各国发展开来，涌现出大量研究机构和学者对数字经济增加值展开测算，但由于各个国家乃至不同研究团队对数字经济增加值的测算范围和口径各有不同，测算方法各有不同，测算结果差别较大。目前，关于数字经济增加值核算的研究也存在很多争议。数字经济的范畴识别、“免费型商业模式”、“平台经济”测算等为核算带来了巨大的挑战。

一、美国数字经济增加值核算案例的梳理与比较

美国的数字经济增加值测算中，BEA 是国际上较有代表性的机构。2020

年 8 月，美国 BEA 关于数字经济分类标准包括基础设施［硬件、软件和相关支撑设施（尚未纳入统计）三类］、电子商务、收费的数字服务［云服务、数字中介服务（尚未纳入统计）和其他收费数字服务三类］三大类。

BEA 和中国信息通信研究院测算的美国 2016 年数字经济增加值占 GDP 的比重分别为 6.5%和 58.3%，二者测算结果相差 51.8 个百分点。测算的结果差距如此之大，究其原因是两者对数字经济计量的范围存在差异。以 2017 年测算结果来看，中国信息通信研究院测算的美国 2017 年“数字产业化”部分的数字经济规模为 1.39 万亿美元，BEA 的测算结果为 1.35 万亿美元，已知 2017 年美国 GDP 为 19.48 万亿美元，两个测算结果分别占 GDP 的比重为 7.14%和 6.93%，测算结果较为接近，仅相差 0.21 个百分点。两者的数字经济统计结果如此相近的原因在于中国信息通信研究院的测算不仅包括了数字产业化部分，还包括了产业数字化部分，而 BEA 仅测算了数字产业化部分。

中国信息通信研究院将产业数字化部分纳入数字经济核算范围，会造成数字经济增加值对 GDP 的贡献率大幅提高，中国信息通信研究院的测算结果显示，数字经济在 GDP 中的比重约为 30%，在一定程度上与其他国家测算结果的融合存在困难，但在数字经济国际竞争力对比排名上还是比较有说服力的。中国信息通信研究院发布的《全球数字经济白皮书（2022 年）》中指出，2021 年美国和中国的数字经济规模分别达到 15.3 万亿美元和 7.1 万亿美元，分别位列世界第一和第二。

综上所述，由于界定范围口径和核算方法不同，关于美国数字经济规模的测算结果必然存在或大或小的差异。

二、中国数字经济增加值核算案例的梳理与比较

关于中国数字经济增加值的测算，中国信息通信研究院的测算方法被 G20 峰会发布的《数字经济测算工具箱》收录，在国内也比较具有代表性，计算结

果在学术研究中被广泛引用。除此之外，中国社会科学院数量经济与技术经济研究所、许宪春和张美慧（2020）的核算在国内也具有一定影响力，不同研究院和国内外咨询中心也展开过测算，测算结果横纵向对比如表 5-3 所示。

表 **5-3**　中国数字经济增加值占 **GDP** 的比重测算结果

项目	2016 年	2017 年	2018 年	2019 年	2020 年
中国信息通信研究院	30.3%	32.7%	34.0%	36.2%	38.6%
腾讯研究院	30.6%	32.3%			
中国信息化百人会	30.1%				
中国社会科学院	15.5%	16.0%	16.4%	17.2%	18.8%
波士顿咨询公司	6.9%				
许宪春、张美慧	5.73%	6.46%			
向书坚、吴文君（数字促成产业和电子商务产业）	17.90%	19.52%			

资料来源：许宪春和张美慧（2022）

观察上述不同机构或学者的测算结果，发现国内研究所对数字经济的测算大部分都是基于宽口径。从 2016 年中国数字经济增加值占 GDP 的比重结果来看，中国信息通信研究院、中国信息化百人会和腾讯研究院的测算结果分别为 30.3%、30.1%、30.6%，三者测算结果较为接近。金星晔等（2020）对已有的测量数据进行了对比，发现大部分机构对数字经济的规模估计都有一定程度的高估。

除了核算结果有很大的不同，上述测算的方法也有很大的不同。

与中国信息通信研究院核算方法相似，中国信息化百人会将数字经济分为生产和应用两部分，采用生产法和增长核算框架相结合的方法测算效率提升，其中应用部分主要测算 ICT 产业的渗透效应产生的额外增加值。但是，这种测算方法在对新兴行业的认定、效率提升测算的基准等方面存在一些争论。

中国社会科学院和中国信息通信研究院测算的 2019 年我国数字经济增加值占 GDP 的比重分别为 17.2%和 36.2%，测算结果有明显差异。其差异除了表现在总体规模占比上，还表现在组成结构方面，中国社会科学院和中国信息通信研究院的测算结果中，数字产业化和产业数字化两方面规模结构占比分别为 1∶1 和 1∶4。

波士顿咨询公司采用支出法测算互联网相关的最终消费，不同机构测算的数字产业化部分与产业数字化部分结构占比各有差异，参照之前经验，数字经济总规模中二者比例可能是 1∶1，也可能是 1∶4，差异较大，因此未将效率提升的价值部分计算在内，其界定的数字经济范围可能较小，导致最终测算 2016 年结果为 6.9%，远低于中国信息通信研究院。

腾讯研究院（2022）通过计量模型，估算出“互联网+”数字经济指数与 GDP 之间的回归系数，进而推算数字经济增加值。尽管与中国信息通信研究院、中国信息化百人会的测算结果接近，但有关控制变量、回归条件等问题仍然存在争议。

国内也有学者基于数字经济行业、产业分类实际考虑，核算增加值。许宪春和张美慧（2020）没有单独列出数字经济产业分类，而是认为其已经包含在了数字化赋权基础设施产业增加值中，通过构建数字经济规模核算框架，测算得出 2016 年数字经济增加值占 GDP 的比重为 5.73%，该结果与波士顿咨询公司测算的 6.9%结果接近，都比较低。向书坚和吴文君（2019）基于生产、收入分配、积累三部分核算，列出了数字经济核算中心框架之外需要单独列出调整的部分，选择数字经济卫星账户中的数字促成产业和电子商务产业（可从现有核算体系中剥离出来）增加值进行实证测算，结果表示 2016 年和 2017 年的数字经济增加值分别占 GDP 的 17.90%和 19.52%。该结果略高于中国社会科学院的测算结果，又未及中国信息通信研究院的宽口径测算值。

除了对中国数字经济增加值的测算，部分经济圈以及城市也逐渐开始数字经济统计测算试点。根据国家发展和改革委员会 2021 年发布的数据，从数字经济的 GDP 占比来看，北京、上海全国领先；从数字经济增速来看，重庆、福建全国领先。各试点地区数字经济创新发展及统计监测也在逐步推进中，数字经济的数字化变革如火如荼地开展，为数字经济的发展提供了政策、体制和环境方面的支持。

三、数字经济增加值核算实践案例的国际比较

腾讯研究院发布的《数字经济的内涵、界定和各国规模测算（2022）》中总结了中国、美国、加拿大、英国四个国家的数字经济的 GDP 占比数据，如表 5-4 所示。

表 5-4　测算结果的国际比较

国家	指标	占 GDP 的比重	来源
中国	数字经济	38.6%（2020 年）	中国信息通信研究院
	数字经济核心产业	7.8%（2020 年）	国家统计局
美国	数字经济	9.6%（2019 年）	BEA
加拿大	数字经济	5.5%（2017 年）	加拿大统计局
英国	数字部门	7.6%（2019 年）	英国数字、文化、媒体和体育部

资料来源：腾讯研究院

从中国（数字经济核心产业）、美国、加拿大和英国四个国家的测算结果来看，数字经济增加值占 GDP 的比重基本维持在 5%～10%，与 IMF 报告指出的大部分国家数字经济增加值占 GDP 的比重低于 10%相符合。但是，中国信息通信研究院对数字经济在 GDP 中所占比例的预测值偏高，这主要是因为统计口径不同：中国信息通信研究院通过宽口径测算，将产业数字化部分纳入了测算范围，而其他部门则未将其包括在内，如国家统计局在对数字经

济进行核算时，只将数字经济核心产业纳入核算范围；BEA 采用窄口径核算数字产业化部分。核算时若忽略融合部分，仅考虑数字产业化（基础）部分，2020 年数字经济规模占 GDP 的 7.8%，与其他统计结果大致相同。

从国际比较视角出发，许宪春和张美慧（2020）构建数字经济规模核算框架，对界定的数字化行业增加值进行测算再加总，结果表明：2017 年中国数字经济增加值为 53 028.85 亿元，占 GDP 的 6.46%。与美国和澳大利亚进行比较，可以得出：2016 年中国数字经济增加值约为美国的 52.77%、澳大利亚的 6.83 倍；在数字经济增加值占 GDP 的比重方面，2016 年低于美国 0.77 个百分点，略高于澳大利亚 0.03 个百分点。

随着新一代信息技术的加速应用，中国数字经济持续快速增长，2010～2015 年增加值年均增速为 11.49%，高于同期年均经济增速的 7.9%（蔡跃洲和牛新星，2022）。近几年，中国数字经济实际增长率达到了 14.43%，比美国、澳大利亚都要高，表明中国的数字经济发展作为互联网时代的经济重心，极大地推动了国民经济高速增长。

四、卫星账户框架下数字经济增加值核算实践的借鉴

通过比较不同研究机构对美国、中国以及其他国家数字经济增加值核算案例的结果，可以看出，数字经济的范围界定及核算方法不同，因此，数字经济增加值占 GDP 的比重也存在或大或小的差距。

IMF 在 2018 年以数字部门经济活动测算增加值，指出：在过去几年中，大部分经济体数字经济在 GDP 中所占的比例在 10%以下。从 2016 年美国数字经济增加值占 GDP 的比重来看，BEA 和中国信息通信研究院的测算结果差距高达 51.8 个百分点，可以得出启示：数字经济的范围界定作为增加值核算的基础，对核算结果有着巨大的影响。

不同研究机构和学者也对中国数字经济增加值进行了核算，从中国数字

经济增加值占 GDP 的比重结果来看，中国信息通信研究院、中国信息化百人会、腾讯研究院测算的 2016 年的数字经济增加值占 GDP 的比重分别为 30.3%、30.1%、30.6%，三者测算结果较为接近，但远远高于 IMF 报告提出的低于 10%的标准。究其原因在于核算范围和方法的不同，对于数字经济产业数字化部分，由于产业融合和可测度问题，将不同的产业纳入核算范围。

从国际比较视角来看，由于各国数字经济发展和核算水平不同，中国、美国、加拿大、英国等各国的测度存在一定的差距，但结果差异较小。其中，差距较大的是中国数字经济和数字经济核心产业的测算结果，占 GDP 的比重相差 30.8 个百分点。根据上述数字经济增加值核算案例的梳理与比较，可以看出当前数字经济核算缺乏统一的核算范围体系和方法，因此引出核算结果不同及其国际可比性的问题。

第四节　卫星账户框架下数字经济增加值核算实践的难点和挑战

数字经济是伴随着蓬勃发展的数字技术而出现的一种新型的经济形式。对这样一个发展中的概念，难有一致的认识。在内涵和行业范围界定、规模测算和 GDP 贡献度等方面，不同国家、不同组织和不同学者的研究存在很大的差别。数字经济卫星账户也处于初步构建阶段，面临着许多困难和挑战。

一、数字经济核算范围界定的可比性问题

因为数字技术是通用信息技术，能够渗透并广泛地应用于各行各业。从广义角度来看，数字经济是数字技术相关行业的集合，因此对卫星账户框架下数字经济产业范围的界定是一个难点和挑战。

目前，国际上关于数字经济的概念和界定范围也尚未形成统一。

从上述关于数字经济范围口径的探讨来看，窄口径核算存在的难点在于

对于数字技术渗透带来的增加值，即ICT产业融合部分，采用常规基于GDP的核算方法具有一定的局限性：生产法、支出法无法从传统产业中分离出来，因此在核算时都计入非数字经济消费中；收入法核算过程中的劳动者报酬、生产税等也难与数字经济技术联系，不具有一定的可操作性。

宽口径核算中，数字活动与非数字活动的界限存在差异，在测算效率提升部分时，要将传统行业中的数字经济投入及数字经济投入显著增加的经济活动增加值剥离出来，涉及不同行业中数字经济对总产出的贡献度不同以及相关剥离系数的计算。因此，具有不同产业结构的国民经济体系，甚至是同一产业在不同时间段数字资本投入不同的情况下，测算结果都会存在一定差异。

从上述数字经济测算实例中，我们可以概括得出数字经济的范围界定分为宽、窄两种口径，对不同口径下不同研究机构/学者的数字经济核算范围、方法和结果进行梳理，如表5-5所示。

表5-5 数字经济增加值核算实例对比

<table>
<tr><th>口径</th><th>研究机构/学者</th><th colspan="2">核算范围和方法</th><th colspan="2">核算结果（2016年）</th></tr>
<tr><td rowspan="5">宽口径</td><td rowspan="2">中国信息通信研究院</td><td>数字产业化</td><td>生产法、收入法、支出法（各行业增加值直接加总）</td><td rowspan="2">30.3%</td><td rowspan="2">规模结构之比为1∶4</td></tr>
<tr><td>产业数字化</td><td>产出增加和效率提升：增长核算框架</td></tr>
<tr><td rowspan="2">中国信息化百人会</td><td>数字产业化</td><td>生产法</td><td rowspan="2">30.1%</td><td rowspan="2"></td></tr>
<tr><td>产业数字化</td><td>增长核算框架</td></tr>
<tr><td>腾讯研究院</td><td></td><td>由“互联网+”数字经济指数与GDP之间的回归系数推算数字经济增加值</td><td>30.6%</td><td></td></tr>
<tr><td rowspan="2">窄口径</td><td rowspan="2">中国社会科学院</td><td>数字产业化</td><td>生产法、支出法</td><td rowspan="2">15.5%</td><td rowspan="2">规模结构之比为1∶1</td></tr>
<tr><td>产业数字化</td><td>增长核算、计量分析等定量工具相结合，进行分行业测算</td></tr>
</table>

续表

口径	研究机构/学者	核算范围和方法		核算结果（2016 年）	
窄口径	波士顿咨询公司	数字产业化	支出法	6.9%	
		产业数字化	未将效率提升的价值部分计算在内		
	许宪春和张美慧(2020)	数字化赋权基础设施、数字化交易、数字化媒体三个行业	构建数字经济规模核算框架，行业增加值分别测算再加总	5.73%	
	向书坚和吴文君(2019)	数字促成产业	增加值加总	17.90%	
		电子商务产业	按比例计算各产业增加值		

目前，数字经济卫星账户框架的构建也处于初步探索阶段，灵活性较强，中国以及国际上还未形成一套统一的数字经济供给使用表的编制框架。编制数字经济卫星账户供给使用表的难度在于如何达到国际上的可比性。我国现有的数字经济核算活动多是按照《国民经济行业分类》等产业分类标准来进行，而在国际上往往以 ISIC 为参照。因此，数字经济范围界定和产业产品分类使得产业数字化部分在各种核心表式编制和实践测算上存在一定难度。

二、数字经济卫星账户核算数据的不易获得

在数字经济时代下，万物互联，各行各业的一切活动和行为都将数据化，传统数据采集方式难以适应数字经济的多元性和渗透性，因此数据的获取是构建数字经济卫星账户的关键。

通过构建相关数字经济指标体系，编制卫星账户的供给使用表能够直观反映各行业从事数字经济活动的结构，在实际应用中对测度数字经济的规模及其对 GDP 的贡献程度可行性较高。但是，目前国内外关于数字经济卫星账户的理论与实践研究还不太成熟，仍处在探索阶段，不同机构构建的指标体系或者指标数据统计范围存在差异，加之现有统计数据在测算范围上的局限，

在宏观层面上难以实现数字经济卫星账户的编制与运用。

近年来，互联网、云计算、人工智能、区块链等技术不断涌现，成为最直观、最活跃的领域。但从统计数据来看，电子商务是数字经济的主要组成部分。例如，2019 年美国信息软件、电子商务和电信服务增加值占数字经济的 65.2%，而互联网和云服务仅分别占 6%和 3.6%；2019 年我国软件和电子信息制造业增加值占比为 80%以上，互联网产业仅占 6%左右。数字产业化部分与这些活跃的数字技术没有太大的关联。因此，我国的国民收入核算卫星账户很难全面反映出数字经济中最为活跃的一面，即数字化融合部分（许宪春和张美慧，2022）。

目前，窄口径的数字经济增加值测算方法体系已经比较成熟，且根据现有的宏观统计数据，可以通过各行业增加值的加总来得出数字经济的总值。宽口径测算的关键在于数字技术与其他产业融合应用，要获得国民经济各行业与数字经济生产、产出有关的一系列数据，但现有的统计数据对于融合部分剥离测算还较难实现。例如，根据向书坚和吴文君（2019）初步编制的供给使用表，目前只有数字促成产业和电子商务产业可从现有核算体系中剥离出来，其他数字产业在卫星账户框架下核算时，由于无法将其从传统经济中剥离出来获得具体的数字经济核算相关指标，因此未纳入核算。

三、数字经济增加值核算结果的国际可比性较差

根据上述梳理的不同研究机构和学者的测算结果，可以发现：由于测算的口径范围以及核算方法不同，数字经济增加值测算结果存在很大差异，也缺乏可比性。

根据 BEA 的估算,美国的数字经济增加值在 2016 年 GDP 中所占的比例是 6.5%，而中国信息通信研究院测算的同年的数字经济增加值达到 10.8 万亿美元，占 GDP 的比重高达 58.3%。仅从数字经济增加值占 GDP 的比重来

看，其在2016年的计算结果就相差51.8个百分点。

腾讯研究院（2022）测算的2016年中国数字经济增加值在GDP中所占的比重为30.6%，中国信息通信研究院的测算结果为30.3%，而许宪春和张美慧（2020）的测算结果为5.73%，相差将近25个百分点。由此可见，同一经济体的不同研究机构，对于相对指标的测算结果也存在较大差距。而且，在学术界，中国信息通信研究院、许宪春和张美慧对数字经济增加值的核算是国内比较具有代表性的，但仍存在如此大的差距。测算结果缺乏国际可比性，不利于全面、准确地观察到世界各国在数字经济发展中的差距，从而使政府在制定宏观政策时难以发挥其应有的效用。

数字经济是当代"互联网+"信息化时代的主要战略发展手段，国际上数字经济增加值测算结果缺乏可比性，不利于全面开展数字经济规模统计，国家之间的数字经济发展差距很难被准确观察，无法在决策部门制定重大发展战略时充分发挥其价值。所以，在数字经济领域，如何科学界定数字经济范围，科学融合数字经济卫星账户的供给使用表框架，并提升测算成果的国际可比性，是当前我国数字经济研究领域的一个重要课题。

第五节　数字经济增加值核算的研究结论与建议

一、数字经济增加值核算方法对比及实例梳理结论

针对目前数字经济增加值核算研究范围界定和测算结果的差异，本章选取了BEA和中国信息通信研究院对美国数字经济规模的测算，中国信息通信研究院、中国信息化百人会、腾讯研究院、中国社会科学院以及部分学者对中国数字经济增加值的测算，以及以中国、美国、英国、加拿大等各国的测算为代表的研究结果，对数字经济核算方法和实例结果进行对比，得出当前

卫星账户下数字经济增加值核算存在的主要差异在于对数字经济范围界定和产业产品的划分不同。由于在产业数字化部分数字经济与传统产业的融合，不同产业并非全部能够剥离出来再核算，目前各种国内外研究中，这部分也是不纳入或者选择性地被纳入数字经济核算范围。考虑到测算的国际可比性和全面性，这些产业的数字经济产出应当均被纳入数字经济产品范畴，以实现不同数字经济核算方案下的数字经济增加值测度比较。

二、中国数字经济卫星账户编制的展望与建议

中国数字经济卫星账户的构建及增加值核算起步较晚，目前仍处于探索阶段。面对统一的范围和产业划分、供给使用表编制的困难和挑战，中国数字经济卫星账户的研究还道阻且长。加快研究和编制数字经济统计报表，加强数字经济重点领域运行监测，探索建立统一的中国数字经济卫星账户框架，推动数字经济核算实践成果与国际融合，对于开展全球化数字经济运行分析具有积极意义。

第一，科学界定数字经济概念和范围。

对数字经济的含义、计算范围的界定，是衡量数字经济增加值的基础，也是衡量其可比性的重要依据。各国应根据数字经济和传统产业的融合发展特征，选择适合于经济发展的数字经济范畴，从而得到一个综合、系统的数字经济增加值估算结果。同时，也要对标国际数字经济测算框架，制定既能与国际核算接轨，又符合本国国情的范围和分类标准。

第二，深入开展数字经济增加值测算方法研究。

关于数字经济增加值的测算，目前国际上存在若干种方法。研究进程中，可以发现窄口径的数字经济增加值核算虽然已有相对成熟的测算体系，但在“互联网+”时代，产业数字化部分占据了数字经济的重要部分，已不可以忽略或选择性进行产业核算，理论上应该把数字经济产业分类的全部产业都纳

入核算范围，基于宽口径核算，开展科学全面的核算方法构建（卫星账户）和实例应用。

在常规的 GDP 核算方法和增长核算框架的基础上，进一步加强数字经济领域分布在各个传统产业中的数据监测，建立跨部门的统计信息大数据共享平台，拓宽信息源渠道，为数字经济增加值核算提供更多的数据支撑，实现对数字经济（尤其是产业数字化部分）的全面科学监控；建立反映数字产业、数字技术与经济活动深度融合的数字经济统计指标体系，完善相关指标数据以及供给使用表相关表式的编制标准。

第三，增强国际交流合作，提升增加值测算结果的国际可比性。

国际上关于数字经济增加值测算的研究正处于探索阶段，我国相关学者也积极地尝试构建了数字经济卫星账户。但由于目前尚不存在统一的范围界定和分类，测算结果的国际可比性较差。之后的研究中应加强国际交流合作，借鉴国际经验，要把 G20、国际电信联盟、金砖国家峰会、联合国大数据全球平台等国际平台加以利用，并与我国数字经济发展实际情况进行辩证结合，推动国际数字经济统计框架的完善、统一和可持续应用，增强数字经济增加值测算结果的国际可比性，以促进中国数字经济及其核算的进一步发展。

近几年我国也在数字经济监测方面做了大量的研究和实践。下一步，国家统计局将积极推进数字经济统计监测和核算，支持江苏、重庆等地开展数字经济统计试点，鼓励在数字经济范围、数据统计监测、统计核算方法和指标体系建设等方面进行数据统计的一系列研究，以提升我国数字经济核算水平和国际竞争力。

第六章
战略性新兴产业的分类、识别与评价方法研究[①]

战略性新兴产业作为经济危机之后各国振兴经济的产业，对我国经济渡难关并长远发展具有重要战略意义。随着战略性新兴产业的不断发展，各国、各地区也开展了战略性新兴产业的分类与识别研究。学者们认为，战略性新兴产业是指关系到国民经济社会发展和产业结构优化升级，具有全局性、长远性、导向性和动态性特征的新兴产业，为战略性新兴产业的选择提供了理论支持。本章在借鉴战略性新兴产业的分类与识别的基础上，汇总梳理了不同国家（地区）战略性新兴产业的核算实践进展，提出了战略性新兴产业分类识别的评价方法，在此基础上，开展了大连市战略性新兴产业的分类与识别研究，并对大连市不同类别的战略性新兴产业的发展状况进行了统计评价研究，提出了大连市战略性新兴产业竞争力提升的可行路径。

第一节　战略性新兴产业的识别与分类

一、战略性新兴产业识别的国家（地区）比较

金融危机之后，各国（地区）纷纷将注意力转向战略性新兴产业，并将

① 本章执笔人：祝志杰、梁宇鹏。

其作为振兴本国（地区）经济的产业。发展战略性新兴产业，必须先科学筛选战略性新兴产业，选错了将会错失时机，因此培育和发展战略性新兴产业成为重中之重。为了更好把握我国战略性新兴产业的发展，本章选取欧盟、美国、中国的战略性新兴产业进行对比。

1. 欧盟（以新能源为例）

欧盟将低碳产业列为新兴产业重点，重在将绿色技术、信息技术，尤其是物联网技术、生物技术和其他技术提高至全球领先地位，大力发展绿色经济。欧盟从 1991 年开始调整能源政策，先后在 1993 年和 1998 年推出能源计划，于 1995 年发表了《欧盟能源政策绿皮书》。1997 年发布了《欧盟未来能源：可再生能源白皮书》，正式确定在能源结构中可再生能源的比例。

关于能源政策的实施与制定分为四个阶段：一是欧盟各国通过了关于能源研发的第七个框架计划建议，且在布鲁塞尔春季峰会上，欧盟领导人对合作协调、实现可持续发展达成共识；二是欧盟各国推出新能源一揽子计划，明确了欧盟的减排责任，扩大了新能源市场的开发空间，另外切实推动和扩大新能源技术的有效供给；三是建立和实施二氧化碳排放配额的交易机制，加强能源的科研和创新能力，建立欧盟能源科研联盟，协调研究所与专业机构的合作，改造和完善欧盟老的能源基地设施以及建立欧盟新的能源技术信息系统；四是在实现新能源战略的政策中，注重发挥能源技术的经济潜能，并将绿色技术作为欧洲经济复苏计划的有力支撑。

2. 美国

美国作为金融危机的发源地，在全球战略性新兴产业的新一轮发展中掀起了大幕，将新能源、生物医药、智能电网、健康信息、交通的技术开发和产业发展作为国家优先发展的领域，前两项作为发展的核心。美国经济属于市场经济，政府在经济发展中起着辅助作用，市场起着主导性作用。在培育对经济增长有重大影响的战略性新兴产业时，有着美国独有的特色，需要企业通过自我挖掘发现具有发展潜力的行业，随后风险投资公司对该企业进行投资，最后政府对该企业、行业进行扶持。美国政府在这个过程中，为企业发展提供一个公平的竞争环境，协调研究所与企业的合作，加强研发投入，刺激企业创新的热情，促进形成一个“市场选择、政府推动”的发展环境。

3. 中国

依据《国务院关于加快培育和发展战略性新兴产业的决定》的要求，为准确反映国家战略性新兴产业发展规划情况，以及满足对战略性新兴产业发展规模、结构和速度的测算的需要，应进行战略性新兴产业的分类。其编制原则依据以下三条：一是以国家战略性新兴产业发展政策为指导，以国家发展和改革委员会发布的《战略性新兴产业重点产品和服务指导目录（2016版）》和其他相关国家文件为主线，确定编制的总体思路、框架设计和范围。二是以现行《国民经济行业分类》为基础，对符合“战略性新兴产业”特征的有关活动进行再分类。三是考虑实际可操作性，充分考虑数据的可获得性，以保证统计部门能够采集到所测度的数据信息。

我国对战略性新兴产业的分类以重大技术突破和重大发展需求为基础，对经济社会全局和长远发展有巨大的引领作用，知识技术密集、物质资源消耗少、成长潜力大、综合效益好的产业包括新一代信息技术产业、高端装备制造产业、新材料产业、生物产业、新能源产业、新能源汽车产业、节能环保产业、数字创意产业、相关服务业等九个领域。

4. 三个国家（地区）的对比

比较欧盟、美国和中国的战略性新兴产业，就分类目录而言，各国（地区）对战略性新兴产业发展的侧重点有所不同。美国的战略性新兴产业以复兴制造业为核心，实施“再工业化”战略，将发展重点集中在新能源和新一代信息技术产业上；欧盟将低碳产业列为新兴产业重点，重在“绿色技术”；在“十四五”规划中，我国战略性新兴产业发展重点涉及新一代信息技术、生物技术、新能源、新材料、高端设备、新能源汽车、绿色环保以及航空航天、海洋装备。在战略性新兴产业的选择方法上，欧盟与中国没有太大差别，采取政府干预的发展模式，依据当前的发展战略确定产业分类，但以美国为代表的市场培育方法的特点是市场机制健全，通过市场的资源配置，优胜劣汰选择适应当前发展趋势的行业，政府的主要职能是组织和辅助市场发展。综合来看，不同的情况对应不同的识别方法，这是战略性新兴产业识别方法的根本区别。

二、战略性新兴产业的分类与识别实践

1. 战略性新兴产业的分类

根据国家统计局的界定标准，战略性新兴产业是以重大技术突破和重大发展需求为基础，对经济社会全局和长远发展具有引领带动作用，知识技术密集、物质资源消耗少、成长潜力大、综合效益好的先进产业。

目前我国制定的战略性新兴产业分类标准主要有三种：一是工业和信息化部等四部门印发的《新产业标准化领航工程实施方案（2023—2035 年）》将新产业划分为八大新兴产业——新一代信息技术、新能源、新材料、高端装备、新能源汽车、绿色环保、民用航空、船舶与海洋工程装备和九大未来产业——元宇宙、脑机接口、量子信息、人形机器人、生成式人工智能、生物制造、未来显示、未来网络、新型储能。二是国家统计局公布的《战略性新兴产业分类（2018）》，包括新一代信息技术产业、高端装备制造产业、新材料产业、生物产业、新能源汽车产业、新能源产业、节能环保产业、数字创意产业、相关服务业等九大领域。三是国家发展和改革委员会发布的《战略性新兴产业重点产品和服务指导目录（2016 版）》，包含了 5 大领域 8 个产

业（相关服务业单独列出）、40 个重点方向下的 174 个子方向，近 4000 项细分产品和服务。但是由于工业和信息化部、国家发展和改革委员会公布的细化产业数据很难获得，所以考虑到数据的可获得性，大部分采用的是国家统计局公布的《战略性新兴产业分类》目录。部分行业、产品及服务如表 6-1 所示。

表 6-1 部分战略性新兴产业分类

代码	战略性新兴产业分类名称	国民经济行业代码(2017)	国民经济行业名称
1	新一代信息技术产业		
1.1	下一代信息网络产业		
1.1.1	网络设备制造	3919*	其他计算机制造
		3921*	通信系统设备制造
1.1.2	新型计算机及信息终端设备制造	3911	计算机整机制造
		3912*	计算机零部件制造
		3913*	计算机外围设备制造
		3914*	工业控制计算机及系统制造
		3919*	其他计算机制造
		3922*	通信终端设备制造
		3940*	雷达及配套设备制造
		3990*	其他电子设备制造
1.1.3	信息安全设备制造	3915	信息安全设备制造
1.1.4	新一代移动通信网络服务	6311*	固定电信服务
		6312*	移动电信服务
		6319*	其他电信服务
1.1.5	其他网络运营服务	6319*	其他电信服务
		6410	互联网接入及相关服务

续表

代码	战略性新兴产业分类名称	国民经济行业代码(2017)	国民经济行业名称
		6490*	其他互联网服务
1.1.6	计算机和辅助设备修理	8121	计算机和辅助设备修理
1.2	电子核心产业		
1.2.1	新型电子元器件及设备制造	3562*	半导体器件专用设备制造
		3563*	电子元器件与机电组件设备制造
		3569*	其他电子专用设备制造

注：若国民经济某行业类别中仅部分活动属于战略性新兴产业，则在行业代码后加“*”作标识

2. 战略性新兴产业的内涵定义、特征、识别实践

关于战略性新兴产业的内涵定义、特征的研究有很多。刘峰提出重大技术突破是战略性新兴产业发展的重要基础，战略性新兴产业的发展关键在于技术创新。王忠宏提出战略性新兴产业是具有全局性、长远性、导向性和动态性特征的新兴产业，从长远发展的角度选择战略性新兴产业，要依据六大准则：国家意志准则、市场需求准则、技术自主准则、产业关联准则、就业带动准则、资源环境准则。欧阳峣根据战略性新兴产业的概念，提出战略性新兴产业是具有全局性、成长性、长远性、导向性特征的产业，在“六大准则”的基础上作了补充和调整，提出选择战略性新兴产业的标准为：国家意志标准、市场需求标准、技术创新标准、综合效益标准、现实基础标准。宋河发等认为，战略性新兴产业是基于新兴技术、技术含量高、在国民经济中起到支撑和主导作用、在未来具有巨大发展潜力的产业。他们提出战略性新兴产业应依据完整性、导向性、均衡性、主导性的原则。战略性新兴产业作为实现产业经济发展的关键点，科学、长远地选择战略性新兴产业至关重要。赵志泉认为，战略性新兴产业是产业、技术、市场、时间四维特征的集合体。吴艳等提出战略性新兴产业识别与布局的重要性，认为战略性新兴产业的内涵为：具有国家层面战略性特征，并以科技创新为核心特征的新兴产业。贺

正楚基于层次分析法（analytic hierarchy process，AHP）和综合模糊评价法从政府支持、资源环境、市场需求、技术研发、战略新兴五个维度对战略性新兴产业进行了评价与选择分析。乔芳丽等在阐述战略性新兴产业的内涵、特征及成长因素的基础上，从产业贡献、产业区域竞争力两个角度构建了辽宁省战略性新兴产业评价指标体系和评价方法模型，为辽宁省战略性新兴产业的选择提供了解决方案。王菲从经济效益、技术创新、比较优势、关联效应和持续发展五个维度建立了战略性新兴产业竞争力识别指标体系，同时提出基于 Weaver-Thomas（威弗-托马斯）模型和组合赋权法的战略性新兴产业优选方法，并进行实证研究。胡振华等分析了 AHP、信息熵和主成分分析等现有的评价方法用于分析战略性新兴产业的不足，根据区域战略性新兴产业的选择与评价的特殊性，构建了基于“AHP-IE-PCA”组合赋权的选择模型。卢文光等依据战略性新兴产业的特征——战略性、新兴性和带动性构建了战略性新兴产业评价指标体系，并利用熵权法对各评价指标进行赋权，建立了战略性新兴产业综合评价模型。

三、战略性新兴产业卫星账户编制的实践

“十三五”时期，我国以新一代信息技术、生物、高端装备、绿色低碳等为代表的战略性新兴产业发展迅速，规模不断扩大，技术不断提高，涌现出一大批发展潜力大的优质企业和产业集群，成为引领经济高质量发展的重要引擎。“十四五”时期作为我国战略性新兴产业发展的关键时期，但是尚没有关于战略性新兴产业的卫星账户。战略性新兴产业核算是一个宏大的课题，其涉及范围广、发展速度快，导致难以准确掌握数据，短期来看，需要注重核算的灵活性，能够很快适应战略性新兴产业的发展，长远来看，对于战略性新兴产业给社会各行各业发展带来的影响，需要设定一定的核算标准，以衡量在下一阶段国家发展战略性新兴产业的重心和突破点。本部分尝试在借

鉴有关战略性新兴产业的研究成果基础上，为编制战略性新兴产业卫星账户提供参考。由于没有战略性新兴产业的卫星账户，本部分对比的产业是指包含在其他产业的战略性新兴行业，比如，新能源属于能源产业或者战略性新兴产业包含的某一行业，如表 6-2 所示。

表 **6-2**　相关产业卫星账户的编制情况

产业	卫星账户编制进展	编制实践国家	战略性新兴产业
能源产业	实物使用表、实物供给使用表、货币供给使用表	英国、澳大利亚、新西兰、丹麦等	新能源
信息技术产业	产品使用表、产品供给表	澳大利亚、智利、南非	新一代信息技术产业、数字创意产业
物流业	资产负债表、投入产出表	中国	相关服务业

四、大连市战略性新兴产业识别的实践

1. 大连市战略性新兴产业的识别指标体系构建

鉴于对战略性新兴产业选择的研究主要集中在宏观层面，本部分选用大连市的企业数据作为产业代表，结合学者对战略性新兴产业特点的总结，建立相应的评价指标体系，利用主成分分析法建立选择模型。本部分从政府扶植、市场需求、技术创新、可持续发展四个角度构建战略性新兴产业识别指标体系，具体指标选取如表 6-3 所示。

表 **6-3**　战略性新兴产业识别指标体系构建

目标层	准则层	指标层
战略性新兴产业	政府扶植	税收减免比重
		政府科技经济投入比重
	市场需求	成本费用利润率
		工业增加值增长率
		全员劳动生产率

续表

目标层	准则层	指标层
战略性新兴产业	技术创新	科技人员比重
		研发收入占销售收入比重
		新产品收入比重
	可持续发展	单位产值能耗

2. 因子分析法

本部分的调查对象为大连市高新技术创业服务中心，根据国家统计局公布的《战略性新兴产业分类（2018）》，将大连市的高新区企业归类到战略性新兴产业行业范围。

本部分选取大连市具有数据可获得性、代表性的36家战略性新兴企业作为行业替代来获取2016年战略性新兴产业识别体系数值。借助因子分析法客观赋权，利用SPSS软件通过因子分析得出碎石图、主成分提取表和主成分得分系数矩阵。主成分个数提取原则为提取主成分对应的特征值大于1的前*m*个主成分。特征值在某种程度上可被看成表示主成分影响力度大小的指标，如果特征值小于1，说明该主成分的解释力度没有直接引入一个原变量的平均解释力度大，因此一般可以用特征值大于1作为纳入标准。根据标准，在主成分提取表中应提取四个主成分，如表6-4所示，方差贡献率达到75.730%，整体的解释力度较强。将9个指标依次命名为Z1～Z9，如表6-5所示，根据主成分得分系数矩阵可以得出主成分表达式。

表**6-4**　主成分提取表

主成分	旋转后的方差贡献率		
	特征值	方差贡献率/%	累计方差贡献率/%
1	2.415	26.836	26.836
2	1.812	20.129	46.965

续表

主成分	旋转后的方差贡献率		
	特征值	方差贡献率/%	累计方差贡献率/%
3	1.393	15.475	62.440
4	1.196	13.290	75.730

表 **6-5**　主成分得分系数矩阵

指标	主成分			
	1	2	3	4
政府科技经济投入比重	0.670	–0.372	0.034	–0.073
税收减免比重	0.408	0.592	0.493	–0.230
成本费用利润率	–0.912	–0.095	0.065	–0.093
工业增加值增长率	0.006	0.777	–0.233	0.005
科研人员比重	0.083	–0.205	0.623	0.565
研发收入占销售收入比重	0.151	0.127	–0.033	0.942
单位产值能耗	–0.089	0.051	0.877	–0.039
全员劳动生产率	0.781	0.043	–0.007	0.464
新产品收入比重	–0.242	0.647	0.312	0.182

$$
\begin{aligned}
F1 = {} & 0.670\times Z1 + 0.408\times Z2 - 0.912\times Z3 + 0.006\times Z4 + 0.083\times Z5 \\
& + 0.151\times Z6 - 0.089\times Z7 + 0.781\times Z8 - 0.242\times Z9
\end{aligned}
$$

$$
\begin{aligned}
F2 = {} & -0.372\times Z1 + 0.592\times Z2 - 0.095\times Z3 + 0.777\times Z4 - 0.205\times Z5 \\
& + 0.127\times Z6 + 0.051\times Z7 + 0.043\times Z8 + 0.647\times Z9
\end{aligned}
$$

$$
\begin{aligned}
F3 = {} & 0.034\times Z1 + 0.493\times Z2 + 0.065\times Z3 - 0.233\times Z4 + 0.623\times Z5 \\
& - 0.033\times Z6 + 0.877\times Z7 - 0.007\times Z8 + 0.312\times Z9
\end{aligned}
$$

$$
\begin{aligned}
F4 = {} & -0.073\times Z1 - 0.230\times Z2 - 0.093\times Z3 + 0.005\times Z4 + 0.565\times Z5 \\
& + 0.942\times Z6 - 0.039\times Z7 + 0.464\times Z8 + 0.182\times Z9
\end{aligned}
$$

以旋转后的累计方差贡献表中的各主成分对应的方差贡献率作为各主成分的权重构造主成分综合模型：

$$F = 26.836 \times \text{F1} + 20.129 \times \text{F2} + 15.475 \times \text{F3} + 13.290 \times \text{F4}$$

根据主成分综合模型即可计算综合得分值，将其归一化为权重数值进行排序，从中选择其他高技术，生物、医药技术，电子与信息，新能源、高效节能，光机电一体化作为大连市发展的战略性新兴产业，结果见表 6-6。

表 6-6　战略性新兴产业综合得分及权重排序

产业类型	综合得分	权重值	排名	战略性新兴产业
电子与信息	2.308	0.726	3	√
其他高技术	13.312	1.000	1	√
生物、医药技术	8.762	0.887	2	√
新材料	−26.919	0.000	7	×
光机电一体化	−5.229	0.539	5	√
新能源、高效节能	−4.749	0.551	4	√
环境保护	−14.615	0.306	6	×

第二节　基于竞争力评价的大连市战略性新兴企业的分类识别

一、战略性新兴企业的界定

1. 战略性新兴企业的背景

1988 年，为了实现战略性新兴企业成果市场化，打开国际市场，向世界展示中国产品，国家科学技术委员会制定了科技统计计划，其核心内容为：加快国内高新技术企业发展，促进高科技、新技术研究成果市场化，推动形成国内高新技术、新科技产业发展。提出科技统计计划的目的在于，让战略性新兴企业凭借自身实力，通过优化硬件设施和软件设施，在改革开放大背景下，最高水平地将理论科技转化为现实竞争力，通过不断提高自身科技竞争力，在国际市场占得一席之地，成为我国战略性新兴企业的领头羊。

近年来，为了与中国国情相结合，吸取国外高企成功孵化发展经验，我国高新技术企业创业中心建立了一种新的科技服务组织，即国家高新技术创业服务中心。目前，国内很多创业性服务中心已具备一定的优势，具有足够法人能力为广大的学子提供创业机会。它们还创办了创业园，给海归提供了创业平台。国家高新技术创业服务中心是将科技转化为实用产品的重要环节，是企业和实验室的结合支柱，是培育科技型企业和高素质科技人才的摇篮，是连接学校和企业之间的重要纽带,是实现社会进步和企业技术创新的关键，是支撑科技服务发展的重要一环。

2. 战略性新兴企业的作用

随着近年来我国各个地区战略性新兴企业如雨后春笋般涌现，战略性新兴产业已然成为推动我国经济发展与缓解社会就业压力的重要力量。其在社会进步中的作用也越来越重要，正逐步成为科技创新的主力军。但由于初创期、成长期的企业规模不大、融资艰难、抗风险能力差、创新人才不足等因素，企业的创新活动存在诸多障碍。我国政府为推动企业研究开发能力的进一步提升，财政部、科学技术部及各个地方政府部门都先后对部分企业提供了科技补助政策，以帮助企业渡过科技创新道路上的难关，进而实现技术增长。

根据以往研究结论，政府科技鼓励政策对企业研发投入具有一定的促进作用，但是政府的投入时间与方式、企业特征与类型、经济社会大环境等都会影响到该政策激励作用的发挥。以大连市高新园区企业为分析样本，其中部分企业受到了政府科技补助政策的支持。那么，这些来自政府的科技鼓励政策到底对企业的发展是否有作用？作用体现在了哪里？政府的科技部门又该对哪类企业提供科技资助？如果这些问题得到了解答，一方面对于企业自身来说,有助于企业更好地利用政府科技补助资金来提升自身科技创新水平,实现技术增长；另一方面，可以为政府决策提供更加科学的决策依据与参考意见，有助于政府部门更加高效合理地利用财政资源。

二、战略性新兴企业识别的评价体系及数据基础

1. 战略性新兴企业竞争力评价的数据获取方法

本次调查以“基于卫星账户，构建战略性新兴产业指标体系，了解战略性新兴企业状况，促进企业发展”为目标，对战略性新兴企业基本状况做出调查分析，得到各战略性新兴企业的产业发展的特性、优势和劣势，结合分析结果，给予政府、战略性新兴企业以及其他各企业有意识的指导性建议。

为了更有效地达到调研目的，了解战略性新兴企业的发展状况，建立合理的统计分析模型，本次调查方法采用了普查方式。大连市高新园区创业中心有 300 多家企业，各个企业都具有不同的特点，若要了解整个创业中心的状况，有必要进行普查。

因此，根据实际情况进行了如下四个方面的普查。一是不同战略性新兴企业的区域竞争力情况。参考数字经济卫星账户评价指标，通过天使或风险投资额、R&D 投入、场地面积、企业从业人员及人员学历等指标来建模分析各个战略性新兴企业的竞争力得分。二是不同战略性新兴企业的获利情况以及特点。对企业利润进行评价，并分析盈利企业的指标特点，即将总投资、从业人员、技术领域等六个指标作为输入变量，利润作为输出变量，分析正利润、负利润的企业都有哪些特点。三是不同战略性新兴企业产业聚集度情况。根据各行业战略性新兴企业分布状况，通过建模来计算每个战略性新兴企业的聚集度指数。四是不同战略性新兴企业的双创指数。将双创指数划分

为“人才指数、资本指数、R&D 指数、活跃度”四个方面，再结合调查数据所得指标建立一个三层的指标体系，利用统计模型算出双创指数并进行评价分析。

2. 战略性新兴企业竞争力评价方法

第一，竞争力分析。

企业竞争力评价是通过对企业竞争力相关的数据进行测算，对企业竞争力水平进行评估的过程。研究企业的竞争力，可以帮助企业认识到自身的竞争优势，找到发力点，增强市场竞争力，提高经济效益。

第二，决策树分析。

决策树是一种树结构，与流程图相似。树结构的每个内部节点表示在一个属性上的测试，每个分支代表一个测试输出，每个叶节点代表类或类分布，树的最顶层节点是根节点。

决策树分为分类决策树与回归决策树。分类决策树是可以展示样本数据分类过程的树形结构，根据其树形图像我们可以直观地看到这个分类器在进行样本数据分类时所依据的特征和取值情况。根据实际情况，本章采取分类决策树。

决策树学习中，假设给定训练数据集 $D=\{(x_1,y_1),(x_2,y_2),\cdots,(x_N,y_N)\}$，其中，$x_i=(x_i^{(1)},x_i^{(2)},\cdots,x_i^{(n)})^{\mathrm{T}}$ 为输入实例（特征向量），n 为特征个数，$y_i\in\{1,2,\cdots,K\}$ 为类标记，i=1,2,3,…，N，N 为样本容量。决策树学习的目的是利用已知属性和类别的训练集，构建一个模型，以便对具有已知属性但未知类别的测试集进行准确分类。虽然可能有很多棵树都能够对训练数据集进行正确的分类，但是我们需要的是一棵对训练数据分类误差较小并且对新的未知样本数据具有很好泛化能力的决策树。

在构建分类决策树的过程中，特征的选取极为重要。选取最优的特征不仅可以帮助我们提高对数据集进行分类的效率，还可以提供一个最优的分类过程。为了选取最优特征，我们所遵循的准则通常是信息增益或信息增益比。

关于信息增益，要先知道熵（entropy），熵来源于物理和热力学，熵引入信息论后，用来反映信息的无序程度，信息熵越大，表明指标中的信息越混乱，对于信息的反应也就越小，所以指标的权重也越小。设 X 是一个取有限个值的离散型随机变量，其概率分布为 $P(X=x_i)=p_i$（$i=1,2,\cdots,n$），则随机变量 X 的熵定义为

$$H(X)=-\sum_{i=1}^{n}p_i\log p_i \tag{6-1}$$

若 $p_i=0$，则定义 $0\log 0=0$，对数一般以 e 或 2 为底。由式（6-1）可知，熵只依赖于 X 的分布，与 X 的取值无关，所以也可将 X 的熵记作 $H(p)$，即

$$H(p)=-\sum_{i=1}^{n}p_i\log p_i \tag{6-2}$$

根据式（6-2）有

$$0\leqslant H(p)\leqslant\log n \tag{6-3}$$

当随机变量取 1 或者 0 时，X 的分布为 $P(X=1)=p$，$P(X=0)=1-p$，$0\leqslant p\leqslant 1$，熵为

$$H(p)=-p\log_2 n=(1-p)\log_2(1-p) \tag{6-4}$$

$p=0$ 或 $p=1$ 时，$H(p)=0$，随机变量的不确定性是最小的；$p=0.05$ 时，$H(p)=1$，随机变量的不确定性是最大的。

设随机变量 (X,Y) 的联合概率分布为 $P(X=x_i,Y=y_j)=p_{ij}$（$i=1,2,\cdots,n$；$j=1,2,\cdots,m$），条件熵 $H(Y|X)$ 表示在已知随机变量 X 的条件下随机变量 Y

的不确定性，定义为 X 给定条件下 Y 的条件概率分布的熵对 X 的数学期望：

$$H(Y \mid X)=\sum_{i=1}^{n} p_i H(Y \mid X=x_i) \tag{6-5}$$

其中，$p_i=P(X=x_i)$（$i=1,2,\cdots,n$）。信息增益就表示得知特征 X 的信息而使得类 Y 的信息的不确定性减少的程度。特征 A 对训练数据集 D 的信息增益 $g(D,A)$ 定义为集合 D 的经验熵 $H(D)$ 与特征 A 给定条件下 D 的经验条件熵 $H(D \mid A)$ 之差，也就是互信息，即

$$g(D,A)=H(D)-H(D \mid A) \tag{6-6}$$

信息增益在决策树的学习中等价于训练数据集中类与特征的互信息。

在信息增益算法中，输入训练数据集 D 和特征 A，输出特征 A 对数据集 D 的信息增益 $g(D,A)$。其计算过程的公式如下：

$$H(D)=-\sum_{k=1}^{K} \frac{|C_k|}{|D|}\log_2 \frac{|C_k|}{|D|} \tag{6-7}$$

$$H(D \mid A)=\sum_{i=1}^{n} \frac{|D_i|}{|D|} H(D_i)=-\sum_{i=1}^{n} \frac{|D_i|}{|D|} \sum_{k=1}^{K} \frac{|D_{ik}|}{|D_i|}\log_2 \frac{|D_{ik}|}{|D_i|} \tag{6-8}$$

$$g(D,A)=H(D)-H(D \mid A) \tag{6-9}$$

第一步，计算训练数据集 D 的经验熵 $H(D)$；第二步，计算特征 A 对训练数据集 D 的经验条件熵 $H(D \mid A)$；第三步，计算信息增益。

当我们知道如何计算信息增益后，就可以选取信息增益值最大的特征为最优特征。但是根据信息增益的方式选取分类特征会存在特征选多了的问题，这时我们可以利用信息增益比代替信息增益。

特征 A 对训练数据集 D 的信息增益比 $g_R(D,A)$ 定义为其信息增益 $g(D,A)$ 与训练数据集 D 关于特征 A 的值的熵 $H_A(D)$ 之比，即

$$g_R(D,A)=\frac{g(D,A)}{H_A(D)} \tag{6-10}$$

其中，

$$H_A(D)=-\sum_{i=1}^{n}\frac{|D_i|}{|D|}\log_2\frac{|D_i|}{|D|} \tag{6-11}$$

n 为特征 A 取值的个数。

决策树具体生成过程中使用信息增益法选取特征与使用信息增益比法选取特征分别对应着 ID3 算法与 C4.5 算法,在树的各个节点上既可以用信息增益来选择特征，也可以用信息增益比来选取特征。

决策树算法会不加限制地继续分裂，直到无法再分裂，虽然这样的模型可以对训练数据集有近乎完美的分类效果，但是对未知的测试数据集往往有很差的预判能力，这也就是过拟合现象。在建模过程中我们通常对树进行剪枝就是为了避免此问题的出现。

设决策树 T 的叶节点个数为$|T|$, t 是决策树 T 的叶节点，该叶节点有 N_t 个样本点，其中 k 类的样本点有 N_{tk} 个，k=1,2,$\cdots$,K，$H_t(T)$ 为叶节点 t 上的经验熵，$\alpha\geqslant 0$ 为参数，则决策树学习的损失函数可以定义为

$$C_\alpha(T)=\sum_{t=1}^{|T|}N_tH_t(T)+\alpha|T| \tag{6-12}$$

其中，

$$H_t(T)=-\sum_k\frac{N_{tk}}{N_T}\log\frac{N_{tk}}{N_T} \tag{6-13}$$

等号右端第一项记作

$$C(T)=\sum_{t=1}^{|T|}N_tH_t(T)=-\sum_{t=1}^{|T|}\sum_{k=1}^{K}N_{tk}\log\frac{N_{tk}}{N_t} \tag{6-14}$$

这时有

$$C_\alpha(T)=C(T)+\alpha|T| \tag{6-15}$$

其中，$C(T)$为决策树对训练数据的预测误差；$|T|$为决策树的复杂度，模型的复杂度越高，树越大，对训练数据拟合的效果越好；参数$\alpha \geqslant 0$。剪枝就是在确定好α的情况下，选择$C_\alpha(T)$最小的那棵树。

树的剪枝算法中，输入生成算法产生的整个树 T、参数α；输出剪枝后的子树T_α，具体过程如下。

第一步，计算各个节点的经验熵。

第二步，从树的叶节点向上走，设一组叶节点走到其父节点之前与之后的整体树分别为T_B与T_A，所对应的损失函数值分别为$C_\alpha(T_B)$与$C_\alpha(T_A)$，如果

$$C_\alpha(T_A)\leqslant C_\alpha(T_B) \tag{6-16}$$

则进行剪枝，新的叶节点代替原来的父节点。

第三步，重复第二步，直到不能继续为止，得到损失最小的树T_α。

以上就是有关分类树的理论介绍。

决策树模型虽然是用于分类预测的，但是在本章的研究中，不仅可以进行企业数据的分类预测，也可以利用其分类模型节点特征选取与特征取值可知的优点观察具体类别的企业所具有的共性特征。本章根据调查企业数据中政府补助与税收减免总额以及使用的来自政府部门的科技活动经费支出等变量有无数据的情况，将企业分为当年享受政策和当年未享受政策两类，再利用决策树模型对当年享受政策企业与当年未享受政策企业构建分类决策树；此外，在当年享受科技政策的样本企业中，再利用我们所构建的企业指标数值临近两年差值的正负情况，将企业分为指标数值上涨类、指标数值不变类和指标数值下降类，同样构建分类决策树对这三类进行分类判别以找出各个

指标数值上涨类企业具有的共性特征。

本章对战略性新兴产业进行决策树分析，观察哪些指标条件下企业的净利润最高，这对以后的企业发展具有指导性意义，同时还针对创业 e 港、海外学子创业园、创业大厦、创意孵化园这些战略性新兴产业中的企业单独进行决策树分析，观察每个战略性新兴产业中的企业获得净利润所具有的指标特点。

第三，产业聚集度分析。

产业聚集是生产力在空间布局上的优化表现，是各种生产要素在特定区域或范围内的大规模集中与有效配置。产业聚集有利于节约成本、促进分工与合作、提高区域品牌优势、了解各个战略性新兴企业的聚集情况，对于企业入驻安排具有参考性意义。

第四，双创指数。

为进一步推动大众创业、万众创新，大力营造创新创业生态环境，北京市中关村科技园区管理委员会联合 36 氪在 WISE2.0 36 氪创业生态大会上共同发布中国创新创业指数，简称“双创指数”。

双创指数是通过测算企业的研发创新、运营销售相关的数据建立起来的一种创新创业的科学评价体系，主要用于评估企业的运行状况和发展趋势。

第五，列联表分析。

列联表分析就是基于列联表所进行的相关统计分析与判断。列联表是两个及两个以上的分类变量的联合频次分布，当涉及两个变量时，得到的列联表被称为二维表；当涉及三个变量时，得到的表被称为三维表。一个三维表或更高维表被称为多维表。

二维列联表根据其属性类型可以分成三类：双向无序列联表、一向无序一向有序列联表和双向有序列联表。本章在检验政府科技补助政策对企业各个指标下的变量具体数值的增长是否有显著的影响时，除了考虑到企业当年是否享受政策这一要素外，还将享受政策过程中资金的变化情况纳入到了企业的分类，将企业分成享受政策资金增加、享受政策资金不变、享受政策资金减少这三组，用每组企业第二年的变量观测值与第一年的变量观测值作差后根据差值正负情况分成增加、不变、减少三类，故应是 3×3 的二维双向有序列联表。

第六，多指标评价体系。

多指标综合评价中最重要的是评价指标权数分配。权数越高，说明其指标越重要。权数的变化会带来评价结果顺序的改变，因此一个合理的权数会让结果更具有真实合理性。一般而言，权数的分配有主观赋权法、客观赋权法和组合赋权法三类方法。本章在综述各种赋权方法基本原理的基础上，分析了各种方法的优缺点，以及其应用的合适场合，最终决定使用客观赋权法来构建双创指标体系。

客观赋权法是直接根据指标的原始信息，通过统计方法处理后获得权数的一种方法，常见的有主成分分析法、变异系数法、熵值法等。结合大连市战略性新兴产业发展状况以及数据特征，本章采用熵权法对指标赋权。熵来源于物理和热力学，熵引入信息论后，用来反映信息的无序程度，信息熵越大表明指标中的信息越混乱，对于信息的反应也就越小，所以指标的权重也越小。因此，根据信息上的差异对各个指标进行赋权。

三、大连市战略性新兴企业识别指标体系的构建

1. 战略性新兴企业数据库指标标签

鉴于战略性新兴产业是新兴科技和新兴产业的深度融合，其指标体系与新兴经济、数字经济卫星账户指标体系息息相关。近年来，国家统计局就新经济统计测度陆续出台了相关政策文件与措施。2017 年，在国家统计局印发的《中国国民经济核算体系（2016）》中，将“新兴经济核算”作为拓展核算的一部分纳入了中国国民经济核算体系；同年，国家统计局与北京师范大学

共建的国际比较研究院发布《2017 新动能新产业发展报告》，提出了三种“三新”增加值核算方法，编制了经济新动能发展指数统计指标体系；2018 年，在国家统计局印发的《新产业新业态新商业模式统计分类（2018）》中，对符合“三新”特征的有关活动进行了再分类。国家统计局提出的一系列政策措施，为构建战略性新兴产业指标体系奠定了基础。本章基于新兴经济以及数字经济指标体系构建现有研究，通过比较战略性新兴企业认定管理办法中的认定条件（与企业填报战略性新兴企业年报指标基本吻合）与大连市战略性新兴企业社保扶持政策认定标准及流程中的认定条件［重点强调：近一年战略性新兴产品（服务）收入占企业同期总收入的比例不低于 30%］，得出了战略性新兴产业指标。

2. 战略性新兴企业竞争力评价指标体系

大连市战略性新兴企业社保扶持政策认定标准及流程中的认定条件主要满足以下两个方面：企业创新能力评价应达到相应要求和企业的产业变革影响力评价应达到相应要求。本章所使用的企业创新能力评价指标体系，参考了数字经济卫星账户指标体系、战略性新兴企业指标评价以及战略性新兴企业认定标准。企业产业变革影响力评价指标体系如表 6-7 所示。

表 6-7　企业产业变革影响力评价指标体系

评估维度	一级指标	二级指标
战略性新兴产业评价指标	技术性评价	产业研究人员比
		产业研发经费投入强度
		研发人员申请发明专利数
	成长性指标	技术先导性评价指标
		产业成长性“体量”评价指标
		产业成长性“质量”评价指标
	全局性评价指标	衡量“广阔性”的影响力以及感应度指标

续表

评估维度	一级指标	二级指标
战略性新兴产业评价指标	全局性评价指标	影响深远性的就业带动指标
		市场潜力指标
		全员劳动生产率
	效益性评价指标	生命周期指数
		单位产值与其所消耗资源价值比（资源集约指数）

第三节　战略性新兴产业竞争力综合评价及其应用研究

一、战略性新兴企业的竞争力评价研究

1. 战略性新兴企业竞争力评价指标体系构建

企业竞争力评价是通过对企业竞争力相关的数据进行测算，对企业竞争力水平进行评估的过程。综合评价法通过建立企业竞争力评价指标体系，再采用各种评价方法综合考虑多个指标对企业竞争力进行评价。

在针对各孵化园做竞争力评价时，参考现有数字经济卫星账户指标体系以及战略性新兴企业填报年报指标，主要从四个方面选取可以反映企业竞争力的指标。第一个是资金投入，即天使或风险投资额；第二个是技术创新，即在孵企业 R&D 投入；第三个是人力资本，即在孵企业从业人员数量和从业人员中博士人数；第四个是场地面积。

2. 战略性新兴企业竞争力评价的实证研究

本章采用将方差贡献率作为权重的客观赋权法，它根据各指标所含信息量的大小确定指标权重，克服了主观赋权法的种种缺陷，原理清晰，计算较简单，十分适合在实践中使用。

第一，计算各指标的方差贡献率。

根据有关公式，计算各指标的方差贡献率，计算结果如表 6-8 所示。

表 **6-8** 各指标的方差贡献率

指标	天使或风险投资额	在孵企业 R&D 投入	在孵企业从业人员数量	场地面积	从业人员中博士人数
方差贡献率	0.164 747 547	0.274 571 745	0.144 787 981	0.269 049 241	0.146 843 485

第二，计算竞争力总得分。

根据计算出的方差贡献率对原数据加权，再将不同园区汇总得到竞争力总得分表（表 6-9），并绘折线图，如图 6-1 所示。

表 **6-9** 竞争力总得分表

孵化园	天使或风险投资额	在孵企业 R&D 投入	在孵企业从业人员数量	场地面积	从业人员中博士人数	竞争力总得分
创新中心	0	0.003	0.001	0.003	0.007	0.014
创业 e 港	0.072	0.16	0.1	0.285	0.017	0.634
创业大厦	0.216	0.725	0.061	1.105	0.178	2.285
创意孵化园	0	0.329	0.051	0.407	0.007	0.794
海外学子创业园	0.064	0.511	0.246	1.076	0.031	1.928

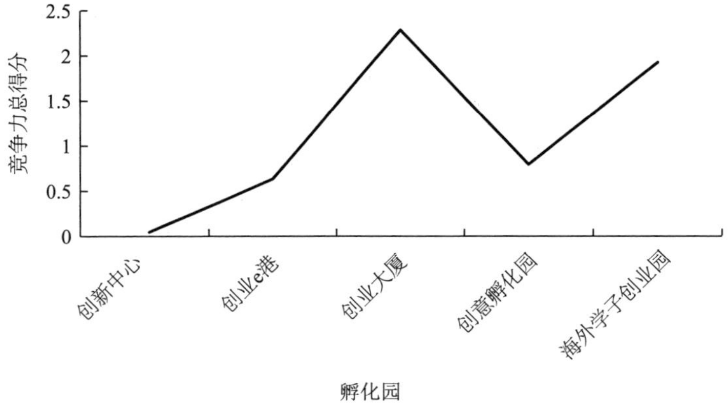

图 6-1 竞争力折线图

根据得分进行排序，竞争力由高到低依次为创业大厦、海外学子创业园、创意孵化园、创业 e 港、创新中心。可知，创业大厦的综合竞争力要强于其他园区。

3. 战略性新兴企业运营状况的测度研究

（1）战略性新兴企业辅助运营决策研究指标体系构建。

决策树是在已知各种情况发生概率的基础上，通过构建决策树来求取净现值的期望值大于等于零的概率，评价项目风险，判断其可行性的决策分析方法。

决策树的建立需要两类变量：输入变量和输出变量。本次研究主要是调查哪类企业或者孵化园能够获得利润，以便后期调整。在孵企业和各孵化园决策树的输入、输出变量如表 6-10 所示。

表 6-10　在孵企业、各孵化园决策树变量表

输入变量	输出变量
总投资	在孵企业净利润
在孵企业从业人员	
技术领域	
场地面积	
是否为高新技术企业	
办公地址	

无论是对于在孵企业，还是对于各孵化园，我们所关注的是在孵企业和孵化园的运营状况，用净利润这个指标最能体现其发展状况，因此将在孵企业净利润作为输出变量。一个企业净利润的影响变量有很多，如总投资、从业人员、场地面积等，为了使模型建立得更好，结果更能分析企业的获利特征，在此选择几个最主要的变量作为输入变量，分别为总投资、在孵企业从

业人员、技术领域、场地面积、是否为高新技术企业、办公地址这六个变量。

（2）在孵企业与各孵化园决策树分析。

第一，在孵企业决策树分析。

正利润的企业特征：在孵企业从业人员在 10 人以上、在孵企业从业人员在 10 人以上且办公地址不在创业 e 港。

无利润的企业特征：在孵企业从业人员为 0～10 人、在孵企业从业人员为 0～10 人并且无投资。

负利润的企业特征：在孵企业从业人员为 0～10 人且有投资并且场地面积在 100 平方米以上。

第二，创业大厦决策树分析。

在创业大厦中有 41%的企业无利润，其中在孵企业从业人员为 7 人以上的企业中有 63%是正利润，其中总投资为 0～180 万元的企业中，63%的企业获得正利润，当总投资在 180 万元以上时，86%的企业获得正利润。在孵企业从业人员为 0～7 人的企业有 70%无利润。在孵企业从业人员为 7 人以上，总投资为 0～180 万元并且技术领域为软件开发的企业有 75%为负利润。

对以上分析进行总结，得出以下结论。

正利润的企业特征：在孵企业从业人员为 7 人以上。

无利润的企业特征：在孵企业从业人员为 0～7 人。

负利润的企业特征：在孵企业从业人员为 7 人以上，总投资为 0～180 万元且技术领域为软件开发。

第三，创意孵化园决策树分析。

在创意孵化园中有 40%的企业是正利润，其中总投资为 5 万元以上的企业中有 50%是正利润，在总投资 5 万元以上并且在孵企业从业人员为 6 人以上的企业中有 62%是正利润。总投资为 5 万元以下且技术领域为软件开发的企业有 50%无利润。总投资为 5 万元以上且从业人员为 0～6 人的企业有 50%

为负利润。

对以上分析进行总结，得出以下结论。

正利润的企业特征：总投资为 5 万元以上、总投资为 5 万元以下且技术领域不为软件开发。

无利润的企业特征：总投资为 5 万元以下且技术领域为软件开发。

负利润的企业特征：总投资为 5 万元以上且从业人员为 0～6 人。

第四，海外学子创业园决策树分析。

在海外学子创业园中有 43%的企业无利润，在孵企业从业人员为 5 人以上的企业中有 50%为正利润，在孵企业从业人员为 5 人以上并且总投资为 615 万元以上的企业中有 86%为正利润。在孵企业从业人员为 5 人以上且总投资为 615 万元以下的企业中有 43%为负利润。在孵企业从业人员为 0～5 人的企业中有 83%为无利润。

对以上分析进行总结，得出以下结论。

正利润的企业特征：在孵企业从业人员为 5 人以上、在孵企业从业人员为 5 人以上并且总投资为 615 万元以上。

无利润的企业特征：在孵企业从业人员为 0～5 人。

负利润的企业特征：在孵企业从业人员为 5 人以上且总投资为 615 万元以下。

（3）获利情况综合分析。

对所有孵化园获利及负利润特征进行综合分析。

根据每个孵化园中的企业获利及亏损情况，我们可以得到以下两点结论。

第一，获利情况特征。

不同孵化园中总投资为 5 万元以上的企业获得正利润的比例较大，企业人员数为 7 人以上且技术领域不为软件开发的企业获正利润较多。

第二，亏损情况特征。

企业人员数为 7 人以下、总投资不多或者无投资、技术领域为软件开发的企业无利润较多。

二、战略性新兴产业聚集度的测度研究

对企业聚集度的测评选择赫芬达尔-赫希曼指数（Herfindahl-Hirschman index，HHI），即聚集度指数，用一个行业中各市场竞争主体所占行业总收入的平方和来度量市场份额的变化，即度量市场中厂商规模的聚集度。

1. 按照总体分析

根据各孵化园内各个产业占总体收入的情况，计算聚集度指数（表 6-11 和表 6-12），并绘图，结果如图 6-2 所示。

表 6-11　聚集度指数表（一）

技术领域	创业 e 港	创业大厦	创意孵化园	海外学子创业园
互联网+大数据	0.001 138	0.029 160	0.006 720	0.190 373
科技、媒体与电信行业	0.001 226	0.043 931	0.009 690	0.190 378
虚拟现实产业	0.001 308	0.045 969	0.009 754	0.190 382
软件开发	0.001 365	0.045 972	0.009 770	0.190 385
智能硬件	0.001 367	0.045 972	0.009 776	0.190 385
其他	0.001 369	0.045 972	0.009 779	0.190 385
农业	0.001 370	0.045 972	0.009 780	0.190 385
物联网	0.001 370	0.045 972	0.009 780	0.190 385
文创	0.001 370	0.045 972	0.009 780	0.190 385
新材料技术	0.001 370	0.045 972	0.009 780	0.190 385
航空航天技术	0.001 370	0.045 972	0.009 780	0.190 385
金融财务类	0.001 370	0.045 972	0.009 780	0.190 385
新能源及节能技术	0.001 370	0.045 972	0.009 780	0.190 385
咨询服务类	0.001 370	0.045 972	0.009 780	0.190 385

表 **6-12**　各孵化园聚集度指数表

孵化园	聚集度指数
创业 e 港	0.001 370 25
创业大厦	0.045 972 398
创意孵化园	0.009 780 4
海外学子创业园	0.190 385 231

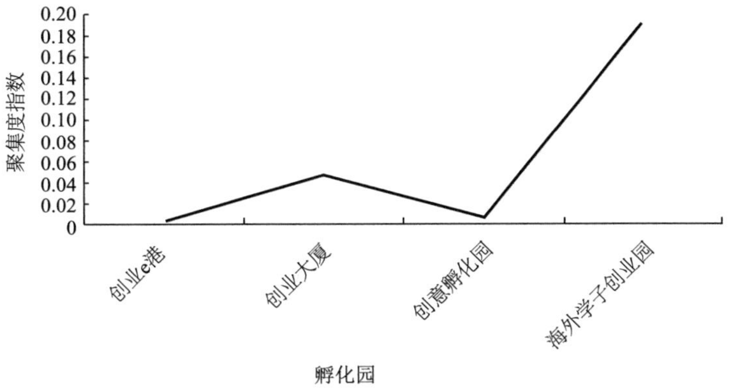

图 6-2　领域聚集度指数

由图 6-2 可知，海外学子创业园的聚集度指数最高，说明该孵化园内的企业聚集度最高，创业 e 港的聚集度指数相对较低。

2. 按照孵化园分析

对各孵化园分别计算聚集度指数，如表 6-13 所示，并绘图进行比较，如图 6-3 所示。

表 **6-13**　聚集度指数表（二）

孵化园	创业 e 港	创业大厦	创意孵化园	海外学子创业园
聚集度指数	0.0543	0.1232	0.1652	0.0928

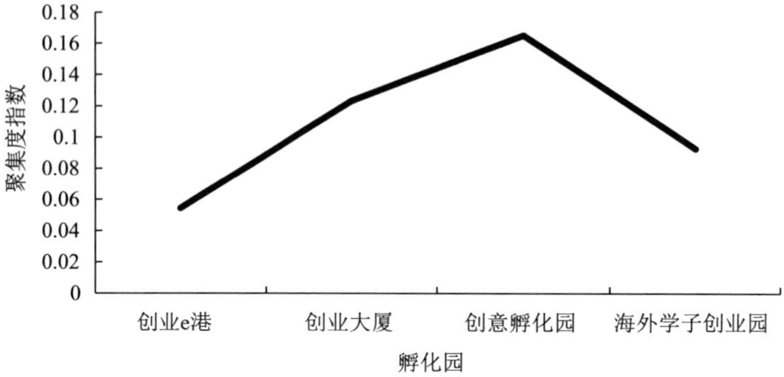

图 6-3 各孵化园聚集度指数折线图

由图 6-3 可知，创意孵化园的聚集度指数最高，说明该孵化园内的企业聚集度最高，创业 e 港的聚集度指数最低。

分别计算四个园区内的企业的聚集度指数，得出以下结论：创意孵化园的企业聚集度指数增长幅度较大，说明该园区内有几家企业的总收入占比较大，呈现集中趋势；创业 e 港的企业聚集度指数增长幅度较小，说明该园区内企业总收入差距不大，企业分布较均匀。

3. 按照技术领域分析

现针对创业 e 港内的代表性企业进行产业聚集度分析，如表 6-14 和图 6-4 所示。

表 6-14 各技术领域聚集度指数表

技术领域	虚拟现实产业	互联网+大数据	软件开发	智能硬件	文创	新材料技术
聚集度指数	0.3196	0.1155	0.0587	0.3435	0.9912	0.2836

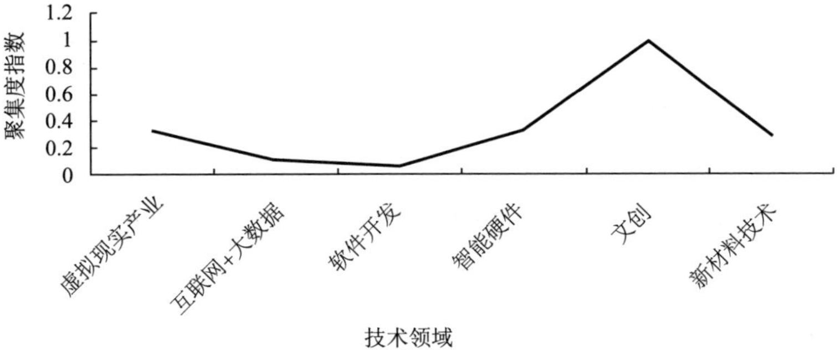

图 6-4 各技术领域聚集度指数折线图

由图 6-4 可知，文创领域的聚集度指数最高，说明该技术领域内的企业聚集度最高；软件开发的聚集度指数最低，说明该技术领域内的企业聚集度较均衡。

下面针对这两个领域进行进一步分析。

第一，文创在孵企业分析。文创技术领域内，大连联盟传媒股份有限公司的总收入占比最大，其聚集度指数最高，接近于 1，则可认为该企业具有垄断的趋势。

第二，软件开发在孵企业分析。软件开发技术领域内，按总收入高低排序，聚集度指数呈现稳定增长态势，聚集度指数=0.0587＜0.1，则可认为该领域内的企业分布较均衡，收入水平相当，差距不大。

三、战略性新兴产业创新度的测度研究

1. 战略性新兴产业创新指数编制指标汇总

“双创指数”是通过测算企业的研发创新、运营销售相关的数据，建立起来的一种创新创业的科学评价体系，主要用于评估企业的运行状况和发展趋势。

我们结合孵化园的实际情况和所得数据，将双创指数分为四个指标体系，

包括人才指数、资本指数、R&D 指数、活跃度。进一步选取各孵化园的博士生比率、留学人员比率、引进人才占比、天使或风险投资额、占用孵化园场地面积、企业成立时注册资本、在孵企业 R&D 投入、当年知识产权授权数、当年获得省级以上奖励、实际缴税额、吸纳应届大学毕业生、当年知识产权申请数、技术合同交易额等 13 个指标来构建指标体系，如表 6-15 所示。

表 **6-15**　指标选取划分

项目	编制指数	选用指标
双创指数	人才指数	博士生比率
		留学人员比率
		引进人才占比
	资本指数	天使或风险投资额
		占用孵化园场地面积
		企业成立时注册资本
	R&D 指数	在孵企业 R&D 投入
		当年知识产权授权数
		当年获得省级以上奖励
	活跃度	实际缴税额
		吸纳应届大学毕业生
		当年知识产权申请数
		技术合同交易额

第一，选取指标，构建指标体系。

第二，分别对创意孵化园、创业大厦、创业 e 港、海外学子创业园、生命科学中心五个产业园区的 13 个指标进行汇总，如表 6-16 所示。

表 6-16　各产业园区指标数量分布

指标	创意孵化园	创业大厦	创业 e 港	海外学子创业园	生命科学中心
博士生比率/%	11	75	10	17	20
留学人员比率/%	14	32	15	29	13
引进人才占比/%	0	11	14	0	5
天使或风险投资额/万元	0	26 200	8 765	7 752	2 300
占用孵化园场地面积/米^2	4 603.72	9 320.67	4 642.98	8 456.77	1 942.48
企业成立时注册资本/万元	55 430	188 128	10 282 836	66 107.12	23 000
在孵企业 R&D 投入/万元	11 291.04	20 586.8	5 776.14	14 784.63	3 552
当年知识产权授权数/件	14	23	4	19	3
当年获得省级以上奖励/项	0	0	2	0	0
实际缴税额/元	1 179 204	11 011 796	9 193 751	4 596 034	84 760.71
吸纳应届大学毕业生/人	46	36	97	34	8
当年知识产权申请数/件	18	57	8	25	10
技术合同交易额/万元	602 591.2	24 803.42	5 379.7	910 788	14 000

2. 指标体系权重计算

本章在进行多指标评价时选用熵值法计算指标体系权重，计算步骤如下。

利用熵值法求出权重（m 项评价指标，n 个评价对象）。

归一化处理：

$$a_{ij}=\frac{x_{ij}}{\sum_{i=1}^{n}x_{ij}},\quad i=1,2,\cdots,n,\quad j=1,2,\cdots,m \tag{6-17}$$

计算熵值：

$$H_j=-k\sum_{i=1}^{n}a_{ij}\ln a_{ij}(k=\ln n) \tag{6-18}$$

计算权重：

$$\omega_j = \frac{1 - H_j}{m - \sum_{j=1}^{m} H_j} \tag{6-19}$$

利用权重求出各年度指标综合得分。

数据标准化：

$$x_i' = \frac{x_i - \min(x_i)}{\max(x_i) - \min(x_i)} \tag{6-20}$$

计算第 j 个指标综合得分：

$$z = \sum_{i=1}^{n} x_i' \times \omega_j \tag{6-21}$$

因只收集了 2016 年一年的数据，未形成动态数据库，则无法根据动态数据进行时间序列的权重计算。所以在此，我们针对五个园区内所有企业，对 13 个指标计算权重，计算结果如表 6-17 所示。

表 **6-17**　熵值法所得指标权重

编制指数	选用指标	权重
人才指数	博士生比率	0.306 301
	留学人员比率	0.242 465
	引进人才占比	0.451 234
资本指数	天使或风险投资额	0.359 041
	占用孵化园场地面积	0.078 523
	企业成立时注册资本	0.562 435
R&D 指数	在孵企业 R&D 投入	0.080 215
	当年知识产权授权数	0.321 555
	当年获得省级以上奖励	0.598 230

续表

编制指数	选用指标	权重
活跃度	实际缴税额	0.202 227
	吸纳应届大学毕业生	0.156 103
	当年知识产权申请数	0.211 357
	技术合同交易额	0.430 313

3. 综合得分与双创指数计算

熵值法所得综合得分如表 6-18 所示。

表 **6-18**　熵值法所得综合得分

孵化园	人才指数	资本指数	R&D 指数	活跃度
创意孵化园	0.563 13	0.101 96	0.305 238	0.656 678
创业大厦	0.659 39	0.829 589	0.259 204	0.579 932
创业 e 港	0.285 187	0.494 754	0.204 528	0.533 288
海外学子创业园	0.544 114	0.744 87	0.194 87	0.489 791
生命科学中心	0.335 676	0.356 615	0.673 865	0.176 913

根据双创指数体系的构建标准及取值划分的范围，得出孵化园的双创得分，如表 6-19 所示。

表 **6-19**　双创得分

孵化园	人才指数	资本指数	R&D 指数	活跃度
创意孵化园	563	102	305	657
创业大厦	659	830	259	580
创业 e 港	285	495	205	533
海外学子创业园	544	745	195	490
生命科学中心	336	357	674	177

4. 综合分析

由表 6-19 可知，创业大厦的资本指数是 830，在五个产业园区中分值最高，其人才指数为 659，也是五个园区中最高的分数，其活跃度和 R&D 指数分别位列第二和第三，综合考量可以认为，创业大厦是五个产业园区中综合实力较强、发展较好的园区。结合实际来看，创业大厦内的企业多是软件开发和新型科技企业，发展趋势较好，盈利较高，且初期注册资本实力雄厚，有几家具有代表性的企业总收入位居五大园区内所有企业的前列，且吸纳了较多的高学历人才，所以园区整体实力较好。

海外学子创业园的资本指数位列第二，为 745，其人才指数为 544，R&D 指数和活跃度都相对创业大厦和创意孵化园较弱了些，但整体结合实际企业情况来看，可认为海外学子创业园内的留学人员和高学历人才较多，且企业注册实力较强。

另外，生命科学中心内的企业多属于医疗和生物技术领域，企业较少，都属于新兴入驻的企业，所以获得省级奖励较多。因为其内的企业处于发展初期阶段，当年专利授权数较多，所以该园区整体的 R&D 指数较高；园区内企业收入较少，技术合同交易额也不多，使得相应纳税额也较少，则该园区的整体活跃度较低。

第四节　战略性新兴产业竞争力评价结论与建议

一、战略性新兴产业竞争力评价结论

近年来大连市战略性新兴产业发展较快，但也存在产业同构现象严重、自主创新能力弱和竞争力不强等问题。大连市战略性新兴产业的竞争力弱点主要体现在以下几个方面。

1. 科技创新能力较弱，缺乏核心技术

由上述研究可以看出，大连市大部分企业创新研发力度不足。我国大多数企业存在研发投入少、研发产出低的问题。企业为节省研发成本和研发时间，习惯性地从国外引进大多数核心技术，这导致我国缺少必要的核心技术，在技术竞争中，处于弱势地位。另外，我国专业型人才不足，存在严重的人才缺口。由于企业对研发技术要求不高，因此对于专业性人才的重视度不足。一方面，大连市虽然出台了人才引进政策，但政策落地困难，对于高端人才吸引力不足。另一方面，各企业缺乏人才培训意识，无法提供长期的人才培养方案，人才流失严重。

目前我国很多地区都在大力发展战略性新兴产业，但各地区对各自发展的重点产业并没有进行差异化战略的部署，产业的同构化程度很高。产业同构会带来生产原料极大浪费、生产产能过剩以及国内市场竞争激烈等诸多问题。

2. 科研投入不足，高层次人才匮乏

尽管加大了对积极创新的支持力度，但科研经费的投入远低于全国平均水平。科研经费投入不足，研发激励机制不够健全，科技成果的转化率较低。另外，大连市人才培养机制相对滞后，高层次的技术人员的数量和质量不能满足当前产业发展需求，稀缺人才的引进及激励制度不够完善。

3. 投融资体系不够健全

由于政府投入不足，银行放贷条件严格，新兴产业的发展常常面临着资金短缺问题。战略性新兴产业具有高风险、高回报的特征，产业的发展需要多种融资方式共同扶持，但当前风险投资发展滞后，多层次的融资渠道还不够健全。

4. 新兴产业体制机制不完善、不健全

一方面，虽然大连市相关部门出台了众多政策文件，但是缺乏有效的指

导意见，企业无法根据自身特色发展独特的产业。另一方面，新兴产业还处于发展阶段，大多数企业盈利不稳定，融资困难。无论是银行还是大型企业，都以营利为目的，在选择投资对象时，更愿意接受低风险、高盈利的企业作为投资对象。因此，一些新发展的中小企业面临着严重的资金问题，产生了产能过剩的新兴产业项目。

二、战略性新兴产业发展建议

1. 消除产业结构趋同，加强产业结构规划

完善产业结构对于发展经济具有重大作用。要充分发挥各地区的自身优势，坚持从自身特点出发，走特色发展的道路。政府部门应开展产业规划与企业帮扶工作，需基于区域特征实施差异化政策，确保施策精准度。

政府相关部门在选择政策资金实施对象上，在经济总量方面可以重点关注企业注册资金小于 6700 万元或者大于 6700 万元的非私营企业；在科技投入方面，可以重点关注战略性新兴企业或者注册资金小于 375 万元并且成立 10 年以上的非战略性新兴企业；在科技产出方面，可以重点关注属于信息传输软件和信息技术服务业、科学研究和技术服务业的战略性新兴企业。

政府相关部门在增加对企业的科技政策补助资金数额方面，注意选择企业技术领域是高技术或规模大（注册资金多，从业人数多）的企业，对高技术及规模优势企业进行定向资金扶持，可显著提升其发展效能。

2. 提高新兴产业的自主创新能力

自主创新能力是战略性新兴产业发展的主要竞争力量。一方面，我们要在现有技术基础上引进国外领先技术，对其进行研究，不断创新改进。另一方面，在当今世界，人才是最为宝贵的资源，我们要充分发挥孵化基地的优势，为高校学生提供更多的资源，鼓励更多高校生加入到创新大业中。

3. 建立健全体制机制，营造产业发展新生态

体制对于发展战略性新兴产业具有关键性作用。一方面，要大力实施创新驱动发展战略，加快各项制度建设，促进政府职能转变。政府促进新兴产业发展时，应建立监管与激励并重的政策框架，通过制度创新提供发展支持。另一方面，要借助“双创”平台，加快完善法律法规建设，为新兴产业提供良好的社会环境。

第七章 R&D 卫星账户的编制基础与中国实践[①]

R&D 作为科技发展的核心变量，是反映我国自主创新能力和创新型国家建设进程的重要内容。随着国民经济体系的更新发展，各国进行 R&D 资本化核算的同时，也开展了 R&D 卫星账户的编制与研究。联合国统计委员会颁布 SNA 2008，提出“R&D 资本化”，规定将能为所有者带来经济利益的 R&D 支出核算为“固定资本形成”，不再计入“中间消耗”，正式为 R&D 资本化核算提供了理论支撑。本章在借鉴各国 R&D 卫星账户编制表式的基础上，汇总梳理了我国 R&D 卫星账户编制的可能表式，并进行了 R&D 卫星账户下的我国高技术产业 R&D 资本存量表的测算。

第一节 R&D 卫星账户编制的基本框架与中国的现实需求

一、R&D 卫星账户基本框架研究

自 20 世纪 90 年代初以来，SNA 1993 一直是国民经济核算的标准，它将 R&D 定义为“为发现或开发新产品而进行的活动，包括现有产品质量的改进，或发现新的或更有效的生产过程”，即将 R&D 支出作为中间消耗的一

① 本章执笔人：祝志杰、刘佳姿、赵晶朗。

部分处理，这就使得研发资产仍被排除在大多数国家的国民账户统计之外。联合国统计委员会于 2009 年颁布 SNA 2008，将“无形资产”更名为“知识产权产品”，将 R&D 成果归类到知识产权产品下，将 R&D 支出作为一种长期投资，而非中间消耗，计入固定资本形成。这一进步大大推动了各国 R&D 卫星账户的更新与改善。

R&D 卫星账户是在进行国民经济核算时反映各机构部门进行 R&D 活动过程的一种卫星账户。R&D 卫星账户在扩展核心账户的资产范围和理解分析 R&D 活动及经济活动方面都发挥了重要的作用。有学者将 R&D 卫星账户定义为“以实现 R&D 资本化核算为起点，系统展现 R&D 产品生产、使用、资本形成、资本存量累积，以及资本化可能影响中心账户的一系列具有逻辑关联的核算表式”。各国对于 R&D 卫星账户编制的研究层出不穷。法国在 20 世纪 70 年代最先尝试编制 R&D 卫星账户，1994 年美国发布了第一代 R&D 卫星账户，随后，荷兰、加拿大、日本等国家纷纷加入编制 R&D 卫星账户的行列，尝试编制 R&D 卫星账户的基本表式，研究 R&D 资本化的详细过程及其对国民经济账户其他经济变量的影响。不难发现，在各国编制的 R&D 卫星账户中，R&D 资本化测算尤为关键，在 R&D 卫星账户的几个关键表式中，都涉及了 R&D 资本化的过程与 R&D 资本存量的测算。同时，我国学者何平和陈丹丹（2014）指出在我国现行统计体制下，R&D 支出资本化尚存在难点；蒋萍等（2013）提出我国应开展 R&D 卫星账户的编制；徐蔼婷和祝瑜晗（2017）将 R&D 卫星账户归结为 R&D 桥接表、R&D 供给使用表、R&D 资本形成表、R&D 资本存量表以及 R&D 资本化影响表等五个表式；在徐蔼婷和祝瑜晗（2017）勾勒的 R&D 卫星账户的整体框架中不难发现，在 R&D 卫星账户编制过程中，R&D 资本化核算起到了举足轻重的作用。这也更印证了 R&D 资本化核算的必要性。

二、中国 R&D 卫星账户编制的现实需求

创新一直都是社会进步发展的原动力，没有创新，人类不可能有今天的生活，随着 21 世纪信息技术革命的逐步演变与深化，以信息技术运用为基础，以价值分享、协同发展为核心价值，以打造多主体共赢互利的生态圈为实现途径的共享思维带来了新一轮的商业革命，它改写了现在及未来的企业生存规则，同时也推动了共享经济的发展。较遗憾的是，目前尚缺乏较系统的 R&D 卫星账户编制理论与方法研究，有关 R&D 卫星账户编制的国际实践仍显得过于分散和随意。因此，为适应新形势发展要求，进一步规范 R&D 投入统计工作，提高科技统计工作效率和数据质量，实现与国际统计标准接轨，R&D 卫星账户的编制研究必不可少。

首先，从理论上讲，编制 R&D 卫星账户的基础数据主要源于科技活动调查，各国现行统计调查制度都是基于 FM（fundamental metadata，基本数据）进行的，而 SNA 是联合国为使各国经济核算数据可以进行对比及汇总而提出的体系。根据联合国统计委员会于 2009 年颁布的 SNA 2008，R&D 支出作为一种知识产权产品，应当被作为投资来对待。也就是说，R&D 经费投入后，不一定当期就可以有产出；同时，历年的投入不仅对当期产出产生影响，在今后的若干期仍会继续发挥作用。R&D 资本存量指的是到某一时间节点的 R&D 资本总量，通过将 R&D 投资累积成 R&D 资本存量，才可以更科学地测算该节点不同产业不同行业间的研发水平。因此 FM 指导的科技活动调查目的与编制 R&D 卫星账户并不匹配，必须将 R&D 数据由 FM 标准向 SNA 标准转换，根据 R&D 经费内部支出数据计算得出 R&D 资本存量。由此可以看出，R&D 资本存量核算作为 R&D 卫星账户资本化过程中的重要一环，对于 R&D 卫星账户编制具有重要意义。这也正是本章研究 R&D 卫星账户编制以及 R&D 资本存量测算的意义之一。

其次，我国尚未给出系统的高技术产业 R&D 卫星账户序列数据，高技术产业是所有行业中研发投资比重高、研发人员较多的产业，具有发展速度快、知识技术密集等特点。近年来，高技术制造业投资规模持续稳定增长，但不同行业规模差异较大。若想了解现阶段我国高技术产业及其细分行业的创新发展状况，了解高技术产业 R&D 卫星账户编制存在的实际问题，合理分配现有 R&D 资源，构建 R&D 卫星账户编制统一标准，必须以科学的方法测算并编制 R&D 卫星账户，为进一步研究其对经济增长的贡献提供数据。

最后，自 SNA 2008 颁布以来，我国出台《中国国民经济核算体系（2016）》与之接轨，有关 R&D 资本化核算主要涉及两类调整：第一，更新了 R&D 支出的核算范围，指出能为所有者带来经济利益的 R&D 支出不再作为中间投入记录，而是计入固定资本形成；第二，引入“知识产权产品”这一概念，并将“研究与开发”计入这类产品名下。至此，我国并未公布详细的 R&D 资本化测度方法，虽已有不少学者在 SNA 2008 视角下展开 R&D 卫星账户的编制，但标准的制定同样是技术创新的一个重要方面，目前我国仍没有官方文件制定测算标准。

第二节　中国 R&D 卫星账户的基本表式及编制重点

R&D 卫星账户框架可以将 R&D 资本化过程详细展现出来，并可以揭示 R&D 资本化对于 GDP 及其他账户变量的影响。根据国外 R&D 卫星账户编制经验以及我国学者对于中国 R&D 卫星账户编制的探索研究，总结出我国 R&D 卫星账户可归结为五类表式，即 R&D 桥接表、R&D 供给使用表、R&D 资本形成表、R&D 资本存量表以及 R&D 资本化影响表。

一、R&D 桥接表的可能表式及其编制重点

R&D 桥接表用于描述由 R&D 经费内部支出调整为 R&D 产出，以此获

得 R&D 卫星账户的编制起点，即将投入的 R&D 生产要素用于开展 R&D 活动，最终得到 R&D 成果的过程。这个过程包含两部分：一是将 R&D 经费内部支出调整为 R&D 投入，二是将 R&D 投入转化为 R&D 产出。

第一，R&D 经费内部支出调整为 R&D 投入。R&D 经费内部支出与 R&D 投入的区别在于：R&D 经费内部支出反映某时期某单位为了实施 R&D 活动而实际发生的支出，不考虑其是否构成了其他期的成本，体现了现金收付制原则，而 R&D 投入遵循的是权责发生制。从价值构成上看，R&D 经费内部支出包含日常性支出与资本性支出。日常性支出指的是人员劳务费及其他日常支出，资本性支出则包括购买的机器设备、土地建筑物、软件等固定资产支出。根据现金收付制，用于购买仪器设备等的全部支出已被包含在 R&D 经费内部支出中，而这一部分支出中可以计入 R&D 投入中的是已有固定资产在 R&D 活动使用过程中的折旧。这就是说，需要将 R&D 经费内部支出中的资本性支出先转化为固定资本消耗，才可实现从 R&D 经费内部支出到 R&D 投入的转变。

第二，将 R&D 投入转化为 R&D 产出。R&D 产出是 SNA 核算框架下的概念，其反映了核算主体在 R&D 活动中投入各种生产要素最终产生具有价值的服务或物品的过程。R&D 投入与 R&D 产出的最大区别是，R&D 产出中不仅包括劳动力成本、固定资本成本，还可能涉及生产税与营业盈余。具体表现为：对于非市场性研发活动，由于不进入市场进行交易，因此不涉及生产税与营业盈余的产生；而对于市场性研发活动，原则上应该考虑 R&D 活动涉及的生产税和生产补贴以及潜在的营业盈余。

如表 7-1 所示，编辑 R&D 桥接表可先从科技活动调查主体向 R&D 活动核算主体的归并转化，然后将 R&D 经费内部支出调整为 R&D 产出。将 R&D 桥接表的宾栏设置为 R&D 卫星账户核算主体，分别为非金融公司、金融公司、一般政府部门、住户、为住户服务的非营利机构和国外，主栏记录 R&D

经费内部支出向 R&D 产出调整的过程。

表 7-1　R&D 桥接表（简表）

项目	非金融公司	金融公司	一般政府部门	住户	为住户服务的非营利机构	国外
R&D 内部支出						
–软件开发支出						
+生产税净额						
–R&D 资本支出						
+R&D 净收益						
+固定资本消耗						
= R&D 产出						

资料来源：徐蔼婷和祝瑜晗（2017）

二、R&D 供给使用表的可能表式及其编制重点

R&D 供给使用表用于揭示 R&D 产品的供给来源与使用去向。一般而言，R&D 产品的供给来源无非是两种，即国内生产与国外进口。而对于使用去向而言，也不过是成为“R&D 最终消耗”，或用于生产其他产品而成为“R&D 中间消耗”、用于最终积累而成为“R&D 资本形成”、用于出口而成为“R&D 出口”等形式。因此，R&D 产品的供给使用表形成一种“R&D 总供给=R&D 总使用”的平衡关系，即

R&D 产出+R&D 进口=R&D 最终消耗+R&D 中间消耗+R&D 资本形成+R&D 出口

可基于相同的框架和产品分类水平成对编制，形成矩阵式的 R&D 供给表和使用表，也可编制形成“T”字形的 R&D 供给使用表来同时反映 R&D 产品的供给和使用。R&D 供给使用表如表 7-2 所示。

表 7-2 **R&D** 供给使用表（按购买者价格计）

R&D 产品供给		分产业产出					R&D 产品产出（基本价格）	R&D 进口	总供给（基本价格）	贸易及运输加价	产品税–产品补贴	总供给（购买者价格）
		产业 1	产业 2	…	政府	其他						
产品	产业 1 产业 2 ⋮ 政府 其他											
合计												

资料来源：徐蔼婷和祝瑜晗（2017）

三、R&D 资本形成表的可能表式及其编制重点

R&D 资本形成表基于 R&D 资本化核算，可用于刻画某个核算期内形成的 R&D 总产出中用于固定资本形成的份额，构成 R&D 资本形成。R&D 资本形成表的编制主要针对 R&D 资本流量的核算与应用，记录和分析从 R&D 产出到 R&D 资本形成的全过程。R&D 卫星账户至此完成 R&D 资本流量层面的编制工作。

R&D 资本形成表主要展示的是 R&D 产品在使用过程中如何形成固定资本以及形成多少固定资本，是以 R&D 总供给为起点，经一系列项目的增减调整形成。R&D 资本形成表的宾栏可参考 R&D 桥接表，由各核算部门构成，主栏则表示 R&D 资本化过程，如表 7-3 所示。

表 7-3 **R&D** 资本形成表的可能表式

项目	非金融公司	金融公司	一般政府部门	住户	为住户服务的非营利机构	国外
R&D 总供给（购买者价格）						
–R&D 中间消耗 –无潜在收益的 R&D						

续表

项目	非金融公司	金融公司	一般政府部门	住户	为住户服务的非营利机构	国外
–R&D 净出口 +国内部门间的净购买 –R&D 存货变动						
=R&D 固定资本形成						

资料来源：徐蔼婷和祝瑜晗（2017）

在 SNA 1993 体系下，R&D 产品要么作为企业开展 R&D 活动的中间消耗，要么用于政府消费或出口。与之不同的是，SNA 2008 规定，能在预期内为所有者提供经济利益的 R&D 支出将被视为资本。这是由于企业进行 R&D 活动是为了在未来获取收益，因此 R&D 活动从本质上来看是一项投资活动，而不是消费活动。那么，何为“能在预期内为所有者提供经济收益”，如何确定可资本化范围，各国实践略有差异，如美国、丹麦等将 R&D 产出完全资本化，英国等采用部分资本化模式，认为基础研究不能为研究者提供直接的经济利益，将其排除在外。我国学者在核算实践中，大多将 R&D 产出全部视为资本形成进行资本化处理，本章的研究也如此：一是将不成功的 R&D 计入资本，这是因为不成功的研究能带给研究者经验，从而 R&D 活动的开展更容易取得成功；二是将政府资助等非市场性研发计入资本，非市场性 R&D 成果具有公共品的性质，可为社会提供公共服务，因此也不应予以舍弃（江永宏和孙凤娥，2016）。

四、R&D 资本存量表的可能表式及其编制重点

刻画某个核算期内形成的R&D资本价值，属于R&D资本流量核算，而R&D资本存量表用来测度至某一时点核算主体所积累的 R&D 资本价值，这些资产构成生产性资产，R&D 卫星账户至此完成 R&D 资本存量层面的编制工作。

R&D 投资作为一种固定资本，其价值是通过逐期消耗或逐期转移的方式

实现的，因此，需要将其转化为 R&D 资本存量才能更好地衡量 R&D 资本存量净额和 R&D 固定资本消耗。从编制角度看，R&D 资本存量表的宾栏可由各核算部门构成，主栏可设置 R&D 资本形成、R&D 资本存量、R&D 固定资本消耗、R&D 资本存量净额等核算要素。对于某一部门或产业，也可以纳入时间因素构建 R&D 资本存量表，如表 7-4 所示。

表 7-4　**R&D** 资本存量表的可能表式

项目	R&D 相关产业		R&D 生产部门					
	市场生产者	非市场生产者	非金融公司	金融公司	一般政府部门	住户	为住户服务的非营利机构	国外
R&D 资本形成								
R&D 资本存量								
R&D 固定资本消耗								
R&D 资本存量净额								

资料来源：徐蔼婷和祝瑜晗（2017）

R&D 资本存量表的编制难点主要集中于 R&D 资本存量的测算。一般对于 R&D 资本存量的测算，国内外研究采用的是永续盘存法，其基本思想是对历年固定资产价值进行累加的同时考虑资产折旧和资产报废退出。永续盘存法主要分为三类：1951 年，Goldsmith（戈德史密斯）首先开创了用于估计固定资本存量的永续盘存法（perpetual inventory method，PIM）；此后，Griliches（格里利切斯）认为当期 R&D 投资对生产率测算没有影响，R&D 资本存量由上一期不变价 R&D 投资额及扣除折旧后的上一期 R&D 资本存量构成；2007 年，美国在 R&D 卫星账户中，详细给出了 R&D 资本存量测算的又一个改进方法，即 BEA 方法。杨林涛等（2015）结合我国实际数据，使用三种方法分别展开测算，认为 BEA 方法在实践中更符合经济逻辑和我国实际，更具有应用前景。因此本章采用 BEA 方法测算 R&D 资本存量。

五、R&D 资本化影响表的可能表式及其编制重点

R&D 资本化影响表用于展示 R&D 资本化核算对 GDP 调整以及 SNA 其他账户变量的影响，是核算结果的延伸应用。R&D 资本化对于 GDP 的影响表揭示 R&D 资本化对 GDP 核算产生的定量影响，其主栏可设置为生产法、收入法和支出法对应的 GDP 核算项目,宾栏则可分设 R&D 相关产业和 R&D 生产部门（表 7-5）。除了编制 R&D 资本化对于 GDP 的影响表外，也可以编制 R&D 资本化对其他投资、消费、收入、储蓄等一系列变量的影响表。R&D 资本化对其他关键经济变量的影响表的主栏可设置各类关键经济变量，宾栏则可分设 R&D 相关产业和 R&D 生产部门，可以多方面考察 R&D 资本化对于投资、消费、收入、储蓄等关键经济变量的传导效应，并系统分析这些变量对经济增长的影响。

表 7-5　R&D 资本化对于 GDP 的影响表（静态表）的可能表式

<table>
<tr><th colspan="2" rowspan="2">项目</th><th colspan="2">R&D 相关产业</th><th colspan="6">R&D 生产部门</th></tr>
<tr><th>市场生产者</th><th>非市场生产者</th><th>非金融公司</th><th>金融公司</th><th>一般政府部门</th><th>住户</th><th>为住户服务的非营利机构</th><th>国外</th></tr>
<tr><td>生产法</td><td>总产出
中间消耗
增加值</td><td></td><td></td><td></td><td></td><td></td><td></td><td></td><td></td></tr>
<tr><td>收入法</td><td>劳动者报酬
生产税净额
固定资本消耗
营业盈余
增加值</td><td></td><td></td><td></td><td></td><td></td><td></td><td></td><td></td></tr>
<tr><td>支出法</td><td>最终消费支出
资本形成总额
净出口
GDP</td><td></td><td></td><td></td><td></td><td></td><td></td><td></td><td></td></tr>
<tr><td colspan="2">统计误差</td><td></td><td></td><td></td><td></td><td></td><td></td><td></td><td></td></tr>
</table>

资料来源：徐蔼婷和祝瑜晗（2017）

第三节 中国高技术产业 R&D 资本存量表测算的数据处理方法

一、中国高技术产业 R&D 资本存量表测算数据来源及行业选择

1. 中国高技术产业 R&D 资本存量表测算数据来源

中国的R&D统计项目开展较晚，到1995年才开始公布中国高技术产业R&D统计数据，并且存在数据统计口径不统一等问题。本章选取的样本区间为1995～2018年，数据来源于《中国高技术产业统计年鉴》和《中国科技统计年鉴》。

从《中国高技术产业统计年鉴》中可获取：1995～2018年中国高技术产业分行业R&D经费内部支出数据，2009～2016年、2018年按支出用途分类的R&D经费内部支出数据，1995～2008年分行业按支出用途分类的科技活动经费内部支出数据①。其中，2010年及以前中国高技术产业R&D统计数据的口径为大中型工业企业②，2010年之后统计口径为规模以上工业企业③（表7-6）。

表 7-6 中国高技术产业 R&D 统计口径及维度

项目	1995～2008年	2009～2010年	2011～2016年	2017年	2018年
科技活动经费内部支出	行业、支出用途				
R&D经费内部支出	行业	行业、支出用途		行业	行业、支出用途
统计口径	大中型工业企业		规模以上工业企业		

① 根据国家统计局网站，高技术产业及其分行业科技活动经费内部支出指标自2009年起废止。

② 关于大中型工业企业：2010年及以前年份数据口径为从业人员年平均人数300人及以上、年主营业务收入3000万元及以上并且年资产合计4000万元及以上的法人工业企业；2011年及以后年份数据口径为从业人员年平均人数300人及以上且年主营业务收入2000万元及以上的法人工业企业。这里指的是前者。

③ “规模以上工业企业”，1998~2006年，是指全部国有和年主营业务收入500万元及以上的非国有企业；2007~2010年，统计范围调整为年主营业务收入500万元及以上的工业企业；2011年开始至今，统计范围为年主营业务收入2000万元及以上的法人单位。

2. 中国高技术产业 R&D 资本存量表测算行业选择

高技术产业行业分类标准演进历程：《高技术产业统计分类目录》(国统字〔2002〕33 号)、《高技术产业(制造业)分类(2013)》、《高技术产业(制造业)分类(2017)》。修订中，行业分类的基本结构框架基本不变，部分行业进行了更名、分解、合并等调整。行业大类共有 6 个，不同标准下的行业口径存在细微差异，具体如表 7-7 所示。

表 7-7　高技术产业(制造业)分类及对应国民经济行业代码

《高技术产业(制造业)分类(2017)》	GB/T 4754—2017 对应代码	《高技术产业(制造业)分类(2013)》	GB/T 4754—2011 对应代码	《高技术产业统计分类目录》	GB/T 4754—2002 对应代码
医药制造业	27	医药制造业	27	医药制造业	27
化学药品制造	2710+2720	化学药品制造	2710+2720	化学药品原药制造+化学药品制剂制造	2710+2720
中药饮片加工	2730	中药饮片加工	2730	中药饮片加工	2730
中成药生产	2740	中成药生产	2740	中成药制造	2740
兽用药品制造	2750	兽用药品制造	2750	兽用药品制造	2750
生物药品制品制造	276	生物药品制造	2760	生物、生化制品的制造	2760
卫生材料及医药用品制造	2770	卫生材料及医药用品制造	2770	卫生材料及医药用品制造	2770
药用辅料及包装材料	2780				
航空、航天器及设备制造业		航空、航天器及设备制造业		航空航天器制造	376
飞机制造	3741	飞机制造	3741	飞机制造及修理	3761
航空航天器修理	4343	航空航天器修理	4343		
航天器及运载火箭制造	3742	航天器制造	3742	航天器制造	3762
航空、航天相关设备制造	3743+3744	航空、航天相关设备制造	3743		

续表

《高技术产业（制造业）分类（2017）》	GB/T 4754—2017 对应代码	《高技术产业（制造业）分类（2013）》	GB/T 4754—2011 对应代码	《高技术产业统计分类目录》	GB/T 4754—2002 对应代码
其他航空航天器制造	3749	其他航空航天器制造	3749	其他飞行器制造	3769
电子及通信设备制造业		电子及通信设备制造业			
电子工业专用设备制造	3562+3563+3569	电子工业专用设备制造	3562		
光纤、光缆及锂离子电池制造	3832+3833+3841	光纤、光缆制造	3832		
		锂离子电池制造	3841		
通信设备、雷达及配套设备制造	3921+3922+3940	通信设备制造	392	通信设备制造	401
		雷达及配套设备制造	3940	雷达及配套设备制造	402
广播电视设备制造	393	广播电视设备制造	393	广播电视设备制造	403
非专业视听设备制造	395	视听设备制造	395	家用视听设备制造	407
电子器件制造	397	电子器件制造	396	电子器件制造	405
电子元件及电子专用材料制造	398	电子元件制造	397	电子元件制造	406
其他电子设备制造	3990	其他电子设备制造	3990	其他电子设备制造	409
智能消费设备制造	3961+3962+3963+3969				
计算机及办公设备制造业		计算机及办公设备制造业		电子计算机制造+复印和胶印设备制造+计算器及货币专用设备制造	404+4154+4155
计算机整机制造	3911	计算机整机制造	3911	电子计算机整机制造	4041
计算机零部件制造	3912	计算机零部件制造	3912	电子计算机外部设备制造	4043
计算机外围设备制造	3913	计算机外围设备制造	3913	电子计算机外部设备制造	4043
其他计算机制造	3919	其他计算机制造	3919	计算机网络设备制造	4042
				电子计算机外部设备制造	4043

续表

《高技术产业（制造业）分类（2017）》	GB/T 4754—2017 对应代码	《高技术产业（制造业）分类（2013）》	GB/T 4754—2011 对应代码	《高技术产业统计分类目录》	GB/T 4754—2002 对应代码
复印和胶印设备制造+计算器及货币专用设备制造	3474+3475	复印和胶印设备制造+计算器及货币专用设备制造	3474+3475	复印和胶印设备制造+计算器及货币专用设备制造	4154+4155
工业控制计算机及系统制造	3914				
信息安全设备制造	3915				
医疗仪器设备及仪器仪表制造业		医疗仪器设备及仪器仪表制造业		医疗仪器设备及器械制造+通用仪器仪表制造+专用仪器仪表制造+光学仪器制造+其他仪器仪表的制造及修理	368+411+412+4141+4190
医疗仪器设备及器械制造	3581+…+3586+3589	医疗仪器设备及器械制造	3581+…+3586+3589	医疗仪器设备及器械制造	368
通用仪器仪表制造	4011+…+4016+4019	仪器仪表制造	4011+…+4015+4019+4021+…+4029+4041+4090	通用仪器仪表制造+专用仪器仪表制造+光学仪器制造+其他仪器仪表的制造及修理	411+412+4141+4190
专用仪器仪表制造	4021+…+4029				
其他仪器仪表制造业	4090				
光学仪器制造	4040				
信息化学品制造业		信息化学品制造业		信息化学品制造	2665
信息化学品制造	2664+2665	信息化学品制造	2664		
				公共软件服务	6211+6212
				核燃料加工	2530

本章以《高技术产业（制造业）分类（2017）》为基准，结合 2002 年与 2013 年的标准，对部分行业进行合并。考虑到篇幅有限、数据资源匮乏，本章只考虑高技术产业大类、中类的调整。具体如下：将原来“通信设备制造”、“雷达及配套设备制造”合并为“通信设备、雷达及配套设备制造”；将“计

算机零部件制造”与“计算机外围设备制造”合并为“电子计算机外部设备制造”；将“智能消费设备制造”一并归类到“其他电子设备制造”；将“通用仪器仪表制造”、“专用仪器仪表制造”及“其他仪器仪表制造业”合并为“仪表仪器制造”。

二、高技术产业 R&D 经费内部支出缺失值处理

1. 高技术产业行业缺失数据的处理

高技术产业中各行业 R&D 经费内部支出数据的缺失情况主要为：对于航空、航天器及设备制造业，仅能获取 1995～2016 年及 2018 年的数据，缺少 2017 年的数据，对于“航空、航天器及设备制造业”类别下的“飞机制造”和“航天器及运载火箭制造”，缺少 2017～2018 年的数据；对于信息化学品制造业，仅能获取 2015～2018 年的数据，缺乏 1995～2014 年的数据。具体处理方法如下。

第一，航空、航天器及设备制造业缺失数据的处理。根据《国民经济行业分类》(GB/T 4754—2017)中的制造业行业分类，除了高技术产业中的“航空、航天器及设备制造业”中还包含制造业类别下“金属制品、机械和设备修理业”中的“航空航天器修理”外，高技术产业中的“航空、航天器及设备制造业”与制造业类别下“铁路、船舶、航空航天和其他运输设备制造业”中的“航空、航天器及设备制造”基本相同。

根据《中国科技统计年鉴》提供的分行业 R&D 经费内部支出数据，可获取到 2012～2018 年“铁路、船舶、航空航天和其他运输设备制造业”的 R&D 经费内部支出数据，计算得到“航空、航天器及设备制造业”R&D 经费内部支出在“铁路、船舶、航空航天和其他运输设备制造业”中的占比，所占比例稳步下降，假定其所占比例呈线性下降，计算得到 2017 年“航空、航天器及设备制造业”R&D 经费内部支出数据。

对于“航空、航天器及设备制造业”类别下的“飞机制造”和“航天器及运载火箭制造”2017～2018 年的数据，可以根据其余年份“飞机制造”和“航天器及运载火箭制造”R&D 经费内部支出的占比估算得到。

第二，信息化学品制造业缺失数据的处理。信息化学品制造业中的“文化用信息化学品制造”和“医学生产用信息化学品制造”包含在制造业类别下“化学原料和化学制品制造业”中的“专用化学产品制造”中。《2018 年全国科技经费投入统计公报》显示，化学原料和化学制品制造业 R&D 经费内部支出为 9 125 000 万元。根据《中国科技统计年鉴》可获取到 2009～2017 年化学原料和化学制品制造业 R&D 经费内部支出。根据 2015～2017 年这三年信息化学品制造业占化学原料和化学制品制造业的平均比例，计算出 2009～2014 年信息化学品制造业 R&D 经费内部支出。2009～2017 年信息化学品制造业 R&D 经费内部支出稳步增长，计算 2009～2017 年信息化学品制造业 R&D 经费内部支出的增长率，然后推算得出 1995～2008 年信息化学品制造业 R&D 经费内部支出数据。

2. 高技术产业按支出用途分类缺失数据的处理

缺少 2017 年按支出用途分类的数据；1995～2008 年仅能获取按支出用途分类的科技活动经费内部支出数据，缺少按支出用途分类的 R&D 经费内部支出数据。

计算 1995～2008 年全行业科技活动经费内部支出中人员劳务费、仪器设备费所占的比例：人员劳务费占比呈现波动增长趋势，处于 18.9%～31.0%，假定科技活动经费内部支出中人员劳务费占比增长模式为线性增长，估算 2009～2018 年人员劳务费占比，与 2009～2018 年 R&D 经费内部支出中人员劳务费占比基本一致。因此，假设科技活动经费内部支出与 R&D 经费内部支出中人员劳务费占比相等，估算 1995～2008 年中国高技术产业 R&D 经费内部支出中的人员劳务费占比。

1995～2008 年科技活动经费内部支出中仪器设备费占比呈现“先增后减”的趋势，处于 15.4%～26.4%，而 2009～2018 年 R&D 经费内部支出中仪器设备费占比基本稳定在 9.7%，这可能是由非研发类科技活动的资本支出占比相对较高造成的（侯睿婕和陈钰芬，2018）。本章以仪器设备费在 R&D 经费内部支出中的占比为参照，假定仪器设备费占比为 9.7%，估算 1995～2008 年 R&D 经费内部支出中的仪器设备费。

第四节　中国高技术产业 R&D 资本存量表测算实证研究

一、中国高技术产业 R&D 资本存量计算方法

1. 固定资本消耗的计算

固定资本消耗也称固定资产折旧，由固定资本存量与研发资产折旧率的乘积计算得到。固定资产折旧的计算采用几何折旧法，固定资本存量的计算采用 1951 年 Goldsmith 提出的 PIM，该方法是专门用于计算固定资本存量的方法，其计算公式为

$$K_{it} = (1-\theta)K_{i,t-1} + I_{it} \tag{7-1}$$

其中，K_{it} 和 $K_{i,t-1}$ 分别为 i 行业第 t 期与第 t–1 期固定资本存量；θ 为固定资产折旧率，通过估计每类资产的折旧率，以各项资产占比加权，计算得到综合折旧率，参照王亚菲和王春云（2018a）的做法，设定为 11.33%；I_{it} 为 i 行业在第 t 期的新增固定资产，通过固定资产投资价格指数缩减 R&D 经费内部支出中的资本性支出得到，同时还需扣除土地支出及软件研发支出。

基期固定资本存量的计算：

$$K_{i,t-1} = I_{it} / (g_i + \theta) \quad (7\text{-}2)$$

其中，g_i 为 i 行业不变价 R&D 投资的增长率，利用各行业对应的资本性支出年均增长率来代替。

软件 R&D 支出缺乏统计数据，根据《2009 年第二次全国 R&D 资源清查资料汇编》提供的信息，可知当年软件企业 R&D 试验发展支出占 R&D 总支出的比重为 1.8%，结合《中国电子信息产业统计年鉴（软件篇）》给出的软件和信息技术服务业研发经费，计算得到历年软件 R&D 支出增速，从而得出历年高技术产业软件 R&D 支出。土地价值的处理参考江永宏和孙凤娥（2016）的研究，按照土地资产在 R&D 经费内部支出中资本性支出的占比剔除土地价值，约为 5%。

2. R&D 资本存量的计算

本章采用 BEA 方法测算 R&D 资本存量，计算公式如下：

$$R_{i,t} = R_{i,t-1} + E_{i,t} - D_{i,t} \quad (7\text{-}3)$$

其中，$R_{i,t}$、$R_{i,t-1}$ 为 i 行业不变价 t 期、t–1 期期末净存量；$E_{i,t}$ 为 i 行业不变价 t 期 R&D 投资额；$D_{i,t}$ 为 i 行业不变价 R&D 折旧额。令

$$D_{i,t} = \delta(R_{i,t-1} + E_{i,t} / 2) \quad (7\text{-}4)$$

其中，δ 为 R&D 资本折旧率。可得 i 行业不变价 t 期期末净存量公式为

$$R_{i,t} = (1-\delta)R_{i,t-1} + (1-\frac{\delta}{2})E_{i,t} \quad (7\text{-}5)$$

3. 基期 R&D 资本存量的计算

初始 R&D 资本存量估算的准确性直接决定了其后各年资本存量的计算准确性。在测算资本存量时，应尽可能地获取较长时间内的 R&D 投资序列，

以相对准确地确定初始R&D资本存量。从长期来看,R&D投资增长率和R&D资本存量增长率大体相同。目前学者关于 R&D 投资增长率的计算主要采用两种方法：一是几何平均法，该方法是求出样本期内的平均发展速度并进行预测，虽然我国高技术产业 R&D 统计开始较晚，但 R&D 投资增长率波动较大，不满足几何平均法对数据的稳定性要求。二是 Griliches 提出的线性回归法，具体公式如下：

$$\ln E_{i,t} = b_i + m_i t + \varepsilon_t \tag{7-6}$$

其中，$\ln E_{i,t}$ 为 i 行业 t 期投资对数序列；b_i 为 i 行业线性回归对应的常数项；m_i 为 i 行业线性回归对应的系数；t 为年份；ε_t 为误差项。假定 g_{R_i} 为 i 行业 R&D 资本存量增长率，g_{E_i} 为 i 行业 R&D 投资增长率，可推算出

$$g_{R_i} = \frac{R_{i,t} - R_{i,t-1}}{R_{i,t-1}} \tag{7-7}$$

$$g_{E_i} = e^{m_i} - 1 \tag{7-8}$$

根据 BEA 方法的原理，可推导出初始 R&D 资本存量：

$$R_{i,0} = \frac{E_{i,1}(1-\delta/2)}{g_{R_i} + \delta} \tag{7-9}$$

二、中国高技术产业 R&D 产出的测算

R&D 产出的测算采用总成本法。需要先将软件 R&D 支出从日常性支出中扣除（许宪春和郑学工，2016），这是因为我国科技统计调查得到的 R&D 经费内部支出数据中包含软件 R&D 支出,而根据 SNA 2008,软件支出与 R&D 支出并列属于知识产权产品,为了避免重复计算,需要将其扣除;再采用 PIM 将资本性支出转化为固定资本消耗，即可实现 R&D 经费内部支出供给端的

测算。

R&D 经费内部支出 = 日常性支出+资本性支出

= (劳动力成本+中间投入成本)+资本性支出

R&D 投入 = (日常性支出–软件 R&D 支出)+固定资本消耗

= (R&D 经费内部支出–资本性支出–软件 R&D 支出)

+ 固定资本消耗

= (R&D 经费内部支出–资本性支出–软件 R&D 支出)

+ 固定资本存量×R&D 资本折旧率

R&D 投入 = R&D 产出

1. R&D 资产价格指数的构造

在计算过程中，为便于不同年份间的比较，需要用 R&D 资产价格指数、固定资产投资价格指数，将 R&D 经费内部支出、资本性支出缩减为对应的不变价的价值量，通过《中国统计年鉴 2019》可以获取到 1990～2018 年的固定资产投资价格指数，R&D 资产价格指数的构造方法具体如下。

价格波动必然会导致 R&D 资本存量的变化，这就需要借助 R&D 资产价格指数获取不变价的 R&D 资本形成总额。然而，对于 R&D 资本存量测算来讲，各国或地区统计部门普遍缺乏相应的价格指数，这就使得在测算不变价 R&D 资本存量时，不得不用其他指数代替或借助其他价格指数进行构造。如果直接选取 GDP 缩减指数进行替代，会使得 R&D 支出价格指数偏大，选取固定资产投资价格指数代替又使得估计结果过低；相较之下，采用成本价格指数法构造显得更加可行，多数学者使用此方法，根据 R&D 投资的组成部分进行加权平均求取 R&D 资产价格指数。

为了进一步反映 R&D 资产价格的真实变化，本章采取成本价格指数法，用行业工业生产者购进价格指数代替中间投入成本对应的价格指数，劳动力成本对应的价格指数用城镇居民消费价格指数代替，固定资产成本对应的价格指数用固定资产投资价格指数代替，各指数再分别乘以权重，即各部分占R&D总资产的比例。

2. R&D 资本折旧率的计算

有关资本折旧的计算方法，有直线折旧、年度加总折旧和几何折旧等。然而，R&D 资本更新换代较快，新知识、新成果一经出现，原有知识即会因过时而老化。因此，采用几何模型来计算 R&D 资本折旧率更为合理。本章假设 R&D 资产服务年限为 10 年，残值率为 10%，估算折旧率为 20.6%。

三、中国高技术产业 R&D 投资序列测算及结果分析

根据式（7-6）进行线性回归，计算得到 R&D 投资线性回归增长率，如表 7-8 所示，所建立的线性回归方程在 P 值为 0.05 的水平下均可通过显著性检验，调整的 R^2 为 0.8833～0.9999，这说明建立的线性回归方程可以解释88.33%以上的变差，通过拟合优度检验。

表 7-8　R&D 投资线性回归增长率计算及显著性检验结果

行业分类	系数 m_i	R&D 投资线性回归增长率	调整的 R^2	P 值
医药制造业	0.1853	0.2035	0.9801	0.0008
化学药品制造	0.1888	0.2078	0.9789	0.0071
中成药生产	0.3282	0.3885	0.9509	0.0000
生物药品制造	0.3249	0.3839	0.8952	0.0008
航空、航天器及设备制造业	0.1563	0.1692	0.9264	0.0000
飞机制造	0.1946	0.2149	0.9500	0.0000
航天器制造	0.1835	0.2014	0.8833	0.0000
电子及通信设备制造业	0.6156	0.8508	0.9786	0.0072
通信设备、雷达及配套设备制造	0.5443	0.7234	0.9803	0.0000

续表

行业分类	系数 m_i	R&D 投资线性回归增长率	调整的 R^2	P 值
广播电视设备制造	0.3425	0.4085	0.9490	0.0000
视听设备制造	0.8423	1.3217	0.9449	0.0185
电子器件制造	0.2677	0.3070	0.9700	0.0000
电子元件制造	0.3075	0.3601	0.9706	0.0000
其他电子设备制造	1.9103	5.7551	0.9885	0.0483
计算机及办公设备制造业	1.2900	2.6328	0.9980	0.0203
计算机整机制造	1.3360	2.8038	0.9997	0.0074
电子计算机外部设备制造	0.8248	1.2814	0.9133	0.0072
办公设备制造	0.3261	0.3855	0.8926	0.0000
医疗仪器设备及仪器仪表制造业	0.2188	0.2446	0.9858	0.0000
医疗仪器设备及器械制造	0.4869	0.6273	0.9852	0.0049
仪表仪器制造	0.2472	0.2804	0.9810	0.0000
信息化学品制造业	1.2090	2.3501	0.9999	0.0000

将估算的高技术产业R&D投资序列与R&D经费内部支出数据进行比较，如图 7-1 所示，可以发现，1995～2018 年中国高技术产业 R&D 投资序列与 R&D 经费内部支出变化趋势一致，数据高度正相关，两者的相关系数高达 99.99%，这是因为 R&D 投资的测算起点是 R&D 经费内部支出。具体来看，R&D 投资占 R&D 经费内部支出的比例维持在 87.59%～91.01%，说明 R&D 经费内部支出未能完全转化为 R&D 投资，这是因为在将 R&D 经费内部支出调整为 R&D 投资时，需要扣除其中的软件 R&D 支出和土地资产，同时 R&D 经费内部支出中的资本性支出需要以折旧形式转化为固定资本消耗，才可进行下一步计算。因此，以 R&D 经费内部支出代替 R&D 投资来计算 R&D 资本存量，是不合理的，这种做法会使得估

算的 R&D 资本存量数值偏高。

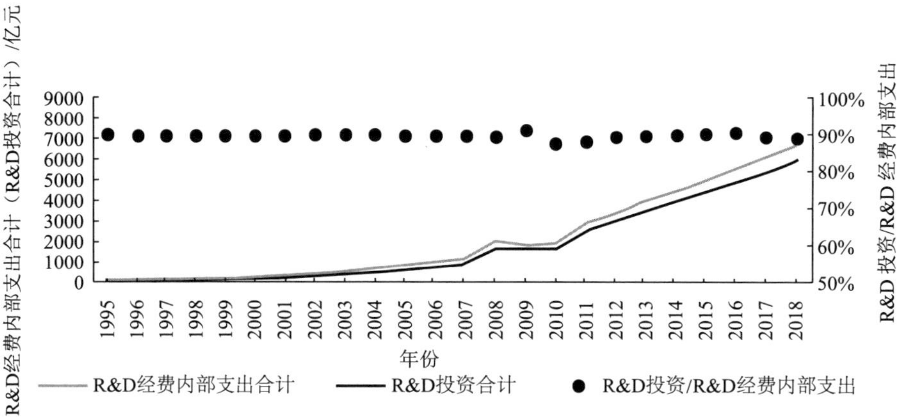

图 7-1 高技术产业 R&D 投资与 R&D 经费内部支出的比较

总的来看，我国高技术产业 R&D 投资持续快速增长。1995 年 R&D 投资为 31.98 亿元，2010 年增长到 1701.35 亿元，到 2018 年 R&D 投资为 5993.27 亿元。1995～2010 年增速较为缓慢，年均增长率为 30.33%，其间，2008 年 R&D 投资增长率高达 72.65%，这可能是由国际金融危机所致，随后，2009 年 R&D 投资与 2008 年的基本持平，但其增长率明显高于全社会固定资产投资率，这也在一定程度上抑制了后危机时代的投资过快下滑（张钟文等，2017）。2010～2018 年高技术产业 R&D 投资年均增长率为 17.05%，低于 1995～2010 年的年均增长率，主要是因为 1995 年 R&D 投资数值远小于之后的水平。同时，2010～2018 年 R&D 投资年均增量高于 1995～2010 年。

四、中国高技术产业 R&D 资本存量表的测算

整体来看，中国高技术产业 R&D 资本存量逐年递增，年均增长率为 28.56%。表 7-9 为部分年份中国高技术产业 R&D 资本存量表。

表 **7-9**　部分年份中国高技术产业 **R&D** 资本存量表　　单位：亿元

行业分类	R&D 资本存量			R&D 资本存量净额			R&D 固定资本消耗		
	1995 年	2010 年	2018 年	1995 年	2010 年	2018 年	1995 年	2010 年	2018 年
医药制造业	7.62	6.76	0.86	348.71	309.20	39.51	1620.25	1436.68	183.57
化学药品制造	6.08	5.40	0.69	217.12	192.52	24.60	876.64	777.32	99.32
中成药生产	1.26	1.12	0.14	70.19	62.23	7.95	290.35	257.45	32.90
生物药品制造	0.27	0.24	0.03	37.21	32.99	4.22	264.24	234.30	29.94
航空、航天器及设备制造业	13.01	11.54	1.47	226.42	200.77	25.65	600.62	532.57	68.05
飞机制造	10.43	9.25	1.18	197.32	174.97	22.36	459.91	407.80	52.11
航天器制造	2.52	2.24	0.29	28.80	25.54	3.26	80.03	70.96	9.07
电子及通信设备制造业	3.97	3.52	0.45	1514.7	1343.09	171.62	6007.55	5326.89	680.66
通信设备、雷达及配套设备制造	2.00	1.77	0.23	761.51	675.23	86.28	2671.41	2368.74	302.67
广播电视设备制造	0.11	0.10	0.01	13.38	11.87	1.52	123.17	109.21	13.96
视听设备制造	0.35	0.31	0.04	198.40	175.92	22.48	454.90	403.36	51.54
电子器件制造	1.81	1.61	0.21	212.35	188.29	24.06	1187.65	1053.08	134.56
电子元件制造	0.95	0.85	0.11	201.62	178.78	22.84	844.53	748.84	95.68
其他电子设备制造	0.00	0.00	0.00	29.14	25.84	3.30	310.11	274.97	35.14
计算机及办公设备制造业	0.16	0.14	0.02	302.81	268.51	34.31	694.02	615.39	78.63

续表

行业分类	R&D 资本存量			R&D 资本存量净额			R&D 固定资本消耗		
	1995 年	2010 年	2018 年	1995 年	2010 年	2018 年	1995 年	2010 年	2018 年
计算机整机制造	0.10	0.09	0.01	130.88	116.06	14.83	317.48	281.51	35.97
电子计算机外部设备制造	0.04	0.04	0.00	152.21	134.96	17.25	235.98	209.25	26.74
办公设备制造	0.05	0.04	0.01	10.47	9.28	1.19	49.15	43.58	5.57
医疗仪器设备及仪器仪表制造业	2.52	2.24	0.29	156.72	138.96	17.76	874.86	775.74	99.12
医疗仪器设备及器械制造	0.15	0.13	0.02	37.73	33.46	4.28	245.99	218.12	27.87
仪表仪器制造	1.96	1.74	0.22	118.97	105.49	13.48	607.49	538.66	68.83
信息化学品制造业	0.00	0.00	0.00	22.12	19.62	2.51	131.05	116.20	14.85

图 7-2 为 1995～2018 年高技术产业分行业 R&D 资本存量占比。从各个行业来看，1995～2018 年，高技术产业中 R&D 资本存量最多的行业是电子及通信设备制造业，年平均占比高达 54%，其中通信设备、雷达及配套设备制造贡献了主要力量；其次为医药制造业以及航空、航天器及设备制造业，年平均占比约 15%，医药制造业中，化学药品制造的 R&D 资本存量占到 64%，航空、航天器及设备制造业中，飞机制造贡献了 83%的 R&D 资本存量；接着是计算机及办公设备制造业、医疗仪器设备及仪器仪表制造业，占比最少的为信息化学品制造业。

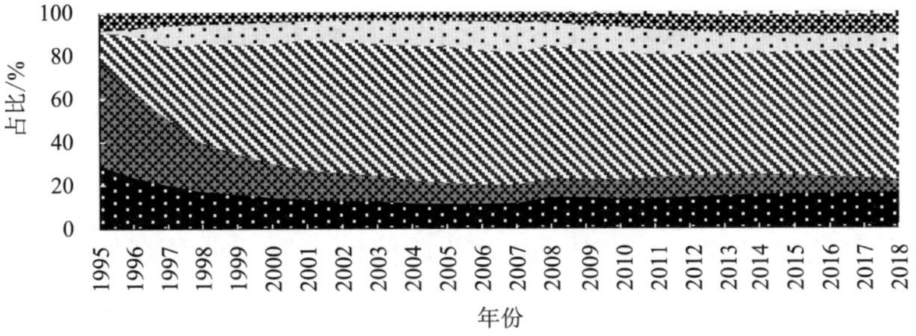

图 7-2　1995～2018 年高技术产业分行业 R&D 资本存量占比

我国高技术产业行业结构有所调整，各行业占比存在时段性的差异。2005 年之前高技术产业各行业占比变动幅度较大，其中，电子及通信设备制造业占比增长较快，由 1995 年的 13%增长到 2005 年的 63%；航空、航天器及设备制造业呈现递减的趋势，1995 年该行业 R&D 资本存量占比为 48%，2005 年减少到 10%；医药制造业也呈现出占比减小的趋势。这可能是因为电子及通信设备制造业科技转化能力强，而航空、航天器及设备制造业的科技转化能力较弱，使得研发的重心有所转移。2006～2018 年，各行业占比基本保持不变，电子及通信设备制造业的 R&D 资本存量占比最多，稳定在 59%左右，所占比重最少的是信息化学品制造业，约为 1%。

第五节　高技术产业 R&D 资本存量表核算研究结论与建议

本章立足 R&D 卫星账户视角，详细介绍了中国 R&D 卫星账户可能表式，同时，系统测算了 1995～2018 年中国高技术产业大类及中类行业的 R&D 资本存量，并编制了高技术产业 R&D 资本存量表，为准确把握中国高技术产业及其细分行业研发创新状况提供了科学依据。

一、高技术产业 R&D 资本存量表核算研究结论

1995 年后，我国高技术产业 R&D 资本存量总体上快速增长，但增速有所放缓；1995～2018 年高技术产业各行业存在结构性调整，不同行业间的 R&D 资本存量差异较大，其中，电子及通信设备制造业是高技术产业创新的关键力量，信息化学品制造业贡献的 R&D 资本存量最少，还有很大的发展空间。

1. R&D 投资与 R&D 经费内部支出高度相关

根据本章计算得到的 R&D 投资数据，1995～2018 年中国高技术产业 R&D 投资序列与 R&D 经费内部支出趋势一致，数据高度正相关，两者相关系数高达 99.99%，这是因为 R&D 投资的测算起点是 R&D 经费内部支出。从数值大小来看，R&D 投资序列小于 R&D 经费内部支出，R&D 投资占 R&D 经费内部支出的比例约为 90%。这与两者定义的差异及计算的转换过程有关，R&D 经费内部支出中不包含土地价值及软件研发支出，而 R&D 投资中包括，需要将 R&D 经费内部支出中的资本性支出转化为固定资本消耗才可得到 R&D 投资。因此，两者虽高度相关，却不尽相同，R&D 经费内部支出未完全转化为 R&D 投资。

2. R&D 投资是测算 R&D 资本存量的准确指标

以往关于高技术产业创新效率的研究中，多以 R&D 经费内部支出直接作为计算 R&D 资本存量的基础，这在一定程度上会使得计算结果偏大。本章以 R&D 经费内部支出为起点，先根据我国科技统计调查与国民经济核算对 R&D 定义的差异，将其转化为 R&D 投资，再根据 BEA 方法计算得到中国高技术产业 1995～2018 年 R&D 资本存量。测算结果显示：电子及通信设备制造业发展成为高技术产业的创新主力行业，是高技术产业中研发投资规模最大的行业，医药制造业以及航空、航天器及设备制造业是高技术产业中

最具有发展潜力的行业。

3. 中国高技术产业 R&D 资本存量状况

1995 年以后，我国高技术产业 R&D 资本存量总体上快速增长，年平均增长率高达 28.56%，增速远高于我国制造业 R&D 资本存量。1995～2018 年高技术产业各行业 R&D 资本存量存在结构性调整，不同行业间的 R&D 资本存量差异较大。随着互联网与电子科技的发展，我国高技术产业 R&D 资本存量由最初的航空、航天器及设备制造业主导演变为电子及通信设备制造业主导。这两类行业 R&D 资本存量占高技术产业的比例变动最大，其中，航空、航天器及设备制造业占比由 1995 年的 48%下降到 2018 年的 6%，而电子及通信设备制造业由 1995 年的 13%增长到 2005 年的 63%，逐渐发展成为高技术产业的创新主力行业。其他几类行业中，医药制造业贡献的 R&D 资本存量仅次于电子及通信设备制造业，但差距较大；信息化学品制造业贡献的 R&D 资本存量最少，还有很大的发展空间。

二、高技术产业 R&D 资本存量表核算建议

1. 深化统计改革，编制 R&D 卫星账户

首先，我国科技统计提供的 R&D 数据资料还不完善，由于缺少详细的 R&D 数据，R&D 资本化核算的进一步发展受到影响。因此，国家统计局应改进科技统计资料的调查方法，公布更为详细的 R&D 活动数据及各种指标的详细释义、计算过程等，以便学者更为严谨地开展 R&D 资本化核算，为政府决策者提供更为有效的建议。

其次，我国现有的中心框架不足以全面展现 R&D 资本化的详细过程，如 R&D 产出在国民经济核算中的详细脉络、R&D 资本化核算对 SNA 账户其他经济变量的影响等。蒋萍等（2013）提出我国应开展 R&D 卫星账户的编制。此后虽有不少学者对 R&D 卫星账户的编制展开探索，如徐蔼婷和祝

瑜晗（2017）勾勒了 R&D 卫星账户的整体框架，但目前我国还未正式编制 R&D 卫星账户。为实现与国际标准的接轨，提升 R&D 资本化研究的深度，我国应尽快开展 R&D 卫星账户的编制。

2. 加快推进高技术产业发展，增强发展新动能

近年来，高技术产业投资保持快速增长，其增加值增速远快于规模以上企业。2020 年新冠疫情期间，以大数据、互联网为首的新产业、新产品快速增长，为经济发展提供了全新的动能。在我国从“制造大国”转向“科技强国”的关键时期，高技术产业的发展尤为重要。因此，应加大对高技术产业的投资，促进高技术产业与传统制造业联合，推动高技术产业迈向更前沿的领域，推动产业结构转型升级，增强发展新动能。

第八章
海洋经济卫星账户的发展历程与中国实践[①]

卫星账户是解决海洋经济等派生产业核算的主流方法，但目前还没有学者涉足中国海洋经济卫星账户的研究。本章以目标和问题为导向，拟从供给与使用两个层面明晰概念，从产品与产业两个维度界定海洋经济特有产品与特有产业，提出海洋经济供给与使用的相关理论方法，进而充实海洋经济卫星账户的理论基础，并为其他派生产业开展卫星账户研究提供有益参考。

第一节　海洋经济卫星账户的发展历程

海洋经济核算研究起源于海洋经济概念，用来划定统计核算的边界。早期研究建立了海洋和经济的关系，明确了海洋经济的地位，但仅将海洋经济限定为利用海洋地理空间和海洋资源的经济活动。Rorholm（罗霍尔姆）在1967年研究了海洋产业对新英格兰南部地区的经济影响，运用投入产出法研究了海洋产业的经济地位。布尼奇于1977年在《世界大洋经济学》中指出苏联在大洋的经济活动包括商业捕捞、商业航运和水下开矿等。近年来，随着认识的深化，国内外学者纷纷将海洋相关产业或间接关联产业纳入了海洋经

① 本章执笔人：宋维玲。本章第一节部分内容发表于《中国自然资源报》，2021年7月7日，第841期。

济范畴。David（大卫）在 2008 年将海洋经济定义为海上与海底活动以及为这些活动提供产品生产和服务的经济活动。Park（帕克）在 2014 年认为海洋经济是从海洋获得产出并向海洋提供商品和服务，以及直接或间接发生在海洋中的经济活动。此外，各国（地区）通过报告、标准等方式提出了本国（地区）的海洋经济概念，如美国在 2000 年、加拿大在 2002 年、新西兰在 2006 年、欧盟委员会在 2008 年分别将与海洋及其资源有关联关系的产业活动纳入海洋经济，中国在 2006 年、日本在 2007 年将海洋经济概括为开发、利用和保护海洋的活动及与之相关联的活动。为反映海洋经济对国民经济的贡献，国内外学者开展了海洋生产总值核算的理论探索与实践。BEA 在 1974 年最早提出“海洋 GDP”的概念，并对数据进行了估算。Pontecorvo（庞特科尔沃）等在 1980 年通过分析国民收入账户中的涉海产业，估算了海洋经济的贡献度。Colgan（科尔根）在 2003 年提出了统一海洋和沿海经济计量方法、规范统计口径等，并进一步改进了核算方法。何广顺在 2006 年构建了包含海洋经济主体核算、基本核算和附属核算的中国海洋经济核算体系框架，并系统提出了海洋生产总值核算的三类基本方法：剥离法、扩展法、外推法。各国（地区）先后发布了海洋经济报告，核算了海洋经济活动成果及其对国民经济的贡献。

目前国外已有学者和组织将供给与使用核算的理论方法引入海洋经济核算中，葡萄牙和美国基本完成了海洋经济核算供给与使用的理论构建，并发布了数据结果；OECD 和韩国也已启动了海洋供给与使用的理论研究，正在致力于本国（地区）海洋经济供给使用表的编制实践。葡萄牙采用价值链逻辑，基于国家统计体系（National Statistical System，NSS）批准的工业分类标准，对海洋产业进行分类，进而由葡萄牙国家统计局（Instituto Nacional de Estatísticas，INE）与海洋政策总局（Directorate General of Maritime Policy，DGMP）联合研发了海洋经济卫星账户，构建了海洋经济供给使用表的编制方法体系，并于 2016 年首次发布了数据结果。美国国家海洋大气局（National Oceanic and Atmospheric Administration，NOAA）和 BEA 联合发布了《美国海洋经济的定义与衡量》分析报告，通过研究供给表中的详细商品，识别属于海洋经济范畴的具体产品和服务，并界定这些产品和服务对应的产业，以此来计算海洋部分的总产值、增加值、就业和薪酬数据。OECD 在供给和使用框架中收集和汇编有关海洋经济活动的可比数据，构建了供给表、使用表等相关基础表式。韩国基于海洋和渔业产业特有分类，结合供给使用表需求和韩国海洋经济的特点，研究了韩国海洋产业产品分类方法，设计了基于国民经济供给使用表的韩国海洋卫星账户的构建原则、方法和步骤，并给出了试算结果。主要国家（地区）海洋经济核算数据发布情况如表 8-1 所示。

表 **8-1**　主要国家（地区）海洋经济核算数据发布情况

首次发布	国家（地区）	发布机构	报告名称	主要指标
1998 年	法国	法国海洋开发研究院	《法国海洋经济数据报告》	增加值、就业人员
2006 年	新西兰	新西兰统计局	《新西兰海洋经济统计报告》	增加值
2006 年	中国	国家海洋局（现为自然资源部）	《中国海洋经济统计公报》 《中国海洋经济统计年鉴》	增加值
2008 年	澳大利亚	澳大利亚海洋科学研究所	《澳大利亚海洋产业发展报告》	增加值、就业人员
2008 年	英国	英国公共财产组织	《英国海洋经济活动的社会-经济指标》	增加值、就业人员
2009 年	美国	美国海洋经济计划咨询委员会	《美国海洋和海岸带经济报告》	增加值、就业人员、薪资
2009 年	加拿大	加拿大渔业及海洋部	《加拿大海洋相关活动经济影响报告》	增加值、就业人员
2009 年	日本	日本海洋产业调查研究委员会	《日本海洋产业调查研究报告》	增加值、就业人员
2010 年	爱尔兰	爱尔兰海洋经济研究所	《爱尔兰海洋经济发展报告》	增加值
2018 年	欧盟	欧盟委员会	《欧盟蓝色经济年报》	增加值、利润、就业人员
2018 年	韩国	韩国海事研究院	《韩国海洋经济统计报告》	增加值、就业人员

第二节 中国海洋经济卫星账户发展实践

卫星账户是从英文“satellite account”直译过来的。“account”可以翻译成账户，也可以翻译成核算。海洋经济卫星账户实际上就是相对于国民经济而言的，海洋经济这个卫星子系统的核算问题也就是海洋经济核算问题。海洋经济核算是了解海洋经济发展状况的必需方法和途径，是实现海洋经济综合高效管理的重要基础，是海洋经济研究的有效工具。

2006 年发布的《中华人民共和国国民经济和社会发展第十一个五年规划纲要》强调，“强化海洋意识，维护海洋权益，保护海洋生态，开发海洋资源，实施海洋综合管理，促进海洋经济发展”。海洋经济发展迎来了前所未有的机遇，在国民经济中的地位和作用越来越重要，对海洋经济统计工作提出了更高的要求。我国建立了海洋经济核算体系，全面进行了海洋生产总值核算，海洋经济统计工作开启了全新的时代。

一、新产业分类标准颁布实施

为合理界定海洋经济概念、科学划分海洋产业，2005 年，我国开展了海洋及相关产业分类研究。2006 年 12 月，我国海洋经济领域的第一个国家标准《海洋及相关产业分类》（GB/T 20794—2006）正式颁布。该标准以《国民经济行业分类》为基础，参考 ISIC，明确了海洋经济和海洋产业的概念，区分了海洋产业及海洋相关产业两个类别，构筑了海洋经济的核心层、支持层和外围层等三个层次，具体包括 28 个大类、107 个中类和 380 个小类，基本构建了完整的海洋经济统计分类体系。同年，为了明确沿海区域的分类标准和海洋经济统计的区域范围，海洋行业标准《沿海行政区域分类与代码》（HY/T 094—2006）发布。这两项标准的颁布实施，规定了海洋经济核算的行业范围和区域范围，为核算体系的创立提供了前提条件。此外，我国相关部门还编制颁布了《海洋高技术产业分类》《海洋经济指标体系》《海洋高技术产品分类》《海洋经济运行监测和评估标准体系》等标准。

二、海洋经济核算体系的创立

2005 年，为全面反映海洋经济的总体运行状况和对国民经济的贡献，实现海洋经济与国民经济统计数据的可比性，为海洋经济发展和宏观管理提供科学依据，建设海洋经济核算体系，国家海洋信息中心开展了一系列的专题研究工作，依据《中国国民经济核算体系（2002）》，参考主要沿海国家海洋经济核算的研究，创建了由海洋经济主体核算、基本核算和附属核算构成的海洋经济核算体系框架，构建了海洋生产总值核算的方法和模型。海洋经济核算体系主要包括海洋经济生产核算、海洋投入产出核算、海洋固定资本核算、海洋对外贸易核算、海洋自然资源核算、海洋环境核算和涉海社会活动核算等。

2005 年 8 月，《海洋经济核算体系实施方案》印发，要求在全国范围内开展海洋生产总值核算工作。2005 年 6 月～2006 年 6 月，为了验证海洋生产总值核算方法的科学性和可行性，河北省和江苏省盐城市分别开展了省、市两级海洋生产总值核算的试点工作。海洋经济核算体系的建立使海洋经济统计工作发生了质的跨越，是海洋经济统计历史上一个至关重要的里程碑。

三、海洋生产总值核算全面实施

在专题研究和试点工作的基础上，2006 年，国家统计局批准实施了《海洋生产总值核算制度》，并废止《海洋统计快报制度》。之后，为适应国家统计分类、统计制度和统计时效性的变化，按照国家统计局的有关要求，先后形成了 2008 年、2011 年、2013 年、2016 年和 2020 年多个修订版本。

2007 年，全国和省级海洋生产总值核算工作全面实施，开展了全国海洋生产总值可比价核算和历史数据核算等工作，实现了海洋生产总值与国内生产总值的一致性和可比性。《中国海洋统计年鉴 2007》全面改版，公布了自 2001 年开始的海洋生产总值核算历史数据，重新规范了产业名称，调整了年鉴的框架内容。从 2007 年开始，在每年第一季度，通过《中国海洋经济统计公报》发布上年度海洋经济初步核算数据；在每年第四季度，通过《中国海洋统计年鉴》发布上年度海洋经济最终数据。之后，海洋经济统计工作进入稳步发展期，连续定期发布统计公报和统计年鉴。

在这段时间，依据《海洋及相关产业分类》（GB/T 20794—2006），海洋经济统计口径和内容进行了调整，统计范围扩展为海洋渔业、海洋油气业、海洋矿业、海洋盐业、海洋船舶工业、海洋化工业、海洋生物医药业、海洋工程建筑业、海洋电力业、海水利用业、海洋交通运输业和滨海旅游业 12 类主要海洋产业及其他海洋产业活动。为保障核算数据的稳定性，这一核算范围和口径沿用至今。

2012 年 9 月 16 日，为大力发展海洋经济，加快转变经济发展方式，进一步提高海洋经济的质量和效益，国务院印发《全国海洋经济发展“十二五”规划》。该规划作为“十二五”时期我国海洋经济发展的行动纲领，科学规划海洋经济发展，合理开发利用海洋资源。此后，沿海省市纷纷印发实施本地区海洋经济发展“十二五”规划，海洋经济发展又掀起新的高潮。国家和沿海地方政府对海洋经济的重视程度日益提高，极大地推进了海洋经济统计工作。

第三节　中国海洋生产总值核算基本方法

基于海洋生产总值的内涵、概念以及核算范围，海洋生产总值核算主要采用单位核算法、增加值率法、行业剥离法和投入产出法等进行。由于产业特征和数据资料的差异，各海洋产业和海洋相关产业增加值的核算方法及数据条件也各不相同（图 8-1）。

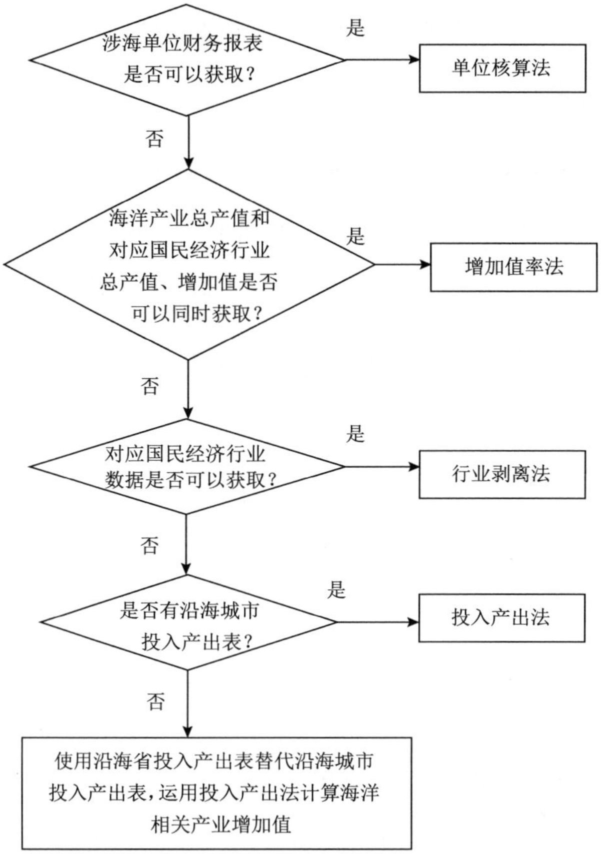

图 8-1 海洋生产总值核算方法遴选流程图

一、单位核算法

单位核算法是指按照国民经济的核算原理，对每个涉海单位的增加值进行核算，之后将涉海单位增加值汇总，计算该产业增加值的方法。其主要基于生产法和收入法进行。

生产法是从生产的角度衡量常驻涉海企业在一定时期新创造的海洋产品和服务价值的方法，即从生产的全部海洋货物和服务总产品价值中，扣除生产过程中投入的中间货物和服务价值，得到增加价值，计算公式为

$$增加值 = 总产出 - 中间投入 \quad (8\text{-}1)$$

二、增加值率法

增加值率法是指利用“海洋产业总产值”与“海洋产业对应的国民经济行业增加值率”的乘积来计算海洋产业增加值的方法。“海洋产业总产值”通常由该海洋产业中的涉海企业总产值数据汇总而成。计算公式为

$$海洋产业增加值 = 海洋产业总产值 \times 海洋产业对应的国民经济行业增加值率 \quad (8\text{-}2)$$

三、行业剥离法

行业剥离法是指采用适当的反映海洋经济成分的剥离系数，对海洋及相关产业对应的国民经济行业产值进行剥离，以计算海洋产业增加值的方法。

1. 基本公式

海洋及相关产业增加值由对应国民经济行业增加值（海洋及相关产业与国民经济行业对照表参见《海洋及相关产业分类》标准，对应国民经济行业增加值通常从统计部门获得）与剥离系数的乘积计算得到。计算公式为

$$海洋及相关产业增加值 = 对应国民经济行业增加值 \times 剥离系数 \quad (8\text{-}3)$$

2. 扩展公式

如果不能直接获取基本指标，可以使用其他指标进行推算，运用扩展公式进行计算。

1）总产值推算

若不能直接获得对应国民经济行业增加值，可以使用“对应国民经济行业总产值（或总产出）”与“对应国民经济行业增加值率”的乘积进行推算。其中，“对应国民经济行业增加值率”通常根据历史资料或其他渠道的统计资

料计算得到。计算公式为

$$\text{海洋及相关产业增加值} = \text{对应国民经济行业总产值（或总产出）} \times \text{对应国民经济行业增加值率} \times \text{剥离系数} \quad (8\text{-}4)$$

2）规模以上增加值推算

若不能直接获得对应国民经济行业增加值，可以使用“对应国民经济行业规模以上增加值”与“规模以上工业总产值占整个工业总产值比重”的商进行推算。计算公式为

$$\text{海洋及相关产业增加值} = \frac{\text{对应国民经济行业规模以上增加值}}{\text{规模以上工业总产值占整个工业总产值比重}} \times \text{剥离系数} \quad (8\text{-}5)$$

3）规模以上总产值推算

若不能获得对应国民经济行业规模以上增加值，可以使用“对应国民经济行业规模以上总产值（或总产出）”与“对应国民经济行业增加值率”的乘积进行推算。计算公式为

$$\text{海洋及相关产业增加值} = \frac{\text{对应国民经济行业规模以上总产值（或总产出）}}{\text{规模以上工业总产值占整个工业总产值比重}} \times \text{对应国民经济行业增加值率} \times \text{剥离系数} \quad (8\text{-}6)$$

四、投入产出法

投入产出法是指运用投入产出原理，利用产业间的技术经济联系，计算与各主要海洋产业关联的各海洋相关产业增加值，进而核算海洋产业增加值的方法。计算公式为

$$\text{海洋相关产业增加值} = \text{主要海洋产业总产出} \times \text{辐射力系数} \times \text{海洋相关产业对应国民经济行业增加值率} \quad (8\text{-}7)$$

五、各海洋及相关产业增加值核算方法

1. 海洋渔业

海洋渔业增加值由海水养殖增加值、海洋捕捞增加值、海洋渔业服务增加值、海洋水产品加工增加值四部分构成。

$$\text{海洋渔业增加值} = \text{海水养殖增加值} + \text{海洋捕捞增加值} + \text{海洋渔业服务增加值} + \text{海洋水产品加工增加值} \quad (8\text{-}8)$$

1）海水养殖和海洋捕捞

采用渔业统计中沿海城市的海水养殖增加值和海洋捕捞增加值，数据来源于《渔业统计报表制度》。

2）海洋渔业服务

方法 1：采用行业剥离法，使用基本公式，计算公式为

$$\text{海洋渔业服务增加值} = \text{水产苗种增加值} \times \text{剥离系数} \quad (8\text{-}9)$$

数据来源于《渔业统计报表制度》。

方法 2：采用行业剥离法，使用总产值推算扩展公式，计算公式为

$$\text{海洋渔业服务增加值} = \text{渔业服务总产出} \times \text{渔业服务业增加值率} \times \text{剥离系数} \quad (8\text{-}10)$$

数据来源于《规模以上工业统计报表制度》《国民经济核算统计报表制度》。

3）海洋水产品加工

方法 1：采用行业剥离法，使用基本公式，计算公式为

$$\text{海洋水产品加工增加值} = \text{水产品加工增加值} \times \text{剥离系数} \quad (8\text{-}11)$$

数据来源于《渔业统计报表制度》。

方法 2：采用行业剥离法，使用规模以上总产值推算扩展公式，计算

公式为

$$\text{海洋水产品加工增加值}=\frac{\text{海洋水产品加工对应国民经济行业规模以上总产值}}{\text{规模以上工业总产值占整个工业总产值比重}}\times\text{对应国民经济行业增加值率}\times\text{剥离系数} \tag{8-12}$$

数据来源于《规模以上工业统计报表制度》、《国民经济核算统计报表制度》、第二次全国经济普查资料。

2. 海洋油气业

采用中国海洋石油集团有限公司、中国石油天然气集团有限公司、中国石油化工集团有限公司的下属公司统计的市级海洋油气业增加值数据进行核算。

3. 海洋矿业

采用增加值率法，计算公式为

$$\text{海洋矿业增加值}=\text{海洋矿业总产值}\times\text{对应国民经济行业增加值率} \tag{8-13}$$

数据来源于《海洋统计报表制度》《国民经济核算统计报表制度》。

4. 海洋盐业

方法 1：采用行业剥离法，使用基本公式，计算公式为

$$\text{海洋盐业增加值}=\text{盐业增加值}\times\text{剥离系数} \tag{8-14}$$

数据来源于中国盐业集团有限公司下属公司的统计资料。

方法 2：采用行业剥离法，使用规模以上总产值推算扩展公式，计算公式为

$$\text{海洋盐业增加值}=\frac{(\text{采盐业总产值}+\text{盐加工业总产值})}{\text{规模以上工业总产值占整个工业总产值比重}}\times\text{对应国民经济行业增加值率}\times\text{剥离系数} \tag{8-15}$$

数据来源于《规模以上工业统计报表制度》、《国民经济核算统计报表制度》、第二次全国经济普查资料。

5. 海洋化工业

海洋化工业增加值由海盐化工增加值、海洋石油化工增加值两部分构成，海藻化工和海水化工由于尚未形成产业规模，暂不涉及。

$$\text{海洋化工业增加值}=\text{海盐化工增加值}+\text{海洋石油化工增加值} \quad (8\text{-}16)$$

1）海盐化工

采用行业剥离法，使用规模以上总产值推算扩展公式，计算公式为

$$\text{海盐化工增加值}=\frac{\text{无机碱制造总产值}}{\text{规模以上工业总产值占整个工业总产值比重}}\times\text{对应国民经济行业增加值率}\times\text{剥离系数} \quad (8\text{-}17)$$

数据来源于《规模以上工业统计报表制度》、《国民经济核算统计报表制度》、第二次全国经济普查资料。

2）海洋石油化工

采用行业剥离法，使用规模以上总产值推算扩展公式，计算公式为

$$\text{海洋石油化工增加值}=\frac{\text{有机化学原料制造总产值}}{\text{规模以上工业总产值占整个工业总产值比重}}\times\text{对应国民经济行业增加值率}\times\text{剥离系数} \quad (8\text{-}18)$$

数据来源于《规模以上工业统计报表制度》、《国民经济核算统计报表制度》、第二次全国经济普查资料。

6. 海洋生物医药业

采用增加值率法，计算公式为

$$海洋生物医药业增加值=\left(\sum 海洋生物医药企业产值\right)\times 对应国民经济行业增加值率 \quad (8\text{-}19)$$

数据来源于《海洋统计报表制度》。

7. 海洋电力业

方法 1：采用单位核算法，计算公式为

$$海洋电力业增加值=\sum 海洋电力企业增加值 \quad (8\text{-}20)$$

数据来源于企业财务报表。

方法 2：采用增加值率法，计算公式为

$$海洋电力业增加值=\left(\sum 海洋电力企业总产值\right)\times 对应国民经济行业增加值率 \quad (8\text{-}21)$$

数据来源于《海洋统计报表制度》。

8. 海水利用业

海水利用业增加值由海水淡化增加值和海水冷却增加值两部分构成，生活用水和海水灌溉由于尚未形成产业规模，暂不涉及。

$$海水利用业增加值=海水淡化增加值+海水冷却增加值 \quad (8\text{-}22)$$

1）海水淡化

采用增加值率法，计算公式为

$$海水淡化增加值=\left(\sum 海水淡化企业总产值\right)\times 对应国民经济行业增加值率 \quad (8\text{-}23)$$

数据来源于《海洋统计报表制度》。

2）海水冷却

采用增加值率法，计算公式为

$$海水冷却增加值=\left(\sum 海水冷却企业海水综合利用量\right)\times 对应国民经济行业增加值率 \quad (8\text{-}24)$$

数据来源于《海洋统计报表制度》。

9. 海洋船舶工业

方法 1：采用行业剥离法，使用规模以上总产值推算扩展公式，计算公式为

$$海洋船舶工业增加值=\frac{海洋船舶工业对应国民经济行业规模以上总产值}{规模以上工业总产值占整个工业总产值比重}\times 对应国民经济行业增加值率\times 剥离系数 \quad (8\text{-}25)$$

数据来源于《规模以上工业统计报表制度》、《国民经济核算统计报表制度》、第二次全国经济普查资料。

方法 2：采用单位核算法，计算公式为

$$海洋船舶工业增加值=\sum 海洋船舶企业增加值 \quad (8\text{-}26)$$

数据来源于企业财务报表。

10. 海洋工程建筑业

采用行业剥离法，使用基本公式，计算公式为

$$海洋工程建筑业增加值=海洋工程建筑业对应国民经济行业增加值\times 剥离系数 \quad (8\text{-}27)$$

数据来源于《国民经济核算统计报表制度》。

11. 海洋交通运输业

海洋交通运输业增加值由海洋旅客运输增加值、海洋货物运输增加值、海洋港口增加值、海底管道运输增加值、海洋运输辅助活动增加值五部分构成。

$$
\begin{aligned}
\text{海洋交通运输业增加值} &= \text{海洋旅客运输增加值}+\text{海洋货物运输增加值}\\
&\quad +\text{海洋港口增加值}+\text{海底管道运输增加值}\\
&\quad +\text{海洋运输辅助活动增加值}
\end{aligned}
\tag{8-28}
$$

1）*海洋旅客运输和海洋货物运输*

采用行业剥离法，使用基本公式，计算公式为

$$
\text{海洋旅客运输增加值}+\text{海洋货物运输增加值}=\text{水上运输业增加值}\times\text{剥离系数}
\tag{8-29}
$$

数据来源于《国民经济核算统计报表制度》。

2）*海洋港口、海底管道运输、海洋运输辅助活动*

采用行业剥离法，使用基本公式，计算公式为

$$
\begin{aligned}
&\text{海洋港口增加值}+\text{海底管道增加值}+\text{海洋运输辅助活动增加值}\\
&=(\text{装卸搬运和其他运输服务增加值}+\text{仓储业增加值}+\text{管道运输业增加值})\\
&\quad\times\text{剥离系数}
\end{aligned}
\tag{8-30}
$$

数据来源于《国民经济核算统计报表制度》。

12. 滨海旅游业

滨海旅游业增加值由滨海国际旅游增加值和滨海国内旅游增加值两部分构成。

$$
\text{滨海旅游业增加值}=\text{滨海国际旅游增加值}+\text{滨海国内旅游增加值}
\tag{8-31}
$$

1）滨海国际旅游

采用增加值率法，计算公式为

$$滨海国际旅游增加值=滨海国际旅游收入\times对应国民经济行业增加值率 \quad (8\text{-}32)$$

数据来源于旅游部门统计资料。

2）滨海国内旅游

方法 1：采用增加值率法，计算公式为

$$\begin{aligned}滨海国内旅游增加值=&(滨海旅游住宿收入+滨海旅游经营服务收入\\&+滨海游览与娱乐收入+滨海旅游文化服务收入)\\&\times对应国民经济行业增加值率\end{aligned} \quad (8\text{-}33)$$

数据来源于旅游部门统计资料、《国民经济核算统计报表制度》。

方法 2：采用行业剥离法，使用总产值推算扩展公式，计算公式为

$$\begin{aligned}滨海国内旅游增加值=&沿海城市国内旅游收入\\&\times对应国民经济行业增加值率\times剥离系数\end{aligned} \quad (8\text{-}34)$$

数据来源于《海洋统计报表制度》《国民经济核算统计报表制度》。

13. 海洋科学研究

采用行业剥离法，使用基本公式，计算公式为

$$\begin{aligned}海洋科学研究增加值=&科学研究、技术服务和地质勘查业增加值\\&\times剥离系数\end{aligned} \quad (8\text{-}35)$$

数据来源于《国民经济核算统计报表制度》。

14. 海洋教育

采用行业剥离法，使用基本公式，计算公式为

$$\text{海洋教育增加值} = \text{教育增加值} \times \text{剥离系数} \tag{8-36}$$

数据来源于《国民经济核算统计报表制度》。

15. 海洋信息服务业、海洋环境监测预报服务、海洋保险与社会保障业、海洋技术服务业、海洋地质勘查业、海洋环境保护业、海洋管理、海洋社会团体与国际组织

采用行业剥离法，使用基本公式，计算公式为

$$\begin{aligned}&\text{海洋信息服务业增加值} + \text{海洋环境监测预报服务增加值}\\&+ \text{海洋保险与社会保障业增加值} + \text{海洋技术服务业增加值}\\&+ \text{海洋地质勘查业增加值} + \text{海洋环境保护业增加值}\\&+ \text{海洋管理增加值} + \text{海洋社会团体与国际组织增加值}\\=&(\text{信息传输、计算机服务和软件业增加值} + \text{水利、环境和公共设施管理业增加值}\\&+ \text{卫生、社会保障和社会福利业增加值} + \text{公共管理和社会组织增加值})\\&\times \text{剥离系数}\end{aligned} \tag{8-37}$$

数据来源于《国民经济核算统计报表制度》。

16. 海洋农、林业

方法 1：采用市级海洋部门报送的海洋农、林业增加值数据进行核算，数据来源于《海洋统计报表制度》。

方法 2：采用增加值率法，计算公式为

$$\text{海洋农、林业增加值} = \text{海洋农、林业产值} \times \text{对应国民经济行业增加值率} \tag{8-38}$$

数据来源于《海洋统计报表制度》《国民经济核算统计报表制度》。

17. 海洋设备制造业、涉海产品及材料制造业、涉海建筑与安装业、海洋批发与零售业、涉海服务业

方法 1：采用行业剥离法，使用基本公式，计算公式为

$$
\begin{aligned}
&\text{海洋设备制造业增加值}+\text{涉海产品及材料制造业增加值}\\
&+\text{涉海建筑与安装业增加值}+\text{海洋批发与零售业增加值}\\
&+\text{涉海服务业增加值}\\
&=\text{对应国民经济行业增加值}\times\text{剥离系数}
\end{aligned}
\tag{8-39}
$$

数据来源于《国民经济核算统计报表制度》。

方法 2：采用投入产出法。

1）基本公式

以主要海洋产业核算数据为基础，依次与辐射力系数、特质系数相乘，计算与各主要海洋产业关联的各海洋相关产业增加值。计算公式为

$$
\begin{aligned}
&\text{海洋相关产业增加值}=\text{海洋相关产业总产出}\\
&\times\text{海洋相关产业对应国民经济行业增加值率}\\
&=(\text{主要海洋产业总产出}\times\text{辐射力系数}\times\text{特质系数})\\
&\times\text{海洋相关产业对应国民经济行业增加值率}
\end{aligned}
\tag{8-40}
$$

2）主要海洋产业总产出

主要海洋产业总产出通过主要海洋产业增加值除以对应国民经济行业的增加值率得出。计算公式为

$$
\text{主要海洋产业总产出}=\frac{\text{主要海洋产业增加值}}{\text{对应国民经济行业的增加值率}} \tag{8-41}
$$

3）辐射力系数

辐射力系数用来反映主要海洋产业通过一定的技术经济联系，对海洋相关产业的辐射带动作用，由前向辐射力系数和后向辐射力系数两部分组成，辐射力系数主要通过投入产出表计算得到。计算公式为

$$
\text{辐射力系数}=\text{前向辐射力系数}+\text{后向辐射力系数} \tag{8-42}
$$

前向辐射力系数用来测定一个产业对那些将本产业的产品或服务作为生产资料的产业的影响。后向辐射力系数用来测定一个产业对那些向自己供应产品或服务的产业或部门的影响。数据来源于沿海城市投入产出表，如果没有市级投入产出表，可采用省级投入产出表替代。

第九章
数字与新兴产业核算的应用实践[①]

数字经济是全球未来的发展方向，打造数字经济新优势，以数字经济引领新兴产业，有利于促进信息化与战略性新兴产业融合发展，拓展经济发展新空间。准确衡量数字与新兴产业的贡献、实时监测数字与新兴产业的运行情况，对于推动数字与新兴产业健康可持续发展具有重要作用。数字经济、高新技术产业和战略性新兴产业卫星账户核算的理论和实践研究，能够为数字与新兴产业核算应用研究提供扎实的理论基础和技术实践，为政府部门进行数字与新兴产业决策规划提供可靠的数据支撑。基于前面的研究，本章对兰州市高新区和大连市数字经济发展、辽宁省科技创新发展进行了规划和提升路径研究，对数字与新兴产业核算的应用实践进行了初步探索。

第一节　基于火炬统计数据的兰州市高新区 GDP 核算实践研究

高新技术产业是指由高新技术的研究、开发、推广、应用等所形成的企业群或企业集团的总称，它是把生产过程和最终产品建立在坚实的高新技术基础之上的产业，是知识密集型产业。高新技术产业增加值可以直观地反映出高新技术产业的发展程度，继而反映出产业结构调整的成效，高新技术产

① 本章执笔人：祝志杰、梁宇鹏、苏倩华、胡馨月、兰克微。

业增加值的持续、稳定、健康增长，有利于产业结构趋于合理，所以大力发展高新技术产业，不断优化产业结构，才能不断打开新的经济增长空间。因此对高新技术产业增加值进行准确核算是十分必要的。

本节旨在将兰州市高新区的 GDP①核算转化为以高新区企业为核算单位的企业增加值加总的计算方法，以工业和信息化部火炬高技术产业开发中心的地区企业数据为样本，采取对高新区企业固定比率随机抽样的方法，选取 2242 条企业数据，其包含 252 项指标，再通过比重推算法得出高新区所有企业的增加值，通过对所有企业的增加值进行加总得出兰州市高新区的 GDP。除此之外，本节将为兰州市高新区 GDP 核算提供两种新思路，一是传统的 GDP 核算方法，二是通过随机森林和神经网络结合的机器学习算法提供一套适用于兰州市高新区 GDP 核算的模型，以已经得到的企业增加值为依托，在此基础上预测某一企业的增加值，进而通过预测所有的企业增加值，将其加总得到高新区的 GDP，以期兰州市高新区领导者可以通过该方案获得高新区 GDP 核算的新思路。

一、兰州市高新区 GDP 核算的基础准备

1. 随机森林理论概述

随机森林（random forest）是一种集成学习算法。它的基分类器是分类回归树（classification and regression tree，CART），用 Bagging 算法生成多个不同的训练样本集，并且在构建决策树的过程中，从所有特征中随机地选择特征子集对各节点进行分割。将分类回归树与 Bagging 算法结合，并随机选择特征子集进行节点分割，可以使随机森林有较好的抗噪性，并具有很好的分类效果。

① 本章中的 GDP 均表示地区生产总值。

在研究企业增加值时，能够对企业的不同特征指标进行重要性排序，帮助找到对企业增加值影响显著的指标。

2. 神经网络理论概述

人工神经网络（artificial neural network，ANN），也称神经网络（neural networks），是由大量的处理单元（神经元）广泛互连而成的网络，是对人脑的抽象、简化和模拟，反映人脑的基本特性。多年来，学者建立了多种神经网络模型，决定其整体性能的三大要素为：神经元信息处理单元的特性；神经元之间连接的形式——拓扑结构；为适应环境而改善性能的学习规则。

第一，神经网络模型。

在神经科学研究的基础上，依据生物神经元的结构和功能，模拟生物神经元的特征，建立多种人工神经元模型，也称形式神经元模型，简称神经元模型。神经元是神经网络操作的基本信息处理单位，是人工神经网络的设计基础，具有三个基本要素。

（1）突触或连接链：每一个都由其权值或强度作为特征，连接强度由各连接上的权值表示，权值为正表示激励，权值为负表示抑制。

（2）加法器：用于求输入信号被神经元的相应突触加权的和。

（3）激活函数：用来限制神经元输出振幅，它将输出信号限制到允许范围之内的一定值。通常一个神经元输出的正常幅度范围可写成单位区间(0,1)或(–1,1)。

第二，BP 神经网络模型。

BP 神经网络（backpropagation neural network）又称反向传播神经网络，通过样本数据的训练，不断修正网络权值和阈值，使误差函数沿负梯度方向下降，逼近期望输出。BP 神经网络的结构与多层网络感知器完全相同，只是各隐藏层节点的激活函数采用了 Sigmoid 函数，是一种预测领域中的神经网络模型。

图 9-1 是典型的 4 层 BP 神经网络结构图，其中包含一个输入层（x）、两个隐藏层（l_1、l_2）和一个输出层（y），各层之间实现全连接，同层之间无连接。

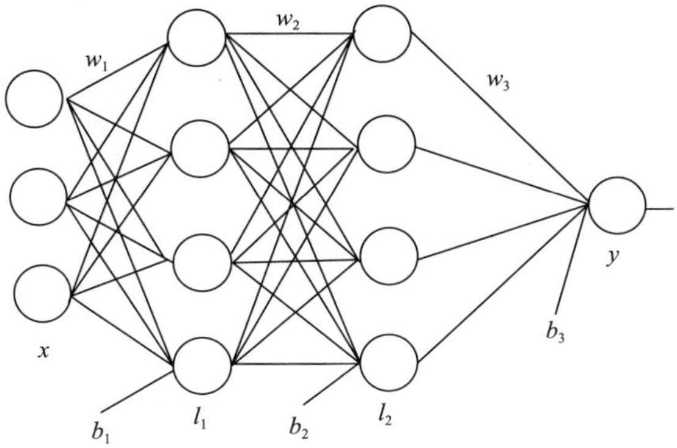

图 9-1　BP 神经网络结构图

（1）工作信号正向传播。

输入信号从输入层经隐藏层传向输出层，在输出层产生输出信号，这是工作信号的正向传播。在信号的向前过程中，网络的权值是固定不变的，每一层神经元只影响下一层神经元的状态。如果在输出层不能得到期望的输出，则转入误差信号反向传播。

（2）误差信号反向传播。

网络的实际输出与期望输出之间的差值即为误差信号，误差信号从输出层开始逐层向前传播，这是误差信号的反向传播。在误差信号反向传播过程中，网络的权值由误差反馈进行调节，使网络的实际输出更接近期望输出。

（3）计算网络目标函数 J。

当 E_p 为第 p 组输入时，网络目标函数为 $E_p=\frac{1}{2}\sum_k[d_{kp}-y_{kp}(t)]^2=\frac{1}{2}\sum_k e_{kp}^2(t)$。其中，$y_{kp}(t)$ 为在第 p 组样本输入时，经过 t 次权值调整后网络的输出；k 为

输出层第 k 个节点。网络目标总函数为 $J(t)=\sum_{p}E_p(t)$。

（4）判别目标函数 $J(t)$。

若 $J(t)\leqslant\varepsilon$，则算法运行结束；否则进行步骤（5）。

（5）反向传播计算。

如果整个神经网络训练结束时总误差仍然大于预先设定的误差，网络会按梯度下降法反向计算，逐层调整权值。取学习率为常值，可得到神经元 j 到神经元 i 的连接权值 t+1 次调整算式：

$$w_{ij}(t+1)=w_{ij}(t)-\eta\frac{\partial J(t)}{\partial w_{ij}(t)}=w_{ij}(t)-\eta\sum_{p}\frac{\partial E_p(t)}{\partial w_{ij}(t)}=w_{ij}(t)+\Delta w_{ij}(t) \quad (9\text{-}1)$$

第三，神经网络流程图（图 9-2）。

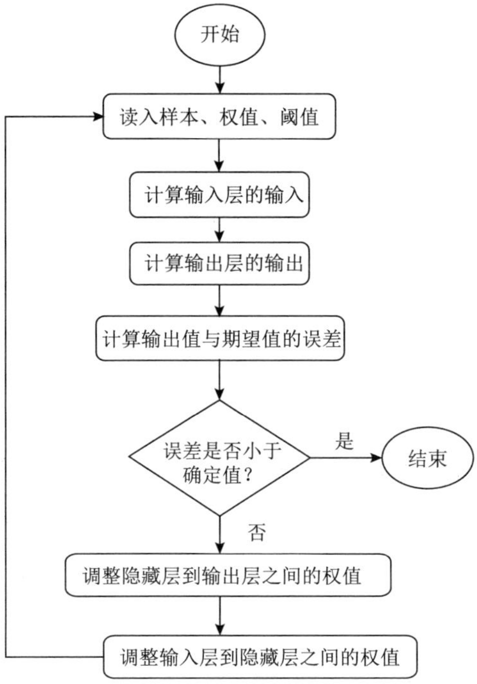

图 9-2　神经网络流程图

二、兰州市高新区 GDP 核算的实证研究

1. 指标的初步选取

对企业增加值影响大的指标的选取直接关系到模型的预测性能，它应该全面反映企业的经济情况，同时具有区分企业增加值正增长和负增长的差异性。本节参照这一选择原则，对反映企业经济状况的指标进行初步选取，确保选取的指标客观公正，先采用兰州市高新区企业的净利润、营业收入、本年应付职工薪酬、年末所有者权益、从业人员期末人数、实际上缴税费总额和企业增加值等数据进行实证研究，其中以企业增加值为标签，共包含样本数据 2242 条，从中初步选取了 13 个经济指标，这些指标包括比率指标和绝对值指标，指标详细信息见表 9-1。

表 **9-1**　经济指标及其含义

指标名称	指标含义
工业总产值	工业企业在报告期内生产的以货币形式表现的工业最终产品和提供工业劳务活动的总价值量
营业收入	企业经营主要业务和其他业务所确认的收入总额
进出口总额	实际进出我国国境的货物、技术和服务交易的总金额
净利润	企业实现的利润在缴纳所得税后的剩余部分
实际上缴税费总额	企业实际上缴的各项税金、特种基金和附加费等
从业人员期末人数	在报告期末，在企业中从事劳动并取得劳动报酬或经营收入的全部劳动力
科技活动费用总和	报告期内企业用于开展科技活动的费用合计
新产品产值	报告期内企业生产的新产品的产值
资产负债率	反映企业利用债权人资金进行经营活动的能力，以及债权人发放贷款的安全程度
营业成本	企业经营主要业务和其他业务所发生的成本总额
年末所有者权益	企业资产扣除负债后由所有者享有的剩余权益
研究开发费用额	为获得科学与技术新知识，创造性运用科学技术新知识而产生的费用
本年应付职工薪酬	企业为获得职工提供的服务而给予的各种形式的报酬以及其他相关支出

2. 数据归一化处理

对兰州市 2019 年高新区企业数据进行归一化处理，使数据在(0,1)区间取值，其目的是减少模型计算量，以便达到较好的预测效果，同时，消除量纲的影响。进行数据归一化处理的方法为

$$x^{*}=\frac{x-x_{\min}}{x_{\max}-x_{\min}} \quad (9\text{-}2)$$

其中，$x_{\min}$ 为某一指标每个样本的最小值；$x_{\max}$ 为某一指标每个样本的最大值；x 为某一指标每个样本的原始数据。

3. 实证分析

第一，基于随机森林筛选高新区企业的重要影响因素。

本节使用 AUC-RF 变量选择方法，通过 AUC 值评估随机森林的预测性能。AUC 是“area under ROC curve”的缩写，意思是 ROC（receiver operating characteristic，受试者操作特征）曲线下的面积，ROC 曲线用于评价二分类器对不平衡分类的效果，曲线越靠近左上角，AUC 值就越大，分类效果越好。采用 AUC 作为度量标准避免了模型因追求总体 OOB（out-of-bag，袋外）误差的最小化而偏向于提高大类样本的预测精度，降低小类样本（目标样本）的预测精度的情况。具体步骤如下。

（1）指标的初始排序。

对高新区企业统计数据进行预处理后，将数据按照 3∶1 的比例划分为训练集和预测集。用包含全部指标的训练集构建随机森林模型，采用基于 Gini 不纯度的 MDG（mean decrease Gini，基尼系数平均下降值）方法度量重要性，它相较于基于 OOB 误差的多变量分析方法来说，拥有更好的稳定性。将各指标的重要性降序排列，前三个较重要的指标分别是净利润、营

业收入和本年应付职工薪酬，其次是年末所有者权益、从业人员期末人数、实际上缴税费总额、营业成本和资产负债率这 5 个指标。这 8 个指标对于预测企业增加值具有显著的影响力。

（2）指标后向删除。

在指标初始排序的基础上，将不重要的指标依次剔除。由于指标数量不多，设定每次剔除一个指标，剩余一个指标时不再剔除。由每次剔除得到的 OOB-AUC 值构成的曲线见图 9-3。如图 9-3 所示，最优 OOB-AUC 值为 0.9726，最优指标个数为 10 个。但由于这样得到的最优指标组合不具有鲁棒性，还必须进行重复交叉验证分析，以得到鲁棒性较强的最优指标组合。

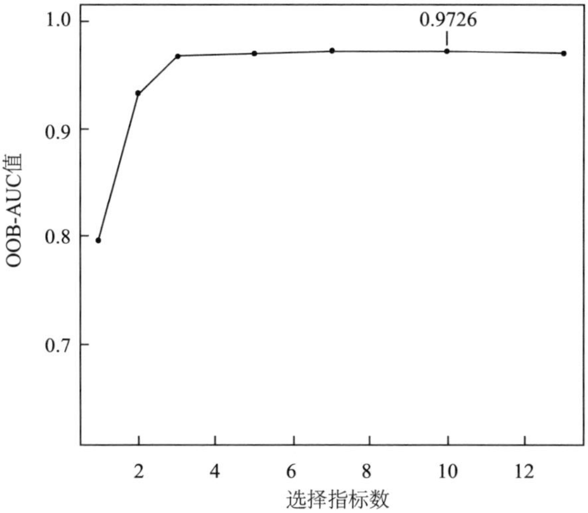

图 9-3　指标选择 OOB-AUC 曲线图

（3）重复交叉验证分析。

在重复交叉验证分析中，设置重复次数为 20，折数为 5，这样 AUC-RF 将进行 100 次的指标选择。通过重复交叉验证分析得到的 CV-AUC 值为 0.9675，认为该分类模型具有较好的整体性能，能得到较好的预测结果。各指标被选择的概率见图 9-4。

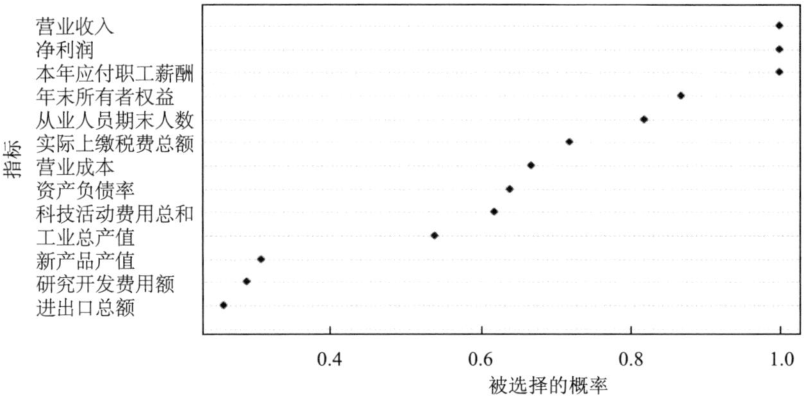

图 9-4 各指标被选择的概率排序图

如图 9-4 所示，营业收入、净利润和本年应付职工薪酬被选择的概率为 1，即每次都被选择，可见这三个指标的重要程度，其他指标被选择的概率依次降低。该排序与指标的初始排序略有不同，前 10 名的指标是一样的，只是个别指标的位次发生了变化。从图 9-4 可以发现，被选择的概率值从实际上缴税费总额到营业成本有一个较大的降幅，实际上缴税费总额被选择的概率为 0.72，因此本节选取被选择的概率大于 0.7 的 6 个指标作为最优指标组合，见表 9-2，表中指标按被选择的概率从高到低排列，即营业收入、净利润、本年应付职工薪酬、年末所有者权益、从业人员期末人数和实际上缴税费总额。

表 **9-2** **AUC-RF** 最优指标组合

序号	指标名称	被选择的概率	重要性
1	营业收入	1.00	113.74
2	净利润	1.00	142.79

续表

序号	指标名称	被选择的概率	重要性
3	本年应付职工薪酬	1.00	56.84
4	年末所有者权益	0.87	32.68
5	从业人员期末人数	0.82	29.46
6	实际上缴税费总额	0.72	27.07

第二，划分训练集和测试集。

按照 6：2：2 将数据分为三部分：训练集数据、验证集数据和测试集数据。训练集数据用于训练模型；验证集是模型训练过程中单独留出的样本集，用于调整模型的超参数和对模型的能力进行初步评估；测试集用于评估模型的泛化能力。

第三，确定神经网络层数和激活函数。

在使用 BP 神经网络进行训练时，需要确定神经网络层数和每层网络包含的网络节点数。通过查阅相关的参考文献和初期的大量参数筛选，将隐藏层层数设置为三层。输入层神经元的个数为 6，输出层神经元的个数为 1，即企业增加值的预测值。

由于双曲正切函数 tanh 在训练过程中收敛速度较快，取值范围为[−1,1]，tanh 是 0 均值的，在实际应用中，tanh 要比 Sigmoid 函数更好，因此选取双曲正切函数 tanh 作为激活函数。

第四，BP 神经网络训练结果。

拟合优度是指对观测值的拟合程度。度量拟合优度的统计量是可决系数 R^2。R^2 的取值范围为 0～1。R^2 的值越接近 1，说明回归模型对观测值的拟合程度越好；反之，R^2 的值越小，说明回归模型对观测值的拟合程度越差。实证分析结果表明，BP 神经网络训练结果显示测试集的拟合优度为 0.73，模型的拟合效果较好。图 9-5 中虚线为 BP 神经网络在测试集上预测的高新区企业增加值，实线为高新区企业测试集上的真实值，从图 9-5 中也可以看出，预测值对真实值的拟合效果较好。

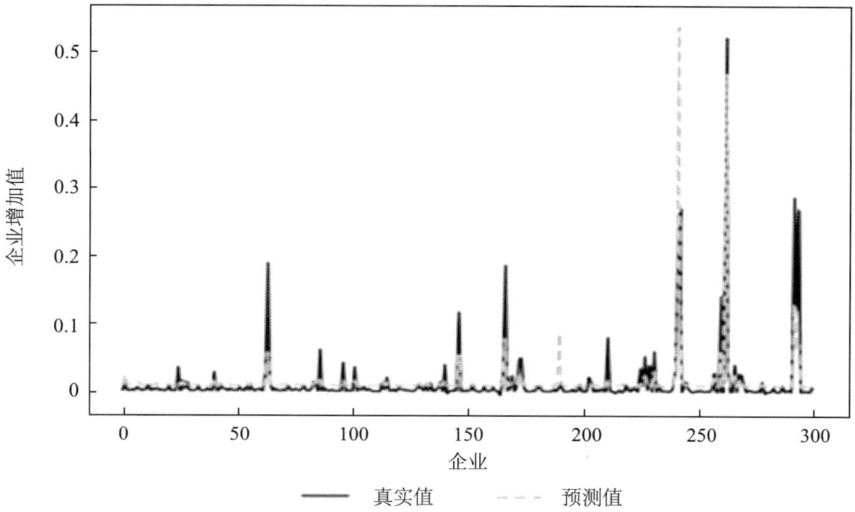

图 9-5　预测值和真实值拟合图

4. 研究结论

第一，采用随机森林算法来筛选企业重要特征，避免了原始数据的损失以及重要特征的遗漏，可以利用随机森林各棵树的平行结构在现今的一些大数据平台实现并行设计，从而大大缩短计算时间。

第二，宏观经济系统是由相互关联的诸多经济因素共同构成，具有复杂性、系统性、动态性等特点。人工神经网络作为高度非线性体系，能够对经济系统中各变量之间的非线性关系进行高精度的逼近，从而实现预测功能。

第三，传统的 GDP 公式测算方法虽然可以对 GDP 等宏观经济指标进行预测，但由于经济系统中不确定及相互作用的因素众多，经济变量之间多为非线性关系，因此预测效果不理想；而人工神经网络利用其可以处理任何非线性函数关系的特点，可以在较高精度水平下实现对 GDP 的预测。

第四，本节以 2019 年兰州市高新区火炬统计数据指标为例，初步选取了包含比率指标和绝对值指标在内的 13 个经济指标，使用 AUC-RF 变量选择方法，通过指标后向删除、重复交叉验证分析等得到被选择的概率依次从高到低排列的 6 个指标，基于这些重要性指标建立人工神经网络模型，实现 GDP 的测算与预测。结果表明：BP 神经网络训练结果显示测试集的拟合优度为 0.73，表明神经网络模型的拟合效果较好；同时，由预测值和真实值拟合图可以得出，GDP 预测值对真实值的拟合效果也较好。

三、兰州市高新区 GDP 核算的实践建议

1. 目前 GDP 核算存在的主要问题

第一，核算方法不够完善，难以提高核算质量。

（1）工业增加值测算方法不可比。目前 GDP 季度核算中工业的计算方法是根据规模以上工业的增长速度和规模以下工业的增长速度，加权计算工业增加值。由于规模以上工业企业的不同，每年都会调整上一年度的基数，而核算的全部工业增加值的基数是固定的，因此测算的全部工业增加值会由于价格缩减指数的变化而或大或小，这种情况下，工业基数的变化和价格因素的影响只能通过规模以下工业的数据来调整，从而导致规模以下工业的实际发展情况未能准确反映。

（2）房地产、建筑业存在着按注册地统计与按 GDP 在地原则统计的矛盾。由于房地产开发企业、建筑业企业的生产活动往往延伸到外地，与 GDP 在地原则不符。异地经营现象比较普遍，按照目前的房地产开发企业注册地统计方法，核算的结果难以令人信服。

第二，基础指标采集困难，难以满足核算需要。

（1）测算交通运输、仓储和邮政业增加值所需的邮政业务总量。全市邮政业务总量数据由省主管部门统一反馈，分县（区）的数据还有待完善。

（2）测算金融业增加值所需的保险业原保费收入。全市的保费收入数据由省主管部门反馈，由于各县（区）的数据统计口径的不一致，各县（区）汇总数据与全市数据差距很大。

（3）测算信息传输、计算机服务和软件业增加值的电信业务总量。目前在全市找不到具体负责该指标数据的主管部门。

第三，部分指标代表性差，难以保证数据衔接。现行的核算方案主要是站在国家层面的顶层设计，到市、县（区）两个层面出现较大的“水土不服”，个别数据无法取到，取到的数据波动性也较大，实际操作中，核算工作出现了较大的困难，针对性不强。

2. 实践建议

以上的问题主要在于核算数据的方法不统一、数据难以获得，针对此问题，我们可以创建增加值核算卫星账户。

第一，创建增加值核算卫星账户要先解决高新区的核算人员素质，核算人员不仅要具备丰富的经济学知识和深厚的统计学底蕴，还要具备一定的计算机应用能力，以适应复杂的数据处理需求。各级统计部门核算人员加强学习，积极研究和探索核算方法制度，及时做好预测预警和咨询服务工作。地区生产总值统一核算是我国统计核算制度的一次重大改革，也是一项具有开创性、挑战性的工作。我们相信，在各级统计部门的共同努力下，在相关部门的大力支持配合下，统一核算方法制度会不断完善，核算水平和质量必将不断提高，使地区生产总值数据能够客观真实地反映各地区经济发展的实际情况。

第二，要构建核算卫星账户，要对核算范围、核算方法、概念等明确界定，确定指标体系。核算卫星账户中所测度的产业应由那些高新技术产业等组合而成，如此方能全面衡量我国高新技术产业对国民经济的直接与间接作用。增加值核算卫星账户作为国民核算体系的附属账户，其行业应与 ISIC 界定的范畴对应，同时尝试在遵循 ISIC 原则的前提下，结合高新技术产业自身的特点来创建。

第二节　大连市数字经济的分类、识别及提升路径研究

本节通过借鉴国际、国内不同指标体系构建的经验，结合我国数字经济发展特点，构建满足国际可比性、符合我国国情的数字经济统计监测体系，为大连市数字经济发展的综合评价和研究工作提供参考。目前对于数字经济产业发展的认定标准尚无定论，本节基于数字经济产业的特点以及重点产品等各项指标的研究，选取能够反映数字经济产业特点的指标（科技含量高且能够影响产业结构变化），对搜集的各项指标数据进行分析，最后选取能够反映数字经济产业特点的重要指标，制定数字经济发展指数，为后续研究数字经济产业的发展提供理论支持。

一、大连市数字经济的分类与识别

1. 人工智能产业概况

第一，全球人工智能产业发展概况。

根据中国信息通信研究院发布的《2020 年全球人工智能产业地图》及互联网数据中心数据统计，2020 年全球范围的人工智能产业规模达到 1565 亿美元，相比 2019 年，增速有所下降，同比增长 12.3%，中美两国拥有绝对优

势，其中中国人工智能的产业规模为434亿美元，同比增长13.75%，超过全球增速1.45个百分点。

从企业地区分布看，全球人工智能企业分布相对集中，北美洲、亚洲、欧洲的人工智能企业占全球的98%以上。

第二，大连市人工智能产业发展概况。

2017年大连市政府印发《大连市重点产业领域科技创新指南》，明确指出重点发展人工智能领域。2018年，启动实施市科技重大专项、重点科技研发计划和科技创新基金项目。2019年7月，印发了《大连市新一代人工智能发展规划》，针对2017年的发展指南进一步作出细化，明确了发展方向和重点任务。

大连市作为人工智能产业发展的领头羊，2017年大连市成立东北首个大数据产业协会“大连高新区大数据产业协会”，2018年成立北方首个人工智能产业协会“大连市人工智能产业协会”，2020年成立“大连市人工智能产业专利联盟”。截至2020年，大连市主要人工智能相关企业数量超百家且基本集中于高新区和金普新区，人工智能核心产业产值突破55亿元。

第三，大连市人工智能产业链构成概况。

如图9-6所示，人工智能产业链包括基础层、技术层和应用层。从功能视角来看，基础层包括计算硬件、计算系统技术和数据；技术层包括算法理论、开发平台和应用技术；应用层包括智能医疗、智慧交通、智能制造等。大连市人工智能企业总体数量少，平均规模偏小。大连市作为沿海城市，在地理位置上拥有明显优势，对韩国、日本科技技术公司具有很大吸引力，另外大连市的科学技术人才储备也非常丰富，研究所和高校联合发展，推进技术突破。

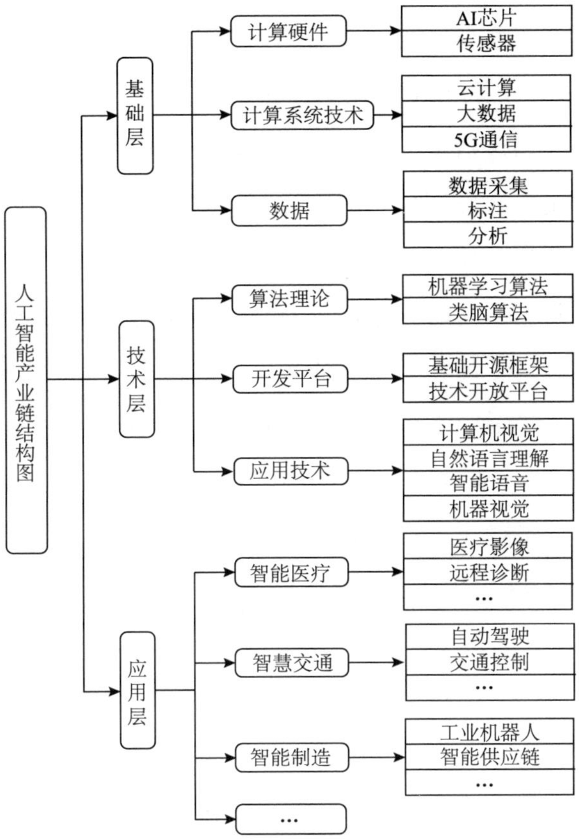

图 9-6　大连市人工智能产业链结构图

2. 大连市人工智能产业企业发展状况分析

企业介绍：心医国际数字医疗系统（大连）有限公司（以下简称心医国际）是一家大连市本土成长起来的专业的医疗云应用解决方案提供商，是一家辽宁省潜在的独角兽企业，通过多年的奋斗与磨砺，以及持续不断地进行技术投入和对商业模式的探索创新，率先将互联网、云技术和医疗产业场景进行有效结合与深耕，现已打造成为国内较领先的智能医疗云平台。

基于开放平台战略，心医国际携手产业链合作伙伴，共享高效的医疗云应用网络，以专科为主线，以数据为驱动，让“医+疗、医+药、医+险”在智能医疗云平台上实现高效联动，持续为医患创造价值。

核心领域：心医国际的优势领域是医疗新基建领域。心医国际提供多维度医疗云应用服务，包括诊疗、教学、科研、志愿服务，全面助力分级诊疗落地。主营业务涵盖远程医疗、医联体、互联网医院、区域卫生、多功能集成医疗平台等。

核心技术：业内领先的影像识别算法、位于行业前列的微服务云原生平台、独特的多厂商软硬视频融合互通技术、广泛的多元异构医疗数据接口适配、云边协同的 AI+IoT（internet of things，物联网）多端融合。

应用场景/案例：2020 年，心医国际在新冠疫情中，无偿投入疫情防控平台联结服务全国医院 1.2 万余家、隔离病区 563 个，志愿参加服务抗疫的一线医护累计超过 35 万人次，在降低医务人员感染风险方面严格执行，提高确诊患者诊疗效率。截至 2020 年，在全力承担对口帮扶责任，加速六盘水市远程医疗体系建设中，依托心医国际建设的贵州省远程医疗服务平台，六盘水市 34 家二级以上医疗机构、110 家基层医疗机构全部纳入贵州省乡镇卫生院远程医疗全覆盖项目，实现全省远程医疗服务总量 105.43 万例，服务患者超过 36 万人次。

3. 大连市人工智能产业发展规划概况

第一，产业定位与目标。

到 2025 年末，在人工智能若干关键技术领域取得突破，形成 10 个左右人工智能深度应用场景，建设 10 个以上人工智能应用示范项目；建成 2～3 个人工智能特色产业集聚区，引进、培育 3～5 家人工智能创新型领军企业，形成一批高水平创新平台和骨干企业，人工智能及相关产业产值达到 200 亿元以上。

在重点领域方面，立足智能产品多元化需求，加快布局面向行业终端应用的人工智能芯片、工业和消费电子领域高端智能传感器等核心基础硬件。

第二，发展布局。

将高新区打造为人工智能技术和软硬件产品的研发基地，与金普新区等智能设备研发、生产和应用基地共建人工智能产业链，实现协同发展。

科学制订产业链发展规划。人工智能产业链尚处“建链”阶段，顶层设计应具备系统性、全局性思维，顺应产业发展规律，注重本地现有产业基础、自然禀赋与资源等优势。明确人工智能产业链发展重点，建立“建链、补链”等动态调整机制，强化对本地产业链的监测分析，与其他地区实现错位发展。

强调人工智能产业链与传统产业链相结合。避免在研发设计环节“重传统技术竞相简单模仿，轻自主创新能力水平提升”，在加工制造环节“重设备更新换代，轻技术改造提升”，在产品定位方面“重资源类初级产品，轻高附加值终端产品”等情况。

精准招商打造产业链比较优势。依照大连市人工智能产业链推进工作指引，按照产业链、价值链开展精准招商工作。加快出台优惠政策，综合分析“延链”“补链”的可行性和适宜度，把控产业链招商落地门槛，避免由盲目追求“大而全”、以产业招商“数字”代替产业链水平导致产业链内重复布局、同质化严重、缺乏竞争力，进而引发产能过剩风险及低效企业退出困难等连锁反应。

4. 集成电路产业概况

第一，全球集成电路产业发展概况。

全球半导体贸易协会统计数据显示，2019 年全球半导体市场规模为 4121 亿美元，同比下跌 12%，创下 2001 年以来最大跌幅。从产品类型看，光电器件和传感器销售额分别增长 9.3%和 1.2%，集成电路和分立器件有所下跌，集成电路产品跌幅最大。从区域发展情况看，全球各地区销售额均有不同程度下滑，美洲地区半导体市场跌幅最为明显，2019 年半导体市场总销售额为 786 亿美元，比 2018 年的 1030 亿美元下跌 23.7%。

从区域布局看，我国集成电路产业分布在长三角、珠三角、京津环渤海、中西部四大地区，其中长三角的江苏省和上海市是我国最大的集成电路产业聚集地，珠三角的深圳市设计业发展带动性强，武汉、合肥、厦门、泉州等地也形成了初具特色的产业集聚。

第二，大连市集成电路产业发展概况。

大连市集成电路产业以 2007 年英特尔项目落户为标志，经过持续发展，已经取得了重大突破和长足进步，成为中国环渤海湾半导体产业的重要增长极，具备了抢抓机遇、乘势而上的条件和倍增发展的基础。2019 年全市集成电路产业销售收入 350 亿元，同比增长 35%，实现工业产值 336.4 亿元，同比增长 42.6%，再创历史新高。集成电路产业为加快培育和发展战略性新兴产业，助推产业结构调整和经济转型发展奠定了重要基础。大连市集成电路产业基础基本形成，产业链相对完整，初步形成了以高端设计、芯片制造、特种专用材料、特种专用装备、人才培养等为主的相对完整的产业链，拥有多家集成电路企业，业务涵盖集成电路设计、制造等。

第三，大连市集成电路产业链构成概况。

我国集成电路行业产业链由上游支撑产业、中游制造产业以及下游应用产业构成，其中，上游支撑产业主要由半导体材料和设备构成，中游制造产业的核心为集成电路的制造，下游应用产业涉及半导体应用领域。半导体产业链主要包含芯片设计、芯片制造和芯片封测三大核心环节。一是以 SK 海力士收购英特尔 NAND 闪存业务为契机，全力推进新项目落地，发挥行业头部企业的集聚效应，打造形成共生共赢产业生态圈，促进上下游产业链融合发展。二是依托雄厚的装备制造产业基础，把握国产替代机遇，引进与培育集成电路装备制造企业，推动设备研发和产业化，大力发展半导体装备制造业。三是依托石化产业、科研基础，支持超纯半导体特种气体、光刻胶、衬底绝缘硅等集成电路材料的研发，加大集成电路材料产业扶持力度，打造半导体材料产业集群。四是坚持差异化发展道路，聚焦市场需求和热点应用，引进代工企业来大连市建厂，布局第三代半导体氮化镓器件、功率器件等特色工艺生产线。大连市集成电路产业链构成如图 9-7 所示。

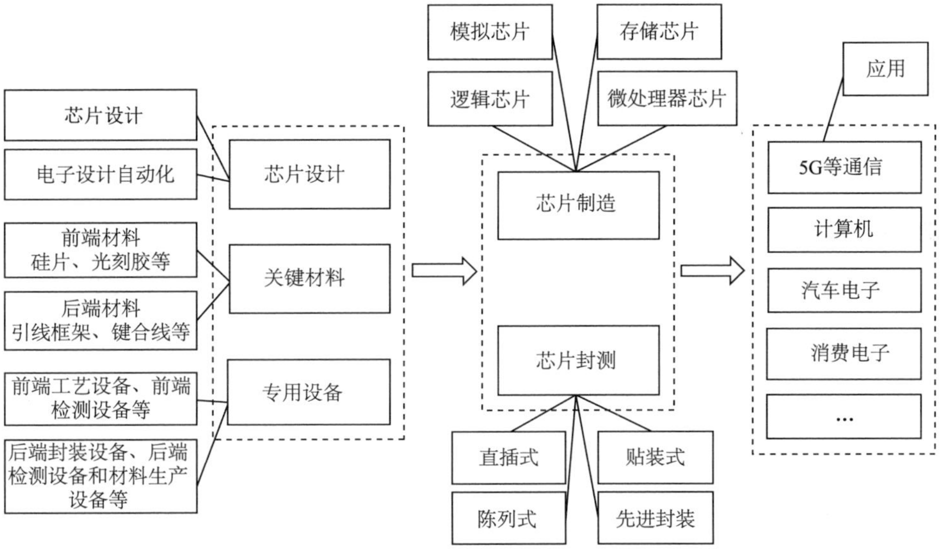

图 9-7　大连市集成电路产业链构成

5. 大连市集成电路产业企业发展状况分析

企业介绍：大连达利凯普科技股份公司成立于 2011 年 3 月 17 日，专业从事高端电子元器件的研发、制造与销售，是我国高度自主可控射频微波瓷介电容器的重要供应商。产品主要应用于高端电子领域。

目前，公司已建成全球销售网络，涵盖美国、日本、英国、法国、德国等 40 余个国家，成为德国西门子医疗、美国通用电气和安捷伦、瑞士 Comet、荷兰飞利浦医疗、韩国三星等全球知名企业的优秀供应商。更值得注意的是，公司在医疗核磁共振设备、半导体设备、工业激光设备、测量及分析设备、高速铁路等高端制造领域的应用占据全球市场份额第一。

优势领域：通过多年的技术积累沉淀，公司攻克多项关键核心技术，实现了高端电子元器件国产化原位替代，解决了“卡脖子”关键难题。公司拥有陶瓷材料和电子元件两项体系技术以及完整的研发链条，先后承担多项国家、省市级别以上科技重大课题任务，取得多项科研成果。

核心技术：公司拥有一流的产品生产线，配备全球顶级的生产设备，介质薄膜厚度控制在±0.2 微米，叠层精度控制在±5 微米；拥有独立的射频应用实验室，运用射频仿真技术、射频高功率测试技术为研发和提升产品品质提供保障。其是国内最早采用全球公认最准确的“谐振腔”法来测试电容 Q 值的公司，将产品的研发设计引入高频结构仿真器电磁场仿真系统，通过建模仿真，模拟出电容器的各种 RF 指标，再反推电容器的结构，确保设计方案准确。公司生产的射频微波多层瓷介电容器具有高稳定性、高射频电流/电压、高射频功率、低噪声、高可靠性等特点。

应用场景/案例：射频微波 MLCC（multi-layer ceramic capacitors，多层陶瓷电容器）具有调谐、耦合、滤波、旁路、直流阻隔和阻抗匹配等典型功能，属于 I 类陶瓷电容器类别，其与普通 MLCC 相比，具有高 Q 值、高自谐振频率、低等效串联电阻、低损耗、高可靠性的特点，主要应用于移动通信基站、广播电视发射机、核磁共振线圈、半导体射频电源、军用电台、雷达等整机产品的射频/微波电路、功率放大器、无源滤波器、T/R 组件、微波组件中。

6. 大连市集成电路产业发展规划概况

第一，产业定位与目标。

到 2025 年底，成为国内技术水平先进、产业特色明显、配套功能齐全、人才资源丰富、带动作用较强的集成电路产业新高地，产业总体规模达到 500

亿元以上。

第二，发展布局。

支持高校、科研院所、企业等组织机构研发网络通信芯片、智能终端芯片、工业控制芯片、传感器芯片、射频识别（radio frequency identification，RFID）芯片、信息安全芯片、图像识别芯片、汽车电子芯片、智能穿戴芯片等高端集成电路产品。建成以集成电路设计为龙头，以集成电路制造和封测为核心，以关键设备和材料为支撑的具有大连特色的产业集群。以金普新区和高新区为重点布局区域，在金普新区重点发展集成电路制造、封测、关键设备和材料等领域，在高新区重点发展集成电路设计产品及解决方案、功率半导体、化合物半导体、光电通信芯片及器件等领域。

7. 大数据产业概况

第一，中国大数据产业发展概况。

2019 年中国大数据产业规模达 5397 亿元，同比增长 23.1%；2020 年整体规模达到 6670.2 亿元，持续促进传统产业转型升级，激发经济增长活力，推动新型智慧城市和数字经济建设。根据 2020 年大数据产业生态联盟调研问卷收集的百余家大数据企业反馈结果，华东、华北区域在大数据产业发展方面持续领跑。根据调研结果，多数大数据企业的业务集中于华东、华北地区，它们合计约占整体市场规模的 55.4%。广东、湖北、四川、贵州等地分别引领中南和西南地区大数据产业发展，并显著领先于东北和西北地区。从 2019 年中国大数据区域发展水平评估数据来看，全国各省（自治区、直辖市）大数据发展水平存在明显的差异性，存在阶梯分布特征。

第二，大连市大数据产业发展概况。

为加强全市大数据发展工作统筹，大连市先后成立“数字大连”建设工作领导小组、政务信息资源共享工作领导小组，组建大连市大数据中心（大连市信息中心），设立大连市大数据管理局，启动了大连市大数据公司的筹建工作，为全市大数据发展高位推进、上下一体、协同推进奠定了良好基础。

大连市各级政府部门目前已有大量纵向、横向应用系统和数据库，基础数据库与部分专题数据库的建设已具雏形，数据覆盖人口、经济、社会等各方面，政务服务水平不断提升，数据共享能力不断提高，基础支撑能力不断增强，电子证照、电子印章不断推广，“一网通办”移动端、自助端不断完善，数字化治理能力持续提升。大连市大数据基础较好，得益于软件和信息技术服务与大数据相关产业的多年积累，自主研发的与数据采集、处理、分析相关的工具软件近百个，在数据挖掘与分析、数据存储、数据库研发应用等领域发展态势良好。云计算的医疗大数据分析服务平台及应用示范、外贸大数据应用平台等项目被国家列为重大工程和重点项目。

第三，大连市大数据产业链构成概况。

大数据产业是以数据采集、交易、存储、加工、分析、服务为主的各类经济活动，包括数据资源建设、大数据软硬件产品的开发、销售和租赁活动，以及相关信息技术服务。数据服务、基础设施和融合应用相互交融，协力构建了完整的大数据产业链。

8. 大连市大数据产业企业发展状况分析

企业介绍：大连华信计算机技术股份有限公司[①]（以下简称大连华信）成立于 1996 年，是一家面向全球客户提供领先的产品、服务及解决方案的数字技术服务企业。公司拥有员工逾万人，2020 年销售额超 27 亿元，在国内外设立 20 余家分支机构，致力于成为世界一流的数字技术服务及解决方案提供商，坚持国际、国内同步发展战略。目前，大连华信业务覆盖领域广泛，包括中国、日本、欧美等国家和地区，是 IAOP（International Association of

① 现更名为信华信技术股份有限公司。

Outsourcing Professionals，国际外包专业协会）全球外包百强企业、全国第二大软件出口企业，也是中国自主品牌软件产品收入前十家企业。在国际市场，大连华信是中国最大的对日软件系统和 IT 服务提供商，同时在全球多地实现自主知识产权出口。在国内市场，形成了主要行业和重点区域的市场布局，自主研发的智能制造、智慧城市、智慧商业、智慧金融多领域解决方案深获市场认可。

优势领域：大连华信聚焦数字公共、数字产业、数字金融等领域，形成了智能制造、智慧城市、智慧商业、智慧金融等多领域解决方案，以数字技术助力企业用户数字化转型。

在数字公共领域，大连华信自 2009 年开始深耕，截至 2021 年底，已经涉及政府和公共事业近 80%的业务，长期为政府部门及相关服务行业提供技术服务和解决方案。

在数字产业领域，大连华信为能源、制造、商业等领域的客户提供“数字化能力识别”“数字化能力建设”“数字化能力赋能业务创新”的全生命周期数字化转型服务。

在数字金融领域，大连华信是国内最早实践金融科技服务的先行者之一，2021 年底，已成功为中国近 300 家金融机构及大中型企业提供应用软件产品和专业化服务，是中国领先的金融科技解决方案供应商。

核心技术及产品：大连华信基于云原生应用、流数据分析、人工智能、万物互联的理念，帮助企业打造以业务为中心的洞察型应用平台；基于行业标准，为企业提供业务多元、技术领先、模式创新的行业解决方案。在云计算、大数据、人工智能、区块链、物联网等数字化技术方面持续进行研发投入，围绕数据进行快速的商业模式创新、业务创新、服务创新，为企业数字化转型提供一站式服务。

应用场景/案例：大连华信重大装备智能运维平台基于云计算、大数据、边缘计算、数字孪生等新 IT 核心技术，依托在大型装备故障机理以及算法模型上的科研优势，以工业数据为驱动，以“设备健康，故障预测，智能调优”为核心价值，采用“云+场”两端业务架构模式，面向工程机械、散料、起重、冶金等装备制造领域，与行业头部企业合作，深度打造“灯塔示范”工程，通过数字化技术助力制造企业从“制造”向“制造+服务”的转型升级。

9. 大连市大数据产业发展规划概况

第一，产业定位与目标。

到 2025 年底，将大连建设成为全国政务数据资源共享开放先进市、东北亚大数据要素资源汇聚区、环渤海大数据赋能应用领先区和东三省大数据创新创业龙头区，大数据发展有力支撑大连政务管理服务效能提升，经济发展新动能持续增长、新业态不断发展，经济活跃度和城市竞争力明显增强。

发挥大连市作为航运中心、物流中心、金融中心和贸易中心的良好条件，以及商品物资流通、软件信息服务业、大数据产业方面的既有优势，以筹建“东北亚数据信息港”为抓手，加快数据要素资源汇聚和市场化配置改革探索，构建完善大数据流通、开发、应用产业生态，提升对企业、产业、资本、人才的吸引力。

借鉴先进地市发展经验，加快建立“一主”统筹、“双辅”支持、“多点”支撑的大数据发展统筹推进工作体系，形成“一盘棋”工作格局。理顺政务数据资源“聚管通用”机制，加强数据源头治理，推进政务数据资源“一本账”管理、一个中心汇聚、一套图谱关联、一个平台赋能，推进公共数据统一平台有序开放，通过加强全国政务数据资源统筹管理、推进公共数据共享开放，增加数据资源有效供给，促进数据创新应用，加快创新型大数据企业和人才在大连聚集。

支撑“数字大连”建设，围绕数字经济、数字社会、数字政府发展需要，以场景应用为牵引，以“城市大脑”一体化平台为支撑，深挖海量数据价值，鼓励政企数据融合应用，为“一网协同”“一网通办”“一网统管”赋能。通过数据赋能应用示范引领，打造大连市大数据赋能创新应用发展品牌，在环渤海地区形成特色鲜明、成效显著的辐射聚集效应，形成大数据赋能创新应用领先区。

第二，发展布局。

围绕大数据产业链，将培育与引进结合，发展数据存储、加工、挖掘、应用等新业态。支持发展云计算产业，提供优质、安全、可靠的智能计算、数据存储与灾备服务。积极布局发展物联网产业，以应用需求为牵引，推动全市范围内部署各类物联感知终端，拉动物联终端生产企业、传感网络部署运维企业、物联网数据采集清洗企业、物联网应用研发企业的快速发展，形成完整的感知技术产业链。以大数据专项工程为引导，孵化本地大数据分析挖掘企业，发展数据挖掘分析、数据包装与可视化等产品与服务。以“城市大脑”应用场景建设和“数据+算力”供给吸引人工智能龙头企业入驻，带动人工智能产业发展。推进软件和信息服务业发展再创新，支持地理信息增值服务与技术咨询业务发展。

以高新区与金普新区两大核心产业集聚区为中心，依托大连软件园、腾飞软件园、天地软件园，打造以数据智能为主导产业的数字经济核心产业区。在各地区打造数字产业生态示范区，发挥自身行业优势，培育“行业+数据”的新经济增长点，推进数字化深度转型，形成数字经济发展新格局。

10. 车联网产业概况

第一，全球车联网产业发展概况。

从全球范围来看，车联网进入快速发展阶段，并取得了一定的应用成效。5G 技术的快速推广为物联网落地做出了巨大贡献。根据 ICVTank 数据，国际 V2X（vehicle to everything，车用无线通信技术）市场规模于 2019 年达到

900 亿美元，2023 年国际 V2X 市场规模达到 1629 亿美元。

目前，我国车联网产业进入了快速发展的新阶段，技术创新更加活跃，新应用蓬勃发展，产业规模不断扩大。根据中国农业科学院的数据，随着电子信息产业的发展，2016～2019 年，中国在线汽车行业工会年均增长率为 16.14%，2019 年中国汽车互联网规模约为 574 亿元。在 5G 时代，中国车联网的发展应该走在前列。在《智能汽车创新发展战略》等政策的推动下，2020～2025 年国内车联网市场规模迎来快速增长阶段，结合 2016～2019 年行业年均复合增长率为 16.14%，初步以 25%的复合增长率估算，到 2025 年底中国车联网市场规模将达到 2190 亿元。

第二，大连市车联网产业发展概况。

大连市车联网产业具备良好的发展基础，已形成较为完整的产业链条，在智能座舱、自动驾驶和车联网等细分领域处于国内领先地位。在整车设计领域，有东风日产、华晨等企业；在自动驾驶领域，有东软睿驰、百度阿波罗等企业；在车联网服务领域，有博泰车联、陆航科技等企业；在智能网联产品领域，有均联智行、楼兰科技等企业；在新能源车领域，有新源动力等企业。阿尔卑斯阿尔派汽车电子于 2020 年 6 月成功量产车规级 C-V2X 通信模块 UMCC1。

金普新区在智能网联道路和无人驾驶试点方面处于东北地区领先地位。目前已引进阿波罗智行科技（百度子公司）、新石器等无人车企业进驻金普新区，探索自动驾驶商业化落地实践，研发打造具备商业化应用的自动驾驶出行服务平台，在自动驾驶、车路协同、智能交通等领域提供研发、系统集成和技术服务。“金马路无人驾驶试点建设项目”属于东北地区首个无人驾驶智慧出行服务、全国首个在复杂车流环境下进行的城市主干道无人驾驶示范运营。金普新区未来将在金石滩景区投放 3 辆无人驾驶公交车；将在小窑湾区域滨海路选取 4.1 公里的道路，进行 V2X 车路协同道路智能化改造；还将在北九里、新日本工业团区域规划更多的无人驾驶落地应用示范样板。

第三，大连市车联网产业链构成概况。

车联网具有较长的产业链和丰富的产业角色，自上而下涵盖两个主要领域：生产和服务。上游企业主要生产不同的组件和芯片，它们不是成品，是汽车制造商和生产商的中间产品。车联网产业链的中间环节主要是汽车制造商、设备制造商和服务提供商。其中，汽车制造商在产业链中有发言权，因为它们关注的是直接消费者和汽车制造商。汽车制造商是汽车产业链中最重要的成员之一。在智能汽车和硬件产品方面，车联网产业链的下一个分支主要是不同的服务和应用（图 9-8）。

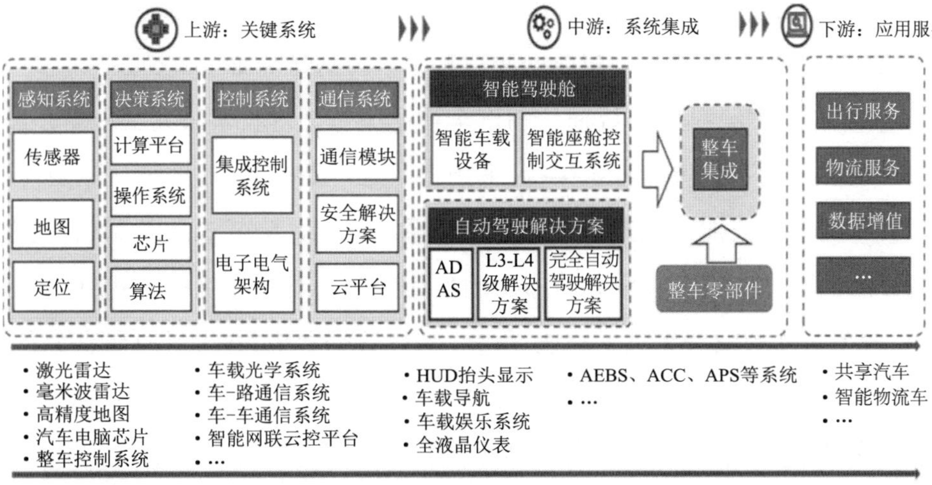

图 9-8　大连市车联网产业链构成图

ADAS 即高级驾驶辅助系统（advanced driving assistance system）；HUD 即平视显示器（head-up display）；AEBS 即紧急制动辅助系统（advanced emergency braking system）；ACC 即自适应巡航控制（adaptive cruise control）；APS 即自动泊车系统（automatic parking system）

11. 大连市车联网产业企业发展状况分析

企业介绍：东软集团（大连）有限公司（以下简称东软大连）成立于 2006 年 10 月，在 2006 年 9 月通过了软件企业认定，在 2008 年 12 月通过了高新技术企业认定，在 2009 年 12 月通过了技术先进型服务企业认定。2015 年 12 月“东软集团（大连）有限公司汽车电子评测与验证中心”取得中国合格评定国家认可委员会授予的实验室认可证书。

优势领域：东软大连以软件技术为核心，业务聚焦智慧城市、医疗健康、智能汽车互联以及软件产品与服务领域。

在智能汽车互联领域，东软大连拥有多年服务全球客户的经验，以软件为驱动，赋能智能汽车生活，推动汽车产业的开放与融合，专注智能汽车电动化、网联化、智能化、共享化的发展，致力于打造安全、舒适、智能、绿色的汽车生态系统和移动出行服务。

核心技术：东软大连的研发方向主要集中在智慧城市、智能医疗、云计算与大数据、工业互联网、智能网联汽车、区块链等方面。

应用场景/案例：基于 5G 通信的汽车智能座舱关键技术研究及产品开发。提出一机多屏的数字座舱技术架构，采用“单处理器、多操作系统”驱动“多显示屏”的数字座舱系统架构，大幅提高系统性能，降低产品成本和重量。面向智能网联汽车应用场景，将 5G 通信集成到汽车智能座舱车载通信子系统中，为车联网的发展提供了高速、可靠的 5G 数据通道，并可后向兼容 3G/4G 通信。采用先进的 Hypervisor 虚拟化技术，对 Linux 内核进行高度封装，研发集汽车仪表、中控多媒体系统、后座娱乐系统为一体的车载智能操作系统。为了提高检索的速度，使用了 SQLite 的内存数据库，内存数据库常驻内存，事务处理无须 I/O（input/output，输入/输出），将媒体数据字符由 UTF8 生成 Unicode，通过将该 Unicode 作为 Key 在 HASH 表中查找相应的拼音和首字母，逐条插入到内存数据库中，极大提高了数据处理性能。

12. 大连市车联网产业发展规划概况

第一，产业定位与目标。

先将大连定位为国际上具有重要影响力的车联网产业技术研发的基地；

再利用 3～5 年时间通过培育和引进车联网产业链中的企业，补齐短板，并通过进行智能网联车路协同示范应用与大连城市智慧化建设协调发展，实现大连车联网产业规模由小到大，快速发展的目标；还要积极争取示范区建设，围绕电子、通信、人工智能算法、大数据、智能基础设施建设布局重点项目，吸引自动驾驶头部企业入驻，与新区整车和汽车零部件制造产业相融合，促进无人（自动）驾驶产业在新区发展壮大。

第二，发展布局。

根据大连市各区现有产业基础和优势，未来将重点发展车联网。根据高新区现有产业特色，未来重点发展车联网电子元器件与关键零部件、应用软件与系统、大数据采集处理等方向。对于金普新区，要标定锚点，持续发力，夯实场景，不断推动软件产业、人才、政策等相关基础建设。

加大招商引资力度：着力优化营商环境，以“建链补链”为目标，加强车联网头部企业的招商工作。积极推进应用示范：完善车联网产业生态，推动应用示范，加强智能网联汽车测试平台和应用示范场景建设。加强产业协同创新：充分发挥高新区软件研发制造及信息服务优势，推动“产学研用金”一体化，协同新能源汽车产业发展，加快车联网关键技术攻关和科技成果转化。深化区域合作交流：深入推进技术引进、产品研发、人才培养、产业发展等领域的国内外合作交流。争创国家级车联网先导区（金普新区）：积极做好对上争取工作，力争东北首个国家级车联网先导区落地金普新区，为新区发展无人（自动）驾驶产业打造政策平台。着力提升自动驾驶核心研发制造能力：组织区域内高校、科研院所、企业深度合作，开展先进计算、人工智能、数据安全等相关基础理论研究和关键核心技术创新。

13. 智能制造与工业互联网产业概况

虽然智能制造和工业互联网分别关注工业生产和工业服务，但最终目标是通过定制和服务扩展来提高工业智能化水平。智能化生产的发展必须经历自动化、信息化、互联化和智能化四个阶段。

第一，全球智能制造与工业互联网产业发展概况。

目前全球智能制造发展梯队相对固定，美国、日本和德国处在第一梯队，属于智能制造发展的“引领型”国家；中国与英国、韩国、瑞士、瑞典、法国、芬兰、加拿大、以色列等处于第二梯队，是智能制造发展的“先进型”国家。在工业互联网领域，以美国通用电气、德国西门子等为代表，国外工业互联网平台企业起步较早，系统探索范围广，发展基础优势明显。

目前我国智能制造业形成了四大聚集区，产业发展水平差异明显。华东地区沿海省市经济基础良好，企业智能化改造起步较早，发展迅速，智能化制造水平高。一些企业已进入软件化、网络化、智能化、数字化阶段。近年来，在长三角地区培育了一批具有优势和特色的智能制造装备产业集群，智能制造发展水平相对均衡，已有富士康、比亚迪、华为、TCL、康佳、丰田等知名制造企业。广州重点建设机器人和智能设备产业核心区，深圳重点建设机器人和便携式设备产业、国际合作基地与创新服务基地。目前，中西部地区的行政管理水平正处于自动化和数字化阶段。

第二，大连市智能制造与工业互联网产业发展概况。

大连市在电子信息、计算机、软件、智能制造、传感技术等学科、专业拥有较雄厚的科研资源和人才资源。在平台建设方面，“长征云”“大连云”“冰山云”“仿真云”“大连云测平台”等具有一定区域和行业影响力的工业互联网平台正在精耕细作，2020 年连接设备数量 14 万台（套），工业 APP 数超过 200 个。大杨集团、大连电牵等 20 多家企业正在建设企业级工业互联网平台，推动企业生产方式、服务体系、商业模式重构。在融合应用方面，冰山集团、恒力石化、大船重工、中远川崎、大杨集团、亚明汽车、一重集团等企业打造工业互联网试点示范工程。航天新长征大道、量天科技、语祯物联等企业获评国家工业互联网优秀解决方案。在工业互联网网络安全方面，正在逐步构建工业互联网安全保障体系，提升企业安全防护能力，恒力石化等工业企业与航天新长征大道等系统集成商和专业机构合作，有针对性地部署和改进网络安全措施。

第三，大连市智能制造与工业互联网产业链构成概况。

智能制造以智能生产终端为核心，集软件、电子、控制、机械于一体。它主要由“云”、“网络”和“终端”组成，“云”指大规模工业数据云计算。从产业链上下游的关系来看，智能制造可分为传感器层、网络层、执行层和应用层。智能制造的上游是制造业的零部件和传感器层的相关产品，中游主要包括与网络层相关的信息技术和管理软件，下游是执行层和应用层，包括自动生产线和智能工厂。

14. 大连市智能制造与工业互联网产业企业发展状况分析

企业介绍：恒力集团成立于 1994 年，是一家开发石化、聚酯、新材料和供应链的国内公司。

优势领域：恒力石化（大连长兴岛）产业园一直致力于成为“最安全、最环保、最美丽”的世界级石化园区。恒力石化（大连长兴岛）产业园具有投资规模大、生产能力强、技术水平高、能耗低的特点，在同行业内创造了多项国际纪录，被评为首批国家“绿色工厂”。

核心技术：主要产品为精对苯二甲酸、乙烯等石油化工品。

应用场景/案例：作为实体生产企业，恒力石化在数字经济领域主要着力于智能制造与工业互联网。在智能制造方面，恒力石化信息化建设按照高起点、高标准的战略思路，聘请埃森哲等国际一流咨询公司，充分对标国内外领先智能工厂进行高起点规划。通过“务实基础、全面建设、深化应用”的原则规划推进各阶段的建设，主要由五条主线、两大支撑、一套框架组成，识别出一系列智能化建设领域，全面涵盖管理、生产、运营、维护等。在工业互联网方面，恒力石化目前已建设自有知识产权的“HengLink 工业互联网平台”。平台现拥有七大核心技术，分别为数据集成和边缘处理技术、IaaS（infrastructure as a service，基础设施即服务）技术、通用 PaaS（platform as a service，平台即服务）资源管理技术、数据管理技术、智能工业数据建模技术、微服务应用开发技术、平台安全技术。平台支持六大协议，接入应用系统 48 个，平台提供通用业务服务组件 14 个，工业接口累计访问 2600 万次。

15. 大连市智能制造与工业互联网产业发展规划概况

第一，产业定位与目标。

借鉴国内外智能制造与工业互联网产业发展经验,对标国内外先进城市，加快完善智能制造新模式，着力提升工业互联网支撑能力，夯实大连市智能制造发展基础。积极推动物联网、5G、工业互联网、大数据、云计算、区块链、人工智能等新一代信息技术与制造业融合程度的进一步深化，推动制造业向更多依靠数据、信息、知识等新型生产要素的增长模式转变。

第二，发展布局。

大力推动高新区打造智能机器人研发中心，围绕国家需求和科技发展前沿，以市场为导向，主攻机器人产品化、工程化研究开发。以面向企业提供成熟智能机器人商品化技术为目标，积极布局高精高效智能工业机器人、多传感器信息融合的自主智能服务机器人、全数字化网络化智能医疗机器人、智能感知与精准作业特种机器人；力争在高端智能机器人核心控制及软硬件系统优化技术领域取得突破，并开展相关行业应用示范和推广；与大力布局智能制造的金普新区、积极推进应用机器人制造的大连生态科技创新城片区、大连双 D 港产业片区形成联动发展、协同创新的产业生态圈。

16. 区块链产业概况

第一，全球区块链产业发展概况。

目前，区块链业务主要分布在美国和中国。此外，英国、新加坡、瑞士、加拿大等国家和地区也更加重视区块链技术的应用和发展。数字资产已成为企业最为关注的领域，占 35%。此外，金融、互联网、供应链和物流位居第二位、第三位、第四位。我国区块链政策环境积极向好，企业多领域开拓业务，垂直行业应用落地项目不断涌现，区块链产业蓬勃发展，截至 2019 年底，全国共有 23 个城市或地区成立 30 余家区块链产业园区。

第二，大连市区块链产业发展概况。

口岸物流网、捷径科技、秘阵科技、大连易通恒建设科技咨询有限公司等企业在数字资产交易及衍生平台技术开发、密码算法与行业应用结合、区块链教育、培训和技术认证服务等方面，处于大连市领先地位。大连理工大学软件学院已开设区块链相关课程，成立区块链技术实验室，搭建全国第一个“学术版权链”。大连东软信息学院从 2017 年开设与区块链相关的专业选修课程，包括密码学、网络安全、区块链应用开发等。

第三，大连市区块链产业链构成概况。

按照上游基础硬件层、中游平台协议层、下游应用服务层环节，做好区块链产业链建设。其中，上游重点推进本地存储设备和云端存储设备相关项目建设；下游重点做好供应链领域有关的项目谋划和建设工作。在此基础上，全力推进区块链安全检测公共服务平台建设，将区块链技术应用于冷链、食品、建筑等行业产品的安全检测。

一是依托地理环境、科研、人才优势及软件产业和信息技术服务业基础，积极发展区块链基础协议研发、数据服务、信息安全，重点招商百度、京东科技等企业。二是积极引入先进区块链解决方案提供商，与大连市口岸物流、金融、能源、石化等优势产业、头部企业合作，重点招商企业为蚂蚁集团、中远海科。大连市区块链产业链构成如图 9-9 所示。

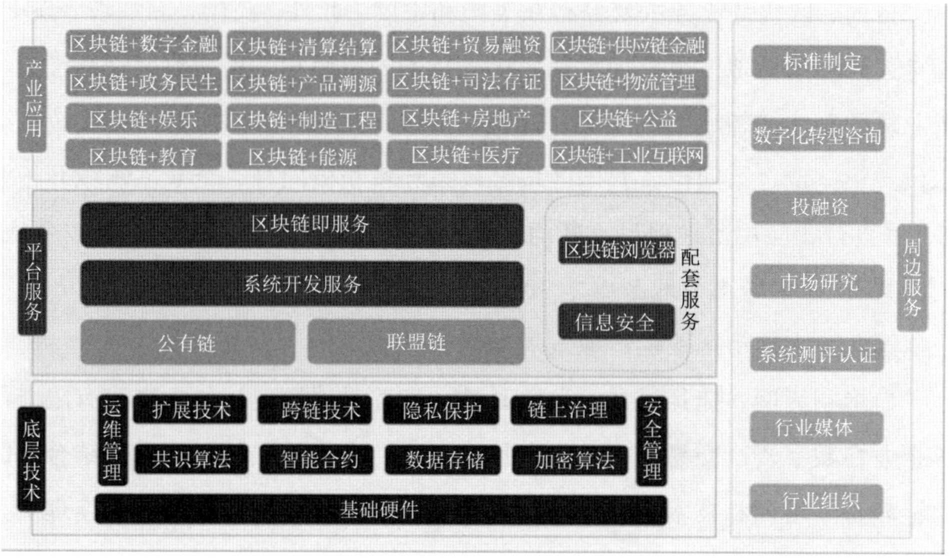

图 9-9　大连市区块链产业链构成

17. 大连市区块链产业企业发展状况分析

企业介绍：大连秘阵科技有限公司，于 2015 年在大连市高新技术产业园区注册成立，是一家专注于网络和信息安全的高科技国有企业，研发成果丰硕。公司成立至今，其事迹先后被中国中央电视台、新华社、人民日报等主流权威媒体报道。

优势领域：以“AI+密码”为代表的秘阵系列密码安全产品，可以为用户提供包括认证安全、传输安全、应用安全、终端安全、数据/存储安全的全流程密码技术服务解决方案。

公司致力于为用户提供从移动端（APP、智能终端等）到客户端（PC、瘦客户机等）到云平台，从物联网到工业互联网，从软件算法到智能硬件的跨终端、多平台、全场景的强身份认证服务与定制化开发，为客户提供基于“零信任”体系的密码安全管理平台的解决方案、终端安全密码技术解决方案、区块链密码技术应用及网络安全相关的全流程密码技术应用解决方案和产品服务。

密码安全产品不仅提高了密码技术产品的易用性、健康性和趣味性，而且在整个生命周期内降低了购买、操作和存储密码产品的成本，长期有效地填补了中国在这一领域的新技术应用和创新空间，并实现了技术阶段的“国内倡议和国际领导”。它为中国抢占信息安全新的制高点，特别是强大的身份认证安全，实现中国网络信息安全的“自主控制”和“网络强国”建设，提供了强有力的可靠保障。

核心技术：由公司自主研发的全新一代“AI+密码”的身份认证产品——“Magic Image”现已通过国家密码管理局的官方权威检测，取得了“商用密码产品认证证书”，成为国内首款客户端无须依赖外部密码介质即可完成高强度身份鉴别的“软 Token”密码安全产品。

“秘阵 MWS”产品则是在秘阵密码产品的基础上研发的针对 Windows 操作系统的“国密”安全加固与密码管理平台，包括登录密码安全防护、应用安全防护、数据加密保护、USB 加密安全管理等功能，能够为 Windows 操作系统提供四层防护、多重加密，做到立体防御。

应用场景/案例：秘阵系列密码安全产品可以支持多应用场景的应用。在金融科技领域中，秘阵认证可以与手机银行、直销银行等 APP 对接使用，取代动态令牌/U 盾等介质令牌，从而降低密码产品的采购与使用成本，提升用户体验的便捷性与个性化。在生产管理场景下，秘阵密码安全管理平台可以与堡垒机、虚拟专用网络，以及单点登录平台等进行对接使用，提升设备与系统的身份鉴别安全强度，符合“等保 2.0”条例的规范要求。在电子政务外网等网络应用领域，秘阵认证可以与业务平台对接使用，为平台用户提供安全可信、便捷可靠的网络身份认证服务等。

秘阵系列密码安全产品现已被长城电商、一汽解放、中国电信、统信软件、中国民生银行、阜新银行、大连农商银行等机构使用，案例涵盖政府、金融、制造、电商、通信、IT 等诸多领域，充分体现了秘阵密码产品广泛的应用场景与高度的用户认可。

18. 大连市区块链产业发展规划概况

第一，产业定位与目标。

将大连市打造成国家级区块链产业创新发展试验区、东北地区区块链集聚区，形成辐射辽宁、带动东北的市场布局。实现“环境监测区块链平台”“区块链+IoT+5G”“区块链国产化平台及软件”等区块链重点项目的研发应用；打造 1～2 个区块链产业示范园区；针对大连市内多家区块链企业，培养 3 家以上核心龙头企业和 100 家区块链应用和服务企业；出台区块链地方或者行业标准；出台相关专项政策，推动校企合作，引进和培养 600 名区块链产业人才。

第二，发展布局。

增强区块链基础理论研究，规定区块链统一术语、相关概念及模型，深入探讨区块链 1.0 数字货币阶段和区块链 2.0 智能合约阶段的技术架构。支持区块链国产化平台建设，加快建设国产化的自主可控的区块链平台，以国产化源代码进行区块链底层支撑，利用国家密码算法和证书系统，提供节点认证、节点联网、交易审批、交易审核、节点间共识、区块生成、账簿同步等功能。增强区块链关键技术研究，整合产学研用资源优势联合攻关，开展关于区块链的共识算法、大规模 P2P（peer-to-peer，点对点）网络、跨链技术、加密算法、分布式存储等关键技术研究。加强区块链硬件建设。促进区块链应用落地，充分发挥区块链在数据共享、优化业务流程、降低运营成本、提升协同效率、建设可信体系等方面的作用。强化区块链监管体系建设，围绕“实名制、备案制、监管节点”三个核心监管思路，在实现区块链可控可管的前提下探索区块链的技术研究和行业应用。构建区块链应用标准体系，加快推动重点标准编制和应用推广，积极对接国际电信联盟、国际标准化组织等，从团体标准、行业标准、国家标准、国际标准四个层面逐步建设整个标准体系。

二、大连市数字经济发展的竞争力评价与比较

1. 大连市数字经济发展的竞争力评价指标构建

本部分基于全国数字经济工作的总体思想和任务目标要求，结合大连市数字经济体系的特征和现实基础，比较借鉴了国内其他前沿城市数字经济综合评价工作进展和经验，秉承着简洁性、导向性、可行性、典型性四项原则，聚焦数字经济规模、数字产业化、产业数字化、数字化治理和数字基础设施五个方面，构建由 5 项一级指标、18 项二级指标组成的数字经济发展综合评价指标体系（表 9-3）；然后利用熵值法和变异系数法计算权重，根据数据特点确定不同指标的权重；最后得出综合评价结果以及各项指标贡献率。基于上述指标运用经济学以及统计学的方法构建数字经济发展综合评价指标体系，反映数字经济产业竞争力的实际情况，为政府以及企业做出决策提供合理建议。

表 9-3　数字经济发展综合评价指标体系表

一级指标	二级指标
数字经济规模	数字经济增加值/亿元
	数字经济增加值占 GDP 比重/%
数字产业化	软件和信息服务业收入占比/%
	电子信息百强企业数/家

续表

一级指标	二级指标
数字产业化	软件业务收入百强企业数/家
	省级以上认定企业技术中心/家
	瞪羚企业认定数占比/%
	高新技术企业数/家
	省级以上专精特新企业数/家
产业数字化	通过两化融合贯标企业数/家
	数字化研发设计工具普及率/%
	省级智能工厂数/家
	省级以上认定工业互联网平台数/个
	工业企业关键工序数控率/%
数字化治理	行政许可事项网上办理率/%
数字基础设施	人均 5G 基站数/（个/万人）
	光纤宽带普及率/%
	城域网出口带宽/Gbps

2. 大连市数字经济发展综合评价方法的梳理与比较

采用熵值法和变异系数法对大连市数字经济发展综合评价指标体系中的二级指标确定权重，如表 9-4 所示，从而对 2020 年大连市数字经济的发展情况进行评估分析。

表 **9-4**　二级指标权重表

一级指标	二级指标	权重
数字经济规模	数字经济增加值/亿元	0.093 880 126
	数字经济增加值占 GDP 比重/%	0.021 161 255
数字产业化	软件和信息服务业收入占比/%	0.043 133 961
	电子信息百强企业数/家	0.088 120 648

续表

一级指标	二级指标	权重
数字产业化	软件业务收入百强企业数/家	0.101 490 680
	省级以上认定企业技术中心/家	0.088 433 077
	瞪羚企业认定数占比/%	0.036 547 853
	高新技术企业数/家	0.055 623 735
	省级以上专精特新企业数/家	0.077 896 523
产业数字化	通过两化融合贯标企业数/家	0.041 471 646
	数字化研发设计工具普及率/%	0.039 851 502
	省级智能工厂数/家	0.036 021 105
	省级以上认定工业互联网平台数/个	0.059 395 553
	工业企业关键工序数控率/%	0.044 155 192
数字化治理	行政许可事项网上办理率/%	0.027 197 016
数字基础设施	人均 5G 基站数/（个/万人）	0.050 988 685
	光纤宽带普及率/%	0.045 572 129
	城域网出口带宽/Gbps	0.049 059 313

注：本表中的权重由于经过四舍五入，合计不等于 1

本次评估的 11 个城市数字经济发展综合评价平均得分为 9.09，其中 4 个城市评分在平均值之上，分别是杭州、青岛、武汉、宁波。杭州以 16.00 分居于榜首，大连以 7.76 分的成绩排名第七，处于中间位置，综合来看大连市数字经济发展较为稳健，但仍有一定的进步空间（表 9-5、图 9-10）。

表 **9-5**　**11** 个典型城市数字经济发展水平评分及排名表

排名	城市	评分
1	杭州	16.00
2	青岛	11.41
3	武汉	10.99

续表

排名	城市	评分
4	宁波	10.30
5	重庆	9.04
6	南京	8.44
7	大连	7.76
8	西安	7.31
9	厦门	6.84
10	成都	6.83
11	沈阳	5.10

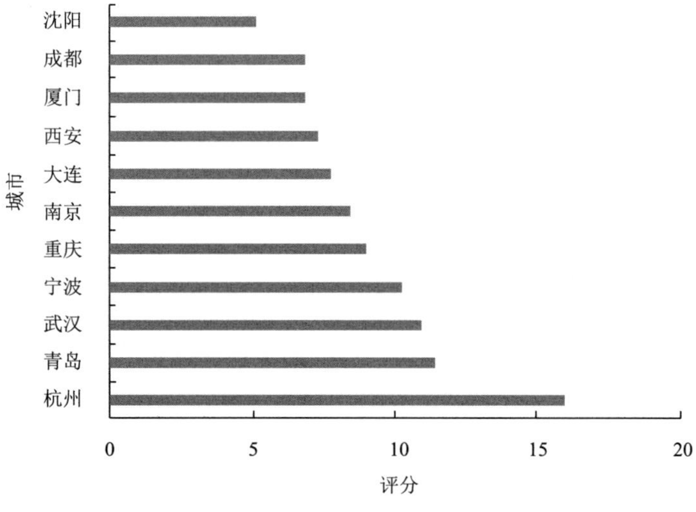

图 9-10　11 个典型城市数字经济发展水平评分及排名图

3. 大连市数字经济发展综合评价的实证研究

第一，大连市总体指标结果如图 9-11 所示。

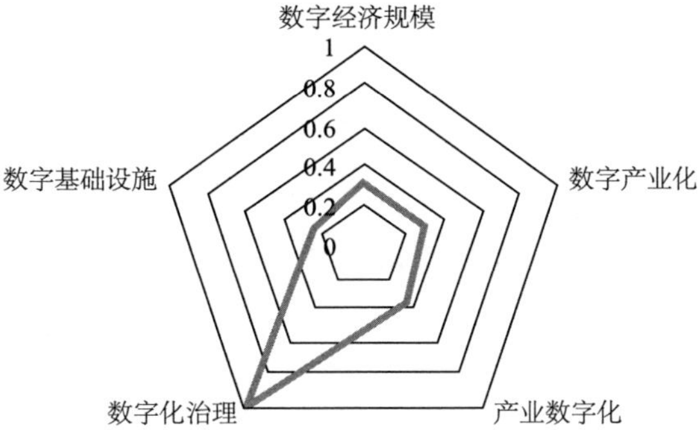

图 9-11 大连市数字经济一级指标评分情况雷达图

11 个典型城市数字经济规模指标评分及排名如表 9-6 所示。大连市数字经济规模有待提高，各城市差距显著。

表 **9-6** **11** 个典型城市数字经济规模指标评分及排名

城市	评分	排名
南京	92.14	1
杭州	72.98	2
武汉	71.97	3
重庆	44.81	4
成都	44.27	5
青岛	31.41	6
大连	31.09	7
宁波	26.84	8
厦门	20.97	9
西安	18.28	10
沈阳	16.60	11

各地数字经济规模和当地公开发布的数字经济发展政策具有一定的关系。数字经济规模排名靠前的城市，如南京和杭州，数字经济发展政策出台

比较早，形成一定优势。各城市之间差异显著，极差达到 75.54，其中最高分为南京的 92.14，最低分为沈阳的 16.60。大连市数字经济规模排名第七，仍有较大的提升空间。

大连市数字产业化软件普及率持续提升、表现突出。

11 个城市数字产业化指标平均分达到 33.49，4 个城市高于平均水平，大连市数字产业化指标以 31.12 分排名第五，相对于其他指标发展相对较好，但和前列城市仍有一定差距（表 9-7）。

表 9-7 11 个城市数字产业化指标评分及排名表

城市	评分	排名
杭州	60.74	1
武汉	42.57	2
青岛	39.84	3
南京	39.11	4
大连	31.12	5
宁波	30.57	6
重庆	28.95	7
成都	28.66	8
西安	26.67	9
厦门	21.08	10
沈阳	19.12	11

大连市产业数字化政策影响显著，评分反超中部城市。

加快推动数字经济与本地特色实体经济产业协同发展已成为大连市数字经济发展的重要渠道。产业数字化最高分为宁波市的 64.90，大连市以 34.60 分排名第六，相比近几年产业数字化建设已经实现明显提升（表 9-8）。数字经济和企业的融合，加速了大连市的资源流动和信息交换，为大连市实现赶超提供了机遇。

表 **9-8**　**11** 个城市产业数字化指标评分及排名表

城市	评分	排名
宁波	64.90	1
青岛	57.35	2
杭州	55.74	3
武汉	41.19	4
厦门	36.17	5
大连	34.60	6
西安	30.69	7
沈阳	29.18	8
成都	22.30	9
重庆	21.78	10
南京	15.99	11

在线政务积极发展，大连市数字化治理整体水平较高。

11 个城市的平均分达到 62.21，大连市成为这 11 个城市中的数字化治理领域“排头兵”，以 90.84 分排名第二，相对处于领先水平（表 9-9）。

表 **9-9**　**11** 个城市数字化治理指标评分及排名表

城市	评分	排名
宁波	96.23	1
大连	90.84	2
厦门	87.92	3
南京	82.16	4
武汉	75.11	5
重庆	58.76	6

续表

城市	评分	排名
青岛	47.88	7
成都	42.44	8
沈阳	41.35	9
西安	40.76	10
杭州	20.91	11

大连市数字基础设施建设仍处于初期阶段。

大连市以 25.02 分排名第十，在 11 个城市中相对落后，数字基础设施建设发展进程仍处于初期阶段，建设水平有待提升（表 9-10）。

表 9-10　11 个城市数字基础设施指标评分及排名表

城市	分数	排名
重庆	84.40	1
武汉	55.77	2
杭州	50.98	3
西安	47.10	4
厦门	46.40	5
南京	38.10	6
成都	36.29	7
青岛	27.61	8
沈阳	26.33	9
大连	25.02	10
宁波	22.56	11

第二，大连市单个指标结果展示。

（1）数字经济规模（表 9-11）。

表 9-11　2020 年大连市数字经济规模指标表

一级指标	二级指标	数值
数字经济规模	数字经济增加值/亿元	2014.8
	数字经济增加值占 GDP 比重/%	45.01

各城市数字经济规模与 GDP 分布趋势有一定重合，但不是简单的正相关关系。从发展规模总量来看，2020 年大连市数字经济增加值为 2014.8 亿元，虽然在比较城市中排名第五，但仍未达到平均值 2731.8 亿元。从经济占比结构来看，数字经济增加值占 GDP 比重为 45.01%，占比最高的为杭州市（52.33%），占比最低的为重庆市（39.24%），大连市处于中下位置，仍有较大的提升空间。

（2）数字产业化（表 9-12）。

表 9-12　2020 年大连市数字产业化指标表

一级指标	二级指标	数值
数字产业化	软件和信息服务业收入占比/%	71.5
	电子信息百强企业数/家	1
	软件业务收入百强企业数/家	2
	省级以上认定企业技术中心/家	104
	瞪羚企业认定数占比/%	27
	高新技术企业数/家	2475
	省级以上专精特新企业数/家	54

2020 年，大连市的软件和信息服务业收入占比为 71.5%，在比较城市中排名第一，11 个城市的占比均值为 46.65%；省级以上认定企业技术中心已达到 104 家，远超平均水平的 81 家；瞪羚企业认定数的增长速度位于前列，技术创新能力大幅提高，数字生产发展执行有效，具有重要示范和导向作用。

综合来看，大连市数字产业化进程稳步推进，初步实现数字化产业链上下游智能升级。

（3）产业数字化（表 9-13）。

表 9-13　2020 年大连市产业数字化指标表

一级指标	二级指标	数值
产业数字化	通过两化融合贯标企业数/家	12
	数字化研发设计工具普及率/%	82
	省级智能工厂数/家	NaN
	省级以上认定工业互联网平台数/个	NaN
	工业企业关键工序数控率/%	52

注：NaN 表示缺失值

2020 年大连市数字化研发设计工具普及率达到 82%，远超 11 个城市的平均值（75%），在比较城市中排名第二。在日常生产中各企业对于数字化工具的使用程度较高，工业智能化发展进程稳步推进。值得注意的是，大连市虽然在比较城市中数字化研发设计工具普及率排名较高，但是通过两化融合贯标企业数较少，在比较城市中仅排名第十。

（4）数字化治理（表 9-14）。

表 9-14　2020 年大连市数字化治理指标表

一级指标	二级指标	数值
数字化治理	行政许可事项网上办理率/%	98.31

2020 年大连市以 98.31%的行政许可事项网上办理率在比较城市中排名第二，高于平均值约三个百分点，可以看出大连市数字化治理取得一定进展，初步实现数字化和城市管理服务的协调融合，为智慧治理城市建设打下了坚

实基础。

（5）数字基础设施（表 9-15）。

表 **9-15**　**2020** 年大连市数字基础设施指标表

一级指标	二级指标	数值
数字基础设施	人均 5G 基站数/（个/万人）	9.97
	光纤宽带普及率/%	94
	城域网出口带宽/Gbps	3000

2020 年大连市光纤宽带普及率达到 94%，但人均 5G 基站数为 9.97 个/万人，略低于比较城市的平均值（12.17 个/万人），与城域网出口带宽指标均排名靠后。综合来看，大连市数字基础设施建设仍处于初期阶段，发展相对滞后，应加快建设数字基础设施步伐，为现代化产业提供完善的网络和平台支撑，进一步促进数字经济的全面发展。

三、大连市数字经济发展提升路径研究

1. 大连市数字经济发展的优势

从表 9-16 中可以看出，大连市共有 6 个二级指标处于领先发展行列（排名位于前三），具体指标是：软件和信息服务业收入占比、数字化研发设计工具普及率、行政许可事项网上办理率、软件业务收入百强企业数、省级智能工厂数、省级以上认定工业互联网平台数。

表 **9-16**　中国城市数字经济指标及大连市相应指标排序表

一级指标	二级指标	权重	大连市指标值	大连市相应指标排名
数字经济规模	数字经济增加值/亿元	9.39%	2014.8	5
	数字经济增加值占 GDP 比重/%	2.12%	45.01	8

续表

一级指标	二级指标	权重	大连市指标值	大连市相应指标排名
数字产业化	软件和信息服务业收入占比/%	4.31%	71.5	1
	电子信息百强企业数/家	8.81%	1	4
	软件业务收入百强企业数/家	10.15%	2	3
	省级以上认定企业技术中心/家	8.84%	104	4
	瞪羚企业认定数占比/%	3.65%	27	4
	高新技术企业数/家	5.56%	2475	9
	省级以上专精特新企业数/家	7.79%	54	7
产业数字化	通过两化融合贯标企业数/家	4.15%	12	10
	数字化研发设计工具普及率/%	3.99%	82	2
	省级智能工厂数/家	3.60%	NaN	3
	省级以上认定工业互联网平台数/个	5.94%	NaN	3
	工业企业关键工序数控率/%	4.42%	52	7
数字化治理	行政许可事项网上办理率/%	2.72%	98.31	2
数字基础设施	人均 5G 基站数/（个/万人）	5.10%	9.97	8
	光纤宽带普及率/%	4.56%	94	4
	城域网出口带宽/Gbps	4.91%	3000	11

注：表中权重由于经过四舍五入，合计不等于 100%；NaN 表示缺失值

2. 大连市数字经济发展的政策建议

第一，数字经济规模方面，加大政府统筹力度、统一组织实施攻关。

一是因“业”制宜、精准施策，激发数字经济市场活力。政府应适当进行税收减免、发放研发经费补贴以及推进制定相应的奖励制度，针对数字经济产业的企业发展特质需求，精准施策，激发数字经济行业市场活力。例如，通过政府的导向作用实现大连市精细化工行业数控化和智能化产业链；加快区块链建设，推动金融行业实现个性化、定制化的需求等。二是发挥政府的导向作用，围绕核心产业打造数字经济全产业链，发挥政府导向作用，实现

优势核心产业与数字化产业的全链条融合。

第二，数字产业化方面，加强数字技能培训，加大数据开放力度。

一是加快发展战略性新兴数字产业，形成新经济业态，通过数字化转型促进产业链升级以及引导和支持供应企业，大力推广各种新型数字化模式，提升产业链升级水平；加快发展新型战略性数字产业，加快发展人工智能、区块链、虚拟现实等新兴数字产业，深化研发，探索“算法市场”建设。二是加快数字科技成果转化，加快培育数字科技形成数字产业，充分发挥科技创新力量，关键环节之一是科技成果转化；提高科技成果转化率，让科技成果不仅仅停留在“论文中”，更要在“大地上”有所体现，通过举办“进高校”“进研究院”“进企业”等系列专题讲座，促进科技成果转移转化。

第三，产业数字化方面，促进传统产业转型，培育新增长点、形成新动能。

一是促进数字经济与传统产业融合发展，新产业在和大数据有效结合后实现了迅速发展，先进制造业和先进服务业是大连市转型升级的主要方向，应充分利用沿海地区的地理效益，积极与国际公认的高端制造企业合作，学习国外制造和管理技术，创建个人开发系统，形成独特的发展体系。二是政府应做好数字经济发展顶层设计，发展数字经济需要“看得见的手”和“看不见的手”的有效结合，一方面，推动数字化转型走深走实，如通过虚拟现实模拟真实购物环境，让购买者身临其境，实现商场超市的数字化转型；另一方面，逐步完善数字生态，建设良好的数据流通环境，在可控制的范围内加大对数据的开放力度，比如提高数据的透明度以供学者、研究人员使用。

第四，数字化治理方面，推动公共服务数字化转型，实现城市治理“智慧大脑”。

一是整合政务资源，打造数字政府。加快构建涵盖各重点领域的基础数据资源平台，推进客观数据和政府决策管理的有效融合，构建“智慧大脑”，不断提高全社会享受数字化成果的普及率，以数字媒体推动智慧城市建设。

打造城市智能感知、运营监控、智能决策和互联互通调整新体系，实现公共治理能力现代化。二是完善数字化法律体系，提升制度供给竞争力。深化“放管服”改革，实现数字安全可控。数字经济时代中，数据既是财富也是风险来源。数据的采集和保存都需要政府严格监控，如今，数据的存在形式多种多样，在管理方面存在一定难度。为了避免某种风险发生，应对城市的风险进行监控，并构建与事件对应的安全控制系统，保证数字治理体系的安全与稳定。

第五，数字基础设施方面，加快通信网络基础设施建设，实现高速泛在连接。

一是规划先行，提供政策与资金保障。加快制定大连市推进数字基础设施建设行动方案，明确数字基础设施重点领域、重大项目、重要行动和政策保障。立足数字产业化、产业数字化、数字治理，从建设任务、保障举措等方面提出具体举措。健全完善多元化的投融资模式，发挥财政资金撬动作用，加大对科技企业直接融资的支持力度，鼓励银行或金融机构为数字经济先进企业提供资金支持和精准金融服务，为数字基础设施建设提供资本支持。二是推进城市基础设施智能化，提高城市物联网基础设施感知能力，重点发展4G、5G、光纤等物联网应用连接设备。推进城市基础设施建设，提高数据资源的共享水平，对基础设施进行统一部署。以智能网联汽车、无人驾驶为导向，加快图像识别、声音识别和视频解码识别等交通基础设施数字化改造进程，推进无人管理、智能识别建设。

第三节　基于 R&D 资本存量核算的辽宁省科技创新目标实现路径研究

创新作为引领发展的第一动力，依旧是发展的重要主题。近年来，我国高度重视科学技术进步，科技事业密集发力、加速跨越，重大创新成果竞相涌现，一些前沿方向开始进入并行、领跑阶段，成绩喜人。经过多年努力，辽宁省在科技创新方面取得了新进展，科创事业展开了新篇章，但仍然存在企业创新主体地位有待强化和创新、对经济社会发展的支撑引领作用不够突出等亟待破解的问题。

本节为解决辽宁省创新动力不足、研发投入水平低的问题，以辽宁省制定的到 2025 年实现研发支出与地区生产总值之比（称为研发强度）为 2.3% 的目标为着眼点，构建辽宁省科技创新 CGE（computable general equilibrium，可计算的一般均衡）模型，将研发强度目标设为 2.6%，为显化研发强度、资本存量与 GDP 增长率的关系，通过多元回归模型拟合，将研发强度目标的实现转化为 GDP 增长率的外生化过程，根据实现研发强度目标需要的 GDP 增长率，迫使模型找出达到研发目标所需的关键变量变化，以期为政府提供相关的政策思路。

一、辽宁省 R&D 资本存量与经济增长核算数据准备

本节的辽宁省科技创新 CGE 模型以 2017 年的 42 部门的投入产出表为基础，结合辽宁省发展的主要产业，将辽宁省经济体划分为 19 个部门，研究与试验发展作为一个单独的部门，但是考虑到辽宁省经济体和全国的区别，辽宁省 19 个部门的替代弹性值可能存在难以估计的误差，因此将部门简化为四个产业（表 9-17）。模型假设生产者均在规模收益不变的生产技术条件下按利润最大化原则进行生产决策。值得注意的是，在之前的分类中，研发支出在投入产出表中被视为生产过程中消耗的经常性支出，因此主要作为中间消费出现。SNA 2008 扩大了固定资产的范围，并将研发支出转变为固定资本形成。

表 **9-17** 辽宁省科技创新 **CGE** 模型的部门划分表

辽宁省科技创新 CGE 模型部门分类		简化分类
代码	部门	部门
1	农林牧渔业	第一产业
2	煤炭采选业，石油和天然气开采业，金属、非金属矿采及其他矿采业，食品制造及烟草加工业，石油加工及炼焦业，化学工业，金属冶炼及压延加工业，金属制品业，机械设备制造业，通信、仪表及其他设备制造业，电力、热力、燃气及水生产和供应业以及其他制造业	第二产业
3	交通运输与邮政业，信息传输、计算机服务和软件业，金融业，综合技术服务业，教育，其他服务业	第三产业
4	研究与试验发展	研究与试验发展业

1. 数据的来源与处理

SAM（social accounting matrix，社会核算矩阵）表是 CGE 模型的数据基础，包括国民经济中的生产和非生产账户，也包括它们之间的闭合关系。辽宁省 SAM 表结构如表 9-18 所示。

表 **9-18** 辽宁省 **SAM** 表结构

项目	1	2	3	4	5	6	7	8	9
	活动	商品	生产要素	资本要素	居民	企业	政府	储蓄投资	国外
活动		省内销售							出口
商品	中间投入				居民消费	企业消费	政府消费	投资消费	
生产要素	劳动收入								
资本要素	资本收入								
居民			劳动收入	资本收入			转移支付		

续表

项目	1 活动	2 商品	3 生产要素	4 资本要素	5 居民	6 企业	7 政府	8 储蓄投资	9 国外
企业				资本收入			转移支付		
政府	间接税	关税			个人所得税	企业所得税			
储蓄投资					居民储蓄	企业储蓄	政府储蓄		国外储蓄
国外		进口							

该模型的基准年是2017年，相关具体数据来源及说明如表9-19所示。

表 **9-19**　辽宁省宏观 **SAM** 的数据来源与处理

行	列	数据来源及其处理	指标说明
1. 活动	2. 商品	投入产出表	QVA
	9. 国外	投入产出表	QE
2. 商品	1. 活动	投入产出表	QINTA
	5. 居民	投入产出表	$PQ_c \times QH_c$
	7. 政府	投入产出表	$PQ_c \times QG_c$
	8. 储蓄投资	投入产出表	EINV
3. 生产要素	1. 活动	投入产出表中的“劳动者报酬”	$WL \times QLD_a$
4. 资本要素	1. 活动	投入产出表中“固定资产折旧”+“营业盈余”	$WK \times QKD_a$
5. 居民	3. 生产要素	投入产出表、《辽宁统计年鉴2018》	$WL \times QLD_a$
	4. 资本要素	投入产出表、《辽宁统计年鉴2018》	$shif_{hk} \times WK \times QKS$
	7. 政府	《中国财政年鉴2018》、政府对居民的补贴	$transfr_{hgov}$

续表

行	列	数据来源及其处理	指标说明
6. 企业	4. 资本要素	《辽宁统计年鉴 2018》	shif_{entk}
	7. 政府	《中国财政年鉴 2018》、政府对企业的补贴	transfr_{egov}
7. 政府	1. 活动	《中国财政年鉴 2018》、间接税汇总	
	2. 商品	《辽宁统计年鉴 2018》、关税	transfr_{entg}
	5. 居民	《辽宁统计年鉴 2018》、个人所得税	$\text{ti}_h \times \text{YH}_h$
	6. 企业	《辽宁统计年鉴 2018》、企业所得税	$\text{ti}_{ent} \times \text{YENT}$
8. 储蓄投资	5. 居民	《辽宁统计年鉴 2018》	$(1-\text{mpc})(1-\text{ti}_h)\times \text{YH}$
	6. 企业	《辽宁统计年鉴 2018》	ENTSAV
	7. 政府	《辽宁统计年鉴 2018》、政府收入-支出	GSAV
	9. 国外	列余量	FSAV
9. 国外	2. 商品	投入产出表	$\sum_c \text{pwm}_c \times \text{QM}_c$

2. 辽宁省 SAM 表的编制

SAM 表必须遵循社会核算系统的借贷平衡原则，每行的汇总要等于相应列的汇总。但是，由于实践中是从原始数据来源建立 SAM 表，对矩阵各个元素填充数字，最初的结果通常是不平衡的，即每行的汇总数值和每列的汇总数值不相等，因此要对数值做校正，使同一行列的汇总数值平衡，这个过程叫作 SAM 平衡。对宏观 SAM 使用修正原有投入产出表直接消耗系数矩阵进行调平，并使用已经调节平衡的宏观 SAM 的数据作为控制数据，调整微观 SAM，调平后的宏观 SAM 如表 9-20 所示。

表 9-20　2017 年辽宁省宏观 SAM 表

项目	1	2	3	4	5	6	7	8	9
	活动	商品	生产要素	资本要素	居民	企业	政府	储蓄投资	国外
活动		375 912 578							234 916 122
商品	376 736 300				108 748 300		29 024 700	101 274 800	
生产要素	104 076 062								
资本要素	964 763 95								
居民			104 076 062	12 923 798			29 795 756		
企业				835 525 97			2 382 900		
政府	335 399 43	1 374 875			904 100	2 784 100			
储蓄投资					37 143 216	83 151 397	–22 600 338		3 580 525
国外		238 496 647							

二、辽宁省 R&D 资本存量对经济增长的影响研究

1. 辽宁省科技创新 CGE 模型的模块构建

为了分析辽宁省产业经济、研发投入等问题，借鉴前者经验，将辽宁省科技创新 CGE 模型分为生产模块、居民收入和消费模块、企业模块、政府模块、国际贸易模块、均衡模块和动态模块。整体的结构如图 9-12 所示，各模块数据均以 SAM 表中数据为依据进行分析与计算。

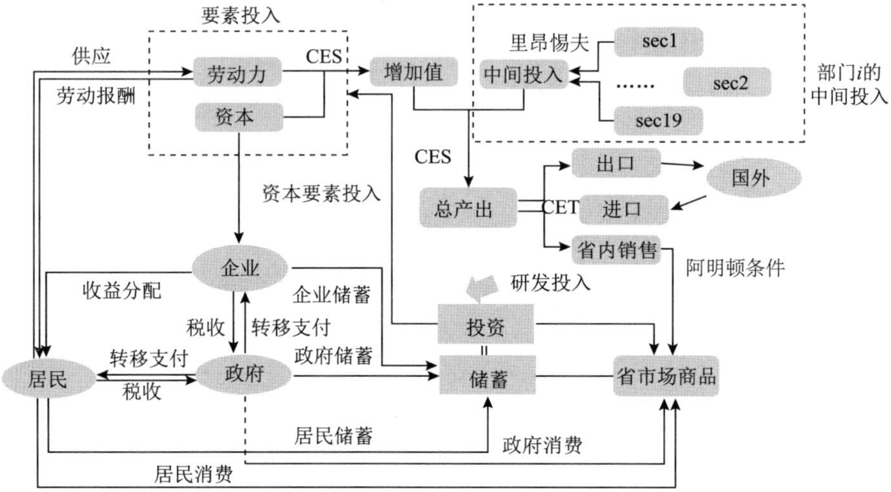

图 9-12 辽宁省科技创新 CGE 模型的市场商品流通框架图

CES 即常数替代弹性（constant elasticity of substitution）；CET 即常数弹性转换（constant elasticity of transformation）

2. 弹性参数的选择与计算

第一，替代弹性参数。

在参考国内外文献的基础上，经过反复甄别和检验，得出辽宁省四个部门的主要弹性系数，如表 9-21 所示。

表 **9-21** 行业弹性系数的外生赋值

项目	第一层中间投入与增加值	劳动与资本	省内与省外	进口和省外流入
第一产业	0.3	4.18	1.256	0.20

续表

项目	第一层中间投入与增加值	劳动与资本	省内与省外	进口和省外流入
第二产业	0.71	17.9	1.345	0.42
第三产业	0.71	5.94	2.428	0.42
研究与试验发展业	0.71	6.89	2.438	0.40

第二，R&D 和经济增长的参数。

根据资本存量与 GDP 增长率的关系，在应用最小二乘法估算模型之前，可能存在异方差，这不符合运用最小二乘法的条件，因此对方程式中的变量取对数，得到如下模型：

$$\ln Y_t = a + \alpha \ln \mathrm{ZB}_t + \beta \ln \mathrm{LD}_t + \gamma \ln \mathrm{RD}_t + e_t \tag{9-3}$$

其中，Y_t 为经济增长；ZB_t、LD_t、RD_t 分别为物质、劳动和 R&D 资本存量。重点关注 R&D 资本存量的系数，γ 表示 R&D 资本每变动 1%引起的 GDP 变动的百分比，即研发资本变动对经济增长变动的影响。具体过程如下。

（1）数据选取。

在实证研究中，本部分选取 1999 年到 2017 年的数据来做实证分析。

（2）变量选取和数据来源与处理。

被解释变量为 1999～2017 年辽宁省的地区生产总值（GDP），用来反映经济增长；解释变量为 1999～2017 年辽宁省 R&D 资本存量，用来反映科技因素；控制变量为 1999～2017 年辽宁省物质资本存量和劳动资本存量，其中物质资本存量用固定资产来替代，劳动资本存量用劳动力就业人口来替代。以上数据均来自《辽宁统计年鉴 2018》。为了消除通货膨胀的因素，对 GDP 按 GDP 价格缩减指数（1999=100）进行平减，对固定资产按固定资产价格指数（1999=100）进行价格平减，得出按不变价计算的数据。

3. R&D 资本存量对 GDP 影响的回归分析

为了反映变量之间的相对变动，去除可能存在的异方差问题，对四个变量分别取对数，分别用 lnGDP、lnZB、lnLD、lnRD 来表示。回归结果如表 9-22 所示。

表 **9-22** 回归结果

变量	回归系数	标准误	t	$P>\|t\|$	95%置信区间
lnRD	0.525 3	0.021 64	24.27	0.000	(0.479 14,0.571 39)
lnZB	0.358 0	0.129 46	2.77	0.014	(0.820 62,0.633 95)
lnLD	0.923 7	0.129 54	7.13	0.000	(0.647 63,1.199 84)
常数项	−3.711 34	0.905 00	−4.10	0.001	(−5.640 31, −1.782 37)
调整 R^2	0.998 8				
P 值（F 统计量）	0.000 0				

模型调整后的可决系数 R^2 为 0.9988，F 统计量的概率 P 值为 0.0000，表明模型拟合效果良好，整体回归显著，具有统计意义。从回归结果中看，R&D 资本存量的 t 统计量为 24.27，P 值为 0.000，在显著性水平 0.05 的条件下，通过了显著性检验，表明 R&D 资本存量对 GDP 有显著性影响。R&D 资本存量的回归系数为 0.5253，表明 R&D 资本每变动 1%，将导致经济增长变动 0.5253%。由此可见，R&D 资本存量能够促进经济增长。

控制变量方面，物质资本存量的系数为 0.3580，且在 5%水平下不显著，这说明固定资本的增加对 GDP 的增长贡献较小，说明辽宁省的经济发展还是长期依赖于资本密集；劳动资本存量的 t 统计量为 7.13，P 值为 0.000，在显著性水平 0.05 的条件下，通过显著性检验，就业人数的增加显著影响 GDP 的增长。研究与试验发展业的参数如表 9-23 所示。

表 9-23　研究与试验发展业的参数

部门	研发折旧率	研发平均增长率	收益率	资本存量/GDP 系数
研究与试验发展业	10%	10.3%	25%	0.5407

三、辽宁省科技创新目标实现的模型构建及应用分析

1. 模型参数的标定

辽宁省科技创新 CGE 模型中生产函数、阿明顿函数、CET 函数的份额参数，一般由替代弹性、变量的基年数据标定出来，根据上述参数的确定，代入 SAM 表中的数据，即可根据标定过程中具体的公式求出相应的份额参数与规模参数。

2. 辽宁省科技创新目标实现模型应用及其结果分析

2020 年辽宁省制定了到 2025 年研发支出占地区生产总值的比例为 2.3%的目标，现将模型目标定为 2.6%，要从 2017 年的 1.84%的水平达到这一目标，2017 年至 2025 年期间，该占比需要平均每年增加约 4.4%。在本节中，只探讨增加政府支出和政府消费的政策选择。在模拟中，我们将 R&D/GDP 比率外生化，并用上述 4.4%的恒定增长率计算 2017～2025 年的冲击比率，以便在 2025 年达到 2.6%的目标，然后在 2025 年之后将其保持在该水平。将代表所考虑政策的变量内生化，以迫使模型找出达到目标所需的政策变化。表 9-24 为根据经典文献的弹性选择计算出来的相应的 GDP 增长率。

表 9-24　研发强度及其对应的 GDP 增长率表

研发强度/%	GDP 增长率/%
1.84	0.050 209 74
1.921 328	0.050 297 574
2.006 250 698	0.050 389 291

续表

研发强度/%	GDP 增长率/%
2.094 926 978	0.050 485 061
2.187 522 751	0.050 585 065
2.284 211 256	0.050 689 488
2.385 173 394	0.050 795 27
2.490 598 058	0.050 912 386
2.600 682 492	0.051 031 277

根据拟合出来的研发强度与 GDP 增长率的关系，将研发强度目标转换为在 GDP 增长率的变动下相应指标的变动求解过程，据此即可通过 GDP 的增长变化外生化，刺激模型的过程求解。

使用上述求得的 GDP 增长率对 CGE 模型进行设置，将辽宁省的 R&D 资本折旧率确定为 15%，利用几何平均法求出辽宁省研发存量的增长率为 8%，研发投资回报率采用相对保守的 10.8%的数值，用来反映辽宁省最终商品供应、进出口商品价格、储蓄、投资等指标的变动情况。

（1）产业增加值变动情况。

未来辽宁省的第一产业增加值会有较大的提升，而第二产业的增加值将开始下降，第三产业总体的增加值也将呈现上升趋势，而研究与试验发展业的增加值不断减少。

（2）政府对部门产品需求的变动情况。

由表 9-25 可知，从 2017 年至 2020 年，政府对第一产业的消费快速增长，2021 年起有所回落并趋于稳定。尽管政府对研究与试验发展业的消费在 2025 年略有下降，但整体呈上升趋势。相比之下，政府对第三产业的消费整体呈现收缩态势。

表 9-25 GDP 增长率变化下政府对部门消费变动情况表 单位：万元

年份	政府对第一产业的消费	政府对第二产业的消费	政府对第三产业的消费	政府对研究与试验发展业的消费
2017	725 947.6	0	28 000 000	272 168.1
2018	4 149 160	32.091	162 000 000	2 000 669
2019	4 625 816	31.634	179 000 000	2 419 750
2020	5 450 211	30.702	207 000 000	2 693 423
2021	2 942 230	37.909	115 000 000	2 339 310
2022	3 305 222	32.055	126 000 000	4 278 112
2023	3 305 222	32.055	126 000 000	4 278 112
2024	3 305 222	32.055	126 000 000	4 278 112
2025	4 053 364	37.534	157 000 000	1 270 000

（3）居民对部门产品需求的变动情况。

由表 9-26 可知，居民对经济促进的效果并不明显，表现在居民对各产业产品需求变动较小，有较大变动的是居民对研究与试验发展业产品需求。从农业产业的科技研发来看，当前居民面临着粮食安全保障进一步升级，从“吃得饱”到“吃得好”的新跨越阶段，居民更加注重营养健康。从产业发展方向来看，居民重视在科技领域的技术研发，食味和营养功能食品不断开发，专用特用品种不断推新。

表 9-26 GDP 增长率变化下居民对部门产品需求的变动情况表 单位：万元

年份	居民对第一产业产品需求	居民对第二产业产品需求	居民对第三产业产品需求	居民对研究与试验发展业产品需求
2017	5 429 011	42 000 000	61 285 120	0
2018	5 424 191	41 800 000	61 300 000	7 141.208
2019	5 424 537	41 800 000	61 300 000	6 353.223
2020	5 424 970	41 800 000	61 300 000	39 624.32
2021	5 420 944	41 700 000	61 300 000	33 660.01
2022	5 422 053	41 800 000	61 300 000	59 944.21

续表

年份	居民对第一产业产品需求	居民对第二产业产品需求	居民对第三产业产品需求	居民对研究与试验发展业产品需求
2023	5 422 053	41 800 000	61 300 000	59 944.21
2024	5 422 053	41 800 000	61 300 000	59 944.21
2025	5 419 439	41 700 000	61 300 000	3 159.31

（4）政府支出与投资总额变动情况。

表 9-27 表明，在 GDP 实现增长的过程中，政府支出先开始出现较大幅度的提升，而后增长趋势逐渐减缓并趋于稳定。但投资总额呈现下降趋势，表明 GDP 实现增长的过程中不采取相应举措可能不利于辽宁省的投资与储蓄。

表 **9-27** **GDP** 增长率变化下政府支出与投资总额变动情况表　　单位：万元

年份	政府支出	投资总额
2017	61 203 360	101 274 800
2018	272 013 800	145 000 000
2019	312 352 500	154 000 000
2020	367 724 000	161 000 000
2021	152 147 700	101 000 000
2022	168 122 100	99 300 000
2023	168 122 100	99 300 000
2024	168 122 100	99 300 000
2025	151 017 700	92 000 000

四、辽宁省科技创新目标的实现路径分析

1. 从政府支出角度分析目标的实现路径

应增加政府支出，从而有效提高全要素生产率，使得产出进一步增加，且增加值有所扩大，从而带动居民消费、研发支出，最终带来较大的产业增加值。政府支出增加会引起对研发服务需求的增加，这就提高了研发的价格

和产出，从而行业的就业人数增加。回报率的提高也会引发投资，最终使资本存量增加，从而提高整个经济的生产率，进而实现研发强度目标。

研发投入对辽宁省经济增长具有显著的拉动作用，并且持续期较长。另外，科研创新具有非常大的外部性，社会效益明显。辽宁省政府应不断在财政支出上加大对科技研发活动的投入，并鼓励和引导企业增加研发投入，而且要加快基础设施建设和市场化发展，规范制度运行程序，使研发活动对经济增长的拉动作用充分释放出来。

2. 从政府消费角度分析目标的实现路径

政府因研发支出增加而增加消费。适当地增加政府消费支出，可以降低社会整体储蓄意愿，促进市场主体扩大消费规模，进而提高国内总需求。提高政府对研发部门的消费可以持续释放内需潜力，推动消费稳定增长，这正是立足现实、着眼长远的政策安排。增加对研发部门的消费能够发挥经济发展的关键性作用，促进形成强大省内市场，推动辽宁省企业增强创新能力、加强技术研发，以消费升级带动产业升级，进而为实现经济高质量发展提供坚实基础。假设总就业率保持在基线水平，研发部门的扩张将劳动力从其他行业吸走，导致其他行业的资本边际产出下降，从而降低了其他部门的回报率，因此其他非研发部门的投资以及随后的资本存量下降。政府科研预算支出对经济增长率有着中短期的正向影响效果，长期状态下收敛于零。

模拟结果显示，制造业增加值增长率的差值普遍小于服务业增加值增长率的差值。这意味着第三产业研发投入的正向影响更大。若增加研发投入，第三产业将更快发展，有利于从以第二产业为主导转向以第三产业为主导的产业结构变迁，这与前人研究结论相似。

3. 稳健性分析

CGE 模拟的结果在一定程度上依赖于外生给定的弹性值。弹性值不同时，模拟结果可能发生变化。为保证模拟结果的可靠性，本章进行了模型的稳健性检验，即 CGE 模型的敏感性分析。先设定弹性值，在给定弹性值的基础上上下浮动 50%，得到弹性值的试验变动区间，并且假定弹性值在该区间上满足均匀分布，在上述设定完成后，对 CGE 模型进行 500 次模拟，求解得到各产业增加值的模拟结果,然后对各产业增加值数据进行描述性统计分析，与给定弹性值情形下输出的结果进行比较，结果显示，各产业增加值的模拟值均值与给定弹性值下的求解值相差不大，且标准差较小，因此在一定程度上验证了模拟结果的稳健性。

五、辽宁省科技创新目标实现结论与建议

1. 辽宁省科技创新目标实现结论

（1）研发支出会促进经济增长，即研发支出越多，经济增长速度越快，这是因为研发投入提高了社会生产力发展水平，加快了经济增长步伐；加大研发经费投入，通过一系列科学合理的研发活动，可以促进技术创新，实现经济长期平稳增长。

（2）政府对研发消费规模的扩大能够有效地促进经济发展水平的提升。为此，辽宁省政府应该合理预算政府消费，保持政府消费规模的稳步上升。政府消费支出水平提高有利于人力资本积累，激励社会公众的创业积极性，从而推动经济发展，为经济发展积蓄动力；另外，经济增长又为扩大政府消费支出奠定坚实的物质基础，从而提高公共服务水平，稳定居民的预期。

（3）研发投入能显著拉动政府消费。研发投入导致存量增加，进而使 GDP 增长，所以政府消费需要大幅提升。研发投入对第一产业增加值的影响大于对第二产业、第三产业的影响，创新活动有利于产业结构高级化。目前仍需继续加大研发投入力度，扶持经济从资本导向转向创新拉动。对于知识资本产出弹性高的产业，更应侧重创新活动的产出。同时，应注意到研发投入对

农林牧副渔产出有显著的提升作用,这种提升不仅可以为整体经济增长助力,更为解决“三农”问题提供了可依赖的路径。与其他行业相比，农业知识资本存量低，同等的研发投入可以带来更高比例的农业知识资本存量增长，对农业增加值的积极影响更明显。

2. 辽宁省科技创新目标实现建议

第一，要加大财政科技投入力度，调整财政科技投入领域。财政科技投入增长速度过慢和数量投入不足是制约辽宁省经济高质量发展的主要因素。相对于全国和与辽宁省相近的地区来说,辽宁省研发支出占 GDP 的比重还是比较低的，辽宁振兴仍然处于重要战略机遇期。在财政科技投入领域，要强调加强对第二产业产业化阶段中薄弱环节的财政科技投入，并且在避免重复投资和科技资金浪费的前提下，有计划、有重点地使用财政科技资金，把好钢用在刀刃上。

第二,引导资金向经济创新主体流动。首先,政府应当积极采取财政措施,加大科技投入在财政支出中的比重。其次，政府应当引导企业自主增加创新投入，提高自主创新能力。最后，政府应引导银行加大对创新企业的投资。

第三，加大政府对基础研发的支持力度，增强辽宁省基础科学的实力。目前辽宁省研发创新产出大多在实用新型和外观设计领域，在国际上有重大影响的基础学科的创新成果寥寥无几。虽然这种情况短期内对辽宁省的经济增长起着显著的促进作用,但从中长期来看,由于辽宁省基础研究相对薄弱,科技对经济增长的促进作用十分有限，因此加强基础研究是经济发展的迫切要求。一方面，基础研究以科技论文、专利授权或者信息等形式流向公共知识库中回报社会；另一方面，应用技术研究从基础研究这一公共知识库里获取智慧，并以较低的生产成本生产新的产品，从而占领市场获得利润。

第三篇　生产性服务业与生活性服务业核算篇

第十章
交通运输卫星账户的编制问题、改进方案与中国实践①

交通运输卫星账户是交通运输行业统计的重要补充，是提升国民经济账户分析能力的有效方式。现有交通运输卫星账户在核算范围、分类标准等方面尚未形成统一的国际标准，各国交通运输卫星账户发展水平存在差异，无法全面反映现代交通运输业的新业态特征，有必要进一步探索并改进交通运输卫星账户。本章以交通运输行业统计的局限性为研究起点，分析从交通运输行业统计到交通运输卫星账户的必要性与实践可能性，总结美国、法国、加拿大、澳大利亚 4 个代表国家的编制实践及尚存的核心问题，探索交通运输卫星账户的改进方案，以中国 2018 年供给使用表为数据基础，尝试初步编制交通运输卫星账户的核心表式——中国 2018 年交通运输卫星账户供给使用表，并根据试编实践和编制结果的局限性，提出发展中国交通运输卫星账户的建议。

第一节　从交通运输行业统计到交通运输卫星账户

20 世纪 50 年代，世界各国已开展国民经济核算工作，但在交通运输行

① 本章执笔人：马晓君、赵雪、徐晓晴。本章已发表于《统计研究》2022 年第 12 期。

业统计方面仍存在两种口径：一是“物质产品平衡表体系”（system of material product balance，MPS）将交通运输业视为物质生产部门，核算交通运输产品生产、积累和消费情况；二是SNA将交通运输业视为生产部门，核算交通运输物质生产与非物质生产。自联合国正式公布SNA 1953以来，世界各国逐步以SNA为标准发展交通运输行业统计，核算交通运输活动规模，从而帮助各国明晰交通运输发展情况，认识交通运输产出对本国经济的贡献。随着SNA的不断修订，交通运输行业统计内容也进行了相应调整。SNA 1993提出可构建交通运输附属账户，扩展交通运输核算范围，全面反映交通运输发展状况，自此形成交通运输卫星账户初步概念。SNA 2008改变了“附属账户”的表述，全面引入“卫星账户”（蒋萍和蒋再平，2020），规范了交通运输卫星账户的理论基础。2019年4月第六届国际运输论坛（International Transport Forum，ITF）召开，提出编写关于建立和发展交通运输卫星账户的手册或指南，以提高不同国家交通运输卫星账户数据的可比性，进一步推动构建交通运输卫星账户的理论框架。随着交通运输卫星账户理论的不断发展，美国、法国等国家已逐步开展交通运输卫星账户的编制工作，调整交通运输统计内容，完善国民经济账户的结构与分析功能，弥补交通运输行业统计在核算范围不够全面、难以编制交通运输供给使用表等方面的局限性。

交通运输行业统计作为综合性、基础性管理工具，是明晰交通运输业发展速度、发展质量和发展趋势的有力数字武器，承担着反映交通运输业动态变化、剖析交通运输业结构特征、研判交通运输业发展方向的重要职能，发挥着交通运输“健康晴雨表”的重要作用。因此，在我国交通运输处于机遇与挑战交织的重要发展时期，交通运输统计应全面发挥职能，贡献交通强国建设的统计力量。然而，世界交通运输格局演变、交通运输新业态涌现等新形势对交通运输行业统计提出更高要求，使得交通运输行业统计在核算范围、核算指标等方面的局限性日益显现。而卫星账户通过灵活修改部分SNA中心框架的定义与核算规则，将国民经济核算原理运用至某一特定领域，能够有效增强特定领域的核算力量（蒋萍等，2013）。因此，部分国家开始以卫星账户理论为基础，编制交通运输卫星账户以突破交通运输行业统计的局限。当前，伴随着中国交通运输业从以跟跑世界一流水平为主，进入到跟跑、并跑、领跑并行的新阶段，中国迎来构建交通运输卫星账户的良好契机。构建中国特色交通运输卫星账户，在加快我国交通运输强国建设服务的同时，也为世界交通运输卫星账户的编制提供了中国方案，从而进一步推动建立交通运输卫星账户的国际标准。

20 世纪 90 年代以来，部分国家以卫星账户理论为根本遵循，逐步编制交通运输卫星账户以补充交通运输信息。美国最早对交通运输卫星账户的编制进行研究，并于 1992 年首次尝试编制交通运输卫星账户，将核算范围扩展至非交通运输行业辅助性运输活动和住户自给性运输活动。Fang 和 Han（1997）、高敏雪（2001）总结美国构建交通运输账户的理论框架和账户结构，概述如何基于美国投入产出账户开发交通运输卫星账户；Fang 等（1998）基于美国 1992 年交通运输卫星账户供给表、使用表、直接需求系数表和总需求系数表，分析交通运输业对美国经济的重要支撑作用；Fang 等（2000）、王建伟和焦萍（2010）对比分析 1992 年和 1996 年美国交通运输卫星账户的相关成果，以展示交通运输卫星账户的核算优势；美国交通运输部、研究和技术创新委员会及交通运输统计局共同编写出版《交通运输卫星账户：交通运输在经济中的作用》，详细展示美国编制交通运输卫星账户的数据来源、核算方法和具体表式，并对比分析 1992 年和 1997 年美国交通运输卫星账户的核算方法和核算结果，进一步推动美国交通运输卫星账户的发展。在美国交通运输卫星账户发展的基础上，法国、意大利、日本、澳大利亚等国家纷纷开展交通运输卫星账户的研究工作。法国于 1996 年开始编制交通运输卫星账户，主要解决交通运输部门产品和服务的生产、交通运输活动的外部性成本、交通运输产品的使用去向等问题。Michel 在 2000 年探讨法国编制交通运输卫星账户的经验，提出全面核算非市场交通运输服务的建议；Carlo 和 Monica 在 2003 年总结了意大利编制道路运输卫星账户的经验，并对比 1992 年意大利道路运输卫星账户结果与国民经济账户的数据差异。意大利和日本的交通运输卫星账户主要用于分析道路运输中的内部运输情况。袁长伟（2009）提出日本道路运输卫星账户能有效扩展交通运输业的核算范围，显性化处理隐含于其他产业之中的运输服务增加值。澳大利亚统计局于 2011 年 10 月发布《未来澳大利亚交通运输卫星账户：ABS 观点》，详细介绍澳大利亚交通运输卫星账户的编制方法和核算细节。Norman 等（2013）基于美国交通运输卫星账户的研究，对比分析澳大利亚交通运输卫星账户编制情况。

本节详细介绍交通运输行业统计的局限性，阐明交通运输卫星账户如何突破交通运输行业统计的局限，并进一步厘清从交通运输行业统计过渡到交通运输卫星账户需协调的理论与实践问题。

一、交通运输行业统计的局限性

交通运输行业统计以联合国 ISIC 4.0 为基础，设计相应交通运输指标，开展交通运输数据相关统计，反映交通运输业在基础设施建设、客运货运等方面的发展状况。随着社会的持续发展，“互联网+交通运输”“互联网+高效物流”等交通运输新业态不断涌现，交通运输发展模式已发生深刻变革，从而造成交通运输行业统计的局限性日益显现，无法提供全面的交通运输信息，无法充分满足社会发展的需求。具体表现为以下两点。

一是统计核算范围不够全面。交通运输活动不仅包括交通运输企业提供的运输服务活动，还包括非交通运输类企事业单位内部的车辆运输和住户的自给性交通运输活动。现行交通运输行业统计与 SNA 2008 使用相同的核算规则，统计核算范围未包括所有交通运输活动：一方面，SNA 2008 中心框架认可对辅助活动不进行单独区分的做法（蒋萍和蒋再平，2020），因此，交通运输行业统计不对非交通运输生产单位的辅助性交通运输活动予以单独识别；另一方面，住户自给性生产通常具有“自给自足”的特性，对经济中其他部门的影响有限，而国民经济核算生产范围不包括住户成员为自身最终消费而进行的绝大部分服务生产。因此，交通运输行业统计不记录住户自给性交通运输活动。此外，由于外部效应不计入经济单位的货币交易价值，交通运输行业统计未记录交通运输产生的外部效应。

二是难以编制交通运输供给使用表。国民经济核算以整个国民经济运行全过程为对象，能够形成包括所有经济活动在内的供给使用表：一方面记录国内各产业部门和国外进口的各类货物与服务，另一方面记录这些货物和服务在中间使用和最终使用（包括出口）的分配过程。然而，交通运输行业统计核算范围不包括交通运输辅助活动、自给性交通运输活动与交通运输外部效应，无法提供交通运输行业所有产品的供给与使用数据，因此，难以形成供给使用表以反映该领域产品的供给使用状况。

二、构建交通运输卫星账户的必要性

随着世界经济市场发展进程加快，各国交通运输关联行业高速发展，各行业内部非营业性交通运输活动规模迅速扩张。例如，旅游业的快速发展大幅带动交通运输需求的不断增加，但旅游带动的交通运输增加值均属于旅游业产出，未体现在交通运输业产出中，造成交通运输产出能力和规模的低估。因此，识别交通运输业与国民经济各行业的关联关系，真实反映交通运输产出能力和规模，是交通运输业统计亟待解决的重要问题。

基于社会经济发展和各国交通运输统计状况，ITF 于 2011 年 3 月出版《交通运输卫星账户：最新动态》，指出交通运输卫星账户是国民账户体系的重要扩展。交通运输卫星账户依托于国民经济核算中心框架的基本概念、核算方法与账户体系，打破 CPC 和 ISIC 的标准顺序与排列层级，重新组织交通运输相关活动分类并补充外部效应核算的相关内容。相较于交通运输行业统计，交通运输卫星账户的研究视角强调全口径与同质性，其对交通运输行业统计的补充主要体现在以下三点。

（1）突破国民经济行业分类法的限定。交通运输卫星账户在 ISIC 和 CPC 的基础上，对交通运输产业及产品进行重新分类整合，形成新的交通运输相关产业及产品分类。例如，交通运输卫星账户将制造业统计范围的“汽车制造业”“铁路、船舶、航空航天和其他运输设备制造业”中交通运输业相关内容归为交通运输行业。在形成全新交通运输行业产品分类的基础上，交通运输卫星账户将交通运输次要活动及辅助活动从其他行业剥离出来，纳入交通运输卫星账户核算范畴，从而反映交通运输产品的生产、销售、使用全过程，补充交通运输行业统计的核算范围，从根本上解决交通运输行业统计中存在的非同质性问题，进一步推动交通运输业的准确核算。

（2）突破交通运输行业统计基于 SNA 2008 生产范围的限定。卫星账户涵盖不包括在 SNA 2008 生产范围内，但属于经济意义生产范围的生产活动（蒋萍和蒋再平，2020）。随着网络的普及和信息技术的发展，“线下配送”和“网约车”形式的交通运输活动规模逐步扩张，“互联网+交通运输”已逐步成为当前交通运输发展的重要趋势之一。因此，交通运输卫星账户可纳入住户的自给性交通运输服务，以反映交通运输行业统计中未核算的自给性交通运输价值，从而实现生产范围的扩展。例如，将住户用私家车提供的交通运输服务纳入交通运输卫星账户核算范围，将极大扩展非市场活动的核算范围[①]。

（3）突破交通运输外部效应不予记录原则。外部效应不属于 SNA 2008 生产范围，也不属于经济意义的生产范围，无法通过国民经济账户中的数据

① SNA 2008 29.36 段。

与指标进行反映。建立卫星账户并设立专门指标，是反映外部效应对居民福利与社会环境影响的可行做法（蒋萍和蒋再平，2020）。交通运输卫星账户突破生产范围的限定，将交通运输外部效应纳入核算范围，从成本角度对交通运输活动的外部效应进行核算和分析，能够全面反映交通运输行业发展所带来的资源消耗、空气污染、交通拥堵等负面效应，突破交通运输行业统计无法反映外部效应信息的局限。

综上所述，交通运输卫星账户在交通运输行业统计基础上，能够更灵活地扩展核算范围，对交通运输活动进行重新分类，破解交通运输行业统计的局限性，从而更全面反映市场性和非市场性交通运输服务。因此，各国有必要根据本国统计需求和统计能力，逐步构建交通运输卫星账户，实现对交通运输活动的全口径统计。

三、交通运输行业统计向交通运输卫星账户转换的实践问题

交通运输卫星账户的发展并非一蹴而就，交通运输行业统计与交通运输卫星账户在核算范围、测算方法等方面存在一定差异，因此，从交通运输行业统计过渡到交通运输卫星账户，需要协调理论和实践中存在的差异问题，具体表现为以下三点。

（1）确定交通运输核算范围的理论边界。交通运输行业统计基于国民经济核算体系确定具体核算范围，主要包括交通运输、邮政和仓储业。在此基础上，交通运输卫星账户扩展交通运输核算范围的理论边界，主要从交通运输服务的供给和交通运输产品或服务的需求两方面进行界定。一方面，交通运输服务的供给包括：①国民经济核算体系核算范围中的营业性交通运输活动；②非交通运输行业次要运输活动，指为开展主要活动而进行的收费交通运输服务，如零售业在配送货物时收取服务费用的交通运输服务；③非交通运输行业的辅助性交通运输活动，指因开展主要活动而进行的自用交通运输

服务，如零售商使用自己的货车将货物从仓库运送至零售店。另一方面，交通运输产品或服务的需求包括：①住户部门对交通运输服务的需求，如私人汽车的使用；②住户部门对交通运输产品的需求，如购买轮胎、机动车辆保险等；③政府部门在交通运输服务上的支出，如道路维修和保养；④政府部门在交通运输基础设施领域的投资，如建设道路、桥梁等。因此，交通运输行业统计与交通运输卫星账户的核算范围存在较大差异，在编制交通运输卫星账户时，应调整交通运输业范围，并制定交通运输业分类体系，形成适用于交通运输行业分析的分类标准。

（2）确定交通运输活动的测算方法。交通运输卫星账户对交通运输活动的测算方法主要分为两类：一是对于原属于国民经济核算范围内的交通运输活动，仍保持原测算方法不变，如道路客运等；二是对于交通运输卫星账户扩展的交通运输活动，在无法直接获取相关交通运输活动产出数据时，以“投入=产出”为主要方法进行测算。例如，将雇员报酬视为交通运输相关投入，通过人口普查或劳动力调查数据，计算交通运输业雇员报酬与总投入的比率，再用该比率乘以非交通运输行业总投入，即可推算非交通运输行业的交通运输投入，从而得到非交通运输行业的交通运输产出。

（3）确定交通运输卫星账户相关表式。交通运输行业统计过程未单独编制交通运输相关表式以组织交通运输业信息，但在发展交通运输卫星账户时，应根据实际统计需求编制交通运输相关表式，完善国民经济账户分析功能。例如，编制交通运输卫星账户供给使用表，提供交通运输产品和服务的供给使用状况；编制交通运输卫星账户直接需求系数表和总需求系数表，反映交通运输业与其他产业的关联程度；编制交通运输就业信息表，反映交通运输就业对总就业的贡献；编制交通运输外部效应信息表，提供交通运输业的外部效应成本等信息。但具体表式的架构、数据来源等方面尚未统一，需在交通运输卫星账户的实际编制工作中进一步探索。

综上所述，交通运输卫星账户是补充交通运输行业统计信息的有效方式，其发展与经济社会的发展需求、交通运输业的深刻变革存在广泛联系。但是，从交通运输行业统计向交通运输卫星账户的转换面临一系列理论与实践问题，需要各国在实践编制的探索过程中逐步完善，从而推动建立具有国际可比性、一致性的交通运输卫星账户。

第二节　交通运输卫星账户编制的各国实践

一、交通运输卫星账户编制的国际经验

国际上，美国、法国、加拿大和澳大利亚较早尝试编制交通运输卫星账户，具备较完善的编制经验，已形成较具代表性的编制成果。20 世纪 90 年代初，BEA 以投入产出表为基础开展交通运输卫星账户的编制工作，将非交通运输行业辅助性交通运输活动和住户自给性交通运输活动扩展至核算范围内。法国于 1996 年开始编制交通运输卫星账户，主要分析交通运输部门产品和服务的生产、交通运输活动的外部性成本、交通运输产品的主要使用去向等问题。加拿大交通运输卫星账户参照美国交通运输卫星账户的编制方法，遵循供给使用表的分类标准，将非交通运输行业的自给性交通运输活动单独剥离出来视为非交通运输行业的辅助活动进行核算。澳大利亚统计局于 2011 年开展交通运输卫星账户的编制工作，扩展交通运输活动的核算范围，涵盖营业性运输活动和企业为自身使用而提供的运输服务。此外，意大利、比利时、日本等国家相继参照上述四个国家的编制经验，分别展开本国交通运输卫星账户的编制探索。基于此，本章以美国、法国、加拿大、澳大利亚为主要研究对象，从数据来源、核算范围、表式选择、内部交通运输的估算、核算指标五个方面总结四国交通运输卫星账户的编制经验，具体见表 10-1。

表 10-1 美国、法国、加拿大、澳大利亚交通运输卫星账户编制情况

国家	数据来源	核算范围	表式选择	内部交通运输的估算	核算指标
美国	投入产出表、固定资产表、行业职业矩阵数据、就业预测数据	营业性交通运输活动；内部交通运输活动，包括非交通运输行业辅助性交通运输活动和住户自给性交通运输活动	供给表、使用表、直接需求表、总需求表	识别与交通运输相关的投入；制定行业分布权重；估算非交通运输行业辅助性交通运输；平衡调整	增加值、直接消耗系数、完全消耗系数、运输服务指数
法国	货物调查数据、车辆租赁公司数据、家庭总消费数据等	营业性交通运输活动；内部交通运输活动，包括非交通运输行业辅助性交通运输活动和住户自给性交通运输活动	经常性支出表、资本支出表、总支出表、道路基础设施费用表	—	经常性支出、资本支出、总支出、道路基础设施费用
加拿大	宏观经济账户供给使用表、就业普查数据、《加拿大能源供需报告》、自然单位中一次和二次能源的供求情况	营业性交通运输活动；内部交通运输活动，包括非交通运输行业辅助性交通运输活动	供给表、使用表、总需求表、直接需求表	识别与交通运输相关的投入；制定行业分布权重；估算非交通运输行业辅助性交通运输；平衡调整	增加值、直接消耗系数、完全消耗系数
澳大利亚	经济活动调查数据、供给使用表、投入产出表、汽车使用调查、汽车普查、人口和住房普查以及劳动力数据中的道路运输数据	营业性交通运输活动；内部交通运输活动，包括非交通运输行业辅助性交通运输活动	供给表、使用表、内部交通运输活动表	识别与交通运输相关的投入；制定行业分布权重；估算非交通运输行业辅助性交通运输；平衡调整	增加值

1. 数据来源

美国、法国、加拿大、澳大利亚四国交通运输卫星账户数据涉及宏观经济数据、人口数据、就业数据、能源数据、固定资产数据及其他交通运输相关数据；其中，部分数据需进行估算与调整才能用于交通运输卫星账户表式，如非交通运输行业用于其内部交通运输活动的投入数据和住户部门交通运输生产的投入数据。此外，加拿大为获得更细致的交通运输相关数据，于 2012 年展开商品流量调查，针对私人卡车运输设计货物调查，以获取住户卡车运

输量等指标数据；同时，由企业名录部门与车辆登记部门联合开展私人卡车运输调查，并利用电子数据报告和全球定位系统数据建立货运统计模型。美国基于地理空间数据构建客运和货运数据库系统，实现对客运货运量、事故、交通基础设施等信息的可视化输出，并由美国运输统计局协调其他部门进行交通运输统计信息的共享与发布。此外，美国正开展 Web 抓取选项研究以实现数据库的及时更新，如使用机器学习与网络抓取方法进行货运量的估算。

2. 核算范围

美国、法国、加拿大、澳大利亚四国以本国国民经济核算分类为基础，对交通运输卫星账户的核算范围进行重新组合和补充，均将交通运输活动分为营业性交通运输活动和内部交通运输活动两大类。营业性交通运输活动属于国民经济核算范围，可根据核算的细致程度对其进行补充，如纳入旅游观光交通运输等。而上述四国在内部交通运输活动的分类上存在一定的差异，加拿大和澳大利亚的内部交通运输活动主要指非交通运输行业辅助性交通运输活动，美国和法国在此基础上还包括住户自给性交通运输活动。此外，法国交通运输卫星账户不包括管道运输，并将与储存有关的辅助性交通运输活动按国民经济分类进行核算，不识别为交通运输活动。

3. 表式选择

依据各国的编制实践，交通运输卫星账户的主要表式为供给表、使用表、直接需求表、总需求表、内部交通运输活动表和各类支出表。其中，供给表和使用表是基于投入产出表或供给使用表扩展而来，反映交通运输产品和服务的供给使用状况；直接需求表和总需求表则基于交通运输卫星账户使用表数据编制，反映交通运输业与其他产业的关联程度；内部交通运输活动表主要提供各产业的内部交通运输产品或服务使用数据；各类支出表反映最终使用者在交通运输产品和服务上的支出情况。

一般而言，交通运输卫星账户的核心表式为供给表与使用表，其基本表式与一般意义上的供给使用表相同，仍采用“产业×产品”形式，与 SNA 2008 中心框架一致，分别反映产业对相应产品的供给与使用情况。但交通运输卫星账户供给使用表仍具备自身特色：第一，理论上，交通运输卫星账户供给使用表将住户自给性交通运输与辅助性交通运输分别列为单独的产业部门和产品部门，以显示住户自给性交通运输服务和辅助性交通运输服务价值，但在实际编制中，各国可根据编制情况选择是否将住户自给性交通运输单列；第二，由于交通运输卫星账户核算住户自给性交通运输，因此使用表中各产业增加值总和将大于 GDP。

目前相关国际组织尚未发布交通运输卫星账户指导手册，同时不同国家对交通运输卫星账户的编制需求及数据来源存在显著差异，因此各国相关表式编制程度和研究重点各不相同。多数国家均采用供给表与使用表作为交通运输卫星账户的核心表式，其他表式则根据各国需求进行选择编制。美国、加拿大和澳大利亚的交通运输卫星账户以投入产出账户结构为基础进行扩展，从而反映航空、铁路、水上和道路的内部交通运输。此外，美国交通运输卫星账户增加住户自给性交通运输以反映住户部门自给性交通运输活动规模。法国交通运输卫星账户的表式选择与上述三国存在明显差异，采用经常性支出表、资本支出表、总支出表和道路基础设施费用表以反映不同交通运输方式在不同支出上的差异情况。

4. 内部交通运输的估算

内部交通运输活动主要包括非交通运输行业辅助性交通运输和住户自给性交通运输，二者的估算方式不同。

美国、加拿大、澳大利亚三国对非交通运输行业辅助性交通运输的估算主要分为三步：第一步，识别与交通运输相关的投入，即识别唯一或主要用于以特定交通运输方式形成交通运输服务的项目。通常交通运输相关投入属于非耐用品（平均寿命少于三年的产品），主要包括燃料、维修与保养服务及其他服务。第二步，制定行业分布权重，主要通过交通运输相关投入产品分配到各行业部门的过程进行权重设置。例如，美国交通运输卫星账户按各行业生产活动中交通运输使用（运输设备如卡车、飞机等和运输就业人数）占国民经济总体交通运输情况的比重进行分配；澳大利亚则根据各行业中交通运输雇员占比情况进行分配。第三步，估算非交通运输行业辅助性交通运输，包括估算辅助性交通运输和用于生产辅助性交通运输的投入两部分。其中，估算辅助性交通运输分为两种情况：一是当产品确定为交通运输相关投入时，该产品价值可直接从投入产出表或者供给使用表中获取。例如，假设铁路机车车辆制造产品是选定的交通运输相关投入，若某非交通运输行业消耗 3000 元的铁路机车车辆制造产品，那么用于该行业辅助性交通运输的铁路机车车辆价值为 3000 元。二是当产品不属于交通运输相关投入时，该产品用于辅助性交通运输活动的价值等于该产品用于行业的总价值减去用于行业营业性交通运输活动的价值。基于上述三个步骤，经平衡调整后，即可生成交通运输卫星账户核心表式中非交通运输行业辅助性交通运输活动相关价值的数据。

此外，美国交通运输卫星账户的核算范围包括住户自给性交通运输，但不包括住户自给性交通运输的外部效应（如住户驾驶汽车时对环境造成的损失成本）。具体估算步骤为：①估计住户自给性交通运输服务投入，包括获取车辆所有权所付出的投入和运营投入；②估计住户自给性交通运输服务增加值，理论上，住户自给性交通运输服务增加值等于劳动服务价值、间接税、资本回报及家用机动车辆的折旧之和。但由于国民经济账户不记录无偿劳务价值，因此该增加值不记录劳动服务价值；同时，由于缺乏详细的间接税数据，故假设间接税为 0；此外，由于住户部门为非营利部门，故假设资本回报率为 0。因此，在实践过程中，住户自给性交通运输服务增加值通过家用机动车辆的折旧进行估计，主要数据来源为投入产出账户和机动车辆年折旧数据。

5. 核算指标

美国、加拿大、澳大利亚均选取增加值以反映交通运输业对 GDP 的贡献。增加值作为交通运输卫星账户的核心指标，等于交通运输行业对其他行业和最终用户的销售价值扣除其从其他行业购买的价值。交通运输卫星账户的增加值由雇员报酬、生产税净额、总营业盈余三部分构成。而美国的住户自给性交通运输服务增加值定义为劳动服务价值、间接税、资本回报以及家用机动车辆的折旧之和。由于交通运输卫星账户的核算范围涵盖所有交通运输活动，有效扩大了传统交通运输行业统计范围，因此，相较于交通运输行业统计的增加值指标，交通运输卫星账户的增加值更能客观反映交通运输活动的总规模。

除增加值指标外，法国交通运输卫星账户运用经常性支出、资本支出、总支出和道路基础设施费用等支出指标，反映各行业用于营业性或内部交通运输服务上的各类支出。同时，美国、加拿大基于交通运输卫星账户的直接需求表和完全需求表构建直接经济依存关系指标（如直接消耗系数等）和完全经济依存关系指标（如完全消耗系数等），以展开交通运输业与其他产业经济依存的投入产出核算。此外，美国进一步开发全国性和地区性的运输服务指数（transportation service index，TSI），以反映经济运行总体情况。

二、现行交通运输卫星账户的核心问题

（1）交通运输卫星账户国际标准尚未出台，国家间交通运输卫星账户的可比程度低。卫星账户国际标准的确立是其发展成熟的重要标志之一，已有诸多卫星账户编制出台相关国际标准，有效推动了卫星账户发展。例如，《联合国非营利机构手册（2003）》《联合国非营利机构及志愿者工作手册（2018）》

规范了非营利机构卫星账户的编制（王勇等，2020）；SEEA-Energy 2019 为能源卫星账户提供了统一的国际标准。目前交通运输卫星账户尚处于初步探索与实践阶段，已编制交通运输卫星账户的国家基于本国交通运输业核算状况，通过借鉴他国交通运输卫星账户的编制经验，初步探索本国交通运输卫星账户的雏形。但由于缺少国际标准的统一指导，各国交通运输卫星账户在核算范围、分类标准、核心表式等内容上均存在差异，不同国家交通运输卫星账户的一致性与可比性较差。

（2）交通运输卫星账户的数据采集未全面考虑应用大数据技术，使现有数据缺乏全面性、及时性和准确性。当前交通运输卫星账户的主要数据来源为国民经济核算数据和估算数据，数据获取方式处于传统数据采集向智能化数据采集的过渡时期，未广泛使用物联网技术下的海量数据抓取及智能化数据清洗方法，尚未实现及时有效的数据收集、汇总与整理。例如，航空旅客和铁路旅客大多采用网上购票方式，使航空客运量与铁路客运量能够实现互联网实时信息采集，获得相对准确完整的数据，但道路客运量构成复杂、方式多样，大部分私家车的客运量无法实现与计算机互联，造成道路客运量的较大低估。同时，由于缺乏非交通运输行业辅助性交通运输和住户自给性交通运输的相关数据，无法准确反映非交通运输行业辅助性交通运输和住户自给性交通运输的真实规模。

（3）交通运输卫星账户核算范围未完全纳入内部交通运输活动和交通运输外部效应，难以反映现代交通运输新业态特征。世界范围内数字经济、共享经济等新经济模式不断涌现；社会大众“线上下单，线下配送”的消费习惯推动交通运输新业态持续发展；“互联网+出行服务”“互联网+高效物流”等交通运输新形式催生海量交通运输新内容。随着私家车拥有量的不断增加，“网约车”成为社会大众出行的热衷选择，私家车兼职做顺风车等活动扩大了住户部门自给性交通运输活动规模。同时，交通运输活动激增带来的大气污染、能源消耗日益严重，也亟须对交通运输的外部效应进行核算。然而，现行交通运输卫星账户在编制过程中，由于数据来源、核算方法等问题，未完全将上述内部交通运输活动和交通运输外部效应纳入核算范围，尚不能全面核算现代交通运输新业态的发展速度和发展规模。

（4）交通运输卫星账户的账户表式和核算指标不够全面，无法完全发挥卫星账户功能。SNA 2008 指出，卫星账户的基本功能是使用账户形式进行特定项目各项支出的使用与收益分析、包括所用劳动和资本在内的生产分析以及转移和其他资金使用方式的分析，要求账户中包括相关产品供给与使用资料、生产过程中使用的固定资产资料、与生产或使用有关的全部转移资料以及就业和现有资产相关资料。然而，现有交通运输卫星账户尚未完全发挥卫星账户的功能：首先，现有交通运输卫星账户的账户表式多数从供给使用角度分析交通运输项目的生产与使用，缺少反映就业和现有资产相关资料的表式内容；其次，增加值指标是现有交通运输卫星账户的主要指标，但增加值指标在反映运输业结构、规模和发展速度方面较为单一，无法反映现代交通运输行业在从业人员数量、能源使用、环境污染等方面的影响；最后，使用投入产出表进行分析是卫星账户的延伸功能，但现有交通运输卫星账户尚未进一步编制投入产出表，无法实现卫星账户的延伸功能。

（5）交通运输卫星账户与其他领域联系较弱，应用价值有待提高。目前，节能减排、改善城市拥堵、完善交通运输就业等已成为许多国家关注的重要方向，建立特定指标以反映交通运输与经济、环境的相互影响机制具有重要意义。作为国民经济账户的扩展，交通运输卫星账户能够提供交通运输就业、能源使用等数据，有效整合交通运输、经济、能源和环境等方面的信息。但由于数据获取困难，部分交通运输卫星账户核算范围不够完善，使交通运输卫星账户的应用范围较为狭窄。例如，美国、加拿大和澳大利亚交通运输卫星账户核算范围均未涵盖交通运输外部效应，无法提供交通运输行业发展所带来的资源消耗、空气污染、交通拥堵等交通运输外部成本信息，使得交通运输卫星账户在节能减排、缓解拥堵等方面难以发挥作用。

根据上述分析，目前交通运输卫星账户尚处于初步探索与实践阶段，各国在实践过程中存在核算范围不完善、数据生产方式陈旧、未发挥卫星账户应有功能、应用范围狭窄、国际可比性低等问题，无法完全反映新时代交通运输行业实况，交通运输卫星账户亟须进一步完善与发展。

第三节　交通运输卫星账户改进方向的探索

当前交通运输统计环境日新月异，数据来源与格式的多样化、调查方式与主体的丰富化、信息获取与公布的及时化均对交通运输卫星账户在数据来源、核算指标、应用范围等方面的变革产生深刻影响，也为解决交通运输卫星账户发展中的核心问题带来了全新机遇。基于各国交通运输卫星账户的具体实践和当前社会经济发展需求，应全面构建交通运输卫星账户的统一国际标准，提高交通运输数据的国际可比性及一致性，推动构建全球交通命运共同体。

一、推动建立交通运输卫星账户的国际标准

制定国际标准有助于从长远上解决各国交通运输卫星账户间在核算角度、估算方法等方面的不一致问题，以及各国在编制实践过程中遇到的理论和实际问题。编制交通运输卫星账户国际标准时需注意以下几点。

（1）确定核算角度——从供给角度核算过渡到需求角度核算。交通运输卫星账户可从供应侧或需求侧对交通运输活动进行测算。例如，美国使用供给侧方法衡量交通运输活动，测算营业性交通运输和内部交通运输活动对经济的贡献程度；加拿大从供给侧出发研究营业性交通运输和内部交通运输活动对 GDP 的贡献，从而分析交通运输的经济重要性；法国和比利时使用需求

侧方法，即使用不同类型交通运输方式的交通运输支出数据来编制交通运输卫星账户。当前，交通运输消费者和其他最终用户购买的所有与交通运输有关的货物和服务（如机动车辆、燃料和机动车辆保险）大幅增加，从需求侧反映最终使用者的交通运输支出是增强交通运输统计分析能力的重要目标之一，因此需求侧方法可作为构建交通运输卫星账户重点考虑的方法。

（2）确定估算方法——按市场价格估算住户自给性交通运输产出。按市场价格估算指按相关服务的市场价格（包括利润率）进行估值。当前住户自给性交通运输的市场价格能够被准确捕获，相较于成本法能够更准确地估计住户自给性交通运输，是未来核算住户自给性交通运输产出的重要方向。例如，以私家车在网约车平台兼职顺风车的市场价格核算私家车的自给性交通运输产出价值。

（3）增加账户表式——以账户形式直接反映交通运输就业信息。现代交通运输就业类型多样，横向上几乎存在于国民经济的各行各业，纵向上涉及货物和服务生产过程中的交通运输、装卸搬运、流通加工、配送等各环节。同时，便捷出行、智慧交通、高效物流等新业态涌现也带来交通运输就业的新形势。因此，交通运输卫星账户应考虑纳入与交通运输相关的新就业类型，并编制相关表式以反映交通运输就业信息。

除此之外，还需进一步考虑构建交通运输卫星账户的概念、方法和核心账户表式的问题，以及当前数据来源和方法限制交通运输卫星账户理论框架的发展等问题，以上均需要联合国统计委员会或其他国际机构、组织、国家进行交流研究，联合构建现代交通运输卫星账户国际标准，推动交通运输卫星账户规范化发展。

二、完善交通运输卫星账户的核算范围

当前传统交通运输业内涵已发生变化，运输方式多样，跨行业物流业

务联系紧密，生产单位直接或间接的交通运输辅助活动日益增多，交通运输活动对居民生活及社会经济发展的影响日益广泛，需要扩展交通运输统计范围，从而更客观地反映交通运输业的现状与发展。但目前相关国家在编制交通运输卫星账户时未全面考虑内部交通运输活动和交通运输外部效应，导致现有交通运输卫星账户无法实现内部交通运输活动和交通运输外部效应核算的突破。交通运输卫星账户应单独核算内部交通运输活动，同时应纳入交通运输外部效应核算，在实践中逐步完善交通运输卫星账户的核算范围。

单独核算内部交通运输活动。将内部交通运输从所依附的产业中脱离出来进行单独核算，形成内部交通运输活动的中间投入与增加值，并将数据整合到交通运输业总体数据中，不仅能够真实核算内部交通运输活动，而且能够确保整个国民经济的总增加值不变。由于各部门的性质和规模存在较大差异，单独核算内部交通运输活动应考虑各部门的不同特点，分门别类地对各部门进行详细划分，以期得到全面有效的真实数据。对于住户自给性运输服务，可利用车载设备进行私家车运输活动调查、使用个人移动设备获取个人行程数据，以获取住户交通运输活动的有效信息，从而将住户运输纳入交通运输卫星账户的核算范围。

纳入交通运输外部效应核算。目前，仅法国和比利时的交通运输卫星账户对交通运输产生的外部效应成本进行估算分析，如比利时空气污染的外部效应成本根据每吨污染物的平均排放量进行估计。大数据背景下，云计算、移动互联网、物联网等新兴信息技术与交通运输业不断深入融合，为交通运输活动产生的能源消耗、空气污染、交通拥堵提供了有效的数据基础，为运输卫星账户核算范围纳入外部效应减少了数据阻力，使得交通运输卫星账户纳入外部效应核算成为可能。

三、扩展交通运输卫星账户的数据来源

随着信息技术的快速发展，物联网、智能移动终端、车联网传感设备等在交通运输领域不断普及，交通运输数据采集范围进一步拓宽，移动终端等采集方式被国内外学者广泛运用于各类交通运输数据的采集过程中（刘晓波等，2019），使得交通运输统计可获取传统调查方式难以获取的海量数据，为交通运输卫星账户的构建提供强大的数据基础。

（1）辅助交通运输活动数据的获取。SNA 2008 中心框架并未根据辅助活动的性质对其进行分析与分类，其相关产品也未以独立产品的形式出现，因此未对生产单位的辅助交通运输活动产出进行单独记录。而交通运输卫星账户的主要功能在于单独识别辅助交通运输活动，可将仅从事辅助活动的生产单位视为独立的机构单位，并视同它生产了非辅助产出，建立账户记录其所从事的辅助交通运输活动数据，其产出价值根据生产总成本计算，其中包括该单位所使用的资本成本。为获取辅助交通运输活动数据，需设计仅从事辅助活动的生产单位的辅助交通运输活动数据库，进行数据记录、存储及处理，或者从机构单位中调取辅助交通运输活动数据储存至辅助交通运输活动数据库，从而全面记录各生产单位的辅助交通运输数据。

（2）住户自给性交通运输服务数据的获取。随着互联网的覆盖程度和个人智能设备的普及程度越来越高，位置和轨迹数据能够被个人智能设备有效识别和记录，从而为交通运输卫星账户核算住户自给性交通运输提供数据基础。例如，健康码是掌握个人出行轨迹的云计算技术服务，是疫情防控期间政府采集公民个人行程信息的重要手段。在保障个人隐私安全并获取个人用户许可的前提下，利用个人智能设备采集个人行程与运输数据，构建公民行程与运输状况数据库，可为交通运输卫星账户核算住户自给性交通运输活动提供基础数据。

（3）交通运输外部效应数据的获取与估算。气体浓度传感器能够检测车辆的废气排放，并将废气排放信息转换成所需形式输出，可以为交通运输卫星账户提供外部效应数据。基于实时交通运输状态数据、交通拥堵数据、交通运输环保数据等构建考虑外部效应的目标需求管理模型，可以更精准描述交通运输外部效应在拥堵和排放等方面的影响（刘晓波等，2019）。利用海量、多源、异构的交通运输大数据在微观层面对交通状态、能源消耗和尾气排放进行精细化建模，挖掘交通运输外部效应信息，以满足交通运输卫星账户在外部效应方面的数据要求。拥堵成本是交通运输活动重要的外部效应，国际机构及国内外学者在拥堵成本的测算上取得的一定的研究成果可供借鉴。例如，美国能源部太平洋西北国家实验室开发的 TranSEC 系统，使用机器学习技术进行实时拥堵情况预测[①]；相关学者利用大数据技术挖掘拥堵成本信息，如融合 Elman 神经网络与 EMD（empirical mode decomposition，经验模态分解）组合模型以构建交通拥堵指数（李振国和徐建新，2020）、使用拥堵收费数据和出行者信息来设计随机系统最优拥挤收费双层规划模型（杨碧琦等，2020）等；在排放造成的外部效应方面，美国国家环境保护局制定的大气污染物扩散模型可用于交通环境影响评价（吴亦政和张乐琦，2020）。

四、补充交通运输卫星账户的核算指标

增加值指标是交通运输卫星账户的主要指标，用以反映交通运输行业对 GDP 的贡献。但随着交通运输行业的不断发展，增加值指标无法全面反映交通运输行业新业态的结构、规模和发展速度等特征，也无法度量交通运输行业在能源使用和环境污染等方面的影响，从而无法充分满足当前政策制定和经济决策的统计需求。交通运输卫星账户涵盖国民经济运行过程中的所有部

---

① 资料来源：https://www.sciencedaily.com/releases/2020/12/201202192721.htm。

门，结合住户、政府等的交通运输数据构建价值量指标，将在一定程度上改善交通运输行业统计核算指标单一、准确度较低的问题。在实现以交通运输增加值指标反映交通运输及其增值全过程的基础上，借鉴卫生卫星账户（艾伟强和蒋萍，2013）、旅游卫星账户（卢媛和张晨，2019）及非营利机构卫星账户（王勇等，2020）的指标构建方法，应考虑补充交通运输收支与就业指标、交通运输进出口指标、交通运输能源消耗与环境污染指标以及交通运输投入产出指标，反映与交通运输活动密切相关的就业、能源使用、环境污染等问题。

1. 交通运输收支与就业指标

在物联网条件下，价格信息可以通过交易系统获得（宋旭光，2014），如网约车乘客支付的乘车费用与网约车司机获得的收入。外卖配送、快递物流、网上购票等越来越多的运输收入与支出过程已实现物联网实时数字化记录；“滴滴出行”“货车侠”等运输服务交易平台可实时追踪交通运输信息，完成在线结算审核流程，提供实际的客运和货运市场价格信息；顺丰、中通等物流综合服务商可提供仓储管理、大数据分析等全面的交通运输数据，在统一核算口径后，能够提供大量数据供交通运输卫星账户分析使用，丰富交通运输卫星账户收入与支出数据，为编制行李包裹运输收入、邮政运输收入、旅客运输支出、货物交通运输支出等指标提供数据基础。

交通运输就业的特殊性在于，交通运输就业人员中灵活就业人数所占比重较大。据统计，2019 年网约车平台在国内创造并带动近 1360 万个灵活就业岗位。通过政府就业信息平台联动网约车等出行平台，整合交通运输就业大数据集，从而编制交通运输卫星账户就业表，形成交通运输雇员人数、就业类型、灵活就业等指标，对全面客观反映现代交通运输就业规模和结构具有重要意义。

2. 交通运输进出口指标

多数国家货物进出口信息来自海关申报单。海关申报单的主要编制目的是组织征收进口和出口税信息，其中，进口价值以物品进入进口国时的到岸价格来估算，其中包括货物成本、保费和运费；出口价值以离开出口国时的离岸价格来估算，包括从出口商厂房到出口经济体边界的运费。但涉及的与服务交付相关的交通运输费用并未在海关留下直接监管记录，因此用于国民经济核算或国际收支核算时，海关申报数据在交通运输费用条目上会有部分缺失。在缺少海关记录的情况下，现有交通运输统计无法获取进出口交通运输服务费用，必须通过调查和其他资料来源来获取有关的信息，并且通常要记录实际交易发生时的价格。因此，海关部门和进出口单位可联合设计海关进出口数据库，结合物联网技术全面追踪并实时记录货物在进出口时交通运输、储存以及与服务交付相关的交通运输费用，构建“互联网+交通运输”进出口数据信息系统，使用交通运输卫星账户协调交通运输进出口数据，形成市场占有率、贸易竞争力指数、显示性比较优势指数、显示性竞争优势指数等交通运输进出口指标,全面反映跨境电商等进出口贸易的交通运输状况。

3. 交通运输能源消耗与环境污染指标

掌握交通运输业的能源消耗水平与环境污染程度对客观评价交通运输业高质量发展情况、科学评价节能降耗工作具有重要意义。基于物联网的环境监测数据将有效改善交通运输业能源消耗与环境污染数据基础，从而构建车辆排放降低率、车辆年检合格率、“五废”排放与回收率、“两废”排放与回收率等指标，反映交通运输业能耗与排放的动态趋势，为交通运输业节能减排政策的出台提供科学客观的依据。

4. 交通运输投入产出指标

在交通运输卫星账户供给使用表的基础上，运用各行业生产过程中产生的海量交通运输大数据，通过构建投入产出模型，掌握交通运输业与各行业间的交互情况，获悉交通在国民经济发展中的直接作用和影响。例如，在直接需求表和总需求表的基础上，计算直接消耗系数、完全消耗系数、中间投入率、中间使用率，以及反映产业关联性的影响力系数和感应度系数，反映交通运输业与国民经济其他行业的投入产出关系，为指导交通运输业高质量发展提供依据。

五、拓宽交通运输卫星账户的应用范围

目前，节能减排、减少拥堵、提高能源使用效率等已经成为许多国家关注的重要方向，交通运输卫星账户可以提供交通运输与经济、环境等方面的关联数据，实现交通运输与经济、环境等方面信息的整合，反映交通运输对最终消费者、其他行业乃至整个社会经济的影响，以及经济活动中交通运输活动与能源消耗、环境污染的关联程度。例如，澳大利亚已编制能源、水和土地三个环境经济账户，并计划编制环境保护支出、废物和环境工业账户，同时澳大利亚统计局遵循联合国环境经济核算体系的建议，通过构建交通运输卫星账户连接运输产品与能源使用、排放等方面的信息。

除《ITF 交通运输卫星账户工作组：摘要记录》确定的交通运输活动、基础设施、交通运输对环境的影响、政府财政、就业五个关键领域外，交通运输卫星账户将在非市场活动分析、投入产出分析、国外部门与国内机构部门之间经常性交易分析等方面发挥重要作用。例如，在非市场活动分析方面，交通运输卫星账户单独核算住户自给性交通运输服务，反映住户部门非市场性交通运输活动规模及产出，有效扩展非市场活动核算范围。

第四节　中国交通运输卫星账户的编制实践

一、中国编制交通运输卫星账户的建议

当前，我国交通运输体系基础设施网络不断完善、交通运输服务品质大

幅提升、交通运输领域新业态加快涌现，更加需要准确全面的统计资料和统计数据反映现代交通运输业的高质量发展。因此，中国可在开展交通运输行业统计工作的同时，逐步探索编制交通运输卫星账户。中国交通运输卫星账户的编制可尝试从以下五个方面展开。

（1）制定中国特色交通运输产业分类。制定交通运输及相关产业分类是构建交通运输卫星账户的起点，由于统计基础差别较大、交通运输业发展情况各异，各国基本采用适合本国国情、与已有行业分类较为一致的交通运输产业分类。为科学界定运输业核算范围，满足编制交通运输卫星账户监测运输经济活动规模、结构和质量等方面的要求，应制定中国特色交通运输产业分类。

考虑我国具有较为完备的交通运输供给体系，交通运输业发展处于世界领先水平，建议我国以《国民经济行业分类》（GB/T 4754—2017）为基础，识别出符合交通运输产业特征的相关活动进行再分类，充分涵盖第一产业、第二产业、第三产业中涉及的交通运输产业全部内容，尤其将制造业、服务业等相关产业中的大量交通运输活动剥离出来，归入交通运输业。例如，将制造业的“汽车制造业”、“铁路、船舶、航空航天和其他运输设备制造业”、居民服务、修理和其他服务业的“机动车修理业”等归入交通运输业。

（2）分步核算非交通运输行业辅助性交通运输、住户自给性交通运输和交通运输外部效应。从国际编制经验来看，交通运输卫星账户的主要功能之一是核算非交通运输行业辅助性交通运输、住户自给性交通运输和交通运输外部效应，从而完善交通运输行业统计的核算范围。由于中国交通运输方式多样、交通运输新业态高速发展，因此在现行交通运输行业统计基础上，我国应兼顾国际可比性原则，由易到难分步扩展交通运输统计范围。

第一步，尝试以基层单位为基本核算单位，识别非交通运输行业基层单位的辅助性交通运输活动投入，将其从原来所依附产业的投入中分离出来，单独核算得到非交通运输行业辅助性交通运输活动的中间投入和增加值，再将其归并至交通运输业，即在保证经济总体 GDP 不变的同时，将原本隐含在其他产业中的交通运输业增加值归入交通运输业中。第二步，以住户为基本核算单位，识别住户部门交通运输投入，将住户自给性交通运输活动纳入核算范围中。第三步，以交通运输带来的碳排放、能源消耗、交通拥堵、噪声污染等负外部效应成本为切入点，核算交通运输外部效应。

（3）结合大数据技术开展交通运输活动的数据采集。住户自给性交通运输活动和交通运输外部效应不属于国民经济核算范围，现有国民经济核算数据不能提供二者的信息。根据各国实践经验，专项调查或普查是获取交通运输卫星账户数据的重要途径，但我国经济体量较大、交通运输活动广泛、交通运输服务使用情况复杂，开展交通运输活动专项调查或普查的难度较大。本章建议引入大数据技术，将采集设备、传输网络等信息基础设施纳入铁路、道路、港口、航道、机场、综合交通枢纽等交通运输建设内容，逐步推进 5G、卫星通信信息网络等在交通运输领域的应用，重点实现对车辆、船舶、航空器等运载工具的活动数据自动化采集。此外，在保障公民隐私的情况下，有效识别个人位置和轨迹，推算个人或住户自给性交通运输量；通过物联网技术和传感器设备收集交通运输外部效应的相关数据，逐步估算交通运输外部效应成本。

（4）依据数据逐步编制相关表式。由于数据基础和编制目的不同，各国在交通运输卫星账户相关表式的编制方面存在较大差异。依据我国国情及交通运输统计基础，我国应以逐步过渡的形式编制交通运输卫星账户相关表式。首先，可依据现有国民经济核算数据，优先编制含非交通运输行业辅助性交通运输活动的交通运输卫星账户供给表和使用表；其次，目前尚未进行住户自给性交通运输的相关调查或统计，使住户自给性交通运输相关数据存在缺口，因此在住户自给性交通运输相关数据能够获取或推算时，编制完整的交通运输卫星账户供给表和使用表，基于编制的交通运输卫星账户使用表数据，再编制直接需求表和总需求表，反映交通运输业与其他产业之间的关联关系；最后，完善交通运输碳排放、交通拥堵成本、噪声污染等数据来源，编制交通运输外部效应信息表，反映交通运输业外部效应成本等信息。

（5）测度碳排放强度等内容以拓宽交通运输卫星账户的应用范围。交通运输业是能源消耗和碳排放的重要行业之一，是节能减排的重点领域。交通运输卫星账户反映交通运输能源消耗强度、碳排放强度以及碳排放治理成本等信息，对我国节能减排政策的制定至关重要。首先，在编制交通运输卫星账户供给使用表时，应细分能源相关行业（采矿业等），使用交通运输能源使用量推算碳排放量，从而反映交通运输业与能源相关产业的关联程度、交通运输业能源消耗状况和碳排放强度；其次，在编制交通运输外部效应信息表时，重点反映交通运输业在能源消耗和碳排放方面的成本信息。从而，在拓宽交通运输卫星账户应用范围的同时，更细致地反映能源使用与碳排放信息，为我国实现“碳达峰”“碳中和”目标提供数据支撑。

二、中国 2018 年交通运输卫星账户供给使用表的试编

根据交通运输卫星账户的国际编制经验及对我国编制实践的探索分析，本章以我国 2018 年供给使用表为数据基础，将隐含在国民经济各产业中的内部交通运输活动进行显性化处理，进而试编中国 2018 年交通运输卫星账户供给表和使用表。本章参考供给使用表的产业分类、产品分类以及《国民经济行业分类》（GB/T 4754—2017），将供给使用表的 60 个产业合并为六大产业，分别是采矿业，制造业，批发和零售业，交通运输、仓储和邮政业，住宿和餐饮业以及其他产业，具体分类如附表 1 所示；同时，将供给使用表的 70 个产品部门合并为六大产品部门，对应于上述六大产业分类，具体分类如附表 2 所示。交通运输产业部门在原有营业性交通运输业的基础上，增加内部

交通运输业；交通运输产品部门在原有营业性交通运输产品的基础上，增加内部交通运输产品。由于国民经济核算范围涵盖了非交通运输行业辅助性交通运输活动，但不包括住户自给性交通运输，因此本章遵循国民经济核算框架，增加的内部交通运输仅涵盖非交通运输行业辅助性交通运输活动，不包括住户自给性交通运输。在上述分类基础上，本章以中国 2018 年供给表和使用表为数据基础，试编中国 2018 年交通运输卫星账户供给表与使用表。

1. 中国交通运输卫星账户供给表的试编

中国交通运输卫星账户供给表具体编制过程如下：首先，合并交通运输业以外的采矿业、制造业、批发和零售业、住宿和餐饮业以及其他产业对应的产业部门和产品部门数据；其次，按照一定比例估算内部交通运输业的产品供给状况。需要注意的是，其一，此处使用的比例根据 2019 年美国交通运输供给使用表结果计算得到；其二，内部交通运输业只提供内部交通运输产品（如道路内部运输只提供道路内部运输产品），因此内部交通运输业的其他产品供应量均为 0；其三，除内部交通运输业外，其他产业部门（包括营业性交通运输部门）均不提供内部交通运输产品，因此其他各产业部门的内部交通运输产品供应量为 0。具体编制结果如附表 3 所示。

为更清晰地展示编制结果，表 10-2 展示了本章编制的中国交通运输卫星账户供给表的基本架构。具体来看，本章编制的中国交通运输卫星账户供给表主要包括五部分：矩阵Ⅰ记录除内部交通运输业外，其他各产业的产品供给情况，与一般意义上的供给使用表的内容相同；矩阵Ⅲ记录内部交通运输业供给内部交通运输产品的情况，该矩阵的数据是从矩阵Ⅱ按比例拆分而来，拆分后的剩余结果仍记录在矩阵Ⅱ中；矩阵Ⅳ记录内部交通运输业提供其他产品的情况，以及其他产业提供内部交通运输产品的情况，该矩阵的数值均为 0；矩阵Ⅴ为各行列合计。

表 10-2 中国交通运输卫星账户供给表的基本架构

产品		产业1	交通运输业										产业n	投入产出部门产出（产品部门合计）	购买者价格总供给
			营业性交通运输业					内部交通运输业							
			铁路	道路	水上	航空	其他	铁路	道路	水上	航空	其他			
产品 1															
营业性交通运输产品	铁路		Ⅱ				Ⅰ								
	道路			Ⅱ									Ⅰ		
	水上				Ⅱ										
	航空			Ⅰ		Ⅱ				Ⅳ					
	其他						Ⅱ								
	邮政													Ⅴ	
内部交通运输产品	铁路							Ⅲ							
	道路								Ⅲ						
	水上				Ⅳ					Ⅲ					
	航空										Ⅲ				
	其他											Ⅲ			
产品 n					Ⅰ								Ⅰ		
合计															

2. 中国交通运输卫星账户使用表的试编

中国交通运输卫星账户使用表具体编制过程与中国交通运输卫星账户供给表的编制过程相同，即先合并数据，再按比例估算内部交通运输产品的使用情况，具体编制结果如附表 4 所示。表 10-3 展示了本章编制的中国交通运输卫星账户使用表的基本架构。具体来看，本章编制的中国交通运输卫星账户使用表主要包括五部分：矩阵Ⅰ记录除内部交通运输业外，其他各产业的产品使用情况，与一般意义上的供给使用表的内容相同；矩阵Ⅱ记录交通运输业使用其他产品（除交通运输产品外）的情况，具体数值是按比例从原使用表中进行拆分所得；矩阵Ⅲ记录其他产业（除交通运输业外）使用交通运输产品的情况，具体数值也是按比例从原使用表中进行拆分所得；矩阵Ⅳ记录营业性交通运输业使用内部交通运输产品的情况，以及内部交通运输业使用营业性交通运输产品和内部交通运输产品的情况，根据假设，交通运输产业不含内部交通运输投入，内部交通运输投入仅由非交通运输产业使用，且内部交通运输业也不使用营业性交通运输产品，因此该矩阵的数值均为 0；矩阵Ⅴ为各行列合计。

表 **10-3** 中国交通运输卫星账户使用表的基本架构

<table>
<tr><th colspan="2" rowspan="3">产品</th><th colspan="13">中间使用</th><th rowspan="3">最终使用合计</th><th rowspan="3">购买者价格总使用</th></tr>
<tr><th rowspan="2">产业 1</th><th colspan="5">营业性交通运输业</th><th colspan="5">内部交通运输业</th><th rowspan="2">产业 n</th><th rowspan="2">中间使用合计</th></tr>
<tr><th>铁路</th><th>道路</th><th>水上</th><th>航空</th><th>其他</th><th>铁路</th><th>道路</th><th>水上</th><th>航空</th><th>其他</th></tr>
<tr><td colspan="2">产品 1</td><td>Ⅰ</td><td colspan="5">Ⅱ</td><td colspan="5">Ⅱ</td><td>Ⅰ</td><td rowspan="16">Ⅴ</td><td rowspan="14">Ⅰ</td><td rowspan="14">Ⅴ</td></tr>
<tr><td rowspan="6">营业性交通运输产品</td><td>铁路</td><td rowspan="6">Ⅲ</td><td colspan="5" rowspan="6">Ⅰ</td><td colspan="5" rowspan="11">Ⅳ</td><td rowspan="6">Ⅲ</td></tr>
<tr><td>道路</td></tr>
<tr><td>水上</td></tr>
<tr><td>航空</td></tr>
<tr><td>其他</td></tr>
<tr><td>邮政</td></tr>
<tr><td rowspan="5">内部交通运输产品</td><td>铁路</td><td rowspan="5">Ⅲ</td><td colspan="5" rowspan="5"></td><td rowspan="5">Ⅲ</td></tr>
<tr><td>道路</td></tr>
<tr><td>水上</td></tr>
<tr><td>航空</td></tr>
<tr><td>其他</td></tr>
<tr><td colspan="2">产品 n</td><td>Ⅰ</td><td colspan="5">Ⅱ</td><td colspan="5">Ⅱ</td><td>Ⅰ</td></tr>
<tr><td colspan="2">中间投入合计</td><td colspan="12" rowspan="3">Ⅴ</td></tr>
<tr><td colspan="2">增加值小计（SNA 生产者价格）</td><td colspan="2" rowspan="2"></td></tr>
<tr><td colspan="2">总投入</td></tr>
</table>

中国交通运输卫星账户使用表存在以下平衡关系：从横向来看，中间使

用合计+最终使用合计=购买者价格总使用；从纵向来看，总投入–中间投入合计=增加值。因此，中国交通运输卫星账户供给使用表平衡关系为：中间使用合计+最终使用合计=总产出。

3. 中国交通运输卫星账户试编的数据说明

美国 2019 年交通运输供给使用表结果显示，道路内部运输增加值占总道路运输增加值的 53.93%，航空内部运输占总航空运输的 19.34%，铁路内部运输占总铁路运输的 2.22%，水上内部运输占总水上运输的 18.75%，其他交通内部运输的增加值为 0。因此，本章以美国 2019 年交通运输供给使用表结果为依据，在保证经济总体核算数据不变的情况下，将 2018 年中国供给表和使用表中的交通运输业相关数据按比例进行拆分，作为营业性交通运输业和内部交通运输业的产品供给和使用估算数据。

由于内部交通运输业只供给对应交通运输方式的内部交通运输产品（如道路内部交通运输业只供给道路内部交通运输产品），因此中国 2018 年交通运输卫星账户供给表中的数据拆分较为简单。首先，在中国 2018 年交通运输卫星账户供给表中获取各交通运输方式的总供给数据，分别为：铁路运输业共提供铁路运输产品 85 772 900 万元，道路运输业共提供道路运输产品 518 666 487 万元，水上运输业共提供水上运输产品 66 964 107 万元，航空运输业共提供航空运输产品 89 607 176 万元，其他运输业共提供其他运输产品 245 440 581 万元。其次，按照美国 2019 年交通运输供给使用表结果对总供给数据拆分，如铁路内部交通运输业供给量估算为 1 904 158（85 772 900×2.22%）万元，则铁路营业性交通运输业供给量估算为 83 868 742（85 772 900–1 904 158）万元，分别填入矩阵Ⅲ和矩阵Ⅱ的对应位置，其他交通运输方式的估算方法与此相同，但需要注意使用不同比例。最后，除内部交通运输业外，其他产业部门（包括营业性交通运输部门）均不提供内部交通运输产品，因此，其他各产业部门的内部交通运输产品供应量为 0，填入矩阵Ⅳ部分。交通运输卫星账户供给表其他部分数据不必估算，按相应分类进行合并加总即可。

交通运输卫星账户使用表的数据估算主要分为两大部分，一是估算各产业（除交通运输产业外）使用内部交通运输产品的情况，二是估算内部交通运输业使用各类产品的情况。首先，在中国 2018 年交通运输卫星账户使用表中获取各产业使用交通运输产品的数据，如开采业使用铁路运输产品 674 313 万元，按照美国 2019 年交通运输供给使用表结果对总供给数据拆分，采矿业使用铁路内部交通运输产品 14 970（674 313×2.22%）万元，使用铁路营业性交通运输产品 659 343（674 313–14 970）万元，分别填入矩阵Ⅲ对应位置，其他产业（除交通运输产业外）的估算方法与此相同。其次，在中国 2018 年交通运输卫星账户使用表中获取交通运输产业使用其他产品的数据，如铁路运输业使用开采产品 88 579 万元，按照美国 2019 年交通运输供给使用表结果对总使用数据继续拆分，铁路内部交通运输业使用开采产品 1966（88 579×2.22%）万元，铁路营业性交通运输业使用开采产品 86 613（88 579–1966）万元，分别填入矩阵Ⅱ对应位置，交通运输业使用其他产品的估算方法与此相同，但需要注意对应使用不同比例。最后，内部交通运输业使用营业性交通运输产品和内部交通运输产品量均为 0，营业性交通运输业使用内部交通运输产品量为 0，分别填入使用表矩阵Ⅳ对应位置。交通运输卫星账户使用表其他部分数据不必估算，按相应分类进行合并加总即可。

综上所述，本章通过编制中国 2018 年交通运输卫星账户供给表和使用表，展示交通运输卫星账户的分类标准、数据估算和核心表式，但编制工作并不完善，尤其在数据来源方面。以上数据均是通过对中国 2018 年供给表和使用表中的数据进行合并、拆分得到，在准确反映我国交通运输产业的供给和使用情况方面仍有局限，因此，未来在完善内部交通运输业供给和使用数据的基础上，可进一步完善中国交通运输卫星账户。

第十一章
基于属权原则的对外贸易统计体系及其应用①

我国现行的对外贸易统计按照属地原则来统计本国居民和非本国居民之间的交易，没有考虑外商投资企业在华投资对一国贸易额的影响。因此，有必要寻找一种更合适的对外贸易统计原则来核算我国与他国之间的真实贸易差额，即建立基于属权原则的对外贸易统计体系。基于属权原则进行贸易核算，不仅能够准确衡量我国在国际贸易中所获得的实际利益，挤出贸易额中的“泡沫”，还能够避免由国家之间资本流动不平衡导致的贸易失衡。

第一节　从属地原则到属权原则

一、基于属地原则的对外贸易统计体系及其局限

1. 基于属地原则的对外贸易统计体系

国民经济核算理论是基于属地原则的对外贸易统计体系的基石。基于属地原则的对外贸易统计体系按照常住原则进行商品之间的贸易统计。按照该原则，如果个人和机构在我国设立附属机构，即在我国的经济领土内拥有居住、办公等场所，同时在我国从事生产经营等活动的时间大于一定时期，那

① 本章执笔人：刘丹丹、程佳丽。

么这些个人和机构就可以被认为是我国的居民或者常住单位。如果不满足上述条件，则个人和机构就被认为是非我国的居民或者常住单位。

在进行对外贸易统计时，货物的出口或者进口都是指本国的常住单位与非本国常住单位之间的贸易。如果我国的常住单位向非我国常住单位进行商品的销售等贸易行为，此时就属于跨境贸易，就会被计入我国的出口额。同理，如果非我国常住单位向我国的常住单位销售商品，此时的贸易就会被计入我国的进口额。所以，基于属地原则进行贸易统计，此时“地”是指个人和机构所位于的空间位置。

我国采用基于属地原则的传统对外贸易统计体系，既是顺应当时国际经济环境的选择，也是与国民经济核算保持一致的选择。一方面，20 世纪 50 年代的跨境贸易就是指一国将商品等运送到其他国家进行销售，或者其他国家将商品运送到我国进行销售，此时国际生产的方式是垂直分工。用传统的贸易统计方式进行统计，前者就会被计入我国的出口额中，后者会被计入我国的进口额中。这种统计方式可以真实地反映当时各个国家的进出口额，进而真实反映各国的对外贸易利得。另一方面，由于这一统计原则源于国民经济核算理论，所以二者之间保持一致。在进行后续的核算分析时，可以将二者对接，进而得出相关结论。所以，基于属地原则的传统对外贸易统计体系，顺应当时的国际经济环境，适应当时各国的商品贸易方式，是在此基础上不断发展而形成的。基于这一统计原则进行统计，不仅为我国经济研究提供了真实、完整的统计数据，还促进了世界各国的经济发展，是经济统计体系非常重要的组成部分。

2. 国际经济环境改变后传统统计体系的局限

从 20 世纪末开始，国际经济环境发生了巨大的变化，国际生产方式也由之前的垂直分工变成现在的以水平分工为主导，各国之间的贸易往来愈发密切。首先，许多发达国家选择在其他国家进行投资，通过这种方式将本国的一些产业分散到发展中国家进行生产经营。其次，经济一体化的盛行使得一个产品的加工完成需要多个国家的共同配合，中间品的转移次数不断增加。最后，各国之间的贸易除了商品贸易，还包括服务贸易。在现有国际经济环境发生变化的情况下，传统的贸易统计方式并不能跟随经济的发展反映这种变化。具体来说，其缺陷包括以下几点。

第一，不能真实反映跨国公司海外附属机构所在国与母国的进出口额。许多发达国家的公司为了降低成本以期获得更多利润，选择在海外其他国家进行投资，尤其是建立海外附属机构。然而，基于属地原则的传统对外贸易统计体系并不能真实反映附属机构所在国的贸易额及其母国的贸易额。一方面，外商投资企业的海外附属机构将产品销售给自己的母国，虽然产品的空间位置发生改变，但其本质上是跨国公司的内部交易。但是基于属地原则的贸易统计体系在进行统计时，将产品的销售额计入附属机构所在国的出口额中，使得该国的出口额大于其实际的出口额。另一方面，外商投资企业的海外附属机构将产品销售给其所在国，虽然产品的空间位置并没有发生改变，但其本质上属于跨国交易。但是基于属地原则的贸易统计体系并未将这部分销售额纳入统计范围，从而低估了海外附属机构所在国的进口额。

第二，中间品被重复统计。随着经济一体化的盛行，一个产品的加工完成需要多个国家的共同配合，中间品的转移次数不断增加，存在重复统计问题。以图 11-1 为例，一个产品需要经 A、B、C 三国共同生产完成，A 国将价值 a 的原材料出口给 B 国，B 国经过加工使得产品增值 b，最终将价值 $a+b$ 的半成品出口给 C 国，由 C 国完成产品并将产品出口给其他国家。假设 C 国的加工使产品增值 c，那么 C 国出口时产品的最终价值为 $a+b+c$。在这个产业链的生产过程中，A、B、C 三国的实际获益分别为 a、b、c，但是被计入 B 国的出口额为 $a+b$，计入 C 国的出口额为 $a+b+c$，中间品在 B 国向 C 国的出口中被重复计算，在C国向其他国家的出口中被重复计算。同时，最终商品的总价值被计入C国的出口额中，使得C国的出口额被高估。所以，使用传统的基于属地原则的对外贸易统计体系不仅会导致中间产品被重复统计，还会导致最终生产商所在国的出口额被严重高估。

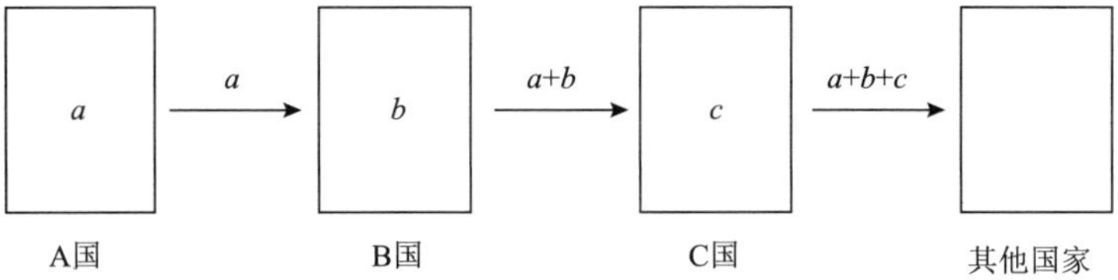

图 11-1 中间品加工过程

第三，未考虑服务贸易。基于属地原则的对外贸易统计体系将商品出口额涵盖在内，但是并未将服务出口额包括在内进行统计。然而，在实际的对外贸易中，服务贸易的贸易额也较高，不容忽略。

总之，国际经济环境发生了巨变后，传统的基于属地原则的对外贸易统计体系不能反映这种变化，甚至在一定程度上会使处于产业链较低位置的国家的出口额被高估，贸易不平衡程度被夸大。

二、基于属权原则的对外贸易统计体系

基于属权原则的对外贸易统计体系，不考虑资产的空间位置，而是根据资产实际属于哪个国家来进行对外贸易统计。基于属权原则的对外贸易统计体系可以弥补传统的基于属地原则的对外贸易统计体系的缺陷。一方面，外商投资企业的海外附属机构将产品销售给自己的所属国，根本上而言，就是自己国家内货物之间的贸易，所以产品的销售额不计入附属机构所在国的出口额中。外商投资企业的海外附属机构将产品销售给其所在国，本质上属于跨国交易，其产品的销售额计入附属机构所在国的进口额中，可以真实反映

跨国公司海外附属机构所在国与母国的进出口额。另一方面，依据属权原则统计中间产品的交易过程，可以真实地反映产业链各个环节的国家的实际收益，不会造成中间产品的重复计算。所以，基于属权原则的对外贸易统计体系更能真实地反映我国的对外贸易额。具体而言，它的优势如下。

第一，基于属地原则的对外贸易统计体系考虑的是商品所处的空间位置，把商品是否跨越“关境”作为是否纳入进出口额的标准。因此，基于这一对外贸易统计体系可以了解一国“国境”的对外贸易额，进而判断该国的对外贸易开放度。而基于属权原则的对外贸易统计体系考虑的是商品的实际所有权，通过判断这一所有权是否由一国转移到其他国家，进而判断是否将贸易额纳入进出口额中。因此，基于这一对外贸易统计体系，可以了解一国的对外贸易中归属于本国国民的部分以及归属于其他国家的部分。

第二，有两种统计方式，一种是以“属地”为核算基础，另一种是以“属权”为核算基础，后者有以下两点益处。一方面，可以反映出外商投资企业对一国对外贸易额的影响，进而为本国引进外资企业的方式、类型等提供数据支持。另一方面，也可以真实地反映出一国的对外贸易中归属于本国国民的部分以及归属于其他国家的部分，避免由贸易顺差被高估引起的贸易争端发生。

需要注意的是，属权原则下的对外经济交易核算仅仅修改了对外经济交易核算的基础定义，并未改变整个国民经济核算体系，后续可以建立基于属权原则的对外经济交易卫星账户作为现行体系的补充。

第二节　基于属权原则的一般贸易模型的建立

我国的外商投资流入远大于流出，基于属地原则的对外贸易统计体系会严重高估我国的出口额。为了真实地反映我国的贸易额，本节将在现有数据的基础上建立基于属权原则的一般贸易模型。

一、模型假设

（1）世界上只有两个国家，分别是 M 和 N。

（2）M 国只有一个经济主体 M，N 国只有一个经济主体 N，m 为所有权归属于 M 国、所在地在 N 国的跨国企业的海外附属机构，n 为所有权归属于 N 国、所在地在 M 国的跨国企业的海外附属机构。

（3）M 国、N 国的贸易包括两国各自的内部交易及两国之间的跨境交易。

二、贸易流程

M 国与 N 国的贸易过程如图 11-2 所示。箭头的方向表示货物出口的方向。

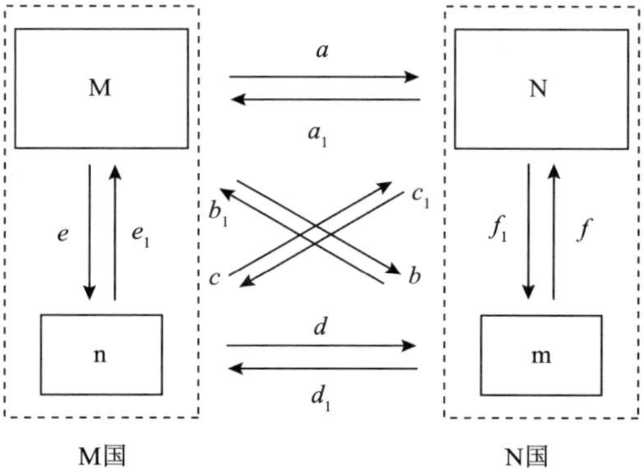

图 11-2　M 国与 N 国的贸易过程

根据图 11-2 可分别得出基于属地原则和属权原则的 M 国出口额的公式：

$$\text{属地原则下 M 国的出口额} = \text{M 国对 N 国的跨境出口额} = a + b + c + d \tag{11-1}$$

$$\begin{aligned}\text{属权原则下 M 国的出口额} &= a + e + f + d_1 \\ &= \text{M 国对 N 国的跨境出口额} - (b + c + d) + e + f + d_1\end{aligned} \tag{11-2}$$

表 11-1 列出的是基于属权原则对传统的货物贸易统计进行调整的过程，计算得出的是属权原则下 M 国对 N 国货物出口额。具体计算过程为

属权原则下 M 国对 N 国货物出口额
=M 国对 N 国的跨境出口额–M 国内资企业对在 N 国外资企业的出口
–在 M 国外资企业对 N 国出口+在 M 国外资企业在 M 国购买额
+在 N 国外资企业对 N 国销售额
+在 N 国外资企业对在 M 国外资企业的销售额

表 **11-1**　属权原则下 **M** 国对 **N** 国货物出口额

M 国对 N 国的跨境出口额		
减	b	M 国内资企业对在 N 国外资企业的出口
减	$c+d$	在 M 国外资企业对 N 国出口
加	e	在 M 国外资企业在 M 国购买额
加	f	在 N 国外资企业对 N 国销售额
加	d_1	在 N 国外资企业对在 M 国外资企业的销售额

根据图 11-2 也可分别得出基于属地原则和属权原则的 M 国进口额的公式：

$$\text{属地原则下 M 国的进口额} = \text{M 国对 N 国的跨境进口额} = a_1 + b_1 + c_1 + d_1 \quad (11\text{-}3)$$

$$\begin{aligned}\text{属权原则下 M 国的进口额} &= a_1 + e_1 + f_1 + d \\ &= \text{M 国对 N 国的跨境进口额} - (b_1 + c_1 + d_1) + e_1 + f_1 + d\end{aligned} \quad (11\text{-}4)$$

表 11-2 列出的是基于属权原则对传统的货物贸易统计进行调整的过程，计算得出的是属权原则下 M 国自 N 国的货物进口额。具体计算过程为

属权原则下 M 国自 N 国的货物进口额

=M 国对 N 国的跨境进口额–M 国内资企业自在 N 国外资企业的进口

–在 M 国外资企业自 N 国进口+在 M 国外资企业对 M 国销售额

+在 N 国外资企业自 N 国购买额

+在 N 国外资企业自在 M 国外资企业的购买额

表 **11-2** 属权原则下 **M** 国自 **N** 国的货物进口额

M 国对 N 国的跨境进口额		
减	b_1	M 国内资企业自在 N 国外资企业的进口
减	$c_1 + d_1$	在 M 国外资企业自 N 国进口
加	e_1	在 M 国外资企业对 M 国销售额
加	f_1	在 N 国外资企业自 N 国购买额
加	d	在 N 国外资企业自在 M 国外资企业的购买额

通过以上分析，基于属地原则的贸易差额可以经过如下调整，得到基于属权原则的贸易差额。

第一，从属地原则下 M 国与 N 国货物贸易差额中扣除 M 国企业对在 N 国外资企业的贸易差额，因为在属权原则下，M 国企业与 M 国在 N 国外资企业之间的贸易属于企业内部交易，不应该被计入跨国贸易差额之中。

第二，将在 M 国外资企业对 N 国的贸易差额予以扣除。

第三，加上在 M 国外资企业对 M 国净购买额，因为在属权原则下，其属于 M 国对 N 国子公司的净贸易差额，应该被计入跨国贸易差额之中。

第四，加上在 N 国外资企业对 N 国净销售额。

第五，加上在 N 国外资企业对在 M 国外资企业的净销售额。

通过上述调整过程，得到基于属权原则的 M 国与 N 国的贸易差额：

属权原则下 M 国与 N 国货物贸易差额
=属权原则下 M 国对 N 国货物出口额–属权原则下 M 国自 N 国的货物进口额
=属地原则下 M 国与 N 国货物贸易差额–M 国企业对在 N 国外资企业的贸易差额
–在 M 国外资企业对 N 国的贸易差额+在 M 国外资企业对 M 国净购买额
+在 N 国外资企业对 N 国净销售额
+在 N 国外资企业对在 M 国外资企业的净销售额

第三节　中美贸易失衡状况及原因

我国凭借丰富的资源优势以及劳动力优势，吸引了较多外商投资企业在我国设立附属机构，对我国的进出口贸易产生了很大的影响。从 1999 年开始，我国外商投资企业的进出口总额、出口额、进口额一直保持增长趋势，出口额始终大于进口额，其贸易顺差占我国对外贸易顺差的比重在 2011 年达到峰值 84%，之后有下降趋势，2019 年为 25.69%。但我国现行的对外贸易统计遵循属地原则，只要货物从中国实际进出口，无论企业性质是否为外商投资，均计入中国进出口额。因此，本节通过研究外商投资企业在华投资对一国贸易额的影响探寻中美贸易失衡原因，并建立基于属权原则的对外贸易统计体系，将外商投资企业在华投资纳入统计体系，矫正我国与美国的贸易额。

一、中美贸易失衡状况

随着改革开放的不断深入，我国与美国的贸易往来日益密切。就两国贸易总额而言，整体呈现增长态势，从 1999 年的 74 462 百万美元到 2019 年的 541 560 百万美元，增长了 6.3 倍。具体来看，从 1999 年到 2008 年，中美贸易总额持续增长，且增长率保持在 8%以上。从图 11-3 中可以看出，2009 年、2015 年、2016 年、2019 年中美贸易总额的增长率为负数，具体原因是：2008 年全球发生金融危机，导致下一年中美贸易总额同比下降 10.63%；2015 年至 2016 年，全球经济环境不容乐观，整体市场低迷，汇率的波动幅度较大，导致中美贸易总额连续两年下降；2019 年，美国对中国发起贸易战，导致在这一年中美贸易总额同比下降 14.52%。同时，随着中美贸易的不断发展，中国对美国出口额开始大于进口额。1999 年中方统计的中国对美国的贸易顺差为 22 468 百万美元，2019 年为 295 767 百万美元，增长了 12.2 倍。而按照美方统计的美中贸易逆差，1999 年为 68 741 百万美元，2019 年为 344 239 百万美元，增长了 4 倍。

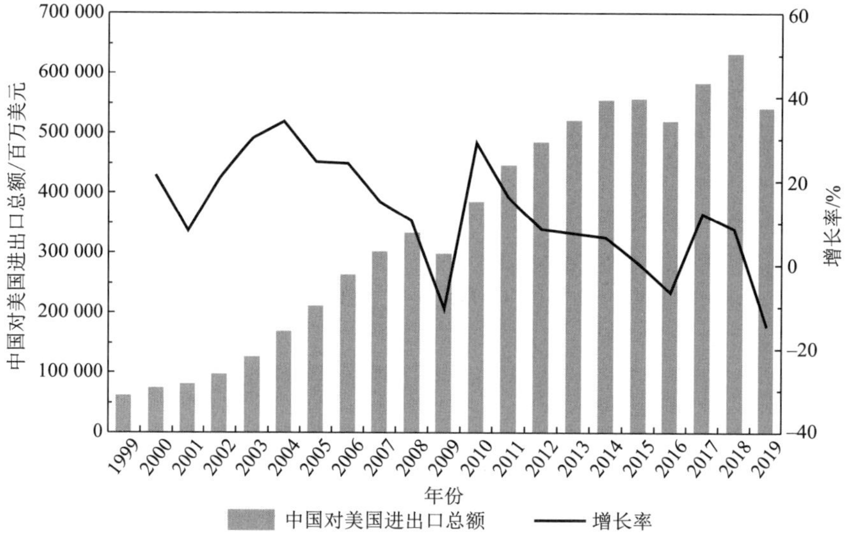

图 11-3　1999～2019 年中美货物贸易进出口总额及增长率

资料来源：国家统计局

图 11-4 中展示的是 1999～2019 年美国统计的美中贸易逆差、中国统计的中美贸易顺差及二者的比值，可以看出美国统计的美中贸易逆差在 2009 年、2016 年、2019 年有下降的趋势，其原因与上述中美贸易额下降的原因一致，而整体呈上升趋势。同样，中国统计的中美贸易顺差也呈现出大致相同的变化趋势，整体呈上升趋势。这说明中美贸易失衡现象在这一段时间日益扩大。但是需要注意的是，前者的差额远大于后者。1999 年美国披露的美中逆差为

68 741 百万美元，远大于我国披露的顺差额，二者之比为 3.06，说明前者是后者的 3.06 倍。之后这一比值呈现下降趋势，在 2019 年这一比值最小，二者之比略大于 1。虽然这一比值在 2019 年最小，但是其背后反映的贸易差额量却是巨大的。巨额美中贸易逆差导致中美贸易摩擦。因此，了解中美贸易失衡背后中国是否真实具有巨额的贸易优势对维护中国利益有非常重要的意义。

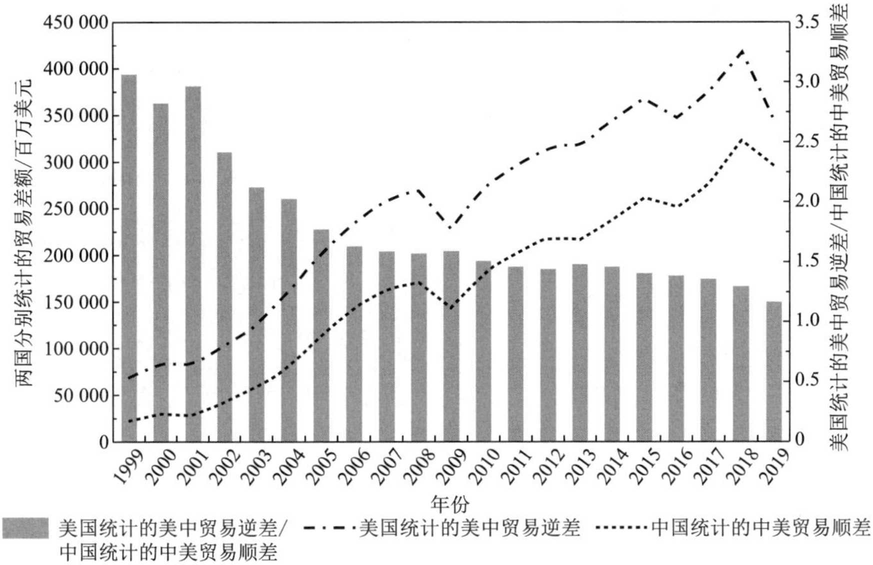

图 11-4　1999～2019 年美国统计的美中贸易逆差、中国统计的中美贸易顺差及二者的比值

资料来源：国家统计局和 BEA

二、中美贸易失衡的影响因素

随着经济全球化的不断发展，许多发达国家选择在海外国家设立附属机构或者进行投资，通过这种方式将本国的一些产业分散到海外的发展中国家进行生产经营。20 世纪 90 年代起，国际分工日益明确，美国等国家因为我国丰富的资源优势及政策优势，选择在我国设立附属机构。在我国的外商投资企业对产品进行加工装配之后，将制造好的产品销售给自己的母国，但海关在进行统计时，将其计入我国的对外出口额中，进而导致中国对外的出口额虚增。

1999 年我国实际利用世界外商直接投资额为 40 319 百万美元，2002 年达到 52 700 百万美元，首次超过美国，成为世界第一外商投资大国，除了在 2009 年有短暂下降之外，一直保持增长趋势，在 2019 年达到 138 135 百万美元，是 1999 年的 3.43 倍。

1999 年起，除了 2008 年因金融危机，2015 年因全球市场低迷出现短暂波动外，我国外商投资企业的进出口总额、出口额、进口额一直保持增长趋势。外商投资企业的出口额从 2005 年的 444 200 百万美元增长到 2019 年的 966 009 百万美元。外商投资企业的进口额从 2005 年的 387 500 百万美元增长到 2019 年的 857 827 百万美元。外商投资企业的对外贸易顺差从 2005 年的 56 700 百万美元增长到 2019 年的 108 182 百万美元。从图 11-5 可知，外商投资企业的贸易差额占贸易差额的比重在 2011 年达到峰值，为 84.29%，之后有下降趋势，在 2019 年为 25.69%，说明我国的贸易顺差很大程度上取决于外资企业的贸易差额。我国对美贸易顺差高于对其他国家的顺差，约占我国贸易总顺差的 70%。

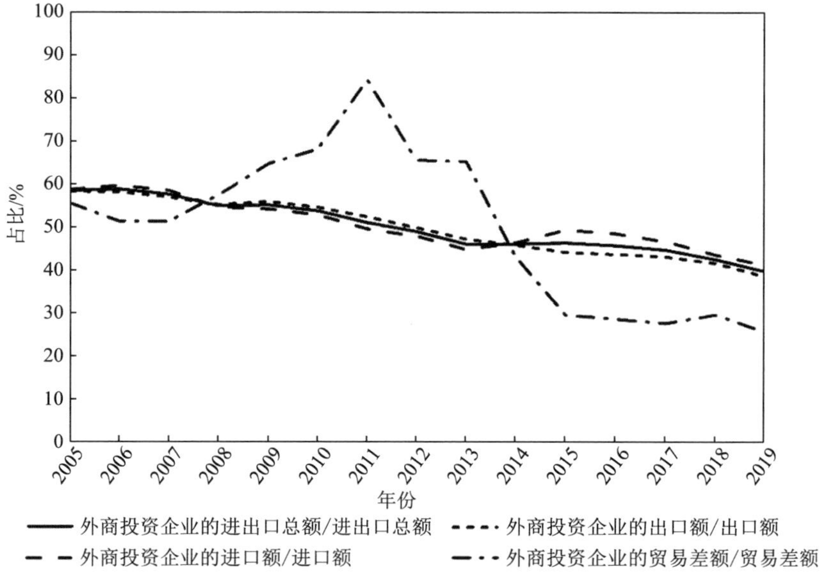

图 11-5 2005～2019 年外商投资企业的进出口总额、出口额、进口额、贸易差额占比

资料来源：国家统计局

第四节 基于属权原则矫正中美贸易失衡

我国的外商投资流入远大于流出，基于属地原则的对外贸易统计体系会严重高估我国的出口额。为了真实地反映我国的贸易额，本节将在现有数据的基础上建立基于属权原则的一般模型，并对2010～2018年的中美贸易数据进行重新估算。

一、模型假设

（1）设一般统计模型中的M国表示中国，N国表示美国。

（2）在华外商投资企业按照其持股比例分为外商独资企业、合资企业等，但是由于难以收集不同持股比例下的企业贸易数据，此处将所有在华外商投资企业的贸易数据都计入在内，进行调整计算。

二、模型建立及数据来源

应用基于属权原则的对外贸易统计体系的一般统计模型，可得到以下公式：

$$\begin{aligned}\text{属地原则下中国的出口额}&=\text{中国对美国的跨境出口额}\\&=a+b+c+d\end{aligned}\tag{11-5}$$

$$\begin{aligned}\text{属权原则下中国的出口额}&=a+e+f+d_1\\&=\text{中国对美国的跨境出口额}-(b+c+d)+e+f+d_1\end{aligned}\tag{11-6}$$

$$\begin{aligned}\text{属地原则下中国的进口额}&=\text{中国对美国的跨境进口额}\\&=a_1+b_1+c_1+d_1\end{aligned}\tag{11-7}$$

$$\begin{aligned}\text{属权原则下中国的进口额}&=a_1+e_1+f_1+d\\&=\text{中国对美国的跨境进口额}-(b_1+c_1+d_1)+e_1+f_1+d\end{aligned}\tag{11-8}$$

表 11-3 列出的是基于属权原则对传统的货物贸易统计进行调整的过程，计算得出的是属权原则下中国对美国的货物出口额，同时表中还列出了所需数据来源，对一些难以获取的数据，表中也列出了相应的估算方法。

表 **11-3** 属权原则下中国对美国的货物出口额及数据来源

中国对美国的跨境出口额			数据来源	估算方法
减	b	中国内资企业对在美国外资企业的出口	数据较小，忽略不计	—
减	$c+d$	在中国外资企业对美国出口	全国海关信息中心	—
加	e	在中国外资企业在中国购买额	BEA	在华美资企业货物销售成本、销售及行政开支 × 原材料、半成品的比重 × 原材料、半成品国内的采购率
加	f	在美国外资企业对美国销售额	BEA	在美国外资企业的销售额–在美国外资企业的出口额
加	d_1	在美国外资企业对在中国外资企业的销售额	数据较小，忽略不计	—

表 11-4 列出了基于属权原则对传统的货物贸易统计进行调整的过程，计算得出的是属权原则下中国自美国的货物进口额。

表 **11-4** 属权原则下中国自美国的货物进口额及数据来源

中国对美国的跨境进口额			数据来源	估算方法
减	b_1	中国内资企业自在美国外资企业的进口	数据较小，忽略不计	—
减	c_1+d_1	在中国外资企业自美国进口	全国海关信息中心	—
加	e_1	在中国外资企业对中国销售额	BEA	—
加	f_1	在美国外资企业自美国购买额	BEA	（在美中资企业货物销售成本、销售及行政开支 × 原材料、半成品的比重）–（在美中资企业货物进口额 × 企业进口额中原材料、半成品的比重）
加	d	在美国外资企业自在中国外资企业的购买额	数据较小，忽略不计	—

三、数据选取、重新估算及结果分析

本节选取 2010～2018 年中美贸易数据进行重新估计，对于难以获取或者缺失的数据采取忽略不计或者近似公式代替的方法，数据来源及估算公式如表 11-3、表 11-4 所示，估算结果如表 11-5 所示。

表 **11-5**　基于属权原则对 **2010～2018** 年中美贸易数据重新估计结果

年份	属地原则下中国对美国出口额/百万美元	属权原则下中国对美国出口额/百万美元	属地原则下中国对美国进口额/百万美元	属权原则下中国对美国进口额/百万美元	属地原则下中美贸易差额/百万美元	属权原则下中美贸易差额/百万美元	属权原则下与属地原则下中美贸易差额之比/%	属地原则下与属权原则下中美贸易差额之差/百万美元
2010	283 286	189 616	102 098	139 919	181 188	49 697	27.43	131 491
2011	324 453	231 907	122 128	176 970	202 325	54 937	27.15	147 388
2012	351 776	267 115	132 897	208 314	218 879	58 801	26.86	160 078
2013	368 406	294 539	152 342	247 524	216 064	47 015	21.76	169 049
2014	396 062	345 599	159 061	310 932	237 001	34 667	14.63	202 334
2015	409 213	365 498	147 809	319 267	261 404	46 231	17.69	215 173
2016	385 271	362 552	134 445	312 003	250 826	50 549	20.15	200 277
2017	429 730	443 696	153 945	343 739	275 785	99 957	36.24	175 828
2018	478 395	506 109	155 123	357 592	323 272	148 517	45.94	174 755

资料来源：国家统计局、BEA、《中国对外经济统计年鉴》

传统的基于属地原则的对外贸易统计原则严重夸大了中美之间贸易顺差。通过构建基于属权原则的一般对外贸易统计模型，且将之应用于中国与美国的贸易统计之中，对中美贸易额进行重新估算后发现：在基于属权原则的对外贸易统计中，中美贸易顺差在不断增加。具体而言，由 2010 年的 49 697 百万美元增长到 2018 年的 148 517 百万美元，增长了 1.99 倍。从统计差额来看，两种统计方式下，2010 年相差 131 491 百万美元，在 2018 年两者的差额变成了 174 755 百万美元；从二者的比值来看，2010 年到 2018 年分别是 27.43%、27.15%、26.86%、21.76%、14.63%、17.69%、20.15%、36.24%、

45.94%，说明在基于属地原则的对外贸易统计下，中美贸易顺差远大于其实际的顺差额。以 2014 年为例，两种统计方式下贸易差额的比值仅为 14.63%，说明在当年中美贸易顺差额中被高估的部分占贸易差额的比重为 85.37%。基于属权原则对 2014 年数据进行重估后得到的中美贸易顺差为 34 667 百万美元，而实际统计的中美贸易顺差为 237 001 百万美元，是属权原则统计下的 6.84 倍。可见，在传统的统计方式下，中美贸易顺差被高估。

为解决这一问题，首先应该确定数据库需要统计的数据，具体包括外商投资企业自我国的购买额、在我国的销售额、向母国的销售额、自母国的进口额等；其次，应完善统计方法，因为进行相应数据统计的过程比较复杂，需要不断进行探索，力求数据的完整性及准确性；最后，数据库中的数据应该及时披露，使得我国外贸统计数据能够及时反映外贸情况的变化。

第十二章
文化卫星账户的理论基础、国际经验与中国实践①

中国文化发展水平不断提高，文化及相关产业增加值在2005～2018年的年均增长率为18.9%，2019年文化及相关产业增加值比2018年增长7.8%，均高于同期GDP年增长率。《中共中央关于制定国民经济和社会发展第十四个五年规划和二〇三五年远景目标的建议》中指出要“繁荣发展文化事业和文化产业，提高国家文化软实力”。文化产业稳步向国民经济支柱性产业发展，文化消费也成为刺激中国内需不可或缺的部分。本章以文化卫星账户编制的理论基础为研究起点，探究文化卫星账户的国际标准和国际经验，进一步尝试编制中国文化卫星账户，基于编制情况提出中国文化卫星账户编制的改进思路。

第一节　文化卫星账户的理论基础

根据UNESCO的定义，文化统计框架是以文化概念的共同理解为基础，组织国家和国际进行文化统计的工具，它从供需双侧入手界定文化统计内容，不考虑文化生产的特定经济和社会模式。1986年，UNESCO颁布第一个国际性的文化统计框架，为评估文化的经济和社会贡献提供了概念基础。由于数字化新媒体技术对文化产品的生产与传播方式形成冲击，文化交融进一步推

① 本章执笔人：赵雪、乔文诗、马晓君。

动文化新产品的产生，2009 年 UNESCO 进一步完善文化统计框架并颁布 FCS 2009[①]，旨在为世界各国进行文化统计提供标准。但 FCS 2009 界定的核算范围中包含了与文化有关的所有人类活动，突破了 SNA 2008 以“交易”界定的经济意义生产范围，而人类文化活动的庞杂为文化统计范围界定增添了难度，给各国实现全口径文化统计带来困难。因此，在该背景下以 FCS 2009 为统计基础的文化卫星账户应运而生，在不加重中心框架核算负担的前提下，成为科学测度文化领域的得力工具。安德烈斯·贝洛协议成员方于 2005 年尝试构建文化卫星账户，并先后于 2009 年、2015 年出版《文化卫星账户手册》（以下简称《手册》）、《文化统计操作指南》（以下简称《指南》），以期为文化卫星账户的编制实践提供统一的国际标准。2015 年联合国教育、科学及文化组织统计研究所（UNESCO Institute for Statistics，UIS）召集文化卫星账户专家开展会议讨论研究文化卫星账户相关国际文书的可行性，研究比对文化卫星账户国际标准的差异所在。同时，拉丁美洲各国、OECD 部分成员国以本国文化发展实况为基础，编制实践各具特色的文化卫星账户以全面检测文化发展实况。

一、文化卫星账户与 SNA 的联系

一是区别于 SNA，文化卫星账户针对文化关键部门，呈现文化运行细节。SNA 对标一国整体经济，国民账户体系有效反映了国民经济整体的运行变化实况，但其服务于整体的特性注定其无法细化关键部门的运行细节，只能粗略反映文化产业概况，而文化的产业结构变化、文化产业链各阶段的运作实况都难以体现。文化卫星账户则只专注于文化领域，一方面在中心框架中细化文化相关内容，另一方面在不加重中心框架的负担下，突破中心框架的核算限制，拓展文化核算范围，展现整个文化周期的运作实况，以期为文化政

① FCS 2009 即《2009 年联合国教科文组织文化统计框架》（The 2009 UNESCO Framework for Cultural Statistics）。

策的颁发、文化市场供给结构的调整提供有力的数据支撑。

二是区别于 SNA，文化卫星账户实现辅助活动外部化。SNA 中所涉及的国民经济产业分类以基层单位作为基本单位，而一个基层单位可能从事多种生产活动，按其重要程度可划分为主要活动、次要活动和辅助活动，这些生产活动应按生产活动性质划分至不同产业，以保证产业数据的同质性。但相对于国民经济总体而言，辅助活动产出价值较小，且辅助活动用于为本单位主要活动或次要活动提供支持，中心框架认可不区分辅助活动的做法。因此在数据汇总时，一般按主要活动进行归类，即将从事多种生产活动的基层单位的所有成果汇总到同一产业中，将辅助活动视为本单位的中间消耗，低估了文化领域的总增加值。

文化涉及领域广泛，文化及相关产业外仍存在大量文化活动，其以辅助活动的形式存在于国民经济其他产业中。例如，员工受雇于某物流企业进行广告物料设计，该工作本质上属于文化活动，产出属于文化产品，但物流企业的主要生产活动不具备文化性质，故该企业的广告物料设计是其支持性活动，也是具备文化性质的辅助活动。那么在数据汇总时，将该物流公司的所有产出均汇总至运输业中，这无疑虚增了物流业的增加值，降低了文化产业的增加值。但辅助活动广泛存在于基层单位之中，特别是对于文化及相关产业，文化性质辅助活动的产出具备一定的规模，为解决上述问题，文化卫星账户从产业视角转换为产品视角，打破产业分类的局限，以所建立的文化产品分类为基础，使得国民经济各产业间的文化性质辅助活动均以独立的产品形式呈现，实现文化性质辅助活动外部化，提高文化总增加值测度的准确性。

三是文化卫星账户突破 SNA 的经济意义生产范围，将无酬文化志愿服务与文化外部性纳入核算范围。SNA 2008 将经济意义的生产定义为“在机构单位控制和负责下，利用劳动、资本、货物和服务作为投入以生产货物或服务的活动”，并以“交易”为基础界定经济意义生产范围，而外部性的定义为“机构单位在未征得其他机构单位同意的情况下开展经济活动，使得这些单位的条件或情况发生变化”。由定义可知，无酬的文化志愿服务与外部性均不属于“交易”活动，均不存在于 SNA 所界定的生产核算范围内，因此无酬文化志愿服务与文化外部性均无法在中心框架中得以体现。

二、文化卫星账户的相关概念

1. 统计用文化概念的界定

欧盟在 2018 年指出：普遍接受的文化定义并不存在，可能以后也不会存在，这是文化统计人员所面临的首要挑战。统计用文化概念的界定是文化统计的出发点，UNESCO 所颁布的 FCS 2009 基于各成员对文化定义的认可，依据《世界文化多样性宣言》中的文化观念，将文化定义为“社会或社会群体的一系列独特的精神、物质、智力和情感特征，这些特征不仅包括艺术和文学，还包括生活方式、价值体系、传统和信仰”。由于信念和价值观的不可衡量性，为确保文化定义可供文化统计使用，UNESCO 指出可通过确定由社会或社会群体的信仰和价值观产生的行为和做法来界定文化。

2. 文化周期、文化供应链的引入

UNESCO 将文化周期定义为创作、生产、传播、展览、消费（参与）五个阶段。①创作阶段是指设计者、作家等提出想法及手工艺品等的非重复性生产产品的制作，即将文化转化为产品和服务；②生产阶段是指从母版中批量生产文化产品及服务；③传播阶段是指向消费者和展商提供批量生产的文化产品和服务；④展览阶段是指基于文化活动，向观众提供现场的文化体验，涉及相关知识和技能的传播，如非物质文化遗产的传承；⑤消费（参与）阶段是指消费者对文化产品和服务的消费、文化参与者对文化活动的参与。文化周期的引入可测算文化周期中某阶段对整个文化的贡献程度，统计反映由思想转变为文化产品所需的全部活动和必要资源以及文化产品的最终消费情

况。例如，书籍在被消费之前，创作、生产、传播各阶段都为书籍增加了价值，从该意义出发，文化周期可被理解为赋予文化产品价值的生产体系。鉴于此，从社会再生产角度出发，文化全口径统计的核算范围应是文化周期各阶段所涉及的所有与市场相关的经济活动和与市场无关的社会活动。

文化周期的特点在于其环形结构，可反映文化运作过程中各阶段间的关系，即文化产品由被创作至被消费的整个流程和文化产品消费刺激新文化产品创作的反作用流程。以书籍为例：在创作阶段，作家与书籍出版商签订合同撰写小说手稿；在生产阶段，书籍出版商将小说手稿转变为书籍并批量生产；在传播阶段，书籍出版商批发至零售商；在消费阶段，消费者从零售商手中购买书籍。该周期中并不涉及展览阶段，这意味着文化产品不一定历经文化周期的各个阶段。在该例子中，所涉及的反作用流程是指消费者通过受所购书籍的启发创造出了新的文化产品，具体如图 12-1 所示。

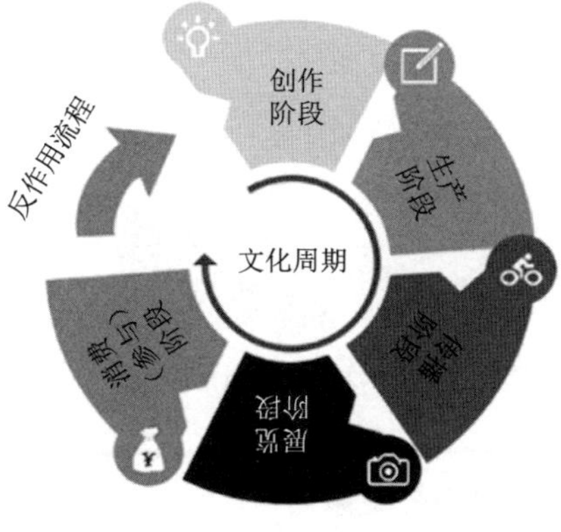

图 12-1　文化周期图

2015 年 UIS 在介绍文化卫星账户时指出最终消费是推动国家经济发展的直接力量，需求方是整个经济的引擎。旅游卫星账户也明确承认需求方的重要性，其较大部分工作是对游客、消费者的定义及行为统计。因此，强调文化需求方的重要性，由文化周期入手明确文化的供需双方，统计反映文化供给、需求实况势在必行。文化供需双方的明确以不考虑文化产品消费刺激新文化产品创作的反作用流程为前提，文化周期中的创作、生产、传播、展览四阶段间的相关文化产业间存在着上下游关联，四阶段均在文化产品到达消费者之前为文化产品增加了新的价值，可视作文化产品的供给方。而文化周期中的消费（参与）阶段主要反映住户对文化产品和服务的消费以及文化活动的参与状况，可将其视为文化产品的需求方。

由于文化统计基础不同，部分国家将文化周期进行如下调整形成文化供应链：一是将文化周期由环形结构变为链式结构，即不考虑文化产品的消费刺激新文化产品创作的反作用流程；二是各国均将 UNESCO 定义的文化周期中的传播与展览两阶段合并为传播一阶段。此后，各国基于调整后的文化周期将消费（参与）阶段外的创作、生产、传播三阶段均视为文化供给侧，如图 12-2 所示。

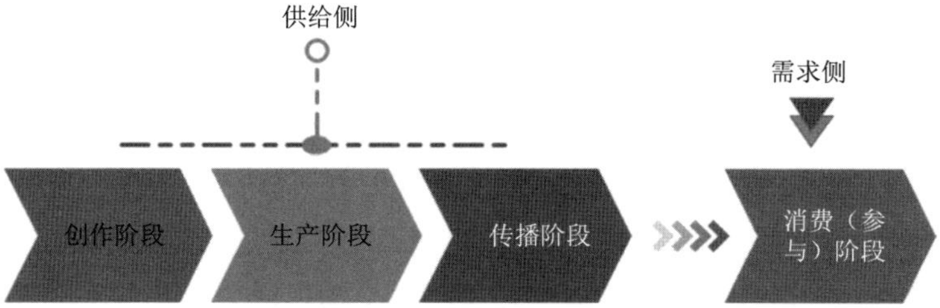

图 12-2　文化供应链图

三、文化卫星账户的构成要素

1. 生产和产品

就生产而言，SNA 2008 将生产视作在机构单位负责管控下，投入劳动、资产和货物服务将其转换为其他种类的货物服务的物理过程。在此过程中，作为产出的所有货物和服务都必须能够在市场上出售或者至少能够有偿或无偿地由一个单位提供给另一个单位。因此，文化卫星账户所涉及的生产核算范围应是以销售或是以货易货形式进入市场的全部文化生产活动。

就产品而言，SNA 2008 指出：对任何所关注的领域而言，起点是确定该领域特有的产品，在卫星账户中习惯将这些产品分为特征产品和关联产品。其中，特征产品是指在某领域具有典型性的产品，如文化领域中的特征产品可为演出、书籍等；关联产品是指在特定消费领域中，因使用价值而成为关注对象的产品，如文化领域中的关联产品可为文化产品的运输、存储等。

2. 生产者、使用者和资金来源

卫星账户中生产者通常指从事相关经济生产活动的主体，包括主要活动、次要活动和辅助活动，可分为市场生产者、为自己最终使用的生产者和非市场生产者。由此，文化生产者是指从事文化生产活动的各类基层单位，通常在文化周期中承担着相应的活动内容。文化卫星账户中所对应的使用者则是使用文化产品的人或从相应的文化转移中受益的人。考虑到文化产品的使用者可能并不全是由自己承担全部的相关费用，有必要在文化卫星账户中对文化产品最终费用的承担者进行分析。卫星账户中，资金来源单位是指向生产者提供资金来源的主体。因此，文化资金来源单位是指承担文化产品费用的经济主体，该主体可能是文化企业本身，也可能是政府部门、非营利组织部门等。

3. 拓展的卫星账户

鉴于各国对文化统计的需求不同，基于其不同的产业结构及原有文化统计基础，以文化卫星账户为基点进行拓展，可分为文化与创意活动卫星账户、文化艺术生产卫星账户两大类。

一是文化与创意活动卫星账户，将文化领域扩展至文化与创意活动领域。例如，澳大利亚在 2013 年基于文化与创意活动重叠度较高的特点，将文化与创意活动定义为：以人类的创造力作为输入，进而输出象征意义（如信仰、价值观、传统等），包含相关知识产权。基于此定义，澳大利亚编制文化与创意活动卫星账户并设立文化、创意活动、文化与创意活动三个独立账户，以满足不同统计需要。

二是文化艺术生产卫星账户，从文化领域中分离出文化艺术领域。例如，2014 年 BEA 和美国国家艺术基金会（National Endowment for the Arts，NEA）将艺术与文化产品定义为：创造性艺术活动、创造性艺术活动提供的产品和服务、支持创造性艺术活动的产品和服务及所需建筑物的建造。基于此，美国编制文化艺术生产卫星账户并致力于将文化艺术生产卫星账户推广至各州。

第二节　文化卫星账户的国际标准

一、文化统计框架：文化卫星账户的基础

1986 年 UNESCO 颁布第一个国际性文化统计框架，并于 2009 年对其进行完善，颁布 FCS 2009，成为世界各国文化统计的基础。

就文化领域的界定而言，UNESCO 将文化领域定义为：一组在传统上被视为“文化”的共同的经济（如商品和服务的生产）和社会（如参与文化活动）活动。相较于 1986 年的文化统计框架，FCS 2009 优化文化统计在遗产保护、知识产权和文化教育等领域的应用，考量在文化统计中纳入非物质文化遗产、非正规经济要素的适当性、可行性问题，并将文化划分为六个纵向文化核心领域——文化和自然遗产、表演和庆典、视觉艺术和手工艺、书籍和出版社、视听和互动媒体、设计和创意服务，两个纵向文化相关领域——旅游、运动，以及四个横向领域——非物质文化遗产、教育和培训、归档和保存、设备及配套资料。对于文化领域的界定，UNESCO 认为可依据国际标准分类准则从文化产业入手详细界定各文化领域，各领域内应包括所有相关的文化活动。由于世界各国文化统计工作进展差异较大，UNESCO 建议各成员

至少在 FCS 2009 的纵向领域中收集具有国际可比性的数据。

FCS 2009 打破 ISIC 4.0、CPC2、ISCO08[①]等国际标准的分类层级，构建文化分类体系，重新划分出文化核心领域、文化相关领域与文化横向领域中所涉及的文化产业和各类文化产品，成为文化统计的基础。同时，科学系统的文化职业分类是文化就业统计的保障，文化就业统计可测度文化供给方为整个国家所提供的就业岗位的数量，以期反映文化领域为缓解国家就业问题所做出的贡献。UNESCO 在 2009 年将就业者分为三类：文化产业中的文化就业者、文化产业中的非文化就业者、文化产业外的文化就业者。特别的是，部分文化就业者将文化职业视为次要职业，如艺术家和小说家可能拥有另一份更为正式的工作，为全面统计文化就业，应统计将文化职业视为主要职业或次要职业的全部文化就业者。此外，FCS 2009 将“文化消费”定义为消费者已支付一定金额的文化活动，将“文化参与”定义为参加业余或无报酬的活动，并采用 COFOG 识别公共文化支出，采用 COICOP 识别住户对文化产品的最终消费状况。但文化需求方中居民参与的文化活动往往发生在非正规部门，不存在经济交易，相关数据获取难度较大。因此，FCS 2009 建议设立文化专项调查以收集文化需求方的相关统计数据，反映文化消费参与实况。值得注意的是，国际劳工组织指出文化参与不应该涉及以就业为目的开展的活动，因为这些活动是按职业界定的。例如，文化活动的参与者包括参观博物馆的游客，但不包括付费导游。

二、安德烈斯·贝洛协议：文化卫星账户的实施方法

国民账户的中心框架描述的是国民经济总体运行的过程与结果，利用 ISIC 4.0 将经济总体分为 21 个门类，但该分类法并不能满足所有的分类要求，

---

① ISCO08 即《国际标准职业分类 2008》（International Standard Classification of Occupations 2008）。

导致某些产业并不能归于某一特定产业。例如，文化部分被归类为 21 个门类中的艺术、文娱和休闲服务类，但该类并不包括文化周期中的各阶段。因此，文化卫星账户应运而生。2005 年安德烈斯·贝洛协议成员方开始尝试构建文化卫星账户，全面测度文化领域；2009 年颁布的《手册》为拉丁美洲各国编制实践文化卫星账户提供统一的标准；随着世界各国不断深入研究实践文化卫星账户，2015 年安德烈斯·贝洛协议成员方再次更新文化卫星账户编制标准，出版《指南》，旨在提供最新的文化卫星账户编制实践理论指导。相较于 SNA 2008 和 FCS 2009,《指南》的主要变化体现在以下三个方面。

一是文化领域的划分与调整。SNA 2008 指明经济总体是由其全部常驻机构单位所组成的，同时应根据机构单位所从事经济活动的特性将其归入相应的机构部门。由此《指南》调整了文化领域的划分方式，不采用 FCS 2009 所划分的文化核心领域、文化相关领域与横纵向领域，而将文化领域划分为创作和版权、设计、游戏和玩具、表演艺术、视觉艺术、音乐、视听和广播、书籍和出版物、文化教育、物质遗产、非物质遗产等 11 类文化部门，并进一步细分文化子部门。《指南》的这种以部门为基础划分文化领域的方式更加贴合中心框架，使得文化卫星账户成为中心框架的科学延展。

二是文化生产范围的界定。相较于 SNA 2008 与 FCS 2009,《指南》以“就业”为标准界定文化生产范围。SNA 2008 则以交易为基础界定经济意义生产范围，将家庭中的生产服务排除在统计范围之外，实现生产统计与就业统计的一致性。FCS 2009 则将文化生产视为文化创作、生产、传播、展览、消费（参与）各阶段所涉及的人类活动，并包括不以交换为目的的个人活动，如为了放松心情唱歌、跳舞。相较于 SNA 2008，FCS 2009 所包含的文化活动更加全面，但加大了文化统计的难度。而《指南》结合了 SNA 2008 和 FCS 2009 两者的优点，建议以“就业”为标准衡量文化生产范围，既包括 SNA 2008 中以交易为基础的具有经济意义的文化生产活动，又包括将自身视为从业者的部分个人活动。例如，在街头等公共场所进行文艺表演，SNA 2008 指出对住户提供的未付酬服务不包括在生产范围内，而《指南》建议若在家庭就业调查中表演者认为自己属于从事非正规艺术活动的工人，则将其所进行的文化活动视为生产活动，从该点出发，《指南》将突破 SNA 2008 的生产范围。但若表演者不认为自己在“工作”，则其所进行的文化活动将不包括在文化卫星账户的生产范围中。《指南》以“就业”为标准衡量文化生产范围，在确保生产统计和就业统计一致性的前提下，尽可能确保文化测度的全面性。

三是文化消费范围的扩大。根据 SNA 2008 对卫星账户的提议，文化领域的支出将仅涉及文化特有货物和服务的消费、文化特有货物和服务的资本形成、非特有产品中特征活动的固定资本形成、特有经常转移和特有资本转移四大类。而《指南》建议扩大文化消费范围，即对文化活动起到直接支持作用的产品，即便不具备文化性质，也应计入文化消费。具体而言，《指南》将文化消费范围延展至以下三类产品：第一类是未被识别为文化特有产品的文化产品。例如，研究和技术服务，其文化属性不足以使其成为文化特征产品反映在生产账户中，但它们对文化的贡献也不容小觑。第二类是文化辅助产品，可用于复制文化产品以供消费者直接使用，是文化消费的必要延伸。例如，电视机、数字形式的音乐和图像播放器等辅助设备，这部分产品对文化的产出与传播起到了不可替代的作用。第三类为产品本身不具备文化性质，但它们在文化背景下被使用。例如，因文化习俗、庆典而购买的服装，服装本身并不一定是该活动所独有的，但该服装费用的支出是发生在文化背景下的，因此将其纳入文化支出是合理的。

文化卫星账户是对中心框架分析容量的拓展，旨在对国民经济运行中的文化领域进行全方位的描述和分析。SNA 2008 指出功能导向型的卫星账户应包含相关产品供应和使用的详细分析、生产过程中使用的固定资本的资料、与生产或使用有关的全部转移的分析以及就业和现有资产的相关资料这四项资料。《指南》所建议的包括生产账户、收入初次分配账户、文化就业表、文化支出表、文化供给表和使用表在内的核心表式可满足 SNA 2008 的基本要求。此外,《指南》以“就业”划定生产核算范围更是其特点所在。《指南》所设计的核心表式内容具体如下。

一是生产账户和收入初次分配账户。与国民经济账户相同,文化卫星账户也是从生产开始。SNA 2008 指出,卫星账户应显示文化特征产品的生产方式、涉及的生产者类型、生产过程以及由此决定的资源配置效率,无须特别关注关联产品的生产条件。由此,《指南》建议构建文化特征产品生产账户和收入初次分配账户,建立产品产出、中间消耗和增加值等指标,从数量上反映文化特征产品的生产过程及整个过程给国民经济带来的增加值;建立生产税净额、雇员报酬、营业盈余和混合总收入等指标反映文化领域各部分的收入支出状况。

二是文化就业表。《指南》表明在市场或非市场文化产品的生产过程中,无论志愿工作是否被视为生产要素,志愿活动都是评估生产性文化活动和非生产性文化活动参与程度的重要元素。因此,《指南》将就业人员分为永久雇员、临时雇员、永久合伙人、临时合伙人及无薪志愿人员五种类型来统计文化产业就业的人员、工作类型及工作时长等状况,并建议以文化全职当量为总量指标进行国际比较。同时,《指南》按文化职业类型分主要工作和次要工作统计国民经济各产业中的文化就业状况。而主要工作和次要工作的划分标准为工作时长,具体来看:主要工作是指从业者为获得报酬而花费最多时间的职业,而次要工作则是从业者为此获得报酬但花费时间较少的职业。

三是文化支出表。《指南》表明分析文化生产过程可反映文化对国民经济总体的贡献程度,但并不能衡量文化对各住户生活的影响程度,因此《指南》建议从需求侧出发构建文化支出表,测度文化最终消费、非金融资本资产的净购置、文化参与过程中消费的各种产品、经常转移和资本转移这五部分以反映文化支出实况,以期反映住户对文化产品的真实需求状况。在文化领域中，文化产品的供资者和受益者可能并不相同，如政府部门会提供给住户免费或低于市场价值的文化产品，因此《指南》建议分别测度文化供资者和文化使用者的支出状况，旨在更真实地反映住户部门的文化消费水平和国家公共文化服务的建设程度。

四是文化供给表和使用表。文化产品供给与使用之间的平衡源于文化产品的生产和流通。SNA 2008 指出，为所关注的特征产品和关联产品开发一套供给使用表总是有用的。因此，《指南》建议从文化产品出发，构建文化供给表和使用表，一方面记录各类文化产品的来源，即国内各产业和进口如何提供文化产品；另一方面记录各类文化产品的去向，即文化产品如何在各项中间使用或最终使用间进行分配。不同于生产账户和收入初次分配账户，文化供给表和使用表包括所有的文化特征产品和文化关联产品，而不论该文化产品是作为主要活动生产的，还是作为任何其他主要活动的次要活动、辅助活动生产的。文化供给表和使用表也可有效反映文化产品与国民经济各产业的相互依存关系：①文化产品可由文化产业或非文化产业生产提供；②文化产品可被用作文化和非文化生产部门的投入。

三、欧盟文化统计的最新进展

欧盟较早就开展了对文化统计的研究，1995 年欧盟文化部长理事会正式通过“关于促进文化和经济增长统计”的决议，1997 年 Eurostat 正式落地该决议：设立了一个专家试点小组（简称 LEG Culture）。2000 年 LEG Culture 发布第一个“欧洲文化统计方法框架”，涵盖了统计用文化领域、文化就业、文化融资和文化实践领域的相关概念、定义和关键指标。2009 年欧盟成立欧洲文化统计系统网络（ESSnet Culture），进一步完善文化统计方法，致力于“框架与定义”、“文化融资与支出”、“文化产业”和“文化实践与社会方面”四方面的专题工作。2012 年 ESSnet 出版文化终审报告成为欧洲文化统计的基本参考，其中提出了一个文化统计方法框架，不同于 UNESCO 的 FCS 2009 所划分的文化领域，该框架不包括自然遗产、设备/辅助材料、体育或旅游。2018 年 Eurostat 出版《文化统计指南》，以相同的结构流程（从数据源起步，介绍文化相关领域统计方法，划定该领域的核算范围，编制文化指标并分析局限性）分析文化就业、文化企业、文化产品和服务的国际贸易、文化参与、私人家庭和公共文化支出五大类不同的文化统计内容。

由于文化存在多维性，欧盟现有数据并不能实现全面对接，使得在统计不同方面的文化内容时需采用不同的文化分类标准：文化就业统计，需对就业部门和职业进行分类；贸易统计，需使用商品和服务分类；文化参与统计，需使用特定文化活动清单进行调查。鉴于此，统计学家需对统计语言中使用的所有文化项目、类别和代码进行分类，以形成文化统计的理论范围。同时，随着地方、城市等区域对文化统计的需求日益增长，欧盟指出文化统计领域需要进一步发展。

第一，就文化就业统计而言，欧盟同 UNESCO 相同，将文化就业者分为三类，并将经济活动分类标准和职业分类标准交叉分类实现文化职业的分类。但经济活动分类标准和职业分类标准编码所涵盖的经济活动和所对应的职业并非完全文化的，就此 ESSnet 提出了完全文化的经济活动分类标准和职业分类标准代码，Eurostat 文化统计工作随后对此进行了修订。值得注意的是欧盟 LFS（labour force survey，劳动力调查）文化就业统计只捕获主要工作：若从事文化职业的人拥有第二职业，那么欧盟 LFS 统计中规定这些人自己决定将哪个工作视为主要工作（如果存疑，则将占用时间较多的工作视为主要职业）。如果被调查者认为自己的文化职业是次要工作，那么他所从事的文化工作将不会包含在文化就业统计中。欧盟所编制的文化就业表中包含了性别、年龄、教育程度、经济活动、文化职业类型以及劳动力的市场特征（全职工作的雇员、自营职业者、兼职工作的雇员）等项目。其数据来源为一项对私人家庭居民的随机抽样调查 EU-LFS 和北欧人口登记册中的人口信息，数据涵盖了通常居住在相关国家中 15 岁或 15 岁以上的劳动市场总人口。

第二，就文化企业统计而言，欧盟的文化企业统计可反映市场化文化企业对整体经济的贡献，所囊括的主要变量是企业数量、企业规模（各企业的就业人数）、营业额、要素成本增值率与活跃企业的出生率和生存率。其统计数据来源于结构化业务统计和业务人口学数据，其中结构化业务统计数据描述了整个欧洲企业的结构、行为和绩效，侧重投入变量（劳动力、商品和服务及其成本和投资）和产出变量（货币指标，如营业额和按要素成本计算的增值）。业务人口学数据则侧重为市场导向的文化企业提供出生率、死亡率和生存率等指标。

第三，就文化参与统计而言，欧盟将文化参与分为四大类：一是文化信息的搜集与传播；二是交流互动——就文化相关内容与他人有规模交流沟通；三是享受和表达——享受展览、艺术表演和其他形式的文化表达、休闲艺术实践和在线内容创作；四是交易——购买艺术产品、演出门票等。

欧盟文化参与统计数据有以下四个来源渠道：一是成人教育调查；二是文化和社会参与的特设调查、收入和生活调查；三是家庭和个人的信息使用和通信技术调查；四是欧洲时间使用协调调查。调查内容与调查范围如表 12-1 所示，其中该调查将所涉及的不参与文化活动原因分为“财务原因”、“不感兴趣”和“其他”三类。同时，在文化参与调查中，从年龄、性别、教育程度、收入、家庭类型、所在地城市化程度这六个方面对被调查者进行社会背景调查，以期简要分析文化参与人员的人群特征。在处理文化参与数据时，欧盟将各类文化活动合并在一起，汇总文化参与总人数，并以该总人数为基础计算参与观影、观看现场表演、参观文化遗址等文化活动的占比。

表 **12-1** 欧洲时间使用协调调查——文化参与统计

调查内容	调查范围
观影	—
观看现场表演	该类活动仅限于有组织的活动，若被调查者随机地在街上看到了街头艺人表演，则不属于该调查范围内
参观文化遗址	该类活动仅限于以参观学习文化历史为目的的活动，若是以辅助导游、讲解为目的的参观则不包含在该调查范围内
艺术活动实践	统计被调查者（包括专业人员和业余爱好者）在演奏乐器、作曲、唱歌、摄影、雕刻、写诗、写小说等文化活动中所花费的时间

将互联网运用于文化目的，包括线上文化活动的参与和文化产品的购买情况，可从社区、家庭和个人的使用信息或通信情况调查中获得一套统计数字。信息和通信情况调查可从互联网、电子商务、电子政务、互联网安全、通信技术等方面对线上文化相关数据进行收集反馈分析。在参与线上文化活动方面，统计在线阅读报刊、观影、看电视录像、听音乐、咨询维基（获取任何主题知识）；在购买文化产品方面，购买电子书、电子杂志和报纸，购买文化相关的电子票务等。同时，欧盟也在不断改善数据收集方式以完善线上文化参与购买数据信息：2012 年建立相应模块捕获移动设备用于互联网文化活动的情况；2014 年新建有关使用云服务存储或共享文化内容模块；2017 年增添直接从应用程序和网站上下载相关文化内容模块。

第四，在全球文化高度融合交流的今天，文化产品、价值观和思想均需要贸易传播流动，关于文化产品进出口的统计数据提供了对文化贸易对国家总贸易的贡献及其对整个欧盟经济贡献的洞察。欧盟从 Eurostat 的国际货物贸易数据库 Comext 中提取数据编制实践文化产品的国际贸易统计。而就公共（政府）文化支出而言，欧盟运用 COFOG、政府财政统计来分析公共支出模式，特别是政府在文化职能方面的支出随时间的变化趋势，以及各个国家间的比较分析。

第三节　文化卫星账户编制的国际经验

世界各国关于文化卫星账户的统计可基本概括如下：加拿大、墨西哥、西班牙均编制文化卫星账户；澳大利亚编制实践文化与创意活动卫星账户；美国编制应用艺术与文化产品卫星账户。世界各国（国际组织）对文化卫星账户的实践各具特色，各国所界定的文化周期、划分的文化领域、构建的文化分类体系、核心表式的编制与数据来源都存在一定的差异。

一、各国（国际组织）文化周期的对比分析

不同国际组织和国家在制定文化统计方案或编制卫星账户前，均先确定文化周期以界定文化测度领域，文化周期的引入不仅反映出由思想转化为文化产品和服务所需的全部活动和必要资源，也反映出文化产品和文化服务被消费的全过程。对比分析各国（国际组织）所确定的文化周期可知，文化周期可分为六个阶段：创作、生产、传播、展览、消费（参与）、支持活动。相较于 UNESCO 引入的文化周期多了支持活动这一阶段，支持活动具体是指对文化周期其他部分的文化活动具有重大直接的支持作用，如对表演艺术家的教育和培训。

如表 12-2 所示，由于文化差异性的存在及编制文化卫星账户的种类不同，各国际组织与国家在定义文化周期时并不会同时包含上述六个阶段，但其均包含创作和生产两阶段，而 UNESCO 和美国则将支持活动分散在各个阶段中，不再将其单独列为文化周期的一个阶段。各国际组织与国家的具体情况如下：澳大利亚将文化与创意活动周期分为创作、生产、消费（参与）与支持活动四个阶段；美国将艺术与文化产品周期分为创作、生产、传播和消费（参与）四个阶段；Eurostat、加拿大、墨西哥则将文化周期分为创作、生

产、传播、消费（参与）、支持活动五个阶段。其中，Eurostat 特别指出文化支持活动将分为保存、教育和管理三个部分。而西班牙则从部门角度出发定义文化周期：创作部门、生产部门、出版和发行部门、教育活动及支持活动部门。

表 **12-2** 文化周期对比表

国家/国际组织	创作	生产	传播	展览	消费（参与）	支持活动
UNESCO	√	√	√	√	√	○
Eurostat	√	√	√	○	√	√
澳大利亚	√	√	○	○	√	√
美国	√	√	√	○	√	○
加拿大	√	√	√	○	√	√
西班牙	√	√	√	○	○	√
墨西哥	√	√	√	○	√	√

注：√表示文化供应链中包含该阶段，○表示不包含该阶段

二、各国（国际组织）文化卫星账户所含文化领域的对比分析

除墨西哥外，各国与国际组织均基于定义与文化周期，实现对各类文化领域的划分。如表 12-3 所示，UNESCO、Eurostat、澳大利亚、美国、加拿大划定领域时均涉及了表演与庆典、视觉艺术、书籍和出版社、视听和多媒体、设计创意服务、档案图书馆这六个方面，其他方面各有特色。而西班牙仅将文化领域分为自然遗产、非物质文化遗产、表演与庆典、视听和多媒体、设计创意服务、档案图书馆这六个方面，相较而言西班牙对文化领域的划分并不全面，但其发现知识产权相关经济活动大多都囊括于文化领域之中，因此西班牙提炼出文化领域与知识产权相关活动的重合部分，实现对本国知识产权的测度。

表 12-3　文化相关领域对比

国家/国际组织	自然遗产	非物质文化遗产	表演与庆典	视觉艺术	书籍和出版社	视听和多媒体	设计创意服务	档案图书馆	拓展		
									旅游	体育	建筑
UNESCO	√	√	√	√	√	√	√	√	√	√	○
Eurostat	○	√	√	√	√	√	√	√	○	○	√
澳大利亚	○	○	√	√	√	√	√	√	√	○	√
美国	○	○	√	√	√	√	√	√	○	○	√
加拿大	√	√	√	√	√	√	√	√	○	○	√
西班牙	√	√	√	○	○	√	√	√	○	○	○

注：√表示文化领域中包含该方面，○表示不包含该方面

就遗产而言，UNESCO、加拿大、西班牙将自然遗产、非物质文化遗产均纳入核算范畴，而 Eurostat 仅将非物质文化遗产纳入核算范畴，澳大利亚、美国则认为遗产不属于文化与创意活动、艺术与文化产品范畴。在利用文化卫星账户实现对文化领域测度的过程中，各国（国际组织）各具特色主要体现在对文化领域的延伸拓展上：Eurostat、美国和加拿大考虑建筑业中的文化性，即将文化活动中所需建筑物的建造纳入统计范畴；而 UNESCO 则将文化旅游和体育文化部分纳入文化统计范畴；澳大利亚则考虑了旅游及建筑业中所涵盖的文化内容。总而言之，这些国际组织和国家从现有统计基础出发，均积极探索如何测度文化产业与其他产业交融领域中所包含的文化内容，为逐步完善文化统计做出自身贡献。

三、各国（国际组织）文化分类体系构建的对比分析

如表 12-4 所示，就文化产业分类而言，各国及国际组织通常选用以下三种分类体系：ISIC、北美产业分类体系（North American Industrial Classification System，NAICS）及澳大利亚与新西兰标准产业分类体系（Australia and New Zealand Standard Industrial Classification，ANZSIC）。ISIC 采用 4 位编码制，

以 4 位数字编码划分至小类，而 ANZSIC 则采用 6 位编码制，4 位数字编码划分至中类，5 位数字编码划分至小类，而 6 位数字编码仅代表美国地区特有小类。其中，UNESCO 采用 ISIC 4.0，澳大利亚采用 ANZSIC，而美国、加拿大与墨西哥则均采用 NAICS。Eurostat、西班牙并未进行文化产业分类，而对文化经济活动提供分类标准，Eurostat《欧洲共同体经济活动概况》（Nomenclature GÉnÉrale des ActivitÉs Économiques dans les CommunautÉs EuropÉennes，NACE）为欧盟成员国文化经济活动的分类提供标准，西班牙则利用《2009 年国家经济活动分类》（Clasificación Nacional de Actividades Económicas 2009，CNAE）细分文化经济活动。

表 **12-4** 文化分类体系对比

国家/国际组织	统计工具	产业（经济活动）分类体系	产品分类体系	职业分类体系
UNESCO	FCS	ISIC 4.0	CPC2	ISCO08
Eurostat	NA	NACE	CN	ISCO08
澳大利亚	CCASA	ANZSIC	NA	ANZSCO
美国	ACPSA	NAICS	I-O 框架下产品分类	NA
加拿大	CSA	NAICS	NA	SCO
西班牙	CSA	CNAE	CPA	NA
墨西哥	CSA	NAICS	NA	NA

注：“NA”表示不可得；CCASA 即文化与创意活动卫星账户（culture and creative activity satellite accounts）；ACPSA 即艺术和文化生产卫星账户（arts and cultural production satellite account）

就文化产品分类而言，UNESCO 使用 CPC；Eurostat 使用组合命名法（combined nomenclature，CN），其优势在于采用八位编码制，更易与其他分类体系实现对接；美国利用 I-O 框架下产品分类识别文化产品和服务；西班牙则利用《2008 年国家产品分类》（Clasificación Nacional de Productos por Actividades 2008，CPA）；澳大利亚、加拿大和墨西哥未细分文化产品。

就文化职业分类而言，UNESCO、Eurostat 利用《国际标准职业分类》

（International Standard Classification of Occupations，ISCO）；澳大利亚利用《澳大利亚与新西兰标准职业分类》（Australia and New Zealand Standard Classification of Occupations，ANZSCO）；加拿大则利用《标准职业分类》（Standard Classification of Occupations，SCO）识别文化职业；而美国、西班牙与墨西哥未细分文化职业。这些分类体系的构建，使得各国（国际组织）在进行文化统计时得以实现对文化领域、创意与文化领域和艺术与文化产品的全口径测度。同时由于分类体系的细化，仅核算文化产品和文化活动成为现实，有效提高了文化统计核算的准确度。

就国际组织而言，UNESCO 在 FCS 中将文化核心领域划分出 38 小类产业、160 类产品及 58 类职业；将文化相关领域划分出 19 小类产业、38 类产品及 9 类职业；将支持活动划分出 44 小类产业、95 类产品。文化领域共计 101 小类文化产业、293 类文化产品及 67 类文化职业。而 Eurostat 划分出与文化相关的 21 中类、39 小类经济活动，20 中类、89 小类文化职业以及 12 大类、142 小类文化产品。

就文化卫星账户的实践而言，澳大利亚在文化与创意活动卫星账户中将创意活动领域划分出 11 小类产业、9 类职业；将文化领域划分出 31 小类产业、44 类职业；而将同时涵盖创意活动与文化的领域划分出 29 小类产业及 79 类职业。创意活动与文化领域共计 71 小类文化产业及 132 类文化职业。美国根据 NAICS 实现艺术与文化产业分类，并于 I-O 框架下识别出 400 个艺术与文化产品。同时，美国于艺术与文化产业中进一步识别艺术与文化职业，并分析各州间就业状况差异。加拿大从文化周期入手划分文化产业：创作阶段划分出 2 中类和 26 小类产业；生产阶段划分出 7 小类产业；传播阶段划分出 1 中类和 17 小类产业；支持活动阶段划分出 1 中类和 5 小类产业。加拿大文化产业共计 4 中类和 55 小类，但加拿大并未详细介绍其文化职业分类状况。西班牙按文化领域划分出 69 类文化经济活动，其中 55 类文化经济活动与知识产权相关。同时，西班牙利用 CPA 将文化产品划分为 252 小类，但其也未涉及文化职业分类。墨西哥虽未介绍文化产品分类状况，但其统计了墨西哥经济活动部门中包含的文化活动状况，基于 NAICS 统计得出：文化、娱乐和体育部门涵盖 71 小类文化经济活动并提供 45.7%的文化 GDP，媒体部门涵盖 51 小类文化经济活动并提供 18.9%的文化 GDP，而专业、科学与技术服务部门涵盖了 71 小类文化经济活动并提供了 10.7%的文化 GDP。

四、各国（国际组织）核心表式编制的对比分析

各个文化卫星账户编制的实践国（国际组织）并未完全依照《指南》建议进行编制，而是根据本土文化统计需要编制不同的核心表式，构建不同的指标测度文化领域对国民经济总体的贡献。

就生产账户和收入初次分配账户而言：仅墨西哥和西班牙完全遵循《指南》建议，构建文化生产账户和收入初次分配账户。澳大利亚则扩展《指南》核心表式内容：构建文化创意活动占国内生产总值份额表，反映文化创意活动对澳大利亚国内生产总值的贡献程度；构建资本账户核算文化领域中非金融积累交易部分。

就文化就业统计表而言：除西班牙外，澳大利亚、美国、加拿大和墨西哥均进行了文化就业统计，但仍存在一些差异。美国、澳大利亚、墨西哥等国家（国际组织）将产业分类与职业分类相结合，分别统计反映文化产业内的就业情形和文化产业外国民经济其他产业中的文化就业情形。从就业角度出发，加拿大将就业人员定义为“一年中平均一周内为薪金工作 15 个小时及以上的人群”，包括全职、兼职雇员及自营职业者。在此基础上，加拿大提出“文化工作”的概念，从文化产品出发将文化工作定义为各类文化产品生产过程中所涉及的各类工作岗位，而不论该岗位是否存在于文化产业。由此，加拿大分别统计反映文化产业内的就业情形和文化工作实况，调查显示 1996～

2001 年，加拿大文化部门失业率低于加拿大整体失业率，且文化劳动中的自营职业者比例高于整体经济,但加拿大文化就业统计中并不包括文化志愿者。

五、各国（国际组织）数据来源的对比分析

就数据来源而言，Eurostat 利用欧盟劳动力调查数据从年龄、性别、教育程度和职业类型来描述文化就业，但其仅统计以文化职业为主职业的文化就业人群；利用结构化业务统计及业务人口统计数据从企业数量、企业规模、企业营业额等方面描述市场上的文化企业；利用成人教育调查、收入和生活条件调查、欧洲时间使用调查等数据描述文化参与程度；利用政府财政统计数据描述公共文化支出状况。

澳大利亚在 2014 年利用投入产出表数据测度文化与创意产业对国民经济总体的贡献；利用人口和住房普查数据及统计局就业数据测度文化与创意产业就业状况；利用文化及创意企业的自愿服务数据测度文化与创意产业对志愿服务的依赖程度；利用澳大利亚税务局的商业活动报表数据测度文化与创意产业的非市场产出数据。美国在 2017 年基于 I-O 框架下的统计数据及部分商业数据确定艺术与文化产品的经济活动状况，利用劳工统计局的季度就业和工资普查数据反映艺术与文化就业状况。加拿大利用电影、视频和视听发行调查，电影剧院调查，以及制造业、零售业年度调查等数据填补加拿大国民账户体系（Canada System of National Account，CSNA）数据的缺失；利用家庭支出调查完善文化产品和服务消费数据；利用遗产部数据整理相关节日数据；利用劳动力调查数据完成对文化就业的统计。西班牙利用国际统计局的企业和产品调查、贸易和服务调查、国家税务管理局相关数据以及教育、文化和体育部的文化支出数据完善西班牙国民账户体系数据；同时利用文化习俗与做法调查、成人参与学习活动调查及私人教育经费支出调查进一步完善文化统计。墨西哥则利用文化消费调查所

得数据弥补原有文化统计数据的缺失，为本国文化卫星账户的实践提供坚实的数据基础。

第四节 中国文化卫星账户的编制实践

中国文化卫星账户的编制设计是本章的重难点所在，本章分三步逐步构建中国文化卫星账户：首先，明确中国文化卫星账户的总体编制思路；其次，基于文化及相关产业分类体系尝试构建中国文化产品分类体系；最后，探讨中国文化卫星账户所涵盖的核心表式，并首次试编中国文化卫星账户供给使用表。

一、中国文化卫星账户的编制基础

1. 中国文化卫星账户编制的总体思路

中国文化强国建设进程的不断推进以及中国居民日益迫切的文化需求对现有核算体系带来了挑战：一是现有核算体系专注于国民经济整体核算或文化及相关产业核算，虽两种核算形式包含了部分相关的文化活动，但是难以体现文化领域的核算结果；二是现行的核算体系中均以“交易”原则为基础，不包含经济核算范围外无酬志愿服务和外部效应。因此，可参照国际经验，单独核算中国文化领域，以同时应对上述挑战。针对第一种挑战，SNA 2008 建议将关键部门或重要领域从中心框架中剥离，打破原有分类体系规则，按需构建关键部门产业、产品分类体系，搭建内部卫星账户，通过各类核心表式展现关键部门的运行细节。例如，旅游卫星账户、卫生卫星账户等。针对第二种挑战，SNA 2008 建议打破中心框架构建外部卫星账户，拓展生产、消费和资本形成等一系列核算范围，如非营利卫星账户、环境经济卫星账户等。

本章所尝试编制的中国文化卫星账户兼具内部卫星账户与外部卫星账户

的特点，以内部卫星账户的构建方式为主，将中心框架与文化产业统计相结合，搭建中国文化产品分类，对所涉及的文化活动予以细化。同时，参照外部卫星账户的特色所在，将国民经济其他产业中具有文化性质的辅助活动纳入核算范围，并囊括文化志愿服务及文化外部效应，在注重局部细化的同时实现对总体性的拓展。

2. 中国文化卫星账户涉及概念的界定

1）统计视域下中国文化定义

文化的定义及相关分类的科学划分是编制中国文化卫星账户的前提条件，当前文化卫星账户的各个实践国均不同程度参照 UNESCO 对文化的定义，鉴于此，为满足文化统计需要，统计视域下中国文化定义需满足可测量性，因此本章将直接借鉴 UNESCO 对文化的定义。

结合中国文化实况，本章从文化周期入手将其所涉及所有的中国文化产品和服务界定为文化领域。

从该定义出发，中国文化卫星账户的生产范围内应涵盖民间文学、传统戏剧、传统医药等中国特有文化遗产及文化遗址。一方面，文化遗产及文化遗址可视作经济资产，但其经济价值难以估量，鉴于此，UNESCO 建议可用其保护成本来代替某段时间的价值；另一方面，文化遗产及文化遗址所带来的社会效益也不可小觑，如文化遗产和文化遗址的存在对当地旅游业的经济拉动作用可视为文化外部性，将文化外部性纳入文化卫星账户的核算范围是对文化卫星账户核算口径的进一步完善，也是对中心框架经济意义上所划定的生产范围的突破。

2）文化核心领域、文化相关领域的定义

基于 UNESCO 对文化的定义，本章将文化领域分为文化核心领域、文化相关领域，并在这两个领域中完成对文化产业及文化产品的分类。将文化核心领域定义为：以文化为核心内容，为直接满足人们的精神需要而进行的创作、生产、传播、展示等文化产品（包括货物和服务）的生产活动。将文化相关领域定义为：为实现文化产品的生产活动所需的生产活动。

3. 文化产业、文化产品、文化职业定义

基于 SNA 2008 对文化产业及产品的定义，本章将文化产业定义为由主要活动具有文化特征且为社会提供文化核心产品和文化相关产品的基层单位构成的集合；将文化产品定义为文化产业生产活动的最终结果，包括文化货物和文化服务两部分。因此，文化核心领域中包括文化核心产业及文化核心产品，而文化相关领域中包括文化相关产业和文化相关产品。将文化职业定义为：中国文化创作、生产、传播、展示等文化周期中所涉及的相关职业均为文化职业，其可能处于文化产业之外。

二、中国文化分类体系的完善

1. 文化产业分类体系的概况及完善建议

1985 年 UNESCO 首次提出文化产业概念与分类标准后，世界各国逐步构建本土文化产业分类体系。中国自 2004 年起开始构建《文化及相关产业分类》，截至目前中国文化产业分类体系已经更新至第三版，为《文化及相关产业分类（2018）》。该分类以《国民经济行业分类》（GB/T 4754—2017）为基础，根据文化生产活动的特点，将产业分类中的文化相关类别重新组合，属于《国民经济行业分类》的派生分类标准。就其与国际分类标准的衔接度而言，该分类借鉴了 FCS 2009 中所提供的文化产业分类标准，在定义与覆盖范围上与其衔接。

相较于国际标准文化产业分类，中国文化及相关产业分类与 ISIC 4.0 存在如下不同：一方面，就文化核心领域而言，中国文化及相关产业分类从文化运作过程中提取出文化传播渠道、文化投资运营，并对其涉及的产业进行分类；对动漫、游戏、互联网娱乐等数字文化产业的划分更加全面；对中国特有工艺品，如漆器、陶瓷等的制作与销售所涉及的产业进行详细分类；对文化产品的批发与零售产业进行更详细的分类。另一方面，就文化相关领域而言，中国文化及相关产业分类将纸张、笔墨、颜料的制作及销售全部纳入文化相关领域；将会议展览、文化经纪代理、文化消费终端生产纳入文化相关领域，并对其所涉及的产业进行详细分类。

考虑到国际组织与文化卫星账户各实践国在文化与旅游、体育、建筑产业中利用文化卫星账户测度文化活动带来的经济效益，本章建议可从以下两方面完善文化及相关产业分类：一是文化核心领域方面，全面考虑中国文化中的武术、棋牌活动等，并将之与文化体育推广活动一并纳入文化娱乐休闲服务。二是文化相关领域方面，考虑旅游业对文化活动的支持辅助作用，从旅游业中分离出与文化活动相关的住宿、运输等服务，并纳入文化辅助生产和中介服务领域中加以核算。具体而言，可在中国文化及相关产业分类的景区游览服务大类中添加文物及非物质文化遗产、博物馆、烈士陵园与纪念馆这三个产业，以核算其提供的文化旅游服务，借此测度文化对旅游业的经济拉动作用。在数据来源方面，《国家旅游及相关产业统计分类（2018）》的第14大类旅游游览中囊括文化旅游游览产业，可从旅游统计入手分离出该部分文化旅游数据，以期实现对文化旅游的测度。

2. 文化产品分类体系的构建

截至目前，中国文化分类体系建设并不全面，中国文化产品分类的缺失一定程度上影响了中国文化统计的进程。由于中国文化产品没有标准分类，无法从非文化产业的国民经济其他产业中有效分类出文化辅助活动。以建立中国文化产品标准分类为基础，中国可在文化卫星账户中编制实践文化产品供给使用表，追溯各类文化产品的来源与使用，从而对中国文化周期运作有更加深刻的理解。鉴于此，中国文化产品标准分类体系的构建势在必行。

在文化产品标准分类体系建设的过程中,UNESCO 建议以 CPC2 为基准，以期实现国际可比性。但在文化卫星账户实践中，由于文化差异性的存在，CPC2 不能包含世界各国的各类文化产品。鉴于此，美国和西班牙在编制实践本国文化卫星账户时均采用本土分类标准。中国文化源远流长，所囊括的文化产品种类丰富，CPC2 难以体现各类文化产品。因此，本章建议根据中国文化及相关产业分类状况，以《统计用产品分类目录》为基石，打破该产品分类的标准顺序，并将其中与文化相关的产品重新组合，形成中国文化产品分类。

三、核心表式的构建

1. 中国文化卫星账户供给使用表

供给使用表是文化卫星账户的基础，其以最简洁的方式展现出文化领域各产业间错综复杂的关联关系，是进行多产业结构定量分析的有力工具。为深入了解各产业对文化产品的生产消费及进出口状况，从产品角度将文化供给使用表拆分成文化供给表和文化使用表。

1）文化供给表

文化供给表如表 12-5 所示。将国民经济各产品以是否具备文化性质为标准，分为文化产品与非文化产品，并计算其相应价值；将产业以文化性质为标准分为文化核心产业、文化相关产业及国民经济其他产业三个部分。因此，本章所编制的文化供给表可由若干个供给部分组成：供给 1 记录文化核心产业生产文化特征产品的概况；供给 2 记录文化相关产业生产提供文化关联产品的概况；供给 7 则记录国民经济其他产业所生产供应的非文化产品。由此可知，表中各对角线上的数据作为该产品的主要生产者产出，其他单元数据代表该产业所生产的次要产品、辅助活动产出，如供给 5、供给 6 分别代表文化核心产业与文化相关产业所生产的非文化产品，供给 3、供给 4 分别记录国民经济其他产业在次要生产活动与辅助活动中所提供的文化特征产品与文化关联产品状况。

表 **12-5**　文化供给表

<table>
<tr><th colspan="2" rowspan="3">产品</th><th colspan="3">产业</th><th rowspan="3">进口</th><th rowspan="3">总供给（基本价格）</th><th rowspan="3">运输贸易费用</th><th rowspan="3">生产税净额</th><th rowspan="3">总供给（购买者价格）</th></tr>
<tr><th colspan="2">文化产业</th><th rowspan="2">国民经济其他产业</th></tr>
<tr><th>文化核心产业</th><th>文化相关产业</th></tr>
<tr><td rowspan="2">文化产品</td><td>文化特征产品</td><td>供给 1</td><td></td><td>供给 3</td><td></td><td></td><td></td><td></td><td></td></tr>
<tr><td>文化关联产品</td><td></td><td>供给 2</td><td>供给 4</td><td></td><td></td><td></td><td></td><td></td></tr>
<tr><td colspan="2">非文化产品</td><td>供给 5</td><td>供给 6</td><td>供给 7</td><td></td><td></td><td></td><td></td><td></td></tr>
<tr><td colspan="2">总产出合计（基本价格）</td><td></td><td></td><td></td><td></td><td></td><td></td><td></td><td></td></tr>
</table>

2）文化使用表

文化使用表是测算文化增加值的重要工具，本章构建的文化使用表如表 12-6 所示：使用 1、使用 2、使用 3 分别表示文化核心产业所消耗的文化特征产品、文化关联产品以及非文化产品；使用 4、使用 5、使用 6 记录文化相关产业消耗的文化特征产品、文化关联产品以及非文化产品的相关数据；使用 7、使用 8、使用 9 则记录国民经济其他产业对这三类产品的消耗数据。文化使用表中所涵盖的平衡关系如下：从行向看，中间使用与最终使用的加和总数等于按购买者价格计算的总使用；从列向看，按基本价格核算的总产出−中间投入（购买者价格）=增加值（基本价格）。

表 **12-6** 文化使用表

<table>
<tr><th colspan="3" rowspan="3">产品</th><th colspan="3">中间使用</th><th colspan="5">最终使用</th><th rowspan="3">总使用（购买者价格）</th></tr>
<tr><th colspan="2">文化产业</th><th rowspan="2">国民经济其他产业</th><th colspan="2">最终消费</th><th colspan="2">总资本形成</th><th rowspan="2">出口</th></tr>
<tr><th>文化核心产业</th><th>文化相关产业</th><th>住户</th><th>政府</th><th>固定资本形成</th><th>存货变动</th></tr>
<tr><td rowspan="3">中间投入</td><td rowspan="2">文化产品</td><td>文化特征产品</td><td>使用 1</td><td>使用 4</td><td>使用 7</td><td></td><td></td><td></td><td></td><td></td><td></td></tr>
<tr><td>文化关联产品</td><td>使用 2</td><td>使用 5</td><td>使用 8</td><td></td><td></td><td></td><td></td><td></td><td></td></tr>
<tr><td colspan="2">非文化产品</td><td>使用 3</td><td>使用 6</td><td>使用 9</td><td></td><td></td><td></td><td></td><td></td><td></td></tr>
<tr><td rowspan="4">增加值</td><td colspan="2">固定资产折旧</td><td></td><td></td><td></td><td></td><td></td><td></td><td></td><td></td><td></td></tr>
<tr><td colspan="2">雇员报酬</td><td></td><td></td><td></td><td></td><td></td><td></td><td></td><td></td><td></td></tr>
<tr><td colspan="2">生产税净额</td><td></td><td></td><td></td><td></td><td></td><td></td><td></td><td></td><td></td></tr>
<tr><td colspan="2">营业盈余</td><td></td><td></td><td></td><td></td><td></td><td></td><td></td><td></td><td></td></tr>
<tr><td colspan="3">总产出合计（基本价格）</td><td></td><td></td><td></td><td></td><td></td><td></td><td></td><td></td><td></td></tr>
</table>

3）中国文化卫星账户供给表、使用表的试编

本章主要根据《中国投入产出表 2018》中的相关数据，完成对文化卫星账户中供给表、使用表的试编。《中国投入产出表 2018》可分为投入产出表、供给表和使用表三部分，其中涉及文化领域部分如下。一是投入产出表中涉及了 13 类中国文化产品部门：造纸和纸制品；印刷和记录媒介复印品；工艺美术品；文教、体育和娱乐用品；涂料、油墨、颜料及类似产品；陶瓷制品；文化、办公用机械；广播电视设备和雷达及配套设备；视听设备；广播电视及卫星设备；新闻和出版；广播、电视、电影和影视录音制作；文化艺术。二是供给表和使用表中仅涉及“造纸印刷和文教体育制造业”“文化、体育和娱乐业”两个具备文化性质的产业部门；仅涉及“造纸、印刷及相关制品”、“文教、体育和娱乐用品”与“文化、体育和娱乐”三个具备文化性质的文化产品部门。由此观之，《中国投入产出表 2018》中的文化分类并不能全面囊括中国

文化领域。同时,《文化及相关产业分类（2018）》于 2019 年被应用于文化统计领域，因此无法与《中国投入产出表 2018》中相关数据准确结合。

基于上述问题,本章以国家统计局颁布的 2019 年文化及相关产业增加值及其占比为依托,假定 2018 年文化及相关产业所涉及的九大类文化产业部门供给、使用价值比例与 2019 年各文化产业部门增加值占比相同，即新闻信息服务占比 13%、内容创作生产占比 20.9%、创意设计服务占比 17.2%、文化传播渠道占比 11.9%、文化投资运营占比 0.9%、文化娱乐休闲服务占比 5.4%、文化辅助生产和中介服务占比 15.8%、文化装备生产占比 4.2%、文化消费终端生产占比 10.7%。中国 2018 年文化卫星账户供给表、使用表的试编结果如附表 5、附表 6 所示。

2. 文化产业收入来源表

本章编制的文化产业收入来源表如表 12-7 所示，该表将按文化产业分类考察各文化产业在文化货物销售、提供文化服务、转移、投资收益、税收收入及其他收入这六个方面的收入状况。其中，提供文化服务可从服务类型细化为文化服务、租赁、赞助和会员费四个方向；转移则可从转移方细化为政府、住户、非营利机构三个方向；而投资收益则可从投资方向细化为利息、红利及其他三个方向。特别的是，可从住户和政府两方面进一步区分文化货物销售与提供文化服务的收入状况，实质上也是对住户和政府文化参与度的衡量。

表 **12-7**　文化产业收入来源表

产业	文化货物销售	提供文化服务				转移			投资收益			税收收入	其他收入	合计
		文化服务	租赁	赞助	会员费	政府	住户	非营利机构	利息	红利	其他			
文化核心产业														
文化相关产业														

就实编文化产业收入来源表而言，主要难点在于相关数据的获取。第四次全国经济普查从法人单位数量、从业人员、资产总量和全年营业收入四个方面概括我国经营性文化产业发展概况。但仍难以获取各文化及相关产业详细的收入来源构成数据，难以完成中国文化卫星账户文化产业收入来源表的实际编制。

3. 文化就业统计表

本章编制的文化就业统计表如表 12-8 所示。中国将就业人口定义为为工资或利润等报酬而从事工作的经济活动人口。因此，文化领域的就业人口应包括所有的文化从业者，即全职和兼职雇员及自营职业者，但不包括文化志愿者。

表 **12-8** 文化就业统计表

项目		企业单位数	从业人员	报酬	性别比	平均受教育程度
文化核心产业	*n* 类职业					
文化相关产业	*n* 类职业					

实编文化就业统计表主要存在以下难点：一方面，中国目前没有成形的文化职业分类体系，难以基于文化职业分类收集文化就业相关数据；另一方面，国内职业分类均参照于《中华人民共和国职业分类大典》，该分类标准并未将职业是否具备文化性质作为分类标准，导致该标准所涉及的文化职业分类不够详细，难以识别每个主类别下的文化职业。综上所述，在现有文化统计基础下较难实现文化就业统计表的实际编制。

4. 文化志愿服务统计表

本章以澳大利亚的“志愿工作和服务价值评估表”为基础，拓展形成文化志愿服务统计表，如表 12-9 所示。本章拟从志愿服务类型、志愿者数、志愿时长、虚拟报酬、补贴五个方面测度文化志愿服务。其中，将有偿劳动代替志愿服务所发生的费用视作志愿服务的虚拟报酬，且考虑到志愿时长的灵活性，以小时为单位计量志愿服务价值。而补贴作为志愿服务的一部分，可能来自政府、企业或非营利机构，它包括志愿者在志愿服务中得到的衣物、道具（志愿服务所统一要求）、食品、礼品等。

表 12-9　文化志愿服务统计表

领域	志愿服务类型	志愿者数	志愿时长	虚拟报酬	补贴
文化核心领域					
文化相关领域					

就实编文化志愿服务统计表而言，中国文化志愿活动相关数据难以收集，难以按志愿服务类型进行合理拆分，导致在现有文化统计基础下较难实现文化志愿服务统计表的实际编制。

第五节　中国文化卫星账户的改进思路

有关文化卫星账户的理论基础、国际经验与编制方法研究是一项长期且复杂的工作，由于中国文化统计至今仍存在文化分类体系不健全、文化数据不全面等问题，难以实现对文化卫星账户的科学编制。鉴于此，本章建议从以下四个方面进一步完善中国文化卫星账户。

第一，完善中国文化分类体系，实现各分类体系的对接。分类体系的完善是实践卫星账户的基础所在，本章构建的中国文化产品分类在民俗文化、语言等方面可进一步完善，同时中国仍缺乏中国职业分类，影响文化就业统计。因此，中国亟须构建完善的文化分类体系，以满足实践中国文化卫星账户的需要。在完善分类体系的同时，中国仍需注意各文化分类体系的对接问题。例如，中国商务部文化产品进出口贸易数据与国家统计局的产品分类数据无法完全对接，导致文化数据无法高效对接。因此，中国应在优化文化分类体系的前提下，考虑各文化分类体系的对接问题，夯实文化统计基础。

第二，设计文化专项调查，夯实文化数据基础。文化统计数据是中国文化卫星账户的血肉所在，为使得中国文化卫星账户能科学准确地反映中国文化发展实况，中国开展文化专项调查，夯实数据基础势在必行。因此，本章从以下四个方面设计中国文化专项调查：一为全国文化消费调查。从住户、企业、政府等方面调查对文化产品的消费，包括文化商品的购买数量、文化服务消费状况。特别的是，各住户成员均有不同的文化消费状况，且该信息在住户成员之间并不完全互通，因此应尽可能调查受访住户各个成员文化消费状况。二为全国文化参与度调查。①调查个人在文化项目上所花费的时间；②调查个人参与文化志愿服务状况；③从个人和公共两个角度入手调查其对文化遗产、文化遗址保存和保护所作的贡献，测算在保存保护文化遗产、文化遗址方面的人均总支出。三为文化实践调查。①全国文化教育状况；②全国博物馆、纪念馆、图书馆、公园等文化场馆的建设、展览、使用状况；③各类文化活动组织状况；④文化景区建设及参观状况。四为文化经济调查。①以文化职业为“第二职业”者及现有职业分类外的文化职业者从业状况；②各文化产业的收入来源状况；③政府在文化领域的投入状况。

第三，逐步推进中国文化卫星账户编制工作。中国现有文化统计基础难以支撑文化卫星账户的建立，本章所试编的中国文化卫星账户供给表、使用表基于一定的假设条件，科学性与准确性有所欠缺。因此，本章建议以现有基础为出发点，以完善的文化分类体系为依托，细化文化统计数据，以建立起科学的中国文化卫星账户供给表、使用表为实践中国文化卫星账户的第一步，逐步推进中国文化卫星账户的编制工作。

第四，规范文化统计制度。中国应深化文化统计研究，不断推进文化卫星账户的研究与实践工作，一套规范的文化统计制度是科学构建文化卫星账户的有力保障。因此，本章建议中国应设计一套文化统计制度，规范文化核算基本流程，确保文化现有数据与文化专项调查数据实现有效衔接，为文化统计工作科学有效展开提供制度保障。

第十三章
教育与培训卫星账户的国际标准与中国实践①

随着中国教育质量的持续提升，教育对社会发展和经济增长的贡献越来越大，对教育活动进行全面核算具有重要的现实意义，更有助于准确比较各国教育发展水平。教育与培训卫星账户（satellite account for education and training，SAET）对系统反映一国教育经济活动的过程和结果起着桥梁的作用，能够全面核算教育活动对国民经济的贡献。本章拟对教育与培训卫星账户的研究现状、编制指南、国家经验进行系统介绍，最后提出编制 SAET 的政策建议。

第一节　教育与培训卫星账户的研究现状

教育是一个国家的基础性事业，与国民经济各个产业之间存在着关联（李芳芝和李超，2013），教育水平直接决定社会的发展水平，是推动社会进步与发展的重要力量。近年来，中国教育事业发展迅速。根据教育部发布的《2023年全国教育事业发展统计公报》，截至 2023 年，全国共有各级各类学校 49.83 万所，各级各类学历教育在校生 2.91 亿人，专任教师 1891.78 万人。2023 年全国教育经费执行情况统计公告显示，2023 年，全国教育经费总投入为

① 本章执笔人：王勇、刘丹丹、师琴娜、李明颢、张媛、乔诗琪、谢君君。

64 595.04 亿元，比上年增长 5.33%；国家财政性教育经费为 50 439.47 亿元，比上年增长 4.06%。教育事业高质量发展不断取得新突破。

随着教育事业的迅速发展，中国的教育统计工作也不断取得进步，但仍存在一些局限性。目前，中国的教育统计工作主要由教育部负责，教育部每年都会对中国整体和各省区市的教育情况做出汇总和统计[①]，并通过《中国教育事业统计年鉴》、《中国教育统计年鉴》[②]和《中国教育经费统计年鉴》[③]等教育统计出版物及教育事业发展统计公报向全社会公布，全面客观地反映中国教育运行状况（张振助，2009；中国教育科学研究院中国教育发展报告课题组等，2013）。从教育统计的分类标准来看，国家统计局于 2020 年 12 月发布了《教育培训及相关产业统计分类（2020）》（国家统计局，2020a），正式界定了中国的教育培训及相关产业的统计范围。该分类以《国民经济行业分类》（GB/T 4754—2017）为基础，是对国民经济行业分类中符合教育培训及相关产业特征相关活动的再分类,将教育培训及相关产业划分为三层，第一层包括 8 个大类，第二层包括 36 个中类，第三层包括 85 个小类。尽管如此，中国教育统计工作仍存在以下几个方面的局限：第一，重视教育培训活动的结果统计，忽视教育培训的过程统计，无法展示教育产品的来源方和使用方，难以了解教育产品的供给和使用情况；第二，重视教育经费支出和年增长情况的公布，缺少与教育培训活动有关的资金筹措和成本结构情况的公布；第三，忽略了教育部门与其他部门的经济联系，无法衡量教育活动对其他行业发展的带动作用，也难以全面核算教育对中国国民经济的贡献。

当前，国际上核算教育经济活动的有效工具是 SAET（郑彦，2017）。

---

① 包括各级各类学校数、各级各类学校教职工数据、招生数、在校生数、毕业生数、分学科研究生情况、学龄儿童净入学率、小学升学率、初中升学率、教育经费等。

② 包括高等教育、中等教育、初等教育、幼儿教育和特殊教育，全国各级各类学校分布情况，以及关于全国及分城乡、分省份的教育机会、教育条件、教育质量等内容。

③ 较全面系统地反映全国教育经费的来源和使用情况。

SAET 是 SNA 的中心框架在教育领域的延伸和发展（联合国等，2012；唐军，2017），目的是形成相对独立的自成体系的教育账户体系（蒋萍等，2013）。SAET 的编制指南由联合国欧洲经济委员会（The United Nations Economic Commission for Europe，UNECE）分别于 2016 年和 2020 年发布。遵循 2020 年发布的编制指南，目前共有 5 个国家完成了 SAET 的试点编制工作。本章的研究目的是对 SAET 编制的国际进展进行梳理，重点梳理两版 SAET 编制指南的更新并总结已编制 SAET 的国家经验，期望能为中国 SAET 的编制提供国际经验。

第二节　教育与培训卫星账户的编制指南更新

SAET 共有两版编制指南，分别为 2016 年发布的《衡量人力资本指南》（*Guide on Measuring Human Capital*，以下简称“2016 版指南”）（UNECE，2016），以及 2020 年发布的《教育与培训卫星账户：汇编指南》（*Satellite Account for Education and Training：Compilation Guide*，以下简称“SAET 2020 版指南”）（UNECE，2020）。SAET 2020 版指南对 2016 版指南做了很大改进，是目前各国编制 SAET 的标准指南。

一、2016 版指南：SAE 的核心内容

SAET 在 2016 版指南中被称为 SAE（satellite account for education and training，SAE）。SAE 的核心内容包括教育产品（education products）的识别、教育参与者的识别、关键变量的界定以及账户表式的构建。

（一）教育产品的识别

教育产品的划分遵循联合国教育、科学及文化组织发布的《国际教育标

准分类》（International standard classification of education，ISCED）[①]。按照ISCED（2011）（UNESCO，2012；联合国教科文组织统计研究所，2013），教育产品被分为 4 类：教育产品 1 类～教育产品 4 类。ISCED（2011）的 9 类教育等级（0～8 级）划分了 3 类教育产品（教育产品 1 类～教育产品 3 类），其中，教育产品 1 类对应 ISCED（2011）中的 0 和 1 级，教育产品 2 类对应 2～4 级，教育产品 3 类对应 5～8 级，教育产品 4 类则对应为 ISCED 中未分类的教育等级（杨仲山和郑彦，2012）。

（二）教育参与者的识别

教育参与者包括教育生产者和教育融资者。教育生产者是提供教育活动和产品的机构，包括广义政府、公司和为住户服务的非营利机构以及国外机构。教育融资者是为教育活动提供资金的机构，按 SNA 的机构部门划分，包括中央政府/州政府、地方政府、金融/非金融公司、为住户服务的非营利机构、住户和国外机构。

（三）关键变量的界定

SAE 对教育与培训的经常性支出、总经常性支出和固定资本形成总额支出进行了界定，且与 SNA 有所不同。SAE 从支出角度描述教育系统，教育与培训的经常性支出不仅包括 SNA 中定义的“最终消费支出”[②]，而且企业在教育培训方面的直接费用和间接费用也被视为经常性支出。其中，企业内部培训的间接费用在 SNA 中被视为中间消耗，但是在 SAE 中作为单独的支出，稍微扩大了生产的边界。教育与培训的总经常性支出等于教育产品和教

① ISCED 是国际上最权威的针对教育领域的统计分类标准，目前有四个教育分类版本，分别是 ISCED（1976）、ISCED（1997）、ISCED（2011）和 ISCED-F（2013）。

② 包括家庭对教育的自付费用、政府和非营利机构对教育的支出。

育服务的供应量。教育与培训的固定资本形成总额支出衡量教育行业的投资性支出，已经包括在当前的生产成本中，需要注意将它与经常性支出区分。

（四）账户表式的构建

SAE 的账户表式包括主表和补充表 2 类。编制的主表有 2 张，包括供给使用表（supply and use table）和来源/使用表（resource/use table）。供给使用表主要反映按照教育产品和教育生产者分列的教育产品的产出以及使用情况；来源/使用表主要反映教育融资者对教育产品的融资以及生产的教育产品的成本要素情况。补充表有 3 张，包括人口补充信息表、在校学生和教师的补充信息表以及成年人继续职业培训和终身学习的补充信息表。

二、SAET 2020 版指南：SAET 的核心内容及更新

SAET 2020 版指南在 2016 版指南的基础上做出了较大的修订和完善，SAET 的核心内容包括教育与培训的核算范围、教育与培训经常性支出的界定、教育与培训目的（education and training purposes，EP）的分类标准、教育参与者的分类标准以及账户表式的构建。

（一）教育与培训的核算范围

2016 版指南未正式提出教育与培训的核算范围，只是在对教育与培训的经常性支出进行界定时提到，将企业内部培训的间接费用视为单独的教育支出，由此扩大了 SNA 的生产边界。

SAET 2020 版指南明确指出，教育与培训的核算范围是在 SNA 界定范围的基础上增加了雇主内部培训的产出。它包括对雇员的职业培训，这种培训由所有经济部门的雇佣企业提供，此外还包括对残疾人的内部职业培训。具体来说，SAET 涉及 5 方面的教育与培训活动：正规教育和职业培训服务中

的教学、行政和其他活动；非正规的文化、娱乐、体育和职业教育培训活动；雇主内部培训；和提供教育与培训服务直接相关的商品和服务；教育行业的固定资本形成总额。另外，SAET 是对一国所有居民的教育与培训支出进行核算，因此包括了国内生产的教育与培训产出以及进口（国外的留学生）有关的支出。非常住学生的教育与培训支出应该被视为出口，不包括在 SAET 的核算范围内。而实习是培训过程的一部分，与监督实习生有关的支出应包括在核算范围内，但实习生的工资支出一般不计入 SAET，因为带薪实习可视为工作。

（二）教育与培训经常性支出的界定

与 2016 版指南相比，SAET 2020 版指南对教育与培训经常性支出的界定做了两点改进。

第一，增加使用生产法界定教育与培训的经常性支出，在 SAET 中采用生产法和支出法两种方法来估计经常性支出，提高了估计质量。与 SNA 相同的是，教育与培训活动的产出也可被区分为市场生产者（公司和住户）和非市场生产者（广义政府和为住户服务的非营利机构）的产出。从生产法的角度来看，教育与培训活动的产出可被划分为 5 个方面：教育与培训活动的市场生产者的产出、教育与培训活动的非市场生产者的产出、与出国留学生相关的教育服务的进口、企业提供的内部培训的产出以及和提供教育与培训服务直接相关的产品和服务的产出。从支出法的角度来看，主要表现为教育培训的最终消费支出、与购买教育服务相关的企业支出、出口和市场部门内部培训的中间消耗几种形式。

第二，采用生产法和支出法相互对应的方式界定教育与培训的经常性支出。SAE 只从支出角度估计教育与培训活动的经常性支出。而在 SAET 中，教育与培训活动的 5 种产出形式分别对应各自的教育培训支出形式。具体来说，教育与培训活动的市场生产者和非市场生产者的产出对应住户、广义政府和为住户服务的非营利机构的最终消费支出[①]、与购买教育服务相关的企业支出和出口几种形式；与出国留学生相关的教育服务的进口对应住户最终消费支出、广义政府和为住户服务的非营利机构的部分最终消费支出；企业提供的内部培训产出对应非市场部门中新产品的最终消费和市场部门估算的中间消耗；和提供教育与培训服务直接相关的产品和服务的产出对应与课本、器皿等有关的住户最终消费支出。

（三）EP 的分类标准

EP 基于 ISCED（2011）教育等级和非 ISCED 等级划分，对 2016 版指南的 EP 分类进行延伸，主要有两点变化。

第一，将学前教育和初等教育单独分列出来。SAET 增加 EP0，EP0 对应 ISCED 0 级，EP1 对应 ISCED 1 级，不再由 EP1 对应 ISCED 0 级和 1 级两个教育等级。SAET 的 EP0 代表学前教育，EP1 代表初等教育，这样就将学前教育和初等教育单独分列出来，各自作为 SAET 的一个核算项目，账户展现的教育与培训活动的信息更加丰富。

第二，对非 ISCED 的教育等级进行了细分，扩展出 3 种类别：EP4～EP6。EP6 是 SNA 生产边界的延伸，它包括了雇佣企业为雇员提供的市场和非市场职业培训，也包括对残疾人的内部职业培训。增加 EP6 后，可以将内部培训与雇主购买的其他培训区分开，有助于将教育与培训支出相应地分配给不同的 EP。

在 SAET 2020 版指南对 EP 划分的 7 个级别中，EP0～EP3 是对 ISCED（2011）的 0 到 8 级进行重组分类，EP4～EP6 是对非 ISCED 等级的细分，分

① 教育与培训活动的市场生产者产出对应的最终消费支出中，政府和为住户服务的非营利机构只包括部分最终消费支出（即实物转移部分：购买的教育与培训的市场产品）。

类情况见表 13-1。具体来看，ISCED 的 0 和 1 级分别对应 EP0 和 EP1，ISCED 的 2 级、3 级、4 级合并为 EP2，ISCED 的 5 级、6 级、7 级、8 级合并为 EP3，非 ISCED 等级细分为 EP4～EP6 这 3 类。

表 13-1　SAET 2020 版指南的 EP 分类情况

EP 分类	ISCED（2011）教育等级
EP0（学前教育）	ISCED 0
EP1（初等教育）	ISCED 1
EP2（中等教育）	ISCED 2 ISCED 3 ISCED 4
EP3（高等教育）	ISCED 5 ISCED 6 ISCED 7 ISCED 8
EP4（文化、体育和娱乐教育）	非 ISCED 等级
EP5（其他教育和职业培训）	非 ISCED 等级
EP6（内部培训）	非 ISCED 等级

资料来源：《教育与培训卫星账户：汇编指南》

注：EP0 包括儿童早期教育发展和学前教育。EP1 主要指小学教育，大多数情况下是 6 年的学校教育。EP2 主要包括初中教育和高中教育，也包括普通教育和职业教育；此外，还包括中等后非高等教育（post-secondary non-tertiary education）。EP3 包括短期高等教育（通常是两年制教育学院）和长期高等教育（即学士、硕士和博士学位或同等水平的教育）；EP3 还包括继续教育，是指针对大学毕业生的课程，如心理治疗、教师继续教育等。EP4 包括音乐、艺术和体育等各领域的教学课程，包括成人的在线课程和教育课程，这些课程也可以是正规教育，但不能按级别确定。EP5 包括为残疾人或失业人员提供的职业培训；为雇员提供的培训，由雇主资助但不提供；住户购买的职业培训。EP6 包括企业为员工提供的职业培训，这些企业涵盖市场型企业与非市场型企业；EP6 还包括针对残疾人的企业内部职业培训

（四）教育参与者的分类标准

SAET 对教育参与者的分类遵循 SNA 2008 的机构部门分类标准。SAET 2020 版指南对教育参与者划分的改进主要表现在由识别转向分类。

2016 版指南只是提出识别教育参与者，分类未完全遵照 SNA 2008 的机

构部门分类标准，划分类别不太规范。SAET 2020 版指南明确了教育参与者的分类标准，即划分为广义政府（可细分为中央政府、州政府和地方政府，包括中央、州或地方政府的所有单位以及由政府单位控制的所有非市场、非营利机构）、非金融公司、金融公司、为住户服务的非营利机构、住户和国外机构 6 个部门。与 2016 版指南相比，SAET 将教育生产者中的公司区分为金融和非金融公司两类，教育生产者增加了住户部门，作为教育融资者的中央政府、州政府和地方政府合并处理为广义政府。

SAET 指出，在实际核算时，需要注意区分教育生产者的性质。教育生产者分为市场生产者和非市场生产者。市场生产者是全部或大部分产出为市场生产的机构。非市场生产者由政府单位或为住户服务的非营利机构组成，它们免费或以没有经济意义的价格向住户或社区提供商品或服务。区分市场生产者和非市场生产者十分重要,因为这会影响教育与培训产出的价值评估。教育与培训服务的市场产出是根据这些服务的销售收入估算的。教育与培训服务的非市场产出按生产成本（中间消耗、雇员报酬、固定资本消耗和生产税净额）的总和来估计。

（五）账户表式的构建

SAET 2020 版指南的账户表式在 2016 版指南的基础上做了更新和补充：主表由 2 张增加为 4 张，补充表由 3 张增加为 5 张。

第一，在原来 2 张主表的基础上扩充为 4 张，编制 2016 版指南表式的简化版本，突出和教育与培训活动有关的信息。4 张主表分别是按供给者和教育与培训目的分列的教育与培训产出表（the supply table，以下简称产出表）、按消费者和教育与培训目的分列的教育与培训支出表（the use table，以下简称支出表）、按部门和教育与培训目的分列的融资表（the financing table，以下简称融资表）、教育与培训目的的生产成本结构表（the cost structure table，简称成本表）。

教育产出表和支出表是以供给使用表为基础编制的，供给使用表通过提供生产过程的要素、货物和服务的使用以及产生的收入，总体上提供了经济的详细情况。SAET 的主要目的是估算和教育与培训有关的支出，所以编制了供给使用表的简化版本，突出教育与培训有关产品和服务的供应和使用。产出表中与内部培训有关的产出按成本估算，包括对市场生产者净营业盈余的估算。表格最后提供教育行业的自有账户生产和供销售的研发生产情况，作为附属项目列示。在支出表中，雇主为其雇员购买的教育与培训服务被确定为中间消耗。为简化起见，SAET 规定市场生产者的内部培训产出被列入中间消耗，而非市场生产者的内部培训产出被列入最终消费支出。

融资表和成本表是来源/使用表的简化版，同样只包括和提供教育与培训有关的资金和成本流。融资表显示了教育与培训目的的资金筹措情况，成本表则显示了按教育与培训目的划分的成本结构。按教育与培训目的分列融资和成本，可以衡量用于每类 EP 的资源分配情况。

第二，增加按性别和教育学科划分的毕业生补充信息表以及按性别、职业和受教育程度划分的就业补充信息表。5 张补充表往往根据国家需要决定编制与否，作为补充信息从而丰富 SAET。SAET 的 5 张补充表分别是人口补充信息表、在校学生和教师的补充信息表、成年人继续职业培训和终身学习的补充信息表、按性别和教育学科划分的毕业生补充信息表以及按性别、职业和受教育程度划分的就业补充信息表。

相较于 2016 版指南来说，SAET 2020 版指南的账户表式既有简化，也有扩充。就主表来说，表式数量虽然增多，但账户是在原来基础上精简得到的，集中展现和教育与培训活动有关的信息，提高了 SAET 的清晰度和可用性。补充表由 3 张增加为 5 张，侧重展现 SAET 的非货币信息，对主表展现的货币信息进行补充，提供了符合国民账户框架的相关教育与培训指标，形成了完整的 SAET 信息框架。SAET 2020 版指南账户表式的名称、内容与特点如表 13-2 所示。

表 **13-2 SAET2020** 版指南账户表式的名称、内容与特点

表式	名称	内容与特点
主表	产出表	按照 EP 的类别分列供给者的产出、进口和产品税净额信息
	支出表	按照 EP 的类别分列消费者的最终消费支出、中间消耗（对于市场生产者）和出口信息
	融资表	显示融资单位按不同 EP 资助教育与培训活动，提供了有关资金流类型[a]的信息
	成本表	显示按教育与培训目的划分的与国内生产过程有关的成本要素[b]的信息
补充表	人口补充信息表	按性别、年龄组和受教育程度分列的常住人口信息
	在校学生和教师的补充信息表	按性别、年龄组分列的正规教育和非正规教育的入学学生人数以及划分为正规和非正规教育的教师人数
	成年人继续职业培训和终身学习的补充信息表	按性别、年龄组分列的参加继续职业培训或终身学习的成人人数
	按性别和教育学科划分的毕业生补充信息表	按教育学科和性别分列的毕业生人数
	按性别、职业和受教育程度划分的就业补充信息表	按性别、职业和受教育程度分列的就业人数

资料来源：《教育与培训卫星账户：汇编指南》

a 资金流类型包括直接融资、经常性转移支付（如对住户的支付和对为住户服务的非营利机构的支付）以及对其他部门的补贴。

b 成本要素既包括经常性支出，也包括固定资本消耗。这里的经常性支出包括雇员报酬、中间消耗、产品和进口税减去补贴和市场生产者的营业盈余

综上所述，SAET 2020 版指南对 SAET 的核心内容的更新可以总结为：确定了教育与培训的核算范围，运用生产法和支出法两种方法以相互对应的方式估计教育与培训的经常性支出，对 EP 分类进一步细化，明确教育参与者的分类标准，精简主表，扩充补充表。两版指南关于 SAET 的核心内容与主要更新总结如表 13-3 所示。

表 13-3　SAET 2020 版指南与 2016 版指南关于 SAET 的核心内容及主要更新总结

核心内容	2016 版指南	SAET2020 版指南的更新变化
教育与培训核算范围	未正式提出	明确核算范围是在 SNA 界定范围的基础上增加了雇主内部培训的产出
教育与培训经常性支出	采用支出法估计经常性支出	（1）增加生产法估计； （2）支出法与生产法相互对应进行估计
EP 分类标准	按照 ISCED（2011）教育等级和 ISCED 中未分类的教育等级分类，分为 EP1～EP4 共 4 类	（1）增加 EP0 类别； （2）细化 ISCED 中未分类的教育等级为 EP4～EP6 这 3 类
教育参与者分类标准	处在识别阶段，分类不太规范	明确分类标准为 SNA 2008 的机构部门分类
账户表式	主表 2 张，补充表 3 张	（1）主表增加为 4 张，表式简化； （2）补充表增加为 5 张

资料来源：《衡量人力资本指南》《教育与培训卫星账户：汇编指南》

第三节　教育与培训卫星账户编制的国家经验

一、各国编制 SAET 的总体现状

目前，SAET 的编制工作在 5 个国家展开试点，分别是挪威、英国、加拿大、以色列和白俄罗斯。这项试点工作旨在帮助各国建立国际上可比的 SAET，促进 SAET 的进一步改进和完善。这些国家的编制经验对未来希望编制 SAET 的国家具有很强的借鉴意义。

目前，5 个国家均编制了某一年的卫星账户。加拿大编制了 2014 年的账户，挪威、英国和以色列编制 2015 年的账户，而白俄罗斯编制 2016 年的账户。这 5 个国家在编制 SAET 时，基本都从指南建议的几个方面展开，主要考虑教育与培训的核算范围、EP 的分类标准、教育参与者的分类标准和账户表式的构建这几个方面。表 13-4 总结了 5 个试点国家对 EP、教育生产者和融资者的划分细节，并列出 5 个国家编制主表和补充表的基本情况。

表 13-4　试点国家对 **EP**、教育生产者和融资者的划分情况与账户表式编制情况

试点国家	EP 划分	教育生产者划分	教育融资者划分	产出表	支出表	融资表	成本表	补充表
挪威	无 EP0，EP1～EP6	未单列住户和公司 [a]	公司用其他部门表示	✓	✓	✓	✓	
英国	EP0 与 EP1 合并，无 EP6	未单列住户和公司 [b]	6 个部门	✓	✓	✓	✓	✓
加拿大	无 EP0，EP1 与 EP2 合并，EP4 与 EP5 合并	区分为市场生产者 [c] 和非市场生产者 [d]	6 个部门	✓	✓	✓	✓	
以色列	EP0～EP6	6 个部门 [e]	6 个部门	✓	✓	✓	✓	✓
白俄罗斯	EP0～EP6，EP5 细分为 3 组：EP51、EP52 和 EP53	6 个部门	6 个部门	✓	✓	✓		✓

资料来源：《教育与培训卫星账户：汇编指南》

a 挪威将其包含在市场生产者或其他市场生产者中

b 英国将其包含在市场部门中

c 加拿大的市场生产者包含教育行业和其他部门

d 加拿大的非市场生产者包含政府部门（只提供广义政府数据）和为住户服务的非营利机构

e 6 个部门指的是广义政府、非金融公司、金融公司、为住户服务的非营利机构、住户和国外，是 SAET 2020 版指南建议的部门划分方式

在 EP 划分方面，英国和加拿大由于数据限制或国家账户设置会无法核算某些 EP，或者在实际编制时合并部分 EP 进行核算。教育生产者的划分就更加主观，5 个国家划分时表现出较大差异；而教育融资者的划分基本符合指南要求。

从编制主表的情况来看，5 个国家中只有白俄罗斯没有编制成本表。另外，产出表和支出表中的 EP0～EP6 基本涵盖了 SAET 2020 版指南定义的教育与培训的核算范围，但教育行业的研发生产和固定资本形成总额有关信息并没有包括在其中，所以各国的产出表和支出表会根据情况在附属项目中列出这一部分的数据信息，从编制结果来看，只有英国没有提供有关固定资本形成总额的补充信息。

就补充表而言，只有英国、以色列和白俄罗斯 3 个国家进行编制。英国

编制了 2 张补充表，提供人口补充信息（显示了按 ISCED 等级、性别和年龄细分的人口受教育程度的信息）和在校学生与教师的补充信息（显示了英国境内按 ISCED 等级和性别划分的学生与教师人数）。以色列的 2 张补充表提供按教育程度、性别和年龄组分列的 15 岁及以上人口数和按教育程度、性别和年龄组分列的 15 岁及以上的就业人员的情况。白俄罗斯编制了 3 张补充表，分别反映按国际标准分列的在校学生和教师的补充信息、按性别和教育学科划分的毕业生补充信息以及按性别、职业和教育等级划分的就业补充信息。

二、各国编制 SAET 的实践经验

从参与试点编制的 5 个国家来看，编制 SAET 主要面临四个方面的难点：一是企业内部培训产出的核算；二是 EP 划分；三是教育生产者和融资者的划分；四是 SAET 表式的选择与编制。

（一）企业内部培训产出核算的国家经验

SAET 2020 版指南规定了教育与培训的核算范围，“企业内部培训”活动是在 SNA 界定范围的基础上延伸的 SAET 的核算范围。在编制 SAET 时，各国主要采取以下几种方式核算企业内部培训产出。

第一，开展实际调查获取企业内部培训产出数据。从各国实践来看，挪威开展了“继续职业培训调查”（Continuing vocational training survey，CVTS）获取数据，加拿大也进行了住户和企业调查。挪威企业内部培训产出根据欧盟统计局（Eurostat）开展的“继续职业培训调查”获得。加拿大为了对内部培训做出准确估计，需要估计用于培训的小时数和培训的直接费用，为区分内部培训和外部培训，加拿大采用了住户和企业调查，住户调查用于提供培训时数的估计数，而企业调查则用于估计内部培训的直接成本。

第二，在本国已有的调查数据中结合补充资料提取企业内部培训产出数

据。以色列就是在现有的行业或政府的调查数据中提取培训数据。为了估算公司和非营利机构中员工培训的支出，以色列使用了这些行业的现有调查，而政府一般部门的培训支出则根据财务报表中的中央和地方政府单位培训部门的支出计算。由于这些调查或报表中的数据并非为收集企业内部培训数据而用，所以在很大程度上会影响数据质量和准确性。

第三，将实际调查与已有调查相结合获取企业内部培训产出数据。白俄罗斯对企业内部培训产出的估计是根据雇员培训时间的实际调查和已有的工资数据得出的，但由于缺乏其他相关支出的充分资料，工资数据未被全部涵盖。

5 个试点国家中只有英国编制的 SAET 没有核算企业内部培训产出（即 EP6 对应的产出），这主要是由于英国公布的 CVTS 结果不够详细，无法识别内部培训的支出，即无法明确区分出公司内部进行的培训和为雇员购买的其他供应商的培训。从各国编制的实际情况来看，内部培训产出的数据获取仍是各国编制账户的一大挑战。

（二）EP 划分的国家经验

SAET 2020 版指南建议将 EP 分为 7 类：EP0~EP6。EP 的划分要与教育参与者的教育与培训支出项目相对应，按照 EP 分列各个部门的教育与培训支出是编制 SAET 时面临的极大挑战，各国主要采取了三种方式。

第一，对某些难以获取数据的 EP 暂不做核算。挪威和加拿大没有对 EP0 进行估算；挪威没有将 EP0 包括在内，主要是因为学前教育不提供任何正规的教育方案，在挪威的国民账户中被视为社会照料的一部分，故不在 SAET 中进行核算；加拿大未获取 EP0 的估计数，所以 EP0 也被排除在 SAET 的核算范围之外。英国没有对 EP6 进行估算，是由于无法识别准确的企业内部培训支出。

第二，对部分难以准确区分的 EP 合并起来核算。英国和加拿大对某些 EP 进行了合并处理，将其视为一个 EP 进行核算。英国由于政府数据没有细分到足够详细的程度，在划分 EP0 和 EP1 时，采取了合并核算的方式。加拿大也由于获取的数据对应 EP 的分类过于宽泛，分别将 EP1 和 EP2、EP4 和 EP5 合并进行核算。

第三，对某些 EP 进行细化区分，对分出的各组别分别核算。白俄罗斯将 EP5 进一步划分为 3 组：EP51、EP52 和 EP53，核算更为细致。

虽然以色列对 EP 的划分符合指南的要求，但在实际划分时也遇到了困难。根据现有的资料，以色列无法对划分到 EP4 的文化、体育和娱乐教育支出进行定性评估。因此，在计算这类支出时采取专家评估法。另外，将住户对教育与培训相关商品和服务的消费支出划分到 EP 也是各国遇到的一大难点，指南建议可以根据总支出的比例进行分配，或在 SAET 的支出表（即使用表）中作为未分配项目列出。

（三）教育生产者和融资者划分的国家经验

SAET 2020 版指南将二者均分为广义政府、非金融公司、金融公司、为住户服务的非营利机构、住户和国外 6 个部门。各国对教育生产者和融资者的划分遵循指南分类标准，为方便本国核算，具体划分方式如下。

第一，对教育融资者的划分基本遵循了指南的分类标准。除挪威外的其他 4 个国家均遵循了 SNA 2008 的机构部门分类标准，而挪威只是将融资者中的公司用其他部门表示，未区分出金融公司和非金融公司。另外，对于广义政府部门，挪威、英国和白俄罗斯将其区分为中央政府和地方政府，并对二者单独核算；加拿大只单列了广义政府，未进一步细分核算；而以色列核算得更为细致，将广义政府分为中央政府、地方政府和政府非营利机构三个子部门，单列出来分别核算。

第二，除以色列和白俄罗斯完全遵循指南的分类标准，其他各国对教育生产者的划分均有不同。挪威和英国没有对住户和公司单独区分列示，只是将其记为市场生产者或市场部门进行核算；加拿大直接将生产者区分为两大类，即市场生产者和非市场生产者，市场生产者分为教育行业和其他市场部门，非市场生产者则分为政府和为住户服务的非营利机构。除此之外，对于广义政府部门，各国对其采取的核算方式与教育融资者相同。由此看来，教育生产者的划分更为复杂，一般要综合考虑国家的机构设置和教育与培训数据可否区分的情况。

（四）SAET 表式选择与编制的国家经验

SAET 的主表包括 4 张，而补充表的编制较为灵活，SAET 涵盖了 5 张补充表。从编表情况来看，各国的账户表式选择存在差异。

第一，主表的编制是必需的，分别从四个方面展示教育与培训的关键信息。关于 SAET 的 4 张主表，只有白俄罗斯未编制成本表。另外，对于产出表和支出表的附属项目，产出表会在表的最后提供教育行业的自有账户生产和供销售的研发生产情况，支出表则提供教育行业的固定资本形成总额的情况。5 个国家中只有英国未提供有关固定资本形成总额的信息。总结各国编制主表的经验发现，国民账户中的供给使用表和来源/使用表对构建 SAET 非常有帮助。比如，挪威发现利用供给使用表和来源/使用表更容易得出教育与培训服务的生产和消费的中心指标；加拿大统计局发布的国家供给使用表中也包含关于教育与培训的生产和使用的统计数据。

第二，补充表可以按照本国情况灵活选择进行编制。试点国家中只有英国、以色列和白俄罗斯 3 个国家编制了补充表，作为 SAET 的补充信息。这 3 个国家编制的补充表各有不同，也未将指南建议的 5 种表式全部编制，基本按照本国数据获取和实际需要有选择地编制。

从编制账户的数据来源来看，各国对 SAET 的构建汇集了来自各种统计项目的有关教育与培训活动的数据，包括供给使用表、教育统计项目、政府财政统计项目、关于政府支出的政府职能分类统计和关于家庭支出与服务贸易的按目的划分的个人消费分类统计。这些项目使用不同的数据源和估算方法，对 SAET 的编制起着十分关键的作用。

第四节　编制中国教育与培训卫星账户的建议

教育与培训作为人力资本形成的核心，随着中国教育质量的持续提升，对社会发展和经济增长的贡献越来越大，对教育活动进行全面核算具有重要的现实意义，更有助于准确比较各国教育发展水平（颜敏和王维国，2009；姜雯昱，2019）。而 SAET 对系统反映一国教育经济活动的过程和结果起着桥梁的作用，能够全面核算教育活动对国民经济的贡献，因此借鉴国际经验编制中国的 SAET 十分必要。根据国际上开展的 SAET 试点编制国家的进展，本章尝试提出对中国编制 SAET 的建议。

一、构建符合中国实际的教育产品分类

在 SAET 中，教育与培训目的实质上代表的就是教育产品。明确教育活动的范围之后，在此基础上按照活动类别进行区分就可以得到教育产品。在 SAET 2020 版指南中，教育与培训活动被分为五大类，基本涵盖了当前教育领域的所有活动。另外，国内发布的《教育培训及相关产业统计分类（2020）》（国家统计局，2020a）主要针对教育领域进行产业分类，而教育产品的划分则属于产品分类的范畴，因此转变分类视角十分关键。因此，中国可以参考指南的教育与培训活动分类，先明确教育与培训活动的范围，然后再划分教育产品。更可行的方法是，中国在已有的教育培训及相关产业统计分类的基

础上，从产业分类转变到产品分类，重点关注教育产品的划分方式。也可以参考试点国家的教育产品划分经验，并结合中国实际情况，对教育产品进行合并或细化处理。

二、划分符合中国国情的教育生产者和教育融资者

SAET 2020 版指南建议对教育生产者和融资者的划分遵循 SNA 2008 的机构部门分类标准，将其分为广义政府、非金融公司、金融公司、为住户服务的非营利机构、住户和国外 6 个部门。但由于 SAET 专门针对教育领域核算，涉及教育与培训的全部细节，而且考虑到教育数据的获取和分解情况，完全按照 6 个部门的分类原则可能不太切合实际，所以在划分中国的教育生产者和融资者时，可以结合本国国情进行部门分类。从各国的情况来看，教育融资者的划分一般遵循指南分类原则划分为 6 类，难点在于教育生产者的划分。教育生产者中的政府和为住户服务的非营利机构容易单独列出，但住户和公司的划分往往比较模糊。在划分出政府和为住户服务的非营利机构后，对除国外的其他三个部门尽可能加以区分，保证能够分列出各部门相应的教育产品的产出、支出、融资和成本结构等信息。另外，中国的政府部门一般细分为中央政府和地方政府，二者在公共教育的提供上承担着不同的角色，中央政府负责制定总体教育规划，地方政府则作为地方公共教育的主要提供者，这会在一定程度上影响教育支出的比重，因此建议将政府区分为中央政府和地方政府分别核算（李鼎和赵文哲，2013）。

三、有选择地编制主表和补充表

主表从教育与培训活动的供给、使用、融资和成本结构四个方面反映出 SAET 的货币信息，补充表提供教育与培训的非货币信息，作为教育人口、性别和就业等情况的补充资料。因此，中国在编制 SAET 时，4 张主表基本

都需要编制，对于教育行业的研发生产和固定资本形成总额的附属信息，根据教育数据的获取情况考虑是否在表格中列示；而对于指南建议的 5 张补充表，可以灵活选择编制与否，其并非 SAET 必须编制的表格；对于主表的编制，可以参考 SAET 2020 版指南中 4 张表格的结构，并结合 SNA 和中国国民账户的要求，规范编制符合中国教育体制的账户表式。

第十四章
体育卫星账户的核算理论与中国实践①

目前，国际上关于体育产业核算的新方向是构建体育卫星账户（sport satellite account，SSA），主要集中在欧盟国家。欧盟关于 SSA 的理论与实践对中国开展体育产业核算具有重要的借鉴意义。本章梳理欧盟 SSA 的探索历程，阐释欧盟 SSA 的核算理论，归纳欧盟 SSA 的应用价值，分析中国体育产业核算的现状以及中国目前构建 SSA 的难点。最后提出对中国编制 SSA 的政策建议。

第一节　体育卫星账户的理论基础

体育是社会发展与人类文明进步的重要标志，是社会生活的重要组成部分。近年来，中国体育产业发展迅速：2006～2020 年，中国体育产业总规模由 3011 亿元增长到 27 372 亿元（国家统计局，2021a），增长了 809.1%，年均增长率为 17.1%；2003～2020 年，中国各类体育场地数量由 85 万个增加到 371.34 万个，体育场地占地面积由 22.5 亿平方米增长到 30.99 亿平方米（国家体育总局，2021）。同时，中国先后出台的多个支持体育产业发展的政策文件，如《“健康中国 2030”规划纲要》《关于促进全民健身和体育消费

① 本章执笔人：王勇、李明颢、师琴娜。本章内容发表于《统计研究》2022 年第 4 期。

推动体育产业高质量发展的意见》《“十四五”体育发展规划》等，更为中国体育产业的进一步发展提供了动力。

伴随着体育产业的快速发展，中国体育统计工作也取得了长足进步。2008年，国家统计局和国家体育总局联合制定了《体育及相关产业分类（试行）》。2015年，国家统计局重新修订并颁布新版的体育产业统计分类标准——《国家体育产业统计分类》（杨越，2015）。此后，国家统计局又发布《体育产业统计分类（2019）》（国家统计局，2019a），以适应最新的《国民经济行业分类》（GB/T 4754—2017）。中国体育产业统计分类标准的发布与实施有力推动了中国体育统计工作的进步。目前，国家体育总局和国家统计局每年都基于体育产业统计分类标准联合发布中国体育产业增加值数据，为客观了解中国体育产业发展规模提供了数据支撑。尽管如此，中国现行体育统计仍存在几点局限：第一，重视体育活动的结果统计，忽视体育生产的过程统计，无法展示体育产品的来源方与使用方，不利于详细了解体育产品的使用与供给情况；第二，重视增加值统计，忽视体育产业就业人数等其他重要统计指标，不利于全面了解体育产业对就业市场的贡献；第三，忽略了体育产业与其他产业的关联关系，不利于全面了解体育产业对各产业发展的带动作用。面对经济发展的新特征以及宏观经济管理的新需求，国民经济核算需要不断革新，在既有框架下做出调整和改进（高敏雪，2020a）。

目前，国际上关于体育产业核算的新方向是构建SSA。SSA以投入产出理论为基础，在国民经济核算框架下全面反映体育活动（张若，2010）。卫星账户研究角度强调全口径（蒋萍和蒋再平，2020），作为全口径体育产业的核算工具，SSA不仅可以反映体育产业在生产、消费、投资、进出口及就业等方面的总量结果数据，还可以反映一段时期内体育产业与其他产业间的关联关系，是一个相对独立且具有灵活性及国际可比性的系统（蒋萍等，

2013）。目前，国际上关于 SSA 的研究和编制主要集中在欧盟[①]，欧盟有十余个成员国已完成或正在进行 SSA 的构建。SSA 已在欧盟体育经济宏观管理及体育政策制定方面发挥了重要作用，为分析体育产业在经济增长和就业等方面的贡献提供了充分的信息。

目前，国内有梁斌等（2017）对欧盟 SSA 进行了介绍，与现有研究相比，本章的主要工作及侧重点体现在以下几点：将欧盟 SSA 的探索历程划分为三个阶段，结合各阶段相关政策文件全面梳理了欧盟 SSA 的探索历程；总结欧盟 SSA 的体育定义并提炼其重要特点；详细阐述欧盟 SSA 的核算表式（表式类型及编表方法）；归纳欧盟 SSA 的应用价值，并结合欧盟关于 SSA 研究的最新文件及成果，阐述欧盟 SSA 的核算功能；分析中国体育产业核算的现状以及中国目前构建 SSA 的难点。

第二节　欧盟体育卫星账户的探索历程

相比于其他领域的卫星账户（如旅游卫星账户、卫生卫星账户等），SSA 起步较晚。欧盟 SSA 的探索历程可分为以下三个阶段。

第一阶段（2006 年之前）：对体育产业的核算尝试到 SSA 构建提议的提出。过去几十年，欧盟各国一直在尝试对体育产业进行核算：1971 年，法国第一次对体育产业做出核算尝试；1989 年，欧盟委员会第一次评估了体育经济对欧盟的重要性；德国在 20 世纪末进行了 SSA 研究。然而，欧盟各国或国际组织对体育的定义及研究所用的方法存在巨大差异，使不同国家或组织的核算结果无法进行国际比较。面对日益增长的体育经济数据需求以及为了实现体育产业核算结果的国际可比性，2006 年，欧盟轮值主席国奥地利提

① 本章研究对象是英国未正式脱欧前的欧盟 SSA，即英国 SSA 的构建情况包括在本章的讨论范围内。

出建立欧盟范围内体育产业核算标准。欧盟委员会采纳了这一建议并于同年成立了欧盟体育和经济工作组（EU Working Group on Sport and Economics，EU WG），工作组初步确定了将 SSA 作为欧盟体育产业核算的重要工具。欧盟体育和经济工作组的成立为 SSA 在欧盟范围内的建立迈出了第一步（European Commission，2013）。

第二阶段（2007 年至 2012 年）：SSA 核算理论的逐步成熟与核心表式的试编。欧盟体育和经济工作组确定以 SSA 作为体育产业核算工具后，首要任务就是确定 SSA 的核算范围。2007 年 6 月，欧盟委员会审议通过了《体育白皮书》（*White Paper on Sport*），呼吁欧盟委员会、欧盟内各组织及各成员国等共同合作，以建立起欧盟范围内的 SSA。在欧盟体育和经济工作组及欧盟委员会的共同努力下，2007 年 10 月，欧盟体育和经济工作组于维尔纽斯[①]举行会议就体育的经济定义达成了一致，即“维尔纽斯体育定义”。该定义从产品分类的角度确定了体育产品的三个层次（统计层次、狭义层次及广义层次），明确了 SSA 对体育产业的统计范围。维尔纽斯体育定义是欧盟体育和经济工作组最重要的理论成果，这一定义的确立是欧盟构建 SSA 进程中的里程碑，为后续的理论探究提供了概念基础，也使体育统计的国际比较成为可能。

2010 年，欧盟委员会发布了《欧洲 2020：智能、可持续和包容性增长战略》（EUROPE 2020: a strategy for smart，sustainable and inclusive growth），其中明确提出体育产业要以促进经济增长及就业为主要发展目标。2011 年 1 月，欧盟委员会发布的《体育交流（2011）》（Communication on sport (2011)）明确表示，欧盟委员会正在促进和鼓励学术界、体育组织以及各国当局共同参与，通过 SSA 衡量体育产业的重要性。同年，欧盟理事会及其成员国政府

① 立陶宛首都，英文名称为 Vilnius。

代表在欧盟理事会议上通过了《欧盟体育工作计划 2011—2014》（European Union work plan for sport for 2011-2014），该计划特别要求体育统计专家编写构建 SSA 的建议。在外部政策的激励下，部分成员国的统计部门及国内相关组织开始了 SSA 核算表式的研究工作，代表性理论成果包括荷兰统计局和汉恩应用科学大学发布的《体育卫星账户方法手册》（Statistics Netherlands and HAN University of Applied Sciences，2012）及奥地利体育经济部等发布的《体育对欧盟经济增长及就业贡献的研究》（SportsEconAustria et al.，2012）。二者不仅梳理了 SSA 的基础概念，还对 SSA 的核算理论（核算范围界定及核算表式构建）进行了论述。奥地利体育经济部发布的《如何创建体育卫星账户》（SportsEconAustria，2012）及英国谢菲尔德哈勒姆大学体育产业研究中心发布的《体育卫星账户构建手册》（Sport Industry Research Centre at Sheffield Hallam University，2012）也对核算表式的编制方法做出了说明。这些针对 SSA 方法论文件的发布为各国 SSA 的编制提供了理论指导，极大地促进了 SSA 在欧盟的实践进程。

第三阶段（2013 年至今）：SSA 逐步成为欧盟体育统计的核心标准并得到各国的广泛编制。随着 SSA 核算理论的成熟及实际应用成果的产生，SSA 逐渐确立了在欧盟体育统计中的核心地位。同时，欧盟相继发布的《欧盟体育工作计划 2014—2017》（Council of the European Union，2014）、《欧盟体育工作计划 2017—2020》（Council of the European Union，2017）及每个计划期末由欧盟委员会发布的期内计划完成情况的报告（European Commission，2014，2017，2020）等政策文件也加速了 SSA 在欧盟的发展。特别地，《欧盟体育工作计划 2017—2020》进一步要求体育政策制定者通过 SSA 分析体育产业的经济效益，并根据 SSA 的核算结果制定体育政策。为了更好地消除数据收集障碍同时保证各国核算结果的可比性，2016 年，奥地利体育经济部和英国体育产业研究中心等在欧盟委员会的资助下发布了《欧盟体育卫星账户研究》。该成果规范了 SSA 表式编制过程中的数据收集标准，大大提高了各国编制 SSA 核算表式时所用数据的质量及可比性。

在理论成果及外部政策的支撑下，欧盟各国开展了大量的 SSA 编制实践。据奥地利体育经济部及英国体育产业研究中心于 2018 年发布的《通过体育卫星账户研究体育的经济影响》，截至 2018 年，已有奥地利、塞浦路斯、英国、波兰、荷兰、德国、立陶宛、葡萄牙及比利时等 9 个国家完成了 SSA 核心表式的编制①，卢森堡、罗马尼亚和克罗地亚等国正在进行 SSA 的试编。

虽然 SSA 在欧盟的发展历程只有短短十余年时间，但是欧盟 SSA 已从一个概念性的框架逐步发展为一套能够有效分析体育产业重要性、兼具国际可比性及现实可操作性的统计体系。目前，SSA 已成为欧盟体育统计的核心工具，在欧盟的体育经济分析、体育政策制定等方面展示出了强大功能，为世界各国 SSA 的构建提供了经验。

第三节　欧盟体育卫星账户的核算理论

一、核算范围界定：三个层次的维尔纽斯体育定义及其特点

维尔纽斯体育定义界定了欧盟 SSA 的核算范围。具体地，维尔纽斯体育定义以与体育相关的产品为分类对象，根据产品与体育活动的关系，将这些与体育相关的产品划分为三个层次，即体育的统计定义、体育的狭义定义及体育的广义定义，三个层次的定义共同组成了维尔纽斯体育定义。维尔纽斯体育定义能够全面囊括与体育相关的各类产品及相关经济活动（如体育用品的生产等）。三个层次的维尔纽斯体育定义具体如下：一是，体育的统计定义仅包含本身具有体育特色的产品和服务，包括体育场馆（设施）运营服务、

① 非欧盟成员国的瑞士也建立了 SSA。

健身设施运营服务、体育俱乐部活动及其他体育活动等 4 项体育服务活动，这些产品和服务在《欧洲共同体经济活动统计术语》[①]中被归类到“体育活动”[行业分类代码：93.1，NACE Rev 2（2008）]。二是，体育的狭义定义在体育统计定义的基础上增加了所有为体育活动的进行而必须投入的产品和服务，如运动服、运动鞋等。三是，体育的广义定义在体育狭义定义的基础上增加了所有与体育活动有直接和间接关系，但不作为进行体育活动所必需的产品和服务，如体育赛事的直播、转播等。三类体育定义的对比及产品示例如图 14-1 所示。

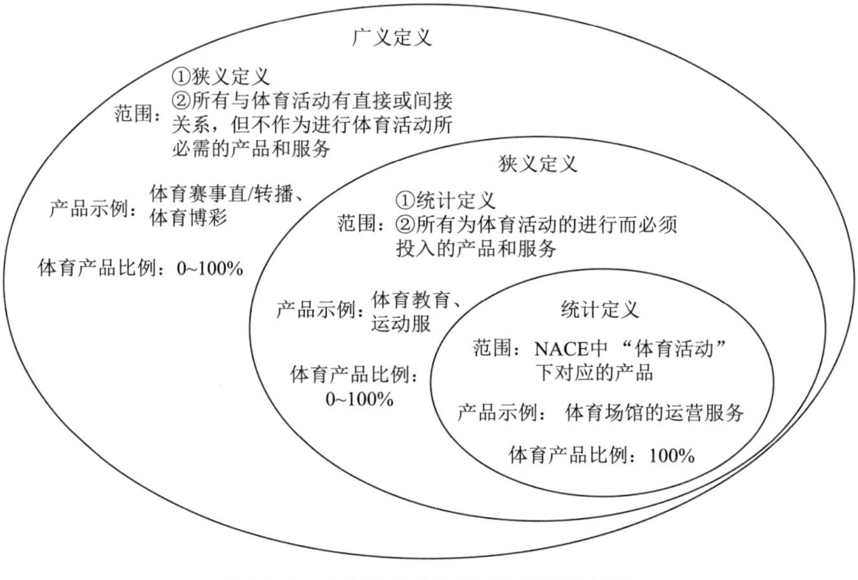

图 14-1 三类体育定义的对比及产品示例

① 《欧洲共同体经济活动统计术语》（Nomenclature statistique des activités économiques dans la Communauté Européenne，NACE）的编制依据是《所有经济活动的国际标准行业分类》（International standard industrial classification of all economic activities，ISIC）。NACE 和 ISIC 在大、中、小分类上几乎完全相同（NACE 在中类及小类分类上更为详细），因此基于 NACE 的统计分类与 ISIC 的统计分类具有可比性。基于 NACE Rev 1.1（2002），大类 92 为“娱乐、文化和体育活动”，其中 92.6 为“体育活动”；基于 NACE Rev 2（2008），大类 93 为“娱乐、文化和体育活动”，其中 93.1 为“体育活动”。欧洲共同体是欧盟的前身，NACE 经过多轮修订，但仍沿用过去的名称。

维尔纽斯体育定义有四方面特点。

第一，强调“功能性取向”原则。功能性取向（Statistics Netherlands and HAN University of Applied Sciences，2012；梁斌等，2017）是指，构建 SSA 时需要核算的是与体育相关的产品和服务的价值量，即要强调产品和服务的体育功能。例如，鞋子有很多类，纳入维尔纽斯体育定义的鞋子要体现出鞋子的体育功能，只有用于体育目的的运动鞋才会被核算，而其他跟体育活动无关的鞋子（皮鞋、高跟鞋等）则不会被纳入 SSA 的核算范围。

第二，三个层次的维尔纽斯体育定义具有明确的包含关系：广义定义包含狭义定义，狭义定义包含统计定义。为实现体育产业的全口径核算，SSA 以口径最大、包含各类体育相关产品的广义定义作为核算范围。以广义定义作为 SSA 的核算范围能够全面核算体育相关行业及产品，弥补了传统体育核算以统计定义作为核算范围导致的体育产业统计口径不全的问题。

第三，强调以产品与体育活动间的“投入”或“产出”关系作为判断某产品所属维尔纽斯体育定义层次的依据。若一种产品或服务是进行体育活动所必需的（如球鞋等），即该产品或服务是体育活动的“投入”、以体育活动作为“产出”，那么该产品或服务属于体育的狭义定义；若一种产品或服务是依赖体育活动而存在的（如体育赛事的直播等），即该产品或服务是体育活动的“产出”、以体育活动作为“投入”，那么该产品或服务属于体育的广义定义；若一种产品或服务本身就属于《欧洲共同体经济活动统计术语》中“体育活动”类别下对应的产品或服务（如体育场馆的运营服务），那么该产品或服务属于体育的统计定义。

第四，对于每一类体育相关产品，必须确定该体育相关产品中的体育产品比例。体育相关产品的体育产品比例是指，某体育相关产品中，实际用于体育相关活动的产品占该体育相关产品全部价值量的比例。例如，“农业、狩猎及相关服务活动”下的“马的饲养”是体育相关生产活动，其对应的产品“马”是体育相关产品。但产品“马”中，只有用于体育相关活动而饲养的马（如竞赛用赛马）才能纳入 SSA 核算范畴，出于其他目的饲养的马则要排除在外。因此，在实际编制 SSA 的过程中，必须要确定每类体育相关产品中的体育产品比例，以避免对体育产业规模的高估。

二、核算表式构建：表式类型与表式编制

目前，欧盟内部并没有统一标准的 SSA 核算表式，现有的 SSA 核算表式的方法理论均是由具体国家或组织提出的，而目前非营利机构卫星账户已有两版国际指导手册（王勇等，2020）。当前，欧盟 SSA 的表式类型主要包括两大类，分别是以供给使用表（supply and use table，SUT）为基础构建的体育供给使用表（supply and use table：sport，SUT:S）和以投入产出表（input-output table，IOT）为基础构建的体育投入产出表（input-output table：sport，IOT:S）。造成这一现象的原因主要是：各国的核算目的及核算基础不同。从一国建立 SSA 的目的来看，一些国家建立 SSA 的主要目标是描述体育经济并得出重要的体育经济指标，而不是分析体育经济与国民经济中其他部分间的联系，因此这些国家以 SUT 为基础框架编制 SSA 的核心表式（如荷兰）；而一些国家建立 SSA 则是为了更进一步地分析体育产业与国民经济中其他部分间的联系及其对国民经济整体的影响，因此这些国家以 IOT 为基础框架编制 SSA 的核心表式（如奥地利）。从一国核算基础来看，一些国家的统计局按时发布 SUT，而一些国家的统计局则按时发布 IOT，这决定了各国编制 SSA 核心表式的核算基础与数据条件不同。在现有的核算理论方法中，最具代表性的是荷兰统计局和汉恩应用科学大学发布的《体育卫星账户方法手册》及奥地利体育经济部等发布的《体育对欧盟经济增长及就业贡献的研究》。

（一）表式类型

目前，各派生产业卫星账户（如卫生卫星账户、文化卫星账户、旅游卫星账户）的表式类型并不相同，理论上可以包含全套账户序列，实践中，可以根据编制目的、客观条件选择部分表式进行编制。需要说明的是，欧盟的两类 SSA 表式均不包含如生产账户、分配账户等账户序列，但是欧盟仍将其称为体育卫星账户（“sport satellite account”）。

第一类核算表式是体育供给使用表，以产品×产业的形式对体育产业进行核算。从表式结构来看，国民经济整体的 SUT 包含所有的产品类别[①]及所有的行业类别。但在 SUT:S 中，只包含了与体育相关的部分产品及行业。SUT:S 有两个显著特点：“体育相关”和“部分”。首先，SUT:S 只包含了维尔纽斯体育定义中的产品及相关行业，而没有纳入其他非体育相关产品及行业（如跟体育没有关系的采矿业就不在 SUT:S 中），这就使得 SUT:S 中的行业维度和产品维度远小于国民经济整体 SUT 的行业维度和产品维度。其次，SUT:S 只包含部分体育相关产品及行业。理想情况下，维尔纽斯广义定义中所包含的全部 400 余个产品组的体育产品都应该纳入 SUT:S，但受限于时间、人力等客观条件约束，实践中一般只核算对体育经济最有贡献的部分体育相关产品及行业[②]。体育供给表和体育使用表如表 14-1、表 14-2 所示。

① 产品分类主要基于《按经济活动划分的产品分类》（Classification of products by activity，CPA），CPA 同 NACE 一样，是欧盟范围内使用的产品分类标准体系［国际上的标准体系是联合国《主要产品分类》（Central product classification，CPC）］。CPA 的分类结构与 NACE 的分类结构有直接的联系——二者在大、中、小类上相同。但 CPA 将小类产品做了进一步细化分类，细化后的产品分类可称为产品组（6 位数）。

② 荷兰使用“最相关产品法”确定纳入核算的产品类别。该方法根据产品对体育经济的贡献大小筛选相关产品。贡献大小由两个维度决定：产品经济价值绝对量的大小及产品与体育活动的联系紧密程度。

表 **14-1** 体育供给表

<table>
<tr><td colspan="4" rowspan="4"></td><td colspan="3">ISIC</td><td rowspan="3">国内供应（基本价格）</td><td rowspan="3">货物和服务的进口</td><td rowspan="3">总供给（基本价格）</td><td rowspan="3">贸易和运输利润率</td><td rowspan="3">产品税（不含增值税）</td><td rowspan="3">产品补贴（－）</td><td rowspan="3">总供给（购买者价格）</td></tr>
<tr><td colspan="3">NACE</td></tr>
<tr><td>NACE 1</td><td>…</td><td>NACE n</td></tr>
<tr><td>1</td><td>…</td><td>n</td><td colspan="7"></td></tr>
<tr><td>1</td><td rowspan="4">CPA</td><td rowspan="4">CPA</td><td>CPA 1</td><td></td><td></td><td></td><td></td><td></td><td></td><td></td><td></td><td></td><td></td></tr>
<tr><td>…</td><td>…</td><td></td><td></td><td></td><td></td><td></td><td></td><td></td><td></td><td></td><td></td></tr>
<tr><td>n</td><td>CPA n</td><td></td><td></td><td></td><td></td><td></td><td></td><td></td><td></td><td></td><td></td></tr>
<tr><td>n+1</td><td>贸易和运输利润</td><td></td><td></td><td></td><td></td><td></td><td></td><td></td><td></td><td></td><td></td></tr>
<tr><td></td><td colspan="3">总产出（行 1～n+1）</td><td></td><td></td><td></td><td></td><td></td><td></td><td></td><td></td><td></td><td></td></tr>
</table>

资料来源:《体育卫星账户方法手册》(Statistics Netherlands and HAN University of Applied Sciences, 2012）。各行的 CPA 均表示“纯体育目的”产品，如运动鞋、体育设施经营、体育赛事转播等，各列的 NACE 则表示这些产品所在的行业

表 **14-2** 体育使用表

<table>
<tr><td colspan="4" rowspan="4"></td><td colspan="3">ISIC</td><td rowspan="3">列 1～n 合计</td><td rowspan="3">货物和服务的出口</td><td rowspan="3">家庭最终消费支出</td><td rowspan="3">为住户服务的非营利机构最终消费支出</td><td rowspan="3">一般政府最终消费支出</td><td rowspan="3">固定资本形成总额</td><td rowspan="3">存货变化</td><td rowspan="3">世界其他地区居民家庭的最终消费支出</td><td rowspan="3">已付款减估值增值税</td><td rowspan="3">各列合计</td></tr>
<tr><td colspan="3">NACE</td></tr>
<tr><td>NACE 1</td><td>…</td><td>NACE n</td></tr>
<tr><td>1</td><td>…</td><td>n</td><td colspan="10"></td></tr>
<tr><td>1</td><td rowspan="4">CPC</td><td rowspan="4">CPA</td><td>CPA 1</td><td></td><td></td><td></td><td></td><td></td><td></td><td></td><td></td><td></td><td></td><td></td><td></td><td></td></tr>
<tr><td>…</td><td>…</td><td></td><td></td><td></td><td></td><td></td><td></td><td></td><td></td><td></td><td></td><td></td><td></td><td></td></tr>
<tr><td>n</td><td>CPA n</td><td></td><td></td><td></td><td></td><td></td><td></td><td></td><td></td><td></td><td></td><td></td><td></td><td></td></tr>
<tr><td>n+1</td><td>不可抵扣增值税</td><td></td><td></td><td></td><td></td><td></td><td></td><td></td><td></td><td></td><td></td><td></td><td></td><td></td></tr>
<tr><td></td><td colspan="3">中间消耗（行 1～n+1）</td><td></td><td></td><td></td><td></td><td></td><td></td><td></td><td></td><td></td><td></td><td></td><td></td><td></td></tr>
<tr><td></td><td colspan="3">增值</td><td></td><td></td><td></td><td></td><td></td><td></td><td></td><td></td><td></td><td></td><td></td><td></td><td></td></tr>
<tr><td></td><td colspan="3">总产值（=中间消耗+增值）（=供应表总产出）</td><td></td><td></td><td></td><td></td><td></td><td></td><td></td><td></td><td></td><td></td><td></td><td></td><td></td></tr>
</table>

资料来源:《体育卫星账户方法手册》(Statistics Netherlands and HAN University of Applied Sciences, 2012）

由于大部分经济活动的数据是按产品类型而不是行业类型收集的，因此SUT:S 可以提供更详细的信息（Statistics Netherlands and HAN University of Applied Sciences，2012）。相较于投入产出框架，SUT:S 更适合于直接统计观测（Steeg，2009）。目前，采用 SUT:S 的国家主要有荷兰、德国、塞浦路斯、立陶宛及葡萄牙等。

第二类核算表式是体育投入产出表，以产品×产品的形式对体育产业进行核算。目前，欧盟大部分成员国每年都会编制按产品分类的 IOT，这为编制 IOT:S 提供了条件。为了更好地对各国 SSA 进行比较和进一步整合，部分欧盟组织及国家大力鼓励各成员国选用 IOT:S。IOT:S 实质上是在国民经济整体的 IOT 基础上构建的一种扩展的 IOT（expanded IOT）①。具体地，编制 IOT:S 时，需对原始 IOT 中的各类体育相关产品分离出仅用于体育相关活动的部分，并在原始 IOT 中加入新的列和行对这些分离出的部分进行显示，被分割的各类体育相关产品在数值上也要分为两个部分，分别对应用于体育和非体育相关活动的产品价值。IOT:S 的优点在于其能够全面呈现体育产业与其他产业的相互影响及联系。目前，编制 IOT:S 的国家主要有奥地利、英国、波兰、卢森堡及比利时等。体育投入产出表如表 14-3 所示。

表 **14-3**　体育投入产出表

	中间产品产出						消费				出口	总需求
	产品 1N	产品 2N	产品 3	产品 1S	产品 2S	总计	个人消费	公共消费	投资	总计		
产品 1N												
产品 2N												
产品 3												

① expanded IOT，即在原始 IOT 第一象限的基础上插入新的行和列，使得 IOT:S 的维度较原始 IOT 更高。

续表

	中间产品产出						消费				出口	总需求
	产品 1N	产品 2N	产品 3	产品 1S	产品 2S	总计	个人消费	公共消费	投资	总计		
产品 1S												
产品 2S												
总计												
税减补贴												
中间消耗总额												
总增值												
国内产出												
进口												
总产出												

资料来源：《体育对欧盟经济增长及就业贡献的研究》（SportsEconAustria et al.，2012）

为简化起见，表 14-3 仅显示了 3 类产品，其中产品 1 和产品 2 均为体育相关产品，在 IOT:S 中需要进行产品分割，仅用于体育目的的产品用产品 1S 和产品 2S 表示，非体育功能产品则用产品 1N 和产品 2N 表示，产品 3 是与体育活动完全无关的产品。

SSA 两类核算表式的对比如表 14-4 所示。

表 14-4　SSA 两类核算表式的对比

对比项目	体育供给使用表（SUT:S）	体育投入产出表（IOT:S）
表式基础	SUT	IOT
表式架构	产品×产业	产品×产品
核算范围	部分的、最有贡献的体育相关产品及行业	国民经济的全部产品（含非体育相关产品）
优势	表式简明、针对性强	能够充分反映体育产业与国民经济中其他部分的联系
不足	不能充分反映体育产业与经济中其他部分的联系	数据收集及表式编制工作量较大
应用国家	荷兰、德国、塞浦路斯、立陶宛、葡萄牙	奥地利、英国、波兰、卢森堡、比利时

（二）表式编制

SSA 的表式编制可以分为两个环节：一是初始数据收集；二是表式数值计算。首先，基于自上而下原则进行初始数据收集。数据收集是表式编制的首要工作，奥地利体育经济部等通过研究给出了各国构建 SSA 时可用的部分数据源，并建议遵循自上而下的数据收集原则，即从欧盟层面的数据库开始，到欧盟各国的国家内部数据结束[①]。建议使用的数据源包括：欧洲层面的数据源（如欧盟统计局）、国家层面的数据源（如各国家统计局）及其他来源[②]。其次，根据表式类型（SUT:S 或 IOT:S），完成核算表中的数值计算。尽管上述数据源提供了高质量的标准化数据，但大部分情况下，现有数据源无法充分满足 SSA 的表式编制需求。因此，仍需通过一定方法计算（或估算）出核算表中的具体数值。

第一，对于 SUT:S，数值计算思路为：基于现有的体育产品比例数据，结合合理的假设来计算具体数值，该方法由荷兰统计局等提出。对于无法收集到的体育产品比例，常利用已有的体育产品比例数据，在符合现实的假定下，以估算值代替[③]。收集或估算出各体育相关产品中的体育产品比例数据后，就可用该比例乘以某体育相关产品在不同项目下（包括消费、固定资本形成、净出口等最终使用项及各行业的生产、中间消耗）的全部价值量，得出该产品在各项目下实际用于体育相关活动的价值量。对 SUT:S 中所有产品依次按行计算，即可完成 SUT:S 的编制。体育使用表的编制相对复杂，一般在 SUT:S 之后编制。对于体育使用表，中间消耗矩阵和最终使用矩阵的行和及列和数据是在两个矩阵内部数据全部计算完成后得到的。

---

① 部分国家的内部数据缺失时，会征求该国专家的意见加以估算或补充。

② 例如，超国家组织：欧洲体育与就业观察组织（European Observatory of Sport and Employment，EOSE）、欧洲体育用品业联合会（Federation of the European Sporting Goods Industry，FESI）等。

③ 例如，若某国消费的所有鞋子中，13%用于体育活动，则假设该国家庭消费的所有鞋子中，也有13%用于体育活动。

第二，对于 IOT:S，数值计算思路为：利用经济变量间的相关关系[①]及体育产品比例，同时结合一定的数学方法对具体数字进行推算，该计算思路由奥地利体育经济部提出。首先，根据经济指标间相关关系的假设[②]及各体育相关产品中的体育产品比例，得到 IOT:S 中间消耗矩阵、最终使用矩阵及增加值矩阵三个矩阵各自的行和及列和数据，再对三个矩阵使用 RAS 或 TRAS[③]等方法得出使矩阵达到平衡的矩阵内部数据。一个简化的 IOT:S 数值计算流程示例如图 14-2 所示。

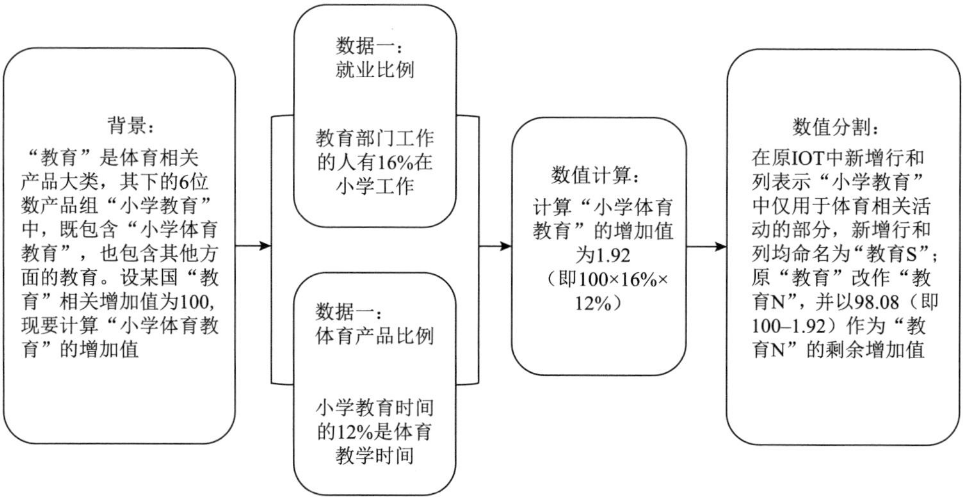

图 14-2　IOT:S 数值计算流程示例

① 相关关系主要是总量数据如总增值或总产值等与就业量数据之间的相关性。

② 例如，假设某产品组总产值占该产品组所属产品大类总产值的比例，等于该产品组对应的就业人数占该产品大类下就业总人数的比例，利用这样的关系即可推算出某体育相关产品组的总产值（含用于非体育相关活动的部分）。

③ RAS 或 TRAS 方法是用于填充只有行和及列和数据的矩阵的算法。这种算法以迭代的方式不断试换矩阵元素的数值，在试换过程中，矩阵行列和数据与真实行列和数据间的余差逐步向零收敛。RAS 是以三个重要变量——*R*（行和）、*A*（矩阵）及 *S*（列和）命名的，TRAS 则是三阶段 RAS（three-stage RAS）。

第四节　欧盟体育卫星账户的应用价值

近年来，SSA 在欧盟各国得到广泛推广和应用，取得了诸多应用成果，这取决于 SSA 在体育产业核算方面所具有的独特优势。本节将首先阐述欧盟 SSA 在体育产业核算中的功能，在此基础上，选取目前欧盟关于 SSA 两次研究的部分结果进行对比展示。

一、欧盟体育卫星账户的核算功能

构建 SSA 的目的是提供有关体育经济的高质量宏观经济统计数据，进而能够更全面、准确地评估体育产业的规模、在国民经济中的地位乃至预测体育产业未来的发展情况。根据欧盟 SSA 的研究及应用成果，欧盟 SSA 在体育产业核算中具备以下五个功能。

（一）确定重要的体育经济指标

传统的体育产业核算大多集中在体育产业增加值指标，而通过 SSA，可以得到体育产业在生产、消费、投资、进出口及就业等方面的总量指标信息。这些指标包括但不限于：增加值、总产出、最终消费支出、固定资本形成总额及存货变化、体育产品的进出口和再出口以及体育劳动统计提供的相关指标数据。通过这些指标数据，能够全面了解一国体育产业的总体规模情况。

（二）量化体育产业的经济效应

体育产业的经济效应即体育产业对国民经济各方面的影响，这些影响主要体现在体育产业对增加值、其他产业及就业的影响，三者依次体现为体育产业的增加值效应、乘数效应及就业效应。欧盟 SSA 以体育产业及产品的细分为基础，因此三种效应既可按体育产业整体计算，又可按某一特定体育细分行业计算，以分别体现体育产业整体及某一特定体育细分行业对国民经济的影响。

第一，体育产业的增加值效应。一个部门的增加值是该部门的产出与中间投入的差额。体育产业的增加值效应，实际上就是体育产业的增加值对国民经济总增加值的贡献程度。第二，体育产业的乘数效应。乘数显示了部门间的经济联系程度及相互影响、感应程度，部门间相互联系越多，乘数就越大。基于 SSA 的数据能够给出一国各体育相关行业的乘数，并能通过计算各体育相关行业的影响力系数及感应度系数确定一国相对重要的体育相关行业。第三，体育产业的就业效应。体育产业的就业效应可以通过工作系数[①]来反映，工作系数越大，表明体育产业的就业效应越明显，体育产业对就业的贡献越大。

（三）分析一国体育货物生产及体育服务生产的相对能力

这一功能需要有两个以上的国家参与比较才能实现。具体地，为确定某国体育货物生产及体育服务生产在欧盟范围内的能力水平：首先，基于该国 SSA 数据，计算各体育相关行业中体育产品（仅用于体育目的部分）生产所占的份额，并据此份额确定该国各体育相关行业在全部欧盟成员国中的排名；其次，将前述各体育相关行业排名按体育货物生产行业及体育服务生产行业分为两类，并对两类排名数据进行简单平均，即可得到该国在欧盟范围内体育货物生产及体育服务生产两方面的相对排名。

（四）识别具有增长潜力的体育相关行业

有增长潜力的体育相关行业是那些市场份额较小，但同时具有高行业乘

---

① 工作系数定义为劳动力投入变化（员工数量或工作时间）与生产率变化之间的比率，是衡量生产过程中工作人数的一种标准。

数的行业。在实践应用中，为确定具有增长潜力的体育相关行业，需使用 SSA 所提供的各体育相关行业的（生产）总量数据计算该行业的相对份额，以及该行业的乘数数据。根据这两方面的数据，确定国民经济中相对份额较小但行业乘数较大的体育相关行业为具有增长潜力的体育相关行业。

（五）其他延伸核算功能

除上述四个核心核算功能外，SSA 还具有较好的延伸核算功能，已投入应用或正在探索的延伸功能主要涉及体育劳动统计与体育多区域投入产出核算两个方面。

第一，在 SSA 框架体系中纳入体育劳动统计数据。通过体育劳动统计，可以得到体育产业就业总人数、体育产业的劳动生产率以及以全职当量就业人数计量的体育劳动投入等重要的宏观指标数据，也可以分析体育产业是劳动密集型产业还是资本密集型产业。体育劳动统计的延伸是分析体育产业就业效应的基础，有利于更好地评价体育产业在整个国民经济中的作用及地位，更好地发挥 SSA 在促进就业和经济发展等方面的现实作用。

第二，整合各成员国的 IOT:S，构建体育的多区域投入产出表（multiregional input-output table：sport，MRIOT:S），实现欧盟范围内体育产业发展状况的整体分析。MRIOT:S 可以全面展现不同成员国体育产业的特点、成员国之间体育产业发展的差异及成员国之间在体育产业上的相互依赖程度。但是，在各成员国预算和人力资源的限制下，计算国家间的联系是一项极其复杂、耗时的经济任务，同时，各国 SSA 核算框架的不统一及数据更新的不同步也给 MRIOT:S 的编制带来了很大的阻碍。构建 MRIOT:S 进而在欧盟整体层次上评估体育经济重要性存在较多技术上特别是数据收集上的困难，但它是完善欧盟 SSA 核算功能的一个重要方向。

二、欧盟体育卫星账户的应用成果

欧盟基于SSA所取得的实践应用成果中，最具影响力的是2012年及2018年由奥地利体育经济部和英国体育产业研究中心等共同合作取得的体育产业经济价值的泛欧研究（pan-European study of the economic value of sport）成果：《体育对欧盟经济增长及就业贡献的研究》（SportsEconAustria et al., 2012）及《通过体育卫星账户研究体育的经济影响》（SportsEconAustria and Sport Industry Research Centre at Sheffield Hallam University，2018），二者为欧盟各国体育产业政策制定提供了重要依据。目前，奥地利体育经济部等正在考虑开展第三次泛欧研究，以实现对欧盟各成员国体育产业发展状况的动态分析。

2012年的应用成果《体育对欧盟经济增长及就业贡献的研究》基于欧盟SSA 2005年[①]的核算结果，给出了各成员国在三个层次上的体育相关GVA（sport-related gross value added，体育相关总增加值）和体育就业人数及二者在国民经济总体中所占的比例。同时，该研究也对体育产业的经济效应、各国体育货物生产及体育服务生产的相对能力及具有增长潜力的体育相关行业进行了分析。2018年的应用成果《通过体育卫星账户研究体育的经济影响》基于欧盟SSA 2012年[②]的核算结果，以同样的思路分析了各成员国在体育相关GDP（sport-related gross domestic product，体育相关国内生产总值）及体育就业等方面的宏观经济特征。

第二次泛欧研究与第一次泛欧研究主要存在两点不同。首先，第一次泛欧研究在度量体育产业经济规模时使用的指标是体育相关GVA，而第二次泛

① 2005年的数据是奥地利体育经济部等在2012年进行第一次泛欧研究时可收集到的最近一年的完整数据。

② 2012年的数据是奥地利体育经济部等在2018年进行第二次泛欧研究时可收集到的最近一年的完整数据。

欧研究在度量体育产业经济规模时使用的指标是体育相关 GDP，这也是前后两次研究间的最大区别。在欧盟 SSA 中，二者间的区别是：体育相关 GDP 等于体育相关 GVA 加产品税再减产品补贴（Statistics Netherlands and HAN University of Applied Sciences，2012；SportsEconAustria et al.，2012，2016）。对于度量指标的转换，奥地利体育经济部等给出的原因是：“尽管 GVA 很好地显示了一个国家的经济实力，但似乎大多数没有直接参与经济活动的人更为熟悉 GDP，且根据 GVA 计算 GDP 是简单而方便的。”（SportsEconAustria et al.，2016）其次，第二次研究更关注各成员国体育相关行业的内部情况，如在体育设备制造行业，各类型体育设备生产、消费的比例；在体育场馆服务行业，各类场馆（如健身房、滑雪场、高尔夫度假村等）的运营情况[①]。这些信息可用于分析某体育相关行业特有的供应需求模式，研究和确定这些专业化模式有助于为体育相关行业制定更具针对性的策略。表 14-5～表 14-7 展示了两次泛欧研究中部分国家的研究结果。

表 14-5　第一次泛欧研究部分欧盟成员国部分体育相关行业增长潜力情况

国家	GVA		行业乘数	国家	GVA		行业乘数
	总量/（$\times 10^3$万欧元）	在所属大类占比/%			总量/（$\times 10^3$万欧元）	在所属大类占比/%	
体育营养品业（所属大类为食品及饮料制造业）				体育保险业［所属大类为保险、再保险及养恤金服务业（强制性社会保障服务除外）］			
德国	32.66	1.02	1.84	德国	23.92	2.10	2.23
英国	14.77	0.51	1.72	英国	4.53	0.26	2.11
法国	2.56	—	—	法国	8.82	0.26	1.86
意大利	0.18	0.01	2.00	意大利	0.40	0.05	1.91

① 由于数据收集的困难，对各成员国体育相关行业内部情况的分析研究尚未得到精确的量化结果。

续表

国家	GVA		行业乘数	国家	GVA		行业乘数
	总量/（$\times 10^3$万欧元）	在所属大类占比/%			总量/（$\times 10^3$万欧元）	在所属大类占比/%	
西班牙	0.16	0.01	2.21	西班牙	4.02	0.78	1.86
奥地利	1.46	0.33	1.65	奥地利	3.46	1.16	1.66
荷兰	0.23	0.02	1.85	荷兰	0.81	0.08	1.60
瑞典	0.70	0.19	1.73	瑞典	2.44	0.91	1.37
匈牙利	0.08	0.05	2.13	匈牙利	0.31	0.63	1.85

资料来源：《体育对欧盟经济增长及就业贡献的研究》（SportsEconAustria et al.，2012）、《通过体育卫星账户研究体育的经济影响》（SportsEconAustria and Sport Industry Research Centre at Sheffield Hallam University，2018）

注：由于法国食品及饮料制造业数据缺失，其体育营养品业的占比及乘数数据没有显示在表中

表 **14-6** 基于两次泛欧研究的部分欧盟成员国体育产业发展状况

国家	2012 年研究（基于 2005 年数据）				2018 年研究（基于 2012 年数据）			
	GVA/亿欧元	GVA 占比/%	就业人数/万人	就业人数占比/%	GDP/亿欧元	GDP 占比/%	就业人数/万人	就业人数占比/%
德国	466.80	2.31	114.62	3.15	1047.07	3.90	176.14	4.60
英国	379.90	2.33	61.88	2.16	367.50	2.18	106.49	3.75
法国	216.10	1.40	41.65	1.67	399.23	1.91	58.27	2.29
意大利	156.00	1.21	32.99	1.47	212.17	1.32	38.91	1.76
西班牙	104.10	1.28	33.62	1.77	149. 84	1.44	26.18	1.50
奥地利	40.30	8.84	20.59	5.38	130. 66	4.12	22.61	5.63
荷兰	58.30	1.28	14.19	1.75	79.73	1.24	15.07	2.04
瑞典	23.60	0.92	7.33	1.69	59.49	1.41	10.92	2.43
匈牙利	7.80	1.02	5.56	1.43	12.52	0.26	7.58	2.00

资料来源：《体育对欧盟经济增长及就业贡献的研究》（SportsEconAustria et al.，2012）、《通过体育卫星账户研究体育的经济影响》（SportsEconAustria and Sport Industry Research Centre at Sheffield Hallam University，2018）

表 **14-7**　基于两次泛欧研究的部分欧盟成员国部分体育相关行业影响力系数

国家	2012 年研究（基于 2005 年数据）				2018 年研究（基于 2012 年数据）			
	a	b	c	d	a	b	c	d
德国	1.00	1.18	1.14	1.17	1.09	1.20	1.06	1.73
英国	1.04	1.09	1.31	1.31	1.12	1.31	1.16	1.03
法国	0.66	0.66	0.66	1.13	1.13	1.28	1.12	1.29
意大利	0.86	1.13	1.15	1.15	1.00	1.20	1.27	1.34
西班牙	0.99	1.34	1.40	1.22	1.10	1.43	1.14	1.26
奥地利	1.04	1.14	1.13	1.28	1.12	1.17	1.16	1.00
荷兰	1.06	1.28	0.69	1.14	1.20	1.17	1.20	1.12
瑞典	1.11	1.16	1.13	1.31	1.33	1.24	1.10	1.05
匈牙利	1.19	1.40	1.15	0.99	1.27	1.35	1.11	0.91

国家	2012 年研究（基于 2005 年数据）				2018 年研究（基于 2012 年数据）			
	e	f	g	h	e	f	g	h
德国	1.04	1.43	0.82	1.04	0.97	1.23	0.86	0.90
英国	1.03	1.31	0.89	1.03	1.01	1.13	0.81	0.62
法国	1.05	1.22	0.84	1.17	0.95	1.36	0.75	0.99
意大利	1.08	1.08	0.57	1.04	0.94	1.11	0.68	1.13
西班牙	0.95	1.22	0.73	0.99	0.87	1.04	0.68	0.94
奥地利	1.07	1.14	0.82	1.04	0.97	1.10	0.75	0.97
荷兰	1.07	1.14	0.89	1.27	0.96	1.06	0.79	1.08
瑞典	0.67	1.31	0.97	1.20	0.67	0.94	0.94	1.15
匈牙利	1.09	1.21	0.84	1.19	1.10	1.19	0.82	1.20

资料来源：《体育对欧盟经济增长及就业贡献的研究》（SportsEconAustria et al.，2012）、《通过体育卫星账户研究体育的经济影响》（SportsEconAustria and Sport Industry Research Centre at Sheffield Hallam University，2018）

注：a 为农牧产品制造及相关服务业，b 为食品及饮料制造业，c 为建筑工程业，d 为配套及辅助运输服务、旅行社服务业，e 为零售贸易服务业（机动车、摩托车除外），f 为保险、再保险及养恤金服务业（强制性社会保障服务除外），g 为教育服务业，h 为娱乐、文化及体育服务业

表 14-5 显示，德国的体育营养品业在食品及饮料市场中占有较大的份额，占德国食品及饮料产量的 1%以上。而对其他欧盟成员国来说，体育营养品业在食品生产中的份额要小得多。但对意大利、西班牙、匈牙利等国，其体育营养品业的行业乘数为 2.00 甚至更大；同时，其他国家的行业乘数都在 1.5 以上。这表明体育营养品业具备低市场份额、高行业乘数的特点，体育营养市场可能成为欧洲国家重要的具有增长潜力的市场。体育保险业的情况与体育营养品业的情况类似，结果表明体育保险市场可能具备强劲的增长潜力，保险公司可以在体育保险方面寻求新的发展机会。

表 14-6 显示，德国、英国、法国等国的体育产业经济规模及体育产业就业人数在欧洲均位列前三；对于其他的欧盟成员国，虽然体育经济的绝对规模有所提升，但就其在经济总体中的占比而言，2012 年的结果均较为接近甚至低于 2005 年的结果。表 14-7 展示了部分欧盟成员国部分体育相关行业影响力系数，由表可知，食品及饮料制造业、建筑工程业以及配套及辅助运输服务、旅行社服务业在多数欧盟成员国中占有重要地位，是各国相对重要的体育相关行业。

第五节　中国体育产业卫星账户的实践应用

体育产业在满足人民日益增长的美好生活需要方面发挥着不可替代的作用。《“十四五”体育发展规划》提出，逐步建成体育产业单位名录库，提升数据分析、运用和决策支持能力。本章课题组维护与更新××市体育产业单位名录库、推算××市体育产业总体规模将有利于发展××市体育产业、扩大内需、增加就业、培育新的经济增长点。体育产业在××市国民经济中的地位和作用日益显著，体育产业即将成为××市国民经济支柱性产业。

一、××市体育产业专项调查概况

（一）调查目的

旨在完善体育产业单位名录库，全面准确地把握××市体育产业的发展规模、结构与布局，完成部分行业系数调查工作，从而核算体育产业总产出、增加值等核心指标，提供可靠的基础数据，为××市政府职能部门的决策提供数据支撑。

（二）调查时间及内容

2020 年度体育产业专项调查自 2021 年 9 月 8 日前期培训开始，至 11 月 30 日递交调查报告结束。调查范围依据 2019 新修订的《体育产业统计分类（2019）》中的 11 项大类、37 项中类、71 项小类在全市范围内开展。主要针对法人单位和个体经营户的基本信息、从业人数、体育服务产品、体育运动项目、营收情况等调查指标进行信息采集。

（三）调查方法

本次调查根据调查对象的不同分别采取分层抽样调查法、统计报表法、典型调查法和点估计值法，并通过问卷调查、重点访谈、实地勘察等方式进行信息采集。

二、××市体育产业专项调查结论

第一，产业增量显著、结构特征明显。入库企业达到××余家。体育服务业领域企业数量扩张明显，占比近八成，尤其是“健身休闲类”及“体育用品销售业/服务”最为突出，行业经营业态业种逐步拓宽。但是也有诸多的因素限制了市场主体的快速发展，如市场主体规模较小，服务行业市场主体实力不强，企业平均产值较低，且个体经营户存活率较低，区域发展不平衡等问题。

第二，规上企业现状不佳、数量及规模亟待提升。2020年度入库企业数量为××家，比去年增加××家。其中“体育用品及相关产品制造”企业××家，“体育场地设施建设”企业××家，“体育服务业”企业××家。企业类别发展失衡，尚不存在具有推动体育产业核心实质性发展的体育培训教育和体育中介等的相关规上企业。规上企业数量较少，仅占××市体育产业单位名录库中法人单位和产业活动单位总数的××%。根据访谈估算，体育规上企业的总产出为××亿元，占××市体育产业总规模的××%。尚未发挥体育产业发展的“龙头”带动效应。

第三，体育企业总体分布与其产出的分布特征趋于一致，企业停业等现状突出。体育企业分布在××区和××区的数量比重较大，占比为××%。其中法人单位主要分布在××区和××区，占比为××%；个体经营户主要分布在××区和××区，占比为××%。体育企业产出大的区县市主要集中在××区和××区，占比为××%；××区和××区位居其后，占比为××%。此外，处于停业等非存续状态的体育企业数量较多，占比为××%。

第四，产业链条边缘化发展特征明显。××市体育产业目前仍以产业链条外围的边缘化、低端化、低附加值链条结构为主。产业收益主要来源于体育用品加工制造、体育百货销售、衍生体育服务及体育场地建设。相关制造企业多以代工制造为主，产业技术含量低、创新能力弱，位于产品制造链条收益最低层次。体育百货销售是基于民众体育用品需求而进行的产业链条最末端行业，由于网络销售等因素冲击，该行业目前生存压力较大。产业发展可持续性较弱，抵抗外部冲击能力较弱，产业发展脆弱性明显。

第五，对标外埠，××市体育产业尚有较大发展空间。与上海市及同为副省级、资源禀赋相似的青岛市相比，××市体育产业发展规模相对较小，总产值与增加值均相差较大。主要是赛事能级有待提升，产业活力颇显不足。同为国家级体育消费试点城市，上海市及青岛市在赛事举办上表现出较高实力，赛事等级以区市级甚至国内外重大赛事为主，极大地增添了体育产业发展活力，拉动了体育产业发展能级。而××市当前赛事主要围绕“全民健身”大众活动展开，专业级、竞技型赛事相对较少。但是××市的体育产业资源基础雄厚，拥有高配置的体育场地设施，人均体育场地面积达××平方米，领先全省，高出全国平均水平。居民对体育产业保持较好的消费意识，产业发展后劲十足。

第六节 编制中国体育卫星账户的建议

结合中国体育产业的核算现状以及中国目前编制 SSA 核心表式存在的难点，本章提出中国构建 SSA 的三点建议。

第一，细化和完善中国的体育产业或体育产品分类体系。合理的分类体系是 SSA 构建的基础，目前，中国《体育产业统计分类（2019）》为科学界定体育产业的边界提供了依据。但从欧盟对 SSA 核算对象的选取中可以发现，体育产业核算范围的界定以产品分类为基础，且产品分类的最低级别为 6 位数；而中国体育产业边界的界定则以产业分类为基础，最低级别的分类为 4 位数。同时，中国目前没有对应于体育产业自身的完整全面的产品分类标准，而欧盟的维尔纽斯体育定义则涉及了 400 余种体育相关产品。因此，建议以《体育产业统计分类（2019）》为蓝本，进一步细化体育产业统计分类，同时制定相应的体育产品统计分类。

第二，有选择地进行中国体育产业核算，突出中国体育产业的主要特征。与欧盟相比，一方面，中国体育统计工作起步较晚、基础较为薄弱，收集一套针对中国体育领域的高质量统计数据难度较大；另一方面，与体育发达国家相比，中国体育产业规模较小，存在结构不合理、区域发展不平衡等问题（刘扶民，2019）。因此，构建具有全口径体育产业核算功能的 SSA 将存在现实数据困难（例如，如何全面完整地识别体育产品，如何确定剥离体育产品的比例）。卫星账户的最大特点在于灵活性，编制范围可宽可窄，要素安排可繁可简，展现表式更不拘一格（徐蔼婷和祝瑜晗，2017）。因此，在探索构建中国 SSA 时，应结合中国的统计基础及现实需求。建议选取体育产业中经济规模相对较大、与国民经济其他部门联系相对更为紧密的部分行业进行针对性核算，这样既能在一定程度上缓解识别不足等问题，又能保证数据的代表性；同时，不必拘泥于欧盟 IOT:S 的形式（基于经济总体的投入产出表构建 SSA），而是建立针对部分关键行业的维度较小的投入产出表，在保证数据质量、时效性及政策制定需求的同时，着重反映中国体育产业的当前关键性特征。待核算经验丰富、核算基础加强后，可参考欧盟 IOT:S 的构建思路，构建包含所有国民经济行业的 SSA，以在体育产业领域形成一套更为科学、精准的数据监测体系和更为全面、深入的核算方法体系（向书坚和吴文君，2019）。

第三，加强政府统计部门与各类体育相关机构及学术机构的合作。卫星账户研究具有交叉学科性质，需要国民经济核算专家及相关主题领域（如体育）统计、管理等方面专家两方面人员合作开发（高敏雪，2020a）。在已构建 SSA 的欧盟各成员国中，SSA 的核算理论几乎均是由第三方研究机构或是由国家统计局与相关学术机构合作提出的。不仅如此，SSA 核算表式的编制也通常是由各类机构合作完成。因此，无论从 SSA 构建的理论设计来看，还是表式编制及数据收集过程来看，均有必要加强中国各类体育统计相关机构如国家统计局、国家体育总局及大学中的各类研究中心之间的联系与合作，并明确构建 SSA 过程中各组织机构的责任，以更好地探索中国 SSA 的构建理论。

第十五章
卫生卫星账户的理论基础与中国实践[①]

在中国全面建设小康社会的进程中，医疗保障体系作为社会保障体系的重要组成部分，直接关系到人民群众的切身利益。卫生卫星账户（health satellite accounts，HSA）的构建与编制是中国医疗保障体系建立与完善的重要支撑。随着国民生活水平的提高、保健意识的增强以及医疗卫生体制改革的深化等诸多有利因素的驱动，中国社会的医疗保健需求持续释放，卫生保健产业的发展态势良好。但是，现行医疗卫生统计核算体系无法对卫生保健产业的规模、结构、质量和效益等做出科学、客观的分析评价，由此引发一系列亟待解决的问题：一是中国卫生保健产业基本情况的底数不清；二是中国医疗卫生资源的配置效率难以准确评价；三是中国医疗卫生体制改革缺少客观依据；四是中国医疗卫生统计核算体系发展严重滞后。因此，HSA 的构建与编制既是中国医疗卫生统计核算体系改革与发展的重要内容，也是完善医疗保障体系、促进卫生保健产业持续健康发展的重大问题。

现阶段，HSA 是国民经济核算研究领域的前沿问题，大部分国家都在致力于设计并编制适合本国国情的 HSA 账户体系，但是，目前该账户体系仍处于探索阶段，未形成国际通用、适合国际比较的一致性账户。本章系统梳理

---

① 本章执笔人：艾伟强。

HSA 的国内外研究进展，对 HSA 的分类体系等理论问题进行归纳和总结，构建 HSA 投入产出表的核算框架，并结合中国投入产出表（2012 年、2017 年和 2020 年）进行编制实践。

第一节 卫生卫星账户的理论研究综述

国外关于 HSA 的相关研究可以追溯到 20 世纪 80 年代，历经 40 余年的发展,现已积累诸多可供参考和借鉴的成果;国内的相关研究始于 21 世纪初，随着中国医疗卫生体制改革的深入，迫切需要卫生保健产业核算体系提供更加科学和客观的数据信息，因此，HSA 相关研究呈现出以问题驱动为导向的特点。从本章的研究角度、研究思路和内容框架上看，针对国内外已有研究的梳理、总结和评述有必要按照以下三个部分展开。

一、关于卫生卫星账户的核心分类

HSA 的核算对象是卫生保健产业，因此，关于卫生保健产业的分类体系构成 HSA 的核心分类。2000 年，Eurostat、OECD 联合 WHO 将卫生保健产业界定为医疗卫生活动的集合，并对医疗卫生活动进行科学、客观的归纳，即“医疗卫生活动以增进公众健康为目的，包括医疗卫生服务和医疗卫生相关服务，以及为上述服务提供支持的各项活动”，这是迄今关于卫生保健产业较为权威的阐释。在此之后，国际组织和学者针对卫生保健产业的分类体系展开研究，蒋萍等（2013）指出：在 ISIC 的影响下，一提到医疗卫生统计，大多想到的是医疗卫生服务行业统计，也即归属在“卫生和社会工作”门类下的“卫生”大类统计。同时，人们极易将医疗卫生服务行业与卫生保健产业的概念相混淆，在对卫生保健产业的分析过程中，使用医疗卫生服务行业的相关统计指标加以替代，从而导致卫生保健产业的经济价值被低估。因此，卫生保健产业分类体系的建立是开展卫生保健产业核算的前提和基础。

总体上看，涵盖卫生保健产业的统计分类标准主要有两类：一类是隶属于 SNA 中心框架的 ISIC，现行版本是 ISIC 4.0；另一类是隶属于 SHA 框架下的卫生账户国际分类——医疗卫生服务提供者（international classification for health accounts—healthcare providers，ICHA-HP），现行版本是 ICHA-HP（2011）。其中，ISIC 4.0 是国民经济生产活动的统计分类标准，该分类体系从全社会产品生产的角度，根据生产活动的同质性，将国民经济整体划分为 21 个门类、88 个大类、233 个中类和 419 个小类，卫生保健产业包含在内；ICHA-HP（2011）是卫生保健提供机构的统计分类标准，该分类体系从医疗卫生服务提供者的角度出发，将分类主体定位于医疗卫生及相关服务行业。

在国内研究方面，目前中国缺少科学、统一的卫生保健产业分类标准，各地区、各部门对卫生保健产业的界定存在较大差别，这在很大程度上阻碍了卫生保健产业统计工作的开展，影响了公众对卫生保健产业运行状况的客观认识。蒋萍等（2013）指出：卫生保健产业不仅包括医疗卫生服务的提供活动，还包括医疗卫生实物产品的生产活动，如医疗器械的生产、药品的生产等，该类活动归在制造业，属于第二产业；还应包括归在第一产业的原材料生产活动，如西药制品中用到的玉米等辅料、中药制剂中用到的农牧产品和动植物等；还应包括归在第三产业的医疗卫生产品的运输与销售环节等。艾伟强和初文章（2014）认为：如果将卫生保健产业作为一个整体，或者立足于产业角度而非行业角度来看，卫生保健产业分类应细分为分别属于第一、二、三产业的医疗卫生生产活动分类。

通过对已有研究的梳理可知，现行的 ISIC 4.0 分类和 ICHA-HP（2011）分类均存在局限性，不能很好地展现卫生保健产业的完整分类。其中，ISIC 4.0

分类虽然涵盖卫生保健产业，但是，除医疗卫生服务行业之外，卫生保健产业的其余部分分散在 ISIC 4.0 的其他行业之中，不容易被区分与识别出来；ICHA-HP（2011）并未纳入除服务业之外的卫生保健产业。因此，本章根据卫生保健产业的内涵，结合中国医疗卫生体系的特点，明确医疗卫生生产活动所属的基层单位，将卫生保健产业的各组成部分从国民经济各行业中剥离出来，并加以分类，从而明确卫生保健产业统计分类的基本内容，对卫生保健产业进行无遗漏的统计。

二、关于卫生卫星账户的账户序列

2000 年，OECD 出版了 SHA。SHA 2000 的主要目的是提供一整套与国民经济核算规则保持一致的、从经济角度分析医疗卫生体系的核算框架。SHA 2000 迈出了卫生保健产业核算的第一步，可以说 SHA 2000 是构建卫生保健产业核算体系的基础和起源。经过十余年的不断修订，在 2011 年，OECD、Eurostat 和 WHO 联合出版了 SHA 2011，SHA 2011 对 SHA 2000 进行一系列的补充与修订，将原有 SHA 2000 从消费、生产和筹资三个维度构建的医疗卫生费用核算体系界定为核心核算框架，并在此基础上，补充医疗卫生费用核算的扩展核算框架，即将 SHA 2000 的分类体系界定为核心维度，同时，SHA 2011 在 SHA 2000 的基础上增加了新的分类体系，并将其界定为扩展维度，但是，SHA 2011 仍旧仅着眼于需求角度，其账户体系无法进行医疗卫生活动的生产核算，从而无法测算医疗卫生活动的增加值。

SNA 2008 建议从卫星账户的角度构建卫生保健产业核算的账户体系，即 HSA，并对如何构建 HSA 提出指导和建议，具体内容是：HSA 是外部卫星账户，与 SNA 中心框架的生产范围不同，因此，HSA 的构建以对 SNA 的概念替代为起点；HSA 的构建以 SHA 2011 为基础，通过扩展与补充产出账户的方式可以将 SHA 2011 转变为 HSA，产出账户包括增加值、中间投入、总资本存量和供给使用账户等。Orosz 和 Morgan（2004）、Christian（2012）和 Aizcorbe（2014）等对 HSA 的演进机理、内涵、功能与结构进行剖析。重要观点有：HSA 是 SNA 逐渐完善的环节之一，拓展了 SNA 在中观经济统计领域的分析功能；HSA 是卫生保健产业的产出核算框架，在吸收借鉴 SHA 2011 生产范围、核算对象与分类体系的基础上，仍需构建能够实现自身功能的产出核算账户。

在国内研究中，罗良清和胡美玲（2008）对卫生保健产业核算体系做出研究，认为：建立科学的医疗卫生活动分类是构建卫生保健产业核算体系的前提，构建完善的账户体系是开展卫生保健产业核算的基础。蒋萍等（2013）在总结 SNA 研究的进展时提到：HSA 是全口径卫生保健产业统计的概念，是 SNA 向中观经济领域延伸的重要突破，也是将中国国民经济核算研究与实践推向深入的重要方面。高敏雪（2013）从 SNA 中心框架灵活应用的角度对 SNA 的演变和创新进行研究，指出：对于中心框架无法直接反映的重大社会经济现象，通过改变基本要素的定义，以卫星账户的形式展现出来是 SNA 的重要拓展。

艾伟强和蒋萍（2013）指出：HSA 是完善卫生保健产业核算体系的重要途径，是对 ISIC 4.0 口径下医疗卫生服务统计的重要扩展；对于 HSA 的构建而言，参考 SHA 2011 仅仅是一个方面，对 SHA 2011 核算框架的创新与完善则更为重要；以 SHA 2011 为桥梁，可以在 HSA 与 SNA 中心框架之间建立数据衔接关系；同时，完善调查制度、建立 HSA 数据采集体系并尽快实现中国的国民经济核算体系与 SNA 2008 接轨是构建和编制 HSA 的重要保障。

在卫生保健产业账户体系的构建方面，国外的研究成果较为丰富，但多侧重于理论研究，国内学者对 HSA 的研究起步较晚，相关研究成果较少，并未开展 HSA 的构建与编制工作。因此，以国内外现有的理论研究为指导，以 SHA 2011 为基础，从卫生保健产业整体出发，进行 HSA 编制的实践尝试将是对已有研究的突破和创新。

三、关于卫生卫星账户的指标推算

卫生保健产业核算是卫生费用核算与卫生产出核算的统称，卫生费用核算用于记录医疗卫生系统内部的资金筹集、分配和使用情况，统计核算的总量指标为卫生总费用；卫生产出核算以卫生费用核算的基本分类和账户体系为主要构成，同时融入卫生供给使用表，核算结果为卫生总产出。因此，卫生保健产业指标主要包括卫生费用核算指标和卫生产出核算指标两个方面。

在卫生费用核算指标方面，SHA 2000 总结了自 20 世纪 80 年代以来收集医疗卫生数据信息的经验，从医疗卫生功能、提供者和资金来源角度构建了三个维度的卫生账户国际分类体系（ICHA），通过医疗卫生服务筹资来源（International classification for health accounts—Healthcare financing，ICHA-HF）、医疗卫生服务提供者（ICHA-HP）和医疗卫生服务功能（International classification for health accounts—Healthcare functional，ICHA-HC）三个维度，计算卫生总费用，除此之外，SHA 2000 还包括医疗卫生服务价格指数、国际收支和就业人数等指标。SHA 2011 在 SHA 2000 三维核心分类的基础上，新增三类补充分类，分别是：医疗卫生服务资金提供机构分类（International classification for health accounts—Financing agents，ICHA-FA）、筹资方案分类（International classification for health accounts—Financing schemes，ICHA-FS）和提供要素分类（International classification for health accounts—Factors of provision，ICHA-FP），即 SHA 2011 从 6 个不同的维度，将医疗卫生体系内资金从筹集、分配到消费的运动全过程纳入其中，

核算指标增加了卫生保健产业的资本形成、研发和教育费用等。Orosz 和 Morgan（2004）将基于 SHA 2000 的卫生账户体系应用于 13 个 OECD 成员国，研究结果得到 OECD 相关研究机构的认可，为各成员国医疗卫生政策的制定和调整提供重要依据。

在国内研究中，翟铁民等（2015）和满晓玮等（2018）指出目前国际惯用且国内官方使用的衡量国家卫生投入水平的指标包括卫生总费用和人均卫生总费用；反映卫生投入力度的指标可分为几类，常用的一类是卫生总费用占 GDP 的比重，能够反映整个国家和全社会对健康的重视程度与投入水平；另外，国际口径的广义政府卫生支出（包括政府卫生服务支出和社会保障卫生支出）占广义政府支出的比重，可以反映公共资金对人群健康和就医负担的保障力度，按照国内的统计分类，常用的分析口径是政府卫生支出占财政支出的比重。

在卫生产出核算指标方面，Christian（2012）从医疗卫生产出角度，通过构建卫生产出核算指标，测算了美国的卫生保健产业产出，进一步计算生产率指标。Dunn 等（2015）认为卫生总费用数据收集与核算工作使用的基本方法是国民经济核算方法，也就是使用国民经济平衡账户进行综合平衡，该研究测算的核心总量指标是卫生总产出，并进行医疗卫生部门的投入产出效率测算。陶春海（2010）利用数据包络分析（data envelopment analysis，DEA）方法实际测算了中国医疗卫生服务行业的投入产出效率。陶春海和程超（2016）选取了城市医疗卫生服务投入、产出和质量等共 13 项指标，基于模糊聚类分析对我国 31 个省区市（不包含港澳台地区）的医疗卫生服务水平进行综合比较。孙凤等（2018）采用 2012 年中国投入产出表测算了增加医疗卫生部门投入对产业部门的溢出效应。

艾伟强和王文峰（2019）在吸收借鉴 HSA 编制的国际经验，特别是德国 HSA 投入产出表编制经验的基础上，以中国投入产出表为数据来源，展开中国 HSA 投入产出表的实际编制工作，以此进行中国 HSA 投入产出数据的估算，通过测算得到的卫生保健产业的产出、增加值和进出口数据等指标，进一步利用时间序列分析，说明卫生保健产业快速发展的基本态势。

在卫生保健产业指标推算方面，国外相关研究成果较多，但大多针对卫生保健产业的费用核算，从国民经济核算角度出发，针对卫生保健产业产出核算的成果较少。国内学者的研究起步较晚，到目前为止，还没有建立起完整的中国卫生保健产业核算的指标体系，关于产出指标推算的研究还不够成熟。在此背景下，以国内外现有的理论研究为指导，以 HSA 的构建与编制为基础，建立卫生保健产业核算指标体系，并对亟须的重要指标进行推算将是对已有研究的重要创新，是本章研究的重中之重。

第二节　卫生卫星账户的核心分类体系

卫生保健产业分类是 HSA 的核心分类体系。综合考虑 ISIC 4.0 分类和 ICHA-HP（2011）分类的局限，从确保分类类别完整的角度出发，本章认为卫生保健产业分类应以 ISIC 4.0 分类为基础，通过将卫生保健产业从国民经济各个细分行业中剥离出来以构建其分类体系。根据卫生保健产业的内涵，可以将卫生保健产业在 ISIC 4.0 中的分布归纳为核心层、相关层和扩展层三个层次。

一、核心层：医疗卫生服务行业

在 ISIC 4.0 中，卫生保健产业核心层对应的是医疗卫生服务行业，包括所有提供医疗卫生服务活动的部门，即门类 Q——人体健康和社会工作活动，该门类下设 Q86（人体健康活动）、Q87（留宿护理活动）和 Q88（不配备食宿的社会服务）3 个大类，Q8610（医院活动）、Q8710（留宿护理活动）

和 Q8810（为老年人和残疾人提供的不配备食宿的社会服务）等 9 个小类，具体内容见表 15-1。医疗卫生服务行业所从事的活动仅限于服务的提供，主要包括医疗卫生服务与护理服务两部分。

表 15-1　ISIC 4.0 中医疗卫生服务行业分类表

ISIC 编号			内容描述
Q86	861	8610	医院活动
	862	8620	医疗和牙科治疗活动
	869	8690	其他人体健康活动
Q87	871	8710	留宿护理活动
	872	8720	面向有智障、精神疾病和药物滥用问题人群的留宿护理活动
	873	8730	面向老年人和残疾人的留宿护理活动
	879	8790	其他留宿护理活动
Q88	881	8810	为老年人和残疾人提供的不配备食宿的社会服务
	889	8890	其他不配备食宿的社会服务

资料来源：ISIC 4.0

另外，是否与患者直接接触也是将卫生保健产业核心层与其他层次区分开的标准，根据这一标准，可以将医疗卫生服务行业划分为医疗卫生服务的主要提供者和次要提供者两个部分[①]：主要提供者从事的主要活动是医疗卫生服务，如医院、诊所和卫生院等；次要提供者在开展其主要活动以外，以次要活动的形式提供医疗卫生服务，如福利院、疗养院和护理机构等，并且，次要提供者从事的主要活动大多是提供社会服务，但往往也提供诸如老年病护理和职业病治疗等服务。

① 在 SNA 1993 和 ESA 1995 中，机构单位的主要活动是指对本单位增加值贡献份额最大的活动；次要活动是指机构单位从事的其他任何活动，其创造的增加值必须少于主要活动创造的增加值，产出用于向第三方提供商品或服务。

二、相关层：医疗卫生相关服务行业

在 ISIC 4.0 中，卫生保健产业的相关层是指与医疗卫生服务相关的其他服务行业，可以称之为医疗卫生相关服务行业，主要被纳入 ISIC 4.0 中的 G（批发和零售业）、J（信息和通信业）和 K（金融和保险业）等 8 个门类，4610（药品批发）、4721（营养和保健品零售）和 5811（图书出版）等 26 个小类，具体内容见表 15-2。归纳起来，卫生保健产业相关层主要包括健康管理与促进服务业、健康保险和保障服务业以及其他与健康相关的服务业。其中，前两部分是相关层的重点内容，以维护与促进人类身体健康状况或预防健康状况恶化为主要目的；后一部分是与健康服务相关的行业，包括相关健康产品的批发、零售和租赁服务。

表 15-2 ISIC 4.0 中医疗卫生相关服务行业分类表

ISIC 编号			内容描述
G46	461	4610	药品批发
	463	4630	营养和保健品批发
	465	4659	医疗用品及器材批发，体育用品及器材批发
G47	472	4721	营养和保健品零售
	476	4763	体育用品及器材零售
	477	4772	专卖店中药品和医疗用品、化妆品及盥洗用品的零售
	477	4773	眼镜、助听器和其他医疗用品的零售
J58	581	5811	图书出版
	581	5813	报纸、期刊出版
	592	5920	音像制品出版
K65	651	6511	人寿保险机构
	652	6520	其他保险机构
M70	702	7020	管理咨询活动
M71	712	7120	技术测试和分析

续表

ISIC 编号			内容描述
M72	721	7210	医学研究与试验发展
N77	772	7721	娱乐和体育用品的出租和租赁
	773	7730	其他机械、设备和有形商品的出租和租赁
	774	7740	知识产权服务
O84	841	8412	对健康、文化、教育服务以及其他各类社会服务（除社会保障服务外）提供监管活动的部门
	843	8430	强制性社会保障机构
P85	852	8522	中等技术和职业教育
	853	8530	高等教育
	854	8549	医学教育与培训机构
R93	931	9311	体育设施的运营
	931	9312	体育俱乐部的活动
	931	9319	其他体育活动

资料来源：ISIC 4.0

健康管理与促进服务可细分为六个部分：一是政府与社会组织健康服务，涵盖 8412 一个小类，指国家卫生健康委员会、食品药品监管局以及各级政府部门的行政管理服务；二是健康科学研究和技术服务，涵盖 7120 和 7210 两个小类，7120 小类指对药品和医疗器械等健康相关产品的质量检验服务，7210 小类指医学研发服务；三是健康教育服务，涵盖 8522、8530 和 8549 三个小类，8522 小类指中等职业学校中医疗教育、临床护理教育等与健康相关的职业教育服务，8530 小类指高等教育中医疗教育、临床护理教育等与健康相关的高等教育服务，8549 小类指与健康相关的职业技能培训服务；四是健康出版服务，涵盖 5811、5813 和 5920 三个小类，5811 小类指医药、卫生等图书出版服务，5813 小类指医药、卫生等报纸和期刊出版服务，5920 小类指医药、卫生等音像制品出版服务；五是体育健身服务，涵盖 9311、9312 和

9319 三个小类，可将三者总称为体育健身服务；六是健康咨询服务，涵盖 7020 一个小类，指医药、医疗等与健康有关的管理咨询服务。

健康保险和保障服务可细分为两个部分：一是健康保险服务，涵盖 6511 和 6520 两个小类，6511 小类指商业健康保险服务，6520 小类指与健康有关的其他保险服务；二是健康保障服务，涵盖 8430 一个小类，指基本医疗保障服务和补充医疗保障服务等。

其他与健康相关的服务可细分为三个部分：一是健康相关产品的批发服务，涵盖 4610、4630 和 4659 三个小类；二是健康相关产品的零售服务，涵盖 4721、4763、4772 和 4773 四个小类；三是健康设备和用品的租赁服务，涵盖 7721、7730 和 7740 三个小类。

三、扩展层：医疗卫生服务支持行业

之所以说现行的医疗卫生统计体系无法反映卫生保健产业的全貌，其中一个重要原因是卫生保健产业不仅会提供医疗卫生保健服务，还会提供医疗卫生实物产品。从 2020 年中国投入产出表中可以看出，卫生保健产业涉及的国民经济行业大类多达 100 余个，其中，涉及第一、二产业的行业达到 60 余个。因此，现行的医疗卫生统计体系未能反映属于第一产业的卫生保健相关活动，也未能反映属于第二产业的卫生保健相关活动。

实际上，SNA 2008 中心账户记录的是整个国民经济体的生产过程与产出，从研究体系与核算内容上看，如果着眼于整个国民经济体系，那么中心框架是完整的，并且自成体系；但是，如果着眼于某个具体行业或某个特定领域，那么中心框架的分析力则不够充分。也就是说，中心账户能够提供整个国民经济体的完整数据，但是，不能够提供完整的分行业数据。因此，为了从产业链角度观察医疗卫生活动，并进一步观察卫生保健产业对社会经济的推动作用，卫生保健产业分类应纳入用于医疗卫生服务最终消费过程的中间产品（如农产品、药品、医疗器械、血液制品、纱布和绷带等），同时，设置医疗卫生支持活动分类。由于医疗卫生支持活动较多，表 15-3 仅列出其中主要的几个方面。

表 **15-3**　**ISIC 4.0** 中医疗卫生服务支持行业分类表

ISIC 编号			内容描述
C21	210	2100	药品、药用化学品及植物药材的制造
C26	266	2660	辐射、电子医疗和电子理疗设备的制造
	267	2670	光学仪器和摄影器材的制造
	268	2680	磁性媒介物和光学媒介物的制造
C32	325	3250	医疗、牙科工具和用品的制造
C33	331	3319	其他设备的修理
……			

资料来源：ISIC 4.0

第三节　卫生卫星账户的投入产出表

HSA 的编制需要充分考虑各个国家的国情，投入产出表是 HSA 编制的重点内容。从可操作性角度出发，本节计划以中国 HSA 投入产出表的编制为典型案例，以此阐释 HSA 投入产出表的编表目的、表式设计等内容[①]。

一、编表目的

目前，在新产业革命的时代背景下，社会公众更加关注卫生保健产业的

① 关于卫生保健产业核算体系，国际上尚没有一个非常成熟的、具有高度可操作性的制度范式，各国研究和实践所着重的领域、所采用的方法也很不统一，还有许多问题没有得到解决。因此，建立卫生保健产业核算体系框架，不能将国际统一框架直接应用于中国，而是一方面需要最大限度地借鉴国际研究成果，先形成适应中国特点的核算体系理论框架；另一方面需要立足中国实际，考虑不同区域的特点，考虑卫生保健产业核算的实际难度以及数据资料的易得性，考虑现阶段的实际需要，选择重点内容，建立卫生保健产业核算体系的实用型框架。

发展情况，为了制定科学、准确、符合国情的卫生保健产业发展政策，有必要对卫生保健产业的现状和发展情况进行统计分析，并探讨卫生保健产业结构变动的影响因素。鉴于以上原因，可以将 HSA 投入产出表的编制目的归纳为以下四个方面。

一是揭示卫生保健产品（服务）的供需平衡关系。在卫生保健产业化和商品化趋势的推动下，近年来，中国的卫生保健产业发展较快。但是，目前卫生保健产品（服务）的供给仍然不充分，社会公众的医疗健康需求较大和供给不足的矛盾依然突出。那么，卫生保健产品（服务）的供需不平衡究竟是由结构不平衡引起的，还是由总量不平衡引起的，清晰解释该问题涉及卫生保健产业发展政策的导向，需要加以讨论。为深入研究卫生保健产品（服务）的供需平衡关系，有必要对医疗健康部门的再划分标准及其相互关系加以着重研究。

二是探寻卫生保健产业与非卫生保健产业的相互影响关系。卫生保健产业与非卫生保健产业之间的联系较为紧密，研究者不能仅考察卫生保健产业的内部结构和发展趋势，而是应将卫生保健产业纳入整个国民经济体系之中，全面探寻卫生保健产业与非卫生保健产业之间的相互影响关系，探讨卫生保健产业的发展对国民经济发展的影响情况。

三是预测卫生保健产业的发展和演进趋势。依据 HSA 投入产出表，通过卫生保健产业投入产出模型的设计，拟合卫生保健产业结构的发展和变化趋势，全面分析引起产业内部结构变动的主要因素，为制定产业发展政策提供定量依据，这是编制 HSA 投入产出表的基本出发点[①]。

四是制定卫生保健产业的发展战略。为了与新业态、新经济发展的形势

① 目前，卫生保健产业已经成为国民经济中一个不可忽视的重要部门，我们有必要深刻了解卫生保健产业的发展对整个国民经济的影响程度，也有必要深入了解我国卫生保健产业的发展规模，并对卫生保健产业的发展趋势进行预测。

相协调，需要明确并制定卫生保健产业的发展战略，并根据中国的具体情况采取正确的对策。数据调研与定量分析是战略决策的前提，因此，编制中国HSA投入产出表，建立卫生保健产业投入产出预测模型，提供客观、科学的分析数据，是全面了解卫生保健产业基本情况，制定卫生保健产业发展战略的重要依据。

二、表式设计

（一）中国HSA投入产出表的基本表式

编制客观、科学、具有可操作性、能够反映中国卫生保健产业运行规律的投入产出表，首先需要设计出融入中国卫生保健产业实际情况的投入产出表式。在编制中国HSA投入产出表的过程中，应当尽可能使用现有的投入产出调查数据资料，因此，应当充分利用中国2012年、2017年和2020年的投入产出表数据。其中，中国投入产出表（2012年、2017年和2020年）是包括第一、二、三次产业的全口径表，分别涵盖139个、149个和153个部门，本章所讨论的“卫生保健产业”全部包含在其中。

针对中国HSA投入产出表，可以按投入产出表编制的“四划分”法[①]将国民经济全口径投入产出表分解，将第一、二、三产业整合为卫生保健产业和非卫生保健产业，即将原有的以国民经济整体为核心的投入产出表转变为以卫生保健产业为核心的投入产出表（贺铿，1989）。为了能够分析卫生保健产业的内部结构以及与其他产业之间的技术经济联系，可以将卫生保健产业进一步划分为“核心层卫生保健产业”、“相关层卫生保健产业”和“扩展层卫生保健产业”等卫生保健部门，基本结构见表15-4。

① 四划分法即将投入产出表划分为四个象限。

表 15-4 中国 **HSA** 投入产出表

<table>
<tr><th colspan="3" rowspan="4">投入</th><th colspan="6">产出</th></tr>
<tr><th colspan="4">中间使用</th><th rowspan="3">最终使用</th><th rowspan="3">总产出</th></tr>
<tr><th colspan="3">卫生保健产业</th><th rowspan="2">非卫生保健产业</th></tr>
<tr><th>核心层</th><th>相关层</th><th>扩展层</th></tr>
<tr><td rowspan="4">中间投入</td><td rowspan="3">卫生保健产业</td><td>核心层</td><td></td><td></td><td></td><td></td><td></td><td></td></tr>
<tr><td>相关层</td><td></td><td></td><td></td><td></td><td></td><td></td></tr>
<tr><td>扩展层</td><td></td><td></td><td></td><td></td><td></td><td></td></tr>
<tr><td colspan="2">非卫生保健产业</td><td></td><td></td><td></td><td></td><td></td><td></td></tr>
<tr><td colspan="3">初始投入</td><td></td><td></td><td></td><td></td><td></td><td></td></tr>
<tr><td colspan="3">总投入</td><td></td><td></td><td></td><td></td><td></td><td></td></tr>
</table>

在表 15-4 中，左上为第一象限，反映卫生保健产业与非卫生保健产业，以及卫生保健产业核心层、相关层和扩展层的中间投入和中间使用流量之间的相互关联，是中国 HSA 投入产出表的核心部分；右上为第二象限，是第一象限的水平延伸，展现卫生保健产业各个部门和非卫生保健产业产品（服务）的最终使用情况；左下为第三象限，是第一象限的垂直延伸，展现卫生保健产业和非卫生保健产业部门所“消耗”的初始投入情况。

（二）中国 HSA 投入产出表中的卫生保健产业

在中国 HSA 投入产出表中，可以将卫生保健产业划分为核心层、相关层和扩展层三个维度，在不同年份的中国 HSA 投入产出表中，卫生保健产业的核心层相同，均为医疗卫生服务行业。但是，卫生保健产业的相关层和扩展层所包含的部门则有所不同[①]。

为了将卫生保健产业的数据信息从国民经济各个行业中无遗漏地剥离出

① 原因是不同年份的投入产出表所依据的国民经济行业分类标准不同。

来，通常以卫生服务业是否对国民经济其他行业进行中间使用，或者国民经济其他行业是否对卫生服务业进行中间投入作为依据，将服务业中（除卫生服务业外）对卫生服务业进行中间投入的行业定义为卫生保健产业的相关层，将第一、二产业中对卫生服务业进行中间投入的行业定义为卫生保健产业的扩展层，将国民经济行业中未对卫生服务业提供中间投入，也就是中间投入为零的行业定义为非卫生保健产业，中国 HSA 投入产出表（2012 年、2017 年和 2020 年）中卫生保健产业的具体内容如下。

在中国 HSA 投入产出表（2012 年）中，行业划分所依据的分类标准是《国民经济行业分类》（GB/T 4754—2011），卫生保健产业的核心层特指医疗卫生服务行业，在《国民经济行业分类》（GB/T 4754—2011）中，所属类别为大类 Q83（卫生）。卫生保健产业的相关层是指与医疗卫生服务相关的其他服务行业，主要被纳入批发业、零售业、保险业、租赁业、商务服务业、研究和试验发展、专业技术服务业、教育、新闻和出版业、文化艺术业、娱乐业、社会保障以及广播、电视、电影和影视录音制作业等 33 个类别中。需要指出的是，在中国 HSA 投入产出表（2012 年）中，行业分类均以大类的形式出现，实际上，卫生保健产业所包括的部门仅是所属大类中的一部分，如在批发业中，仅有中类 F515（医药及医疗器材批发）被纳入卫生保健产业的相关层，又如在研究和试验发展中，也仅有中类 M734（医学研究和试验发展）被纳入其中。在中国 HSA 投入产出表（2012 年）中，卫生保健产业所涉及的主要大类见表 15-5，卫生保健产业的扩展层是指除上述核心层和相关层外，其他对医疗卫生服务行业提供中间投入的行业，扩展层行业主要集中在第一产业和第二产业中。在中国 HSA 投入产出表（2012 年）中，包括卫生保健产业扩展层的大类分别在农业、畜牧业、渔业和纺织业等 68 个具体部门中。

表 **15-5** 中国 **HSA** 投入产出表（**2012** 年）中的卫生保健产业表

卫生保健产业	GB/T 4754—2011 代码	类别名称
核心层	Q83	卫生
相关层	F51	批发业
	F52	零售业
	J68	保险业
	L71	租赁业
	L72	商务服务业
	M73	研究和试验发展
	M74	专业技术服务业
	P82	教育
	R85	新闻和出版业
	R86	广播、电视、电影和影视录音制作业
	R87	文化艺术业
	R89	娱乐业
	S93	社会保障
	……	
扩展层	A02	林业
	A03	畜牧业
	A04	渔业
	C17	纺织业
	……	

资料来源：中国投入产出表（2012 年）

非卫生保健产业是指对卫生保健产业核心层中间投入为“零”的行业，所属类别包括在林业，农、林、牧、渔服务业，黑色金属矿采选业和有色金属矿采选业等 37 个部门中。在中国 HSA 投入产出表（2017 年）中，行业划分所依据的分类标准是《国民经济行业分类》（GB/T 4754—2017）。卫生保健产业的核心层是大类 Q84(卫生)；卫生保健产业相关层相对于中国 HSA

投入产出表（2012 年）增加了 6 个大类，其中，中国 HSA 投入产出表（2017 年）新增“互联网和相关服务”等大类，构成总计由 39 个大类组成的中国 HSA 投入产出表（2017 年）相关层；卫生保健产业的扩展层相对于中国 HSA 投入产出表（2012 年）有所增加，包括农业、畜牧业、渔业和棉纺织及印染精加工等 71 个大类；非卫生保健产业有所增加，包括林业、黑色金属矿采选业和有色金属矿采选业等 38 个大类。

在中国 HSA 投入产出表（2020 年）中，行业划分所依据的分类标准是《国民经济行业分类》（GB/T 4754—2017），卫生保健产业核心层所属类别仍为大类 Q84（卫生）。与中国 HSA 投入产出表（2017 年）不同的是，中国 HSA 投入产出表（2020 年）进行了部门分类的调整，在非卫生保健产业中增加了 4 个大类，即非卫生保健产业中包括 42 个大类。

第四节　中国卫生保健产业的指标推算

一、投入产出数据的估算

中国 HSA 投入产出表的编制以对中国投入产出表分类体系的重构为基础，卫生保健产业分布在国民经济的诸多行业中，部分领域涉及国民经济行业分类中的小类及以下，利用现有公布的中国投入产出表无法获得详细且完整的卫生保健产业投入产出数据。本章的侧重点在于构建中国 HSA 的核算框架与账户体系，进一步分析阐释中国 HSA 投入产出表的编制原理，因此，本章利用中国投入产出表数据估算中国 HSA 投入产出数据。数据估算的依据和基本原理是利用卫生保健产业相关层和扩展层所属行业对卫生保健产业核心层（医疗卫生服务行业）的中间使用占该行业中间使用合计的比重作为权重，并将该权重作为分摊系数，利用矩阵运算分劈相关层和扩展层的投入产出中间使用数据、最终消费和进口数据以及收入法核算的增加值数据，将卫生保健产业的相关流量数据从各个行业中剥离出来。

（一）核心层数据

对于卫生保健产业的核心层而言，其在中国投入产出表中的横行数据不需要分劈，只需要将相关层、扩展层和非卫生保健产业的中间使用数据汇总，以中国 HSA 投入产出表（2012 年）为例，核心层与核心层的交叉项和中国投入产出表（2012 年）数据一致；核心层与相关层的交叉项是将核心层与全部 33 个相关层行业的交叉项数据相加总；核心层与扩展层的交叉项是将核心层与全部 68 个扩展层行业的交叉项数据相加总；核心层与非卫生保健产业的交叉项是将核心层与全部 37 个非卫生保健产业的交叉项数据相加总。另外，核心层的最终消费、进口、其他和总产出数据均与中国投入产出表（2012 年）数据一致。

（二）相关层数据

中国 HSA 投入产出表（2012 年）的相关层包括对三类数据的汇总与估算：一是相关层位于第一象限的中间消费数据；二是相关层位于第二象限的最终消费、进口、其他和总产出数据；三是相关层位于第三象限的中间投入、增加值和总投入数据。

1. 中间消费数据

在中国 HSA 投入产出表（2012 年）中，卫生保健产业的相关层对核心层的中间投入为相关层所属 33 个行业对核心层中间投入的汇总[①]；相关层对相关层、扩展层和非卫生保健产业的中间投入需要借助中间投入比重分劈相

① 相关层对核心层的中间投入为 21 319 591 万元。

关数据，相关层对核心层中间投入及比例系数如表 15-6 所示，其中，比例系数为中间投入与中间使用合计之比。

表 **15-6**　相关层对核心层中间投入及比例系数表　　　　单位：万元

相关层	核心层		
	中间投入	中间使用合计	比例系数
批发和零售	7 805 485	423 432 031	0.018 4
铁路运输	169 795	42 550 730	0.004 0
道路运输	1 965 202	238 479 603	0.008 2
水上运输	110 371	33 955 550	0.003 3
航空运输	362 653	52 412 409	0.006 9
管道运输	14 722	6 868 195	0.002 1
装卸搬运和运输代理	241 065	53 120 459	0.004 5
仓储	17 253	42 047 261	0.000 4
邮政	75 214	19 312 806	0.003 9
住宿	402 785	42 625 105	0.009 4
餐饮	648 154	79 023 302	0.008 2
电信和其他信息传输服务	2 643 111	90 790 983	0.029 1
……			

资料来源：中国投入产出表（2012 年）

相关层对相关层中间投入数据如表 15-7 所示，其中，由于卫生保健产业仅是相关层所属行业中的一部分，因此，需要用相关层占核心层中间投入比例分劈数据。

上述分劈数据的过程将以矩阵相乘的形式完成，考虑到相关层中间投入数据与中间投入比例的对应关系，需要将表 15-7 中相关层中间投入数据矩阵转置，进而与中间投入比例系数相乘，得到相关层对相关层各行业的中间投入数据，进一步将该数据加总，即得到相关层对相关层的中间投入数据。计算过程如下。

表 **15-7** 相关层对相关层中间投入数据表

单位：万元

相关层	相关层											
	批发和零售	铁路运输	道路运输	水上运输	航空运输	管道运输	装卸搬运和运输代理	仓储	邮政	住宿	餐饮	……
批发和零售	20 307 047	755 222	5 891 280	1 164 123	1 460 860	82 497	1 189 947	1 150 233	1 471 035	3 488 603	10 641 775	
铁路运输	2 889 589	422 397	124 961	23 239	58 308	35 038	2 314 216	793 377	159 070	32 762	408 780	
道路运输	8 093 302	250 916	19 460 319	207 750	334 510	76 129	3 249 565	2 590 231	555 162	581 403	2 185 247	
水上运输	3 133 884	25 877	311 913	3 458 868	40 653	25 089	648 374	778 792	32 422	26 524	281 530	
航空运输	2 200 106	16 295	244 714	22 030	6 909 319	72 137	1 860 639	496 998	719 770	72 386	96 239	
管道运输	12 550	22 809	1 086 090	63 151	66 249	106 001	66 023	6 759	4 784	40 391	56 132	
装卸搬运和运输代理	1 830 374	248 351	12 682 235	3 641 241	987 777	6 493	555 742	1 039 708	141 610	80 317	385 868	
仓储	5 948 725	1 070 417	13 430 272	3 071 585	254 245	30 120	258 700	1 489 581	11 960	2 564	3 660	
邮政	609 317	979	98 467	7 907	19 709	1 332	62 140	48 472	1 128 979	148 922	86 726	
住宿	1 483 791	40 979	376 048	30 927	238 135	36 991	26 545	195 082	187 907	25 669	94 291	
餐饮	2 412 123	67 083	5 672 198	93 429	592 892	17 728	98 938	598 573	108 683	62 694	236 744	
……												

资料来源：中国投入产出表（2012 年）

$$\begin{pmatrix} 20\ 307\ 047 & 2\ 889\ 589 & \cdots & 95\ 023 & 210\ 854 \\ 755\ 222 & 422\ 397 & \cdots & 14\ 303 & 34\ 212 \\ 5\ 891\ 280 & 124\ 961 & \cdots & 27\ 774 & 64\ 826 \\ 1\ 164\ 123 & 23\ 239 & \cdots & 24\ 640 & 3\ 954 \\ 1\ 460\ 860 & 58\ 308 & \cdots & 3\ 655 & 22\ 373 \\ 82\ 497 & 35\ 038 & \cdots & 1\ 267 & 3\ 039 \\ \vdots & \vdots & & \vdots & \vdots \\ 649\ 241 & 109\ 675 & \cdots & 2\ 051 & 15\ 699 \\ 373\ 179 & 34\ 443 & \cdots & 1\ 116 & 28\ 981 \\ 1\ 297\ 452 & 13\ 819 & \cdots & 1\ 796 & 2\ 691 \\ 22\ 520 & 11\ 264 & \cdots & 690 & 7\ 207 \\ 7\ 091\ 597 & 2\ 107\ 467 & \cdots & 47\ 349 & 1\ 774\ 844 \end{pmatrix}_{33\times 33} \times \begin{pmatrix} 0.018\ 4 \\ 0.004\ 0 \\ 0.008\ 2 \\ 0.003\ 3 \\ 0.006\ 9 \\ 0.002\ 1 \\ \vdots \\ 0.005\ 9 \\ 0.002\ 6 \\ 0.006\ 8 \\ 0.010\ 4 \\ 0.008\ 9 \end{pmatrix}_{33\times 1} = \begin{pmatrix} 1\ 440\ 850.7 \\ 95\ 961.3 \\ 632\ 059.5 \\ 151\ 851.6 \\ 122\ 789.6 \\ 13\ 617.2 \\ \vdots \\ 53\ 407.7 \\ 35\ 970.2 \\ 40\ 864.6 \\ 7\ 835.6 \\ 956\ 381.1 \end{pmatrix}_{33\times 1} \tag{15-1}$$

$$\sum_{i=1}^{33}\left(1\ 440\ 850.7+95\ 961.3+\cdots+7\ 835.6+956\ 381.1\right)=9\ 728\ 146 \tag{15-2}$$

相关层对扩展层的中间投入数据计算如下。

$$\begin{pmatrix} 4\ 595\ 179 & 569\ 825 & \cdots & 66\ 327 & 121\ 835 \\ 5\ 699\ 176 & 569\ 846 & \cdots & 32\ 199 & 57\ 588 \\ 1\ 467\ 678 & 104\ 330 & \cdots & 8\ 135 & 28\ 075 \\ 3\ 117\ 414 & 1\ 506\ 905 & \cdots & 28\ 192 & 30\ 644 \\ 942\ 630 & 227\ 658 & \cdots & 8\ 116 & 11\ 287 \\ 2\ 482\ 460 & 378\ 239 & \cdots & 3\ 348 & 19\ 440 \\ \vdots & \vdots & & \vdots & \vdots \\ 1\ 776\ 771 & 145\ 511 & \cdots & 4\ 774 & 25\ 603 \\ 1\ 120\ 621 & 64\ 651 & \cdots & 8\ 255 & 8\ 006 \\ 300\ 195 & 10\ 768 & \cdots & 0 & 29\ 345 \\ 5\ 550\ 675 & 1\ 161\ 095 & \cdots & 53\ 532 & 45\ 033 \\ 236\ 493 & 35\ 805 & \cdots & 1\ 088 & 5\ 466 \\ 249\ 859 & 7\ 767 & \cdots & 2\ 774 & 4\ 434 \end{pmatrix}_{68\times 33} \times \begin{pmatrix} 0.018\ 4 \\ 0.004\ 0 \\ 0.008\ 2 \\ 0.003\ 3 \\ 0.006\ 9 \\ 0.002\ 1 \\ \vdots \\ 0.005\ 9 \\ 0.002\ 6 \\ 0.006\ 8 \\ 0.010\ 4 \\ 0.008\ 9 \end{pmatrix}_{33\times 1} = \begin{pmatrix} 164\ 000.5 \\ 137\ 835.8 \\ 56\ 759.1 \\ 191\ 010.2 \\ 52\ 429.9 \\ 73\ 085.7 \\ \vdots \\ 34\ 556.4 \\ 10\ 707.4 \\ 344\ 104.4 \\ 20\ 179.0 \\ 18\ 832.7 \\ 88\ 750.5 \end{pmatrix}_{68\times 1} \tag{15-3}$$

$$\sum_{i=1}^{68}(164\,000.5+137\,835.8+\cdots+18\,832.7+88\,750.5)=7\,283\,594 \qquad (15\text{-}4)$$

同理，相关层对非卫生保健产业的中间投入数据计算如下。

$$\begin{pmatrix} 467\,922 & 82\,760 & \cdots & 3\,764 & 12\,991 \\ 956\,561 & 118\,852 & \cdots & 3\,972 & 13\,709 \\ 1\,077\,753 & 156\,101 & \cdots & 24\,736 & 28\,207 \\ 1\,146\,862 & 806\,770 & \cdots & 8\,105 & 49\,865 \\ 769\,444 & 178\,407 & \cdots & 6\,512 & 16\,169 \\ 3\,370\,820 & 17\,553 & \cdots & 0 & 6\,374 \\ \vdots & \vdots & & \vdots & \vdots \\ 16\,860\,868 & 960\,920 & \cdots & 97\,169 & 250\,921 \\ 5\,491\,444 & 457\,204 & \cdots & 0 & 64\,235 \\ 2\,194\,374 & 219\,614 & \cdots & 0 & 26\,432 \\ 181\,781 & 27\,419 & \cdots & 1\,344 & 31\,391 \\ 59\,485 & 3\,111 & \cdots & 1\,713 & 4\,690 \\ 105\,317 & 8\,806 & \cdots & 803 & 1\,371 \end{pmatrix}_{37\times 33} \times \begin{pmatrix} 0.018\,4 \\ 0.004\,0 \\ 0.008\,2 \\ 0.003\,3 \\ 0.006\,9 \\ 0.002\,1 \\ \vdots \\ 0.005\,9 \\ 0.002\,6 \\ 0.006\,8 \\ 0.010\,4 \\ 0.008\,9 \end{pmatrix}_{33\times 1} = \begin{pmatrix} 20\,904.1 \\ 51\,043.7 \\ 52\,430.1 \\ 73\,228.8 \\ 40\,535.9 \\ 11\,254.5 \\ \vdots \\ 1\,180\,662 \\ 344\,970.9 \\ 99\,185.5 \\ 27\,344.8 \\ 15\,210.4 \\ 11\,251.1 \end{pmatrix}_{37\times 1} \qquad (15\text{-}5)$$

$$\sum_{i=1}^{37}(20\,904.1+51\,043.7+\cdots+15\,210.4+11\,251.1)=3\,931\,188 \qquad (15\text{-}6)$$

相关层中间使用合计=21 319 591+9 728 146+7 283 594+3 931 188=42 262 519

（15-7）

2. 最终消费、进口、其他和总产出数据

相关层位于第二象限的指标有 7 项，分别为最终消费支出、资本形成总额、出口、最终使用合计、进口、其他和总产出等，指标的计算过程如下，计算结果是 7×1 矩阵,将矩阵内的 7 个数字分别填入对应的指标交叉项内即可，进一步由总产出减去其余 6 项指标数据，即可得到中间使用合计数据。

$$
\begin{pmatrix}
125\,284\,830 & 7\,386\,548 & \cdots & 2\,824\,243 & 321\,034\,661 \\
55\,421\,919 & 1\,293\,416 & \cdots & 0 & 0 \\
117\,731\,419 & 2\,011\,129 & \cdots & 0 & 624\,965 \\
298\,438\,168 & 10\,691\,093 & \cdots & 2\,824\,243 & 321\,659\,626 \\
0 & 2\,428\,977 & \cdots & 0 & 656\,617 \\
721\,553\,392 & 50\,799\,440 & \cdots & 4\,320\,367 & 332\,062\,427 \\
-316\,807 & -13\,406 & \cdots & 54\,133 & 120\,967
\end{pmatrix}_{7\times 33}
\times
\begin{pmatrix}
0.018\,4 \\ 0.004\,0 \\ 0.008\,2 \\ 0.003\,3 \\ 0.006\,9 \\ 0.002\,1 \\ \vdots \\ 0.005\,9 \\ 0.002\,6 \\ 0.006\,8 \\ 0.010\,4 \\ 0.008\,9
\end{pmatrix}_{33\times 1}
=
\begin{pmatrix}
23\,692\,024 \\ 2\,387\,548 \\ 2\,783\,346 \\ 28\,862\,918 \\ 662\,331 \\ 49\,586\,592 \\ 66\,414
\end{pmatrix}_{7\times 1}
\tag{15-8}
$$

3. 中间投入、增加值和总投入数据

相关层位于第三象限的指标有 6 项，分别为劳动者报酬、生产税净额、固定资产折旧、营业盈余、增加值合计和总投入。其中，由于投入产出表中的总投入等于总产出，因此，总投入数据（数值为 49 586 592 万元）已经由上述矩阵计算得到。本部分仅需计算增加值及其构成项即可，计算过程如式（15-9）、式（15-10）所示，进一步可以由总投入减去增加值合计，得到中间投入合计数据。

$$\begin{pmatrix} 147\,983\,609 & 18\,373\,293 & \cdots\cdots & 2\,911\,827 & 172\,028\,538 \\ 163\,077\,077 & 1\,717\,676 & \cdots\cdots & -167\,489 & 168\,878 \\ 27\,962\,793 & 9\,320\,280 & \cdots\cdots & 106\,414 & 22\,737\,557 \\ 159\,286\,617 & -4\,127\,053 & \cdots\cdots & 459\,421 & 2\,771\,763 \\ 498\,310\,097 & 25\,284\,197 & \cdots\cdots & 3\,310\,173 & 197\,706\,737 \end{pmatrix}_{5\times 33} \times \begin{pmatrix} 0.018\,4 \\ 0.004\,0 \\ 0.008\,2 \\ 0.003\,3 \\ 0.006\,9 \\ 0.002\,1 \\ \cdots\cdots \\ 0.005\,9 \\ 0.002\,6 \\ 0.006\,8 \\ 0.010\,4 \\ 0.008\,9 \end{pmatrix}_{33\times 1}$$

$$= \begin{pmatrix} 14\,596\,090 \\ 4\,317\,502 \\ 4\,468\,361 \\ 7\,263\,119 \\ 30\,645\,071 \end{pmatrix}_{5\times 1} \tag{15-9}$$

$$\text{相关层中间投入合计}=49\,586\,592-30\,645\,071=18\,941\,521 \tag{15-10}$$

（三）扩展层数据

中国 HSA 投入产出表（2012 年）的扩展层同样包括对第一象限的中间消费数据，第二象限的最终消费、进口、其他和总产出数据以及第三象限的中间投入、增加值和总投入数据等三类数据的汇总与估算。

1. 中间消费数据

在中国 HSA 投入产出表（2012 年）中，扩展层对核心层的中间投入为扩展层所属 68 个行业对核心层中间投入的汇总，数值为 94 190 597 万元；扩展层对相关层和扩展层的中间投入需要借助中间投入比重分劈相关数据，扩展层对核心层中间投入及比例系数如表 15-8 所示。

表 **15-8**　扩展层对核心层中间投入及比例系数表　　　　单位：万元

扩展层	核心层		
	中间投入	中间使用合计	比例系数
农产品	541 040	387 894 117	0.001 4
畜牧产品	11 204	148 649 046	0.000 1
渔产品	25 690	45 983 879	0.000 6
煤炭采选产品	325 009	239 528 202	0.001 4
非金属矿采选产品	8	52 840 291	0
谷物磨制品	551 242	62 008 633	0.008 9
植物油加工品	30 260	58 574 261	0.000 5
水产加工品	15 111	21 479 478	0.000 7
蔬菜、水果、坚果和其他农副食品加工品	39 940	33 824 740	0.001 2
其他食品	482 022	20 685 762	0.023 3
酒精和酒	1 503 761	33 329 422	0.045 1
饮料和精制茶加工品	27 475	35 549 675	0.000 8
……			

资料来源：中国投入产出表（2012 年）

扩展层对扩展层中间投入的计算过程如式（15-11）所示，其中，由于卫生保健产业仅是扩展层所属行业中的一部分，因此，需要用扩展层占核心层的中间投入比例分劈数据，考虑到扩展层中间投入数据与中间投入比例的对应关系，需要将扩展层中间投入数据矩阵转置，进而与中间投入比例相乘，得到扩展层对扩展层各行业的中间投入数据，进一步将该数据加总，即得到扩展层对扩展层的中间投入数据。

$$\begin{pmatrix} 49\,655\,846 & 90\,132 & \cdots & 857 & 0 \\ 27\,705\,439 & 21\,543\,222 & \cdots & 291 & 0 \\ 0 & 75\,155 & \cdots & 2\,594 & 0 \\ 0 & 0 & \cdots & 107\,429 & 580\,945 \\ 63\,821\,535 & 0 & \cdots & 45\,365 & 187\,975 \\ 37\,747\,760 & 0 & \cdots & 36\,770 & 34\,293 \\ \vdots & \vdots & & \vdots & \vdots \\ 313\,518 & 921\,396 & \cdots & 110\,713 & 60\,986 \\ 0 & 0 & \cdots & 8\,944 & 26\,347 \\ 40\,423 & 0 & \cdots & 722\,307 & 1\,947\,866 \\ 108 & 0 & \cdots & 9\,532 & 44\,918 \\ 333 & 0 & \cdots & 744\,592 & 113\,388 \\ 294\,471 & 0 & \cdots & 78\,818 & 2\,792\,804 \end{pmatrix}_{68\times 68} \times \begin{pmatrix} 0.001\,4 \\ 0.000\,1 \\ 0.000\,6 \\ 0.001\,4 \\ 0 \\ 0.008\,9 \\ \vdots \\ 0.001\,6 \\ 0.003\,6 \\ 0.002\,8 \\ 0.005\,9 \\ 0.016\,8 \\ 0.005\,6 \end{pmatrix}_{68\times 1} = \begin{pmatrix} 133\,738.3 \\ 1\,940\,486 \\ 139\,123.2 \\ 168\,030.3 \\ 105\,751.4 \\ 152\,516.3 \\ \vdots \\ 104\,955.3 \\ 12\,649.5 \\ 723\,757.2 \\ 32\,193.3 \\ 33\,228.4 \\ 299\,131 \end{pmatrix}_{68\times 1} \tag{15-11}$$

$$\sum_{i=1}^{68}(133\,738.3 + 1\,940\,486 + \cdots + 33\,228.4 + 299\,131) = 36\,964\,895 \tag{15-12}$$

扩展层对相关层的中间投入数据计算如下。

$$\begin{pmatrix} 57\,435 & 16\,498 & \cdots & 147\,654 & 1\,861\,199 \\ 25\,668 & 0 & \cdots & 29\,064 & 961\,629 \\ 0 & 856 & \cdots & 80\,720 & 2\,333\,442 \\ 468 & 0 & \cdots & 3\,691 & 4\,136 \\ 0 & 147\,594 & \cdots & 7\,750 & 141\,238 \\ 0 & 0 & \cdots & 3\,596 & 59\,584 \\ \vdots & \vdots & & \vdots & \vdots \\ 926 & 507 & \cdots & 25\,035 & 179\,529 \\ 38\,265 & 3\,830 & \cdots & 163\,091 & 145\,199 \\ 2\,813 & 19\,824 & \cdots & 95\,055 & 105\,381 \\ 4\,007 & 0 & \cdots & 72\,646 & 27\,159 \\ 0 & 0 & \cdots & 2\,836\,087 & 4\,219\,933 \end{pmatrix}_{33\times 68} \times \begin{pmatrix} 0.001\,4 \\ 0.000\,1 \\ 0.000\,6 \\ 0.001\,4 \\ 0 \\ 0.008\,9 \\ \vdots \\ 0.003\,6 \\ 0.002\,8 \\ 0.005\,9 \\ 0.016\,8 \\ 0.005\,6 \end{pmatrix}_{68\times 1} = \begin{pmatrix} 159\,967.3 \\ 37\,281.2 \\ 227\,946.4 \\ 21\,908.7 \\ 252\,365.5 \\ 8\,886.0 \\ \vdots \\ 53\,874.5 \\ 33\,187.4 \\ 88\,964.2 \\ 3\,760.1 \\ 387\,258.1 \end{pmatrix}_{33\times 1} \tag{15-13}$$

$$\sum_{i=1}^{33}\left(159\ 967.3+37\ 281.2+\cdots+3\ 760.1+387\ 258.1\right)=4\ 556\ 454 \qquad (15\text{-}14)$$

同理，扩展层对非卫生保健产业的中间投入数据计算如下。

$$\begin{pmatrix} 329\ 055 & 33\ 294 & \cdots & 12\ 043 & 0 \\ 2\ 794\ 169 & 1\ 148\ 694 & \cdots & 17\ 984 & 0 \\ 0 & 0 & \cdots & 24\ 599 & 196\ 309 \\ 0 & 0 & \cdots & 128\ 594 & 104\ 483 \\ 0 & 0 & \cdots & 33\ 791 & 147\ 483 \\ 0 & 0 & \cdots & 25\ 701 & 36\ 831 \\ \vdots & \vdots & & \vdots & \vdots \\ 745\ 491 & 0 & \cdots & 186\ 650 & 12\ 336\ 288 \\ 14\ 548 & 0 & \cdots & 95\ 516 & 2\ 437\ 271 \\ 35\ 926 & 0 & \cdots & 96\ 003 & 187\ 520 \\ 67\ 673 & 0 & \cdots & 16\ 846 & 147\ 141 \\ 7\ 878 & 665 & \cdots & 5\ 895 & 51\ 734 \end{pmatrix}_{37\times 68} \times \begin{pmatrix} 0.001\ 4 \\ 0.000\ 1 \\ 0.000\ 6 \\ 0.001\ 4 \\ 0 \\ 0.008\ 9 \\ \vdots \\ 0.003\ 6 \\ 0.002\ 8 \\ 0.005\ 9 \\ 0.016\ 8 \\ 0.005\ 6 \end{pmatrix}_{68\times 1}$$

$$=\begin{pmatrix} 18\ 048.8 \\ 556\ 493.9 \\ 315\ 436.2 \\ 87\ 611.3 \\ 61\ 881.3 \\ 17\ 009.8 \\ \vdots \\ 492\ 506.8 \\ 360\ 711.9 \\ 20\ 720.9 \\ 27\ 709.9 \\ 5\ 123.9 \end{pmatrix}_{37\times 1} \qquad (15\text{-}15)$$

$$\sum_{i=1}^{37}\left(18\ 048.8+556\ 493.9+\ldots+27\ 709.9+5\ 123.9\right)=4\ 998\ 138 \qquad (15\text{-}16)$$

$$\text{扩展层中间使用合计}=94\ 190\ 597+36\ 964\ 895+4\ 556\ 454+4\ 998\ 138 \\ =140\ 710\ 084 \tag{15-17}$$

2. 最终消费、进口、其他和总产出数据

扩展层位于第二象限的指标计算过程如下，计算的结果同样是 7×1 矩阵，将矩阵内的 7 个数字分别填入对应的指标交叉项内即可，进一步由总产出减去其余 6 项指标数据，即可得到中间使用合计数据。

$$\begin{pmatrix} 93\ 396\ 971 & 79\ 218\ 199 & \cdots & 7\ 415\ 988 & 0 \\ 16\ 976\ 583 & 43\ 590\ 915 & \cdots & 0 & 29\ 911\ 900 \\ 6\ 401\ 968 & 643\ 349 & \cdots & 0 & 47\ 252 \\ 116\ 775\ 522 & 123\ 452\ 464 & \cdots & 7\ 415\ 988 & 29\ 959\ 152 \\ 38\ 414\ 555 & 2\ 217\ 769 & \cdots & 0 & 9\ 033 \\ 469\ 404\ 580 & 271\ 893\ 911 & \cdots & 17\ 010\ 862 & 114\ 637\ 014 \\ 3\ 149\ 495 & 2\ 010\ 171 & \cdots & -59\ 299 & 122\ 281 \end{pmatrix}_{7\times 68} \times \begin{pmatrix} 0.001\ 4 \\ 0.000\ 1 \\ 0.000\ 6 \\ 0.001\ 4 \\ 0 \\ 0.008\ 9 \\ \vdots \\ 0.001\ 6 \\ 0.003\ 6 \\ 0.002\ 8 \\ 0.005\ 9 \\ 0.016\ 8 \\ 0.005\ 6 \end{pmatrix}_{68\times 1}$$

$$= \begin{pmatrix} 31\ 886\ 373 \\ 13\ 572\ 936 \\ 15\ 612\ 187 \\ 61\ 071\ 495 \\ 12\ 265\ 493 \\ 144\ 084\ 830 \\ 1\ 088\ 231 \end{pmatrix}_{7\times 1} \tag{15-18}$$

3. 中间投入、增加值和总投入数据

扩展层增加值及其构成项的计算过程如式（15-19）、式（15-20）所示，进一步可以由总投入（数值为 144 084 830 万元）减去增加值合计（数值为 36 185 186 万元），得到中间投入合计数据。

$$\begin{pmatrix} 307\,610\,379 & 131\,602\,009 & \cdots & 3\,889\,431 & 22\,398\,729 \\ -18\,476\,672 & -6\,062\,254 & \cdots & 874\,824 & 4\,823\,404 \\ 13\,027\,681 & 5\,743\,805 & \cdots & 2\,718\,855 & 1\,745\,580 \\ 0 & 0 & \cdots & 331\,220 & 9\,812\,690 \\ 302\,161\,387 & 131\,283\,561 & \cdots & 7\,814\,330 & 38\,780\,403 \end{pmatrix}_{5\times 68} \times \begin{pmatrix} 0.001\,4 \\ 0.000\,1 \\ 0.000\,6 \\ 0.001\,4 \\ 0 \\ 0.008\,9 \\ \vdots \\ 0.001\,6 \\ 0.003\,6 \\ 0.002\,8 \\ 0.005\,9 \\ 0.016\,8 \\ 0.005\,6 \end{pmatrix}_{68\times 1}$$

$$= \begin{pmatrix} 14\,964\,636 \\ 6\,450\,110 \\ 3\,618\,338 \\ 11\,152\,102 \\ 36\,185\,186 \end{pmatrix}_{5\times 1} \tag{15-19}$$

$$\text{扩展层中间投入合计}=144\,084\,830-36\,185\,186=107\,899\,644 \tag{15-20}$$

（四）非卫生保健产业数据

中国 HSA 投入产出表（2012 年）的非卫生保健产业同样包括第一象限的中间消费数据，第二象限的最终消费、进口、其他和总产出数据以及第三象限的中间投入、增加值和总投入数据，但是，由于非卫生保健产业对核心层的中间投入均为零，不能计算中间投入比例系数，进而不能通过分劈数据的方法直接获得。但是，由于中国 HSA 投入产出表（2012 年）中各项指标的合计数以及核心层、相关层、扩展层的分项数据已经通过估算得到，那么非卫生保健产业相关数据也可以通过总量指标之间的对等和平衡关系计算得出。

二、核心指标推算

（一）基于中国 HSA 投入产出表（2012 年）的指标推算

表 15-9 中数据显示，2012 年，中国 HSA 投入产出表核心层（卫生服务行业）对核心层、相关层、扩展层和非卫生保健产业的中间投入分别为 945 954 万元、1 538 050 万元、1 304 239 万元和 775 626 万元，可见对相关层的中间投入量最大，占中间使用合计的 33.7%；核心层的最终使用合计为 199 977 939 万元，总产出为 203 320 159 万元，增加值为 86 864 016 万元，增加值率约为 42.7%。

中国 HSA 投入产出表相关层（卫生相关服务行业）对核心层、相关层、扩展层和非卫生保健产业的中间投入分别为 21 319 591 万元、9 728 146 万元、7 283 594 万元和 3 931 188 万元；相关层的最终使用合计为 28 862 918 万元，进口数额为 662 331 万元，出口数额达到 2 783 346 万元，进出口呈顺差状态；相关层的增加值为 30 645 071 万元，总产出为 49 586 592 万元，增加值率约为 61.8%。

中国 HSA 投入产出表扩展层（卫生服务支持行业）对核心层、相关层、扩展层和非卫生保健产业的中间投入分别为 94 190 597 万元、4 556 454 万元、36 964 895 万元和 4 998 138 万元，扩展层最终使用合计为 61 071 495 万元，进口数额为 12 265 493 万元，出口数额达到 15 612 187 万元，进出口呈顺差状态；扩展层的增加值为 36 185 186 万元，总产出为 144 084 830 万元，增加值率约为 25.1%。

表 **15-9**　中国 **HSA** 投入产出表（**2012** 年）

单位：万元

投入	产出											
	中间消费（按产品分类）					最终消费				进口	总产出	误差
	核心层：卫生服务行业	相关层：卫生相关服务行业	扩展层：卫生服务支持行业	非卫生保健产业	中间使用合计	最终消费支出	资本形成总额	出口	最终使用合计			
核心层：卫生服务行业	945 954	1 538 050	1 304 239	775 626	4 563 869	199 549 977	0	427 962	199 977 939	872 352	203 320 159	–349 298
相关层：卫生相关服务行业	21 319 591	9 728 146	7 283 594	3 931 188	42 262 519	23 692 024	2 387 548	2 783 346	28 862 918	662 331	49 586 592	66 414
扩展层：卫生服务支持行业	94 190 597	4 556 454	36 964 895	4 998 138	140 710 084	31 886 373	13 572 936	15 612 187	61 071 495	12 265 493	144 084 830	1 088 231
非卫生保健产业	0	3 118 871	62 346 916	10 395 266 866	10 460 732 653	2 462 057 392	2 467 938 470	1 347 835 031	6 277 830 894	1 206 469 611	15 619 279 253	19 722 903
中间投入合计	116 456 143	18 941 521	107 899 644	10 404 971 817	10 648 269 125	2 717 185 766	2 483 898 954	1 366 658 526	6 567 743 246	1 220 269 787	16 016 270 834	20 528 250
劳动者报酬	72 440 617	14 596 090	14 964 636	2 539 339 596	2 641 340 939							
生产税净额	901 941	4 317 502	6 450 110	724 392 700	736 062 253							

续表

投入	产出											
	中间消费（按产品分类）					最终消费				进口	总产出	误差
	核心层：卫生服务行业	相关层：卫生相关服务行业	扩展层：卫生服务支持行业	非卫生保健产业	中间使用合计	最终消费支出	资本形成总额	出口	最终使用合计			
固定资产折旧	8 575 587	4 468 361	3 618 338	700 157 539	716 819 825							
营业盈余	4 945 871	7 263 119	11 152 102	1 250 417 600	1 273 778 692							
增加值合计	86 864 016	30 645 071	36 185 186	5 214 307 436	5 368 001 709							
总投入	203 320 159	49 586 592	144 084 830	15 619 279 253	16 016 270 834							

资料来源：中国投入产出表（2012 年）

注：表中数据经四舍五入修约，下同

非卫生保健产业对核心层、相关层、扩展层和非卫生保健产业的中间投入分别为 0、3 118 871 万元、62 346 916 万元和 10 395 266 866 万元，非卫生保健产业最终使用合计为 6 277 830 894 万元，进口数额为 1 206 469 611 万元，出口数额达到 1 347 835 031 万元，进出口呈顺差状态；非卫生保健产业的增加值为 5 214 307 436 万元，总产出为 15 619 279 253 万元，增加值率约为 33.4%。

根据中国 HSA 投入产出表（2012 年）数据可知，卫生保健产业的增加值达到 153 694 273（86 864 016+30 645 071+36 185 186）万元，占全社会增加值的比重为 2.86%，可见卫生保健产业对于其他产业具有较强的溢出效应；卫生保健产业的进口总额为 13 800 176（872 352+662 331+12 265 493）万元，出口总额为 18 823 495（427 962+2 783 346+15 612 187）万元，卫生保健产业进出口呈顺差状态。

（二）基于中国 HSA 投入产出表（2017 年）的指标推算

中国 HSA 投入产出表（2017 年）显示（表 15-10），核心层对核心层、相关层、扩展层和非卫生保健产业的中间投入分别为 2 198 445 万元、3 083 965 万元、2 991 324 万元和 1 611 519 万元，对相关层的中间投入量最大，占中间使用合计的 31.2%，该数字较中国 HSA 投入产出表（2012 年）有所下降；核心层的最终使用合计为 399 207 912 万元，比 2012 年的相应数据提高 99.6%；进口数额达到 3 309 742 万元，出口数额达到 834 559 万元，进出口呈逆差状态；总产出为 405 783 423 万元，增加值为 162 864 381 万元，增加值率约为 40.1%，总产出和增加值分别比 2012 年相应数据提高 99.6%和 87.5%。

表 15-10 中国 **HSA** 投入产出表（**2017** 年）

单位：万元

投入	产出										
	中间消费（按产品分类）					最终消费				进口	总产出
	核心层：卫生服务行业	相关层：卫生相关服务行业	扩展层：卫生服务支持行业	非卫生保健产业	中间使用合计	最终消费支出	资本形成总额	出口	最终使用合计		
核心层：卫生服务行业	2 198 445	3 083 965	2 991 324	1 611 519	9 885 253	398 373 353	0	834 559	399 207 912	3 309 742	405 783 423
相关层：卫生相关服务行业	61 602 780	12 966 407	7 163 805	7 804 958	89 537 950	11 732 079	1 462 526	2 974 727	16 169 331	1 108 852	49 314 326
扩展层：卫生服务支持行业	179 117 817	6 053 407	67 174 927	9 015 769	261 361 920	51 293 225	14 211 677	22 947 502	88 452 404	25 173 989	242 396 232
非卫生保健产业	0	1 176 570	99 840 774	13 883 375 761	13 984 393 105	3 980 371 344	3 628 928 452	1 611 711 448	9 221 011 246	1 463 091 245	21 879 841 311
中间投入合计	242 919 042	23 280 349	177 170 830	13 901 808 007	14 345 178 228	4 441 770 001	3 644 602 655	1 638 468 236	9 724 840 893	1 492 683 828	22 577 335 292
劳动者报酬	132 209 095	12 968 338	26 806 165	4 060 696 682	4 232 680 280						
生产税净额	109 995	1 909 418	12 059 759	935 706 872	949 786 044						

续表

投入	产出										
	中间消费（按产品分类）					最终消费				进口	总产出
	核心层：卫生服务行业	相关层：卫生相关服务行业	扩展层：卫生服务支持行业	非卫生保健产业	中间使用合计	最终消费支出	资本形成总额	出口	最终使用合计		
固定资产折旧	23 243 625	5 440 446	5 211 733	1 069 357 473	1 103 253 277						
营业盈余	7 301 666	5 715 775	21 147 744	1 912 272 278	1 946 437 463						
增加值合计	162 864 381	26 033 977	65 225 402	7 978 033 304	8 232 157 064						
总投入	405 783 423	49 314 326	242 396 232	21 879 841 311	22 577 335 292						

资料来源：中国投入产出表（2017 年）

中国 HSA 投入产出表（2017 年）相关层对核心层、相关层、扩展层和非卫生保健产业的中间投入分别为 61 602 780 万元、12 966 407 万元、7 163 805 万元和 7 804 958 万元；相关层的最终使用合计为 16 169 331 万元，比 2012 年相应数字大幅下降；进口数额为 1 108 852 万元，出口数额达到 2 974 727 万元，进出口呈顺差状态，净出口数额为 1 865 875 万元，比 2012 年相应数字有所下降；相关层的增加值为 26 033 977 万元，总产出为 49 314 326 万元，增加值率约为 52.8%。

中国 HSA 投入产出表（2017 年）扩展层对核心层、相关层、扩展层和非卫生保健产业的中间投入分别为 179 117 817 万元、6 053 407 万元、67 174 927 万元和 9 015 769 万元；扩展层最终使用合计为 88 452 404 万元，比 2012 年提高 44.8%；进口数额为 25 173 989 万元，出口数额达到 22 947 502 万元，进出口呈微小的逆差状态；扩展层的增加值为 65 225 402 万元，总产出为 242 396 232 万元，增加值率约为 26.9%，增加值和总产出分别比 2012 年相应数据提高 80.3%和 68.2%。

非卫生保健产业对核心层、相关层、扩展层和非卫生保健产业的中间投入分别为 0、1 176 570 万元、99 840 774 万元和 13 883 375 761 万元，非卫生保健产业最终使用合计为 9 221 011 246 万元；非卫生保健产业的增加值为 7 978 033 304 万元，总产出为 21 879 841 311 万元，增加值率约为 36.5%。

总体上看，2017 年，卫生保健产业的增加值达到 254 123 760（162 864 381+26 033 977+65 225 402）万元，占全社会增加值的比重为 3.09%，相对于 2012 年增长 0.23 个百分点；卫生保健产业的进口总额为 29 592 583 万元，出口总额为 26 756 788 万元，卫生保健产业进出口呈小幅逆差状态。

（三）中国 HSA 投入产出表（2020 年）的指标推算

中国 HSA 投入产出表（2020 年）显示（表 15-11），核心层对核心层、

表 15-11　中国 HSA 投入产出表（2020 年）

单位：万元

投入	产出										
	中间消费（按产品分类）					最终消费				进口	总产出
	核心层：卫生服务行业	相关层：卫生相关服务行业	扩展层：卫生服务支持行业	非卫生保健产业	中间使用合计	最终消费支出	资本形成总额	出口	最终使用合计		
核心层：卫生服务行业	2 776 605	4 084 621	3 838 169	2 052 791	12 752 186	472 763 892	0	156 974	472 920 866	1 195 046	484 478 007
相关层：卫生相关服务行业	79 655 266	35 852 409	26 212 894	15 322 639	157 043 208	52 643 164	4 155 647	7 533 046	64 331 858	924 325	143 062 799
扩展层：卫生服务支持行业	204 751 150	9 678 785	63 721 208	7 911 954	286 063 097	55 451 424	22 521 966	38 168 884	116 142 274	35 133 250	285 760 173
非卫生保健产业	0	10 594 945	112 369 493	16 247 235 104	16 370 199 542	4 995 478 464	4 308 536 328	1 833 401 753	11 137 416 544	1 589 338 909	26 076 977 066
中间投入合计	287 183 022	60 210 760	206 141 764	16 272 522 487	16 826 058 033	5 576 336 944	4 335 213 941	1 879 260 657	11 790 811 542	1 626 591 530	26 990 278 045
劳动者报酬	161 457 476	45 228 812	30 928 546	5 058 040 566	5 295 655 400						
生产税净额	114 797	5 549 678	9 518 986	880 618 769	895 802 230						

续表

投入	产出										
	中间消费（按产品分类）					最终消费				进口	总产出
	核心层：卫生服务行业	相关层：卫生相关服务行业	扩展层：卫生服务支持行业	非卫生保健产业	中间使用合计	最终消费支出	资本形成总额	出口	最终使用合计		
固定资产折旧	31 136 468	15 852 855	8 016 667	1 450 813 769	1 505 819 759						
营业盈余	4 586 244	16 220 694	31 154 210	2 414 981 475	2 466 942 623						
增加值合计	197 294 985	82 852 039	79 618 409	9 804 454 580	10 164 220 013						
总投入	484 478 007	143 062 799	285 760 173	26 076 977 066	26 990 278 045						

资料来源：中国投入产出表（2020 年）

相关层、扩展层和非卫生保健产业的中间投入分别为 2 776 605 万元、4 084 621 万元、3 838 169 万元和 2 052 791 万元，对相关层的中间投入量最大，占中间使用合计的 32%，该数字相对于中国 HSA 投入产出表（2017 年）小幅上升；核心层的最终使用合计为 472 920 866 万元，比 2017 年相应数据提高 18.5%；进口数额达到 1 195 046 万元，出口数额达到 156 974 万元，进出口呈逆差状态；总产出为 484 478 007 万元，增加值为 197 294 985 万元，增加值率约为 40.7%，总产出和增加值分别比 2017 年相应数据提高 19.4%和 21.1%。

中国 HSA 投入产出表（2020 年）相关层对核心层、相关层、扩展层和非卫生保健产业的中间投入分别为 79 655 266 万元、35 852 409 万元、26 212 894 万元和 15 322 639 万元；相关层的最终使用合计为 64 331 858 万元，比 2017 年相应数字大幅提高；进口数额为 924 325 万元，出口数额达到 7 533 046 万元，进出口呈顺差状态，净出口数额为 6 608 721 万元；相关层的增加值为 82 852 039 万元，总产出为 143 062 799 万元，增加值率约为 57.9%，增加值和总产出分别比 2007 年相应数据提高 218.2%和 190.1%，可见相关层总产出增长幅度较大。

中国 HSA 投入产出表（2020 年）扩展层对核心层、相关层、扩展层和非卫生保健产业的中间投入分别为 204 751 150 万元、9 678 785 万元、63 721 208 万元和 7 911 954 万元；扩展层最终使用合计为 116 142 274 万元；进口数额为 35 133 250 万元，出口数额达到 38 168 884 万元，进出口呈顺差状态；扩展层的增加值为 79 618 409 万元，总产出为 285 760 173 万元，增加值率约为 27.9%，增加值和总产出分别比 2017 年相应数据提高 22.1%和 17.9%，说明从 2017 年到 2020 年，扩展层的增加值和总产出增长较快。

非卫生保健产业对核心层、相关层、扩展层和非卫生保健产业的中间投入分别为 0、10 594 945 万元、112 369 493 万元和 16 247 235 104 万元，非卫生保健产业最终使用合计为 11 137 416 544 万元；非卫生保健产业的增加值为 9 804 454 580 万元，总产出为 26 076 977 066 万元，增加值率约为 37.6%。

总体上看，2020 年，卫生保健产业的增加值达到 359 765 433（197 294 985+82 852 039+79 618 409）万元，占全社会增加值的比重为 3.5%，该比重较 2017 年数据有所上升。

综合比较中国 HSA 投入产出表可知，2012 年、2017 年和 2020 年，中国核心层的增加值分别为 86 864 016 万元、162 864 381 万元和 197 294 985 万元，平均年增长速度为 10.8%，高于同时期 GDP 的平均增长速度；相关层的增加值分别为 30 645 071 万元、26 033 977 万元和 82 852 039 万元，平均年增长速度为 13.2%；扩展层的增加值分别为 36 185 186 万元、65 225 402 万元和 79 618 409 万元，平均年增长速度为 10.4%；卫生保健产业的增加值分别为 153 694 273 万元、254 123 760 万元和 359 765 433 万元，平均年增长速度为 11.2%。数字表明，不仅医疗卫生服务行业增速较快，而且医疗卫生相关和扩展行业的增速也较快，总体上看，卫生保健产业的增速快于 GDP 的增速，说明卫生保健产业的发展速度高于国民经济各行业的平均水平。

第五节　编制中国卫生卫星账户的建议

综合上述，构建并编制 HSA 是 ISIC 4.0 口径下医疗卫生服务统计扩展的有效途径，也是开展卫生保健产业全口径统计，强化卫生保健产业化发展意识，促进卫生保健产业更好、更快发展的重要举措，现阶段中国有必要积极开展 HSA 的研究与实践工作。但是，由于中国医疗卫生统计的基础薄弱，并且 HSA 的实施仍然存在有待解决的难点问题，因此，针对中国 HSA 的研究与实践提出以下几点建议。

第一，遵循 SNA 2008 的惯例和基本原则。在核算方法上，中国 HSA 账户需要遵循 SNA 2008 的惯例和基本原则，并与中国国民经济核算的方法相衔接，但是，也允许有一定的灵活性和适应性。从 HSA 的核算角度上看，HSA 反映了医疗健康产品的生产和消费情况，以及二者之间的供给和需求关系，编制 HSA 需要以医疗健康产品（服务）为总体汇总数据，实际上，所需数据已经包含在现行的国民经济核算体系之中，只是没有独立列示出来。中国 HSA 账户是针对现行的国民经济核算体系，为适应卫生保健产业分析需要而进行的数据分离和再整理。中国 HSA 账户嵌入在中国国民经济核算体系之中，是中国国民经济核算体系的一部分，两者在概念、核算方法上是一致的，也可以说 HSA 账户是为卫生保健产业核算专门构建的国民经济核算账户。因此，HSA 的构建与编制同样要遵循 SNA 2008 的惯例和基本原则。

第二，借鉴国际标准，准确界定 HSA 的概念体系。遵循统一的概念对开展 HSA 核算非常必要，由于医疗卫生活动涉及众多基层单位和经济行为，如果没有一套统一界定的概念体系，显然不能实现对医疗卫生活动全面统计的目的。目前，许多国际组织正在开展关于医疗卫生产出和费用核算的研究工作，并已取得一些重要的成果，其中，对医疗卫生活动、医疗卫生费用、卫生保健产业产出和增加值等都做出了较为客观和科学的界定，这些国际标准将成为中国在构建 HSA 账户体系时的重要参考。在借鉴国际标准的同时，还需将中国现行的医疗卫生统计分类标准与国际标准相协调，包括国民经济行业分类与国际标准产业分类、医疗卫生产品分类与主产品分类（CPC）的协调等。

第三，尽可能与 SHA 2011 核算体系在相关内容和方法上接轨。HSA 的独特性既体现在对医疗卫生及相关生产活动范围的界定方面，也体现在对分类方法、核算规则和内容层次的划分方面，其中最具代表性的就是 OECD 所进行的关于 SHA 的整合，通过各次整合，形成了卫生保健产业核算的理论框架，即 SHA 2011。SHA 2011 构建了医疗卫生支出核算框架，其中包括一系列相关联的表格，通过标准表格记录医疗卫生支出及其融资情况。建立 SHA 具有双重目的：其一，提供一个可用于国际数据收集的框架；其二，以其作为参考模型，重新设计和完善国家账户体系以更好协助政策的制定。SHA 2011 为各国卫生保健产业产出核算的相关研究和实践提供了重要参考与指导，对促进和规范国际范围内一致性的卫生保健产业核算起到重要的推动作用。考虑到 SHA 2011 账户体系的重要性，中国 HSA 核算体系的框架应尽可能与 SHA 2011 框架相接轨，在基本概念、生产范围、账户设计、操作规程等方面尽可能与 SHA 2011 框架相一致。

第四篇　资源环境核算篇

第十六章
环境经济综合核算体系的修订历程、核算框架与账户体系[①]

经济发展导致对环境过度开发，各国通过调查收集环境基础数据帮助制定经济政策，以促进经济可持续发展。在此过程中，SEEA 汇总环境基础数据，既不改变原有 SNA 以保持其稳定性，又全面核算经济与环境之间的关系，逐渐成为各国环境核算的首要选择。基于此，本章回顾从 SEEA 1993[②]至 SEEA-EA[③]2021 的 SEEA 修订历程；探讨中心框架、生态系统核算和应用与扩展及其子体系的核算框架有何区别与联系；分析 SEEA 多种手册的账户体系共同使用哪些表式，表式中各项目之间有何共性与特性；总结 SEEA 与环境基础数据相比有哪些优势，展望 SEEA 今后的发展方向，并为中国继续开展 SEEA 实践提出一些建议，以期为中国实践 SEEA 提供参考。

---

① 本章执笔人：马晓君、谷越。本章内容发表于《调研世界》2023 年第 4 期。

② 《环境经济核算体系 2012——中心框架》（SEEA 2012）前言称 *Integrated Environmental and Economic Accounting*（《综合环境和经济核算》）是 SEEA 1993，称 *Handbook of National Accounting: Intergrated Environmental and Economic Accounting* 2003（《国民核算手册：综合环境和经济核算（2003 年）》）是 SEEA 2003，与原简称不一致，后续该体系文件的简称均采用 SEEA 2012 的命名方式。

③ SEEA-EA 是指 *System of Environmental-Economic Accounting-Ecosystem Accounting*（《环境经济核算体系——生态系统核算》）。

第一节 环境经济综合核算体系的研究现状

随着经济的快速发展，环境资源被过度开发。为实现经济的可持续发展，各国积极开展调查，系统收集环境相关基础数据，为经济政策的制定提供科学依据。但通过调查收集的环境基础数据定义和核算规则不一致，统计项目较为单一且相互之间缺乏联系，其一致性、系统性和丰富度较低。因此，各国从 20 世纪 70 年代开始，以定义和核算规则统一且项目间相互联系的 SNA 框架为基础，通过三种思路展开环境核算：第一种是仅建立实物量形式的环境核算，如荷兰、德国编制的包含环境账户的国民核算矩阵（national accounting matrix including environmental accounts，NAMEA），但与 SNA 经济数据产生的联系较弱（向书坚，2001；杨灿，2001；向书坚和黄志新，2005）；第二种是将环境核算以货币量的形式纳入 SNA，扩展 SNA 使之包含环境核算，有助于将环境数据直接用于经济数据分析，但将调整 SNA 内产出、消费、投资等一系列概念，使 SNA 产生重大改变（薛伟，1996）；第三种是作为 SNA 卫星账户的 SEEA，介于第一种和第二种思路之间，同时进行实物量和货币量核算，既不改变原有 SNA 以保持其稳定性，又全面核算经济与环境之间的关系，逐渐成为各国环境核算的首要选择（吴优和曹克瑜，1998）。

在 SEEA 的发展过程中，联合国发挥协调作用，在 1993 年发布《综合环境和经济核算》（SEEA 1993），将各国前期讨论和应用的多种环境核算方法综合在一起，引发各国的理论探讨和实践试编。但 SEEA 1993 保留大量争议方案供各国探讨，未形成统一的框架结构和账户体系，对各国实践造成一定阻碍。联合国之后发布 SEEA 2003 进一步统一 SEEA 的框架结构，将 SEEA 1993 的多种账户统一为由供给使用表、环境活动账户和资产账户组成的账户体系，并发布水、林业和渔业子体系手册进行专题核算。最后，联合国将 SEEA 2003 升级为国际标准 SEEA 2012，完全统一 SEEA 框架结构，对 SEEA 2003 的框架做出较大改动：一是将 SEEA 2003 的内容一分为三，分为中心框架、生态系统核算和应用与扩展；二是中心框架和生态系统核算继续细分各类子体系，发布能源和农林渔业子体系的国际标准，以及开发土地、海洋等子体系，以进行细致的专题核算。在通过框架结构统一定义和核算规则后，SEEA 以供给使用表、资产账户和功能账户组成账户体系，以实物和货币单位核算环境相关存流量，为使用者提供全面而细致的环境数据，其核算框架如表 16-1 所示。

表 16-1　SEEA 的核算框架[①]

框架	子体系	框架主要账户或内容
中心框架 SEEA 2012	水 SEEA-Water 2012	实物流量账户
	能源 SEEA-Energy 2019	
	农林渔业 SEEA-AFF 2020	
	空气排放账户	实物/货币资产账户
	全经济物质流量账户	
	土地	环境活动账户
	环境活动账户	
生态系统核算 SEEA-EA 2021	生物多样性	实物/货币生态系统服务账户
	气候变化	
	海洋	实物/货币生态系统资产账户
	城市	
应用与扩展 SEEA-AE 2017		SEEA 指标编制
		环境扩展投入产出表及其应用
		SEEA 的其他扩展

注：SEEA-AFF 全称为 *System of Environmental-Economic Accounting for Agriculture, Forestry and Fisheries*（《农林渔业环境经济核算体系》）

① 联合国已发布的手册展示专题名称和简称，在文件或官网中披露有意开发但未发布的手册仅展示专题名称。

第二节 从 SEEA 1993 到 SEEA-EA 2021 的修订历程

一、从 SEEA 1993 到 SEEA 2003

面对各国日益严峻的环境问题，联合国统计委员会在 1991 年第 26 届会议上要求将 SEEA 发展为 SNA 的卫星账户，将环境核算和 SNA 结合起来。因此，UNSD 发布临时性的 SEEA 1993，整合不同学派的环境核算理论方法，具有以下三个特点。

第一，使用实物量数据核算环境。用货币量数据核算环境的优势在于可更为综合地反映环境与经济的关系，数据易于汇总和比较结构，而劣势在于使用货币量数据核算经济之外的环境要素需要更多的估价假设，而估价假设与 SNA 的不同将导致 SEEA 与 SNA 价值概念不一致，难以被普遍接受，且货币量难以描述所有的环境要素（如固体废物和水体排放）。以实物量核算环境可有效组织环境基础数据，不涉及估价假设，易于普遍接受，在核算经济之外的环境流量方面有一定优势，但因使用吨、立方米等多种单位，数据存在难以汇总和比较结构的劣势（黄小玉和梁兵，1999）。基于 SNA 的 SEEA 不一定使用纯经济的观点看待环境，SEEA 1993 在 SNA 货币量核算的基础上同时进行实物量核算，可有效利用环境基础数据，以对比实物量数据和货币量数据，兼顾两者的优劣势。

第二，SEEA 1993 保留项目分类、估价方法、账户形式等争议方案，对多种账户版本展开探索。SEEA 1993 在保留大量未使用 SNA 定义和核算规则的能源平衡表、物质平衡表等传统环境统计方法的基础上，提供多种方案供各国选择。在项目分类、估价方法、账户形式等方面，SEEA 1993 未形成统一建议，存在多种争议方案，其中项目分类存在 2 种方案，环境成本虚拟估价方法推荐市场估价、维护费估价、或有估价 3 种，而账户形式包括 5 个版本：①对 SNA 的环境内容进行重组；②分解的 SNA 内环境相关存流量；③扩展 SNA 的资产范围形成环境资产的实物量和价值量核算；④对环境成本估价，以计算经环境要素调整的国内产出（environmentally-adjusted domestic product，EDP）；⑤对 SEEA 的进一步扩展。SEEA 1993 的 5 个版本账户体系对应不同的核算范围，代表 SEEA 的不同阶段，其未统一的方案为各国后续实践 SEEA 造成一定不便。

第三，SEEA 1993 在经济账户序列中扣除环境成本，将计算 EDP 作为 SEEA 的最终目标。SNA 采取将环境排斥在经济之外的观念，把人类对自然资源的提取和对环境的利用视为一种无偿的使用，属于非生产资产的自然资源不直接作用于 GDP，也无法直接显示自然资源在经济生产过程中的利用消耗，结果是 GDP 的增长往往伴随着资源、环境的恶化（高敏雪和谷泓，1998）。SEEA 1993 尝试通过在 NDP 中扣除环境成本计算 EDP，并将环境成本分为造成数量变化的自然资源耗减和造成质量变化的生态系统退化[①]，把经济对环境的利用纳入原有的经济产出核算之中（高敏雪和王彦，2000；朱力崎，2001）。在 SEEA 1993 发布后，EDP 在理论上成为研究热点，国内围绕自然资源耗减是抵消因素还是追加因素、是否进入产品价值等问题展开讨论（杨缅昆，2002，2004；刘树和许秋起，2002；宋旭光，2003；杨灿，2004）。

总之，SEEA 1993 当时尚处于萌芽阶段，保留项目分类、估价方法、账户形式等方面的争议方案，更多进行理论探讨，而较少提供实践建议。为促进各国实践 SEEA 1993，UNSD 与联合国环境署发布《国民核算手册：综合

① 类比 SNA 的产品流量，自然资源耗减引发环境要素数量变化，与货物流量类似；生态系统退化引发环境要素质量变化，与服务流量类似。

环境和经济核算操作手册》（SEEA 2000），为各国实践 SEEA 1993 提供了更为细致和实用的实践建议。之后，各国实践经验增多，使 SEEA 的概念和方法日趋一致，联合国因此开始研究如何进一步统一 SEEA 的核算框架，促使更多国家实践 SEEA。在各国实践 SEEA 1993 积累了一定的经验后，联合国讨论各国实践 SEEA 的可行性和应用价值,对其进一步总结形成理论方法，进而发布 SEEA 2003。

二、从 SEEA 2003 到 SEEA 2012

SEEA 2003 基本上建立了一套较为公认和健全的 SEEA 框架，并开始开发子体系，但 SEEA 2003 保留部分争议方案，导致 SEEA 2003 未被确立为国际标准，SEEA 2003 相比于 SEEA 1993 具有以下三个特点。

第一，在保留部分争议方案和选择的基础上，进一步统一核算框架。SEEA 2003 在 SEEA 1993 的 5 个版本账户的基础上，进一步统一核算框架，形成 3 组账户，并开始编制专题性账户，其中流量账户开始重点使用统一的实物供给使用表和复合供给使用表，同时介绍部分国家的实践案例，如德国的物质流量账户；存量账户开始统一使用资产账户并介绍具体资源的资产账户编制方式，核算自然资源（矿产和能源资源、水资源、森林资源、水生资源）、土地、生态系统资产 3 类环境资产；环境活动账户识别与环境相关的行业和产品，编制 SNA 中的环境交易账户、环境保护支出账户、环保服务货币供给使用表、环境保护国民支出账户、环保净成本账户，以衡量经济措施对环境的效果（高敏雪，2006）。

第二，淡化 EDP 计算，转为多指标式的指标体系。EDP 实践受到了以下阻碍：一是由于环境基础数据的缺口较大，各国难以核算完全部环境要素；二是由于缺乏市场，耗减和退化的估价方法难以与 SNA 的估价方法保持一致；三是单一的 EDP 指标不利于全面描述环境与经济之间的关系，以此制定环境政策不甚理想（高敏雪，2006；王永瑜和郭立平，2010）。当时世界上未形成公认的 EDP 核算制度，还没有一个国家就全部资源耗减成本和全部环境损失代价计算出一个完整的 EDP（吴优，2005）。EDP 是 SEEA 最难的部分，SEEA 2003 对 EDP 持非常审慎的态度，甚至认为能否计算和如何计算 EDP 这一问题本身仍非常具有争议性（黄燕芬和顾严，2005）。因此，SEEA 2003 不再同 SEEA 1993 一样将单一指标 EDP 作为最终目标，而是推荐通过 3 组账户构建多指标式的指标体系以描述环境与经济间的关系（Schweinfest et al.，2021）。

第三，开始开发子体系。SEEA 2003 在第 8 章将水资源、水生资源等同一专题内的流量账户、环境活动账户和资产账户进行集中讨论，建立专题式账户并深入讨论具体核算细节。联合国基于此开发了基于 SEEA 2003 的 3 个子体系：《林业环境与经济核算手册：跨部门政策分析工具》（SEEA-Forestry 2004）（FAO，2004）、《渔业综合环境经济核算》（SEEA-Fisheries 2004）（UN and FAO，2004）和《水环境经济核算体系》（SEEA-Water 2012）（United Nations，2012a）。SEEA-Forestry 2004 和 SEEA-Fisheries 2004、SEEA-Water 2012 的内容均通过分离 SEEA 2003 流量账户、环境活动账户和资产账户与专题相关的内容构建而来（李花菊，2010）。

总之，SEEA 2003 的核算框架较为统一，奠定以供给使用表、环境活动账户和资产账户为账户体系的基础，其可行性与 SEEA 1993 相比大幅提升，截至 2006 年共 49 国实践 SEEA 2003，SEEA 进入快速发展的阶段。但 SEEA 未完全形成统一的核算框架，随着环境数据的需求与日俱增，联合国开始加速 SEEA 核算方法的统一过程，重点解决 21 个具有争议性的问题（向书坚，2006）。2012 年，联合国发布 SEEA 的国际标准 SEEA 2012，全部使用统一的核算方法，以增强各国 SEEA 国际可比性（李金华，2015a）。

三、从 SEEA 2012 到 SEEA-EA 2021

在 SEEA 2012 统一核算方法后，联合国相继发布《环境经济核算体系 2012——应用与扩展》（SEEA-AE 2017）、《能源环境经济核算体系》（SEEA-Energy 2019）（United Nations，2019a）、《农林渔业环境经济核算体系》（SEEA-AFF 2020）（FAO and UNSD，2020）、《环境经济核算体系——生态系统核算》（SEEA-EA 2021）（United Nations，2021）等手册，以指导各国实践 SEEA。从 SEEA 2012 到 SEEA-EA 2021 的 SEEA 手册相比 SEEA 2003 具有以下特点。

第一，SEEA 将主要内容一分为三，将生态系统核算和应用与扩展分别从 SEEA 2003 中独立出来。SEEA 1993 和 SEEA 2003 存在部分环境要素在自然资源和生态系统中重叠的问题（如森林既是自然资源也是生态系统的组成部分），生态系统核算的独立可解决此问题。因此，联合国将 SEEA 2003 与生态系统有关的部分进一步发展移入《环境经济核算体系——试验性生态系统核算》（*System of Environmental-Economic Accounting —Experimental Ecosystem Accounting*）（SEEA-EEA 2014）中，将从经济进入环境的实物流量由 SEEA 2003 的自然资源投入和生态系统投入在 SEEA 2012 中改为自然投入，并将海洋、大气等生态系统资产核算方法移入 SEEA-EEA 2014。SEEA 2012 独立生态系统核算或有两个目的：一是由于生态系统核算在当时较为不成熟，独立生态系统核算有助于使 SEEA 2003 其他成熟的主体部分发展为国际标准 SEEA 2012；二是促进不成熟的生态系统核算进一步发展，联合国之后修订 SEEA-EEA 2014，发布国际标准 SEEA-EA 2021。同时，联合国将 SEEA 2003 有关投入产出分析、指标编制等非主体的应用与扩展部分移入 SEEA-AE 2017，以详细阐述 SEEA 的应用和扩展方法。

第二，完全统一及简化账户形式。SEEA 2012 与 SEEA 2003 相比不再包括各国实践案例，统一 SEEA 2003 不同核算方法间的争议，并简化账户形式，着重介绍各专题的具体账户，进而将其发展为 SEEA-Energy 2019、SEEA-AFF 2020 等子体系。在实物流量账户中，SEEA 2012 不再使用复合流量账户，将环境扩展的投入产出表移入 SEEA-AE 2017，进一步缩减 SEEA 2003 实物流量账户的项目，并介绍水、能源等专题实物流量账户的统一范例。在资产账户中，SEEA 2012 进一步缩减资产账户项目，并分别阐述各种资源和土地的资产账户形式。在环境活动账户中，SEEA 2012 将 SEEA 2003 有关环境活动的部分统一汇总至环境活动账户中，并将资源管理活动划入环境活动账户中，但将 SEEA 2003 其他的环境活动排除在外。

第三，继续淡化扣除环境成本的经济账户序列。扣除环境成本的经济账户序列目前仍不够成熟，仅可作为 SNA 的补充而非替代。基于生态系统核算的独立，联合国将耗减和退化分别从经济账户序列中扣除，经自然资源耗减调整的经济账户序列仅在 SEEA 2012 部分段落出现，而非同 SEEA 2003 一样以 2 章去讨论环境成本的问题，经生态系统退化调整的经济账户序列在 SEEA-EA 2021 中作为一般性建议。由于环境相关的要素存在市场化程度较低的问题，其价值难以被统一认可，即使其价值被统一认可，也无法反映全部环境功能，SEEA 2012 更加务实，与 SEEA 2003 相比淡化了环境成本的内容（高敏雪，2015）。

总之，从 SEEA 1993 到 SEEA-EA 2021，SEEA 逐渐根据各国的实践经验，统一 SEEA 的账户形式，其内容愈加丰富，导致 SEEA 需分别为各种专题开发大量子体系，但 EDP 因估价困难、不全面、指标单一等问题逐渐被淡化。随着 SEEA 从临时性版本成为国际标准，SEEA 逐渐被各国公认，成为各国环境核算的首要选择，根据联合国 2021 年 SEEA 的全球评估结果，世界上共有 90 个国家实施 SEEA，其中 89 个国家实施 SEEA 2012 及其子体系，34 个国家实施 SEEA-EA 2021 及其子体系。

第三节　中心框架、生态系统核算及应用与扩展构成的核算框架

在 SEEA 2012 将 SEEA 2003 生态系统核算和应用与扩展部分独立后，SEEA 的核心由中心框架（SEEA 2012）和生态系统核算（SEEA-EA 2021）两部分组成，以两种视角相互补充，并以 SEEA-AE 2017 为辅助提供 SEEA 数据的使用方法和 SEEA 2012 的扩展功能，SEEA 2012 和 SEEA-EA 2021 再根据自身的框架逐渐开发子体系。

一、中心框架及其子体系的核算框架

（一）SEEA 2012 的核算框架

SEEA 2012 部分延伸了 SNA 的核算范围，核算不在 SNA 范围内的自然投入流量、残余物流量和非经济资产的存量。SEEA 2012 核算框架以实物流量、环境活动和环境资产存量为核算对象，具体包括三部分内容。

第一部分是实物流量核算，使用实物供给使用表核算水、能源与物质流量（空气排放、水体排放、固体排放）的实物流量。SEEA 2012 沿袭 SEEA 的流量设计思路，将自然投入作为产品的投入，扩展 SNA 的投入范围，在 SNA 产品流量的基础上延伸从环境进入经济的自然投入流量和从经济进入环境的残余物流量，组成自然投入、产品和残余物 3 种实物流量，反映经济运行所依赖的自然投入和利用环境吸收的副产品数量。

第二部分是环境活动核算，通过分离 SNA 中难以识别的环境活动部分编制环境活动账户，包括环境行业的生产和收入形成账户、环境产品的货币供给使用表，以及环保国民支出总额账户、环保国民支出筹资账户、环境税账户等功能账户。将环境活动账户与环境存流量账户结合起来，可评估为减轻环境压力、维护环境收益能力所投入的经济资源是否得到有效利用。

第三部分是实物和货币存量核算，使用实物和货币资产账户核算水资源、矿产和能源资源、土地、土壤资源、木材资源、水生资源、其他生物资源 7 种环境资产的存量及其变化情况。SEEA 扩展了 SNA 的资产范围，补足了 SNA 较为缺乏的自然资源存量核算，将环境资产纳入国民财富，以衡量经济对自然投入的利用所导致的环境资产存量变化，并计算自然资源耗减。

（二）SEEA 2012 的子体系及其作用

SEEA 2012 子体系独立同一专题的数据集，其定义及核算规则基本与主体系保持一致，账户结构基本来源于主体系，但适度进行扩展创新，并完善主体系框架，具体将发挥以下三方面作用。

第一，独立同一专题数据集，刻画核算方法细节。SEEA 2012 主要按实物流量账户、环境活动账户和资产账户的账户形式区分章节，其能源、水等同一专题的数据分散在实物流量账户部分和资产账户部分中，不利于使用者分析某一专题的数据。SEEA 2012 的子体系将同一专题的信息独立出来，并在基本沿袭 SEEA 2012 核算方法的情况下，对 SEEA 2012 中的编制方法进行深入解释和说明。例如，SEEA-Energy 2019 将 SEEA 2012 有关能源专题的能源实物流量账户和能源资源资产账户独立出来，并对 SEEA-Energy 2019 中实物流量账户的编制方法做出大量细节性说明。

第二，进行核算扩展创新，并保持主体系的稳定性。子体系可扩展主体系的概念，但主体系一次微小的定义调整将间接改变许多定义（如调整生产范围将间接改变收入、消费的范围），多种概念的扩展突然全部进入主体系将给主体系带来翻天覆地的变化，严重破坏其稳定性。某一概念修改能否被广泛接受需要长时间验证，在某一概念修改不成熟的情况下，子体系可作为主体系的试验田，将某一项概念分离出来单独测试其效果，从而保护主体系的稳定性。在某一概念扩展成熟之时，主体系将缓慢吸收此项概念扩展。

SEEA 2012 子体系通常根据其他统计标准或各国实践经验进行核算扩展创新，如 SEEA-Energy 2019 相比 SEEA 2012 新增的能源存货资产账户的思路来源于《国际能源统计建议》，SEEA-AFF 2020 相比 SEEA 2012 新增的农林渔业生产和收入扩展账户的思路来源于 1974 年联合国粮食及农业组织(Food and Agriculture Organization of the United Nations，FAO）发布的《农业经济账户手册》（*Handbook of Economic Accounts for Agriculture*）。

第三，完善主体系框架，形成对称的核算框架。SEEA 2012 未形成各专题实物量和货币量、流量和存量对称的核算框架，整体缺乏货币流量核算，部分环境资产缺乏对应的流量核算。由于 SEEA 2012 重点介绍不同于 SNA 的实物流量核算方法，对主要参考 SNA 的货币流量核算方法介绍略显不足，且缺乏各专题细致的货币流量核算方法，SEEA 2012 的子体系一方面补充详细的货币流量核算方法。例如，SEEA-Energy 2019 通过货币流量账户补充能源缺乏的货币流量核算。由于 SEEA 2012 除水资源和能源资源外，土地、土壤资源、木材资源、水生资源和其他生物资源缺乏相应的流量核算，SEEA 2012 的子体系另一方面补充部分环境资产缺乏的流量核算。例如，SEEA-AFF 2020 补充木材资源、水生资源和其他生物资源的流量核算方法，进行作物产品、畜牧产品、木材产品、水生产品的实物流量核算和货币流量核算。

二、生态系统核算及其子体系的核算框架

（一）SEEA-EA 2021 的核算框架及其子体系

SEEA-EA 2021 借鉴 SEEA 2012，仍使用实物量和货币量的存流量核算框架，但其存流量的核算范围完全在 SNA 外。SEEA-EA 2021 实物量核算部分被确立为国际标准[1]，而货币量核算部分存在一定争议，暂未被定为国际

[1] 联合国已发布《生态系统核算的生物物理模型指南》（United Nations，2022），并正在开发“生态系统服务和资产估价中期技术报告”等手册以继续探索细节问题，帮助各国实施生态系统核算。

标准，且不进行环境活动核算，其核算框架具体包括以下两部分。

第一部分是实物和货币存量核算，使用生态系统资产代表生态系统，其中生态系统资产实物存量核算是 SEEA-EA 2021 的核心部分，相应的货币存量核算主要通过实物存量的净现值估价。生态系统实物存量核算由生态系统范围账户和生态系统状况账户构成，其中生态系统范围账户使用以面积为单位的实物资产账户，测度一国生态系统资产的规模及其变化情况；生态系统状况账户展示生态系统资产的状况指标，再通过生态系统资产面积数据加权计算各项指数和综合指数来测度生态系统质量总体状况，以系统、全面地整合各项关键生态数据。

第二部分是实物和货币流量核算，使用生态系统服务流量测度生态系统资产提供的生态系统服务为人类所用的过程。生态系统服务将生态系统资产视为近似的生产单位，扩展了 SNA 的投入概念和产品概念，按陆地、淡水、地下和海洋四类生态资产类型汇总生态系统资产“生产”的生态系统服务，和经济生产未明确记录在 SNA 中的生态系统投入对生产产品的贡献。而生态系统服务货币流量通过实物流量乘以专家估价得到，类似于 SNA 资本服务的概念。生态系统范围和状况账户与生态系统服务账户相互关联，状况较好的生态系统可提供更多数量和更高质量的生态系统服务，进而在经济中生产相关产品，为衡量生态系统与经济发展之间的关联提供了依据。

SEEA-EA 2021 目前开发的子体系与 SEEA 2012 子体系作用相似，可刻画具体细节问题和进行核算扩展创新，并开展气候变化、海洋、城市和生物多样性的专题核算，但 SEEA-EA 2021 实物和货币存流量核算框架较为对称，无须补充货币流量核算和部分环境资产对应的流量核算。目前，SEEA-EA 2021 的子体系还是 SEEA-EA 的应用与扩展部分，联合国正在将其开发为单独的子体系，如联合国最近正在开发“环境经济核算体系——海洋”和“环境经济核算体系——生物多样性核算”。

（二）SEEA 2012 与 SEEA-EA 2021 的关系特点

SEEA 2012 与 SEEA-EA 2021 虽都核算实物和货币存流量，相互之间也存在一定联系，但两者思路存在较大差异，具体包括以下五个特点。

第一，SEEA 2012 与 SEEA-EA 2021 的流量和存量定义以 SNA 为基础，目的是与 SNA 的数据产生联系。SEEA 2012 将核算范围扩展至经济范围外的环境，在经济中产品流量的基础上向外延伸，引入自然投入流量和残余物流量，SEEA-EA 2021 生态系统服务的中间服务和最终服务的定义也参考中间产品和最终产品的定义。SNA、SEEA 2012、SEEA-EA 2021 流量和存量定义相近使三者使用相似的账户体系，可促进三者数据之间的相互比较。例如，使用资产负债表和货币资产账户对比 SNA 中培育性森林资源、SEEA 2012 中天然森林资源、SEEA-EA 2021 中森林生态系统资产的货币价值，分析三者中森林的价值关系和相对重要性。

第二，SEEA 2012 与 SEEA-EA 2021 分别体现了 SEEA 单项与总体的核算角度。SEEA 整体从两个角度看待环境资产，SEEA 2012 以用途差异较大的森林、水等单项环境资产为核算重点，人类直接将单项环境资产作为自然投入产生物质收益。而一种生态系统服务或由多种生态系统提供，导致生态系统服务的记录过程需将多种环境资产构成的生态系统资产系统性地作为整体看待。SEEA-EA 2021 将 SEEA 2012 的单项环境资产组合为生态系统，核算重点是各项环境资产在由水、森林、土地等单项环境资产构成的生态系统中，如何共同发挥作用，产生非物质收益（高敏雪等，2018）。SEEA 核算角度的差异也反映在账户中，SEEA 2012 为每种专题分别编制账户，而 SEEA-EA 2021 将各类生态系统组合在一个账户中核算。

第三，SEEA-EA 2021 与 SEEA 2012 核算中心不同，导致同一过程的核算方向相反。SEEA 2012 以经济为中心，其产品由经济单位生产，对 SNA 的生产范围进行有限延伸，侧重从经济向环境扩展；而 SEEA-EA 2021 以生态系统为中心，其生态系统服务由生态系统生产，侧重从环境向经济扩展（高敏雪，2020b）。SEEA 2012 与 SEEA-EA 2021 记录同一流量，但两者因核算中心不同，对同一流量的记录方式不同。例如，对农林渔业采集天然生物资源这一过程，SEEA 2012 的子体系 SEEA-AFF 2020 记录农林渔业采集天然生物资源的数量，方向是从经济内的农林渔业向环境中的天然生物资源扩展；SEEA-EA 2021 记录生态系统提供给农林渔业天然生物资源的数量，方向是从环境中的生态系统向经济中的农林渔业扩展。

第四，SEEA-EA 2021 与 SEEA 2012 相比，其货币流量核算更远离 SNA 核算范围。SEEA 2012 侧重单项资源，仅考虑 SNA 生产范围内经济生产使用单项资源获得的产品流量，不核算当代和后代可能获得的所有收益；而 SEEA-EA 2021 的生态系统服务由生态系统生产，其货币量核算超出 SNA 的生产范围，核算当代和后代可能获得的所有收益。SEEA 2012 及其子体系的货币流量数据通过调查得出，是较为客观真实的货币流量；而 SEEA-EA 2021 的货币流量数据来自实物流量乘以专家估价，其货币流量是人为虚拟的货币流量。因此，SEEA-EA 2021 生态系统服务货币价值的可靠性远低于 SEEA 2012 中产品的货币价值。

第五，SEEA-EA 2021 与 SEEA 2012 相比大幅提升了实践难度，这是因为：第一，SEEA-EA 2021 的总体特性导致其应核算所有的生态系统资产，单项生态系统资产核算的缺失将破坏其总体特性，导致难以核算由多项生态系统资产提供的某一生态系统服务，实践 SEEA-EA 2021 须保持各项生态系统资产实践齐头并进；而 SEEA 2012 不核算某一项资产不会对其他环境资产的核算造成影响，各国可根据环境资产的丰沛程度选择其中的几项资源进行核算，甚至可以集中力量核算某项资源中的某一类别，如南非核算金属矿产中的黄金，不单核算非金属矿产中的沙子。第二，SEEA 2012 主要从经济扩展至环境核算，随着经济活动运行的数据部分可由被调查单位自动记录，其数据收集较易进行；而 SEEA-EA 2021 主要侧重非人工的自然环境数据，通常通过专业调查获取而非自动记录，与 SEEA 2012 相比更难。目前，由于实践难度的问题，实践生态系统核算的国家数量（34 个）远少于实践 SEEA 2012 的国家数量（88 个）。

三、应用与扩展的核算框架

（一）SEEA-AE 2017 的核算框架

SEEA 其他所有手册的应用与扩展部分通常置于手册最后，仅展现较为常见的 SEEA 数据应用与扩展方法，而未详尽无遗地列出所有应用与扩展方法，且只针对各自专题，而 SEEA-AE 2017 是 SEEA 2012 应用与扩展方法的深入性和集中性展示。联合国鼓励使用者对 SEEA 数据的应用与扩展方法展开探索，并未将应用与扩展方法限制在 SEEA-AE 2017 内。SEEA-AE 2017 只是一般性建议，也始终难以成为统计标准。具体而言，SEEA-AE 2017 的核算框架从以下三个方面展开。

一是编制指标。指标编制的目的是简化 SEEA 的核算过程，直接为非专业使用者提供所需信息。总体而言，SEEA-AE 2017 的指标直接从账户中获取，或与 SNA 其他数据结合以编制比率指标。SEEA-AE 2017 的指标框架以 SEEA 2012 的实物流量账户、环境活动账户和资产账户为基础，通过实物流量账户计算资源利用和环境强度（如每单位 GDP 能源使用量、碳排放强度）；通过环境活动账户计算与环境活动有关的生产、就业和支出（如环境活动对 GDP 的贡献、政府环保支出量）以及环境税、环境补贴和类似转移（如环境税总额）；通过资产账户计算环境资产的财富、收入和消耗（如能源资源的存量变化），进一步还可构建指标集和环境指数，综合反映环境问题。

二是环境扩展投入产出表及其分析。由于投入产出表以供给使用表为基础编制，SEEA-AE 2017 通过实物流量账户中以 ISIC 分类的自然投入和残余物流量可扩展投入产出表，在投入产出表的最后一行加入自然投入和残余物流量，以寻找经济中与某一环境要素相关的重点行业（如使用单区域投入产出表分析一国能源与各产业的关系，使用多区域投入产出表分析各国碳排放的关联）。在编制环境扩展投入产出表后，SEEA-AE 2017 使用乘数分析、可计算一般均衡模型等投入产出表传统分析方法分析环境扩展投入产出表，以获取更多信息。

三是 SEEA 2012 的扩展核算。由于 SEEA 扩展核算的数据需求超出 SEEA 2012 的范围，SEEA-AE 2017 结合其他数据从两个方向扩展，第一个方向是通过就业、社会、人口等附加信息细化现有的 SEEA 账户，如基于 SNA 与 SEEA 较为一致的定义和核算规则，将 SEEA 账户与 SNA 的旅游卫星账户结合起来；使用 SEEA 的数据分析住户部门，在 SEEA 住户最终消费这一列中通过调查分析住户使用自然资源的用途，或区分使用自然资源人口的年龄、收入等类别。第二个方向是将 SEEA 的数据作为更为复杂信息集的输入数据，如将 SEEA 与社会核算矩阵相联系。

（二）SEEA 2012、SEEA-EA 2021 的应用与扩展部分与 SEEA-AE 2017 间的关系特点

SEEA 2012 和 SEEA-EA 2021 本身的应用与扩展部分与 SEEA-EA 2021 都是账户数据的应用与扩展方法，三者总体而言朝以下三个方向的思路展开。

第一，沿袭 SNA 内部卫星账户打乱 ISIC 排列顺序和等级的思路，突出专题。由于一种单位可有多种分类方式，一种分类难以满足所有分析需求，SNA 的内部卫星账户打乱 ISIC 排列顺序和等级形成某一特定行业，可满足部分特定活动的核算需求，如 SNA 分离涉及交通、住宿、餐饮和零售等企业的旅游活动形成旅游卫星账户。SEEA 沿袭此思路分离 SEEA 账户中的旅游活动，将 SEEA 账户与 SNA 中的旅游卫星账户结合起来。SEEA-EA 2021 同

样以此思路打乱生态系统分类的排列顺序和等级，形成特定生态系统类型扩展生态系统核算，如 SEEA-EA 2021 将城市生态系统从陆地、地下等生态类型的生态系统核算中分离，形成生态系统的城市扩展核算。由于此类扩展的作用与子体系独立同一专题数据集的作用类似，联合国正在将此类扩展开发为单独的子体系，如开发具有可持续发展性的旅游卫星账户（World Tourism Organization，2019）。

第二，利用 SEEA 信息扩展 SNA 账户。由于 SEEA 的定义、核算规则和账户结构在 SNA 的基础上调整，与 SNA 相似，利用 SEEA 账户中的信息，可扩展和补充 SNA 的经济账户序列供给使用表、投入产出表、资产负债表等表式。例如，SEEA 2012 通过实物供给使用表的自然投入和残余物流量编制环境扩展投入产出表；SEEA-EA 2021 编制经退化调整的经济账户序列。但此类扩展仅是对 SNA 账户的补充而非替代，使用时需严格区分 SEEA 与 SNA 定义和核算规则之间的差异。

第三，通过账户、合并账户、指标的金字塔形数据结构整合和提炼信息。合并账户可使专业数据使用者在一张表式中找到同一专题分散在实物流量账户、货币流量账户、实物存量账户和货币存量账户中的所有关键信息，有利于在环境成本、环境效益、经济成本、经济效益之间进行比较分析，综合反映环境与经济之间的关系。而指标可进一步提炼账户信息，使之面向公众。SEEA 从账户、合并账户到指标的金字塔形数据结构，既可向上逐级汇总数据简明信息，也可向下逐级展现细致数据，较好地满足了数据使用者从简明到细致的数据需求。

第四节 供给使用表、资产账户及功能账户构成的账户体系

SEEA 主体是由若干账户组成的账户体系，表现了各变量之间的逻辑联系，

成为整个体系的骨架（李金华，2008）。由于 SEEA 与 SNA 的核算框架联系较为紧密，SEEA 的账户也在 SNA 的账户基础上进行改进和扩展，包括核算流量的供给使用表、核算存量的资产账户以及核算行业和特定项目的功能账户（表 16-2）。此外，SEEA 还包括部分就业、人口等信息，如 SEEA-AFF 2020 在农林渔业生产和收入扩展账户中记录农林渔业的就业人数，SEEA-AE 2017 使用 SEEA 的数据和人口信息分析住户部门。SEEA 账户中的各个统计项目通过平衡式联系，结合存流量分类，形成矩阵式的账户体系，而统计项目在纵向层层深入，在横向相互联系各专题，清晰反映了存流量的变化原因。

表 **16-2**　**SEEA** 已发布手册账户体系总结表

<table>
<tr><th rowspan="2">体系</th><th colspan="2">供给使用表</th><th colspan="2">资产账户</th><th colspan="2">功能账户</th></tr>
<tr><th>实物供给使用表（PSUT）</th><th>货币供给使用表（MSUT）</th><th>实物资产账户（PSA）</th><th>货币资产账户（MSA）</th><th>行业活动账户</th><th>单项统计项目</th></tr>
<tr><td rowspan="10">SEEA 2012</td><td>水 PSUT</td><td rowspan="10">专门性环保服务的 MSUT</td><td>水资源 PSA</td><td></td><td rowspan="5">专门性环保服务的生产账户</td><td rowspan="3">环保国民支出总额账户</td></tr>
<tr><td>能源 PSUT</td><td>矿产和能源资源 PSA</td><td>矿产和能源资源 MSA</td></tr>
<tr><td rowspan="3">空气排放物 PSUT</td><td>可转让碳排放许可账户</td><td></td></tr>
<tr><td>木材资源碳账户</td><td></td><td rowspan="3">环保国民支出筹资账户</td></tr>
<tr><td>木材资源 PSA</td><td>木材资源 MSA</td></tr>
<tr><td rowspan="2">水体排放物 PSUT</td><td>水生资源 PSA</td><td>水生资源 MSA</td><td rowspan="5">环境货物和服务部门账户</td></tr>
<tr><td>土地覆被 PSA</td><td rowspan="4">土地 MSA</td><td rowspan="4">环境税账户</td></tr>
<tr><td rowspan="3">固体废物 PSUT</td><td>土地使用 PSA</td></tr>
<tr><td>土壤资源面积 PSA</td></tr>
<tr><td>土壤资源物量 PSA</td></tr>
</table>

续表

体系	供给使用表		资产账户		功能账户	
	实物供给使用表（PSUT）	货币供给使用表（MSUT）	实物资产账户（PSA）	货币资产账户（MSA）	行业活动账户	单项统计项目
SEEA-Water 2012	水 PSUT	水混合 MSUT	水资源 PSA		自用水供给与污水处理的混合账户	废水管理国民支出账户
			水质 PSA		涉水集体消费服务的政府账户	废水管理筹资账户
SEEA-Energy 2019	能源 PSUT	能源 MSUT	能源资源 PSA	能源资源 MSA		
			能源存货 PSA	能源存货 MSA		
SEEA-AFF 2020	作物产品 PSUT	农林渔产品 MSUT	作物 PSA	作物 MSA	农林渔业生产和收入扩展账户	
	畜牧产品 PSUT		畜牧 PSA	畜牧 MSA		
	木材产品 PSUT		林地 PSA	林地 MSA		
			木材资源 PSA	木材资源 MSA		
	水生产品 PSUT		水生资源 PSA	水生资源 MSA		
	水 PSUT	—	水资源 PSA			
	能源 PSUT		土地覆被 PSA			
	空气排放物 PSUT		土地使用 PSA			
	肥料 PSUT		土壤资源 PSA			
	农药 PSUT					
SEEA-EA 2021	生态系统服务 PSUT	生态系统服务 MSUT	生态系统范围账户	生态系统 MSA		
			生态系统状况账户			
SEEA-EA 2021 生物多样性			生态系统物种 PSA			

续表

<table>
<tr><th rowspan="2">体系</th><th colspan="2">供给使用表</th><th colspan="2">资产账户</th><th colspan="2">功能账户</th></tr>
<tr><th>实物供给使用表（PSUT）</th><th>货币供给使用表（MSUT）</th><th>实物资产账户（PSA）</th><th>货币资产账户（MSA）</th><th>行业活动账户</th><th>单项统计项目</th></tr>
<tr><td>SEEA-EA 2021 碳存量</td><td></td><td></td><td>碳存量账户</td><td></td><td colspan="2"></td></tr>
<tr><td rowspan="2">SEEA-EA 2021 城市</td><td rowspan="2">城市生态系统服务 PSUT</td><td rowspan="2">城市生态系统服务 MSUT</td><td>城市生态系统范围账户</td><td rowspan="2"></td><td rowspan="2" colspan="2"></td></tr>
<tr><td>城市生态系统状况账户</td></tr>
<tr><td rowspan="4">SEEA-EA 2021 海洋</td><td>海洋生态系统服务 PSUT</td><td rowspan="2">海洋生态系统服务 MSUT</td><td>海洋生态系统范围账户</td><td rowspan="2">海洋生态系统 MSA</td><td rowspan="4">海洋经济活动账户</td><td rowspan="4">海洋管理账户</td></tr>
<tr><td>海洋空气排放物 PSUT</td><td>海洋生态系统状况账户</td></tr>
<tr><td>海洋水体排放物 PSUT</td><td rowspan="2">海洋经济 MSUT</td><td rowspan="2">海洋资源 PSA</td><td rowspan="2">海洋资源 MSA</td></tr>
<tr><td>海洋固体废物 PSUT</td></tr>
</table>

注：PSUT 全称为 physical supply and use tables；MSUT 全称为 monetary supply and use tables；PSA 全称为 physical stock account；MSA 全称为 monetary stock account

一、供给使用表

SEEA 的流量核算表式主要为实物供给使用表与货币供给使用表，其中货币供给使用表形式与 SNA 的供给使用表一致，核算“产出+进口=中间消耗+最终消费+资本形成+出口”的货币流量平衡式，使总供给量与总使用量平衡。SEEA 2012 实物供给使用表因引入在经济外的流量，在产品平衡式的基础上加入从环境进入经济和从经济进入环境的流量，并将资本形成流量扩展为积累流量，形成“产出+进口+从环境进入经济流量=中间消耗+最终消费+积累+出口+从经济进入环境流量”的实物流量平衡式。在实物和货币流量平衡式的基础上，供给使用表在纵向和横向两个方向上细化平衡式。

在纵向上，实物供给使用表从以下三个方面深入核算各类资源的细节问题。

第一，细化经济和生态系统项目。由于 SEEA-EA 2021 以生态系统为中心，而 SEEA 2012 以经济为中心，两者核算中心的不同反映在表式上。SEEA 2012 的供给使用表主要按 ISIC 细化经济内的产出、中间消耗和积累流量，而 SEEA-EA 2021 的供给使用表不仅按 ISIC 细化经济内的产出、中间消耗和积累流量，更主要的是按生态系统类型细化从环境进入经济和从经济进入环境的流量，将其按生态系统资产类型分列。

第二，详细显示关键行业和产品，合并非关键行业和产品。基于 SNA 2008 29.25 段供给使用表的关键行业和产品可详细显示、其他行业和产品可合并显示的建议，SEEA 2012 和 SEEA-EA 2021 及其子体系专题的供给使用表在细化经济和生态系统项目的基础上，详细显示关键行业和产品，合并非关键行业和产品。这是因为某一专题的供给和使用集中在个别关键行业和产品中，详细显示关键行业和产品有利于突出专题。例如，固体废物实物供给使用表详细显示废物收集、处置和处理行业，生态系统服务实物供给使用表详细显示与生态系统服务有关的农林渔业；作物实物供给使用表详细显示玉米、小麦等关键产品。

第三，在关键行业中，进一步详细显示关键项目。某一专题的流量集中于关键行业，而此专题关键行业中的流量也集中在几个关键项目上，供给使用表进一步详细显示关键行业中的关键项目。例如，固体废物实物流量账户将废物收集、处置和处理行业进一步细化为填埋场、焚烧、回收回用三个关键项目，而将废物收集、处置和处理行业的其他处理固体废物的方式合并。然而，在构建供给使用表时，各国可在保留平衡式的基础上，根据实际情况选择纵向细化的项目，但不影响表中平衡式的平衡，这在一定程度上降低了表式编制的难度。

在横向上，联系各类单项专题转化问题。SEEA 2012 及其子体系是按各类单项专题编制表式，各类单项专题之间相互较为独立，分别编制各自的表式，其综合性与 SEEA-EA 2021 将 4 种生态系统置于同一表式内的形式相比较弱。SEEA 2012 及其子体系为补足各类单项专题联系不足的问题，每类专题供给使用表的细分项常与其他单项专题产生联系。例如，能源常与其他单项专题产生联系，固体废物实物供给使用表记录焚烧固体废物用于生产能源产品的数量，作物产品实物供给使用表和林业木材产品实物供给使用表分别记录作物和木材用于生产能源产品的数量。

二、资产账户

资产账户是 SEEA 存量核算的主要表式，形式主要来源于 SNA 的资产物量及其他变化账户和资产负债表。实物资产账户核算“资产期初存量+存量增加量–存量减少量=期末存量”的平衡式，货币资产账户主要采用净现值法对资产进行估价，在上述平衡式的基础上加入重估价项目。由于实物资产账户和货币资产账户的结构非常近似，且实物资产账户是资产估价的基础，通常在编制实物资产账户后编制货币资产账户。

在纵向上，资产账户从以下两方面深入各类资产的核算问题。

第一，部分专题将资产账户分为核算数量的资产账户和核算质量的资产账户。通常某一资产仅需一个实物资产账户核算数量变化，而部分资产同时使用核算数量的实物资产账户和核算质量的实物资产账户，是因为部分资产根据数量变化难以判断资产的可用性，还需单独的资产账户核算质量变化以反映资产可用性。例如，SEEA 2012 的土壤资源实物资产账户分为核算数量的土壤资源面积资产账户和核算质量的土壤资源物量资产账户；SEEA-EA 2021 的生态系统实物资产账户分为核算数量的生态系统范围账户和核算质量的生态系统状况账户。

第二，深入资产存量变化原因。资产账户根据存量变化原因将存量增加量和存量减少量分为存量增长量、发现新存量、向上/向下重估、重新分类、开采量、存量正常减少量、灾难性损失。但因并非每种资源都涵盖以上所有项目，每种资源项目名称根据资源种类进行修改和进一步细化。例如，SEEA 2012 将水资源资产账户的开采量改为取水量，并将存量正常减少量细化为蒸发量和蒸发蒸腾量。

在横向上，联系各类专题的存量。与供给使用表同理，SEEA 2012 及其子体系各专题资产账户的细分项目常与其他专题产生联系。例如，水资源实物资产账户记录用于水力发电的存量减少量，将水资源与能源联系起来；土地货币资产账户记录水产养殖用地和林业用地的变化情况，可分别与水生资源和森林资源联系起来。

三、功能账户

供给使用表或资产账户是 SEEA 各专题不可或缺的表式，通过存量和流量全面反映与环境相关的数据，而 SEEA 还编制以下功能账户，记录 SNA 中用于环境目的的各种交易和其他经济活动信息，以补充 SEEA 缺失的行业核算，并细化某些特定功能的数据。由于一般政府通过环境税和向国民筹资生产环境货物和服务，是环境活动的主要生产者，SEEA 2012 基于 SNA 2008 29.28 段卫星账户应详细研究关键部门和一般政府之间交易的建议，SEEA 2012 在功能账户中与环境活动相关的账户和一般政府的关系密切。具体而言，功能账户分为以下两种形式。

一是补充测度某一行业发展状况的行业活动账户。行业经济账户序列核算 SEEA 中与环境密切相关的行业。行业活动账户来源于 SNA 的经济账户序列，以基层单位为核算单位编制生产账户、收入形成账户、固定资本形成总额、存货变化、固定资本消耗和就业人数等项目，理论基础是 SNA 5.16 段至

5.18 段，但除生产账户和收入形成账户外的项目难以展现平衡关系[①]。SEEA 可将供给使用表和资产账户的重点集中于某一行业，以突出此行业与环境之间的关系，再将此类表式与行业活动账户结合。例如，SEEA-AFF 2020 使用 SEEA 2012 水、能源等供给使用表和水、土地等资产账户等表式，但此类表式重点细化农林渔业的相关项目，并将其他行业合并，以突出农林渔业与环境之间的关系。农林渔业供给使用表中水、能源等资源的使用数据与农林渔业生产和收入扩展账户相结合，反映在农林渔业生产和收入扩展账户的中间消耗中。

二是细化单项统计项目构成的账户。虽然供给使用表和资产账户可全面反映与环境相关的数据，但 SEEA 需要为单项统计项目编制表式，以进一步反映详细信息。单项统计项目不核算平衡式以联系各个统计项目，而是集中于一个统计项目，通过一种分类或两种分类交叉形成矩阵编制表式，以提供某一统计项目的详细数据。例如，环境税账户通过能源税、运输税等环境税种分类和产品税、收入税等税种类型分类之间交叉，形成矩阵编制表式；国民环保支出筹资账户通过按机构部门分类的供资单位和按机构部门分类的使用者之间交叉，形成矩阵编制表式。

第五节　开展中国环境经济核算体系建设工作的思路与展望

一、中国环境经济核算体系的局限性

由于 SEEA 对环境基础数据一致性、系统性、丰富度的提升作用，中国正在积极展开 SEEA 的实践工作。目前，中国参考 SEEA 2012 在 2020 年印

---

① 这是因为由基层单位组成的行业并非可编制完整经济账户序列的完整核算单位，不能编制收入分配和使用账户，从而将收入形成项目和资本形成项目联系起来。

发《自然资源资产负债表编制制度（试行）》，以展开土地资源、林木资源、水资源和矿产资源实物资产账户的编制工作，并在 2021 年参与完成联合国的“自然资本核算与生态系统服务估价”项目，为广西和贵州两个试点省份编制生态系统范围、状况和服务的试点账户。然而，中国仍未参考 SEEA 的全部手册建立完整的 SEEA，存在以下局限性。

（1）未展开子体系建设。目前，中国 SEEA 的建设仍围绕 SEEA 2012 与 SEEA-EEA 2014 两个主体系展开建设工作，而关于 SEEA-Energy 2019、SEEA-AFF 2020 等子体系的建设工作仍未展开，从而导致中国不能细化专题核算方法细节、进行核算扩展创新、完善主体系框架结构，进而影响中国 SEEA 的精细度和创新性。

（2）未展开流量核算。目前，中国 SEEA 的建设主要集中在实物量自然资源资产负债表，即在 SEEA 2012 的实物资产账户上。但中国仍未展开 SEEA 2012 和 SEEA-EA 2021 实物流量账户和货币流量账户的编制工作，将导致中国不能掌握环境要素的相关流量流向，合理供给和使用水、木材、能源等环境要素产品，更不能将实物流量账户和货币流量账户结合，计算环境要素产品的单位价格。

（3）未展开货币核算。第一，目前中国局限于根据 SEEA 2012 展开实物资产账户的编制工作，而由于货币资产账户的估价较为困难，准确性争议较大，目前中国货币资产账户的编制工作仍在积极研究和试点过程中。第二，由于中国仍未根据 SEEA-EA 2021 展开生态系统核算的全面编制工作，未编制生态系统服务实物流量账户，从而不能根据专家估价编制生态系统服务货币流量账户。第三，SEEA 2012 的货币流量账户在其子体系 SEEA-Energy 2019 和 SEEA-AFF 2020 中有所展现，中国也未能展开此类货币流量账户的编制。总之，中国 SEEA 仍局限在实物核算上，未能展开货币核算，不利于将环境与经济数据结合，从而促进中国经济可持续发展。

二、开展中国环境经济核算体系建设工作的思路

根据 SEEA 的核算框架和账户体系特点，中国可优先从以下三个方面继续开展 SEEA 实践工作。

第一，优先构建主体系，进而构建子体系。由于 SEEA 2012 和 SEEA-EA 2021 两大主体系是其对应子体系的编制基础（如 SEEA 2012 的能源实物供给使用表是 SEEA-AFF 2020 能源实物供给使用表的编制基础，SEEA-AFF 2020 的能源供给使用表在 SEEA 2012 能源实物供给使用表的农林渔业上展开细化），优先编制主体系可为中国编制子体系带来良好的数据来源和编制经验。因此，中国可优先开展 SEEA 2012 和 SEEA-EA 2021 两大主体系的编制工作，即使 SEEA-Energy 2019、SEEA-AFF 2020 等子体系国际标准的发布时间早于 SEEA-EA 2021。

第二，优先进行实物核算，进而进行货币核算。SEEA 实物核算是货币核算的基础（例如，SEEA 2012 的货币资产账户以实物资产账户为基础，再根据净现值法，估计实物量的价值编制，SEEA-EA 2021 生态系统服务货币流量账户以生态系统服务实物流量账户为基础，再根据实物量结合估计的价格编制），且实物核算较货币核算的数据质量更为可靠，争议性更小。因此，中国应优先开展实物核算，编制实物供给使用表和实物资产账户等账户，再在其基础上进行货币核算，编制实物账户对应的货币账户。

第三，优先构建平衡式，进而编制细化项目。SEEA 的账户以平衡式联系各数据，进而通过横向和纵向两个方向编制细化项目。平衡式中的项目必须在账户中完整地显示出来，而细化项目是否显示不影响平衡式的平衡。因此，中国编制 SEEA 可在账户中优先构建平衡式，显示必要的统计项目，进而在编制经验逐渐成熟和数据来源逐渐完善的情况下，逐步编制细化项目。

三、中国环境经济核算体系理论经验对 SEEA 的提升展望

SEEA 目前的核算框架和账户体系仍未完善，存在进一步提升的空间，根据中国目前环境经济的相关理论和实践经验，未来 SEEA 可从以下三个方面进行提升。

第一，进一步发展货币核算。SNA 以市场价格为核心的估价体系较为客观，但 SEEA 大部分环境要素无法进入经济流量和存量的范围，难以使用客观的市场价格估价，导致 SEEA 环境成本和生态系统的货币核算争议均与环境和市场相距甚远有关。各国的 SEEA 实践优先进行实物量核算，再进行难度较大的货币量核算，做出一定妥协，但 SEEA 解决货币核算才能实现其在经济账户序列中扣除环境成本的最终目标。SEEA 2012 通过总结各国实践经验结束了 SEEA 2003 和 SEEA 1993 的大部分货币核算争议，但要让 SEEA-EA 2021 的货币核算达到普遍接受程度仍需各国通过实践提炼合适的估价方法，联合国已开发《生态系统核算中生态系统服务和资产货币估价暂行版本》（Monetary valuation of ecosystem services and assets for ecosystem accounting interim version），进一步推动估价方法统一。

第二，开发和修订子体系，完善 SEEA 结构。一是继续开发专题式的 SEEA。SEEA 2012 和 SEEA-EA 2021 目前仍未发布土地、环境活动账户、生物多样性核算、海洋核算等众多子体系，应继续开发专题式的 SEEA，尽可能涵盖 SEEA 2012 和 SEEA-EA 2021 中的所有专题。二是修订基于 SEEA 2003 的子体系。基于 SEEA 2003 的 SEEA-Fisheries 2004 和 SEEA-Forestry 2004 在 SEEA 2012 发布后升级为 SEEA-AFF 2020，基于 SEEA 2003 的 SEEA-Water 2012 也应基于 SEEA 2012 修订。三是独立 SEEA-EA 2021 的应用与扩展部分。SEEA-EA 2021 的应用与扩展部分仍不完善，将来可在其修订后将其归入 SEEA-AE 2017 的修订版或将其独立。

第三，促进 SEEA 2012 和 SNA 及相关标准的修订。SEEA 的子体系可作为主体系的试验田，将某一项概念分离出来单独测试其效果，从而保护主体系的稳定性，主体系也将缓慢吸收较为成熟的概念扩展，如 SEEA 2012 的下一次修订或将吸收 SEEA-Energy 2019 新增的能源货币流量账户和 SEEA-AFF 2020 新增的农林渔产品实物流量账户。同理，SNA 修订或将吸收 SEEA 中部分突破现有 SNA 的概念。例如，SNA 1993 在卫星账户中讨论 SEEA 1993，而 SNA 2008 中心框架在自然资源的资产范围、许可和准入等方面吸收 SEEA 2003 的研究成果。目前，SNA 2008 的下一次修订也将考虑 SEEA 2012 后的研究成果，如联合国计划将环境活动账户中的环境行业在 ISIC 下一次修订中单独划分出来，突出环境行业的特殊作用。

第十七章
生态系统卫星账户的发展历程、核算框架及国际经验[①]

生态系统是人类赖以生存和发展的物质基础，中国是世界上生物多样性及生态系统多样性最为丰富的国家之一，生态文明建设是中国构建新发展格局、推动经济社会高质量发展和提高人民生活品质的千年大计。中国生态系统整体质量和稳定性状况已成为中国经济高质量发展和满足人民美好生活需要的突出制约，其重要原因是生态系统价值未纳入经济政策决策（Balmford et al.，2002）。本章从差异性角度对比生态系统核算的三版国际标准相关理论概念，探讨国际上现有生态系统账户编制的实践经验，从理论和实践两方面提出开展中国特色生态系统核算的逻辑与思路，以期在遵循国际标准和借鉴国际经验的基础上，为中国在生态文明建设和“碳中和”背景下积极引领生态系统核算新的理论与实践提供建议。

第一节　生态系统账户关键表式的发展历程

卫星账户的编制作为国民经济核算的重要内容（蒋萍等，2013），其账户表式是核算内容的主要表现形式，SNA 2008、SEEA 2012 和 SEEA-EEA 2014

① 本章执笔人：赵雪、张剑秋、马晓君。本章内容发表于《统计与决策》2021 年第 19 期。

在生态系统核算账户表式上存在明显差异。由于 SNA 2008 从经济资产角度进行核算，未涉及过多的生态系统经济价值核算，因此尚未形成生态系统核算的单独表式，仅有相关表式反映部分生态系统核算内容。SEEA 2012 以环境资产为起点，区分了具有经济价值的环境资产和不具有使用收益的环境资产，并形成对应环境资产账户反映环境资产价值，但在生态系统核算方面对 SNA 2008 的扩展十分有限。SEEA-EEA 2014 以核心账户和主题账户从实物量和价值量两方面反映生态系统产品与服务，更全面地体现生态系统质量与稳定性，可以为共谋生态文明建设之路提供全面的数据支撑。

一、生态系统核算账户表式的概述

（一）SNA 2008 生态系统核算相关账户表式

SNA 2008 依据是否具备经济价值对环境资产进行有限测度，结果主要记录在非生产非金融资产资本账户和资产物量其他变化账户。在非生产非金融资产资本账户中，记录确立所有权并已得到有效实施的土地、矿物和能源储备、非培育性生物资源、水资源及其他自然资源的资产变化。由于此类自然资源是非生产性的，因此其所有权转移费用要作为固定资本形成的一部分在资本账户中单独列示，不属于非生产资产的交易价值。此外，对于在现有技术和相对价格条件下具有经济开采可行性的地下资源（如煤炭、石油和天然气，金属矿物和非金属矿物），资本账户记录这些现有资源在机构部门间的获得和处置，但经济体整体上的总物量增减变化则要记录在资产物量其他变化账户中。

（二）SEEA 2012 生态系统核算账户表式

SEEA 2012 在 SNA 2008 的基础上对环境资产展开核算，明确区分了与经济活动相关的环境资产和不具有使用收益的环境资产，编制了一套适用于SEEA 2012 环境资产核算的资产账户，如表 17-1 所示。SEEA 2012 从各项环境资产出发，关注资产在实物量和货币价值上的变化。其货币价值上的存量增加与减少相当于 SNA 2008 中的经济出现和消失，对某些难以估价的环境资产编制实物型资产账户。

表 **17-1** 环境资产账户的一般结构

存量项目	矿产和能源资源	土地（包括林地）	土壤资源	木材资源		水生资源		其他生物资源	水资源
				培育	自然	培育	自然		
期初资源存量									
资源存量增加量									
存量增长量									
发现新存量									
向上重估									
重新分类									
存量增加量合计									
资源存量减少量									
开采量									
存量正常减少量									
灾难性损失									
向下重估									
重新分类									
存量减少量合计									
期末资源存量									

资料来源：SEEA 2012

（三）SEEA-EEA 2014 生态系统核算账户表式

SEEA-EEA 2014 是系统测量和监测生态系统服务和生态系统状况随时

间变化的账户体系，主要目标是以与 SNA 2008 一致的方式核算生态系统价值，并纳入 GDP 等宏观经济指标。在生态系统核算方面，SEEA-EEA 2014 核算的内容主要是生态系统资产存量和生态系统服务流量，因而其账户表式种类不多，核心账户有生态系统范围账户、生态系统条件账户、生态系统资产账户、生态系统服务供给使用账户（实物量）以及生态系统服务供给使用账户（价值量），主题账户包括碳账户和生物多样性账户两类，如表 17-2 所示。

表 **17-2　SEEA-EEA 2014** 主要账户表式

类型	账户	表式	内容
核心账户	资产账户	生态系统范围账户	记录了生态系统的规模
		生态系统条件账户	记录描述生态系统质量和状态的指标
		生态系统资产账户（价值量）	根据生态系统所提供的一系列生态系统服务，记录生态系统存量的货币价值
	实物流量账户	生态系统服务供给使用账户（实物量）	记录生态系统服务对社会的生物物理流量，并确定其受益者
	货币流量账户	生态系统服务供给使用账户（价值量）	记录生态系统服务对社会的资金流量，并确定其受益者
主题账户	资产账户	碳账户	记录该国碳的存量和流量，与岩石圈、生物圈和经济有关
		生物多样性账户	基于多种指标，记录国家或地区内生物多样性的现状和趋势

在核心账户中，范围账户和条件账户记录了关于生态系统规模和状态的信息，这些信息与人类对生态系统的使用相结合，表现了物理生态系统服务的流量（实物型供给使用账户）。SEEA-EEA 2014 生态系统核算中，资产与服务估价仍然是个难题，但却仍要进行货币计价的主要目的是，将生态系统状况和生态系统服务的信息与 SNA 2008 中的信息相结合，将生态系统服务的供应和使用，与其他商品与服务的生产和消费进行比较，并可在标准经济模型和生产力分析中使用生态系统数据信息。

与 SEEA 2012 关注能源资源、生物资源、林木资源、水资源等单项资源不同，SEEA-EEA 2014 从生态系统视角进行核算，核算的是特定空间区域内生态系统向经济体系提供的产品或服务，以及 SEEA 2012 不核算的生态系统直接向人类提供的无形服务，并以生态系统服务流量账户展示，如表 17-3 所示。生态系统服务流量表在 EAU（ecosystem accounting unit，生态系统核算单元）层面，按照 LCEU（land-cover/ecosystem functional unit，土地覆盖/生态系统功能单元）类型来组织信息。以此来展示特定 EAU 内生态系统向经济体系和其他人类活动提供的生态服务。具体来说，生态系统服务流量表中行向表示供应服务、调节服务、文化服务三种生态服务；列向表示不同 LCEU 类型，具体包括林木用地、农业用地、城镇及相关已开发区域、开放性湿地及其他。

表 **17-3** **EAU** 层面生态系统服务的实物流量表

<table>
<tr><th rowspan="2">生态系统服务类型</th><th colspan="5">生态系统（LCEU）类型</th></tr>
<tr><th>林木用地</th><th>农业用地</th><th>城镇及相关已开发区域</th><th>开放性湿地</th><th>其他</th></tr>
<tr><td>供应服务</td><td>木材量（吨）等</td><td>小麦产量（吨）等</td><td></td><td></td><td></td></tr>
<tr><td>调节服务</td><td colspan="3">碳储存和碳排放量（吨）等</td><td>磷元素的吸收量（吨）等</td><td></td></tr>
<tr><td>文化服务</td><td>游客和徒步旅行者数量等</td><td></td><td>公园面积（公顷）等</td><td>鸭子的栖息地（公顷）等</td><td></td></tr>
</table>

注：1 公顷=10 000 平方米

SEEA-EEA 2014 在核算生态系统资产状况方面，考虑到碳在环境和经济中发挥的广泛作用，编制了碳账户提供生态系统状况的部分指标，如净碳平衡、初级生产力、碳固存和碳储存等生态系统服务指标。碳账户记录了人类活动在碳链上任何一点引起的储量变化：从地球圈和生物圈起源地发生的变化到各种人为储量的变化（例如，石油库存；固定资产中的混凝土；耐用消费品中的木材和塑料；固体废物，即残留在受控填埋场中的废物；进口和出口），以及作为环境的残余物（包括排放到大气中的部分碳）。期初和期末的碳储量都会被记录下来，会计期间开始和结束之间的各种变化会被记录为碳储量的增加或减少。碳储量分为地质碳（储存在地圈中的碳）和生物碳（储存在生物圈、活的和死的生物量以及土壤中的碳）。地质碳进一步细分为石油、天然气和煤炭资源（化石燃料），岩石（主要是石灰岩），以及矿物（如用于水泥生产的碳酸盐岩、甲烷包合物和海洋沉积物）。生物碳按生态系统的类型分类。净碳平衡是可从碳储量得出的一个指标，该指标反映在一个会计期间选定的储层中碳储量的变化。通常净碳平衡指标的重点反映生物碳，但根据分析需要也可能包括部分地质碳、经济中的碳和其他储层中的碳。

SNA 2008 和 SEEA 2012 中的环境资产账户所测度的资源存量和存量变化，在 SEEA-EEA 2014 中以生态系统服务的流量账户形式体现，而 SEEA-EEA 2014 的生态系统资产账户遵循了前两者资产账户的形式。SEEA-EEA 2014 将生态系统资产定义在特定的空间区域，与传统的环境资产定义大有不同，还从生态系统资产状况和生态系统资产范围两个角度对生态系统资产进行测度。生态系统资产存量账户也是在 EAU 层面展示，根据 SEEA 2012 土地资产账户确定生态系统范围进而对不同的 LCEU 面积进行度量，并将生态系统状况指标（如水、木材、碳等信息）汇编在账户中。表的列向表示不同土地覆被类型，同样包括林木用地、农业用地、城镇及相关已开发区域、开放性湿地等。行向分为两类，一类是体现生态系统空间范围的数量指标，用面积测度；另一类是体现生态系统状况的特征指标，包括植被、生物多样性、土壤、水、碳五个方面，五个特征又分别通过相应的具体指标表示，如用物种丰度和相对丰度指标显示生物多样性特征，用水的质量和鱼类物种数量等指标显示水资源特征。具体核算特定时点的存量以及两个相邻时点间的存量变化。而对于生物多样性账户，SEEA-EEA 2014 给出的基本表式也是物种层面基于实物型资产账户拓展而来的 IUCN（International Union for Conservation of Nature，世界自然保护联盟）红色名录物种资产账户。

二、核心账户表式特征比较

对 SNA 2008、SEEA 2012 和 SEEA-EEA 2014 中环境资产的分类与核算范围对比之后可以看出，SEEA-EEA 2014 延伸资产范围并转换核算视角，其资产账户表式也会有所承接和变化。三者的核心表式具有如下区别。

第一，自然环境资产和培育环境资产核算方式改变。SNA 2008 和 SEEA 2012 对环境资产的核算是从经济体系与生态系统的联系方面入手，核算的是经济体系从生态系统获得的产品与服务，具体体现在对人工培育生态系统和自然生态系统核算时的差异。SNA 2008 中对于农田、防护林、养殖场等人工培育的生态系统，在经济核算中会对其所提供产品或服务的形成过程作经济生产处理，将其产品和服务视作经济活动的产出，累计存量作为培育性资产记录为生产资产，但不核算自然生态系统价值。SEEA 2012 依照 SNA 2008 的原则，对于天然生物资源，只纳入收获其产品或服务时的相关价值，生态系统中林木资源、水生鱼类资源等的自然增长或自然死亡耗减等并不在测度中体现。例如，从天然生态系统获取的林木资源、动植物、天然景观等产品或服务，采伐树木、捕获动物、享受自然景观等获取这些产品或服务的过程，才属于经济活动，而对于培育林木或水生资源是在生产投入开始便要进行测度的。SEEA-EEA 2014 将生态系统内部的自然增长或死亡造成的资源存量减少，与人工培育的资源一样以生态系统的供应服务流量的形式体现。只按照生态系统类型的区别，在不同的 LCEU 同样核算天然与培育资产带来的供应服务流量。

第二，SEEA-EEA 2014 从生态核算方面为环境经济计量提供了新视角。SEEA 2012 包括三大领域的测量：物理环境和经济之间流量、环境资产和存量变化、在这些存量及相关的经济活动之间的变动。SEEA-EEA 2014 作为 SEEA 2012 的卫星账户，拓展了这三方面生态系统核算的视角。SEEA-EEA 2014 核算内容包括生态系统资产和生态系统为经济体系和其他人类活动提供的服务两方面。SEEA 2012 核算的重点是物质和能源流动，这些物质和能源作为自然投入进入经济，或作为剩余物从经济体系中返回到环境中。其中除矿产资源外，其余六项环境资产的流动在 SEEA-EEA 2014 中以生态系统供应服务流量流入经济体系的形式测度。SEEA-EEA 2014 扩展了以实物和货币方式测度的持续的生态系统过程（如气候调节、空气过滤和洪水保护）和人类与环境的互动（如娱乐活动）所产生的生态系统服务流量，将不同生态系统类型所提供的调节服务和文化服务纳入生态系统服务供给使用账户。

第三，核算基本单位从经济单位拓展到空间单位。SNA 2008 和 SEEA 2012 按照以经济属性划分的区域内常住基本单位、产业及机构部门展开核算。由于 SEEA-EEA 2014 中将生态系统资产定义在一个空间区域，因此对其核算的基本单位并非经济单位，而是不同面积大小的空间核算单位。理想情况下，BSU（basic spatial unit，基本空间单元）应该是尽可能小的网格正方形区域（如 1 平方千米）。划定轮廓后，为每个 BSU 分配一组有关单位和土地覆盖物位置的基本信息。然后用与编制账户目的有关的信息扩展该基本信息，包括生态系统特征、土壤类型、地下水资源、存在的物种及其丰富程度、土地所有权等。LCEU 是满足土地覆盖类型、水资源、气候、海拔和土壤类型等特定生态系统特征的区域，通常可将 LCEU 视为生态系统，可以由多个具有相同核心特征的 BSU 聚合形成。EAU 则是随时间推移状态基本稳定的较大空间区域。EAU 划界时大多需要考虑行政边界，或按照流域（如长江流域、黄河流域等）、土壤类型界定，通常会包含一系列 LCEU，并产生多种类型的生态系统服务。例如，生态系统服务实物流量账户，该账户是在不同生态系统类型 LCEU 层面展开，最终汇总到 EAU 层面。三个层次之间以面积范围测度大小递增，均以空间特征为前提，其中土地覆盖类型对生态系统资产识别和核算过程具有重要影响，EAU 的边界主要取决于空间完整性。为了与 SNA 2008 的经济信息衔接，SEEA-EEA 2014 在 BSU 中引入与经济核算相关联的土地利用方式和土地所有权等标识性信息，以实现生态系统信息和经济单位的交叉分类。在 EAU 层面按照行政区域划分从而实现与经济核算数据对接。

第四，对账户表式“流量-存量”架构的继承。SNA 2008 的基本内容可用“生产-投资-资产”三者的关联关系来概括，遵循“流量-存量”架构，其主要内容是经济资产存量核算、经济活动过程流量核算，如表 17-1 所示，其涉及的环境资产有限，更不用提其他无直接经济利益的环境资产。SEEA 2012 遵循 SNA 2008 的“流量-存量”架构，将环境资产分为主要的七个部分：矿产和能源资源、土地、土壤资源、木材资源、水生资源、其他生物资源以及水资源。七项环境资产分别测度。SEEA-EEA 2014 在具体核算表的设计上承接 SEEA 2012，生态系统资产存量及变动核算直接沿用 SNA 2008 有关经济资产核算的思路，生态系统服务也在一定程度上体现了 SNA 2008 供给使用表的思路。但是，SEEA-EEA 2014 核算内容并不包含生态系统相关经济交易部分。

第五，实物量计量范围相继扩大。价值量的获得必须面对估价问题，SNA 2008 作为一套现实应用的体系已经存在几十年，以 GDP 为代表的各种经济核算指标已在各国宏观管理实践中广泛应用。其中 SNA 2008 经济资产账户表式多以价值量形式展示，采用基于市场价格的资产估价方法对经济资产进行估价。SEEA 2012 的环境资产实物量核算范围大于 SNA 2008 的经济资产定义的价值计量的范围。因为以实物量核算时，不要求环境资产必须为经济所有者带来经济利益。例如，偏远地区的土地和木材资源应当被包括在一国的环境资产范围之内，即便它们当前或者预计不会为经济所有者带来利益，此类经实物量核算后被记录在 SEEA 2012 中的环境资产没有价值测算值，因此未被纳入以价值计量的环境资产。

SEEA 2012 和 SEEA-EEA 2014 均以对 SNA 2008 经济系列账户的调整为最终目标。但 SEEA-EEA 2014 更应立足于生态系统本身，不应拘泥于 SNA 2008 而违背 SEEA-EEA 2014 从生态系统角度看问题的初衷。生态系统内大多资产与服务不存在市场，如空气调节、水净化等通常公众都可受益，但也因此不存在市场价值，估价依旧是个难题。SEEA-EEA 2014 又强调估价概念和技术需在 SNA 2008 估价原则下进行，SEEA-EEA 2014 给出了估价方法的选择建议，如单位资源租金法、重置成本法、影子价格法等，但实施起来难度仍然较大。

第二节　生态系统核算框架的深度阐释

一、基本资产概念比较

（1）SNA 2008 引入“经济所有权”的概念，取代了“法定所有权”的说法，以明确资产的经济所有权为起点，将资产定义为一种价值储备，代表经济所有者在一定时期内通过持有或者使用某经济实体所产生的一次性或连续性经济利益，是价值从一个会计期向另一个会计期结转的载体。因此并非所有环境资产均被纳入国民经济核算体系中，只有被确定为经济资产的环境资源才作为 SNA 2008 中的环境资产被记录。也就是说，只要可以明确自然资源（如土地、矿产、能源、非培育性的天然生物资源等）的经济所有者，不论经济所有者是住户、政府部门或其他机构单位，这些环境资产都包含在 SNA 2008 的资产范围内。

SNA 2008 经济资产中已经包括一些资源环境要素，其中一部分属于生产资产，主要指人工参与下的动植物养殖栽培，即培育资产；还有一部分属于非生产资产，是符合经济资产定义的各种矿产、土地、水、天然动植物资源等。最典型的例子是公海中的鱼类资源，其本不属于 SNA 2008 的资产范围，可一旦确定某个国家可在该公海中捕捞鱼类资源，明确其经济所有权，则可包括在该国家的资产核算范围内。再如，空气等无法确定其经济所有权的自然资源、已被发现但已证实无法为其所有者带来经济利益的资源以及尚未被发现开采的矿产或能源，尚未包含在 SNA 2008 资产范围内。

（2）SEEA 2012 继承并拓展了 SNA 2008 的相关概念与方法，引入 SNA 2008 未涉及的环境资产。作为卫星账户，SEEA 2012 与 SNA 2008 在核算范围上存在一定区别（蒋萍和蒋再平，2020）。SEEA 2012 继承了 SNA 2008 中有关国民经济组成范围的概念，即国民经济由一国经济领土上的常住单位组成，并遵循 SNA 2008 中“流量-存量”的基本核算框架，但 SEEA 2012 扩展了环境资产的概念。一方面，SEEA 2012 扩展经济资产范围，不仅将 SNA 2008 中生产资产中的培育资产、非生产资产中的资源环境资产包括在内，而且将资产范围延伸到原来没有包括在经济资产中的资源环境资产，即经济所有权不明确或无法为所有者带来经济收益的资源环境要素。另一方面，SEEA 2012 不仅对参与市场交易的环境资产进行了实物量和价值量核算，还对无法参与市场交易且不具备可直接衡量的市场价值的环境资产进行了实物量核算。在以实物量记录时，其数量与为经济所有者带来经济利益的环境资产数量分开记录。

（3）类似 SEEA 2012 之于 SNA 2008，SEEA-EEA 2014 与 SEEA 2012 也是继承与拓展的关系。SEEA-EEA 2014 核算方法在三方面与 SEEA 2012 保持一致：一是 SEEA-EEA 2014 沿用了 SEEA 2012 的“流量-存量”基本核算框架，以资产存量和服务流量作为核算的基本要素；二是 SEEA-EEA 2014 依旧区分实物核算和价值核算两个层面；三是关于环境资产的定义，SEEA-EEA 2014遵循SEEA 2012的定义，即在生物-物理环境背景下定义环境资产及其服务。

与 SEEA 2012 不同的是，SEEA-EEA 2014 以生态系统视角阐述环境资产，涵盖了与SEEA 2012同样的环境资产，但侧重于生态系统内各环境资产之间的相互作用，以及经济活动和人类其他活动从生态系统服务中获得的物质和非物质收益，并提出了生态系统核算的核心——生态系统服务。生态系统服务提供了生态系统资产与人们所获得和享受的利益之间的联系，是生态系统与经济和其他人类活动之间关系的关键，也是SEEA-EEA 2014生态系统核算的重点。而SEEA 2012侧重于为所有经济活动提供物资和空间的各项环境组成成分，如矿产和能源、木材资源、水资源和土地等，每一部分各自具有相应的账户体系，以反映企业和住户将环境资产作为经济的自然投入直接使用所产生的物质收益。但没有将间接使用环境资产产生的非物质收益（如水净化、碳存储和减轻洪灾影响等生态系统服务产生的收益）考虑在内。

SEEA-EEA 2014 生态系统服务补充了 SEEA 2012 并未考虑的间接使用环境资产产生的非物质收益。SEEA-EEA 2014将人类利用的这部分资源与能源物质定义为生态系统的供应服务，且将生态系统内各部分环境资产之间的相互作用，以及经济体系从生态系统获得的非物质收益，如自然生态系统中的资源再生、废弃物转换、污染物降解等流量，以调节服务的流量形式体现。SEEA-EEA 2014还补充了第三类生态系统服务——文化服务，文化服务是指人们通过娱乐休闲、知识学习等从生态系统中获得智力和象征利益的物质进而产生的生态系统服务，如实际参观一个地区，或通过自然电影间接地享受生态系统等，全面考虑到生态系统对人类生产生活各个方面的价值。

此外，SEEA-EEA 2014 的生态系统资产与 SNA 2008 的经济资产及SEEA 2012 的环境资产有根本性区别。SNA 2008 和 SEEA 2012 以经济视角构建核算框架，但SEEA-EEA 2014中的生态系统资产并未遵循传统理念上有关资产的定义，转为从生态系统视角入手构建生态系统核算体系，进而对生态系统资产也从生态系统视角进行定义，即生态系统资产是在空间区域，以面积大小衡量的。对于 SNA 2008 和 SEEA 2012 中的环境资产，一部分如培育和非培育生物资源等环境资产的组成部分，为人类经济社会提供产品，在 SEEA-EEA 2014 中作为生态系统服务——供应服务的流量进行核算；另一部分可在 SEEA-EEA 2014 中作为生态系统范围账户（如土地覆盖账户）的基础数据来源。

二、生态系统核算范围比较

由表 17-4 可以看出，相比于 SNA 2008 中包含部分环境资产，SEEA 2012 的环境资产分类与其有部分重叠，但更多的是拓展。重叠部分如 SNA 2008 中的矿物与能源储备与 SEEA 2012 中的矿产和能源资源，拓展部分如 SEEA 2012 将 SNA 2008 并未考虑的天然生物资源、天然水生资源等纳入分类。总体来讲，SEEA 2012 的环境资产分类比 SNA 2008 更为细化，核算范围比 SNA 2008 更为广泛。

表 **17-4　SNA 2008** 和 **SEEA 2012** 环境资产的具体分类

SNA 2008 环境资产的具体分类	SEEA 2012 环境资产的具体分类
1.非生产资产	1.矿产和能源资源
1.1 自然资源	1.1 石油资源
1.1.1 土地	1.2 天然气资源
1.1.2 矿物与能源储备	1.3 煤和泥炭资源
1.1.3 非培育的生物资源	1.4 非金属矿产资源（不包括煤和泥炭资源）
1.1.4 水资源	1.5 金属矿产资源
1.1.5 其他自然资源	2.土地
	3.土壤资源
	4.木材资源

续表

SNA 2008 环境资产的具体分类	SEEA 2012 环境资产的具体分类
	4.1 培育木材资源
	4.2 天然木材资源
	5.水生资源
	5.1 培育水生资源
	5.2 天然水生资源
	6.其他生物资源
	7.水资源
	7.1 地表水
	7.2 地下水
	7.3 土壤水

比较 SNA 2008、SEEA 2012 和 SEEA-EEA 2014 对于相同资源的概念和分类可知，环境资源、物质和能量对人类的贡献越发得到广泛关注。从 SNA 2008 只纳入被视作经济资产的环境资产，到 SEEA 2012 延伸 SNA 2008 经济资产的范围将环境资产分类，以七个组成部分为核算重点，包括了环境中进入经济体系的资源流、经济体系中的货物、服务转换流以及排出经济体系的废弃物流，再到 SEEA-EEA 2014 将 SEEA 2012 并不包括的自然生态系统体系中发生的资源再生、废弃物转换等流量进行了再定义。三者之间相继有所重叠，对于环境资源、物质与能量的核算范围愈见完善，具体表现如下。

第一，水资源方面。SNA 2008 将水资源作为一项单独的资产记录，但只包括了可以提供经济收益的地下水，而地表水是与土地资产一起进行讨论。SEEA 2012 拓展了 SNA 2008 有关水资源的定义，将其看作一项单独的环境资产，包括经济领土内所有的地表水、地下水和土壤水。

SEEA-EEA 2014 并未拓展水资源的定义，而是以水资源供应服务流量形式核算特定生态系统单元内的地表水、地下水和土壤水等所有水流量。因此若要依据 SEEA-EEA 2014 对水资源供应服务进行更为具体的分类,还可采用 SEEA 2012 的分类标准。

第二，土地资源方面。土地是一种独特的环境资产，不仅是经济活动和环境演变的场所，也是环境资产和经济资产的所在地。SNA 2008 根据土地资产的经济价值对其进行分类，只包括可产生经济利益且经济所有权确定的土地资源。SEEA 2012 对土地有两种分类方式，一是根据土地用途分类；二是根据土地覆被分类。依据土地用途进行分类，即在每一种类型的区域内，类别并不依据经济活动界定，而是根据对区域的一般用途和对使用者的作用界定。土地覆被分类可用于系统地记录领土内土地资源的生物-物理特征。

与 SNA 2008 和 SEEA 2012 不同，SEEA-EEA 2014 生态系统核算的统计单元是信息收集和统计的空间区域，不仅考虑了该区域内的土地，也包括了整个空间区域内的其他生态系统流动，如无法在土地层面实现的空气流量调节、大气调节等。SEEA-EEA 2014 定义了三种空间单元类型：基本空间单元（BSU）、土地覆盖/生态系统功能单元（LCEU）和生态系统核算单元（EAU）。这三种单位之间的关系，可以采用自底向上（即从 BSU 开始）或自顶向下（即从 EAU 开始）的方式表示。也就是说，可以将 BSU 聚合成 LCEU 或 EAU，或者将 LCEU 或 EAU 分解成 BSU。根据被测概念的不同，可以在每一层进行直接测量。

除此之外，SNA 2008 将土地和土壤资源视为同一类资产，SEEA 2012 将二者各列为一项资产，土壤资源被列为自然资源的一部分。在 SEEA-EEA 2014 基于空间的生态系统资产核算方法中，土壤作为表征生态系统资产状况的特征之一，以土壤浓度等指标体现生态系统的质量，但若要单独对土壤资源进行测度仍可依据 SEEA 2012 所述进行资产核算。

第三，生物资源方面。生物资源包括木材和水生资源以及一系列其他动植物资源，如牲畜、果园、农林作物和野生动物，和大多数环境资产一样为经济活动提供实物投入。但 SNA 2008 将生物资源区分为培育性和自然性，培育性生物资源被归纳为生产资产中的固定资产之一，自然性生物资源属于非生产资产中的自然资源。SEEA 2012 保留这一区分，确保其与 SNA 2008 资产账户之间的关联性。但 SEEA 2012 将生物资源中的木材资源和水生资源单独列出，分类为培育性和自然性，其余归为“其他生物资源”。SNA 2008 和 SEEA 2012 对生物资源有所区分：自然性生物资源由于经济活动而减少是以实物耗减的形式进行测算的；而培育性生物资源是以市场价格为基础，使用合适的资产估价方法以货币形式进行测算的。

SEEA-EEA 2014 不再将生物资源以测算方法的不同区分为自然性和培育性,而是全部划分为生态系统为人类经济社会提供的生物物质或能量流量，以生态系统的供应服务形式体现，具体以陆地、淡水、海洋三种类型的生态系统分为野生陆生动植物、淡水动植物和海洋动植物、藻类等，以及栽培生物资源等。此外，来自动植物的纤维、化学物质等也被纳入供应服务的物质核算中。

第四，矿产能源方面。SNA 2008 将矿物与能源储备作为非生产资产的自然资源测算，SEEA 2012 将矿产和能源资源作为一项环境资产单独列出，还将其具体分类为石油、天然气、煤和泥炭、非金属矿产及金属矿产。但 SEEA-EEA 2014 生态系统核算的范围并不包括矿产资源和能源资源。生态系统服务并不包括来自环境中的流动，矿产和能源资源的开采属于环境流，因此不包含在 SEEA-EEA 2014 生态系统核算范围中。生态系统的供应服务针对的是基于生物质的能源，如用作生物燃料的藻类，从动物的粪便、脂肪、油中提取的能量等。

第五，生态系统方面。SEEA-EEA 2014 采用《生物多样性公约》中对生态系统的定义：“‘生态系统’是指植物、动物和微生物群落和它们的无生命环境作为一个生态单位交互作用形成的一个动态复合体。”因此即使SEEA 2012 拓展了 SNA 2008 中有关环境资产的范围，将环境资产分为七项单独的环境资产，但并未考虑生物-物理环境中的相互作用。但这部分相互作用如水净化、大气调节、污染物降解、维护生态平衡等，能够在人类活动中以调节的形式产生巨大的间接使用收益，其价值不容忽视，因此SEEA-EEA 2014 将其纳入了核算范围。

除了以上指出的资源类别核算范围有所拓展和细化之外，经济活动核算范围也在扩展。资源环境通过两类物质流与经济体系相联系，一是自环境进入经济体系的资源，二是自经济体系排放至资源环境的废弃物。自环境进入经济体系的资源是经济体系中货物与服务产生的基础；而自经济体系排放至资源环境的废弃物，便是伴随着货物与服务生产而产出的副产品。SNA 2008 未对这两类物质流予以核算。SEEA 2012 以经济活动为中心核算经济体系与资源环境有关的物质流。但仍限制在进入经济体系的资源流、经济体系中的货物服务转换流、经济体系排至环境的废弃物流，未能将自然生态系统中的资源再生、废弃物转换、污染物降解等流量包括在内；而在 SEEA-EEA 2014 中这部分流量将以调节服务的流量形式体现。

第三节 从理论到实践的各国编制经验

一、生态系统核算的一般性状况

目前 SEEA 2012 已成为指导一国（地区）开展环境资产以及相关经济活动核算的标准体系，2014 年发布的 SEEA-EEA 2014 也已在全球范围内各个国家（地区）实施开来。SEEA-EEA 2014 以较大篇幅介绍了生态系统账户编制的理想状况及可能的发展方向，主要特点就是其灵活性，各试点国家（地区）依据现有数据情况和国家生态系统特点酌情调整。2021 年 UNSD 公布的信息显示①，在实施 SEEA 2012 的 89 个国家中，有 34 个国家编制了生态系统账户。

在这 34 个国家中，53%是发达国家，47%是发展中国家。表 17-5 按发展程度分类列出了各国编制生态系统账户情况（无论该账户是否涵盖整个国家范围，都视为编制了一个账户）。从表 17-5 可以看出，范围账户是发达国家和发展中国家均编制频率较高的账户，主要是由于范围账户为其他账户的编制提供基础，各国普遍编制生态系统服务供给使用账户。但是发达国家更注重货币资产账户，而发展中国家更注重物种账户。此外，在扩大或编制新的生态系统账户方面，发达国家和发展中国家都将货币资产账户、范围账户和条件账户列为优先事项，但发达国家也优先考虑土地、水和城市账户，而发展中国家将生态系统服务和与碳有关的存量或流量账户列为优先事项。

表 17-5　各国编制生态系统账户情况表

账户	个数（百分比）	账户	个数（百分比）	账户	个数（百分比）
所有国家		发达国家		发展中国家	
范围账户	19（56%）	范围账户	14（78%）	范围账户	5（31%）
生态系统服务供给使用账户	13（38%）	生态系统服务供给使用账户	8（44%）	生态系统服务供给使用账户	3（31%）
条件账户	12（35%）	条件账户	8（44%）	条件账户	4（25%）
土地/水账户	8（24%）	土地/水账户	6（33%）	土地/水账户	4（25%）
物种账户	8（24%）	物种账户	5（28%）	物种账户	2（13%）

二、生态系统核算的特殊性实践比较

根据资料可获得性，本节主要分析荷兰、澳大利亚、印度、意大利、美

① Global assessment of environmental-economic accounting and supporting statistics 2020, https://unstats.un.org/unsd/statcom/52nd-session/documents/BG-3f-2020_GA_report_%20draft_%20ver7_nomap-E.pdf [2021-03-05]。

国、欧盟、英国、丹麦、乌干达、南非 10 个国家（地区）发布的生态系统相关账户，具体情况如表 17-6 所示。各国（地区）对生态系统账户的编制情况因各国（地区）已有数据和生态系统状况有所差异，具体体现在以下五点。

表 **17-6** 各国（地区）生态系统账户的编制情况表

国家（地区）	核心账户					主题账户	
	生态系统范围账户	生态系统状况账户	生态系统服务供给使用账户（实物量）	生态系统服务供给使用账户（价值量）	生态系统资产账户（价值量）	碳账户	生物多样性账户
荷兰	√	√	√	√	√	√	√
澳大利亚	√	√	√	√		√	
印度	√	√	√	√			√
意大利	√		√	√			
美国	√	√	√				
欧盟	√	√	√				
英国	√	√	√				
丹麦			√				
乌干达			√				
南非	√						

第一，土地覆盖数据可作为基础生态系统范围账户数据的替代。一般来讲，生态系统服务账户应基于生态系统范围账户展开。但从表 17-6 可以看出，乌干达和丹麦并未进行生态系统范围核算却编制了生态系统服务供给使用账户（实物量），其实二者是将现有的土地覆盖核算数据当作基本的生态系统范围账户数据来源，构建了生态系统服务供给使用账户（实物量）。再者 SEEA-EEA 2014 对生态系统核算单位 LCEU 的描述类似于土地覆盖，这为其他未进行生态系统实践但却已有 SEEA 2012 土地覆盖核算数据的国家（地区）提供了账户编制的新思路。

第二，因地制宜选择生态系统核算范围。就生态系统范围而言，各个国家（地区）在进行生态系统核算的过程中会根据地区生态系统特点，选择典型的生态系统区域展开，鲜有国家（地区）在全国（地区）范围内展开生态系统核算。基于 SEEA-EEA 2014 给出的生态系统基本核算单位，各国（地区）可以灵活选择生态系统核算的具体范围。例如，澳大利亚选择最具特色的大堡礁地区珊瑚礁生态系统；美国东南部生物多样性丰富，生态系统发达，因而选定了东南部的 10 个州开展生态系统核算。即使在全国（地区）范围内展开，选择的生态系统服务也有限。欧盟在欧洲范围内量化了 6 种生态系统服务，荷兰在全国范围内核算了 10 种生态系统服务的价值。

第三，根据生态系统特征灵活选择生态系统服务类型。就生态系统服务而言，SEEA-EEA 2014 将生态系统服务系统地分为供应服务、调节服务、文化服务三类，但在实践过程中，不同地区不同生态系统所产生的供应服务、调节服务、文化服务也是有区别的。例如，印度选取的调节服务是森林生态系统的碳固存、防止土壤侵蚀；荷兰选定的调节服务包括空气过滤、碳固存、水过滤、授粉，但这会导致无法比对不同地区生态系统的贡献和价值。而根据生态系统服务供给使用账户（价值量）得到的货币价值数据，使各国（地区）的生态系统服务价值具有可比性。

第四，使用资源租金法进行价值评估存在问题。资源租金法是 SEEA-EEA 2014 中提供的估值方法之一，资源租金法对生态系统服务贡献价值的估计包含在价格或租金中，这个价格或租金扣除所有其他投入，所得即代表生态系统服务价值。澳大利亚使用资源租金法确定了大堡礁地区珊瑚礁生态系统对生产贡献的价值，同样运用资源租金法进行货币化生态系统服务价值实践的还有荷兰。但荷兰作为发布最为完善生态系统账户体系的国家，表示资源租金法产生的结果并不可靠。将结果与其他评估方法比较发现，首先，资源租金法产生的估算结果具有很高的不确定性利润率，年波动性很高；

其次，许多行业的市场变动会消除租金，因此资源租金法的估计值很低，有时甚至得出负值。

第五，价值量账户并非必须编制。通常实物量生态系统服务供给使用账户经价值评估得到价值量生态系统服务供给使用账户，评估方法各有不同。例如，澳大利亚采用资源租金法，荷兰同时比对了资源租金法和净现值法，而意大利采用的是重置成本法，如前文所述，方法的选择要与核算的生态系统服务相宜。在具体评估时，限于时间、资源等因素可能无法将纳入实物量账户的全部生态系统服务评估得到货币价值。例如，印度的生态系统服务供给使用账户只对碳保留用实物量和货币量两种形式来表示，土壤保持力仅以实物量展示。因此，虽然 SEEA-EEA 2014 的最终目标是得到可以纳入 SNA 的价值量数据,但就目前核算实践以及 SEEA-EEA 2014 技术指导中账户体系模块化的建议而言，同样鼓励各国家（地区）从构建实物流量账户开始。

除此之外，荷兰基于 SEEA-EEA 2014 展示了生物多样性账户，以监测为社会提供生态系统服务的生态系统的状态和质量。由于普遍缺乏有关生物多样性遗传水平的数据，该账户在生态系统和物种两个层次上收集指标。这两个层次联系紧密，因为许多生态系统指标是根据物种丰富度或分布信息构建的。例如，生态系统状况账户中的生物多样性特征，通常指的是物种丰富度。印度的生物多样性账户也是基于物种层面开发的，账户体系中遵循 SEEA-EEA 2014 的倡议展示了 IUCN 红色名录物种资产账户。

第四节　开展中国特色生态系统核算的逻辑与思路

为确保党的十九届五中全会提出的到 2035 年生态环境根本好转、美丽中国建设目标基本实现，须及时制定新的生态统计方案以反映生态文明改革成果，满足生态系统保护和社会经济可持续发展的数据需求。当前中国到了有条件、有能力解决生态环境突出问题的窗口期，应参照 SEEA-EEA 2014 确定中国生态系统账户的定义和分类、账户表式以及拓展应用，并利用现有调查收集中国生态系统账户所需数据。

（1）遵循生态系统核算国际标准，拓宽生态系统核算口径进行多维核算。当前中国以 SEEA 2012 为基础编制环境资产账户，如木材资源、水资源和土地等，以反映机构单位将环境资产作为经济的自然投入所产生的物质收益。未来应转向按照 SEEA-EEA 2014 核算体系框架将间接使用环境资产产生的非物质收益（如水净化、碳存储和减轻洪灾影响等生态系统服务产生的价值）也考虑在内，以完善相关政策目标的数据范围。此外，实物型生态系统服务流量账户无法满足国家生物多样性保护和社会经济可持续发展的数据需要，应纳入货币型生态系统服务流量账户进行多维度核算。首先，在现有环境资产账户基础上编制实物型生态系统服务流量账户，实现向生态系统账户编制的过渡；其次，在明确货币流量数据获取路径时，编制货币型生态系统服务流量账户，从而分步实现生态系统账户的编制。

（2）考虑中国生态系统多样性特点，开展中国特色生态系统核算。对于国际标准是“一般性”核算的产物，统计工作不能仅仅照搬国际标准。中国作为世界上生物多样性及生态系统多样性最为丰富的国家之一，在进行生态系统核算时不能忽略生态系统国情特色，要在“一般性”核算中体现“特殊性”，即立足于中国生态系统特点应用国际标准。就 SEEA-EEA 2014 给出的生态系统基本核算单位而言，生态系统服务和生态系统核算范围具有一定空间灵活性。中国在进行生态系统核算的过程中，可根据不同地区生态系统特点，首先选择典型的生态系统区域，以相应的特定生态系统服务指标展开。例如，优先在广西壮族自治区和贵州省等生态系统核算基础较强的地区全面进行生态系统核算的试点工作。

（3）积极参与国际生态系统核算相关决策，为生态系统核算提供中国智慧。在遵循国际标准和借鉴国际经验的基础上，中国在推行生态系统核算时应积极引领新的理论与实践。生态系统核算仍然存在极大的探讨空间，许多问题亟待在实践中予以回答，如使用 SEEA-EEA 2014 推荐使用的资源租金法进行价值评估时会出现较高的波动性等。当前中国生态系统核算处于初级阶段，但中国首次提出了森林资源核算理论和方法，构建了基于中国国情的森林资源核算框架体系，在国内外都具有明显的先进性和适用性，为国内外构建森林生态产品价值实现机制提供了重要参考（张俊杰等，2020）。因此，中国有能力为全球生态文明建设出谋划策，未来在生态系统核算方面应积极参与国际探讨，为生态系统核算提供中国智慧。

作为世界上生物多样性及生态系统多样性最为丰富的国家之一，近年来中国已经成为全球生态文明建设进程中的重要贡献者和引领者，受到国际社会的广泛认同和普遍赞誉。总体上看，新时代中国主要通过绿色理念与公共产品并举、国内与国际融通的基本路径共谋全球生态文明建设，以同筑人类发展与未来之基、协力构建清洁美丽的世界。实现生态系统核算是生态文明建设成果展示的内在要求，是反映中国保护生态环境成果的有益探索，是共谋全球生态文明建设的理论与实践创新。

第十八章
农业环境卫星账户的修订历程、国际经验与核算框架[①]

农业在国民经济中发挥着难以替代的关键作用，各国持续开展农业统计工作，编制农业环境卫星账户并调查收集其他农业基础数据。UNSD 和 FAO 发布《农业环境经济核算体系》，为世界各国构建农业环境卫星账户提供了最新的国际标准。基于此，本章追溯农业环境卫星账户从 SNA 到 SEEA 的修订历程，总结各国目前以 SNA 为框架和以 SEEA 为框架合并 3 个行业卫星账户的国际经验，解析 SEEA-AFF 2020 从界定核算范围到编制基础账户，进而构建合并账户和指标的核算框架，提炼 SEEA-AFF 2020 相比以往农业卫星账户指南的框架特点，并在此基础上结合中国农业统计现状，为中国开展农业环境卫星账户编制工作提出初步建议。

第一节　农业环境卫星账户的现实必要性

由于农业[②]可培育或采集人类不可或缺的粮食、木材、鱼类等生物资源，

① 本章执笔人：马晓君、谷越、徐晓晴。本章参评为 2022 年 6 月在线上召开的第三届青年统计学者论坛的会议论文。

② 国际上广义的农业是指 ISIC 4.0 的 A 部门农林渔业，狭义的农业是指 ISIC 4.0 中的 A 部门的 01 大类：作物和牲畜生产、狩猎和相关服务活动。而中国广义的农业是指 ISIC 4.0 中的 A 部门农林渔业，《国民经济行业分类》中将 ISIC 4.0 A 部门中与畜牧相关的行业单独划分出来称为牧业，因此中国狭义称 ISIC 4.0 的农林渔业为农林牧渔业。本章参考中国广义的农业定义，将 ISIC 4.0 的农林渔业称为农业。

满足人类基本的生存需求，在国民经济中发挥难以替代的关键作用，中国高度重视农业的发展。2021 年《“十四五”林业草原保护发展规划纲要》、《“十四五”推进农业农村现代化规划》、《“十四五”全国畜牧兽医行业发展规划》和《“十四五”全国渔业发展规划》印发，提出有效保障农业产品供给、稳步提高农业质量效益和竞争力、明显改善农业生态环境等总体目标，从而全面推进农业现代化建设，保护农业生态环境，繁荣农村经济，提高农民收入水平。为此，中国持续开展农业统计工作，编制农业环境卫星账户并调查收集其他农业基础数据，监测农业现代化建设进程，以支持“十四五”农业相关规划目标的实现。

农业环境卫星账户作为农业统计的有效工具，其国际标准历经五十余年的理论和实践变化。在 SNA 1953 发布后，由于所有行业的相关数据被高度汇总在 SNA 账户中，使用者难以从其中分离农业数据。为满足农业细致的经济数据需求，联邦德国、法国、意大利、荷兰、比利时和卢森堡 6 个欧盟原始成员国开始于 1964 年分离 SNA 中的农业数据，编制 SNA 框架下的农业经济卫星账户。之后，FAO 和 UNSD（1996）发布《粮食和农业经济核算体系》（以下简称 EA-A 1996）作为农业经济卫星账户国际指南，以指导各国编制统一的农业经济卫星账户，并开始计划为林业和渔业编制卫星账户国际指南。但由于 SNA 核算范围限制与数据高度汇总的问题，以 SNA 为框架的农业经济卫星账户难以满足农业的环境数据需求，农业环境卫星账户转变为以 SEEA 为框架。为此，FAO 和 UNSD 发布以 SEEA 2003（United Nations，2003a）为框架的林业环境卫星账户国际指南《林业环境与经济核算手册：跨部门政策分析工具》（以下简称 SEEA-Forestry 2004）（FAO，2004）和渔业环境卫星账户的国际指南《渔业综合环境经济核算》（以下简称 SEEA-Fisheries 2004）（UN and FAO，2004），指导各国编制林业和渔业环境卫星账户，以同时满足各国林业和渔业的经济与环境数据需求。

各国在参考农业、林业、渔业 3 个行业国际指南编制卫星账户的过程中，发现 3 个行业卫星账户的核算对象和账户形式不一致，将阻碍全面进行农业的数据分析和政策制定，开始分别以 SNA 或 SEEA 为框架统一 3 个行业卫星账户的核算对象和账户形式，探索合并 3 个行业卫星账户的道路。各国重点以 SNA 为框架探索 3 个行业卫星账户的合并，少数国家以 SEEA 为框架探索 3 个行业的卫星账户合并，但以 SNA 为框架合并 3 个行业的卫星账户难以满足农业的环境数据需求。因此，FAO 和 UNSD（2020）发布 SEEA 框架下的《农林渔业环境经济核算体系》（SEEA-AFF 2020），以同时满足农业的经济和环境数据需求，并统一农业环境卫星账户的核算对象和账户形式，减少 3 个行业卫星账户之间的差异，为世界各国构建农业环境卫星账户提供了国际标准。

中国在 2000 年开始以 SNA 为框架合并 3 个行业编制农业经济卫星账户，并统计农林渔产品的价格、产量和播种面积等基础数据，积极推动农业经济卫星账户的实践工作，但以 SNA 为框架的农业经济卫星账户难以分析农业的环境影响，且各类基础数据未经卫星账户汇总和整合，其系统性较低。国内以各类农业卫星账户指南为基础，分别开展农业（朱向东，2000a，2000b）、林业（戴广翠等，2007；张颖和潘静，2016；张志涛等，2018；张卫民和李辰颖，2019）与渔业卫星账户（王雅丽等，2012；焦敏和陈新军，2014）的理论和应用研究，但国内未对 SEEA-AFF 2020 展开系统研究。在 SEEA-AFF 2020 作为国际标准发布后，中国可参考 SEEA-AFF 2020 以 SEEA 为框架编制农业环境卫星账户，进一步增强农业环境核算力量，并通过卫星账户汇总基础数据，从而更好地推动中国农业现代化建设。

第二节 农业环境卫星账户从 SNA 到 SEEA 的修订历程

一、以 SNA 为框架的农业卫星账户

SNA 全面记录经济体内复杂的经济活动，展现国民经济总体的发展水平，但所有行业的相关数据被高度汇总在 SNA 中，使用者难以将某一行业的数据从 SNA 中分离。显示所有行业的详细数据将使 SNA 负担过重，且分散对其整体主要特征的注意力[①]，而编制卫星账户分离某一行业的相关数据可有效满足此行业细致的数据需求。农业为人类提供粮食、棉花等基本生活保障，在各国经济中发挥难以替代的关键作用，在 SNA 1953 发布后，欧盟 6 个原始成员国开始编制农业卫星账户，分离 SNA 中与农业有关的数据，以满足农业细致的经济数据需求。

由于各国的农业卫星账户编制方法不统一，FAO 发布《农业经济账户》（EA-A 1974[②]），指导各国编制统一的农业经济卫星账户，以机构单位为核算单位分离经济账户序列，为行业建立包括生产账户、收入形成账户、业主收入账户、资本形成账户的农业住户子部门账户，以及为产品建立农产品货物服务账户。在 SNA 1993 发布后，FAO 在修订 EA-A 1974 后发布 EA-A 1996，在农业住户子部门账户和农产品货物服务账户的基础上，以基层单位为核算单位分离经济账户序列，增加包括生产账户、收入形成账户、固定资本形成总额、存货变化和就业人数的农业活动账户，以更好地提升账户中农业生产活动的同质性。

---

① SNA 2008，29.5 段。

② 本章很多缩写没有严格按英文首字母缩写，类似于 SEEA 1993 的缩写，目的是显示各手册间的相似关系。

二、农业环境卫星账户以 SNA 为框架的局限性

在发布 EA-A 1996 后，FAO 计划继续为林业和渔业编制卫星账户国际指南，但与农业不同，由于森林资源和水生资源是林业和渔业的主要原材料，林业和渔业的生产活动与森林资源和水生资源密不可分，以 SNA 为框架编制林业和渔业卫星账户难以满足使用者的环境数据需求，具体局限性体现在以下三个方面。

一是生态系统。森林资源和水生资源是生态系统的重要组成部分，提供生态服务，如森林可减少水土流失、防风，海洋可为鱼类提供栖息地等。良好的生态系统可提供更多的木材、橡胶、鱼类等产品。森林资源和水生资源的生态系统指标可衡量森林资源和水生资源的生态服务数量，从而促使人类保护森林资源和水生资源所属的生态系统。但 SNA 将森林资源和水生资源所属的生态系统排除在核算范围外，未对其展开核算。

二是资源存量。SNA 在记录过度开发天然森林资源和水生资源所带来的经济效益时（如开采木材的产出），忽略其资本消耗（如开采木材消耗的天然森林资源数量），导致农业过度开发天然森林和水生资源，牺牲长期的生态效益以获取经济效益，逐渐消耗天然森林资源和水生资源直至枯竭。天然森林资源和水生资源的消耗量与再生数量等资源存量及其变化指标，可用于判断天然森林资源和水生资源是否可持续再生，以助人类适度开发天然森林资源和水生资源。SNA 虽核算培育森林资源和水生资源存量及其变化情况，但将天然森林资源和水生资源的资源存量排除在核算范围外，未核算天然森林资源和水生资源的存量及其变化情况。

三是环境活动。人类开展环境活动，适度管理和保护森林资源和水生资源可促进其自然再生，增加资源存量，提升森林资源和水生资源所属的生态系统服务水平。除测度森林资源和水生资源的生态系统及资源存量外，卫星

账户还需收集为农业开展环境活动的相关数据，以衡量经济资源是否被有效用于保护森林资源和水生资源。SNA 虽然记录森林资源和水生资源的环境活动数据，但将此类数据与其他数据高度汇总在总量指标中（如将与环境相关的税收汇总在税收总量之中），难以单独识别其是否与环境有关。

由于 SNA 存在核算范围限制与数据高度汇总的问题，以 SNA 为框架编制林业和渔业卫星账户难以满足使用者对森林资源和水生资源在生态系统、资源存量和环境活动方面的数据需求，而 SEEA 1993（United Nations，1993）突破 SNA 的核算范围，且分离 SNA 的环境数据，提供森林资源和水生资源生态系统、资源存量及环境活动的核算方法与国际实践案例，所以在 SEEA 的框架下建立林业和渔业卫星账户能有效满足使用者的环境数据需求。但由于 SEEA 1993 当时仍处于探索阶段，未形成成熟的 SEEA 框架，FAO 暂未以 SEEA 1993 为框架编制林业和渔业卫星账户的国际指南。

三、林业和渔业卫星账户以 SEEA 为框架的转变

在 SEEA 2003（United Nations，2003b）制定了初步成熟的 SEEA 框架后，UN 和 FAO（2004）发布以 SEEA 2003 为框架的 SEEA-Forestry 2004 和 SEEA-Fisheries 2004[①]，分别作为林业环境卫星账户和渔业环境卫星账户的国际指南，从而进一步指导各国林业和渔业环境卫星账户的实践工作。除新增供给使用表和货物服务账户核算产品[②]外，SEEA-Forestry 2004 和 SEEA-Fisheries 2004 发挥 SEEA 将 SNA 的核算范围扩展至生态系统和资源存量，并分离和细化 SNA 的环境活动数据的功能，以满足使用者对森林资源和

① SEEA-Fisheries 2004 至今未正式发布，仍是草案。

② SEEA-Forestry 2004 和 SEEA-Fisheries 2004 为林业木材产品和水生产品编制实物和货币供给使用表，反映产品的供给使用状况；SEEA-Forestry 2004 还参考《欧盟森林环境经济综合核算框架》编制森林货物服务产出账户，以实物量和货币量按行业类型、机构单位类型、产出类型记录森林产品的产出，进一步加强产品核算力量。

水生资源在生态系统、资源存量和环境活动方面的数据需求，与 EA-A 1996 相比主要增加以下账户。

一是生态系统账户。SEEA-Forestry 2004 为森林生态系统建立的森林环境服务账户[①]，将 SNA 排除在外的生态系统纳入核算范围，通过森林的碳储量、生物多样性、栖息地保护、为其他生态系统提供的生态服务四方面内容，测度森林资源提供的生态服务规模，以促进人类保护森林资源所属的生态系统。但由于当时没有国家实践渔业生态系统账户，SEEA-Fisheries 2004 仅介绍其概念而未展示具体表式。

二是资产账户。SEEA-Forestry 2004 和 SEEA-Fisheries 2004 扩展 SNA 的资产范围，同时包含天然自然资源和培育自然资源，将所有自然资源纳入核算范围，分别编制林地和木材资源资产账户及水生资源资产账户，通过资源期初存量、存量增加量、存量减少量和期末存量，掌握农业对森林资源和水生资源的开发速度，促进农业可持续开发森林资源和水生资源。SEEA-Forestry 2004 还按森林落叶的种类和比例状况编制林地和木材资源资产的落叶账户，以清晰了解森林资源的荣枯程度。

三是环境活动账户。SEEA-Forestry 2004 和 SEEA-Fisheries 2004 分离和细化 SNA 中与环境活动相关的数据，分别编制森林资源管理和环保支出账户、水生资源管理和环保支出账户及渔业税和补贴账户，记录森林资源和水生资源的资源管理费和环保支出数量，以及渔业税收和补贴水平，衡量经济资源是否被有效用于保护森林资源和水生资源，以提升人类对森林资源和水生资源的保护力度，增加资源存量和提升生态服务水平。

总之，SEEA-Forestry 2004 和 SEEA-Fisheries 2004 突破以 SNA 为框架编

① 由于森林环境服务的性质和价值在国际上存在较大争议，SEEA 2003 并没有对森林环境服务账户提出明确建议，只是在森林账户的补充表式中进行讨论，但 SEEA-Forestry 2004 提供了森林环境服务账户的标准表式，希望为各国提供一定参考。

制农业经济卫星账户的局限性，扩展 SNA 核算范围并分离和细化环境活动数据，以产品、生态系统、资产和环境活动为核算对象，将 SEEA 2003 的供给使用表、生态系统账户、资产账户、环境活动账户应用至林业和渔业，同时较好满足了使用者对林业和渔业的经济与环境数据的需求。至此，林业和渔业环境卫星账户完成了从以 SNA 为框架向以 SEEA 为框架的转变，各国开始分别参考 EA-A 1996、SEEA-Forestry 2004 和 SEEA-Fisheries 2004 进行账户实践。

第三节 农业环境卫星账户合并的国际经验

在实践中，由于农业内部各种活动之间的生产方式类似，农业生产者出于降低成本的目的从事多项农业生产工作（如住户同时种植小麦和栽树，并利用麦麸喂鱼），农业发展需要全面考虑 3 个行业的活动。而 3 个行业卫星账户核算对象的不一致（如农业不进行资产核算而林业进行资产核算）和账户形式的不一致（如农业使用货物服务账户核算产品而渔业使用供给使用表核算产品）导致使用者难以汇总和比较 3 个行业的数据，将阻碍全面进行 3 个行业的数据分析和政策制定。因此，各国开始分别在 SNA 或 SEEA 的框架下探索合并农业卫星账户的道路，通过统一 3 个行业卫星账户的核算对象和账户形式，合并 3 个行业卫星账户的数据，以全面发展农业。由于各国 SNA 实践的成熟性和广泛性优于 SEEA 实践，欧盟统计局发布以 SNA 为框架的农林业经济卫星账户指南指导农业和林业经济卫星账户的合并；在 SEEA 框架下编制农业和渔业环境卫星账户的基础较弱，各国目前重点以 SNA 为框架探索 3 个行业经济卫星账户的合并，个别国家以 SEEA 为框架探索 3 个行业环境卫星账户的合并。

一、以 SNA 为框架农业经济卫星账户合并的国际经验

在以 SNA 为框架的农业经济卫星账户实践中，从合并形式来看，由于 SNA 操作成熟和应用广泛，且欧盟统计局发布农林业经济卫星账户指南推广农业和林业经济卫星账户的合并，各国重点以 SNA 为框架探索 3 个行业经济卫星账户的合并，其中欧盟 27 个国家和黑山合并农业和林业经济卫星账户，2 个国家合并 3 个行业的经济卫星账户，2 个国家单独编制农业经济卫星账户，2 个国家将以 SNA 为框架的渔业经济卫星账户并入海洋经济卫星账户。从账户形式来看，除朝鲜和古巴外，各国均实践 SNA 中的经济账户序列，以此为基础编制行业活动账户，并将其中的产出按产品类型记录。

欧盟 27 个国家参考 EA-A 1996 以农业经济卫星账户的方法编制林业经济卫星账户，在 SNA 的框架下合并农业和林业经济卫星账户。为此，欧盟统计局参考 EA-A 1996 发布《农林业经济账户手册》（以下简称 EUEA-AF 2000）（Eurostat，2000），以基层单位为核算单位编制农林业活动账户，并在产品核算中不再使用 EA-A 1996 的货物服务账户，而是通过将生产账户中的产出以数量乘价格的形式按产品类型记录，以详细记录各类产品的产出。

除欧盟外，塞尔维亚（Statistical Office of the Republic of Serbia，2021）和北马其顿（Republic of North Macedonia State Statistical Office，2022）参考 EUEA-AF 2000 单独编制农业经济卫星账户，黑山（Statistical Office of Montenegro，2022）参考 EUEA-AF 2000 编制农林业经济卫星账户，中国和瑞士（Federal Statistical Office，2009）不仅参考 EUEA-AF 2000 编制农林业经济卫星账户，还将其方法扩展至渔业经济卫星账户，在 SNA 的框架下完全实现 3 个行业经济卫星账户的合并，但中国实际上仅编制农业生产账户，收入形成账户、资本形成账户等仍处于理论研究中。而葡萄牙（Statistics Portuga，2016）和菲律宾（Philippine Statistics Authority，2019）编制海洋

经济卫星账户，其中包括参考 EUEA-AF 2000 编制与海洋相关的渔业活动账户。

二、以 SEEA 为框架农业环境卫星账户合并的国际经验

在以 SEEA 为框架的农业环境卫星账户实践中，从合并形式来看，大部分国家单独编制林业环境卫星账户，4 个国家合并林业和渔业环境卫星账户，1 个国家合并 3 个行业的环境卫星账户。在 SEEA 框架下的 3 个行业合并账户实践较少，一是由于 SEEA 缺乏单独的农业核算，各国难以在 SEEA 框架下将农业和林业、渔业环境卫星账户合并；二是由于野生鱼类在各国洄游，各国水生资源的数量难以确定，而森林资源的数量较易确定，各国主要为林业编制森林资源资产账户，只有个别国家为渔业编制水生资源资产账户，并将其与森林资源资产账户合并。从账户形式来看，由于 SEEA 2012 将环境活动账户和生态系统账户分别作为 SEEA 单独的体系，各国主要编制资产账户，很少为林业和渔业单独编制环境活动账户和生态系统账户，而是将其划入总体的环境活动账户和生态系统账户。

欧盟 27 个国家暂未在 SEEA 的框架下合并 3 个行业的环境卫星账户，而是较早探索在 SEEA 1993 框架下单独编制林业环境卫星账户。欧盟统计局为此发布《欧盟森林环境经济综合核算框架》（以下简称 EUSEEA-Forestry 2002）（Eurostat，2002），以 SNA 为框架参考 EUEA-AF 2000 编制林业活动账户和货物服务产出账户，且在实践中积极转向以 SEEA 为框架，参考 SEEA 1993 编制资产账户核算森林资源，为林业经济卫星账户向以 SEEA 为框架的转变提供了实践参考。此外，EUSEEA-Forestry 2002 还编制木材产品供给使用表、木材产品中木质含量的物质平衡表和落叶账户。

欧盟外国家主要参考 SEEA-Forestry 2004、SEEA-Fisheries 2004、SEEA 2012 的森林资源资产账户和水生资源资产账户为林业和渔业编制环境

卫星账户，但仅有的资产账户难以完全满足各国对农业环境数据的需求。其中，加拿大（Statistics Canada，2019a）、巴西（Brazilian Institute of Geography and Statistics，2022）、印度（Government of India Ministry of Statistics and Programme Implementation，2022）、厄瓜多尔（Ministry of the Environment，2018）、不丹（National Statistics Bureau Royal Government of Bhutan，2021）、秘鲁(National Forest and Wildlife Service and National Institute of Statistics and Informatics，2021）编制林地和木材资源资产账户，英国（Office for Nationa Statistics，2021）、澳大利亚（Australian Bureau of Statistics，2021）、南非（Statistics South Africa，2021）、新西兰（New Zealand Statistics，2020）则编制森林资源和水生资源资产账户，并合并林业和渔业的环境卫星账户，赞比亚（Central Statistical Office，2018）除编制森林资源和水生资源资产账户外，还为农田和牲畜编制资产账户，以合并 3 个行业的环境卫星账户。

三、SEEA-AFF 2020 前农业环境卫星账户的经验总结

在 SEEA-AFF 2020 发布之前，从 FAO、UNSD 与欧盟统计局编制的 5 本 3 个行业卫星账户指南来看（表 18-1），以 SNA 为框架和以 SEEA 为框架的两类农业卫星账户逐渐涵盖更为丰富的核算对象和更为细致的统计项目，为各国农业发展提供了数据支持。从各国实践情况来看，各国卫星账户主要为行业、产品和资产编制，且在 3 个行业中侧重农业和林业。

在账户指南的发展过程中，农业卫星账户的核算对象逐渐丰富，从行业和产品逐渐发展到行业、产品、资产、环境活动、生态系统，以满足使用者对森林资源和水生资源在生态系统、资源存量、环境活动方面的数据需求。但两类框架下农业卫星账户的核算对象和账户形式差异较大，以 SNA 为框架的 EA-A 1996 和 EUEA-AF 2000 将行业和产品作为核算对象，主要编制行业活动账户和货物服务账户。以 SEEA 为框架的 EUSEEA-Forestry 2002、

SEEA-Forestry 2004 和 SEEA-Fisheries 2004 将产品、资产、环境活动、生态系统作为核算对象，主要编制供给使用表、资产账户、资源管理和环保支出账户、环境服务账户。

表 **18-1** 农业、林业、渔业卫星账户指南及其实践总结表

行业	农业		林业			渔业	各国实践情况
框架	以 SNA 为框架			以 SEEA 为框架			
指南	EA-A 1996	EUEA-AF 2000	EUEA-AF 2000	EUSEEA-Forestry 2002	SEEA-Forestry 2004	SEEA-Fisheries 2004	
行业	农业子部门账户、农业活动账户	农业活动账户	林业活动账户	林业活动账户			农业和林业活动账户广泛实践，个别国家实践渔业活动账户
产品	农业货物服务账户	按农产品类型详细记录产出	按林产品类型详细记录产出	林产品货物服务产出账户、木材产品实物/货币供给使用表、木材产品中木质含量的物质平衡表	林产品货物服务产出账户、木材产品实物/货币供给使用表	水生产品实物/货币供给使用表	农业和林业各类产品账户广泛实践，按产品类型详细记录产出，并编制木材产品供给使用表
资产				木材资源和林地实物/货币资产账户、落叶账户	木材资源和林地实物/货币资产账户、落叶账户	水生资源实物/货币资产账户	主要实践木材资源和林地资产账户，个别国家实践水生资源资产账户
环境活动					森林资源管理和环保支出账户	水生资源管理和环保支出账户、渔业税和补贴账户	基本不单独实践，而实践总体的环境活动账户和生态系统账户
生态系统					森林环境服务账户	渔业生态系统账户（仅有概念）	

农业卫星账户同一核算对象的账户形式亦在不断发展，统计项目逐渐细

致，其中历史悠久的行业和产品账户变化较大。行业账户的理论基础是 SNA 的经济账户序列，账户形式从以机构部门为核算单位的行业子部门账户发展到以基层单位为核算单位的行业活动账户。EA-A 1996 以机构单位为核算单位，可编制全套的经济账户序列，但由于以基层单位为核算单位的行业同质性相比于以机构部门为核算单位的行业更强，EA-A 1996 和 EUEA-AF 2000 将机构单位分解为基层单位，以更好地反映某一行业生产活动的特征。产品账户的理论基础是"产出+进口=中间消耗+最终消费+资本形成+出口"的产品平衡式[①]，账户形式从货物服务账户发展到货物服务产出账户，再到供给使用表。EA-A 1996 的货物服务账户中的产品平衡式数据高度汇总，不能反映各产品详细状况，而 EUEA-AF 2000 和 EUSEEA-Forestry 2002 改进货物服务账户，显示各产品的产出，以清晰反映各产品的详细状况，但不能显示产品平衡式中产出以外的项目。EUSEEA-Forestry 2002、SEEA-Forestry 2004 和 SEEA-Fisheries 2004 采用矩阵式结构的供给使用表核算产品，不仅可显示各产品的产出，还可完整显示产品平衡式，可深入分析各种产品和各行业之间复杂的供给使用关系，且实物供给使用表可与货币供给使用表进行对比，计算产品的单位价格。

虽然农业账户逐渐涵盖更为丰富的核算对象和更为细致的统计项目，但其中 3 个行业卫星账户的核算对象不完全一致，同一核算对象的账户形式更不完全一致，导致各国参考 5 本农业环境卫星账户指南编制的账户在 3 个行业之间不能相互比较和汇总。各国重点探索在 SNA 的成熟框架下合并 3 个行业卫星账户的方法，以统一 3 个行业卫星账户的核算对象和账户形式，便于 3 个行业之间卫星账户数据的比较和汇总，有助于全面发展农业。但 SNA 框架下的农业环境卫星账户难以满足对农业环境数据的需求，而 SEEA 框架下

① SNA 2008，14.4 段。

的农业环境卫星账户可扩展 SNA 的核算范围，并分离和细化农业的环境数据，从而同时满足农业的经济和环境数据需求。因此，FAO 与 UNSD 开始研究以 SEEA 2012 为框架合并 3 个行业环境卫星账户的方法，在突破 SNA 框架下农业经济卫星账户局限性的同时，减少各国 3 个行业环境卫星账户的合并方式差异，提高各国农业环境卫星账户的可比性。

第四节　SEEA-AFF 2020 的核算框架

在 SEEA 2012 作为 SEEA 的国际标准发布后，FAO 和 UNSD 于 2013 年便着手开发并于2020年发布 SEEA-AFF 2020 作为农业环境卫星账户的国际标准。SEEA-AFF 2020 为将农业调查所得的海量基础数据纳入基础账户奠定基础，通过界定核算范围，进而通过农业生产和相关生物资源账户与环境资产、主要自然投入和残余物流量账户 2 类基础账户中的 20 个基础账户，分别测度农业的生产状况和环境影响，再通过产品、行业等 5 个合并账户汇总基础账户的数据，最后通过单独的指标汇总基础账户和合并账户的数据，以绘制农业全景图。SEEA-AFF 2020 的 20 个基础账户可将海量农业基础数据进行汇总，梳理各类基础数据之间的复杂关系；5 个合并账户可将 20 个基础账户分散在 3 个行业中的数据汇总，打破数据在 3 个行业和 2 类基础账户数据间的壁垒，进一步梳理 3 个行业 2 类基础账户数据之间的关系；指标可通过细致的基础账户或简明的合并账户构建，将多项数据汇总为单独的数字，提炼账户中的关键信息。SEEA-AFF 2020 中基础账户、合并账户和指标 3 个层级金字塔式的框架结构，既可向上逐级汇总数据简明信息，也可向下逐级展现细致数据，较好地满足了数据使用者从简明到细致的数据需求。

一、核算范围的界定

SEEA-AFF 2020 统一农业核算范围，为汇总农业基础数据以编制基础账户奠定基础。与 SEEA 2012 相比，SEEA-AFF 2020 主要为新增的农业生产和相关生物资源账户中农业的行业和产品界定范围，而农业生产和相关生物资源账户与环境资产、主要自然投入和残余物流量账户的核算范围与 SEEA 2012 基本一致。

SEEA-AFF 2020 以 ISIC 的 A 部分农业界定行业范围，行业分类也与 ISIC 一致，但由于农业生产活动可能生产多种联产品（如农业宰杀牛时同时生产牛肉和皮革），SEEA-AFF 2020 将农业的所有联产品纳入行业产出范围，以了解农业与其他行业之间的产业链，并准确计算农业与其他行业联合生产的转化系数。SEEA-AFF 2020 的产品范围是 CPC 部门 0：农业、林业和水生产品，但由于农业的政策通常根据重要产品制定，其他非重要产品对一国经济和环境的影响微不足道，SEEA-AFF 2020 未使用通用的 CPC，而是在产品范围内突出记录如小麦、牛肉等最重要的产品。总之，SEEA-AFF 2020 的农业行业和产品范围分别与国际通用的 ISIC 和 CPC 一致，以便于国际比较。

二、两类基础账户的编制

SEEA-AFF 2020 框架的核心是 20 个基础账户，以流量账户（供给使用表）、资产账户和行业活动账户为主要账户形式，通过 11 个农业生产和相关生物资源账户测度农业的生产状况，通过 9 个环境资产、主要自然投入和残余物流量账户测度农业的环境影响（按核算对象划分的基础账户见表 18-2），更好地促进了农业经济数据与环境数据的融合，可在积极推动农业经济建设的同时考虑农业的环境影响。

表 18-2 SEEA-AFF 2020 基础账户总结表

类型	核算对象	账户	内容
农业生产和相关生物资源账户	农产品及其相关生物资源	作物产品实物流量账户*	以实物量记录作物产品的生产、消费、积累及进出口流量
		作物资产账户*	以实物/货币量记录作物土地的期初、期末存量及增减量
		畜牧产品实物流量账户*	以实物量记录畜牧产品的生产、消费、积累及进出口流量
		畜牧资产账户*	以实物/货币量记录牲畜的期初、期末存量及增减量
	林产品及其相关生物资源	林业木材产品实物流量账户*	以实物量记录木材产品的生产、消费、积累及进出口流量
		林地资产账户	以实物/货币量记录林地的期初、期末存量及增减量
		木材资源资产账户	以实物/货币量记录森林资源期初、期末存量及增减量
	渔产品及其相关生物资源	水生产品实物流量账户*	以实物量记录水生产品的生产、消费、积累及进出口流量
		水生资源资产账户	以实物/货币量记录水生资源期初、期末存量及增减量
	农产品和农业（SNA 中的经济数据）	农产品货币流量账户*	以货币量记录农产品的生产、消费、积累及进出口流量
		农业活动生产和收入扩展账户*	记录农业活动的生产账户、收入形成账户、固定资本形成总额、存货变化、固定资本消耗和就业人数
环境资产、主要自然投入和残余物流量账户	水	水实物流量账户	以实物量记录水资源的获取、消费、积累、进出口及进出环境流量
		水资源资产账户	以实物量记录水资源的期初、期末存量及增减量
	能源	能源实物流量账户	以实物量记录能源产品的生产、消费、积累及进出口流量
	空气排放物	空气排放物实物流量账户	以实物量记录空气排放物的供给和使用流量
	土地	土地覆被资产账户	以实物量记录土地覆被面积的期初、期末存量及增减量
		土地使用资产账户	以实物量记录土地使用面积的期初、期末存量及增减量
	土壤资源	土壤资源资产账户	以实物量记录土壤资源期初、期末存量及增减量
	肥料、营养素[a]和农药	肥料实物流量账户*	以实物量记录肥料的生产、消费、积累及进出口流量
		农药实物流量账户*	以实物量记录农药的生产、消费、积累及进出口流量

资料来源：SEEA-AFF 2020

* 代表 SEEA-AFF 2020 与 SEEA 2012 相比的新增账户

a 鉴于欧盟和 OECD 已编写营养素测算指南，SEEA-AFF 2020 未编制营养素账户，而是推荐各国使用营养素测算指南农业生产和相关生物资源账户的 11 个账户按账户形式划分，分为核算生物资源和土地的资产账户，核算行业的农业活动生产和收入扩展账户，以及核算作物、木材等农产品的实物和货币流量账户。其中，资产账户通过期初存量、存量增加量、存量减少量和期末存量记录农业相关生物资源和土地的存量及其变化情况，反映生物资源和土地对农业生产的投入数量和储备情况。农业活动生产和收入扩展账户通过农业的生产账户、收入形成账户、固定资本形成总额、存货变化、固定资本消耗和就业人数，记录 SNA 中与行业生产、收入、资本和就业有关的经济数据，反映农业的行业发展过程。实物和货币流量账户通过产品平衡式的产出、中间消耗、最终消费、资本形成和进出口项目记录农产品的生产、消费、积累和进出口流量，反映农产品的供给和使用过程。总之，农业生产和相关生物资源账户通过清晰地反映农业生产的资源投入和储备（如渔业生产鱼产品所需要的水生资源数量和存量）、农业的行业发展过程（如渔业通过能源、水等中间消耗生产鱼产品产生增加值，增加值再形成雇员报酬和固定资本）、农业产品的生产（如渔业生产鱼产品的产量）和使用过程（如鱼产品再生产鱼类加工品和住户食用鱼产品的数量），展示农业如何从上游环境中获取生物资源和土地，如何在获取生物资源和土地后生产产品和产生增加值，再如何使产品投入到下游使用和使增加值形成收入和资本的来龙去脉，推动农业经济建设。

环境资产、主要自然投入和残余物流量账户的 9 个账户按账户形式划分，分为核算水、能源、空气排放物、肥料和农药的实物流量账户，以及核算水、土地和土壤资源的资产账户，主要通过分离和细化 SEEA 2012 的水、能源等相关账户编制。其中，主要自然投入和残余物实物流量账户通过产出、中间消耗、最终消费、资本形成、进出口和进出环境项目，记录农业所使用的水、能源、肥料、农药及空气排放物的流量，反映农业相关自然资源的供给使用量和对空气的影响。环境资产账户通过期初存量、存量增加量、存量减少量和期末存量记录与农业相关的水、土地、土壤资源存量及其变化情况，反映在环境中有多少自然资源可供农业使用。总之，环境资产、主要自然投入和残余物流量账户通过农业相关自然资源的存量（如可供养殖鱼类的水资源存量）和供给使用数量（如渔业养殖鱼类所消耗的水量），以及生产过程中产生的空气排放量（如开船捕鱼产生的二氧化碳和二氧化硫排放量）测度农业环境影响，展现农业生产过程如何使用自然资源，农业生产后自然资源剩余存量是多少，又造成多少空气排放污染，以保持农业活动消耗自然资源的速度不超过自然资源再生的速度，并减少农业空气排放所造成的环境影响，从而提升环境对农业的承载力，促进农业可持续发展。

三、合并账户和指标的构建

由于 SEEA-AFF 2020 的 2 类基础账户涉及 20 个账户，其数据系统较为庞大和复杂，SEEA-AFF 2020 通过合并账户和指标简明地展示 20 个基础账户，可帮助使用者从庞大而复杂的数据系统中汇总和比较数据。根据所研究的问题和视角，SEEA-AFF 2020 利用统一的账户形式，合并 3 个行业分散在 2 类基础账户中的信息，将其汇总到产品、行业、环境资产、粮食的 4 个合并账户之中，突出产品、行业、环境资产、粮食 4 个方面的主题，有利于考虑 3 个行业之间的联系并相互比较 3 个行业的差异。SEEA-AFF 2020 亦可进一步汇总产品、行业、环境资产、粮食的 4 个合并账户，编制全局合并账户。SEEA-AFF 2020 将基础账户的上千个指标汇总在全局合并账户一张表中，含 5 类汇总指标，包括：①用地面积、牲畜头数等资产指标；②水使用量、能源使用量等投入型指标；③产品数量、增加值等产出型指标；④进口量和出口量等贸易指标；⑤人口数量、二氧化碳排放量等其他指标。

SEEA-AFF 2020 沿袭 SEEA 2012 的指标构建方法，直接使用各个账户的总量和结构比例作为指标（如用制造业用地占土地总使用的份额构建制造业用地率），或通过其他数据和账户中的环境数据构建环境比率指标（如单位 GDP 能源使用量）。但 SEEA-AFF 2020 将指标的核算范围限定在农业中，特别关注通过农业的水、能源等环境投入与农产品产量的比率构建环境比率指标，以促进环境和经济的跨领域比较，帮助政府制定平衡农业经济建设和可持续发展的政策，并关注产品的消耗和卡路里摄入指标，以帮助政府制定粮食生产和分配政策，提高人类营养水平。此外，SEEA-AFF 2020 的指标体系有助于编制联合国 2030 可持续发展目标（Sustainable Development Goals，SDG）的指标，SEEA-AFF 2020 中的农业活动生产和收入扩展账户可用于编制 SDG 2.3.1 农业每单位劳动力的生产量，作物资产账户和畜牧资产账户可用于编制 SDG 2.4.1 生产和可持续农地面积占总土地面积的比例指标，林地资产账户可用于编制 SDG 15.1.1 林地占总土地面积的比例指标。

第五节　SEEA-AFF 2020 的框架特点

相比之前的农业环境卫星账户指南，SEEA-AFF 2020 农业环境卫星账户理论进一步变化，具有以下六个特点。

一、核算对象和账户形式的统一

SEEA-AFF 2020 将与农业生产核算相关的对象统一为行业、产品和资产，并将账户形式统一为行业活动账户、供给使用表和资产账户，进而构成农业生产和相关生物资源账户。SEEA-AFF 2020 未包括 SEEA-Forestry 2004 与 SEEA-Fisheries 2004 的环境活动账户和生态系统账户，原因在于联合国计划为环境活动和生态系统核算单独建立国际标准“环境经济核算体系——环境活动账户”和“环境经济核算体系——生态系统核算”，并计划将 SEEA-AFF 2020 的数据作为环境活动和生态系统核算的部分基础数据（如利用森林资源存量估算森林碳储量）。

由于统一农业环境卫星账户的核算对象和账户形式，SEEA-AFF 2020 在编制完基础账户后，可将基础账户中的农业各类信息汇总在合并账户中，以比较农业的内部结构和促进农业活动的综合分析。SEEA-AFF 2020 在产品、行业、环境资产及粮食 4 个方面汇总基础账户信息，分别编制合并账户，其中的产品、行业、环境资产的合并账户将基础账户中的相关统计项目汇总为经济项目和环境项目,经济项目汇总农业生产和相关生物资源账户中的数据，环境项目汇总环境资产、主要自然投入和残余物流量账户中的数据。而粮食合并账户与其余 3 个合并账户的结构略有不同，将基础账户中的相关统计项目汇总为住户消费项目、供给使用项目和环境项目，其中的住户消费项目包括最终消费、粮食浪费和人均每日卡路里摄入，综合反映住户的粮食安全是否得到保障。

二、SEEA 2012 相关账户的引入

相比于 EUSEEA-Forestry 2002、SEEA-Forestry 2004 与 SEEA-Fisheries 2004，SEEA-AFF 2020 不仅为木材资源和水生资源编制账户，还引入 SEEA 2012 中的水、能源、空气排放物、土地、土壤资源的相关账户编制环境资产、主要自然投入和残余物流量账户，进一步增强了农业在水、能源等方面的环境核算力量，填补未编制环境活动账户和生态系统账户的农业环境核算空白。SEEA-AFF 2020 在环境资产、主要自然投入和残余物流量账户中修改 SEEA 2012 的账户，突出农业相关项目，反映农业与环境的关系，是因为 SEEA-AFF 2020 以农业视角展开核算，不同于 SEEA 2012 以经济总体视角展开核算，需要提供更为细致的农业数据。

为此，能源、肥料和农药实物流量账户参考 SNA 2008 卫星账户供给使

用表的修改建议[1]，其中间消耗项按农业各种重要产品分列，并将其他行业自然资源使用量合并为一项，详细记录农产品对各类能源、肥料等产品的实物使用量，反映农业生产使用的自然资源数量。空气排放物实物流量账户按水稻培育、作物残渣燃烧等农业空气排放途径分列，详细记录农业通过各类途径排放的空气排放物类型，反映农业如何污染环境。土地使用资产账户重点关注与农业有关的耕地、牧场等土地用途，反映农业的土地使用情况。环境资产、主要自然投入和残余物流量账户的实物使用量数据还可与农业活动生产和收入扩展账户按能源、水、肥料、农药分列的中间消耗项相互呼应，分析农业使用资源的单位价格（如利用农业能源实物使用量与能源中间消耗计算农业使用能源的单位价格）。

三、SNA 框架下账户的兼容

相比于 SEEA-Forestry 2004 与 SEEA-Fisheries 2004，SEEA-AFF 2020 较好地兼容了 SNA 框架下的账户，主要出于以下目的。

第一，将农业经济卫星账户纳入 SEEA，在 SEEA 框架下合并 3 个行业的卫星账户。由于农业不同于林业和渔业，其生产活动基本在 SNA 的核算范围内，SEEA 1993、SEEA 2003 和 SEEA 2012 及其子体系一直重点关注 SNA 核算范围外的内容，缺乏单独的农业核算，这导致各国难以在 SEEA 框架下将农业和林业、渔业卫星账户合并。如果将农业经济卫星账户排除在 SEEA 之外，SEEA-AFF 2020 难以完成 3 个行业环境卫星账户的合并，且由于 SEEA 的核算范围大于 SNA，SEEA 可兼容 SNA 框架下的账户，但 SNA 难以在中心框架中兼容 SEEA，只能将其作为卫星账户。因此 SEEA-AFF 2020 将农业经济卫星账户纳入其中，为农业编制 SEEA 框架下的实物流量账户和资产账户。

---

① SNA 2008 29.25 段认为卫星账户的供给使用表可详细显示关键行业，合并显示其他行业，以进行关键行业的分析。

第二，保留并改进行业活动账户，测度农业生产状况。行业活动账户基于 SNA 中的经济账户序列，其理论发展经 SNA 多次修订，较为成熟，多年来受各国农业经济卫星账户实践的青睐。SEEA-AFF 2020 考虑各国的实践情况，保留行业活动账户（农业活动生产和收入扩展账户）以测度农业的生产状况，并进一步改进行业活动账户，将其中的中间消耗项目按水、能源、肥料等项目分列，明晰农业使用水、能源、肥料等资源的经济成本。总之，由于 SEEA-AFF 2020 较好地兼容了 SNA 框架下的农业卫星账户和行业活动账户，SEEA-AFF 2020 可基本覆盖 SNA 框架下的农业环境卫星账户的功能范围，但 SNA 框架下的农业环境卫星账户难以实现 SEEA-AFF 2020 的功能，SEEA-AFF 2020 的使用价值更为突出。

四、与相关制造业的关联

由于农业相关的全产业链过于庞大，SEEA-AFF 2020 并非旨在阐明农业与农业生产相关的全产业链的关系，但 SEEA-AFF 2020 集中力量分析农业与农业的下一个下游产业链，即制造业的直接关联。其中，作物产品实物流量账户将作物产品产出区分为农业生产的原料作物产出和制造业生产的加工作物产出；畜牧产品实物流量账户将畜牧产品产出区分为农业生产的牲畜产出和原料牛奶产出与制造业生产的肉类产出和加工牛奶产出；林业木材产品实物流量账户将圆木使用量区分为由制造业加工的锯木、纸浆木和其他三个类别，详细显示圆木的使用用途。总之，SEEA-AFF 2020 通过区分原料产品和加工产品的数量，可准确计算农业与相关制造业联合生产的转化系数，了解农业与相关制造业之间的产业链关系。

五、中间消耗与存货变化的细化

SEEA-AFF 2020 通过细化作物产品、畜牧产品、林业木材产品、水生产品实物流量账户中间消耗和存货变化的分类，详细记录农产品的用途和损失，聚焦产品供给使用过程，以掌握产品的来龙去脉。

第一，中间消耗细化产品用途分类，帮助农业明晰产品用途。SEEA-AFF 2020不同于SEEA 2012、SEEA-Water 2012（United Nations，2012b）和SEEA-Energy 2019（United Nations，2019b）将实物流量账户的中间消耗细分为各行业的方式，而是将中间消耗按产品用途分类，细化为饲料或种子、能源产品生产、粮食加工三类，分析产品的重点用途。作物产品实物流量账户与水生产品实物流量账户的中间消耗按饲料或种子记录，以显示多少产品是用于饲料或种子；作物产品实物流量账户和林业木材产品实物流量账户的中间消耗按能源产品生产记录，以显示多少产品是用于生产生物燃料而非粮食；作物产品实物流量账户的中间消耗按粮食加工和非粮食加工记录，以显示多少产品用于粮食加工。

第二，存货变化细化产品损失分类，帮助农业减少产品损失。在农产品种植、收获、分配和储存的供给链中，持有的产品会由于损坏、变质或其他原因发生数量变化，SNA 2008 将这种数量变化汇总为存货变化。SNA 2008中心框架不区分存货变化种类，涵盖所有的存货变化，但卫星账户需要详细记录特定行业持有产品的数量变化，如SEEA-Energy 2019编制能源存货资产账户记录持有能源产品的数量变化。SEEA-AFF 2020的作物产品、畜牧产品、林业木材产品、水生产品实物流量账户为此单独划分了三个阶段的产品损失：一是将生产单位内的产品损失记录为收获损失，在产出中单独记录；二是将产品离开生产单位到住户或其他产品加工点之间的损失记录为收获后损失，在存货变化中单独记录；三是将住户内部的产品损失记录为粮食浪费，在住户最终消费中单独记录。SEEA-AFF 2020通过产品损失项目研究粮食生产和住户最终消费的关系，以减少供给链中的粮食损失，保障人类粮食安全。

六、实物流量账户结构的调整

SEEA-AFF 2020的部分实物流量账户调整了SEEA 2012的实物流量账户结构，以适应农业相关产品的流量类型。SEEA 2012 记录三种类型的实物流量，包括从环境到经济的自然投入流量、在经济之中的产品流量或残余物流量[①]、从经济到环境的残余物流量，并以此设计水、能源和空气排放物等实物流量账户。SEEA-AFF 2020 的水、能源等实物流量账户与 SEEA 2012 的实物流量账户记录的流量类型一致，均记录自然投入、产品与残余物流量。

SEEA-AFF 2020 的农产品、肥料和农药实物流量账户仅记录经济内的产品流量，没有记录自然投入流量和残余物流量，导致其结构与 SEEA 2012 的实物流量账户结构差异较大，与仅记录产品流量的货币流量账户较为相似。但此类实物流量账户的各个项目相对以单独单位计算，不能像货币流量账户一样合并各类产品的流量，只能在某一产品中实现供给和使用平衡。因为即使相同的实物单位，此类实物流量账户合并不同实物单位产品流量总量的意义仍需慎重考虑，如不考虑粮食的营养构成，合并所生产粮食的总吨数可能没有意义，不考虑农药有效成分种类，合并农药有效成分总量也不能说明农药毒性。

第六节　开展中国农业环境卫星账户编制工作的思路和展望

一、中国农业经济卫星账户的局限性

目前，中国农业统计以农业生产账户和基础数据（如农业机械拥有量、农产品的人均占有量）并存的形式呈现。相对而言，中国农业统计存在基础数据的系统性较差、与 SNA 的定义和核算规则不一致、各类数据之间缺乏联

① 部分残余物留在经济中而非从经济返回环境，如受控填埋地点收集和储存的固体废物。

系、数据丰富度较低、缺乏产品货币流量和天然生物资源数据的局限性。

第一，基础数据的系统性较差。中国农业基础数据是脱离 SNA 单独确立定义和核算规则的数据，其定义和核算规则与 SNA 不一致，导致其相互之间无法产生如 SNA 般系统性的关联。基础数据的系统性较差，将加重数据分析困难，降低农业相关政策的有效性。一是除农业的产出、中间消耗、增加值、人均可支配收入等数据外，中国农业的基础数据是脱离 SNA 单独确立定义的数据，其相互之间将无法产生如 SNA 般系统性的关联，如农业机械拥有量、电力和水利设施建设情况及农产品的人均占有量等。二是中国农业的生产情况和农业的生产条件数据分别记录各自的总量数据，却缺乏各类农产品生产所使用的肥料、塑料薄膜、柴油和农药数量，导致中国农业的生产情况与生产条件数据之间缺乏联系，将使政府难以通过生产条件的优惠政策精准扶持某类行业的发展。

第二，数据丰富度较低。中国农业统计较为关注农业生产条件和生产情况的实物数据，但一方面，中国缺乏各类农产品的基本价格、税和补贴、贸易和运输利润等货币流量数据，在制定农业相关政策时，中国尚未全面结合经济效益视角对政府税收和补贴进行系统分析，也未充分考量运输和贸易活动对农产品货币价值的影响。同时，对于实物流量与货币流量数据的整合应用还需进一步加强，以便更精准地分析农产品单位产量价格，深入把握农产品的供给与使用关系。缺乏农产品的货币流量数据，使政府难以从经济效益的角度出发制定行业政策。另一方面，中国较少关注农业的环境影响，缺乏天然生物资源数据，或使农业过度开发天然生物资源，统计范围将农业生产限定在生产培育生物资源上，而缺乏对农业所消耗的天然生物资源数据的统计。由于天然生物资源中的木材资源和水生资源分别是伐木业和捕捞渔业最主要的生产条件，中国只统计伐木业和捕捞渔业的产量，而不统计伐木业和捕捞渔业所消耗的木材资源和水生资源数量，可能促使伐木业和捕捞渔业片面提高产量而忽视环境影响，可能诱导木材资源和水生资源的过度开发，不利于中国农业可持续发展。

二、中国农业环境卫星账户的编制思路

由于中国农业经济卫星账户以 SNA 为框架，未统计农业的环境数据，且农产品的价格、产量和播种面积，以及农业使用的肥料、柴油和农药等基础数据未经卫星账户汇总和整合，其系统性和数据丰富度较低，中国可参考 SEEA-AFF 2020 编制农业环境卫星账户，突破 SNA 框架下农业经济卫星账户的局限性，测度农业的环境影响，以推动中国农业可持续发展，并通过农业环境卫星账户汇总农业基础数据，进一步提升中国农业数据的系统性和丰富度。中国农业环境卫星账户的编制工作可尝试从以下六个方面展开。

第一，根据《国民经济行业分类》，编制牧业与相关服务业账户。ISIC 中农业包括农业和畜牧业两个行业。中国《国民经济行业分类》修改了 ISIC，将农业改为狭义上的农业、畜牧业改为牧业，并将农林牧渔服务活动从 ISIC 农业各个活动中分离出来合并为农林牧渔服务业。SEEA-AFF 2020 按 ISIC 编写，与中国《国民经济行业分类》有一定差异。中国可从以下两方面调整：一是 SEEA-AFF 2020 农业部分有单独的农业账户和畜牧业账户，其中畜牧业账户包括畜牧产品实物流量账户和畜牧资产账户，中国可将 SEEA-AFF 2020 的畜牧业账户改为牧业账户；二是 SEEA-AFF 2020 没有农林牧渔服务业对应的单独账户，中国可将 SEEA-AFF 2020 中各个账户的农林牧渔服务业部分分离出来编制中国农林牧渔服务业的相关账户。

第二，调整与补充农业基础数据，编制农业生产和相关生物资源账户。中国统计农业的总产出、中间消耗与增加值，以及农产品的价格、产量和播种面积等基础数据，为农业生产和相关生物资源账户提供了较好的数据来源，中国需参考 SEEA-AFF 2020 对现有农业基础数据进行调整，并补充收集其他

数据编制农业生产和相关生物资源账户。其中，农业活动生产和收入扩展账户可在农业的总产出、中间消耗及增加值的基础上，补充收集农业固定资本形成总额、固定资本消耗等数据进行编制。农产品流量账户可以农产品的价格和产量等数据为基础，补充农产品固定资本形成总额、存货变动等其余流量数据以开展编制工作。农业资产账户可通过中国自然资源资产负债表中的林木资源账户编制木材资源资产账户和林地资产账户，通过农产品和林产品的播种面积数据编制作物资产账户和林地资产账户，通过牲畜存栏数编制畜牧资产账户，并补充收集水生资源数据编制水生资源资产账户。

第三，完整建立 SEEA，编制环境资产、主要自然投入和残余物流量账户。环境资产、主要自然投入和残余物流量账户需以 SEEA 2012 为基础，分离和细化 SEEA 2012 与农业相关的水、能源等部分进行编制，而参考 SEEA 2012 完整地建立 SEEA 是中国编制环境资产、主要自然投入和残余物流量账户的关键，但目前中国尚未参考 SEEA 2012 完整地建立 SEEA，中国环境资产、主要自然投入和残余物流量账户的数据基础较弱，中国可在编制完农业生产和相关生物资源账户后再编制环境资产、主要自然投入和残余物流量账户。截至目前，中国已参考 SEEA 2012 的资产账户试行自然资源资产负债表，包括土地资源、林木资源、水和矿产资源资产账户（施发启，2021），据此中国可优先编制环境资产、主要自然投入和残余物流量账户中土地和水资源的资产账户。在农业肥料和农药使用量的数据基础上，中国还可编制肥料和农药的实物流量账户。此外，中国编制能源、水等实物流量账户的数据基础较弱，这源于中国只参考 SEEA 2012 编制资产账户而不编制实物流量账户，在编制完肥料和农药的实物流量账户后，接下来应针对能源、水等其余实物流量账户进行编制补充。

第四，编制合并账户与构建指标，帮助农业制定综合政策。在中国农业环境卫星账户中的基础账户编制完成后，中国可汇总基础账户编制合并账户，综合中国农业环境卫星账户数据。SEEA-AFF 2020 虽未提出一套明确的指标体系，但中国可根据自身需要自行编制中国农业指标，如通过农业的水、能源等环境投入与产品产量的比率构建环境比率指标（如计算生产玉米的能源使用量与玉米产量之比，得到生产每吨玉米的能源使用量），通过各类粮食的最终使用量，结合各类粮食的营养成分，综合分析中国居民的营养情况（如通过每种粮食的住户最终使用量与每种粮食的各类维生素含量，计算中国居民各类维生素的摄入情况），以帮助农业制定综合政策。

第五，调整行业与产品分类结构，助力数字农业发展。国家农业现代化建设急需数字农业工程的部署，但目前 SEEA-AFF 2020 中缺乏相关内容。基于此，中国可在两方面调整 SEEA-AFF 2020 账户的行业与产品分类结构，以助力数字农业发展。一是中国可调整农业产品货币流量账户中的中间消耗项目，显示温控装置、自动施肥机等数字产品如何投入到农业中。二是由于 SEEA-AFF 2020 农业活动生产和收入扩展账户中对产出的细化程度不足，中国可在此账户产出中细化与数字经济相关的行业产出，显示投入的数字产品在农业中产生多少产出。

第六，针对跨国地区拆分组合账户，帮助各国共同开发地区农业。农业的发展与区域环境高度相关，而适宜农业发展的地区或将跨国，在各国农业环境卫星账户参考 SEEA-AFF 2020 统一编制的情况下，SEEA-AFF 2020 支持跨国分析某一地区的农业。例如，对于土地肥沃、灌溉便利的湄公河-澜沧江流域，中国与越南、老挝、柬埔寨、缅甸、泰国的农业环境卫星账户可拆分出湄公河-澜沧江流域地区并进行合并，对该流域的农业进行综合分析，以帮助 6 国共同开发湄公河-澜沧江流域的农业。

三、中国农业环境卫星账户经验对 SEEA-AFF 2020 的提升展望

中国不仅编制农林业经济卫星账户，还将其方法扩展至渔业经济卫星账

户，在 SNA 的框架下完全实现 3 个行业经济卫星账户的合并，积极促进了 SEEA-AFF 2020 农业环境卫星账户的合并工作，为国际标准的修订提供了中国智慧。未来，中国在参考 SEEA-AFF 2020 编制农业环境卫星账户的基础上，可从以下三个方面积极参与农业经济卫星账户的修订工作。

一是对土壤资源核算展开深入研究。尽管 SEEA-AFF 2020 推荐《2014 年世界土壤资源参考基础》（World Reference Base for Soil Resources 2014）作为土壤资源分类，与 SEEA 2012 相比有一定进步，但 SEEA-AFF 2020 的土壤资源资产账户形式仍与 SEEA 2012 一致，未具体显示土壤资源分类。随着世界各国对土壤资源核算的进一步研究，在土壤资源资产账户中显示土壤资源分类将是未来 SEEA 和农业环境卫星账户重要的研究方向。

二是将环境质量核算纳入农业环境卫星账户。SEEA-AFF 2020 未测度农业环境质量的变化，是由于环境质量核算极具挑战性，也无法明确有多少环境质量变化是由农业活动造成的。但随着 SEEA-EA 2021 已作为国际标准，以及 SEEA-Water 2012 对水质账户的进一步修订，将环境质量核算纳入农业环境卫星账户将是今后的重要研究领域。

三是将环境活动卫星账户与农业环境卫星账户联系起来。SEEA-Forestry 2004 和 SEEA-Fisheries 2004 曾将环境活动卫星账户中的森林资源管理与环境保护支出账户和水生资源管理与环境保护支出账户分别纳入林业卫星账户和渔业卫星账户。虽然 SEEA-AFF 2020 为精简账户数量，未纳入森林资源管理与环境保护支出账户和水生资源管理与环境保护支出账户，但对森林资源和水生资源管理水平的提高将对农业产生积极影响。因此，未来可将环境活动卫星账户与农业环境卫星账户联系起来，通过资源管理水平的提高带动农业发展。

第十九章
投入产出视角下农业碳排放核算的理论基础与编制应用[①]

粮食安全是世界和平与发展的重要保障，是构建人类命运共同体的重要基础，关系人类永续发展和前途命运。粮食安全亦是国家安全的重要基础，是国家长治久安的重要物质基础。保障粮食安全的要求之一就是生产足够多的粮食，但目前中国粮食产量增加更多的是依靠农药、化肥、农用机械等现代农业生产要素投入，高投入、高产出的同时也带来了高排放，在一定程度上影响了农业生态系统平衡。因此，本章以构建农业碳排放核算的理论基础为研究起点，并基于多区域投入产出核算结果测算农业碳排放转移，明晰各个省份在农业贸易碳排放转移网络中位置，将复杂网络理论与面板回归模型结合，论证各省份在农业贸易碳排放转移网络中的角色是否对其直接碳排放产生影响，进一步基于环境经济视角提出农业碳减排改进思路。

第一节　农业碳排放核算的理论基础

近年来国家致力于经济转型，为了解决部分产业过度依赖外需的现状，国家开始注重加强国内消费需求，注重国内区域间贸易。然而相对于对外贸

① 本章执笔人：陈菁泉、信猛、马晓君。本章内容发表于《中国环境科学》2023 年第 3 期。

易研究一直是热点问题来说，国内贸易的理论以及实证研究相对比较匮乏（李自若等，2020）。地区间贸易是指不同市场空间的市场主体之间进行的贸易，受社会分工和商品经济的发展及其自身资源禀赋不同的影响，各省份的生产结构、生产内容以及所拥有的生产要素不同，导致各地区间相互联系、相互依赖，形成越来越密切的贸易往来。根据商务部发布的数据，2017 年中国国内贸易首次突破 10 万亿元，占 GDP 比重约 13%，占比仅次于制造业，成为经济发展、扩大就业、税收增长的主要贡献力量①。然而现有研究表明区域间密切贸易流动带动产品和服务流动的同时，还带来了大量二氧化碳排放的转移（王安静等，2017；王宪恩等，2021），贸易流动带来的二氧化碳转移成为不可忽视的问题，对碳减排效果影响重大（李富佳，2018）。此外，区域间贸易除了带来经济溢出和反馈效应外，还会存在碳排放溢出和反馈效应（唐志鹏等，2014），由此区域间贸易碳排放转移是否会对地区直接碳排放有影响，也是我们应该关注的问题之一。

基于此，为了实现各省份农业直接碳减排，探寻其驱动因素，本章以区域间农业贸易碳排放转移网络为视角，通过我国 30 个省份（不包括西藏、港澳台地区）面板数据的实证研究，厘清各省份在农业贸易碳排放转移网络中的位置，探索区域间农业贸易碳排放转移是否对各省份农业直接碳排放有影响，为各省份制定农业碳减排措施提供参考。

为应对气候变化危机，英国于 2003 年在英政府文件——能源白皮书《我们能源的未来：创建低碳经济》中，首次提出“低碳经济”（low—carbon economy）的概念。低碳农业是低碳经济的主要组成部分，是现代农业应对气候变化危机的一种探索，目的是在保障高效率生产的基础上，减少大气中温室气体的含量，通过减少碳排放、发挥农业碳汇作用和运用现代化科技等手段，实现高效、低

①《我国国内贸易增加值首破 10 万亿元》，http://finance.people.com.cn/n1/2018/0202/c1004-29801550.html[2018-02-02]。

耗、低排、高碳汇的农业。它强调资源的低消耗和低投入、污染物低排放和高效的农业经营方式。由于二氧化碳排放对全球温室气体形成起着决定性作用，且成果可共享，低碳农业具有全球性和外部性。此外，要实现低碳农业需要较长的时间，是一项长期的任务，因此低碳农业又具备明显的长期性。

全球经济一体化的快速发展，使区域与区域间的贸易往来越来越密切，促进区域间生产要素的流动以及经济水平发展。但一国或地区进行贸易活动不仅带来经济增长，还伴随着碳排放转移，造成污染转移。目前，对外贸易引起碳排放转移已成为公认的事实（陆旸，2012）。且随着学者对国内区域间贸易碳排放转移关注的增加，中国区域间贸易同样被证实存在碳排放转移，目前中国区域间碳排放主要以碳排放转入为主（孙立成等，2014），且面临的碳泄漏主要存在于区域间贸易而非对外贸易（潘安，2017）。此外，区域间贸易除了带来经济溢出和反馈效应外，还会存在碳排放溢出和反馈效应（唐志鹏等，2014）。基于以上现有研究，本章认为中国各省份间是存在农业贸易碳排放转移的，且转移是双向的。

关于贸易对气候变化的影响，可从规模效应、技术效应和结构效应三个方面展开分析。首先，根据规模效应，当经济规模越大时，所需要的能源也就越多，由此造成碳排放量增加。由于本章研究的区域间农业贸易碳排放转移量主要由最终需求引起，所以造成其他省份各部门的直接或者间接消耗。因此，本章认为一个省份的农业总产量越多（其他省份对其需求越大），造成的二氧化碳排放量越多。其次，根据技术效应，经济增长的过程中会促进生产技术的提升，如在东部发达地区，生产技术的提高可以有效减少碳排放量。因此，本章认为在其他生产要素相同的情况下，一个地区技术水平越高，生产效率越高，二氧化碳排放量越少。最后，根据结构效应，产业结构优化有利于减少碳排放。广义农业包括农林牧渔业，狭义的农业仅指种植业。现有研究表明，相对于经济作物，粮食作物产出较低，化学品投入也较低，因此碳排放较少。

因此，本章认为粮食种植比例越高的地区，二氧化碳排放量相对越少。

农业作为世界第二大碳排放源，农业碳排放和农业碳减排的环境改善价值不容忽视（Cui et al.，2021）。由此，引发越来越多的学者围绕农业碳排放进行讨论。对农业碳排放量进行合理的测算是了解农业碳排放的现状及区域特征的基本前提（史俊晖和戴小文，2020）。在农业碳排放关注初期，碳排放的测算仅局限于直接碳排放，主要通过结合农业碳排放来源以及联合国政府间气候变化专门委员会（Intergovernmental Panel on Climate Change，IPCC）公布的排放系数测算农业碳排放（Dalgaard et al.，2011；Tian et al.，2014；Zhang et al.，2019；Li et al.，2019；田云和吴海涛，2020）。然而随着农业碳排放相关研究不断深入，学者发现除了农业生产过程中会产生直接碳排放外，农田灌溉以及农药、农膜等农业生产要素在生产、运输、储存及使用过程中还会产生间接碳排放（杜江等，2019）。全球经济一体化的快速发展，使区域与区域间的联系密切，各地区农业碳排放量不仅受到来自本地区农业碳排放的直接影响，还会受到其他地区农业碳排放的影响（王珧等，2019）。因此，许多学者开始关注隐含在商品中的碳排放。目前关于农业隐含碳排放的测算方法主要包括生命周期评价法（life cycle approach，LCA）（杜江等，2019；Li et al.，2021）、投入产出法（input-output method，IO）（许源等，2013；戴育琴等，2016；Wang et al.，2020）以及将生命周期评价法与投入产出法结合的混合法（LCA-IO）（黄祖辉和米松华，2011）。此外，为了解决多区域投入产出表更新缓慢的缺陷，对环境资源进行最新研究，也有学者运用准投入产出模型构建全球农产品贸易网络以估算温室气体排放量（Niu et al.，2020）。由于农业具有很强的正外部性（碳汇、固碳等功能），一部分学者在考虑农业碳汇以及土地固碳的基础上核算农业净碳排放量（Franzluebbers，2005；Alam et al.，2019）。

农业是一种依赖资源开发的人类活动，水、土地是与农业生产活动直接相关的因素，通过它们之间的相互作用，碳在与水和土地有关的农业活动中由能源消耗产生（Zhao et al.，2018），二氧化碳的排放造成温室效应加剧进而导致气候变化，气候变化反过来影响农作物的生长（Bai et al.，2019）。因此，影响农业碳排放的因素有很多，为了促进农业二氧化碳的有效减排，在对农业碳排放核算的基础上，学者进一步研究了农业碳排放的驱动因素。部分学者使用对数平均迪氏分解法（logarithmic mean Divisia index，LMDI）、Kaya（卡亚）恒等关系、空间计量等模型，分别将农产品出口隐含碳排放分解为碳排放强度效应、出口结构效应和出口规模效应（齐玮和侯宇硕，2017），将省域农业碳排放分解为农业生产资料的效率因子、农业结构因子和农业经济水平因子（Tian et al.，2014），将中国农业能源消耗碳排放分解为一般技术因素、农业低碳技术因素、农村生活水平因素、间接城镇化因素以及人口规模因素等 5 个因素（戴小文等，2015），将国内省域农业隐含碳排放分解为经济规模、经济结构、一般农业技术进步和低碳农业技术进步（史俊晖和戴小文，2020）。中国粮食主产区农业碳排放除了受本地区农业碳排放的直接影响，还会受到其他地区农业碳排放的影响（王珧等，2019），常见的经济增长和能源强度等影响因素因为地区不同对农业碳排放的影响也有所不同（Xu and Lin，2017）。尽管不同研究使用的方法不同，但大部分研究表明：经济规模和出口规模是农业碳排放的正向驱动因素，人口规模虽然对农业碳排放呈正向驱动，但驱动力不强；而经济结构和技术进步是农业碳排放的负向驱动因素。平衡经济发展与环境保护之间的关系是当前世界范围内的热门话题，由此部分学者针对经济增长与农业碳排放关系展开讨论，得出农业经济增长与农业碳排放之间存在双向因果关系（Zhang et al.，2019）。此外，随着全球化进程加快，有学者关注到农业食品市场的持续自由化是否影响各国减排政策以及减排成果这一问题，通过研究发现贸易自由化本身对农业温室气体排放影响不大，但是和碳定价的结合增加了排放量的泄漏，这将会抵消部分国家的减排成果（Himics et al.，2018）。

总结来讲，目前关于农业碳排量测算的研究方法已经较为成熟，取得的研究成果较为丰硕，为农业碳排放准确测算以及进一步探索农业碳排放驱动因素奠定基础。但目前关于农业碳排放驱动因素的研究无论是从国家还是从省域层面多集中于自身经济、技术、空间效应等方面对其的影响。但随着中国国内贸易越来越密切，部分学者开始注意到区域间贸易碳排放转移，发现贸易碳排放转移对碳减排成果影响重大，且区域间贸易不仅存在经济溢出和反馈效应，还存在碳排放。然而目前从区域间碳排放转移角度出发，探索其对农业直接碳排放影响的研究较为匮乏。此外，现有碳排放转移研究多是以对外贸易为研究对象，国内贸易即区域间贸易的理论和实证研究较少。

基于此，本章尝试在以下方面做出贡献：首先基于多区域投入产出表计算农业碳排放转移，初步分析各省份间以及粮食主产区、主销区以及产销平衡区三大功能区①的农业碳排放转移情况。然后利用复杂网络理论构建全国农业碳排放转移网络，明晰各个省份在农业贸易碳排放转移网络中的位置。最后结合复杂网络理论与面板回归模型论证各省份在农业贸易碳排放转移网络中的角色是否对其直接碳排放产生影响。

第二节　基于多区域投入产出核算的农业碳排放转移测算

一、农业直接碳排放测算

直接碳排放是指煤炭、天然气、石油等化石能源燃烧活动，车辆使用化

---

① 中国根据各个省份生产与消费的总体特征以及资源禀赋、自然条件等传统因素将 31 个省份（不包括港澳台地区）划分为粮食主产区、主销区以及产销平衡区三个功能区。《粮食生产区划分有待完善》（经济日报 8 月 3 日第 5 版），https://www.moa.gov.cn/ztzl/ymksn/jjrbbd/202308/t20230803_6433429.htm [2023-08-03]。

石燃料燃烧产生的排放以及生产工艺过程排放。本章从农业直接碳排放源出发，根据《省级温室气体清单编制指南（试行）》（2011 年）以及考虑数据的可获得性，确定农业直接碳排放包括以下过程：水稻种植甲烷排放、氮肥使用氧化亚氮排放、动物肠道发酵甲烷排放、动物粪便管理甲烷和氧化亚氮排放以及各类能源燃烧二氧化碳排放，其中前 4 种排放被称为非能源物质碳排放，即农业直接碳排放计算公式为

$$c = c_1 + c_2 \tag{19-1}$$

其中，c 为农业直接碳排放量；c_1 为非能源物质碳排放量；c_2 为能源物质碳排放量。数据来源于中国碳核算数据库（China Emission Accounts and Datasets，CEADs）。

根据《省级温室气体清单编制指南（试行）》（2011 年），非能源物质碳排放量计算公式为

$$c_1 = \sum_{i=1}^{4}\sum_{j=1}^{2} c_{ij} = \sum_{i=1}^{4}\sum_{j=1}^{2}(\partial_{ij}T_{ij} \times \mathrm{GWP}_{ij}) \tag{19-2}$$

其中，i 为水稻种植甲烷排放、氮肥使用氧化亚氮排放、动物肠道发酵甲烷排放、动物粪便管理甲烷和氧化亚氮排放 4 种碳排放来源；j 为碳排放来源所产生的温室气体种类；∂_{ij} 为各碳排放来源产生温室气体的排放系数（表 19-1、表 19-2）；T_{ij} 为各碳排放来源的使用量，其中禽畜饲养情况借鉴胡向东和王济民（2010）的处理方法，出栏率小于 1 的禽畜年平均饲养量由上年末存栏量与本年末存栏量平均所得，出栏率大于 1 的利用“年平均饲养量=禽畜平均生命周期×（年禽畜出栏数/365）”调整所得；GWP_{ij} 为不同温室气体的全球变暖潜力值，即 1 吨不同温室气体相当于多少吨二氧化碳，参考《京都议定书》，确定 1 吨甲烷产生的温室效应相当于排放 21 吨二氧化碳，1 吨

氧化亚氮产生的温室气体效应相当于排放310吨二氧化碳。

表 **19-1** 水稻甲烷排放系数 单位：克/米 ^{2}

省份	早稻	双季晚稻	中稻和一季晚稻
北京	0.00	0.0	13.23
天津	0.00	0.0	11.34
河北	0.00	0.0	15.33
山西	0.00	0.0	6.62
内蒙古	0.00	0.0	8.93
辽宁	0.00	0.0	9.24
吉林	0.00	0.0	5.57
黑龙江	0.00	0.0	8.31
上海	12.41	27.5	53.87
江苏	16.07	27.6	53.55
浙江	14.37	34.5	57.96
安徽	16.75	27.6	51.24
福建	7.74	52.6	43.47
江西	15.47	45.8	65.42
山东	0.00	0.0	21.00
河南	0.00	0.0	17.85
湖北	17.51	39.0	58.17
湖南	14.71	34.1	56.28
广东	15.05	51.6	57.02
广西	12.41	49.1	47.78
海南	13.43	49.4	52.29
重庆	6.55	18.5	25.73
四川	6.55	18.5	25.73
贵州	5.10	21.0	22.05
云南	2.38	7.6	7.25

续表

省份	早稻	双季晚稻	中稻和一季晚稻
陕西	0.00	0.0	12.51
甘肃	0.00	0.0	6.83
青海	0.00	0.0	0.00
宁夏	0.00	0.0	7.35
新疆	0.00	0.0	10.50

注：水稻甲烷排放系数参考闵继胜和胡浩（2012）

表 **19-2** 禽畜甲烷和氧化亚氮排放系数　　单位：千克/（头·年）

品种	禽畜甲烷排放系数		禽畜氧化亚氮排放系数
	肠道发酵排放	粪便管理排放	粪便排放
奶牛	68.00	16.00	1.000
非奶牛	51.40	1.50	1.365
马	18.00	1.64	1.390
驴	10.00	0.90	1.390
骡	10.00	0.90	1.390
骆驼	46.00	1.92	1.390
生猪	1.00	3.50	0.530
山羊	5.00	0.16	0.330
绵羊	5.00	0.16	0.330
家禽	—	0.02	0.020
兔	0.254	0.08	0.020

注：禽畜甲烷和氧化亚氮排放系数参考闵继胜和胡浩（2012）。其中，非奶牛甲烷排放系数和氧化亚氮排放系数分别由水牛和黄牛甲烷排放系数和氧化亚氮排放系数平均所得

二、省份间农业贸易碳排放转移测算

碳排放转移是指商品与服务的跨区域流动带动了二氧化碳的跨区域流入和流出。目前多区域投入产出模型（multi-regional input-output model，MRIO）

是当前公认的测算碳排放转移的方法之一。MRIO 模型是利用商品和劳务流动，将多个区域投入产出表连接而成的跨区域投入产出连接模型，可以反映不同区域、不同产业之间的经济联系。本章利用非竞争性投入产出模型（总产出不包含进口）测算我国 30 个省份间农业贸易碳排放转移量。

根据 MRIO 模型原理可得各省份间农业贸易碳排放转移量测算具体步骤如下。

在投入产出理论中，总产出和最终消费之间始终存在如下均衡关系：

$$X=(I-A)^{-1}Y \tag{19-3}$$

其中，X 为农业部门总产出列向量；Y 为最终使用列向量；A 为直接消耗系数矩阵。单位矩阵的阶数与直接消耗矩阵的阶数相同。$(I-A)^{-1}$ 是一个列昂惕夫逆矩阵，它表示一个部门的（额外）产出，这是满足另一个部门的单位最终需求所必需的。

在多区域投入产出分析中，农业直接碳排放系数计算公式如下：

$$\theta^r=\frac{P^r}{X^r} \tag{19-4}$$

其中，θ^r 为 r 地区农业直接碳排放系数；P^r 为 r 地区农业直接碳排放量；X^r 为 r 地区农业部门总产出。结合列昂惕夫逆矩阵可得农业完全碳排放系数 ε 为

$$\varepsilon=\theta(I-A)^{-1} \tag{19-5}$$

写成矩阵的形式即为

$$\varepsilon^r=\begin{bmatrix}\theta_{11}^r & & \\ & 0 & \\ & & \ddots & \\ & & & 0\end{bmatrix}\left[1-\begin{pmatrix}a_{11}^{rs} & a_{12}^{rs} & \cdots & a_{1n}^{rs}\\ a_{21}^{rs} & a_{22}^{rs} & \cdots & a_{2n}^{rs}\\ \vdots & \vdots & & \vdots\\ a_{n1}^{rs} & a_{n2}^{rs} & \cdots & a_{nn}^{rs}\end{pmatrix}\right]^{-1} \tag{19-6}$$

其中，θ_{11}^{r} 为 r 地区农业直接碳排放系数，由于本章研究各地区间农业贸易碳排放转移，由此其他部门碳排放直接系数均设置为 0；直接消耗系数矩阵下标表示有 1～n个部门（$n=1,2,\cdots,30$）。

通过将农业完全碳排放系数乘以最终使用部分可以得出农业总碳排放量，总碳排放量包括直接碳排放量和间接碳排放量，即 s 地区最终使用对 r 地区农业部门直接和间接消耗引起的碳排放转移量，因此我们可以使用总碳排放量来衡量区域间的碳排放转移，即区域间的农业贸易碳排放转移量为

$$c^{rs}=\varepsilon^{r}Y^{rs} \tag{19-7}$$

写成矩阵的形式即为

$$c^{rs}=\begin{bmatrix}\varepsilon_{11}^{r} & \varepsilon_{12}^{r} & \cdots & \varepsilon_{1n}^{r}\\ 0 & 0 & \cdots & 0\\ \vdots & \vdots & & \vdots\\ 0 & 0 & \cdots & 0\end{bmatrix}\begin{bmatrix}y_{1}^{rs}\\ y_{2}^{rs}\\ \vdots\\ y_{n}^{rs}\end{bmatrix} \tag{19-8}$$

其中，c^{rs} 为 s 地区转移给 r 地区的农业贸易碳排放量；ε^{r} 为 r 地区农业部门完全碳排放系数；y^{rs} 为 r 地区各部门货物和产品用于 s 地区的最终使用部分。此外，碳排放转移量单位与直接碳排放量单位相同（同为吨）。

三、农业贸易碳排放转移网络

复杂网络（complex network）是由大量节点和节点之间错综复杂的关系构成的网络结构，普遍存在着聚类特性，可用于反映一个区域与另一个区域的相互关系（Girvan and Newman，2002）。目前，许多学者尝试将投入产出理论和复杂网络理论结合，试图通过网络的构建和网络结构特征的分析，来取得一些有价值的研究成果（Chen et al.，2018；Tang et al.，2019；Wang et al.，2019；Liang et al.，2020；袁文俊，2020）。可见，将复杂网络理论与投入

产出模型结合构建全国农业贸易碳排放转移网络是成熟可行的。由此，本章以各省份为节点，以省份间的碳排放关系为边缘，以碳排放转移量为权重，得到加权有向网络，构建全国农业贸易碳排放转移网络。随后，借助复杂网络理论相关指标量化各省份在农业贸易碳排放转移网络中的位置。主要包括以下指标。

（一）强度（转移强度）

在有向加权网络中，强度表示连接到一个节点的边的总权重，由于是有向网络，强度可以分为加权出度和加权入度。本章将加权出度定义为农业贸易碳排放流出强度，加权入度定义为农业贸易碳排放流入强度。计算公式分别为

$$\mathrm{SO}_i = \sum_{j \in N_i} w_{ij} (j \neq i) \tag{19-9}$$

$$\mathrm{SI}_i = \sum_{j \in N_i} w_{ji} (j \neq i) \tag{19-10}$$

其中，SO_i和SI_i分别为省份i的农业贸易碳排放流出强度和农业贸易碳排放流入强度；w_{ij}为省份i对j的农业贸易碳排放转移流出量；w_{ji}为省份j对i的农业贸易碳排放转移流入量（本章碳排放流入量和流出量不包括由自身引起的流入流出量）。

（二）介数中心性（传输介质能力）

一个节点的介数中心性是由该节点的最短路径数定义的，其中心思想是：如果一个省份位于其他省份的多条最短路径上，那么该省份就位于网络的核心位置，就具有较大的介数中心性。介数中心性一般用来衡量网络节点的传输介质能力，即一个省份具有高介数，则说明这个省份在全国农业贸易碳排放转移网络中具有强大的传输介质能力。介数中心性的计算公式如下

（Brandes，2001）：

$$\mathrm{BC}_i = \sum_{j=1}^{n}\sum_{k=1}^{n} g_{jk}(i) \big/ g_{jk},\ j \neq k \neq i, j < k \tag{19-11}$$

其中，BC_i 为省份 i 的介数中心性；$g_{jk}(i)$ 为从节点 j 到节点 k 通过节点 i 的最短路径的数目；g_{jk} 为节点 j 到节点 k 的最短路径数。

（三）特征向量中心性（影响力）

特征向量中心性是测度节点对网络影响的一种指标。特征向量中心性认为一个节点的重要性既取决于其邻居节点的数量，也取决于每个邻居节点的重要性，即一个节点的邻居节点越重要，该节点也越重要。如果一个节点具有较高的特征向量中心性，则它具有很多种重要的邻居节点，在全国农业贸易碳排放转移网络中，意味着这个省份有许多重要的转移对象，具有较高的影响力。本章参考 Jiang 等（2019）在确定特征向量中心性时考虑边缘的权重，因此重要的转移对象通常具有许多转移关系和转移量，特征向量中心性的计算公式如下：

$$\mathrm{EC}_i = \frac{1}{\lambda}\sum_{j \in N_i} w_{ij}\mathrm{EC}_j \tag{19-12}$$

其中，EC_i 为省份 i 的特征向量中心性；λ 为一个常数；N_i 为节点的节点数；w_{ij} 为省份 i 向 j 的农业贸易碳排放转移流出量。

四、各省份在全国农业贸易碳排放转移网络中位置的探索

（一）模型设定

考虑各省份在全国农业贸易碳排放转移网络中位于不同的位置，且会随

着时间的变化而变化的特点，本章选取面板回归模型探索各省份在全国农业贸易碳排放转移网络中扮演的角色与该省份农业直接碳排放之间的关系，模型设定如下：

$$Y_{it}=\alpha+\beta_1 X_{it}+\beta_2 \text{control}_{it}+\varepsilon_{it} \tag{19-13}$$

其中，Y_{it} 为被解释变量，即各省份农业直接碳排放（ADCE）；X_{it} 为解释变量，包括农业贸易碳排放流出强度（SO）、农业贸易碳排放流入强度（SI）、传输介质能力（BC）以及影响力（EC）等相关指标；control_{it} 为控制变量，包括农业经济发展水平（AE）、农业产业结构（AIS）、城镇化水平（UL）、农业化学品投入强度（ACH）、农作物种植结构（CPS）、农业机械投入强度（AMII）、财政支农水平（FSA）以及劳动力素质（QAL）等指标；ε_{it} 为随机扰动项。

（二）指标选取

1. 被解释变量

根据研究目的，本章选取农业直接碳排放（ADCE）作为被解释变量，数据由式（19-1）计算所得。

2. 解释变量

本章选取网络个体特征指标中的加权出度、加权入度、介数中心性以及特征向量中心性分别来衡量各省份的农业贸易碳排放流出强度（SO）、农业贸易碳排放流入强度（SI）、传输介质能力（BC）以及影响力（EC），以此探索各省份在全国农业贸易碳排放转移网络中的位置对农业直接碳排放的影响。数据由式（19-9）～式（19-12）计算所得。

3. 控制变量

为了消除导致各省份农业直接碳排放量增加的一些重要共同原因的影

响，在结合现有研究（吴贤荣等，2014；武春桃，2015；刘琼和肖海峰，2020；田云和王梦晨，2020）和本章研究内容的基础上，选择如下控制变量，具体解释如下。

农业经济发展水平（AE）：一般情况下，一个地区经济发展水平越高，农业生产越偏向资本密集型，农业物资投入量和生产技术水平越高，农业物资投入越大，如化肥、农药等均会产生大量二氧化碳，但生产技术提高会提高生产水平，进而减少碳排放。选择农村居民人均纯收入表示农业经济发展水平（田云和王梦晨，2020）。

农业产业结构（AIS）：产业结构类型决定着能源的使用效率、结构以及技术应用水平，科学的产业结构是降低碳排放的根本路径（刘晓敏，2012）。由此，本章参考武春桃（2015）的处理方法，选择农业总产值与农林牧渔总产值的比值表示农业产业结构。

城镇化水平（UL）：城镇化进程中，第一产业比重逐渐下降，农用地有所减少，降低了农业碳排放量；而第二、三产业比重逐渐提高，制造业、服务业水平的不断进步会反作用于农业生产，促进其机械化、现代化步伐的快速推进，进一步也会导致农用能源使用量的增加，进而加剧温室气体排放（田云和王梦晨，2020）。选择城镇人口占比表示城镇化水平。

农业化学品投入强度（ACH）：农业化学品投入包括农用化肥、农药以及农膜等，这些农用化学品在提高产量的同时会造成土地污染、温室气体排放等环境污染。其中农用化肥使用量相对更高，且在使用过程中会直接或间接产生温室气体排放。此外，农用化肥二氧化碳排放量是地区农业直接碳排放变化的主要原因之一，尤其是在高纬度地区。选择农用化肥使用量与农作物播种总面积的比值表示农业化学品投入强度。

农作物种植结构（CPS）：农作物的种植结构会影响农肥、农药等化学物质使用量变化（侯孟阳和姚顺波，2019），而农肥和农药的使用会造成大量二氧化碳排放。选择粮食种植面积与农作物播种总面积的比值表示农作物种植结构。

农业机械投入强度（AMII）：农业机械投入强度增加会造成大量柴油消耗，进而增加农业碳排放量。选择农用机械总动力与农作物总播种面积的比值表示农用机械投入强度。

财政支农水平（FSA）：财政支农投入能促进农业科技化水平，优化劳动力，从而降低农业生产过程中的碳排放，参考邓卫平（2016）的处理方法，选择财政农林水事务支出与农作物总播种面积的比值表示财政支农水平。

劳动力素质（QAL）：地区的农业劳动力素质在一定程度上代表着地区的农业生产水平，劳动力素质越高，越讲究科学种植，在施肥、灌溉等方面越能科学把控量的使用，从而降低农作物生产过程中的碳排放量。参考陈菁泉等（2020）的处理方法，选择平均每一农业劳动力生产粮食产量表示劳动力素质。

综上，变量的描述性统计分析如表 19-3 所示。

表 **19-3**　变量的描述性统计分析

指标类型	具体指标	表达方式	单位	均值	标准差	最小值	最大值
被解释变量	农业直接碳排放	ADCE	吨	2.28×10^7	1.45×10^7	1 275 184	5.96×10^7
解释变量	农业贸易碳排放流出强度	SO	吨	7 062 288	5 291 418	0	3.69×10^7
	农业贸易碳排放流入强度	SI	吨	7 062 288	5 694 589	4 549.396	2.31×10^7
	传输介质能力	BC		0.013	0.020	0	0.109
	影响力	EC		0.636	0.364	0	1
控制变量	农业经济发展水平	AE	元	7 564	3 683	2 329	21 315
	农业产业结构	AIS	%	0.542	0.168	0.367	2.313
	城镇化水平	UL	%	0.544	0.135	0.282	0.893

续表

指标类型	具体指标	表达方式	单位	均值	标准差	最小值	最大值
控制变量	农业化学品投入强度	ACH	吨/公顷 2	0.366	0.124	0.147	0.751
	农作物种植结构	CPS	%	0.654	0.131	0.328	0.958
	农业机械投入强度	AMII	千瓦/公顷 2	6.119	2.551	2.341	13.94
	财政支农水平	FSA	元/公顷 2	16 340	42 559	891	428 743
	劳动力素质	QAL	公斤/人	2 314	1 649	586.8	9 908

注：1 公顷=10 000 平方米

五、数据来源

本章考虑数据的准确性、客观性以及中国现有统计数据的实际情况，确定研究范围为我国 30 个省份（不包括西藏、港澳台地区），样本为 2007～2017 年年度面板数据。农业直接碳排放测算涉及的农作物总播种面积、年禽畜出栏数、年禽畜存栏数以及农用化肥使用量等变量均来自《中国统计年鉴》《中国农业年鉴》《中国农村统计年鉴》以及各省份统计年鉴；30 个省份排放清单来自 CEADs［测算方法参考 Shan 等（2016）］。区域间投入产出表 2007 年以及 2010 年来自刘卫东等（2012，2014）；2012 年、2015 年、2017 年均来自 CEADs［测算方法参考 Zheng 等（2020）］①。其中，2007 年、2010 年、2012 年为 30 个部门；2015 年、2017 年为 42 个部门，本章结合 2017 年《国民经济行业分类》将其合并成 30 个部门②。控制变量数据均来自 2008 年、2011 年、2013 年、2016 年、2018 年《中国统计年鉴》《中国农业统计年鉴》《中国农村统计年鉴》《中国城乡建设统计年鉴》以及各省份统计年鉴。其中，农村居民人均纯收入用农村居民消费价格指数调整为以 2007 年为基期不变

① 通过查阅发现刘卫东等（2012）以及 Zheng 等（2020）在编制区域间投入产出表时的基础数据均为当年各省份的投入产出表，且核算区域间贸易流入流出时均使用引力模型，因此本章在使用区域间投入产出表时仅进行部门合并，并未针对来源不同做其他特殊处理。

② 由于本章仅涉及农林牧渔业，并不涉及部门间农业贸易碳排放转移。因此，为节省篇幅，本章不对具体部门分类进行展示。

价值；2012 年以后平均每一农业劳动力生产粮食产量缺失值由各地区粮食产量与农林牧渔业从业人员比值计算所得。

第三节　基于多区域投入产出核算的农业碳排放测算结果

一、各省份农业直接碳排放

根据式（19-1）、式（19-2）以及各碳源排放系数对中国 2007～2017 年各省份农业直接碳排放量进行测算，结果如表 19-4 所示。

表 19-4　2007～2017 年中国各省份农业直接碳排放　　单位：吨

省份	2007 年	2010 年	2012 年	2015 年	2017 年
北京	2 464 082.78	2 404 099.42	2 267 594.97	1 859 017.60	1 275 183.56
天津	2 169 033.02	2 599 468.99	2 862 604.58	2 796 666.95	2 703 197.81
河北	21 261 878.57	23 009 148.19	29 028 356.31	28 240 545.85	27 108 806.35
山西	8 473 995.13	10 295 151.26	11 005 944.74	10 438 861.31	10 775 624.41
内蒙古	25 842 439.22	34 066 593.41	36 209 824.29	38 716 630.43	41 457 055.82
辽宁	15 489 392.36	21 282 743.30	22 633 640.58	22 640 135.37	20 991 609.69
吉林	10 735 437.55	15 583 541.44	16 420 105.66	18 066 413.09	17 403 274.84
黑龙江	18 928 747.88	26 396 910.23	30 194 032.46	32 234 438.03	36 185 991.00
上海	3 114 130.36	2 876 220.87	2 935 063.92	2 732 468.95	2 633 687.62
江苏	40 990 234.04	42 570 993.51	45 181 941.53	44 327 703.45	42 976 920.16
浙江	20 608 461.16	20 941 483.98	20 421 469.38	19 319 271.42	17 125 987.24
安徽	31 933 848.25	35 689 449.53	36 566 489.16	37 890 722.55	40 761 130.31
福建	16 228 013.61	15 958 245.97	16 535 455.75	13 137 978.52	13 158 132.21
江西	31 937 775.52	35 919 360.93	37 355 963.76	38 518 188.16	42 369 398.31

续表

省份	2007年	2010年	2012年	2015年	2017年
山东	35 107 214.55	31 998 844.69	33 237 868.22	36 021 883.99	35 432 961.03
河南	30 680 182.24	40 801 111.44	42 718 859.44	45 317 198.93	40 091 684.94
湖北	35 234 471.18	40 517 573.40	43 256 137.32	45 845 137.80	48 597 423.87
湖南	46 231 670.50	51 907 487.88	55 174 441.42	57 956 904.77	59 587 935.98
广东	26 570 161.89	29 775 591.90	30 014 995.74	30 172 207.65	29 745 379.35
广西	23 741 707.47	28 786 865.13	26 906 091.62	28 345 308.35	26 636 642.40
海南	4 303 804.17	6 915 475.32	6 850 276.89	6 020 925.81	5 723 993.22
重庆	13 291 532.97	15 490 521.26	17 246 975.92	12 996 198.71	11 760 531.17
四川	33 893 519.72	44 217 260.18	43 885 292.45	45 472 599.43	42 929 746.79
贵州	13 126 871.11	14 780 205.60	14 591 849.08	16 541 716.59	18 504 964.89
云南	14 820 963.05	24 189 069.07	26 774 698.99	28 751 256.33	29 027 309.65
陕西	7 692 985.36	9 471 474.22	10 495 853.72	9 556 439.44	10 522 968.37
甘肃	8 215 741.62	14 121 920.08	15 715 447.11	16 469 543.28	15 747 864.57
青海	4 602 873.49	10 733 945.48	10 705 358.59	11 005 864.64	11 714 794.25
宁夏	2 354 654.23	3 540 836.36	3 792 049.82	4 093 888.49	4 198 167.19
新疆	20 712 738.53	18 895 321.62	20 342 636.58	22 844 992.48	26 539 051.90

由表 19-4 知，除了北京、浙江、上海、重庆以及福建等省份在 2007～2017 年大体处于下降趋势之外，中国大部分省份 2017 年农业直接碳排放量大于 2007 年农业直接碳排放量。但对于这些省份，2007～2017 年农业直接碳排放量并不是一直处于上升趋势。比较特殊的是：辽宁、吉林、天津、河北、河南、江苏、浙江、广东、海南、重庆、甘肃等省份呈先上升后下降的情况，其中，辽宁、吉林、河南、广东及甘肃等省份均只在 2017 年出现下降；山西、贵州、陕西、青海、新疆等省份某一年下降，其余年份均处于上升趋势。

农业直接碳排放量较大地区主要分布在粮食主产区，主要包括山东、河南、江苏、安徽、湖南、湖北以及四川省。根据国家统计局数据，2018 年主产区粮食产量占全国粮食总产量的比重为78.7%，有力保障了中国粮食安全，但粮食主产区不可避免的是在种植业以及畜牧业较为发达的情况下会导致产生更多的温室气体，可通过改良种植技术以及培养技术从根源上减少二氧化碳的排放。农业直接碳排放量较小的省份主要分布在东部发达地区或西部地区，主要包括北京、天津、上海、海南、宁夏以及青海。北京、天津、上海以及海南均属于较发达地区，但自身农业发展仅占该地区全部经济发展的小部分，其粮食主要产自粮食主产区，这也是该地区农业直接碳排放量较小的主要原因，此外，东部地区较为发达，种植技术以及农业机械化程度均较高，这为减少二氧化碳排放提供支撑。青海由于其自身地理位置、土地资源以及土壤等特点，在水稻种植方面还存在困难，因此不存在水稻种植相关二氧化碳排放，进一步导致该地区农业直接碳排放量较小，由此也间接证明了现有研究成果：水稻是中国最主要的甲烷排放源（闵继胜和胡浩，2012）。此外，青海和宁夏能源消耗二氧化碳排放在全国范围内最少。

结合地理位置和各省份农业直接碳排放主要影响碳源可知，地理位置比较接近的省份农业直接碳排放主要影响碳源相似，如内蒙古、辽宁、吉林以及黑龙江等高纬度地区农业直接碳排放量均受农用化肥的影响；安徽、江西、湖北、湖南、河南等中部地区农业直接碳排放量均受水稻种植和畜牧业二氧化碳排放增加的影响；北京、天津、河北、江苏以及山东等东部沿海发达地区农业直接碳排放量主要受能源消耗二氧化碳排放量影响；云南、贵州、宁夏以及青海等西部地区农业直接碳排放量均受畜牧业的影响。

二、区域间农业贸易碳排放转移

（一）三大功能区农业贸易碳排放转移情况分析

在农业直接碳排放量测算的基础上，根据式（19-3）～式（19-8）对中国2007～2017年各省份间农业贸易碳排放转移量进行测算，并根据各个省份生产与消费的总体特征以及资源禀赋、自然条件等传统因素，参考国家统计局将30个省份划分为粮食主产区、粮食主销区以及粮食产销平衡区3个功能区，并对3个功能区农业碳排放转移情况进行分析，结果如表19-5所示。

表**19-5** 三大功能区农业贸易碳排放转移情况 单位：吨

区域	区域流向	2007年	2010年	2012年	2015年	2017年
粮食主产区	主销区流入	52 677 926.63	52 307 745.87	51 362 323.43	66 630 081.27	33 189 946.18
	主产区流入	55 715 271.85	69 628 938.47	70 199 042.06	79 072 448.84	64 238 458.52
	平衡区流入	21 616 146.91	31 015 618.29	24 618 955.89	35 082 484.46	33 207 850.11
	流入合计	130 009 345.39	152 952 302.63	146 180 321.38	180 785 014.57	130 636 254.81
	向主销区流出	6 125 473.71	7 824 841.29	5 271 979.75	6 707 824.80	9 625 088.76
	向主产区流出	55 715 271.85	69 628 938.47	70 199 042.06	79 072 448.84	64 238 458.52
	向平衡区流出	15 096 148.81	18 894 920.17	16 119 389.74	27 201 567.92	25 447 853.43
	流出合计	76 936 894.37	96 348 699.93	91 590 411.55	112 981 841.56	99 311 400.71
粮食主销区	主销区流入	5 789 667.13	5 750 965.64	5 130 699.91	4 476 939.46	4 797 996.99
	主产区流入	6 125 473.71	7 824 841.29	5 271 979.75	6 707 824.80	9 625 088.76
	平衡区流入	3 295 774.34	4 757 040.22	2 286 812.99	3 076 058.56	3 614 134.46
	流入合计	15 210 915.18	18 332 847.15	12 689 492.65	14 260 822.82	18 037 220.21
	向主销区流出	5 789 667.13	5 750 965.64	5 130 699.91	4 476 939.46	4 797 996.99
	向主产区流出	52 677 926.63	52 307 745.87	51 362 323.43	66 630 081.27	33 189 946.18
	向平衡区流出	14 512 921.10	14 989 389.21	13 275 881.05	24 294 042.82	19 364 049.74
	流出合计	72 980 514.86	73 048 100.72	69 768 904.39	95 401 063.55	57 351 992.91
粮食产销平衡区	主销区流入	14 512 921.10	14 989 389.21	14 342 541.91	24 294 042.82	19 364 049.74
	主产区流入	15 096 148.81	18 894 920.17	17 977 282.83	27 201 567.92	25 447 853.43
	平衡区流入	6 849 729.63	10 026 412.52	7 338 679.22	8 307 787.07	15 605 401.57
	流入合计	36 458 799.54	43 910 721.90	39 658 503.96	59 803 397.81	60 417 304.74
	向主销区流出	3 295 774.34	4 757 040.22	2 286 812.99	3 076 058.56	3 614 134.46

续表

区域	区域流向	2007 年	2010 年	2012 年	2015 年	2017 年
粮食产销平衡区	向主产区流出	21 616 146.91	31 015 618.29	24 618 955.89	35 082 484.46	33 207 850.11
	向平衡区流出	6 849 729.63	10 026 412.52	6 331 375.22	8 307 787.07	15 605 401.57
	流出合计	31 761 650.88	45 799 071.03	33 237 144.10	46 466 330.09	52 427 386.14

注：表中流入流出量合计不包括省份自身最终使用引起的碳排放转移量

由表 19-5 可知，2007～2017 年粮食主产区、粮食产销平衡区流入流出情况有一定量的增加，粮食主销区 2017 年较 2007 年流入量有所增加，流出量有所减少。其中，粮食主产区和粮食产销平衡区流入量大于流出量，粮食主销区流出量大于流入量。粮食主产区和产销平衡区在粮食供给方面可以满足自身消耗，但粮食主销区人多地少，粮食自给率低，即使其他地区对该区域农业部门存在间接消耗，但总量相对较少，由此导致粮食主销区流出量大于流入量。

从碳排放流入情况来看，粮食主产区的流入量最大，其次是粮食产销平衡区，最后是粮食主销区。粮食主产区作为中国粮食生产主力，向全国其他省份提供粮食等农产品，使原本应该由其他省份承担的二氧化碳排放量流入粮食主产区。而粮食主销区由于其农业种植以及畜牧业饲养情况相对较少，对其他省份提供的农产品较少，由此导致主销区碳排放流入量较少。具体来看，粮食主产区主要流入来源于其自身的流入，其次是粮食主销区，最后是粮食产销平衡区。可见，粮食主产区农业贸易对象首先是其自身，其次是粮食主销区，最后是粮食产销平衡区。结合表 19-5 中去掉的自身最终使用引起的碳排放转移量来看，农业贸易流动性跟其他行业不同，作为国民经济基础，首先是满足自身使用，且同为粮食主产区省份之间流动相对更频繁。粮食主销区主要流入来源于主产区流入，其次是其自身，最后是粮食产销平衡区。粮食主销区虽然不是粮食生产主力区，但其经济较为发达、技术成熟，可向粮食主产区提供生产所需货物和产品，而这些货物和产品在生产过程中使用了农业部门产品，造成粮食主产区对粮食主销区农业部门间接消耗。粮食产销平衡区主要流入来源于粮食主产区，其次是粮食主销区，最后是其自身。说明粮食主产区对粮食产销平衡区的消耗最大，大于对粮食产销平衡区自身的消耗。

从碳排放流出情况来看，粮食主产区流出量最大，其次是粮食主销区，最后是粮食产销平衡区。粮食主产区虽然是粮食生产主力区，但由于各地区资源禀赋不同，因此不同地区农产品存在一定差异，现实生活中也不仅仅消耗自己生产的粮食蔬菜，也会从其他省份购买大量蔬菜和非自己主要生产的谷物，由此造成农业贸易，导致二氧化碳向其他地区流出。粮食主销区由于自身农业资源不够丰富，且国家统计局发布数据显示，2004～2023 年北京、天津、上海、浙江、福建、广东、海南这 7 个主销区的粮食播种面积减少 2693 万亩，粮食产量占全国的比重下降 3.1 个百分点，导致粮食自给率很低，而需要其他地区提供，由此造成主销区碳排放流出量较大。具体来看，粮食主产区主要流出方向是其自身，其次是粮食产销平衡区，最后是粮食主销区。可见粮食主产区最终使用部分首先来源于自身，其次是产销平衡区，最后是主销区。粮食主销区主要流出方向是粮食主产区，其次是粮食产销平衡区，最后是其自身。粮食产销平衡区主要流出方向是粮食主产区，其次是自身，最后是粮食主销区。说明粮食产销平衡区和主销区最终使用部分首先来自粮食主产区，由于粮食产销平衡区相对于粮食主销区自给率较高，因此产销平衡区第二大流出方向是其自身，而粮食主销区因为粮食自给率低，需要依靠主产区和产销平衡区提供，由此主产区和产销平衡区是其主要两大流向。

（二）各省份间农业贸易碳排放转移情况分析

为具体了解中国各省份农业贸易碳排放转移量情况，在对 3 个功能区碳排放转移情况分析的基础上，进一步对中国各省份间农业贸易碳排放转移量进行具体分析。由表 19-6 知，2007～2017 年碳排放流出量大于流入量的省份有北京、山西、上海、浙江、山东、广东、重庆以及陕西 8 个省份。8 个省份中除了山东，其余省份均属于粮食主销区和产销平衡区。这也证实了前文中 3 个功能区碳排放流入流出结果。前文分析知，粮食主销区由于地少人多，农业资源较少，导致其消费大于供给，由此造成碳排放流出量大于流入量。粮食产销平衡区虽然粮食自给率相对主销区较高，但根据中国农业科学院“中国粮食发展研究”课题组研究发现，除了新疆和宁夏，粮食产销平衡区自给率已由 2003 年的 97%下降到 2018 年的 58.5%，粮食自给率逐渐下降。由此看来，粮食主产区承担的粮食安全压力较重。山东为中国粮食大省，生产粮食除了满足自身消耗，还余留部分供其他省份消耗，但同时山东是人口大省，现今人民生活水平逐渐提高，交通便捷，人民需要的生活物资也不仅限于自己省份，与其他省份的贸易往来逐渐密切，由此造成碳排放流出量大于流入量。2007～2017 年碳排放流出量小于流入量的省份有江西、内蒙古、黑龙江、安徽、河南、湖南、广西以及新疆 8 个省份。8 个省份除了广西以及新疆外，其余省份均为粮食主产区。新疆属于粮食产销平衡区，是目前除了宁夏之外唯一保持高水平自给率的省份。此外，新疆由于独特的地理区位和气候资源具备独特的农业生产条件，其棉花以及葡萄等农产品生产在全国占据重要位置，是中国最大的商品棉生产基地。广西由于地形特点限制，水稻等粮食作物无法大规模种植，但其因为气候条件优势，适宜种植水果，水果种植面积和产量均位居全国前列；且随着中国—东盟自由贸易区正式建立，广西水果不仅提供国内消费，还大量出口到东盟等其他国家。其余省份碳排放净流出量正负情况不定，均与省份水稻、牲畜等总产出，经济发展状况以及当地气候状况等多种因素有关。

表 19-6　2007～2017 年各省份农业贸易碳排放流入流出情况表　　单位：万吨

省份	2007 年		2010 年		2012 年		2015 年		2017 年	
	流入	流出	流入	流出	流入	流出	流入	流出	流入	流出
北京	59.60	1163.29	72.35	913.16	134.47	1084.86	71.05	905.08	23.15	700.72
天津	129.16	857.48	108.99	756.93	80.27	746.32	109.95	805.65	0.45	0.00
河北	1160.96	805.44	1257.89	910.05	1154.14	1119.99	1360.52	734.67	382.79	998.33
山西	81.14	351.75	164.49	551.09	38.47	650.18	270.93	584.78	18.45	1293.00
内蒙古	1511.13	156.87	1227.83	479.91	1523.15	743.86	2108.06	531.23	1204.79	396.92
辽宁	403.20	385.47	531.31	598.53	463.98	1029.74	918.37	654.02	440.76	644.04
吉林	566.76	589.24	855.94	682.62	592.73	166.57	919.22	277.32	1006.27	594.11
黑龙江	962.87	338.74	1202.96	485.01	1508.12	703.33	2059.04	643.11	2107.80	456.40
上海	57.65	1819.36	78.34	1829.16	20.61	1741.30	24.72	1504.64	42.97	160.38
江苏	930.07	1033.48	1021.51	1480.88	1381.19	1081.30	1608.17	1257.42	952.04	1371.16
浙江	390.68	1036.71	438.23	1237.21	302.64	1523.99	382.76	1794.07	510.93	1943.55
安徽	1488.84	540.79	1815.13	584.59	1955.56	855.69	1967.90	1299.89	1344.29	708.80
福建	349.12	508.60	358.38	597.08	186.77	183.70	238.65	604.05	94.72	790.60
江西	887.57	290.97	1133.35	321.85	1287.33	460.81	1390.07	574.27	1454.08	579.99
山东	555.64	1389.97	996.86	1556.19	305.25	1140.31	397.77	1609.16	292.19	895.74
河南	911.16	722.46	1254.04	887.93	1759.33	983.81	1906.70	1411.00	1323.64	1063.77
湖北	922.69	604.74	1130.72	632.27	453.33	112.22	428.69	1077.58	325.16	878.37
湖南	1751.83	321.85	1564.41	442.40	1828.98	458.01	2306.95	597.07	1623.71	517.67
广东	491.84	1856.30	645.96	1910.44	104.00	1573.46	175.52	3690.87	763.60	2002.23
广西	1050.12	482.64	932.71	811.59	908.23	264.62	1238.31	419.56	883.48	387.81
海南	43.05	56.30	131.03	60.82	440.19	229.93	423.43	235.76	367.90	137.72
重庆	396.45	472.29	542.68	545.38	393.19	568.18	317.33	1059.37	396.07	676.99
四川	948.22	513.67	1303.28	572.64	404.96	489.20	707.04	631.46	606.11	825.84
贵州	416.64	294.10	575.18	290.75	297.34	305.36	664.27	368.27	751.23	556.10
云南	348.55	375.55	572.49	518.87	474.31	491.12	733.16	691.48	1074.72	525.99
陕西	286.03	661.55	345.48	1136.74	455.07	667.06	552.98	698.99	644.86	971.82

续表

省份	2007 年		2010 年		2012 年		2015 年		2017 年	
	流入	流出	流入	流出	流入	流出	流入	流出	流入	流出
甘肃	103.70	176.11	242.88	225.32	506.09	253.04	877.05	260.36	655.67	294.44
青海	11.76	72.71	62.79	152.49	86.01	80.77	106.32	129.18	354.87	79.74
宁夏	47.76	75.65	156.52	84.96	37.53	131.02	43.40	82.82	52.06	76.09
新疆	903.72	213.81	795.85	262.72	769.61	13.10	1176.58	351.82	1210.31	380.75

注：表中流入流出量合计不包括省份自身最终使用引起的碳排放转移量

从各年流入流出情况来看，2007 年碳排放流出量最大的省份是广东（18 563 000.64 吨），流入量最大的省份是湖南（17 518 301.98 吨）；2010 年碳排放流出量最大的省份是广东（19 104 373.34 吨），流入量最大的省份是安徽（18 151 255.76 吨）；2012 年碳排放流出量最大的省份是上海（17 413 036.96 吨），流入量最大的省份是安徽（19 555 566.83 吨）；2015 年碳排放流出量最大的省份是广东（36 908 708.01 吨），流入量最大的省份是湖南（23 069 456.25 吨）；2017 年碳排放流出量最大的省份是广东（20 022 304.98 吨），流入量最大的省份是黑龙江（21 077 969.64 吨）。湖南、安徽以及黑龙江均是中国粮食大省，粮食除了自用之外，还可以提供给其他省份。广东耕地资源紧缺，但人口众多，是中国内陆第一缺粮大省，全省常年粮食外向依存度高达 60%以上。

三、全国农业贸易碳排放转移网络的实现

根据复杂网络理论，本章以各省份为节点，以省份间的碳排放关系为边缘，以碳排放转移量为权重，得到加权有向网络，构建全国农业贸易碳排放转移网络。然而由于本章农业贸易碳排放转移量是根据多区域投入产出表计算的，每个省份间均存在碳排放转移关系，且省份间农业贸易碳排放转移量

大小不均，最小的碳排放转移量接近 0，最大的有 5 881 578 吨。虽然网络密度越高说明这种网络的可到达性越好，但在全部连通的网络中，网络的结构特征可能由于网络中冗余的线性关系而变得不明显，从而难以揭示网络的本质特征（袁文俊，2020）。因此，为了更好地展现农业贸易碳排放转移网络的特征，本章首先剔除网络中碳排放转移量接近 0 的边，然后参考安琪儿等（2014）的处理方法，利用边权累计概率[①]，设置阈值（现有研究阈值通常设置为 95%，即保留携带 95%碳排放转移量的边关系），剔除在网络中不那么重要的边，最后构建更能显示网络特征的全国农业贸易碳排放转移网络。2007～2017 年边权累计概率分布如图 19-1 所示。

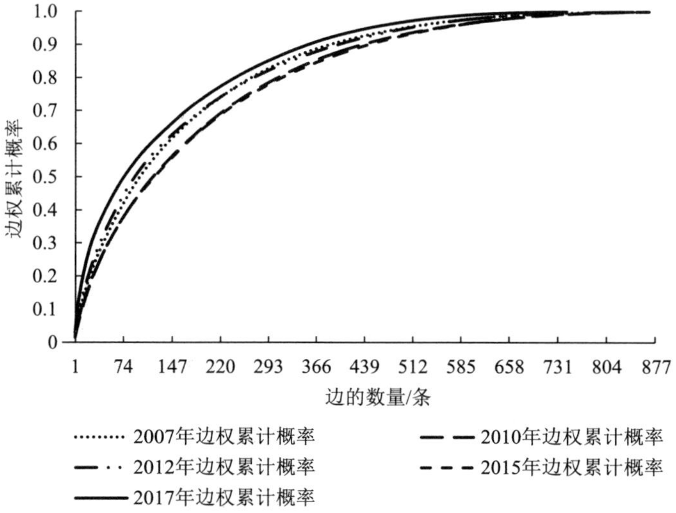

图 19-1　2007～2017 年边权累计概率分布

图中边权的权重之和以及边权累计概率是在剔除碳排放转移量接近 0 的边的基础上求得

根据上述 95%的阈值，结合图 19-2 可知，本章最终确定构建 2007 年（30

① 边权概率即第 n 条边权重占所有边的权重之和的概率，n 条边的边权累计概率即 n 条边的边权概率之和。边权累计概率能够反映 n 条边所携带的碳排放转移量占全部碳排放转移量的比重，保留转移网络中最重要的边关系。

个省份节点，496 条边，边的累计概率为 57.01%）、2010 年（30 个省份节点，548 条边，边的累计概率为 62.99%）、2012 年（30 个省份节点，504 条边，边的累计概率为 59.29%）、2015 年（29 个省份节点，剔除宁夏，553 条边，边的累计概率为 63.56%）、2017 年（29 个省节点，剔除天津，445 条边，边的累计概率为 59.65%）的全国农业贸易碳排放转移网络。通过各年确定的边数以及边的累计概率可以看出，2007～2017 年 95%的碳排放转移量集中在 60%左右的边上，剩下 40%的边仅携带 5%的碳排放转移量。根据上述所选的省份节点、边数，利用 Gephi 软件绘制 2007～2017 年全国农业贸易碳排放转移网络（图 19-2）。

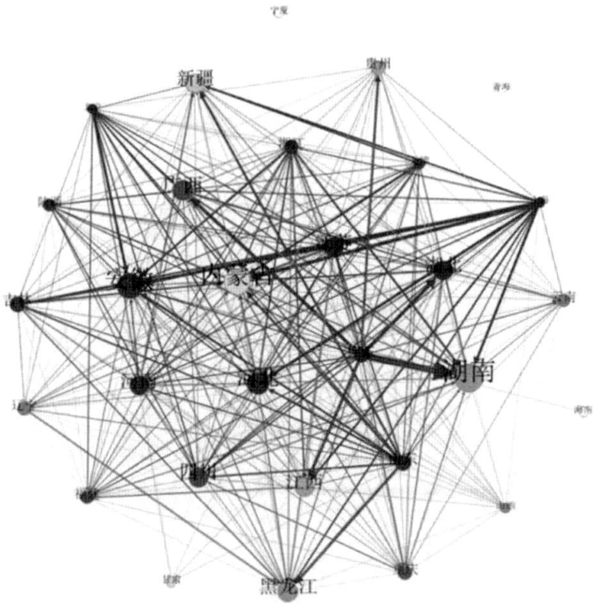

（a）2007 年全国农业贸易碳排放转移网络流向

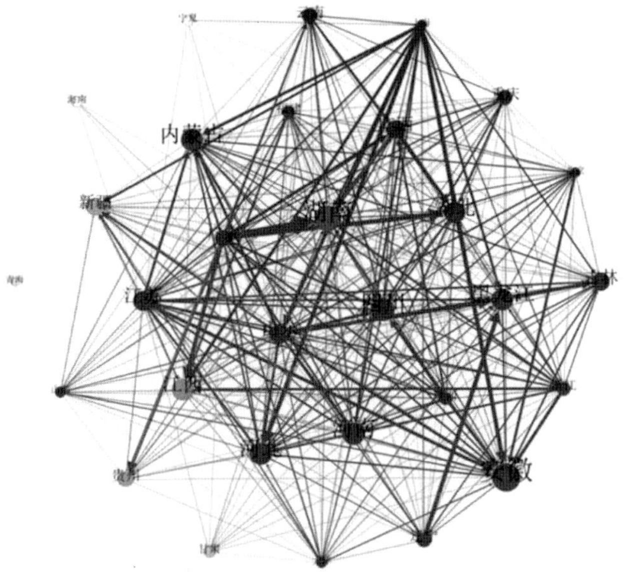

（b）2010 年全国农业贸易碳排放转移网络流向

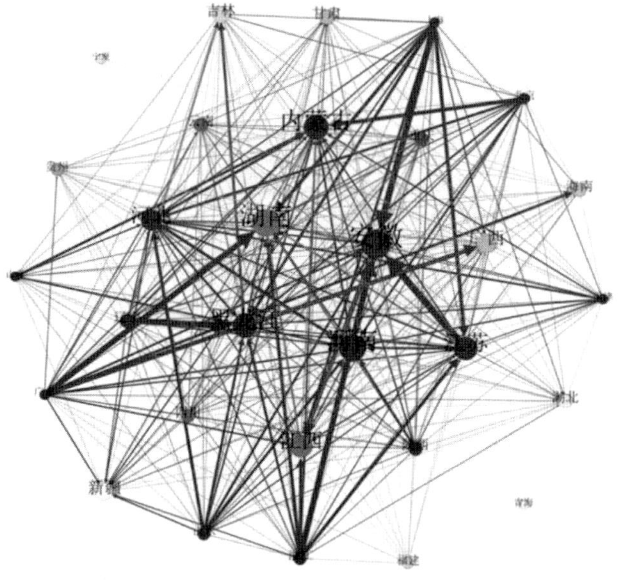

（c）2012 年全国农业贸易碳排放转移网络流向

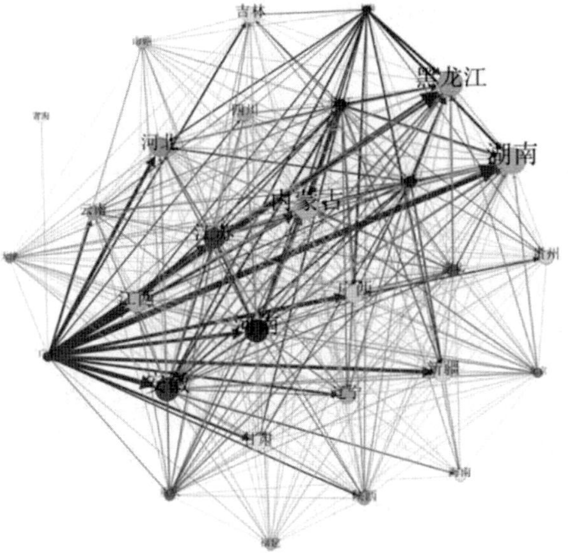

（d）2015 年全国农业贸易碳排放转移网络流向

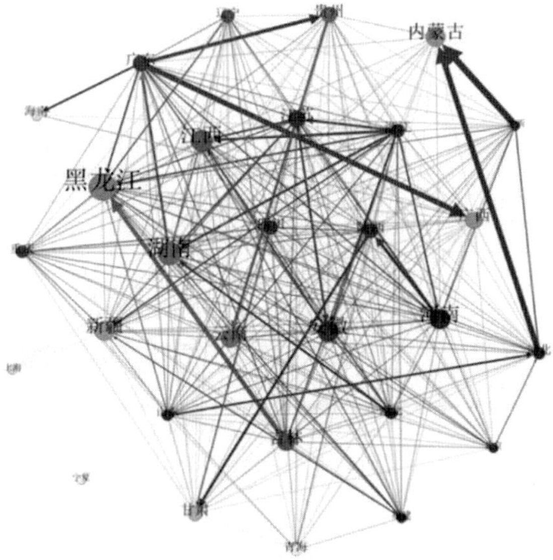

（e）2017 年全国农业贸易碳排放转移网络

图 19-2　2007～2017 年全国农业贸易碳排放转移网络

布局方式为力引导布局中的 Fruchterman Reingold（弗鲁克特曼-莱因戈尔德）算法。节点颜色深浅代表农业贸易碳排放流出强度，节点大小代表农业贸易碳排放流入强度。箭头粗细代表所携带的农业贸易碳排放转移量，箭头方向指向农业贸易碳排放流出方向

四、农业直接碳排放驱动因素分析

（一）实证结果及解释

由于本章数据为大 *N* 小 *T* 型（*N* 代表个体数量，*T* 为时间序列长度。本章中个体数量为 30 个，时间只有 5 年）的短面板数据，因此省略相关性以及平稳性检验[①]。运用软件 Stata 15.0，以 ADCE 为被解释变量，SO、SI、BC、EC 为核心解释变量，AE、AIS、UL、ACH、CPS、AMII、FSA、QAL 为控制变量进行面板回归[②]，探究各省份在复杂网络中扮演的角色对农业直接碳排放的影响。此外，为了避免多重共线性，本章参考 Jiang 等（2019）的处理方法利用面板回归模型单独估计每个变量。基本回归结果见表 19-7。

表 19-7 基本回归结果

变量	模型（1）	模型（2）	模型（3）	模型（4）	模型（5）
	ADCE				
AE	−428.295* （−1.87）	−423.029* （−1.74）	−453.047* （−2.04）	−428.036* （−1.87）	−411.547* （−1.82）
AIS	−1 259 270** （−2.21）	−1 293 076** （−2.27）	−1 329 054** （−2.35）	−1 261 666** （−2.19）	−1 248 929** （−2.24）
UL	4.14×10^{7}*** （4.00）	4.04×10^{7}*** （3.85）	4.32×10^{7}*** （4.27）	4.15×10^{7}*** （3.99）	4.16×10^{7}*** （4.03）
ACH	−4 155 177 （−0.57）	−4 702 141 （−0.63）	−5 339 554 （−0.79）	−4 160 732 （−0.57）	−3 253 803 （−0.45）
CPS	−1 710 384 （−0.16）	−1 304 671 （−0.12）	2 934 509 （0.28）	−1 572 232 （−0.14）	−950 582.600 （−0.09）

① 一些学者认为面板数据不像单纯的时间序列数据会出现伪回归现象，并会给出一致估计，即面板数据中的伪回归产生的问题往往不严重（Kao，1999；Phillips and Moon，2000）。短面板数据一般不考虑序列相关问题（Baltagi，2021）。此外，现有研究一般认为短面板数据（大 N 小 T）时间较短，不进行单位根检验。

② 虽然本章样本数据为时间不连续数据，但本章在进行回归时将年份处理成 1、2、3……连续时点，所得结果与不处理所得结果相同，由此认为此处时间不连续不影响结果。

续表

变量	模型（1）	模型（2）	模型（3）	模型（4）	模型（5）
	ADCE				
AMII	632 843.700* （2.04）	644 254.900** （2.06）	546 704.900* （1.78）	634 247.200* （2.03）	574 469.700* （1.80）
FSA	10.983 （1.46）	12.110 （1.55）	13.576* （1.92）	11.007 （1.47）	10.625 （1.47）
QAL	2 758.394*** （3.76）	2 753.586*** （3.77）	2 418.629*** （3.43）	2 739.270*** （3.57）	2 721.574*** （3.62）
SO		0.046 （0.63）			
SI			0.216* （1.81）		
BC				1 441 834 （0.12）	
EC					1 083 812 （0.80）
常数项	−3 606 392 （−0.40）	−3 543 626 （−0.40）	−7 199 878 （−0.83）	−3 713 583 （−0.40）	−4 912 808 （−0.55）
Sargan-Hansen 统计量	64.649***	109.463***	152.142***	176.497***	104.431***

注：①表中显示的是个体固定效应结果；②为了避免异方差，回归过程中使用了稳健标准误；③由于使用了稳健标准误，一般的 Hausman（豪斯曼）检验就不再适用，本章参考 Cameron 和 Trivedi（2010）的处理方法，使用过度识别检验的 Wald（瓦尔德）统计量进行检验，原假设为选择随机效应模型，运行结果给出 Sargan-Hansen（萨根-汉森）统计量以及 P 值；④括号中的值为 t 值

*** $P<0.01$，** $P<0.05$，* $P<0.1$

表 19-7 中，模型（1）为纳入所有控制变量的模型，模型（2）～模型（5）分别代表在纳入控制变量的基础上纳入农业贸易碳排放流出强度、农业贸易碳排放流入强度、传输介质能力以及影响力 4 个核心解释变量的模型。

由模型（1）知，控制变量中农业化学品投入强度、农作物种植结构以及财政支农水平没有通过显著性检验。农业经济发展水平（农村居民人均纯收入）、农业产业结构对农业直接碳排放有抑制作用，均至少通过 10%的显著

性检验。由此可见，农村居民人均纯收入越高，农业生产越偏向资本密集型，生产技术的提高有效降低了农业直接碳排放。粮食种植比例越高，农业总产值占比越高，农业直接碳排放越少，这是因为相对于经济作物，粮食作物产出较低，化学品投入也较低，因此碳排放较少（刘琼和肖海峰，2020）。城镇化水平、农业机械投入强度以及劳动力素质（平均每一农业劳动力生产粮食产量）对农业直接碳排放有促进作用，均至少通过10%的显著性检验。由此可见，城镇化水平提高，农业机械投入强度增加，促进其机械化以及现代化步伐进程加快，导致农用能源使用量增加，进而促进农业直接碳排放增加；本章中劳动力素质对农业直接碳排放有促进作用，主要是因为本章选取的指标为平均每一劳动力生产粮食产量，平均每一劳动力生产粮食产量越高，粮食在生产过程中会产生越多的二氧化碳，进而促进农业直接碳排放。

由模型（2）～模型（5）知，核心解释变量农业贸易碳排放流出强度、传输介质能力以及影响力系数均为正，但没有通过显著性检验，说明上述三个核心解释变量对农业直接碳排放没有显著影响。农业贸易碳排放流入强度对农业直接碳排放有促进作用，农业贸易碳排放流入强度越强的省份，说明其他省份对该省份的直接或间接消耗越多，由此引发该省份农业总产出增加，促进农业直接碳排放增加，也验证了由于省份间贸易，国内同样存在碳泄漏问题，只不过与一般贸易由发达地区向不发达地区碳转移略微不同，省份间农业贸易是由非粮食主产区向粮食主产区转移。

（二）稳健性检验

由于目前稳健性检验并没有统一的标准，本章考虑到目前回归中被解释变量和核心解释变量没有合适的替代指标以及数据的有限性，参考现有研究处理方法从添加变量（刘耀彬等，2017）以及剔除某一特性样本（叶迪和朱林可，2017；李明和李德刚，2018）两个角度进行稳健性检验。

1. 稳健性检验Ⅰ：添加变量

上述基本回归中，每个核心解释变量是单独估计的，本节为了检验结果的稳健性，将全部核心变量以及控制变量放到一个模型中进行回归。结果见表 19-8。

表 **19-8**　稳健性检验Ⅰ：添加变量

变量	模型（1）
	ADCE
AE	−470.694* （−1.95）
AIS	−1 381 644** （−2.39）
UL	4.21×10^{7}*** （3.94）
ACH	−7 043 643 （−1.03）
CPS	3 194 489 （0.30）
AMII	588 910.100* （1.79）
FSA	15.626** （2.16）
QAL	2 442.755*** （3.38）
SO	0.048 （0.57）
SI	0.268* （1.88）
BC	−5 651 162 （−0.44）
EC	−1 048 019 （−0.64）
常数项	−6 312 108 （−0.71）
Sargan-Hansen 统计量	226.105***

注：①表中显示的是个体固定效应结果，回归中的处理方法与表 19-7 相同；②括号中的值为 t 值
*** $P<0.01$，** $P<0.05$，* $P<0.1$

表 19-8 是纳入所有控制变量和核心解释变量的运行结果。由模型（1）知，纳入所有控制变量和核心解释变量的运行结果与表 19-7 结果相同，控制变量中，农业经济发展水平、农业产业结构对农业直接碳排放存在抑制作用，城镇化水平、农用机械投入强度、财政支农水平、劳动力素质对农业直接碳排放有促进作用，农用化学品投入强度和农作物种植结构对农业直接碳排放没有显著影响。核心解释变量农业贸易碳排放流入强度对农业直接碳排放有促进作用，农业贸易碳排放流出强度、传输介质能力以及影响力对农业直接碳排放没有显著影响。

2. 稳健性检验 II：剔除粮食主产区样本

前文测算结果显示，非粮食主产区中部分省份传输介质能力和影响力值为 0，在回归中，一般认为多个数据值为 0 会对回归结果产生影响。因此为了探究非粮食主产区某些变量值为 0 是否会影响本章结果，剔除粮食主产区样本，仅用非粮食主产区样本进行回归。结果如表 19-9 所示。

表 **19-9** 稳健性检验 II：剔除粮食主产区样本

变量	模型（1）	模型（2）	模型（3）	模型（4）	模型（5）
	ADCE				
AE	−379.408* （−1.90）	−379.947* （−1.90）	−349.765* （−1.86）	−376.815* （−1.99）	−294.469 （−1.68）
AIS	−2 094 424*** （−3.93）	−2 088 719*** （−3.90）	−2 150 576*** （−5.00）	−2 130 013*** （−4.08）	−2 050 271*** （−4.14）
UL	3.52×10^{7}*** （3.42）	3.54×10^{7}*** （3.36）	2.68×10^{7}*** （3.23）	3.50×10^{7}*** （3.58）	3.15×10^{7}*** （3.45）
ACH	−9 032 707* （−2.10）	−8 718 518** （−2.21）	−7 291 758* （−1.92）	−9 152 567** （−2.13）	−5 716 212 （−1.49）
CPS	491 027.900 （0.04）	221 671.800 （0.02）	717 909.300 （0.07）	1 730 714.000 （0.15）	3 718.624 （0.00）
AMII	408 701.600 （1.60）	394 055.000 （1.53）	220 462.100 （0.92）	443 331.200 （1.69）	283 255.200 （1.25）

续表

变量	模型（1）	模型（2）	模型（3）	模型（4）	模型（5）
	ADCE				
FSA	8.446 （1.19）	8.087 （1.24）	9.809 （1.61）	8.726 （1.28）	5.350 （0.90）
QAL	120.361 （0.07）	142.921 （0.09）	431.807 （0.32）	4.429 （0.00）	77.593 （0.05）
SO		−0.013 （−0.25）			
SI			0.522** （2.43）		
BC				1.22×10^{7} （1.27）	
EC					2 948 493 （1.54）
常数项	−1 985 732 （−0.24）	−1 877 694 （−0.23）	419 489 （0.07）	−2 697 771 （−0.32）	−1 955 049 （−0.27）
Sargan-Hansen 统计量	37.225***	137.883***	58.458***	158.797***	113.307***

注：①表中显示的是个体固定效应结果，回归中的处理方法与表 19-7 相同；②括号中的值为 t 值

*** $P<0.01$，** $P<0.05$，* $P<0.1$

表 19-9 中展示的是剔除粮食主产区样本后的运行结果，模型（1）为纳入所有控制变量的模型，模型（2）～模型（5）分别代表在纳入控制变量的基础上纳入农业贸易碳排放流出强度、农业贸易碳排放流入强度、传输介质能力以及影响力 4 个核心解释变量的模型。模型（2）～模型（5）显示结果与表 19-7 结果相同，在剔除了粮食主产区样本后，农业贸易碳排放流出强度、农业贸易碳排放流入强度、传输介质能力以及影响力 4 个核心解释变量中同样仅有农业贸易碳排放流入强度对农业直接碳排放有促进作用，其他 3 个核心解释变量均对农业直接碳排放没有显著影响。而在剔除了粮食主产区样本后，控制变量农作物种植结构、农用机械投入强度、财政支农水平以及劳动

力素质对农业直接碳排放没有显著影响，农业经济发展水平、农业产业结构以及农业化学品投入强度对农业直接碳排放有抑制作用，城镇化水平对农业直接碳排放有促进作用。

（三）讨论

本章在构建全国农业贸易碳排放转移网络的基础上结合面板回归模型，探索了各省份在农业贸易碳排放转移网络中所扮演的角色对农业直接碳排放的影响，得出仅有农业贸易碳排放流入强度对农业直接碳排放有促进作用，农业贸易碳排放流出强度、传输介质能力以及影响力对农业直接碳排放没有显著影响的结论，与 Jiang 等（2019）在利用复杂网络视角探索全球贸易碳排放驱动因素中所得结论对比可知，国内供应链与全球供应链有所不同，国内供应链中各省份的直接碳排放主要影响因素是自己省份的需求以及其他省份的生产需求，而全球供应链中除了以上因素还包括一个国家在供应链中的影响力以及扮演“中间人”的次数。

第四节　环境经济视角下农业碳减排改进思路

根据本章研究结果，结合中国农业发展现状，对在保障粮食安全的同时实现农业碳减排给予以下建议。

第一，根据地理位置制定不同的农业碳减排政策。本章研究表明研究期间地理位置比较接近的省份农业直接碳排放主要影响碳源相似。由此，应根据不同地理位置结合其主要影响碳源制定不同的农业减排政策。针对内蒙古、辽宁、吉林以及黑龙江高纬度地区可以从农用化肥减量增效方面着手。一方面，利用现代技术提高化肥利用率，通过大力推广测土配方施肥、有机肥替代化肥、水肥一体化等减肥增效技术合理运用，推进农机农艺融合，推广机械施肥、种肥同播、水肥一体化等技术，提高化肥利用效率；另一方面，通过提高农业劳动人员的种植素养，推进科学种植理念发展，达到化肥减量增效的效果。针对安徽、江西、湖北、湖南、河南等中部地区，可以利用生物技术降低水稻碳排放。针对北京、天津、河北、江苏以及山东等东部沿海发达地区，从减少农机能源消耗着手。一方面，发达地区在经济以及技术方面均可以提供较好的支持，因此可以使用低耗、低碳农用机械代替高耗、尾气排放多的农用机械；另一方面，加强农用机械维修保养以及减少机械运作过程中没必要的消耗，如润滑油的添加要适量、避免急加速以及停车时间较长时及时熄火等日常措施。

第二，提高非粮食主产区粮食自给率，减少跨区域流通和平衡压力。当前中国粮食主产区越发集中，在区域布局上，粮食生产“北进南退”现象突出，13 个粮食主产区占全国粮食产量的 75%以上，主产区与主销区空间距离拉大，跨区域流通和平衡压力越来越大。同时本章研究表明研究期间农业贸易碳排放流入强度对农业直接碳排放有促进作用，即其他省份对该省份消耗越多，该省份农业直接碳排放越高。由此，应挖掘非粮食主产区生产潜力，提高非粮食主产区粮食自给率，减少跨区域流通压力以及运输过程中造成的损耗和碳排放。提高非粮食主产区粮食自给率，一方面是要提高粮食作物的经济效益，提高农民收入，增加农民种粮积极性；另一方面，政府要给予政策补贴，目前国家虽给予一定的政策补贴，但相比于经济作物的收入，政策补贴力度依然不够。此外，本章研究表明农业产业结构对农业直接碳排放有抑制作用，即农业总产值占比越高，越会抑制农业直接碳排放量的增加。粮食作物相对于经济作物，农用化学品投入较少，造成的碳排放相对较少。由此，政府应该加大补贴力度，既可以保障粮食产量，也可以在一定程度上降低农用化学品投入，进而降低农业碳排放。

第三，善用农业“固碳”功能，从根源上减少农业碳排放。本章研究表明粮食主产区农业直接碳排放相对较高，且平均每一农业劳动力生产粮食产量对农业直接碳排放有促进作用，这在一定程度上表明了粮食产量的多少与农业直接碳排放量存在正向关系。但中国作为一个人口大国，减少粮食作物产量是不切实际的，由此应发挥农业特有“固碳”功能，从根源上减少农业碳排放。通过保护性耕作、秸秆还田、有机肥施用、人工种草、退耕还林等措施，加强高标准农田建设，提高土壤有机质含量，提升温室气体吸收和固定能力；通过发展滩涂和浅海贝藻类增养殖，增加渔业碳汇潜力。此外，要注重耕地的用养结合，防止土壤中有机物质大量流失。

第二十章
能源卫星账户的修订历程、核算框架与国际经验①

能源是促进国家经济快速发展的关键，是世界持续运转的源动力，世界各国均开展能源统计工作，对能源状况进行及时监测。2019 年，联合国发布《能源环境经济核算体系》（SEEA-Energy 2019），为编制能源卫星账户提供了国际标准。能源卫星账户作为国际能源统计的先进方法，能够更好地满足当前中国能源可持续发展的数据需求。因此，本章探究能源卫星账户的演化背景，追溯能源卫星账户的修订历程，提炼 SEEA-Energy 2019 的核算框架，归纳各国编制能源卫星账户实践的一般性与特殊性，结合中国能源统计现状探讨能源卫星账户对中国的适用性，展望能源卫星账户的发展方向。

第一节　从能源平衡表到能源卫星账户的发展背景

一、能源平衡表的局限性

20 世纪 70 年代能源危机爆发后，联合国在 1976 年将能源统计作为单独项目，以能源平衡表作为核心表式，协调能源统计工作并提供能源数据，帮

① 本章执笔人：马晓君、谷越。本章内容发表于《统计研究》2022 年第 1 期。

助各国认识和分析能源在经济中的作用。能源平衡表①以实物量统计一个国家或地区一定时期能源产品的供给量、转化量和消费量等流量，然后根据能量守恒定律平衡上述流量。之后，各国逐步建立以能源平衡表为核心的能源统计体系。然而，随着世界经济的不断发展以及全球环境持续恶化，各国发现能源平衡表存在以下局限性，使其无法满足各国的能源统计需求。

（一）部分能源指标准确度低

能源平衡表和国民经济核算体系使用不同的定义和核算规则，降低了二者共同构建的能源指标的准确度，影响能源可持续发展政策的制定。例如，能源平衡表以一国地理领土界定该国地理范围，而国民经济核算体系以常住原则界定经济领土范围。能源平衡表中的能源消费量和国民经济核算体系中的 GDP 按两种规则划分地理范围，导致由能源消费量除以 GDP 计算的单位 GDP 能耗指标与实际的单位 GDP 能耗有出入，降低了单位 GDP 能耗指标的准确度。此外，碳排放量由能源消费量推算得到，单位 GDP 的碳排放量（碳排放强度）也受到上述问题的影响，与实际的单位 GDP 碳排放量有出入，而碳排放强度指标作为目前衡量各国碳排放水平的有效指标之一，其准确性不仅影响中国节能减排政策的制定，也影响着国际碳排放责任的确立。

（二）核算内容维度单一

能源平衡表只能核算能源产品实物流量，核算内容单一，能源货币、存量和行业数据种类不够丰富。能源平衡表未核算能源货币流量、能源资源存

---

① 能源平衡表最新的相关国际标准是《国际能源统计建议》（*International Recommendations for Energy Statistics*，IRES 2018）（United Nations，2018a），提供与能源有关的概念、分类、数据来源，并对数据整理方法、数据质量评估方法等主题提出建议。IRES 2018 的《标准国际能源产品分类》（*Standard International Energy Product Classification*，SIEC）提供了能源产品的第一个标准分类并介绍与其他国际产品分类标准的关系。

量和能源行业指标，无法反映能源价格、能源资源存量和能源行业发展的状况及其对能源供给和使用的影响，更无法将能源的实物数据与货币数据、流量数据与存量数据、行业数据与产品数据进行有效结合，限制了能源数据分析的维度，从而难以将所有能源信息汇聚为整体，难以实现对能源情况的全面掌握。

二、能源卫星账户及其特点

在各国核算实践过程中，能源平衡表的局限性逐渐凸显。为此，挪威、丹麦、荷兰等国家逐渐开始编制能源卫星账户以突破能源平衡表的局限。但由于各国能源卫星账户均参照本国标准进行编制，缺乏国际可比性，各国急需能源卫星账户的统一国际标准。因此，联合国等国际组织响应各国需求，发布能源卫星账户的国际标准——SEEA-Energy 2019。SEEA-Energy 2019 所介绍的卫星账户是能源相关统计信息的多功能统计工具，编制实物流量账户、货币流量账户和资产账户 3 种账户，以实物和货币形式对能源的流量与存量进行多维度核算，并根据 3 种账户编制能源指标及与能源有关的空气排放供给表。能源卫星账户作为国民经济核算体系的卫星账户，增强了国民经济核算体系在能源领域的核算力量，可得到能源在中观经济[1]层面的分析数据。能源卫星账户相较于能源平衡表，在定义和核算规则、核算内容两方面突破其局限性。

在定义和核算规则方面，能源卫星账户为提高能源指标准确性，其定义和核算规则主要在以下四点与国民经济核算体系一致。一是部分定义。能源卫星账户改变能源平衡表的供给、库存等部分定义，使之遵从国民经济核算体系。例如，能源平衡表的供给是指第一次进入本国领土的能源产品量减去离开本国领土的能源产品量，而能源卫星账户将供给定义为一次能源生产量

① 中观经济是在某一指定专题展开的国民经济活动。

和能源产品进口量之和。能源平衡表的库存（stocks）与能源卫星账户的存货（inventories）定义相同，是指持有的能源产品存量；而能源卫星账户将stocks定义为能源资源的存量。二是地理范围。能源平衡表按领土原则划界，以一国地理领土界定地理范围,无论地理领土内的机构单位是不是常住单位，均将流量分配给机构单位所在的国家。而能源卫星账户遵从国民经济核算体系的经济领土范围，按常住原则划分经济领土范围，无论常住单位是否位于该国地理领土，均在常住单位和非常住单位产品所有权变更时记录进出口。三是平衡差额。在理论上能源产品的供给等于使用，但在实践中由于数据来源不同，供给和使用通常存在平衡差额。能源平衡表允许平衡差额存在，并设立平衡差额项。而能源卫星账户遵从国民经济核算体系的核算规则，在设计上不允许平衡差额存在，并通过两种方法处理平衡差额：第一，按各生产者或各使用者的比例分配；第二，调整能源存货量，将平衡差额计入能源存货变动。四是数据列报。能源平衡表的数据列报并不严格遵循ISIC，如能源平衡表将以运输活动为目的的能源使用归入按公路、铁路等运输方式细分的运输项目中，显示了所有经济活动以运输活动为目的所消费的能源总量，而未将以运输活动为目的的能源使用归入实际使用它们的行业。但能源卫星账户的数据列报严格遵循ISIC，将以运输活动为目的的能源使用归入实际使用它们的行业，与国民经济核算体系的核算规则一致。

在核算内容方面，能源卫星账户扩展以能源平衡表为核心的能源统计内容，在涵盖能源平衡表所统计的能源实物流量数据基础上，重点增加了以下内容。

（一）能源货币流量

由于能源价格剧烈波动，国民经济承受巨大压力，能源货币流量信息愈加重要。能源卫星账户在货币流量账户中编制能源货币供给使用表，以记录能源产品的基本价格和购买者价格、税和补贴、贸易和运输费用，反映能源在生产、运输、贸易、消费过程中的价值规模、结构和变化，从而为能源供需的宏观调控提供重要依据。基本价格和购买者价格可反映能源生产与消费过程中的价值规模和变化；税和补贴是政府实施能源政策的主要工具，可反映政府对能源供给和使用所施加的影响；贸易和运输费用记录能源在贸易过程和运输过程中产生的费用，可反映能源流通过程中的价值规模和变化。由于能源卫星账户的实物供给使用表和货币供给使用表采用共同的基本核算规则，二者可合并为能源供给使用表的合并列报。能源供给使用表的合并列报所依据的原则和结构能使其有效结合经济和环境的相关信息，确定不同生产者生产能源产品的相对成本和不同能源使用者为能源产品支付的隐含价格[①]，将能源供给和使用的实物变化过程与价值变化过程相互对比，综合反映能源供给和使用状况，为政府宏观调控能源服务。

（二）能源资源存量

能源资源绝大多数以自然资源的形式存在于环境中，为能源产品生产提供原料。能源卫星账户设立能源资源资产账户，从实物和货币两方面记录能源资源由开采、发现和灾难性损失等因素造成的存量变化，可反映能源资源的开采和消耗速度，掌握能源资源的总体可用性和可持续性信息，有利于国家管理能源资源，保障能源安全。能源资源存量的实物量核算可反映能源资源实物存量水平，帮助国家掌握能源资源储备数据。而能源资源存量的货币量核算可反映一个国家的能源资源财富总量。一方面，能够估计能源资源耗减价值，计算经能源资源耗减调整的 GDP 和经能源资源耗减调整的能源开采

---

① 当消费者购买一件商品时，所得到的效用水平主要来自该商品所具有的特征（如品牌、设计、新旧程度等），该商品的特征价格和由供需变化产生的价格综合反映在该商品的市场价格上，其中该商品所具有的特征价格称为隐含价格或影子价格。

业增加值[①]；另一方面，能够评估能源资产所获收益，并与其他类型资产所获收益相比较，从而分析它们相互间的差异。

（三）能源行业指标

能源行业为整个国民经济运行过程中的生产活动提供动力源泉，发挥重要作用。能源卫星账户在能源行业指标中统计能源行业的产出、中间消耗、增加值、固定资本消耗、净增加值、营业盈余总额等。能源行业指标可反映能源行业在能源产品开采、制造、运输、贸易活动中的结构和活动情况，了解能源行业在能源产品生产过程和再生产过程中的经济状况，从而掌握能源行业在国民经济总体中发挥的作用。

第二节　从 SEEA 1993 到 SEEA-Energy 2019 的修订历程

一、从 SEEA 1993 到 SEEA 2012 的萌芽阶段

联合国等国际组织在 1993 年发布 SEEA 1993（United Nations，1993），提供了环境经济核算的总体框架。SEEA 1993 将矿产资源和能源资源归为一类资源在资产账户中进行核算，出现能源卫星账户的萌芽。由于 SEEA 1993 中许多环境经济核算概念和方法尚未结束讨论，SEEA 1993 只能作为环境经济核算的临时成果。在对 SEEA 1993 进行修订后，联合国等国际组织在 2003 年发布 SEEA 2003，进一步协调统一环境经济核算的相关定义和方法。SEEA 2003 简要介绍能源卫星账户，并举出丹麦能源和空气排放卫星账户的例子；在 SEEA 1993 的基础上，将矿产和能源资源资产账户从资产账户中分

① 能源开采业因能源资源对产出价值的贡献较大，其中间消耗占产出的比例较小，其增加值结构与其他能源行业相比差异较大，而计算经能源资源耗减调整的能源开采业增加值将显著缩小能源开采业与其他能源行业之间的增加值结构差异。

离，并对矿产和能源资源资产账户的编制方法展开讨论。SEEA 2003 对能源卫星账户的简要介绍为能源卫星账户从 SEEA 中独立创造了机遇，联合国在 2007 年授权 UNSD 召集能源卫星账户专家组展开能源卫星账户的研究。但 SEEA 2003 仅为环境经济核算的临时成果，未成为环境经济核算的国际标准。因此，联合国等国际组织在 SEEA 2003 的基础上协调统一环境经济核算的概念和方法，开始编制环境经济核算的国际标准——SEEA 2012。

二、从 SEEA 2012 到 SEEA-Energy 2019 的发展阶段

联合国等国际组织于 2012 年发布 SEEA 2012，将其作为首个环境经济核算的国际标准。SEEA 2012 对各种资源的账户编制方法展开更为详细的研究，并开始对能源卫星账户展开详细讨论。在实物流量账户中，SEEA 2012 讨论能源实物流量账户的编制方法，使用 IRES 2018（2011 年草案）中的 SIEC 作为能源产品分类，讨论能源统计、能源平衡表和能源卫星账户之间的关系以及能源平衡表和能源卫星账户的关键差异。在资产账户中，SEEA 2012 在 SEEA 2003 的基础上深入讨论矿产和能源资源资产账户的编制方法，首次讨论矿产和能源资源分类标准，将矿产和能源资源按种类分为石油资源、天然气资源、煤炭和泥炭资源、非金属矿产资源和金属矿产资源。同时，SEEA 2012 根据《2009 年联合国化石能源和矿业储量资源框架分类》（United Nations Framework Classification for Fossil Energy and Mineral Reserves and Resources 2009，UNFC 2009）划分矿产和能源资源等级[①]。在合并列报中，SEEA 2012 将 SEEA 2003 中实物和货币综合流量账户的设想做出进一步扩展，将实物和货币资产账户、实物和货币综合流量账户及相关指标一起纳入合并列报的范

① UNFC 2009 基于影响开采的三个维度——经济和社会可行性、野外项目状况和可行性、地质知识对矿产和能源资源细分，将已知矿床分为 A 级：具有商业开采价值的资源；B 级：可能具有商业开采价值的资源；C 级：非商业性或其他已知矿床。

围，并提供能源数据的合并列报范例。

SEEA 2012 提供了包含能源卫星账户的 SEEA 国际标准，能源卫星账户开始进入发展阶段。SEEA 2012 核算项目范围全面，但对能源项目的针对性较弱，未提出能源货币流量账户的编制方法，并在资产账户中仍将能源资源与矿产资源归为一类，在能源指标的构建上较为薄弱。因此，能源卫星账户专家组开始以 SEEA 2012 为出发点研究 SEEA-Energy 2019，作为 SEEA 2012 的能源项目子体系。

三、SEEA-Energy 2019 至今的成熟阶段

联合国等国际组织经十余年的研究与开发，于 2019 年发布 SEEA-Energy 2019。自此，能源卫星账户正式从 SEEA 中独立出来，开始进入成熟阶段。SEEA-Energy 2019 详细介绍能源卫星账户的定义、分类和核算规则、账户的编制方法、能源指标的构建方法和账户功能的扩展方式，旨在帮助各国实现 3 个共同的能源政策目标：改善能源分配和获取；管理能源供给和需求；减轻与能源供给和使用有关的环境压力。各国从此可参考 SEEA-Energy 2019 编制能源卫星账户，促进本国能源可持续发展。

SEEA-Energy 2019 较 SEEA 2012 深入阐述能源卫星账户的具体概念和编制方法，在实物流量账户中，进一步讨论能源统计、能源平衡表和能源卫星账户之间的关系以及能源平衡表和能源卫星账户的关键差异，并介绍能源平衡表和能源卫星账户的桥联表编制方法。在货币流量账户中，SEEA-Energy 2019 将 SNA 2008 无法识别的、与能源有关的货币交易分离，编制能源货币流量账户，并将能源实物供给使用表和能源货币供给使用表合并，编制能源供给使用表的合并列报。在资产账户中，SEEA-Energy 2019 将能源资源从矿产和能源资源中分离，参考 IRES 2018 统计能源存货的建议编制能源存货资产账户；在能源指标和扩展功能中，提供能源卫星账户的指标

构建方法和功能扩展方式。

能源卫星账户的发展经历 SEEA 的 3 个版本，其主要内容逐渐从萌芽走向成熟，如表 20-1 所示。在此过程中，SEEA 1993 在资产账户中核算矿产和能源资源；SEEA 2003 开始编制矿产和能源资源资产账户；SEEA 2012 在能源产品和能源资源的定义与分类中开始分别参考 SIEC 和 UNFC 2009，并在表式中加入能源实物流量账户；SEEA-Energy 2019 最后将能源核算从 SEEA 2012 中独立出来，增加能源货币流量账户与能源存货资产账户，并讨论能源卫星账户的指标构建方法及功能扩展方式，有效增强了能源核算力度。

表 **20-1**　能源卫星账户主要内容的发展历史总结表

<table>
<tr><th colspan="2">主要内容</th><th>SEEA 1993</th><th>SEEA 2003</th><th>SEEA 2012</th><th>SEEA-Energy 2019</th></tr>
<tr><td rowspan="3">核算范围</td><td>能源产品</td><td></td><td></td><td>SIEC</td><td>SIEC</td></tr>
<tr><td>能源资源</td><td>SEEA 1993</td><td>SEEA 2003</td><td>SEEA 2012 和 UNFC 2009</td><td>SEEA-Energy 2019 和 UNFC 2009</td></tr>
<tr><td>能源行业</td><td></td><td></td><td></td><td>SEEA-Energy 2019</td></tr>
<tr><td rowspan="3">关键表式[①]</td><td>实物流量账户</td><td></td><td></td><td>能源实物供给使用表</td><td>能源实物供给使用表</td></tr>
<tr><td>货币流量账户</td><td></td><td></td><td></td><td>能源货币供给使用表</td></tr>
<tr><td>资产账户</td><td>在资产账户中核算矿产和能源资源</td><td>矿产和能源资源实物资产账户、矿产和能源资源货币资产账户</td><td>矿产和能源资源实物资产账户、矿产和能源资源货币资产账户</td><td>能源资源实物资产账户、能源资源货币资产账户、能源存货实物资产账户、能源存货货币资产账户</td></tr>
<tr><td colspan="2">能源指标和扩展功能</td><td></td><td></td><td></td><td>能源供给和使用指标、能源行业与能源经济指标、其他行业能源指标、可再生能源指标、与能源有关的空气排放供给表</td></tr>
</table>

资料来源：SEEA 1993、SEEA 2003、SEEA 2012、SEEA-Energy 2019

① 本章的关键表式仅包括供给使用表和资产账户，而未包括能源平衡表和能源卫星账户的桥联表、能源供给使用表的合并列报等表式。

第三节 SEEA-Energy 2019 的核算框架

一、SEEA-Energy 2019 的框架解析

SEEA-Energy 2019 从能源卫星账户的核算范围、账户编制方法以及能源指标构建和账户功能扩展三个方面介绍核算框架。

（一）核算范围的界定

SEEA-Energy 2019 首先界定核算范围，其能源产品定义和分类使用 SIEC，具有详尽无遗、相互排斥的标准编码方案和通用的类别层级结构，旨在涵盖所有能源产品。SEEA-Energy 2019 将能源资源从 SEEA 2012 的矿产和能源资源中分离出来以专注能源核算，核算的能源资源包括石油资源、天然气资源、煤炭和泥炭资源、铀和其他核燃料资源，并根据 UNFC 2009 划分能源资源等级。SEEA-Energy 2019 记录从自然投入中去除或获取能源资源以及能源产品的转化和分配活动，将以上述能源活动作为主要活动的机构单位定义为能源行业，并记录上述能源活动的次要活动和辅助活动。总体而言，SEEA-Energy 2019 的能源相关定义和分类参考目前最先进的国际标准，覆盖范围全面，可实现对能源的全口径核算。

（二）关键表式的编制

SEEA-Energy 2019 随后讨论实物流量账户、货币流量账户和资产账户的编制方法，阐述相关统计项目的概念和范围，SEEA-Energy 2019 的关键表式内容如表 20-2 所示。

表 20-2　**SEEA-Energy 2019** 的关键表式内容表

账户	表式	内容
实物流量账户	能源实物供给使用表	记录自然投入能源、能源产品、余能和其他残余物流量的供给、使用、积累、进出口量、进出环境的量
货币流量账户	能源货币供给使用表	按基本价格和购买者价格、税和补贴、贸易和运输费用记录能源产品的供给、使用、积累、进出口量
资产账户	能源资源实物资产账户	记录 A 级、B 级、C 级能源资源的实物期初存量、增加量、减少量、期末存量
	能源资源货币资产账户	记录 A 级能源资源的货币期初存量、增加量、减少量、重估价、期末存量[a]
	能源存货实物资产账户	记录能源存货的实物期初存货量、交易引起的变化、其他变化、期末存货量
	能源存货货币资产账户	记录能源存货的货币期初存货量、交易引起的变化、其他变化、重估价、期末存货量

资料来源：SEEA-Energy 2019

a 只有 A 级能源资源的开采和出售才能在未来某一时期产生利润，预期其市场价值会以正值货币单位体现，因此货币资产账户仅核算 A 级能源资源的价值

SEEA-Energy 2019 以实物量和货币量为单位，设置供给使用表核算流量、资产账户核算存量。在流量账户中，能源货币供给使用表以货币量为单位，记录流量在经济内部的运行状况，其结构基于 SNA 2008 的供给使用表，每种能源产品的供给和进口量之和必等于使用、积累和出口量之和。能源实物供给使用表以实物量为单位，记录流量从环境进出经济和在经济内部的运行状况。能源实物供给使用表在 SNA 2008 供给使用表的基础上进行扩展：除经济中的能源产品流量外，加入从环境到经济的自然投入能源流量、从经济到环境的余能和其他残余物流量，并记录自然投入能源进入环境、余能和其他残余物流量流出环境的状况，从而每种自然投入能源、能源产品、余能和其他残余物流量的供给、进口和进入环境的量之和必等于使用、积累、出口和流出环境的量之和。无论是实物供给使用表还是货币供给使用表，其供给量和使用量将按 ISIC 对各行业进行数据列报，清晰地反映各行业生产和消

费的能源量。

在资产账户中，能源资源实物资产账户以实物量为单位，记录能源资源实物期初存量、增加量、减少量、期末存量，其中增加量包括发现、向上重估和重新分类，而减少量包括开采、巨灾损失、向下重估和重新分类。同时，能源存货实物资产账户以实物量为单位，记录积累的能源产品的实物期初存货量、交易引起的变化、其他变化、期末存货量，其中交易引起的变化包括增加、提取以及经常性损失，而其他变化包括巨灾损失、无偿没收、分类变化、未另分类存货量的其他变化。能源存货实物资产账户所记录的期初与期末存货量之差即供给使用表中能源产品的积累量，能源存货资产账户中的能源产品类别与供给使用表中的能源产品类别一致，编制能源存货实物资产账户有助于核实供给使用表中的能源产品积累量。而能源资源和能源存货的货币资产账户除记录实物存量及变动的货币价值外，还加入重估价项目以反映价格因素引起的货币价值变化。

SEEA-Energy 2019 的账户相互关联，能够组成一个能源核算系统，其资产账户从资源、存货、实物和货币四个方面反映与能源有关的活动结果，而其流量账户从实物和货币两个方面反映与能源有关的活动过程。在此系统中，能源的实物流量（如石油开采）与货币流量（如石油的税和补贴）、实物资产（如石油资源的减少）和货币资产（如石油资源的市场价值减少）可相互联系，从而反映与能源有关的活动全貌。

（三）能源指标的构建和账户功能的扩展

SEEA-Energy 2019 最后介绍如何构建能源指标和扩展能源卫星账户功能，指导如何利用能源卫星账户在能源供给和使用、能源行业与能源经济、其他行业能源使用、可再生能源四个方面构建能源指标；同时利用能源使用表中的能源使用量乘以单位能源使用量的特定技术排放因子，编制与能源有关的空气排放供给表，以测算与能源有关的碳排放量，扩展能源卫星账户功能。SEEA-Energy 2019 有效结合能源卫星账户与国民经济核算体系，使用相同的定义和核算规则编制能源指标，提高了部分能源指标的准确度。SEEA-Energy 2019 利用各账户信息并结合其他信息即可计算相应指标，但 SEEA-Energy 2019 并未详尽无遗地提供能源卫星账户的每一种能源指标的构建方法和账户功能扩展方式，决策者、研究人员和其他用户可将能源卫星账户与其他信息来源结合起来对能源指标和扩展功能进行补充，以提供更多信息。

二、SEEA-Energy 2019 的框架特点

SEEA-Energy 2019 所编制的能源卫星账户遵从 SNA 2008 第 29 章关于卫星账户的编制方法，具有以下特点。

（一）资产扩展的特点

SEEA-Energy 2019 涵盖所有已知的能源资源，实现能源资源的全面核算。在 SNA 2008 10.179 段中，矿物和能源储备是指位于地球表面以上或以下的，在给定的现有技术和相对价格下具有经济可开采性的矿物和能源储备。SNA 2008 核算使所有者获取经济利益的资产[①]，仅包括具有经济价值的 A 级能源资源；而 SEEA-Energy 2019 为实现能源资源的全面核算，扩展了 SNA 2008 的资产范围，无论能源资源是否使所有者获取经济利益，均对其进行核算，不仅包括具有经济价值的 A 级能源资源，还包括不具有经济价值的 B 级和 C 级能源资源。

---

① 在 SNA 2008 1.46 段中，资产是某些或某个单位所拥有的实体，其所有者会因为对它们的持有或一段时间内的使用而获取经济利益。

（二）成本扩展的特点

SEEA-Energy 2019 将能源资源的耗减计入资源价值的减少和企业开采能源资源所获收入的成本。SNA 2008 6.241 段将属于非生产资产的自然资源的耗减排除在固定资本消耗[①]外。SNA 2008 将作为生产资产的固定资产消耗视为成本，但未将自然资源等非生产资产的耗减也视为成本；而 SEEA-Energy 2019 将能源资源耗减视为成本，扩展了 SNA 2008 的成本概念，一方面可计算经能源资源耗减调整的 GDP；另一方面可计算能源开采业经能源资源耗减调整的增加值。

（三）外部效应的特点

SEEA-Energy 2019 核算与能源有关的碳排放的外部效应。SNA 2008 1.81 段指出单方面的经济活动会对其他经济单位产生影响，即外部效应。但是 SNA 2008 的生产范围仅核算交易，并不记录外部效应。外部效应的存在使得经济的外在规模与其实际规模并不对等，从而使统计核算的结果与经济发展的实际情况并不完全符合，甚至歪曲经济运作的客观事实。SNA 2008 1.82 段、3.95 段和 29.42 段表示卫星账户可以测算外部效应。测算外部效应有利于加强对生态环境、社会福利等领域的统计，掌控真实的经济发展状况。SEEA-Energy 2019 利用能源使用表编制与能源有关的空气排放供给表，用于测算与能源有关的碳排放的外部效应，加强生态环境统计，有助于保护生态环境。

（四）活动全貌的特点

SEEA-Energy 2019 分离能源次要活动，并识别、确定能源辅助活动[②]。

---

① SNA 2008 6.240 段将固定资本消耗定义为在核算期内由自然退化、正常淘汰或正常事故损坏导致的生产者拥有和使用的固定资产存量现期价值的下降。

② SNA 2008 将生产单位向市场供给货物和服务的活动中增加值最大的活动称为主要活动，其余生产单位向市场供给货物和服务的活动称为次要活动，而生产单位不向市场供给货物和服务的活动称为辅助活动。

SNA 2008 的生产者单位是基层单位，按其主要活动根据 ISIC 进行分类，以反映经济活动的全貌。SNA 2008 29.33 段和 29.34 段指出，如果基层单位在主要活动之外从事次要活动和辅助活动，则基层单位在 ISIC 的某一行业层次是不同质的，而卫星账户可以将次要活动从主要活动中分离出来，并能够识别和确定辅助活动，提高所研究活动的同质性并反映所研究活动的全貌。SEEA-Energy 2019 分离次要活动，有效识别并确定辅助活动，充分遵从能量守恒定律，扩展了 SNA 2008 下的生产活动记录范围，提高能源卫星账户中与能源有关活动的同质性，反映了能源活动的全貌。

（五）行业核算的特点

SEEA-Energy 2019 将其他行业中从事能源活动的基层单位划入能源行业。SNA 2008 为避免重复核算和保证国民经济总体核算结果的完整性，根据主要活动仅将一个基层单位归入一个 ISIC 行业。SNA 2008 29.3 段建议行业核算可打破 ISIC 标准顺序与排列层级，对某一基层单位可按不同划分角度将其归为多个行业，以专注某一关键行业的核算。例如，SNA 2008 29.24 段认为石油和天然气的核算可能包括石油和天然气的开采（ISIC 06 门类），石油炼制品的制造（ISIC 1920 小类），管道运输（ISIC 4930 小类），固态、液态、气态燃料与相关产品的批发（ISIC 4661 小类），汽车燃料的零售（ISIC 4730 小类）。SEEA-Energy 2019 从 ISIC 分离出其他行业中从事能源活动的基层单位，并将其归入能源行业，专注能源的行业核算。

第四节　各国能源卫星账户的国际经验

2006 年以前，能源卫星账户缺乏统一的国际标准，英国（Office for National Statistics，2016）、澳大利亚（Australian Bureau of statistics，2019）、

新西兰（Statistics New Zealand，2020）、丹麦（Statistics Denmark，2018）、挪威（Statistics Norway，2018）、荷兰（Statistics Netherlands，2013）、德国（Federal Statistical Office，2017）、南非（Statistics South Africa，2017）8 个国家按本国标准编制能源卫星账户。而各国的标准不一致，导致各国能源卫星账户之间不具有可比性（Schenau，2007）。随着 SEEA 2012 的发布，各国考虑 SEEA 2012 的一般性，能源卫星账户的核算范围、关键表式和指标构建均以其作为主要参考标准，使得各国能源卫星账户的差异大幅减少，各国能源卫星账户的可比性有所提高。但根据本国国情和关注重点，各国能源卫星账户实践仍有一定特殊性。这些国家作为能源卫星账户的探索先驱，在多年编制能源卫星账户的过程中积累丰富经验，为开发 SEEA-Energy 2019 和其他国家编制能源卫星账户提供参考。

一、核算范围界定的国际经验

在核算范围方面，各国能源卫星账户除参考国际标准外，会适当根据本国国情进行调整。能源产品的定义和分类基本参考 SIEC，而德国遵从国民经济核算体系，使用中心产品分类作为能源产品的定义和分类；丹麦使用本国的能源产品定义和分类。能源资源[①]等级的划分均参考 UNFC 2009，但各国能源资源的核算种类差异较大，所统计的能源资源种类根据本国能源资源的存量特点进行调整，如英国、荷兰和丹麦地处油气资源丰富的欧洲北海，只统计石油资源和天然气资源；南非只统计煤炭资源；德国由于能源资源贫乏，未编制能源资源资产账户。此外，由于各国能源卫星账户均未计算能源行业指标，各国能源卫星账户未对能源行业进行定义和分类。

① 参考 SEEA 2012 的国家会编制矿产和能源资源资产账户，但由于 SEEA-Energy 2019 已将能源资源从矿产和能源资源中分离，本章只讨论各国矿产和能源资源资产账户中的能源资源核算范围。

二、关键表式编制的国际经验

在关键表式方面，各国能源卫星账户参考 SEEA 2012 的表式，基本编制实物流量账户与实物型和货币型的能源资源资产账户。对于 SEEA-Energy 2019 的新增内容，只有澳大利亚编制能源货币流量账户，而所有国家均未编制能源存货资产账户。澳大利亚能源卫星账户在 2001～2014 年的探索中先后建立能源实物流量账户、能源资源实物资产账户、能源资源货币资产账户、能源货币流量账户，其表式风格与 SEEA-Energy 2019 相似度较高。

在实物流量账户上，各国可归为两种模式：一是澳大利亚、丹麦和南非编制能源实物供给使用表；二是由于能源卫星账户和能源平衡表在以运输活动为目的的能源使用量上存在差异，其余国家同时编制能源平衡表和能源实物使用表统计能源实物流量以显示这种差异，并编制能源平衡表和能源实物使用表之间的桥联表，有效衔接能源平衡表和能源实物使用表。此模式来源于欧盟统计局在 2003 年将能源实物使用表纳入欧盟空气排放卫星账户的方法。在货币流量账户上，澳大利亚在 2014 年编制的能源货币供给使用表是当时国际上较为前沿的能源卫星账户探索实践，目的是提供能源货币流量数据，使使用者深入了解能源与经济的联系，以及将能源实物数据和货币数据对比，综合反映能源供给和使用状况。在资产账户上，能源资源资产账户在 SEEA 2003 中就已出现，经多年发展其编制方法较为成熟。但由于能源资源的估价困难，各国通常会先编制能源资源实物资产账户，再开展能源资源估价工作，从而编制能源资源货币资产账户。

三、能源指标构建的国际经验[①]

在能源指标方面，各国对能源供给和使用指标、其他行业能源指标、能

① 各国将与能源有关的空气排放供给表作为空气排放卫星账户的数据源，显示在空气排放卫星账户中，而非能源卫星账户中。因此，本章只讨论各国能源指标构建的国际实践。

源经济指标和可再生能源指标四类中的部分指标的计算方式较为一致。各国均计算能源供给量和使用量、能源自给程度、单位 GDP 能源使用量、各行业单位增加值的能源使用量、能源进出口量、可再生能源的供给和使用量、能源资源财富量。

由于能源卫星账户可结合其他信息来源计算多种能源指标，各国根据本国能源数据的关注重点对上述四类指标进行补充。例如，南非较为关注各行业能源的使用情况，计算各行业能源使用量占总使用量的份额；澳大利亚较为关注能源可持续发展情况，计算可再生能源供给量占能源供给量的份额；德国较为关注人类与环境的互动情况，其能源卫星账户的指标有一定特色，属于环境经济账户，参考经济合作与发展组织的压力-状态-响应模型理论构建指标，采用流量账户统计压力指标以反映人类对环境施加的破坏和干扰，采用资产账户统计状态指标以反映一定时间内环境的状态和变化，采用环保税等统计响应指标反映人类环保措施，从而详细统计环境状态和人类对环境的破坏与保护。

四、能源资源估价的国际经验

能源资源的估价是实物资产账户转化为货币资产账户的关键步骤。由于许多能源资源无法在市场上购买，通常没有可观测的价格，因此不具备关于能源资源存量价格的直接信息。SEEA 2012 建议在资产账户中使用净现值法对矿产和能源资源存量进行估值，并提供使用净现值估价的一般性方法。在 SEEA 2012 的基础上，SEEA-Energy 2019 在货币资产账户中提供能源资源估价的应用实例。各国在实践中均采用净现值法作为能源资源的估价方法，但在贴现率、开采速度、资源租金的未来概况和当前资源租金四个方面的具体技术假设存在显著差异，以澳大利亚、荷兰、英国为例的能源资源估价具体假设如表 20-3 所示。

表 **20-3**　能源资源估价具体假设表

国家	贴现率	开采速度	资源租金的未来概况	当前资源租金
澳大利亚	固定名义利率，澳大利亚联邦银行（Commonwealth Bank of Australia）提供的大型公司贷款利率	固定	资源租金的名义价格固定，为过去 5 年的平均值	营业盈余总额与开采所需生产资本的用户成本、生产资本的回报之差
荷兰	固定实际利率 4%，荷兰财政部提供的贴现 3 年以上项目未来收入的实际贴现率	线性递减	资源租金的实际价格固定，为过去 3 年的平均值	营业盈余总额与开采所需生产资本的用户成本之差
英国	固定实际利率 3.5%，英国财政部绿皮书提供的使用寿命低于 30 年的资产的社会贴现率	预算责任办公室提供	预算责任办公室提供	营业盈余总额与所有的经营支出、生产资本的用户成本、退役成本之差

总体来看，部分国家现行能源卫星账户主要参考 SEEA 2012，其主要内容如表 20-4 所示。这些国家的能源卫星账户在核算范围上参考 SIEC 和 UNFC 2009 并依据本国国情进行适当调整；在关键表式上，主要编制能源实物流量账户和能源资源资产账户；在指标构建上从能源供给和使用指标、能源经济指标、其他行业能源指标和可再生能源指标四个方面，根据本国关注重点编制多种能源指标以监测能源可持续发展状况；在能源资源估价上，各国在实践中均采用净现值法作为能源资源的估价方法，但具体技术假设存在显著差异。2019 年能源卫星账户的最新国际标准——SEEA-Energy 2019 的发布一方面可进一步缩小各国能源卫星账户的实践差异，增强各国能源卫星账户之间的可比性；另一方面可促进各国编制能源货币流量账户与能源存货资产账户，丰富各国能源数据种类与核算表式，反映能源活动全貌。各国能源卫星账户的主要参考标准开始由 SEEA 2012 向 SEEA-Energy 2019 改革，澳大利亚、英国目前正着手研究能源卫星账户国际标准从 SEEA 2012 到 SEEA-Energy 2019 的最新进展，准备引入 SEEA-Energy 2019。

表 **20-4**　部分国家能源卫星账户的主要内容总结表

主要内容			英国	澳大利亚	新西兰	丹麦	挪威	荷兰	德国	南非
核算范围	能源产品	SIEC	√	√	√		√	√		√
	能源资源	SEEA 2012 和 UNFC 2009	√	√	√	√	√	√		√
关键表式	实物流量账户	能源实物使用表	√		√		√	√	√	
		能源实物供给使用表		√		√				√
	货币流量账户	能源货币供给使用表		√						
	资产账户	能源资源实物资产账户	√	√	√	√	√	√		√
		能源资源货币资产账户	√	√	√	√		√		√
能源指标		能源供给和使用指标	√	√	√	√	√	√	√	√
		能源经济指标	√	√	√	√	√	√	√	√
		其他行业能源指标	√	√	√	√	√	√	√	√
		可再生能源指标	√	√	√	√	√	√	√	√

第五节　开展中国能源卫星账户编制工作的建议及展望

一、中国能源统计的局限性

中国在 1986 年起开始参考 UNSD 发布的《能源统计的概念和方法》（Concepts and methods in energy statistics）的经验和方法，建立以能源平衡表为核心的能源核算体系，并依据《能源统计：定义、计量单位和换算系数》（Energy statistics: definitions, units of measure and conversion factors）、《能源统计手册》（*Energy Statistics Manual*）进行修订，编制《中国能源统计年鉴》，统计包括能源建设、能源生产和能源消费的实物数据，在能源生产和消费数据的基础上编制能源平衡表，进而形成以能源平衡表为核心的能源核算体系。中国能源统计开展关于能源产品的生产、进出口和使用等基本能源统计数据的调查、收集和汇编工作，以能源的供给、转化及使用为侧重点，使用能源平衡表组织基本能源统计数据（国家统计局能源司，2010）。中国现行能源统计制度以能源平衡表为核心，主要通过能源统计报表收集能源实物流量数据，并汇总能源统计报表的数据以编制能源平衡表。然而，以能源平衡表为核心的中国能源统计体系目前仍存在以下问题。

一是能源统计口径不全。首先，中国能源产品口径不全，对可再生能源的统计薄弱。中国能源产品不单独列出生物质能的统计，而且对通过低效率炉灶直接燃烧用于炊事和取暖的木材、玉米芯等生物质能缺乏统计。中国将水电、核电、地热电等作为一次能源统计，但潮汐能、核能、地热等能源除发电外还可生产其他能源，中国缺乏潮汐能、核能、地热等可再生能源统计。其次，中国能源统计行业口径不全。能源行业涵盖能源生产和能源转化行业，包括煤炭采选业，石油与天然气开采业，电力蒸汽热水生产及供应业，石油加工及炼焦业，煤气生产及供应业；未划分出新兴能源生产部门，如垃圾焚烧发电、生物质能发电、沼气生产等部门；未统计能源分配企业，如为运输对天然气进行液化或再气化的工厂。中国规模以上工业、限额以上批发和零售业以及其他行业中的部分重点耗能单位的能源状况的统计体系完善，而非重点耗能单位的能源统计体系不健全。非重点耗能单位如规模以下工业企业，虽在能源消费中占比较小，但这类企业生产设施相对落后，能耗高，对减少落后产能和节能减排有不利影响。最后，中国能源统计在能源分类上不细致。国际上将原煤分为硬煤和褐煤，而中国总称为原煤；国际上将能源损失分为开采损失、配送损失、储存损失和转化损失，而中国总称为能源损失量。工业下属各行业分开统计能源消费量，而除工业以外，农林牧渔业、建筑业和交通运输业等行业的能源消费量只有能源消费总量，下属各行业未分开统计能源消费量。总体而言，中国能源统计口径落后于能源行业的实际发展状况，能源统计口径与国外和国际组织相比存在较大差距，缺乏国际可比性。

二是未统计能源的生产过程。所有其他行业都依赖能源作为物质资料为其生产过程提供必要投入，能源部门在整个国民经济运行过程中充当重要角色，但中国能源统计缺乏对能源本身的生产过程统计。能源统计将能源视为物质资料，统计能源产品而忽视自然投入的能源资源生产为能源产品的能源生产实物过程。例如，水电、核电、地热电等作为一次能源统计，忽略了潮汐能、核能、地热等能源转化为电的过程。对中国能源行业状况的统计仅在能源建设条目下，包括国有经济能源工业固定资产投资和能源工业投资。中国能源统计未包括能源行业的产出、中间消耗、增加值、营业盈余等能源生产价值过程信息，难以了解能源行业的结构和活动水平。

三是未能统计能源货币交易。由于能源价格剧烈波动，国民经济承受巨大压力，能源货币交易信息变得越来越重要。而中国能源统计只统计能源的实物量，缺乏能源货币交易信息。能源仅被作为物质资料投入到其他产品的生产过程中去，而非作为经济概念参与经济运行过程。由于中国能源统计缺乏对能源在经济内各类资金流量的掌握，所以难以了解能源在经济运行过程中如何施加影响。

四是未能统计能源存量。能源资源绝大多数以自然资源的形式存在，要想获取能源资源，必须先进行开采和提取，而经开采和使用的能源资源不能随时间推移增加。在对能源进行不断开采的情况下，中国究竟有多少能源资源存量却未统计。中国难以确定现有能源资源的可开采时间，就难以了解未来能源进口需求和国家能源安全是否受到威胁。能源资源存量比流量更影响未来发展，但中国对能源资源存量的统计意识不够，中国能源统计未掌握能源资源存量水平以及这些水平变化的类型和程度，更未将能源资源存量统计提升到战略高度。

二、开展中国能源卫星账户编制工作的建议

基于 SEEA-Energy 2019 的核算框架，中国在以下三个方面存在一定数据基础：一是能源平衡表与能源卫星账户中实物流量账户的内容基本一致、相互匹配，可为能源实物流量账户提供较为完善的数据来源；二是自然资源部

的能源资源统计和国家能源局的能源存货调查较为完善，可为资产账户提供数据来源；三是尽管尚无能源货币流量的数据来源，但中国可以能源统计报表为基础，增加货币流量项目以获取货币流量数据。此外，中国应根据编制能源卫星账户的数据基础，逐步确定中国能源卫星账户的核算范围、关键表式、能源资源估价方法，进而编制中国能源卫星账户，并构建能源指标，以提升部分能源指标的准确度及能源数据种类的丰富度，从而促进中国能源可持续发展。因此，中国能源卫星账户的编制可尝试从以下五个方面展开。

（一）扩展能源核算口径，全口径核算能源

中国能源统计将能源产品限定在煤炭、石油、天然气和电力等传统能源上，将潮汐能、地热和生物质能等可再生能源视为生产电力的方式而非能源，从而导致对可再生能源的统计较为薄弱。中国能源卫星账户可扩展能源产品口径，调整相关能源分类标准，加强对太阳能、风能、潮汐能、地热和生物质能等可再生能源的统计，实现所有能源产品的全口径核算。同时，依据调整的能源分类标准，配套制定相应的能源统计数据收集方法，提高可再生能源统计数据的可获得性。

（二）调整现有能源统计制度，建立能源实物流量账户

鉴于各国调整现有能源统计数据和能源平衡表作为能源实物流量账户数据来源的经验，以及 SEEA-Energy 2019 调整现有能源统计数据和能源平衡表为数据基础来编制实物流量账户的建议，又由于能源平衡表和能源卫星账户均核算能源实物流量，调整现有能源统计数据和能源平衡表是目前中国编制能源实物流量账户较为经济的办法。首先，中国可调整能源统计报表，使其收集数据的定义和核算规则符合能源卫星账户的编制要求，进而编制能源实物流量账户。其次，SEEA-Energy 2019 已详细介绍能源平衡表与能源实物流

量账户的转化办法——编制能源平衡表与能源卫星账户的桥联表，以显示转化能源平衡表和能源卫星账户需增加或减少的国外常住单位购买量、出口量、存货变化等数据。可参考 SEEA-Energy 2019 中二者的转化方法，收集桥联表所需数据，从而编制能源平衡表与能源卫星账户的桥联表，以向使用者说明能源平衡表与能源卫星账户之间各能源产品供给量和使用量的具体区别。

（三）利用其他部门数据和调查，建立货币流量账户和资产账户

中国能源统计以能源平衡表为核心核算能源的实物流量，无法满足中国能源可持续发展的数据种类需要。中国能源卫星账户可增加能源核算表式，编制货币流量账户和资产账户，以实物量和货币量多维度核算能源的流量和存量，丰富能源核算内容，反映中国与能源有关的活动全貌。对于能源卫星账户中能源货币流量账户、能源资源资产账户、能源存货资产账户等新增内容，可开拓新的数据来源以开展能源卫星账户的编制工作。首先，在能源货币流量账户编制方面，由于实物流量数据和货币流量数据同为流量数据，二者的收集方式相似，对农产品采取实物流量数据和货币流量数据同时收集的办法，有效降低了农产品数据的收集成本，并为能源货币流量数据提供了收集思路。因此，可借鉴农产品收集流量数据的方法，在能源统计报表中新增货币流量的相关项目，同时收集能源实物流量与货币流量数据，以降低能源统计成本，从而开展能源货币流量账户的编制工作。其次，在能源资源资产账户和能源存货资产账户的编制方面，自然资源部对能源资源的勘探和调查较为详尽，国家能源局主要负责能源存货的调查与统计，因此可利用自然资源部和国家能源局的调查数据分别编制能源资源资产账户和能源存货资产账户。

（四）制定能源资源估价方法，准确估价能源资源

目前，大多数国家采用 SEEA 2012 和 SEEA-Energy 2019 推荐使用的净

现值法进行能源资源估价，但各国具体技术假设不同，导致各国对能源资源的估价存在较大差异。此外，SEEA 2012 建议矿产和能源资源存量的净现值估价应针对不同矿床收集数据，并在不同资源范围内进行分类汇总，以获得能源资源的总价值。其优点在于：一方面，考虑到不同矿床开采成本的异质性[①]，准确估计资源租金的未来概况；另一方面，考虑到不同矿床的产量限制，降低计算开采速度的难度。然而，该方法将大幅提高数据收集工作的难度（Pionnier and Yamaguchi，2018）。中国应详细制定能源资源的估价方法，根据实际情况确定净现值法的具体技术假设和是否针对不同矿床收集数据，从而准确估价能源资源。

（五）分步编制能源卫星账户，多方面构建能源指标

能源卫星账户虽然是一致而完整的系统，但 SEEA-Energy 2019 认为独立编制各账户并不影响其发挥功能。澳大利亚、荷兰等国家大多采取分步编制的措施以编制能源卫星账户；中国可借鉴各国编制能源卫星账户的经验，根据实际状况分步编制。在能源卫星账户编制完成后，SEEA-Energy 2019 详细介绍了能源指标的构建方法，中国可在一定程度上参考 SEEA-Energy 2019 的指标编制方法；同时，中国可依据自身发展特色构建多方面的能源指标，如编制反映发展水平和规模的静态总量指标与反映对国民经济贡献的直接贡献指标（杨仲山和张美慧，2019；许宪春和张美慧，2020）。在能源供给和使用指标方面，可使用能源供给量和使用量反映能源的供给使用水平，通过国内能源消费量占一次能源生产量的比例反映能源自给程度，通过能源进出口量反映能源的外贸情况。由于几乎所有行业都将能源作为直接投入，还可通过单位 GDP 能源使用量反映能源投入对国民经济的直接贡献。在能源经济

① 如果首先开采成本最低和价值最高的储量，那么忽略这种异质性将使当前开采成本对未来开采成本的预测能力较差，从而导致对资源租金的未来概况预测不准。

指标中，可使用能源行业的产出、增加值、固定资本消耗等能源行业指标反映能源行业发展水平，通过能源产品消费总额反映能源的交易规模，通过能源资源的货币价值反映能源资源财富量。在其他行业能源指标方面，可通过各行业的单位增加值能源使用量反映行业能源投入对各行业经济的直接贡献。在可再生能源指标中，可通过可再生能源的供给量和使用量反映可再生能源的供给使用水平。在上述指标中，能源供给量和使用量、能源进出口量、能源经济指标、能源产品消费总额、能源资源的货币价值、可再生能源的供给量和使用量可作为静态总量指标，单位 GDP 能源使用量和各行业的单位增加值能源使用量可作为直接贡献指标。中国的决策者、研究人员和其他用户还可将能源卫星账户与其他信息来源相结合，进一步补充能源指标。

三、中国能源卫星账户经验对 SEEA-Energy 2019 的提升展望

在引入能源平衡表时，中国能源平衡表的能源消费量结合中国实践，严格按照 ISIC 列报，未将以运输活动为目的的能源使用归入实际使用它们的行业。由此，一方面，可将 SEEA-Energy 2019 一般性理论和中国现行能源统计实践状况相结合，编制新时代中国特色能源卫星账户；另一方面，可在能源卫星账户的实践中积累经验，进行中国特色能源卫星账户的研究，将中国实践经验和研究成果融入 SEEA-Energy 2019 的修订中，增强中国在能源卫星账户国际标准制定方面的话语权，而非仅仅执行 SEEA-Energy 2019（邱东，2021a）。在 SEEA 2012 发布后，联合国逐步编写 SEEA 的其他部分，并于 2017 年发布《环境经济核算体系 2012——应用与扩展》（United Nations，2017）、于 2020 年发布《农林渔业环境经济核算体系》（FAO and UNSD，2020），为环境经济核算提供了更多范例。结合目前中国能源卫星账户的理论经验来看，能源卫星账户可从以下几方面根据已有范例进行修订，并为现有核算内容提供更多信息，为 SEEA 的修订贡献中国智慧，从而全面发展环

境经济核算。

第一，将行业指标扩展为行业活动账户。SEEA-AFF 2020 编制农业活动生产和收入扩展账户，包括农业的产出、中间消耗、增加值、雇员报酬、营业盈余总额和混合收入、固定资本形成总额、固定资本消耗和就业人数。SEEA-Energy 2019 虽计算能源行业指标，但统计项目数量少于农业活动生产和收入扩展账户，且无法提供能源行业中各个子行业的状况。因此，能源卫星账户可参考 SEEA-AFF 2020，将行业指标扩展为行业活动账户，编制能源行业活动生产和收入扩展账户，一方面提供更多的行业统计项目；另一方面详细显示能源行业中各个子行业的状况。

第二，扩展编制能源数据的合并列报。SEEA 2012 编制能源数据的合并列报，SEEA-AFF 2020 编制农业数据的合并列报，但 SEEA-Energy 2019 仅编制能源供给使用表的合并列报，未编制综合所有能源数据的合并列报。能源卫星账户可根据 SEEA 2012 能源数据的合并列报，参考农业数据合并列报的编制方法，结合新增的能源货币供给使用表和将来可能编制的能源行业活动账户，扩展编制能源数据的合并列报，以综合展示所有能源数据。

第三，加强环境扩展投入产出表的编制力量。SEEA-AE 2017 根据 SEEA 提供的供给使用表，将 SNA 2008 的投入产出表扩展为环境扩展投入产出表，表中的能源数据部分来源于 SEEA 2012 的能源卫星账户。相较于 SEEA 2012，SEEA-Energy 2019 的新增内容能够为编制环境扩展投入产出表提供更多能源数据，从而有效加强环境扩展投入产出表的编制力量。

第二十一章
水资源资产负债核算的理论基础与编制应用①

第一节　水资源资产负债核算研究现状

水是万物之源，不仅贯穿人们生产生活的方方面面，更是各个领域发展的关键因素。随着综合经济实力的不断提高，现如今中国已然成为国际上最具发展潜力的国家之一，但是在社会经济发展过程中水资源一直伴随着供给需求不平衡、环境破坏严重、生态资源质量下降、极端/突发事件频发这四大负面问题，影响了人类的生产生活。对以行政区域为主体的水资源资产负债表的理论框架进行编制以及对水资源的价值量进行核算，能够提高各级政府在促进社会经济发展进步的同时对水资源的治理重视程度，促使水资源价值量核算探索完成，从而改良水资源治理体制并提高用水效率，进而可以使相关单位和管理机构针对水资源的治理与保护变得更加合理、全面以及高效。所以，从社会经济环境的可持续发展角度出发，建立水资源资产负债核算体系刻不容缓。

在水资源的资产负债核算研究领域上，联合国早就在水资源核算研究方向上颁布了 SEEA-Water 2006 和 SEEA-Water 2012，该账户可以帮助国内外相关研究学者按照统一方法分析水资源在经济社会发展过程中所起的作用。

---

① 本章执笔人：刘丹丹、盖思璇。

与此同时，澳大利亚的水资源权益交换市场是相对比较成熟的，在水资源会计核算体系框架的编制上和制度的研究上也处在世界数一数二的地位，成功编制了两套水资源核算框架，所以本章也重点参考了 AWAS（Australian Water Accounting System，澳大利亚水资源核算体系）的核算思路，为后续辽宁省水资源资产负债表的编制提供了借鉴意义。欧盟也较早进行了对水资源的核算工作，为了总结和整理出欧盟国家在水资源核算方面的研究成果以供借鉴，欧盟还专门设立了相关的研究小组。

在中国也有很多学者对水资源资产负债的核算展开了对应研究，甘泓和高敏雪（2008）首先对中国水资源现状以及环境经济核算在中国的试用效果进行了分析，其中对水资源核算的来源、组成和价值进行了剖析，最后针对中国国情系统介绍了当前需要应对的困难。这为本章研究的展开提供了理论参考；张友堂和刘帅（2016）指出，在对自然资源资产负债表中的资产和负债进行核算时，不能只考虑实物量的计算，还应考虑到资产和负债的价值量核算，这为本章的核算提供了借鉴价值，在对水资源资产负债表进行编制时应同时考虑到实物量和价值量两部分；甘泓等（2014）基于 SEEA-Water 2012 提出了中国对水资源资产负债进行核算时面临的问题，同时归纳总结了核算时所需要做的准备工作，本章也参考了基于 SEEA-Water 2012 的水资源核算的方法；简富缋等（2016）以黑河中游张掖市原始数据编制水资源资产负债表，其价值量的核算方法采用了模糊数学综合评价模型，故本章也采用了相同的方法进行核算，但是该文献的研究范围只针对一个市区，所以从编制结果中也只能看出有限的问题，所以本章突破了研究范围，以一个省作为研究对象，所得结论也更具可比性；柴雪蕊等（2016）分析探讨了水资源资产负债等相关定义，指出了现阶段中国水资源的利用情况，水资源负债部分中的耗减成本应该是水资源实际使用量与区域政府规定的控制线值的差值，之后编制了针对水量和水质的水资源资产负债表，这些研究工作为本章后续的编制工作提供了参考价值，特别是在水资源负债的核算部分，由于这篇文献只进行了理论上的研究，没有以数据进行实践，所以这也为辽宁省水资源资产负债表的实践研究提供了技术上的借鉴价值；贾玲等（2017）指出水资源资产负债表应该从会计学、统计学以及水核算的多视角下进行编制，所以本章的水资源核算思路就是从资产和负债两个角度着手，分别参考了 SNA 2008、SEEA 2012、SEEA-Water 2012 以及 AWAS 的核算思路，通过对比分析总结出了符合中国国情的水资源资产负债表。

所以在此背景下，本章首先从三个角度（SNA 2008、SEEA 2012 和 AWAS）分别介绍了水资源核算方法；从 SNA 2008、SEEA 2012、SEEA-Water 2012、AWAS 的角度对比分析了水资源资产负债表的编制思路，并以此为基础列出了水资源资产变动表、水资源负债价值表和水资源资产负债表的理论框架。之后选取 2019 年辽宁省水资源相关数据核算 2019 年辽宁省水资源实物量，同时基于模糊数学综合评价模型并结合 AHP 核算出水资源的价值量。最后编制出了辽宁省水资源资产负债表并且针对该表进行分析，以期为辽宁省制定经济社会的可持续发展战略提供助力。

第二节　水资源资产负债核算的理论基础

一、基本概念

（一）水资源

联合国 SEEA 下的水资源包括一个国家或区域内的河流、人工水库、地下水和土壤水。SNA 仅仅将经济活动中被直接使用的水作为研究对象，包括地下水和地表水。基于此，从中国水资源评价和规划的角度，本章将水资源定义为可供人类在生产生活中开发使用的可更新循环的水，包括地表水和地下水。

（二）水资源资产

SNA 2008 有针对资产的描述，将资产定义为具有经济活动能力的所有者在一定的时间范围内利用某种实体所带来的持续性或者一次性的财富效益。由此可见，水资源资产应是能够带来价值效应的水资源。联合国 SEEA 2012 对水资源资产的定义为：本国内淡水资源资产、地表苦咸水资源资产和地下水资源资产，现如今或未来能够给人们和社会带来利用价值，由于人类的不断使用可能会耗尽的水。2009 年，澳大利亚水资源会计概念框架（Australian Water Accounting Conceptual Framework，AWACF）对水资源资产的描述为：一种由政府持有和管治的、可以产生价值效益收入的资产。综上所述，本章认为水资源资产是通过天然降水所汇集而成的以及能够循环的、可以产生价值效益的水资源，具体包含地下水资源和地表水资源两种。

（三）水资源负债

关于水资源负债的定义目前国际上还没有给出答案。作为自然资源的重要组成部分，水资源负债的概念界定可从自然资源负债的定义入手。黄溶冰等（2015）指出自然资源负债指的是人们进行日常经济活动对自然资源的过度开发造成损坏，有关部门为将自然资源恢复到初始状况采取一系列补救措施，为了自然生态环境的可持续发展所要承受的代价，如治理空气污染或者水污染所要支付的费用。水资源负债可以看作一个地区一段时间内水权益主体对水资源、水环境和水生态造成的负面影响。SEEA-Water 2012 作为卫星账户，充分考虑到了负外部效应，将资源消耗纳入国民经济核算中，核算了 SNA 中负外部效应带来的耗减成本的价值量，所以在 SEEA-Water 2012 中应该充分考虑到水资源的耗减成本，将其合并到核算体系中。基于负债核算时数据的可收集性和可计算性，本章水资源负债包括水资源耗减成本和水资源环境退化两部分。

二、水资源资产负债表编制的理论基础

（一）国民经济核算体系（SNA 2008）

SNA 是一套成熟、有实际参考价值的核算体系，该体系拥有相对全面且科学的理论原则，相关研究人员进行经济活动核算时可以首选这套国际标准以作参考和借鉴。在进行核算时，可以 SNA 的理论框架为基础，对相关指标信息按照对应的核算标准原则进行分析，或者通过对应的标准公式进行计算，得到有价值的结果，该结果便可为相关负责人做出决定、采取措施给予数据支撑。这些账户体系清晰系统地记载了经济主体所进行的经济活动，同时也可以反映出经济主体间的交互作用，在 SNA 框架下，整个账户体系具有周密性、同一性和完整性的特点。

SNA 主要有如下三大功能：①监测各个国家经济社会生产活动；②分析各个国家经济发展状况；③帮助各个国家分析经济社会发展状况。它是一套应用广泛、核算全面的分析工具，共设置了三个基本账户：生产账户、积累账户和资产负债账户。本章重点关注资产负债账户，资产负债账户展示资产和负债以及净值的存量，对全套账户序列而言，其中包括期初和期末资产负债账户。以国家为主体的资产负债表分为五个二级科目：土地、能源和矿产、水资源、天然生物资源和其他资源。该资产负债表是一个国家在经济社会发展过程中针对所利用到的自然资源编制的。SNA 中包含了很多有关自然资源资产的核算，可是 SNA 更多关注的是资产流量和存量的计算，旨在掌握一个国家或者地区自然资源资产的库存以及流量变化情况，没有给出自然资源负债的明确核算标准，所以很难明确自然资源环境与经济社会之间的债务关系。但是 SNA 中资产负债表应遵循平衡关系式：资产−负债=资产净值，值得本

章参考借鉴。例如，在核算水资源资产负债表时应遵循“水资源资产–水资源负债=水资源资产净值”这一等式。

（二）环境经济综合核算体系（SEEA 2012）

SEEA 2012 旨在展现自然资源资产存量和流量之间的一个联系，同时还可以表明自然生态和经济活动二者的交互影响，是国际上第一个环境经济核算综合标准。

SEEA 2012 与 SNA 2008 在核算内容、原则方面基本一致，但是与 SNA 2008 的不同之处在于扩充了非金融非生产性资产的二级科目，增添了木材资源和土壤资源，由原先的五类变为七类。在计量方式上也有了创新，利用实物量和价值量二者结合的思路核算自然资源资产负债表。事实上 SEEA 2012 是 SNA 2008 的一个卫星账户，是由于人们越来越重视环境保护和可持续发展生态文明建设而建立起来的，但是 SEEA 2012 主要从经济的角度来体现经济与环境的联系，从资产的角度体现人类生产生活对自然的影响，没有准确描述负债，很难找到责任主体进而无法采取补救措施。但是 SEEA 2012 中包括的供给使用表、经济体系账户和自然资源资产账户等，都体现了人们的经济活动对自然资源的影响，包括一些负外部性，如资产耗减和环境退化。SEEA 2012 中虽然没有介绍自然资源资产负债表，但是其中的理论框架和核算原则是值得本章参考的，尤其是为水资源资产负债表的编制过程提供了很大的帮助。

（三）澳大利亚水资源核算体系（AWAS）

澳大利亚近年来在水资源核算方面的研究逐渐趋于成熟，澳大利亚统计局借鉴了联合国 SEEA 中的水资源经济核算体系（SEEA-Water）的核算思路和原则，于 2012 年颁布并开始实施水会计准则（AWAS），AWAS 是基于权责发生制、以物理流量为单位、采用复式记账法原则编制出的以水资源为研究对象的水会计报表，分别为水资产和水负债变动表、水资源资产负债表和水流量表。刘汗和张岚（2015）表示 AWAS 可以弥补中国水资源核算的不足，对中国编制水资源资产负债表有一定的借鉴价值，尤其是 AWAS 侧重水资源资产负债表的编制原则和思路。汪劲松和石薇（2019）表示由于澳大利亚在水资源核算上取得了显著成果，所以中国在编制符合中国实际情况的水资源资产负债表时可以重点参考学习。因此本章将重点参考和借鉴澳大利亚水资源的核算经验和方法编制辽宁省水资源资产负债表。可是澳大利亚水资源核算体系并不是没有缺点的，其缺点主要是缺少实际的实践应用，进而从实践中获得的经验就少之又少，又因为它仅仅针对水资源的存量、流量以及变化量进行核算，没有对水资源价值和水资源质量进行计算，所以后续的价值量核算还需引入模型进行计算。上述四种核算体系中资产负债表的核算思路比较如表 21-1 所示。

表 **21-1** 资产负债表核算思路比较

项目	AWAS	SNA 2008	SEEA 2012	SEEA-Water 2012
基本原理	会计核算原理	统计核算原理	统计核算原理	统计核算原理
核算主体	水环境系统持有者或区域管辖者	行政单位、机构或经济总体	经济体和环境	涉水单位和生态
核算目的	帮助核算主体获取对水资源分配决策有用的信息	体现核算主体所拥有的所有资产价值或者国民财产	论述环境资产的存量和流量变化情况，环境与经济二者的交互影响	体现经济体对水资源的影响和水资源对经济体的贡献
核算对象	水资源和涉水活动	经济活动	经济和环境的存量、流量	水资源和涉水经济活动
平衡关系	水资源−水负债=净水资产	资产−负债=资产净值；金融资产+非金融资产−金融负债=资产净值		

续表

项目	AWAS	SNA 2008	SEEA 2012	SEEA-Water 2012
负债含义	应供未供的水量	金融负债		
核算原则	权责发生制、复式记账法	权责发生制、四式记账法	权责发生制、四式记账法	权责发生制、四式记账法
核算要素、账户	水资源资产、水资源负债、净水资源资产、水资源资产变动、水资源负债变动	金融资产、非金融资产、资产净值、金融负债	供给使用表、环境资产账户、经济账户等	水资源供给使用表、资产账户、水质账户等
计量方式	实物量	价值量	实物量、价值量	实物量、价值量

三、水资源资产负债表的框架构成

基于相关国际经验和标准，本章将遵照先存量再流量、先实物量再价值量、数量质量并重的核算原则来构建水资源资产负债表基本框架。对 AWAS、SNA 2008、SEEA 2012、SEEA-Water 2012 资产负债表核算思路的比较分析，为水资源资产负债表的编制提供了参考价值，首先根据水资源的实体，编制水资源资产变动表，体现核算主体拥有的水资源实物量；其次编制水资源负债价值表，以便体现核算主体对水资源的耗减和退化影响；最后将两个表整合形成水资源资产负债表理论框架。

（一）水资源资产变动表

水资源资产变动表的核算项目一共有四类，分别是期初存量、增加量、减少量和期末存量，并遵循“期初存量+增加量−减少量=期末存量”的平衡式。其中增加量包括降水量、入境水量和经济体的回归水量；减少量包括用水量、蒸发量和出省境及入海水量等。综上，水资源资产变动表如表 21-2 所示。

表 **21-2**　水资源资产变动表

项目		地表水	地下水	其他水资源
期初存量				
增加量	降水量			
	入境水量			
	经济体的回归水量			
	……			
减少量	用水量			
	其中：居民生活用水			
	生产用水			
	河道外生态环境补水			
	河道内生态环境补水			
	蒸发量			
	出省境及入海水量			
	……			
期末存量				

（二）水资源负债价值表

参考 SEEA-Water 2012 中提到的水资源利用产生的负外部效用，可以将这部分归到负债核算范围内，水资源负债包括水资源的过度耗减所需要花费的成本费用和水环境质量退化到一定的标准值时所进行的补偿支出花费。综上，水资源负债价值表如表 21-3 所示。

表 **21-3**　水资源负债价值表

项目	期初存量	期末存量
耗减成本		
退化成本		
合计		

（三）水资源资产负债表

水资源资产负债表是核算各地域范围内水资源资产、负债存量和内部构成的统计表格。该表可以体现出水资源资产剩余权益情况和各级行政区域水资源的债务债权关系。具体结果采用账户式结构表示，报表分为两部分，左半部分代表水资源资产各项目，右半部分表示水资源负债各项目，遵循“水资源资产=水资源负债+水资源净资产”的平衡关系式。通过对水资源资产变动表和水资源负债价值表的编制，可以得出水资源资产负债表，其理论框架如表 21-4 所示。

表 **21-4**　水资源资产负债表理论框架

水资源资产	期初存量	期末存量	水资源负债	期初存量	期末存量
1 水资源资产			1 水资源负债		
2 增加量			1.1 耗减成本		
2.1 降水量			1.2 退化成本		
2.2 入境水量			……		
2.3 经济体的回归水量					
……					
3 减少量					
3.1 用水量					
3.1.1 居民生活用水					
3.1.2 生产用水					
3.1.3 河道外生态环境补水					
3.1.4 河道内生态环境补水					
3.2 蒸发量					
3.3 出省境及入海水量					
……					
4 变化量					
5 水资源资产合计			2 水资源负债合计		

第三节 水资源价值量核算的方法设计

一、核算思路

核算水资源经济价值是建立水资源资产负债表的核心与难点，需要借助价格核算模型，在实物量核算结果的基础上将其转变成价值量，用价格的方式表示出水资源资产和负债的价值。现如今没能形成一种将水资源价值量核算方法统一的标准，比较常用的核算方法有模糊数学综合评价模型、可计算一般均值模型（computable general equilibrium model，CGE）、影子价格模型等。水资源作为自然资源的一个主要组成部分，受多种因素的共同影响和交叉性影响，且水资源与经济社会多单位和部门之间都有不可分割的关系，这就加强了水资源价值核算的难度，使整个水资源价值指标的评价具有模糊性，比如针对水资源量的评价有“丰富”“适中”“匮乏”等词语，开采程度有“严重超采”“超采”“未超采”等模糊词汇。因此运用常规数学方法是很难进行计算的，而模糊数学综合评价模型可以很好地处理这一问题，所以本章采用模糊数学综合评价模型来计算辽宁省水资源价值，为水资源资产负债表提供数据支撑。

具体核算和编制思路如下：先将水资源资产负债表分为水资源资产和水资源负债两部分进行核算，利用模糊数学综合评价模型和 AHP 计算水资源的经济价值，确定经济价值后利用水资源价格公式计算出水资源的具体价格，然后利用水资源价格将水资源资产实物量转化为水资源资产价值量。在核算水资源负债方面重点考虑两部分内容：水资源耗减成本和水资源退化成本，计算出的相应结果可作为水资源负债价值部分的两方面内容。最后综合水资源资产和负债的最终结果编制出水资源资产负债表。水资源资产负债价值量核算思路如图 21-1 所示。

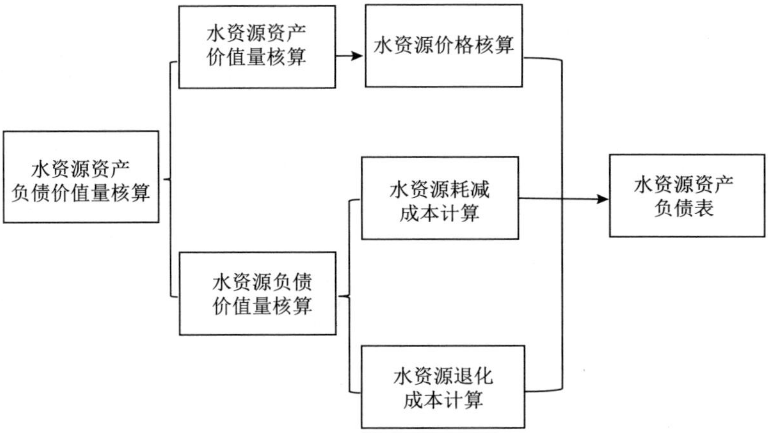

图 21-1　水资源资产负债价值量核算思路

二、水资源资产价值量核算

（一）评价指标的建立

利用模糊数学综合评价模型对水资源价值进行核算时，指标的选取应该遵循针对性强、代表性强、量化容易、独立性好、易于获得等原则。根据《地表水环境质量标准》（GB 3838—2002）的污染程度划分水质等级，依据《2019 辽宁省水资源公报》、《辽宁统计年鉴 2019》和《辽宁省生态环境状况公报（2019 年）》，同时参考相关研究成果和文献（简富缋等，2016），最终选择了水量、人口、社会经济、生态环境 4 个一级指标和 13 个二级指标作为辽宁省水资源价值评价指标体系，如表 21-5 所示。

表 **21-5**　水资源价值核算指标评分标准及其实际值

一级指标	准则层（二级指标）	单位	指标层	水资源价值核算指标评分标准					实际值
				高	较高	中等	较低	低	2019 年
水量	人均水资源量	米 ^{3}	逆	400	800	1 200	2 000	3 000	588.19
	产水模数	万米 ^{3}/千米 ^{2}	逆	25	50	75	100	200	17.29

续表

一级指标	准则层（二级指标）	单位	指标层	水资源价值核算指标评分标准					实际值
				高	较高	中等	较低	低	2019 年
水量	供水量	亿米^3	逆	20	30	40	50	60	136.63
	径流系数		逆	0.05	0.20	0.30	0.40	0.50	0.21
人口	人口密度	人/千米^2	正	300	150	50	10	5	294.05
	人均 GDP	元	正	5 000	3 000	2 000	1 000	500	57 191.00
	人均用水量	米^3	正	800	700	600	500	300	313.95
	人均灌溉面积	公顷^2	正	0.67	0.53	0.40	0.27	0.13	0.10
社会经济	居民生活用水比例	%	正	50	40	30	20	10	40.13
	万元 GDP 用水量	米^3	正	3 000	1 000	500	100	50	52.30
	万元工业增加值用水量	米^3	正	500	200	100	20	10	22.40
生态环境	生态环境用水量	亿米^3	逆	0.10	0.20	0.40	0.50	0.60	5.96
	工业用水量	亿米^3	逆	30	40	60	70	85	18.32

（二）模糊数学综合评价模型

模糊数学综合评价模型主要应用于解决现实生活中具有模糊性的问题，本章将重点参考 1995 年姜文来教授在其博士论文中阐述的案例分析，利用模糊数学方法，在模糊复杂的体系中选择关键指标，将水资源的价值评价转化为关键指标的定量分析。

其模型的具体步骤如下。

（1）建立评价对象的指标集 $V = f\{X_1, X_2, \cdots, X_n\}$，故水资源价值指标集为

$$V = \{\text{水量,人口,社会经济,生态环境}\}$$

（2）建立评价集 $U = f\{\mu_1, \mu_2, \cdots, \mu_n\}$，引入水资源价值评价向量

$$T = \{\text{高,较高,中等,较低,低}\}$$

（3）单因素评价向量 R_i 是分别以水量、人口、社会经济、生态环境等指标核算的，R_i 定义如下：

$$R_i = \omega \circ \mu \tag{21-1}$$

其中，ω 为因素中各评价因子的权重；μ 为通过各因素的隶属度函数计算的各评价因子的隶属度矩阵；$\circ$ 为模糊矩阵的复合运算符号，简称模糊算子，一般取算子“∨”或“∧”，一般先取小再取大。

（4）模糊数学综合评价公式为

$$V = A \circ R \tag{21-2}$$

其中，V 为综合水资源价值；A: $A=(a_1,a_2,\cdots,a_n)$ 为各因素对水资源价值的指标权重，并要符合 $\sum_{i=1}^{n} a_i = 1$ 这一条件；R 为以水量、人口、社会经济、生态环境各核算指标所对应的评价向量 R_i 为基础构建的综合矩阵。其中 R 的建立依据评价区内各影响因素的实际值确定，具体矩阵形式如下：

$$R = \begin{pmatrix} R_1 \\ R_2 \\ \vdots \\ R_n \end{pmatrix} = \begin{pmatrix} R_{11} & R_{12} & \dots & R_{1m} \\ R_{21} & R_{22} & \dots & R_{2m} \\ \vdots & \vdots & & \vdots \\ R_{n1} & R_{n2} & \dots & R_{nm} \end{pmatrix} \tag{21-3}$$

本章在综合评价向量 V 的基础上，利用水资源价值综合评价模型指数对水资源价值展开核算，依据水资源价值评价等级，构造等级向量 $T=(1,2,3,4,5)$，则 $W = V \cdot T$ 为水资源价值模糊综合指数；V 为水资源价值综合评价值；T 为水资源评价等级向量。

（三）基于 AHP 的计算过程

在水资源价值综合评价中，权重反映各个指标对水资源价值评价结果的贡献程度和影响大小，所以本章通过查阅相关文献和有关研究人员的经验做法，确定各指标层的判断矩阵进而计算权重值，为了使计算出来的权重更具切实性和合理性，本章将采用 AHP 确定各个指标对应的权重值。该方法是一种定量和定性相结合的方法，将复杂的问题不断分层分解，确定出每个评估指标的权重值，其具体步骤如下。

建立递阶层次结构，得到水资源价值模糊综合评价指标体系如表 21-6 所示。

表 **21-6** 水资源价值模糊综合评价指标体系

指标	一级指标	二级指标
水资源价值综合评价（A）	水量（B_1）	人均水资源量（C_{11}）
		产水模数（C_{12}）
		供水量（C_{13}）
		径流系数（C_{14}）
	人口（B_2）	人口密度（C_{21}）
		人均 GDP（C_{22}）
		人均用水量（C_{23}）
		人均灌溉面积（C_{24}）
	社会经济（B_3）	居民生活用水比例（C_{31}）
		万元 GDP 用水量（C_{32}）
		万元工业增加值用水量（C_{33}）
	生态环境（B_4）	生态环境用水量（C_{41}）
		工业用水量（C_{42}）

（1）设置标度构建相关的判断矩阵，将每一层各指标的重要程度 1,2,3,4,5,6,7,8,9 以及它们的倒数作为指标间重要程度的标度。各标度及其含义如表 21-7 所示。

表 21-7　各标度及其含义

标度	含义
1	x_i和x_j比较，重要性相同
3	x_i和x_j比较，一个相对另一个稍微重要
5	x_i和x_j比较，一个相对另一个明显重要
7	x_i和x_j比较，一个相对另一个强烈重要
9	x_i和x_j比较，一个相对另一个极端重要
2、4、6、8	介于以上两种比较之间的标度值
倒数	x_i与x_j相比标度为 a ，x_j与x_i相比标度为 $1/a$

（2）求解判断矩阵的最大特征值 $\lambda_{\max}$ 及其对应的特征向量 $W=(W_1,W_2,\cdots,W_n)^{\mathrm{T}}$，该特征向量为同一层各因素相较于上一层因素的相对重要性的权重值。

（3）对判断矩阵进行一致性检验，公式为

$$\mathrm{CR}=\frac{\mathrm{CI}}{\mathrm{RI}} \tag{21-4}$$

其中，CR 为一致性比率，假如在整个判断中 CR 的值小于 0.1，则认为该矩阵的一致性检验效果非常好，通过了一致性检验，若不符合要求，则需要重新设置标度和建立判断矩阵，直到通过一致性检验；CI 为一致性指标，对各个指标的差异进行寻找，$\mathrm{CI}=\frac{\lambda_{\max}}{n-1}$；RI 为平均随机一致性指标。其中相关的值是固定的，一般受到实际因素数量 n 的影响，如表 21-8 所示。

表 21-8　随机一致性指标的数据

n	1	2	3	4	5	6	7	8	9
RI	0	0	0.58	0.90	1.12	1.24	1.32	1.41	1.45

（四）隶属度矩阵的计算

美国控制论教授扎德通过多年的探索分析，在 20 世纪 60 年代撰写了名为《模糊集》的论文。论文中描述道：如果对区域 U 中的任意变量 x，总有一个数 $A(x)\in[0,1]$ 和它对应，那么称 A 为 U 上的模糊集，$A(x)$ 称为 x 对 A 的隶属度。当 x 在 U 上变动时，$A(x)$ 表示 A 的一个隶属函数。当隶属度 $A(x)$ 越靠近 1 时，代表 x 属于 A 的程度越高；反之，代表 x 属于 A 的程度越低，用该方法对模糊性问题进行描述是比较科学的。

建立模糊数学综合评价模型的关键是建立相对应的隶属函数，并求解出隶属度矩阵。建立隶属函数的方式有很多种，如梯形分布、正态分布、抛物型分布等，本章将采用梯形分布建立隶属函数，针对因素类型在确定隶属函数时还应区分连续型和离散型。

连续性函数可按照如下形式构造。

$$\mu_1(X)=\begin{cases}1, & x\leqslant V_1\\ \dfrac{V_2-x}{V_2-V_1}, & V_1<x\leqslant V_2\\ 0, & x>V_2\end{cases} \tag{21-5}$$

$$\mu_2(X)=\begin{cases}0, & x\leqslant V_1\text{或}x>V_3\\ \dfrac{x-V_1}{V_2-V_1}, & V_1<x\leqslant V_2\\ \dfrac{V_3-x}{V_3-V_2}, & V_2<x\leqslant V_3\end{cases} \tag{21-6}$$

$$\mu_3(X)=\begin{cases}0, & x\leqslant V_2\text{或}x>V_4\\ \dfrac{x-V_2}{V_3-V_2}, & V_2<x\leqslant V_3\\ \dfrac{V_4-x}{V_4-V_3}, & V_3<x\leqslant V_4\end{cases} \tag{21-7}$$

$$\mu_4(X)=\begin{cases}0, & x\leqslant V_3 或 x>V_5\\ \dfrac{x-V_3}{V_4-V_3}, & V_3<x\leqslant V_4\\ \dfrac{V_5-x}{V_5-V_4}, & V_4<x\leqslant V_5\end{cases} \tag{21-8}$$

$$\mu_5(X)=\begin{cases}0, & x\leqslant V_4\\ \dfrac{x-V_4}{V_5-V_4}, & V_4<x\leqslant V_5\\ 1, & x>V_5\end{cases} \tag{21-9}$$

其中，V_1,V_2,V_3,V_4,V_5 分别为水资源价值核算指标评分标准中“高”“较高”“中等”“较低”“低”所对应各个因素的评分等级数值；x 代表各个因素对应的 2019 年辽宁省的实际值。

离散型函数的构造可按照对应因素的评级，分为五个等级：一级（100 分）、二级（80 分）、三级（50 分）、四级（30 分）、五级（10 分）。按照这五个等级对离散型变量进行打分，具体函数形式如下：

$$R_1(x)=\begin{cases}0, & x\leqslant 85\\ \dfrac{x-85}{12.5}, & 85<x\leqslant 97.5\\ 1, & x>97.5\end{cases} \tag{21-10}$$

$$R_2(x)=\begin{cases}0, & x\leqslant 60\\ \dfrac{x-60}{12.5}, & 60<x\leqslant 72.5\\ 1, & 72.5<x\leqslant 85\\ \dfrac{97.5-x}{12.5}, & 85<x\leqslant 97.5\\ 0, & x>97.5\end{cases} \tag{21-11}$$

$$R_3(x)=\begin{cases}0, & x\leqslant 35\\ \dfrac{x-35}{12.5}, & 35<x\leqslant 47.5\\ 1, & 47.5<x\leqslant 60\\ \dfrac{72.5-x}{12.5}, & 60<x\leqslant 72.5\\ 0, & x>72.5\end{cases} \tag{21-12}$$

$$R_4\left(x\right)=\begin{cases}0, & x\leqslant 10\\ \dfrac{x-10}{12.5}, & 10<x\leqslant 22.5\\ 1, & 22.5<x\leqslant 35\\ \dfrac{47.5-x}{12.5}, & 35<x\leqslant 47.5\\ 0, & x>47.5\end{cases} \tag{21-13}$$

$$R_5\left(x\right)=\begin{cases}1, & x\leqslant 10\\ \dfrac{22.5-x}{12.5}, & 10<x\leqslant 22.5\\ 0, & x>22.5\end{cases} \tag{21-14}$$

（五）水资源价格计算

由模糊数学综合评价模型计算出来的价值指数并不能代表市场上的水资源价格，所以将模糊综合评价的最终结果转化成对应的具有实际意义的价格量，需要引入水资源价格核算模型进行计算，本章将采用姜文来教授在《水资源价值论》中的核算方法，其具体转化公式如下：

$$\mathrm{WLJ}=V\cdot S^{\mathrm{T}} \tag{21-15}$$

其中，WLJ 为水资源价格；V 为综合评价向量；S 为价格向量，用水费承受指数的方法计算。

在计算价格向量时利用姜文来教授所提出的方法，这种方法从社会承受能力的角度进行计算，其具体的步骤如下。

1. 水资源价格上限的确定

水资源价格上限顾名思义指到达最大水费承受指数的水资源价格，具体公式如下：

$$P = B \times \frac{E}{C} - D \tag{21-16}$$

其中，P 为水资源价格上限；B 为最大水费承受指数；E 为人均可支配收入；C 为人均用水量；D 为供水成本及正常利润。

2. 水费承受指数的计算

水费承受指数这一指标可以用来衡量用户对在水资源上所支出的费用的承受能力，具体对应的公式为：水费承受指数=水费支出/实际收入。ESCAP（United Nations Economic and Social Commission for Asia and the Pacific，联合国亚洲及太平洋经济社会委员会）对其指标有规定，要求住户家庭总收入中的水费占比最高不可以大于百分之三，因此最大水费承受指数不能超过百分之三。

3. 供水成本及正常利润的计算

供水成本是水资源经过生产到最后给予居民使用所支付的所有费用，包含水资源费和其他按照规定需要算入成本的花销。一般供水定价成本可以通过当地的水资源公报来找到，正常利润则以姜文来教授规定的 20%来确定，其具体公式如下：

$$D = M(1 + 20\%) \tag{21-17}$$

其中，D 为供水成本及正常利润；M 为供水定价成本。

4. 确定价格向量

考虑到不同地区的水资源供给需求、禀赋以及短缺的程度都不太一样，所以在确定当地水资源价格时要结合当地的实际情况全面综合地进行核算。水资源价格的取值范围在 0 和P之间，所以需要利用等差间隔的方法来明确水资源价格区间取值，故水资源的价格向量为

$$S=\left(P,P_1,P_2,P_3,0\right)=\left(P,\frac{3}{4}P,\frac{1}{2}P,\frac{1}{4}P,0\right) \tag{21-18}$$

（六）水资源资产价值量计算

综上，因为水资源资产价格的单价已经计算出来，所以水资源资产价值量为

$$F=T\times P \tag{21-19}$$

其中，F 为水资源资产价值量；T 为水资源资产存量；P 为单位水资源资产价格。

该方法可以简单准确地体现出水资源资产价值量和水资源资产存量二者之间的联系。

三、水资源负债价值量核算

水资源负债价值量的核算指的是人类日常生产生活中对自然环境所产生的负外部效应，针对这些负外部效应所承担的损失用货币的方式加以支付，同时也可以认为是为了治理、恢复以及弥补水环境污染所承受的现时义务。水资源负债价值量核算流程如图 21-2 所示。

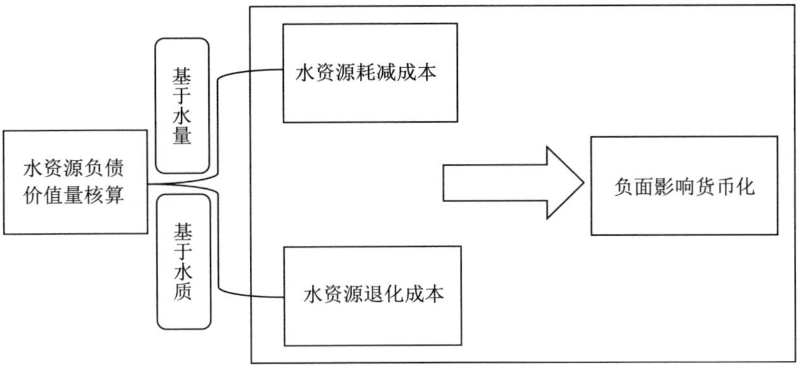

图 21-2　水资源负债价值量核算流程

（一）水资源耗减成本计算

资源耗减，又称自然成本耗减，在生活和生产中指的是被利用消耗的资源价值。具体定义为由人类在经济社会活动中对自然资源的过度开发和使用导致的自然资源的实物量减少，故资源耗减成本也代表人类进行经济活动时自然资源货币化的额度的削减。

水资源的过度消耗会使相应的货币额持续累计，这会直接对整个生态资源以及社会经济的稳定绿色发展造成严重的危害。参照 SEEA-Water 2012 中的相关内容，水资源耗减成本计算公式如下：

$$V = D \times P \tag{21-20}$$

其中，V 为水资源耗减成本；D 为实际用水量超过控制线的量；P 为单位水资源价值。

（二）水资源退化成本计算

水资源退化成本指的是人类在进行日常经济活动时，对水资源的过度使用以及不科学的开发导致水资源质量整体降低以及给环境带来了破坏，进而直接降低了水资源的使用价值。水资源退化成本是将这种损坏以货币的形式呈现，在对整体损失展开计算时可以客观全面地考虑到生产消费过程对水资源的负外部效应和负面影响。

水资源退化成本的计算方法一般分为两种：基于费用法和基于损害法。基于费用法的核算方法具体分为三类：①预防费用法，指人类在进行日常的经济活动时，为降低污染物的释放量，利用一些技术手段和措施所承担的费用；②防护费用法，指在污染物排放前，为了使排放物能够到达排放标准采取相应的科学技术手段，这种技术对污染物进行处理后所需要支出的费用；③恢复费用法，指水环境遭到污染物的污染后，有关部门和机构针对受到破坏的水资源进行恢复，到达合格标准后应该支付的费用。由于预防费用法以人类为主体，在现实生活中人们每天进行的活动多种多样，所以为降低污染物的释放量所承担的费用这部分很难剥离清楚，难以累计。在使用恢复费用法时收集数据就是一个难点，无法保证数据收集的准确性。因为水资源自身流动性的特点以及水资源治理技术方法的不成熟，在对水资源退化成本进行计算时从费用法的角度出发将难以进行。

基于损害法的核算方法具体分为两类：分类计算法和计量经济学法。该核算方法的原理是当把人们产生的污染物释放到水环境后，从经济核算的思路出发，将污染物对水资源造成的损失和负外部效应进行货币化。①分类计算法：需要对经济损失的类别进行划分，之后针对各个类别的损失找到相对应的市场代替品，最终将各类代替品的市场价值量进行整合。该方法的核算思路明确并且具有可实施性。但是该方法很难全面综合地考虑问题，同时在计算过程中尤其是在计算单项损失时极易出现漏损和重复，各项核算过程缺乏统一标准，使得核算结果出现差异，不具备比较性。②计量经济学法：通过建模、查找影响因素以及对参数进行探讨将水资源价值作为一个整体，核算出水资源退化成本。这种方法体现出了水资源污染与经济损失间的一个联系，并且计算过程简便，所需数据易收集且量少，操作性较强。

故本章在计算水资源退化成本时采用基于损害的评级方法的计量经济学法，利用肖杨等（2006）的水环境退化经济损失计量模型，综合考虑水资源生态系统和经济社会发展系统，其具体模型如下：

$$D = \sum_{i=1}^{6} L \cdot S \cdot P \cdot Q_i \cdot Y_i \tag{21-21}$$

其中，D 为水资源退化的经济损失；i 为水质类别，i=1,2,3,4,5,6，分别表示水质为Ⅰ、Ⅱ、Ⅲ、Ⅳ、Ⅴ、劣Ⅴ；L 为社会经济发展阶段系数；S 为水资源稀缺指数；P 为水资源价格；Q_i 为不同水质类别的水资源量；Y_i 为水资源功能损失率，需要依据不同水质类别进行调整。

（1）社会经济发展阶段系数 L。随着经济社会的蓬勃发展，人类的认知能力逐渐提升，人类对于水资源价值的认识也是一个渐进的过程，但是这一渐进过程是有上限的。因此社会经济发展阶段系数可以用 Pearl（皮尔）生长曲线模型表示：

$$L = \frac{1}{1 + \mathrm{e}^{3-\frac{1}{E_n}}} \tag{21-22}$$

其中，E_n 为恩格尔系数，用以权衡评价区域的贫富程度。

（2）水资源稀缺指数 S。水资源的价格由水资源的稀缺性确定，从某个角度来说稀缺性不仅仅代表水资源的量，更深层次地代表着整个社会进步过程中水资源的稀缺度，反映出人口、自然环境等条件共同影响的结果。所以水资源越丰富，水资源价值越小，用式（21-23）体现水资源的稀缺性。

$$S = \frac{W_{\mathrm{sq}}}{\lambda \cdot W_{\mathrm{sg}}} \tag{21-23}$$

$$\lambda = \sqrt{\frac{\sum_{i=1}^{12}\left(\frac{x_i}{x}-1\right)^2}{12}} \tag{21-24}$$

其中，W_{sq} 为水资源需求量；λ 为降水变差系数；W_{sg} 为可供水量；i 为月份；x_i 为第 i 月的降水量与全年降水量的百分比；x 为各月平均降水量与全年降水量的百分比。

（3）不同水质类别的水资源量 Q_i。区域内不同水质类别的水资源量可以通过水资源公报中的比例求得，即用水资源量乘以不同水质类别所占的比例得出不同水质类别的水资源量。

（4）水资源功能损失率 Y_i。水环境质量对人们经济活动和社会发展的影响过程是以“S”形曲线状态展现出来的，当水质情况为优时，水环境质量对经济社会很难产生损害，其对经济的损坏程度也在不断增加，直到水体恶化达到一定程度的上限，对经济的损坏也趋于定值。所以本章将参考肖杨等（2006）的研究成果，不同类别水质的水环境功能损失率如表 21-9 所示。

表 **21-9**　不同类别水质的水环境功能损失率

水质分类	Ⅰ类	Ⅱ类	Ⅲ类	Ⅳ类	Ⅴ类	劣Ⅴ类
水环境功能损失率	0	0.005	0.240	0.500	0.760	0.990

第四节　辽宁省水资源资产负债表的编制与分析

一、数据来源

本章主要运用的数据资料包括：辽宁省水利厅的《2019 辽宁省水资源公报》，水利部的《2019 年中国水资源公报》，辽宁省生态环境厅的《辽宁省生态环境状态公报（2019年）》，辽宁省统计局的《辽宁统计年鉴2019》，国家统计局的《中国统计年鉴2019》。

二、辽宁省水资源资产实物量核算

（一）期初存量

期初存量代表上一核算期末的水资源存量，从数据可获得性和可操作性角度看，辽宁省水资源资产核算对象主要是年内可更新的水资源量，水库作为辽宁省水资源的主要存储形式，其容量变化信息是值得参考的，本章初步估算出辽宁省2019年初的水资源存量为大型水库蓄水量59.67亿立方米。

（二）增加量

增加量是由自然因素（入境水量和降雨量）和人为因素（经济体的回归水量）导致的水资源增长总量。由《2019 辽宁省水资源公报》可知，2019年辽宁省入境水量为34.76亿立方米，相较于多年平均值减少了19.83亿立方米。2019年辽宁省平均降水量为687.2毫米，折合降水总量为999.98亿立方米，比多年平均值增加了1.3%，相较于上年提高了17.3%，时间和空间的分布存在较大差异。

其中经济体的回归水量=总供水量−总耗水量，供水量是居民群众在取水和用水时针对各类水源的被供给的水量的总额，同时也包含在运输水资源时损耗的水量部分，2019年辽宁省总供水量为136.63亿立方米。2019年辽宁省全省总耗水量为86.30亿立方米。耗水量是指人们在使用水和运输水时，一部分水资源通过土地吸收、自然蒸发、物品吸附以及牲畜和居民饮用等方式被耗减掉，进而难以回归到地下饱和含水层以及地表水体中的水量。故经济体的回归水量=136.63−86.30=50.33亿立方米。

（三）减少量

减少量是由自然原因（如蒸发量、出省境及入海水量）和人类活动（如用水量）引起的水资源减少总量。根据平衡式：降水量-水资源总量=陆地蒸发量，水资源总量代表自然降雨所汇集而成的地表和地下的产水总量，2019年辽宁省的水资源总量是255.98亿立方米。故蒸发量=999.98-255.98=744亿立方米。2019年辽宁省的出省境及入海水量是107.81亿立方米，相较于多年平均值减少了87.04亿立方米。

用水量是居民群众在取水和用水时对各类水源所取用的水量的总额，其中也包括在运输水资源时损耗的水量部分，2019年辽宁省总用水量为136.63亿立方米，其中居民生活用水量为17.37亿立方米，占总用水量的12.7%；生产用水量为106.99亿立方米，占比为78.3%；河道外生态环境补水量为5.96亿立方米，占比为4.4%；河道内生态环境补水量为6.31亿立方米，占比为4.6%。

（四）期末存量

期末存量指的是核算期结束时的水资源存量，满足平衡式：期初存量+增加量-减少量=期末存量，所以期末存量=59.67+1085.07-988.44=156.3亿立方米。

综上，辽宁省2019年水资源资产实物量变化表如表21-10所示。

表 **21-10** 辽宁省 **2019** 年水资源资产实物量变化表　　单位：亿立方米

项目	2019年
期初存量	59.67
增加量	1085.07
1 降水量	999.98
2 入境水量	34.76
3 经济体的回归水量	50.33

续表

项目	2019 年
减少量	988.44
1 用水量	136.63
2 蒸发量	744
3 出省境及入海水量	107.81
存量变化	96.63
期末存量	156.3

三、辽宁省水资源资产负债价值量核算结果

（一）资产核算结果

本章主要运用模糊数学综合评价模型并结合 AHP 来对辽宁省水资源的价值量展开计算，之后再利用水资源价格计算公式来计算辽宁省水资源的价格，将价格与资产实物量相乘得到最终的资产核算结果。

1. 辽宁省水资源价值核算一级指标权重的确定

为了精准合理地计算出一级指标的对应权重，查阅相关文献和有关研究人员的经验做法，最后得到辽宁省水资源价值核算评价体系一级指标判断矩阵，如表 21-11 所示。

表 **21-11**　辽宁省水资源价值核算评价体系一级指标判断矩阵

A	B_1	B_2	B_3	B_4
B_1	1	1/2	1/4	1
B_2	2	1	1/3	2
B_3	4	3	1	4
B_4	1	1/2	1/4	1

接下来对上述判断矩阵进行计算，求出权重向量、最大特征值并展开一致性检验，本章利用的是天津大学郭均鹏教授研发的 AHP 软件，得到一级指标权重结果如表 21-12 所示。

表 **21-12** 一级指标权重结果

指标	结果
最大特征值	4.021
特征向量	(0.121,0.219,0.538,0.121)
CI 值	0.007
RI 值	0.900
CR 值	0.008

可以看出一级指标的权重向量为

$$A=(0.121,0.219,0.538,0.121)^{\mathrm{T}}$$

其结果满足一致性检验，具体形式如下：

$$\lambda_{\max}=4.021,\ \mathrm{CI}=0.007,\ \mathrm{RI}=0.900,\ \mathrm{CR}=0.008<0.1$$

2. 辽宁省水资源价值核算二级指标权重的确定

计算二级指标权重向量的目的在于要与对应的隶属度矩阵进行计算，才能得出综合评价矩阵 R。二级指标的权重计算和一级指标的计算过程一模一样，各个指标的计算结果如下。

1）水量指标

水量指标的判断矩阵及权重结果如表 21-13、表 21-14 所示。

表 **21-13** 水量指标的判断矩阵

B_1	C_{11}	C_{12}	C_{13}	C_{14}
C_{11}	1	1/2	1/3	1/2
C_{12}	2	1	1/2	1
C_{13}	3	2	1	2
C_{14}	2	1	1/2	1

表 21-14　水量指标权重结果

指标	结果
最大特征值	4.010
特征向量	(0.122,0.227,0.423,0.227)
CI 值	0.003
RI 值	0.900
CR 值	0.003

可以看出二级指标的权重向量为

$$\omega_1 = (0.122, 0.227, 0.423, 0.227)^{\mathrm{T}}$$

其结果满足一致性检验，具体形式如下：

$$\lambda_{\max} = 4.010,\ \mathrm{CI} = 0.003,\ \mathrm{RI} = 0.900,\ \mathrm{CR} = 0.003 < 0.1$$

2）人口指标

由于人口指标对应的判断矩阵与水量指标完全相同，故对应的权重也相同：

$$\omega_2 = (0.122, 0.227, 0.423, 0.227)^{\mathrm{T}}$$

3）社会经济指标

社会经济指标的判断矩阵及权重结果如表 21-15、表 21-16 所示。

表 21-15　社会经济指标的判断矩阵

B_3	C_{31}	C_{32}	C_{33}
C_{31}	1	1/2	3
C_{32}	2	1	3
C_{33}	1/3	1/3	1

表 **21-16** 社会经济指标权重结果

指标	结果
最大特征值	3.054
特征向量	(0.333,0.528,0.140)
CI 值	0.027
RI 值	0.580
CR 值	0.047

可以看出二级指标的权重向量为

$$\omega_3 = (0.333, 0.528, 0.140)^{\mathrm{T}}$$

其结果满足一致性检验，具体形式如下：

$$\lambda_{\max} = 3.054,\ \mathrm{CI} = 0.027,\ \mathrm{RI} = 0.580,\ \mathrm{CR} = 0.047 < 0.1$$

4）生态环境指标

生态环境指标的判断矩阵及权重结果如表 21-17、表 21-18 所示。

表 **21-17** 生态环境指标的判断矩阵

B_4	C_{41}	C_{42}
C_{41}	1	2
C_{42}	1/2	1

表 **21-18** 生态环境指标权重结果

指标	结果
最大特征值	2.000
特征向量	(0.667,0.333)
CI 值	0.000
RI 值	0.000
CR 值	0.000

可以看出二级指标的权重向量为

$$\omega_4 = (0.667, 0.333)^{\mathrm{T}}$$

其结果满足一致性检验，具体形式如下：

$$\lambda_{\max} = 2.000,\ \mathrm{CI} = 0.000,\ \mathrm{RI} = 0.000,\ \mathrm{CR} = 0.000 < 0.1$$

3. 相对隶属度矩阵的计算结果

由于指标数据都是连续性数据，所以在计算隶属度矩阵时选取前文提到的连续型函数计算公式进行求解。将收集到的 2019 年对应指标的实际值分别带入式（21-5）～式（21-8）中，得到四个指标对应的隶属度矩阵，结果如下：

$$\mu_1 = \begin{pmatrix} 0.529 & 0.490 & 0 & 0 & 0 \\ 1 & 0 & 0 & 0 & 0 \\ 0 & 0 & 0 & 0 & 1 \\ 0 & 0.880 & 0.120 & 0 & 0 \end{pmatrix}$$

$$\mu_2 = \begin{pmatrix} 0.04 & 0.96 & 0 & 0 & 0 \\ 1 & 0 & 0 & 0 & 0 \\ 0 & 0 & 0 & 0.93 & 0.07 \\ 0 & 0 & 0 & 0 & 1 \end{pmatrix}$$

$$\mu_3 = \begin{pmatrix} 0.987 & 0.013 & 0 & 0 & 0 \\ 1 & 0 & 0 & 0.954 & 0.046 \\ 0 & 0 & 0.970 & 0.030 & 0 \end{pmatrix}$$

$$\mu_4 = \begin{pmatrix} 0 & 0 & 0 & 0 & 1 \\ 1 & 0 & 0 & 0 & 0 \end{pmatrix}$$

4. 辽宁省水资源价值综合矩阵的确定

辽宁省水资源价值综合矩阵的确定公式为

$$R_i = \omega \circ \mu,\ R = \begin{pmatrix} R_1 \\ R_2 \\ \vdots \\ R_n \end{pmatrix} = \begin{pmatrix} R_{11} & R_{12} & \cdots & R_{1m} \\ R_{21} & R_{22} & \cdots & R_{2m} \\ \vdots & \vdots & & \vdots \\ R_{n1} & R_{n2} & \cdots & R_{nm} \end{pmatrix}$$

其计算结果如下：

$$R = \begin{pmatrix} 0.227 & 0.227 & 0.12 & 0 & 0.423 \\ 0.227 & 0.122 & 0 & 0.423 & 0.227 \\ 0.333 & 0.013 & 0.14 & 0.528 & 0.046 \\ 0.333 & 0 & 0 & 0 & 0.667 \end{pmatrix}$$

5. 辽宁省水资源价值模糊综合指数的确定

根据公式计算得

$$V = A \circ R = \begin{pmatrix} 0.121 & 0.219 & 0.538 & 0.121 \end{pmatrix} \circ \begin{pmatrix} 0.227 & 0.227 & 0.12 & 0 & 0.423 \\ 0.227 & 0.122 & 0 & 0.423 & 0.227 \\ 0.333 & 0.013 & 0.14 & 0.528 & 0.046 \\ 0.333 & 0 & 0 & 0 & 0.667 \end{pmatrix}$$

$$= \begin{pmatrix} 0.333 & 0.122 & 0.14 & 0.528 & 0.219 \end{pmatrix}$$

归一化结果为

$$V = \begin{pmatrix} 0.248 & 0.092 & 0.104 & 0.393 & 0.163 \end{pmatrix}$$

2019 年辽宁省水资源价值模糊综合指数为

$$\begin{pmatrix} 0.248 & 0.092 & 0.104 & 0.393 & 0.163 \end{pmatrix} \times \begin{pmatrix} 1 & 2 & 3 & 4 & 5 \end{pmatrix}^{\mathrm{T}} = 3.131$$

水资源价值模糊综合指数的取值范围一般在 1～5，是一个无量纲数且具有可比性。指数值越小，水资源价值越大；反之，水资源价值则越小。根据计算结果能够得出辽宁省 2019 年水资源价值位于上述水资源评价等级中的

“中等”和“偏低”之间，可以得出辽宁省水资源价值属于中等偏低。

6. 辽宁省水资源价格的计算结果

根据水资源价格公式：

$$\mathrm{WLJ}=V\cdot S^{\mathrm{T}},\ P=B\times\frac{E}{C}-D,\ D=M\times(1+20\%)$$

其中，M为城区供水定价成本，数值为4.12元/米^3；最大水费承受指数B=0.03；人均可支配收入E=31 819.7元；人均用水量C=52.3米^3。

故供水成本及正常利润$D=4.12\times(1+20\%)=4.944$元/米^3；辽宁省水资源价格上限$P=0.03\times31\,819.7/52.3-4.944=13.31$元/米^3。

对P运用等差间隔得出水资源价格向量为$(13.31\quad 9.98\quad 6.66\quad 3.33\quad 0)$，综上，2019年辽宁省水资源价格为

$(13.31\quad 9.98\quad 6.66\quad 3.33\quad 0)\times(0.248\quad 0.092\quad 0104\quad 0.393\quad 0.163)^{\mathrm{T}}=6.22$元/米^3

（二）负债核算结果

1. 辽宁省水资源耗减成本计算结果

在计算辽宁省水资源耗减成本时，本章主要参考了辽宁省人民政府办公厅印发的《辽宁省实行最严格水资源管理制度“十三五”工作方案》，方案指出到2020年，全省年用水总量控制在160.6亿立方米以内。

2019年辽宁省水资源实际用水量为136.63亿立方米，并没有超过控制线160.6亿立方米，故辽宁省水资源耗减成本为0元。

2. 辽宁省水资源退化成本计算结果

在计算水资源退化成本时利用上文提到的模型公式（21-21）：

$$D=\sum_{i=1}^{6}L\cdot S\cdot P\cdot Q_i\cdot Y_i$$

（1）社会经济发展阶段指数：

$$L = 1/(1+\mathrm{e}^{3-1/E_n}) = 1/(1+\mathrm{e}^{3-1/26.7\%}) = 0.678$$

（2）水资源稀缺指数：

$$S = \frac{W_{sq}}{\lambda \cdot W_{sg}}$$

$$\lambda = \sqrt{\frac{\sum_{i=1}^{12}\left(\frac{x_i}{x}-1\right)^2}{12}}$$

通过查阅相关数据资料可知，全年降水量为 999.98 亿立方米，1～5 月降水量占全年降水量的 16.2%，6～9 月降水量占全年降水量的 74.5%，10～12 月降水量占全年降水量的 9.3%。

故 1～5 月各月降水量占全年的 3.24%，6～9 月各月降水量占全年的 18.6%，10～12 月各月降水量占全年的 3.1%。

综上得 $x = \frac{100\%}{12} = 8.33\%$，$W_{sq} = 136.63$，$W_{sg} = 136.63$。

$$\lambda = \sqrt{\left[\left(\frac{3.24\%}{8.33\%}-1\right)^2 \times 5 + \left(\frac{18.6\%}{8.33\%}-1\right)^2 \times 4 + \left(\frac{3.1\%}{8.33\%}-1\right)^2 \times 3\right] \Big/ 12}$$
$$= \sqrt{(0.373 \times 5 + 1.520 \times 4 + 0.394 \times 3) \div 12} = 0.872$$

$$S = \frac{136.63}{136.63 \times 0.872} = 1.147$$

（3）不同水质类别的水资源量。水资源各类别占比如表 21-19 所示。

表 **21-19** 水资源各类别占比

水质分类	Ⅰ～Ⅲ类	Ⅳ类	Ⅴ类	劣Ⅴ类	未监测
水资源各类别占比	61.6%	22.1%	9.3%	5.8%	1.2%

因为地表水总量约为 211.5 亿立方米，故可得各类别水资源量如表 21-20 所示。

表 **21-20**　各类别水资源量　　　　单位：亿米^3

水质分类	Ⅰ～Ⅲ类	Ⅳ类	Ⅴ类	劣Ⅴ类	未监测
Q_i	130.284	46.740	19.670	12.267	2.538

（4）水环境功能损失率如表 21-21 所示。

表 **21-21**　水环境功能损失率

水质分类	Ⅰ类	Ⅱ类	Ⅲ类	Ⅳ类	Ⅴ类	劣Ⅴ类
水环境功能损失率	0	0.005	0.240	0.500	0.760	0.990

综上，通过计算得到 2019 年辽宁省水环境退化经济损失为 398.49 亿元。

四、辽宁省水资源资产负债表编制结果

通过上述对水资源资产负债表的资产实物量核算、资产价值量核算以及负债的核算等内容的列示，最后编制出 2019 年辽宁省水资源资产负债表，如表 21-22 所示。

表 **21-22**　**2019** 年辽宁省水资源资产负债表　　　　单位：亿元

水资源资产	期初存量	期末存量	水资源负债	期初存量	期末存量
1 水资源资产	371.147	972.186	1 水资源负债	0	398.49
2 增加量		6749.135	1.1 耗减成本		0
2.1 降水量		6219.876	1.2 退化成本		398.49
2.2 入境水量		216.207			
2.3 经济体的回归水量		313.052			

续表

水资源资产	期初存量	期末存量	水资源负债	期初存量	期末存量
3 减少量		6148.097			
3.1 用水量		849.839			
3.1.1 居民生活用水		108.041			
3.1.2 生产用水		665.478			
3.1.3 河道外生态环境补水		37.071			
3.1.4 河道内生态环境补水		39.248			
3.2 蒸发量		4627.680			
3.3 出省境及入海量		670.578			
4 变化量		601.039			
5 水资源资产合计	972.186		2 水资源负债合计	398.49	

注：表中数据计算误差由四舍五入修约所致

第五节　水资源资产负债核算的研究总结

本章针对目前中国的水资源现状，通过借鉴 AWAS、SNA 2008、SEEA 2012、SEEA-Water 2012 等国际标准和他国经验编制出适合中国国情的水资源资产负债表，在编制过程中重点对水资源资产实物量进行了核算以及对水资源资产价值量和负债展开计算，在对价值量进行计算时主要运用了模糊数学综合评价模型并结合层次分析法。本章尝试编制出 2019 年辽宁省水资源资产负债表，主要研究结论如下。

（1）从辽宁省水资源资产实物量变化表可以看出，期初水资源资产存量为 59.67 亿立方米，期末水资源资产存量为 156.3 亿立方米，水资源存量变化为 96.63 亿立方米。

（2）基于模糊数学综合评价模型，从水量、人口、社会经济和生态环境四个方面构建了 13 个评价指标，计算出了 2019 年辽宁省水资源价值模糊综合指数为 3.131，从该值可以看出辽宁省水资源整体处于中等偏低，同时通过水资源价格核算模型计算出水资源价格为 6.22 元/米^3，为编制水资源资产负债表提供了纽带桥梁作用。

（3）通过对水资源资产价值量的核算可知，辽宁省水资源资产期初存量为 371.147 亿元，期末存量为 972.186 亿元，水资源资产变化量为 601.039 亿元。

（4）水资源负债核算主要包括两个部分：水资源耗减成本和水资源退化成本。通过计算，水资源耗减成本为 0 元，水资源退化成本为 398.49 亿元，故 2019 年辽宁省水资源负债总额为 398.49 亿元，显然水资源负债主要是水资源的退化占主导位置，所以在水资源退化这一问题上应该及时采取挽救措施，改善水环境，减少水资源负债量。

（5）2019 年辽宁省生产总值为 24 909.5 亿元，故可知水资源资产价值量占 2019 年辽宁省生产总值的 3.9%，相对较少，但是水资源作为人们日常经济活动的基础性资源是必不可少的，所以单单从资产角度不足以衡量水资源在生产生活中所起的作用。

（6）水资源负债总值为 398.49 亿元，占当年生产总值的 1.6%，水资源资产价值量与负债价值量的比值接近 3∶1，从比值可以看出在追求经济发展的同时对水资源的负面效应也是同时存在的，好在占比不是太大，说明辽宁省在水资源的利用方面还是比较合理的。

第五篇　其他领域核算篇

第二十二章
非营利机构卫星账户编制的国际进展[①]

近年来，中国非营利机构发展迅速，很好地弥补了企业和政府存在的固有缺陷。但是，中国官方统计既没有关于非营利机构的统计操作标准，更没有单独开展非营利机构的实际核算工作。目前，国际上对非营利机构的统计核算以编制非营利机构卫星账户（non-profit institutions satellite accounts，NPI 卫星账户）为主。本章拟对 NPI 卫星账户的两个国际指导手册［《国民账户体系中的非营利机构手册》（*Handbook on Non-profit Institutions in the System of National Accounts*，以下简称 NPI 2003 版手册）和《非营利及相关机构与志愿者工作卫星账户》（*Satellite Account on Non-profit and Related Institutions and Volunteer Work*，以下简称 NPI 2018 版手册）］进行介绍，并介绍各国编制 NPI 卫星账户的总体现状和各国编制 NPI 卫星账户的经验。最后提出对中国编制 NPI 卫星账户的政策启示。

第一节 非营利机构卫星账户编制的现实必要性

非营利机构是指不以营利为目的的组织和机构，它的目标通常是支持或处理个人关心或者公众关注的议题或事件。在经济社会架构中，非营利机构

① 本章执笔人：王勇、王云玥、赵洋。本章内容发表于《统计研究》2020 年第 10 期。

是与政府和企业相对应的一类机构单位，因此也被称为“第三部门”[①]。近年来，中国的非营利机构发展迅速，中国将具有非营利性质的私人组织称为社会组织。《2010年社会服务发展统计报告》[②]显示，2010年中国社会组织有44.6万个。2023年这一数量已达88.2万个[③]。快速发展的中国非营利机构较好地弥补了企业和政府存在的固有缺陷：一方面，在助残、救灾、保护环境等很多无利可图、企业不愿意参与但是有利于社会进步的活动中，非营利机构发挥了不可替代的作用；在一些不应该完全市场化的领域如教育、医疗等，非营利机构也在发挥着重要作用（按照国家统计局《统计单位划分及具体处理办法》，这些非营利机构可以分为两类：一类属于事业单位法人，如公办的学校、医院、科研院所等，经国家或地方县级以上事业单位登记管理部门登记或备案；还有一类属于其他法人中的民办非企业单位[④]，如各类民办的学校、医院等，经国务院民政部门和县级以上地方各级人民政府民政部门核准登记）。另一方面，作为国家治理体系中的重要一环，非营利机构可以比政府更加灵活地参与社会事务。举例来看，在2020年中国抗击新冠疫情过程中，大量的非营利机构（红十字会、民间基金会、志愿者队伍）为中国迅速遏制住疫情发展起到了不可忽视的重要作用；而中国近些年各类大型社会活动和体育赛事的成功举办也早已离不开志愿者队伍这一中坚力量。

---

① 除了“第三部门”，还有许多称谓来表述非营利机构，如“独立部门”“志愿部门”“免税组织”“非政府组织”“非营利组织”等。

② 《民政部发布2010年社会服务发展统计报告》，https://www.gov.cn/gzdt/2011-06/16/content_1885931_2.htm[2011-06-16]。

③ 《2023年民政事业发展统计公报》，https://www.mca.gov.cn/n156/n2679/c1662004999980001204/attr/355717.pdf[2024-08-30]。

④ 民办非企业单位是指企业事业单位、社会团体和其他社会力量以及公民个人，是利用非国有资产举办的从事非营利性社会服务活动的社会组织。

在中国非营利机构快速发展的背景下，中国非营利机构的统计核算也需要进一步提升。长期以来，中国官方既没有关于非营利机构的统计操作标准，更没有单独开展非营利机构的实际核算工作。即使《中国国民经济核算体系（2016）》设立了为住户服务的非营利机构（non-profit institutions serving households，NPISH），但却仍然没有开展 NPISH 部门核算，更没有全口径的非营利机构核算。而中国非营利机构的统计缺失，不仅使政府和社会公众无法准确了解中国非营利机构快速发展的状况，忽视了非营利机构在经济社会发展中起到的重要作用，也将导致中国在非营利机构国际比较中的缺席。

目前，国际上对非营利机构的统计核算以编制 NPI 卫星账户为主[①]。约翰·霍普金斯大学公民社会研究中心（The Johns Hopkins Center for Civil Society Studies，JHU/CCSS[②]）与 UNSD 共同合作开发，先后发布了两版关于 NPI 卫星账户的指导手册（2003 版和 2018 版）。在国际手册的指导下，共有 27 个国家已经完成或正在编制本国的 NPI 卫星账户。本章研究目的是对 NPI 卫星账户编制的国际进展进行系统梳理，重点是梳理两版 NPI 指导手册的更新并总结已编制 NPI 卫星账户的国家经验，期望能对中国开展 NPI 卫星账户的编制提供国际经验。本章剩余部分内容安排如下：第二节对联合国两版 NPI 卫星账户指导手册的更新进行比较；第三节对各国编制 NPI 卫星账户的经验进行总结；第四节提出对中国编制 NPI 卫星账户的建议。

① 这主要是由于现行 SNA 的机构部门分类法将非营利机构分散在五个机构部门中，从而无法识别完整的非营利部门。

② JHU/CCSS（http://ccss.jhu.edu/?section=content&view=9&sub=3）是有关非营利机构的开创性研究和知识的主要来源。

第二节　非营利机构卫星账户国际标准的更新

目前，NPI 卫星账户先后有两个国际指导手册，分别是：NPI 2003 版手册和 NPI 2018 版手册。NPI 2003 版手册由 JHU/CCSS 与联合国多部门合作开发，是第一个被国际认可[①]的 NPI 卫星账户指导手册，也是目前所有已经完成 NPI 卫星账户构建的国家所参考遵守的主要框架准则。NPI 2018 版手册由 JHU/CCSS 与 UNSD 于 2018 年发布。NPI 2003 版手册与 NPI 2018 版手册均将非营利机构的核算范围、分类标准及账户表式作为核心内容，但是 NPI 2018 版手册又比 NPI 2003 版手册做了诸多更新。

一、NPI 2003 版手册的核心内容

（一）非营利机构的核算范围

NPI 2003 版手册中所定义的非营利机构核算范围包含所有符合 5 个特征［有组织、非营利性（非利润分配）、机构上独立于政府、自治和非强制］的单位实体，而不论 SNA 将其划归到哪个机构部门。NPI 2003 版手册建议将分散在 5 个机构部门中的非营利机构单独识别并进行汇总或分类核算，所以非营利机构可能是以经济意义价格出售产品的市场生产者[②]，也可能是以非经济意义价格出售产品的非市场生产者[③]。因此非营利机构与 SNA 中的 5 个机构部门之间必定有交叉，非营利机构分散在 5 个机构部门，整体规模在 SNA 中不可见。表 22-1 显示了 NPI 卫星账户对非营利机构核算范围的处理。

① NPI 2003 版手册获得联合国统计委员会批准，为各国提供一套核算非营利机构的标准准则。
② 包括非金融公司、金融公司部门及住户部门的非营利机构。
③ 包括广义政府部门和 NPISH 部门中的非营利机构。

表 22-1　NPI 卫星账户对非营利机构核算范围的处理

机构单位类别	SNA 中 5 个机构部门					非营利机构
	非金融法人公司部门（S.11）	金融法人公司部门（S.12）	各级政府部门（S.13）	住户部门（S.14）	为住户服务的非营利机构（S.15）	
法人公司	C_1	C_2				
政府单位			G			
住户				H		
非营利机构	N_1	N_2	N_3	N_4	N_5	$N=\sum N_i$

资料来源：联合国 NPI 2003 版手册

注：N_1～N_5 的代表性案例如下。N_1：民营非营利学校、医院。N_2：各国联邦（中央）银行。N_3：国家公共研究中心。N_4：SNA 中认定住户部门中不存在非营利机构，但 NPI 2003 版手册承认其存在。N_5：私人慈善协会、文化俱乐部、消费者协会

（二）非营利机构活动分类标准

NPI 2003 版手册使用《国际非营利组织分类》（The international classification of nonprofit organizations，ICNPO）作为活动分类标准。根据经济活动分类标准，可将非营利机构分成不同的领域，以描绘整个非营利体系的组成，比较其不同领域在国家间的作用和影响。根据 NPI 2003 版手册的建议，各国广泛使用 ICNPO 对非营利机构从事的活动进行分类，并在此基础上编制 NPI 卫星账户。

（三）NPI 2003 版手册的账户表式

NPI 2003 版手册建议的 NPI 卫星账户共包含 6 类表式，前 2 个表式是展示整个非营利机构基本数据的总表。表式 Ⅰ 是整个 NPI 卫星账户的核心表式，含有 A、B 两部分，A 部分包含从生产账户到资产负债表的全套账户序列；B 部分增加了一些社会和经济数量指标。依据 ICNPO 将非营利机构按非营利主要活动进行分类，得到表式Ⅱ。表式Ⅲ、表式Ⅳ按 SNA 的习惯归属，将非营

利机构整体划分至 SNA 的 5 个机构部门下，记录了 5 个机构部门中的非营利机构部分、剩余部分和总计。表式Ⅴ记录了社会和经济数量这一类变量指标，表式Ⅵ是对上述表式Ⅱ、表式Ⅴ中部分变量的总结表，主要为收入（核心货币变量）、结构（数量变量）两方面的变量，并且按主要活动进行划分描述。

二、NPI 2018 版手册的核心内容及变化

（一）非营利机构的核算范围

与 NPI 2003 版手册相比，NPI 2018 版手册关于非营利机构核算范围做了两点改进。

第一，放宽“非营利性”标准，拓展了 3 类相关机构。非营利性是非营利机构定义的主要标准，指的是不产生直接或间接利润，且不受商业目的和商业考虑指导。随着经济社会的发展，逐渐诞生了众多新型组织，这些组织可能会产生利润并向其成员进行分配，因此被排除在非营利机构之外。但是这些组织机构存在的目的不是营利，而是服务社会公众。因此，如果将这类组织完全排除在非营利机构之外也会造成非营利机构核算范围的不全面，与非营利机构核算的初始目的不匹配——核算非营利性工作为社会发展带来的福利。

NPI 2018 版手册中增添的 3 类相关机构为合作社、互助协会和社会企业。相关机构不是非营利机构，但像非营利机构一样，相关机构的目的主要是服务于社会与公众，且不受政府的控制。其中，合作社与互助协会相似，均是个人成立的组织。不同的是合作社追求其会员经济利益，为会员提供成本价服务；互助协会通过向共同基金定期缴款来分担个人或财产的风险以求改善经济状况；社会企业则利用市场手段产生特殊社会价值或以其他方式为弱势群体服务，如雇用和培训弱势群体（如残疾人和长期失业者）。相关机构与

非营利机构最大的不同之处是，相关机构通常可以向其成员分配利润，这同时也是 NPI 2003 版手册舍弃核算它的原因。NPI 2018 版手册对相关机构的非营利性标准放宽，将严格限制利润分配（一般以分配利润的 50%以下为标准）的相关机构包括到核算范围中以体现非营利机构服务社会公众的根本目的。

第二，扩展了 SNA 的生产范围，增加对直接志愿者工作的价值估算。“有组织”是非营利机构定义的另一个主要标准，这一标准将纯粹的、临时的民众聚会等没有真正结构或组织的实体排除在非营利机构范围之外。近年来，无组织的个人志愿者工作增长迅速，在许多重大社会公众事件（如抗震救灾、扶贫、支教服务、体育赛事）中，个人志愿者的身影无处不在。据不完全统计，在 2008 年的汶川地震中以各种形式提供过志愿服务的志愿者超过了 1000 万人，其中很大一部分是无组织的个人志愿者，很多人不远万里，带着物资和装备，亲身前往。由于无组织，个人志愿者的工作在 NPI 2003 版手册中均被忽视。

NPI 2018 版手册建议增加对直接志愿者工作（组织外开展活动）进行价值估算。“直接志愿者工作”于 2008 年在第十八次国际劳工统计学家会议上被批准并被国际劳工组织于 2011 年发布的《志愿者工作度量手册》所用。直接志愿工作者的定义为，在较短的参考期间内从事任何无偿、非强制性的活动以生产商品或为他人提供服务的所有处于工作年龄的人。

由此，NPI 2018 版手册在原有的 NPI 2003 版手册界定的非营利机构范围之外，另加上相关机构和直接志愿者工作，将非营利机构的核算范围扩展为“第三部门”（或社会经济部门），以更广泛的概念界定 NPI 卫星账户核算范围。

（二）经济活动的分类标准

NPI 2018 版手册中对经济活动分类的准则有两个：《所有经济活动的国

际标准行业分类》修订版（International standard industrial classification of all economic activities Rev.4，以下简称 ISIC Rev.4）和 ICNPO 的新修订版本《国际非营利组织和第三部门组织分类》（International classification of non-profit and third sector organizations，ICNP/TSO），具体如下。

第一，引入 ISIC Rev.4，使 NPI 卫星账户可与 SNA 2008 中建议的机构部门表相衔接，增强二者间的联系。NPI 2003 版手册使用的 ICNPO 无法与 SNA 的活动分类标准 ISIC 相衔接。作为 SNA 的活动分类标准，ISIC 涵盖了所有的活动分类，但是由于 ISIC Rev.2 版本侧重于工业分类体系，所以不能区分许多关键的非营利机构类型。因此，NPI 2003 版手册并没有考虑将 ISIC 引入，这也使得 ICNPO 无法与 ISIC 相衔接，使二者数据孤立，不利于 NPI 卫星账户的编制。

ISIC Rev.4 是 SNA 中建议的标准经济活动分类，是涵盖所有经济单位的国际统计标准。2008 年发布的更新版 ISIC Rev.4 显著扩大了非营利机构开展活动的领域，使利用 ISIC Rev.4 进行分类成为可能。在 NPI 2018 版手册中，所有“第三部门”机构都按照 ISIC Rev.4 进行了分类，由此便可与 SNA 2008 中建议的机构部门表相衔接。使用 ISIC Rev.4 分类对于分析“第三部门”有重大意义：国家内部可纵向比较“第三部门”在不同行业间的规模；国家间可横向比较同一行业中“第三部门”的作用。

第二，引入 ICNP/TSO，将非营利机构的活动分类拓宽至“第三部门”以适应 NPI 2018 版手册中的机构核算范围。由前文可知，NPI 2018 版手册关于非营利机构的核算范围扩大了 3 类相关机构以及直接志愿者工作，组成了新的“第三部门”。核算范围的扩展势必要求分类活动标准的变化。

NPI 2018 版手册所使用的另一活动分类标准 ICNP/TSO 是对 ICNPO 的更新，二者兼容且基础原则相同，有利于在原手册指导下对已完成编制的国家进行时间序列分析。ICNP/TSO 除了保留 ICNPO 的基本结构之外，有两方面的主要变化。首先，将核算范围从非营利机构扩大到“第三部门”；其次，ICNP/TSO 重新配置了某些组分类以便与 ISIC Rev.4 对应，并提供了其在 ISIC Rev.4 中的分类以及补充了将 ICNPO 与 ISIC Rev.4 衔接的工具。

（三）NPI 2018 版手册的账户表式

NPI 2018 版手册的账户表式有以下两个突出变化。

第一，NPI 卫星账户由 6 类表式精简至 5 类表式，所传递的目标变量信息更明确。NPI 2003 版手册力求从多层次、多角度对非营利机构进行全面的数据核算：手册中有 6 类表式，每类表式都不止一个单表，形式复杂且数量众多。但目前多数国家进行 NPI 卫星账户编制时都存在某种程度的数据约束，很难编制所有表式，部分指标在实践编制时极少甚至从未被提及[①]，成为原手册中的无效建议。而各国根据自身实际情况进行选择性编制，表式及内容没有规范统一，给国际比较造成额外阻碍。

NPI 2018 版手册参考各国实践编制经验，对原有表式进行了精简更新，重点保留了 3 类指标（总增加值、员工数据及资金来源）。相对于原有的 NPI 2003 版手册表式框架，NPI 2018 版手册推荐的 NPI 卫星账户中的表式极大提高了编制 NPI 卫星账户的清晰度和实用性。NPI 2018 版手册 5 个表式的内容特点如表 22-2 所示。

表 **22-2**　**NPI 2018** 版手册 **5** 个表式的内容特点

表式	内容与形式	特点
表式 I	采用机构部门账户形式对“第三部门”进行分类统计[a]	从生产账户到收入二次分配账户为止的经常账户内容
表式 II	总增加值的统计数据表	按 ISIC Rev.4 的经济活动种类对“第三部门”进行分类统计，此分类标准是 NPI 2018 版手册纳入的新分类法则
表式 III	员工数据[b]的统计数据表	

① 可参考本章表 22-5 内容。

续表

表式	内容与形式	特点
表式Ⅳ	资金来源[c]的数据统计表	根据 ICNP/TSO（组织分类）对“第三部门”进行分类统计，精简了 NPI 2003 版手册表式Ⅱ中对于 5 个重点方面的考察，仅保留其中的收入来源方面
表式Ⅴ	对所有重要变量的汇总	为方便录入，编制成机器可读取形式

资料来源：作者根据 NPI 2018 版手册整理

a 分类统计是指对“第三部门”中的合作社、互助协会、社会企业和非营利机构 4 类机构分别进行数据统计

b 包括有偿员工和无偿志愿者，其中采用重置成本计算志愿者工作的估计值

c 资金来源包括政府、私人购买、会费、私人经常转移、私人资本转移及志愿者的非财务支持估算价值

第二，对市场性非营利机构的非市场产出①的估算方法提出了新建议。NPI 2003 版手册中提出对其使用总成本法计算，但有时总成本法无法估算非市场产出的实际价值：当一些组织使用它们通过市场销售获得的资金进行非市场活动时，可能覆盖了总运营成本，此时无法显示非市场产出。

NPI 2018版手册建议采用估算志愿者工作生产实物价值的方法来估算市场性非营利机构的非市场产出。具体地，使用市场价值来估算市场性的“第三部门”提供的非市场性商品或服务。而市场价值的估算可以采用两种被广泛认同的方法：①重置成本，通过市场上出售的类似具有可比性的商品或服务的成本来推算非市场产品的价值；②或有估值，调查非市场产品的接收者，确定他们必须在市场上购买产品的情况下所愿意支付的费用。

（四）对非营利机构贡献的评估

除了以上三个关键内容，NPI 2018 版手册还强调对非营利机构贡献的评估。

从根本上来说，NPI 卫星账户编制的目的首先是展示非营利机构的全貌，

① NPI 2018 版手册中，该术语的原始表述为“non-market output of market NPIs”，如民营非营利学校、医院的非市场产出。

并在此基础上衡量非营利机构的贡献。因此，NPI 2018 版手册尤其注重更为方便和全面地展示非营利机构对国民经济的贡献评估。具体地，NPI 2018 版手册设计了非营利机构贡献模型以衡量非营利机构的投入、产出和成果来评估其影响。对于那些难以建立具体成果衡量标准的行业，非营利机构贡献模型的实施要求是根据预期成果制定替代指标，最终将非营利机构的产出、产出/投入比率与其他类型机构的产出、产出/投入比率进行比较，以衡量非营利机构的相对效率及贡献。

综上所述，NPI 2018 版手册关于 NPI 卫星账户的核心内容可以总结如下（表 22-3）：以宽口径的“第三部门”为核算范围，在原有非营利机构定义基础上增加了相关机构和直接志愿者工作，以 ISIC Rev.4 和 ICNPO 的新修订版本为活动分类标准，包含了五大账户表式，注重对非营利机构贡献的评估。

表 22-3　NPI 2018 版手册与 NPI 2003 版手册关于 NPI 卫星账户核心内容的主要更新总结

核心内容	NPI 2003 版手册	NPI 2018 版手册的更新变化	更新的原因
核算范围	①非营利机构 ②组织内志愿者工作核算	①“第三部门”（非营利机构及 3 类相关机构） ②所有志愿者工作核算（包括在组织外开展活动的直接志愿者工作）	①相关机构与非营利机构具有相同特性：主要服务于社会与公众，且不受政府的控制 ②采用国际劳工组织于 2011 年发布的手册中的指南，衡量包括直接志愿服务在内的志愿者对 NPI 部门的贡献
活动分类标准	ICNPO	①ICNP/TSO ②ISIC Rev.4	①ICNP/TSO 是 ICNPO 更新版，覆盖范围从非营利机构扩大到“第三部门”，并引入新领域 ②与之前版本相比，ISIC Rev.4 显著扩大了非营利机构开展活动的领域，ISIC 体系的引入使 NPI 卫星账户可与 SNA 2008 中建议的机构部门表相衔接
账户表式	①3 种账户形式 ②6 类表式	①缩减为 5 类表式 ②改进市场性非营利机构的非市场产出的估算方法	①新活动分类标准的引入 ②简化原有形式复杂的账户，提高其清晰度与实用性

资料来源：作者根据 NPI 2003 版手册、NPI 2018 版手册整理

第三节 非营利机构卫星账户编制的国家经验

一、各国编制非营利机构卫星账户的总体现状

各国 NPI 卫星账户的差异较大。由于各国对 NPI 卫星账户的需求、重视程度及数据基础均有差异，不同国家间的编制进程、更新频率及研究重点各不相同。JHU/CCSS 信息显示，全球有 33 个国家承诺编制 NPI 卫星账户，其中有 27 个国家已开展核算工作，18 个国家完成并出版了 NPI 卫星账户，分别是澳大利亚、比利时、巴西、喀麦隆、加拿大、捷克、法国、印度、以色列、日本、吉尔吉斯斯坦、墨西哥、莫桑比克、新西兰、挪威、葡萄牙、瑞典和泰国。由于 NPI 2018 版手册发布较晚，目前所有国家均是基于 NPI 2003 版手册编制 NPI 卫星账户。27 个已开展 NPI 卫星账户编制工作的国家编制进程如表 22-4 所示。

表 **22-4** 已开展 **NPI** 卫星账户编制工作的国家编制进程表

国家	已编制的版本数	最新版年份	是否发布非营利机构定义报告[a]	是否参与 NPI 2003 版手册的测试报告[b]	最新编制进展
挪威	5 版	2018 年			公布在线表式（https://www.ssb.no/en/orgsat/）；进行了挪威的“第三部门”规模估计
比利时	4 版	2014 年		✓	完成卫星账户编制
新西兰、墨西哥	3 版	2015 年	✓		
澳大利亚	3 版	2014 年	✓	✓	
加拿大	3 版	2009 年		✓	专注于志愿工作统计研究，并提供了详细调查数据
以色列	2 版	2018 年	✓	✓	完成卫星账户编制
泰国	2 版	2016 年	✓	✓	

续表

<table>
<tr><th>国家</th><th>已编制的版本数</th><th>最新版年份</th><th>是否发布非营利部门定义报告[a]</th><th>是否参与 NPI 2003 版手册的测试报告[b]</th><th>最新编制进展</th></tr>
<tr><td>巴西</td><td>2 版</td><td>2012 年</td><td>✓</td><td></td><td rowspan="5">完成卫星账户编制</td></tr>
<tr><td>吉尔吉斯斯坦</td><td>1 版</td><td>2018 年</td><td></td><td></td></tr>
<tr><td>瑞典</td><td>1 版</td><td>2015 年</td><td>✓</td><td>✓</td></tr>
<tr><td>喀麦隆</td><td>1 版</td><td>2014 年</td><td></td><td></td></tr>
<tr><td>印度、葡萄牙</td><td>1 版</td><td>2012 年</td><td>✓</td><td></td></tr>
<tr><td>捷克</td><td>1 版</td><td>2011 年</td><td>✓</td><td></td><td>公布在线表式</td></tr>
<tr><td>莫桑比克</td><td>1 版</td><td>2009 年</td><td></td><td>✓</td><td rowspan="2">完成卫星账户编制</td></tr>
<tr><td>法国、日本</td><td>1 版</td><td>2006 年</td><td>✓</td><td></td></tr>
<tr><td>美国</td><td colspan="2" rowspan="5">暂无完整 NPI 卫星账户</td><td></td><td></td><td>逐步完善数据阶段，如《非营利机构就业报告（2019）》、20 个州级别的《非营利性经济数据公告》</td></tr>
<tr><td>菲律宾、意大利</td><td></td><td>✓</td><td rowspan="4">已对非营利机构的范围、规模、组成、融资中至少一个方面进行了数据收集或分析</td></tr>
<tr><td>南非</td><td></td><td>✓</td></tr>
<tr><td>丹麦</td><td></td><td></td></tr>
<tr><td>秘鲁、智利</td><td></td><td></td></tr>
</table>

注：蒙古国及越南已经开始 NPI 卫星账户的编制工作，但目前没有对外公开编制结果

a 《定义非营利部门》（Defining the nonprofit sector）是以 ICNPO 为框架讨论识别各国家非营利部门

b 《联合国手册测试报告》（UN handbook test report）是为了 NPI 2003 版手册的正式编制而在 11 个发展水平各不相同的国家进行的测试

在“第三部门”核算、志愿者调查和基础数据等 NPI 卫星账户编制的核心内容方面，挪威、加拿大和美国分别在这三个方面的实践进展领先其他国家。表 22-4 显示，挪威在 NPI 卫星账户的编制实践上（包括更新频率、最新

研究方向等）领先于其他国家，尤其是挪威在非营利机构基础上对“第三部门”进行了核算，符合 NPI 2018 版手册对核算范围的更新。加拿大在 2009 年更新最后一版账户后暂停了编制,目前在进行详细的志愿工作研究与调查，如志愿人员比率和志愿工作时间的趋势、志愿人员的特征、受益于志愿服务的部门等方面，处于志愿工作研究的前列。美国虽然暂时无国家层面的 NPI 卫星账户，但其非营利机构的数据核算较为完善。JHU/CCSS 已编制了 47 版关于美国的《非营利性经济数据公告》①（Nonprofit economic data bulletin），其中包括 20 个州的非营利机构范围、规模和就业情况及各类相关核算研究进展。同时，美国已经拥有较完善的国家层面非营利机构数据：美国劳工统计局（Bureau of Labor Statistics）针对就业和工资进行持续性的全国范围季度普查，并通过人口普查所提供的数据估算非营利机构与营利性机构的数据。

二、各国编制非营利机构卫星账户的经验

根据各国 NPI 卫星账户编制进程表（表 22-4），本部分选取已编制 2 版及以上的 8 个②国家（挪威、比利时、新西兰、墨西哥、澳大利亚、加拿大、以色列和泰国）为研究对象，总结这些国家编制 NPI 卫星账户的经验。在 NPI 卫星账户编制过程中，主要有三大难点：一是从除 NPISH 部门外的其余四大部门中识别非营利机构，即机构的识别；二是根据现实所需，各国考察非营利机构的侧重点不同，对于表式的选择及细节处理亦不相同；三是对识别出的机构进行账户编制前，确定是否对 SNA 原有的生产范围进行扩展调整，以及具体的处理方式。

---

① JHU/CCSS 相关数据网址：http://ccss.jhu.edu/publications-findings/?dltag=united+states。

② 实际上有 9 个国家编制 2 版及以上的 NPI 卫星账户，但巴西的 NPI 账户没有对外公开。

（一）非营利机构识别的国家经验

虽然 NPI 2003 版手册对非营利机构的定义明确，但是在现实中识别所有的非营利机构绝非易事，各国基于各自统计基础采取不同方式，试图尽可能识别非营利机构全貌。

第一，基于法律法规追寻、识别非营利机构。法律规定了非营利机构为公众服务的身份义务、盈余分配方法等，因此使用法律法规追寻、识别非营利机构是一种很好的方法。目前国际上使用法律法规追寻、识别非营利机构的方式大致分为以下两类。

一是在国内已有的 NPISH 部门基础上，添加某些特征明晰、可简易识别的非营利机构。以泰国为例，泰国国家统计局（National Statistical Office，NSO）已调查的所有非营利机构仅涵盖了 NPISH，NPI 卫星账户扩大 NSO 对非营利机构的覆盖范围，其中对于非市场性非营利机构，包括社会发展和人类安全部的公益非政府组织、社区组织发展研究所和泰国红十字会的社区福利组织；对于市场性非营利机构，泰国卫星账户直接包含私立学校及私立医院①两类机构，除此之外不再另行识别。

二是各国通过自有的经济活动统计分类与非营利机构分类的对应一致性特征，来识别在商业登记册或税务局等官方登记平台中登记的组织是否为非营利机构。此举与 NPI 2003 版手册中明确指出注重“组织性”而非“法律实体性”相悖，势必会导致没有正式注册的非营利机构被遗漏，但出于数据的可获得性以及没有正式身份的此类团体可能造成统计口径的混乱（如无法使用或接受可抵税的捐赠），各国均忽略不计此类单位的经济意义。澳大利亚、比利时、新西兰及加拿大均使用这种方式对非营利机构进行识别。

① 私立学校及私立医院指的是提供收费的教育或医疗服务，但不以营利为目的。

第二，无须强求非营利机构的完整识别。虽然各国都在尽力识别非营利机构的全貌，无论是按照市场性分类或是按照机构部门分类，都没有国家按照手册中的标准规定对 5 个机构部门全部进行识别，金融公司部门、非金融公司部门、广义政府部门和 NPISH 部门在不同国家被不同程度地识别，但住户部门中的非营利机构几乎没有被涉及。一方面，住户部门中的非营利机构大多是社区的自我管理机构，为影响社区的活动作决定，不直接产生或微量产生经济流量；另一方面，住户部门中的非营利机构被各个国家默认已算入 NPISH 部门。

（二）表式选择及细节处理的国家经验

在 NPI 2003 版手册中，NPI 卫星账户表式共 6 类，按照各国账户表式所记录的经济变量或形式，得到各国 NPI 卫星账户表式选择及细节处理的比较，如表 22-5 所示。

表 22-5　各国 NPI 卫星账户表式选择及细节处理的比较

标准表式	重要经济变量或形式	发展层面或表现形式	挪威	比利时	新西兰	墨西哥	澳大利亚	加拿大	以色列	泰国
表式Ⅰ、Ⅲ	综合经济账户形式、按部门和机构类型分类的综合经济账户形式	账户序列		✓	✓			✓		
表式Ⅱ	收入来源	收入与支出	✓		✓		✓	✓	✓	✓
	收入使用				✓		✓		✓	✓
	转移支付			✓	✓					
	就业及报酬[a]	规模	✓	✓	✓	✓			✓	
	资产积累及现状						✓			

续表

标准表式	重要经济变量或形式	发展层面或表现形式	挪威	比利时	新西兰	墨西哥	澳大利亚	加拿大	以色列	泰国
表式Ⅳ	总产出	经济贡献	✓	✓			✓			✓
	增加值		✓	✓	✓	✓	✓	✓		✓
	就业[b]			✓		✓				
	最终消费									
表式Ⅴ	机构数量	部门结构		✓	✓		✓			✓
	成员数量		✓	✓	✓	✓	✓		✓	✓
	产出和能力数量指标	产品质量								
表式Ⅵ	主要指标总表	收入与结构汇总表								

a 就业及报酬变量注重有偿工作与志愿者工作价值的统计

b 就业变量注重 5 个机构部门内部中非营利机构与其他机构就业情况的对比

第一，非营利机构完整账户序列非必须编制，可根据各国需要有选择地编制部分账户。表 22-5 显示，NPI 卫星账户的 6 类表式一共分为 5 个发展层面及 2 个表现形式，其中对于非营利机构的账户序列这一形式（表式Ⅰ、Ⅲ），只有 3 个国家（比利时、新西兰和加拿大）编制。对于收入与支出、规模、经济贡献、部门结构，虽然各个国家均有涉及，但是不同国家统计的变量指标也有所不同。对于表式的选择、所侧重表述的层面以及具体统计的变量，各国均可自行调控，可繁可简，既有丰富展示非营利机构各个层面的比利时、新西兰等国家，也有仅就非营利机构的某几个层面进行细节统计的加拿大和泰国等国家。

第二，对于部分数据质量要求高的账户，各国均选择暂不编制。由于统计调查还无法深入、数据无法有效被汇总等现实问题，表式Ⅴ中的产品质量层面还没有国家涉及，作为表式Ⅱ、Ⅴ部分的汇总及重复，表式Ⅵ也没有国家编制，这也符合 NPI 2003 版手册中编制简易版卫星账户的建议。

第三，根据发展情况选择使用 ICNPO 或在此基础上形成自有的活动分类标准。从现实编制来看，一方面，机构分类标准需要与各国 SNA 中的分类标准对接，以方便计算、比较各行业中非营利机构所占经济贡献；另一方面，机构分类标准也是一个国家进行非营利机构识别时的重要依据。因此，虽然 NPI 2003 版手册中建议将 ICNPO 作为非营利机构分类标准，但各国根据各自社会行业发展情况可选择使用 ICNPO，也可以根据已有的经济活动分类（或工业分类准则）与 ICNPO 结合形成符合自身国情的分类标准。例如，挪威对标准 ICNPO 的 12 个主要类别进行了微调，取消 4 个主要类别下的子类别分类等；而新西兰专门为编制此卫星账户开发了非营利机构标准分类——《新西兰非营利机构标准分类》（New Zealand standard classification of non-profit institutions，NZSCNPI）。

第四，可以尝试编制按照“核心”与“非核心”分类的两套账户。这类国家以加拿大为代表，加拿大编制了按照“核心”与“非核心”分类的两套账户，其中“非核心”账户数据单独提供。“核心”账户中包含了符合 NPI 2003 版手册标准的 NPISH 和归类为两个公司部门的非营利机构；而“非核心”账户包含被归类于政府部门的学校和医院，这些单位没有足够的组织自主权来满足手册定义的“自治”标准，但考虑它们提供非营利性产品的立场，加拿大将它们单独核算并制定两套账户。

第五，将国民账户中的相关数据引入 NPI 卫星账户。虽然指导手册中强调了非营利机构在国民账户中的经济占比不容忽视，但在表式中并没有制定及凸显占比数据的统计，而多个国家（挪威、新西兰、墨西哥、以色列和泰国）不约而同地在表式中加入了国民账户中的数据，或引入相同变量，或分行业计算占比，以观察非营利机构整体对整个社会贡献的大小或在各行业中的贡献。

（三）生产范围调整的国家经验

NPI 卫星账户对 SNA 原有的生产范围进行了两次调整：对志愿者工作价值和市场性非营利机构的非市场产出进行重估价统计。这两次调整的重要性在于它们会影响变量数据的核算口径以及非营利机构在国家间的可比性。

第一，重视志愿者工作的价值核算。在本节研究的 8 个国家中，除了比利时之外的剩余 7 国的核算均已扩展此项。大部分国家一致认同志愿者工作的经济价值是非营利机构的重要资源，并使用手册建议的重置成本对其进行价值估算。各国普遍的实践操作是，通过周期性的志愿者调查或者对非营利机构的调查收集数据，主要包括工作时间及人员数量，然后根据相近职业的平均总工资进行价值估算。

第二，使用三种方式处理市场性非营利机构的非市场产出核算。市场性非营利机构的非市场产出核算仅影响两个公司部门中的非营利机构，因而不同国家识别非营利机构的范围不同，也影响了各国对此项核算的处理。各国处理市场性非营利机构的非市场产出核算的方式共有三种：第一种是仍使用与 SNA 相同的处理方式，以销售收入估算产量，如比利时和挪威没有进行此范围的扩展；后两种处理方式完全按照 NPI 指导手册中的建议，只是数据呈现方式不同，第二种是按照手册标准表式将非市场产出估算单列出来，以方便非营利机构内部的结构比较，代表性国家有澳大利亚、比利时和墨西哥；第三种是对市场性非营利机构的市场产出及非市场产出，直接计算总产出——使用机构的总收入或总成本代替，没有再进一步单独列出非市场产出，以泰国为代表。

第四节　对中国编制非营利机构卫星账户的政策启示

当前，中国非营利机构呈现快速发展的趋势，借鉴国际经验编制中国的

NPI 卫星账户，从而客观、准确地评价中国非营利机构发展的状况、过程、效果以及未来发展的潜力已经十分迫切。本节基于 NPI 卫星账户编制的国际进展，提出对中国编制 NPI 卫星账户的政策建议。

一、借鉴国际经验有效识别中国的非营利机构

非营利机构的识别是编制 NPI 卫星账户的前提和基础。尽管 NPI 国际手册有关于非营利机构的核算范围，但是由于各国统计基础差别较大，因此都采用适合本国国情的非营利机构识别方法。考虑中国非营利机构核算的实践较为薄弱，建议中国可以首先根据商业登记册或税务局等政府记录中登记的组织识别非营利机构，尤其是对事业单位中数量庞大的非营利机构进行有效识别。同时，可以将识别重点放在“有组织”的非营利机构，对于存在于住户部门的“无组织”非营利机构暂时可以不强求识别。

二、设计符合中国国情的非营利机构分类标准

从国际编制经验来看，分类标准在识别非营利机构过程中意义重大，多数国家需要利用标准分类与已有行业分类之间形成的对应一致性，才能够在政府的各类登记记录中对非营利机构进行追踪识别。而中国暂无关于非营利机构的分类标准，在民政部仅简单地划分为社会团体、基金会、民办非企业单位，类别粗糙且无益于机构的识别及国际比较。

因此设计符合中国国情的非营利机构分类标准，是构建 NPI 卫星账户的前提和基础。在设计分类标准时，应该保证与已有行业分类的对应性，且兼顾国际可比性原则，本章认为可在 ICNPO 或 ICNP/TSO 基础上，结合《统计单位划分及具体处理办法》及国家统计局现有的与非营利机构密切相关的行业分类标准［如《健康产业统计分类（2019）》《文化及相关产业分类（2018）》《体育产业统计分类（2019）》］设置符合中国国情的非营利机构分类标准。

三、结合大数据技术开展非营利活动的数据采集

中国暂无可以支撑构建非营利机构账户的详细数据来源，大部分数据来自民政部中的社会组织数据，而且仅是简单的总量数据且核算范围不全面，数据基础薄弱也是限制中国 NPI 卫星账户编制的重要原因。根据各国实践经验，虽然专门的普查或调查是获取数据的重要途径之一，但是由于中国的基础较为薄弱，直接开展非营利活动普查难度较大，本章建议可引入大数据技术，重点从收入来源与支出去向、规模、经济贡献和部门结构四个层面展开数据收集。另外在前后两版手册中均强调了志愿者工作的经济价值，这就要求对志愿者工作的时间和人数进行统计估算，此时，大数据技术比常规统计调查更有优势。

四、有选择地编制非营利机构卫星账户表式

NPI 指导手册提供了 NPI 卫星账户的各类账户表式，但是各国都是有选择地进行编制，很少有国家完全编制所有的账户表式，这主要是由于各国编制 NPI 卫星账户的数据基础和编制目的不同。中国编制 NPI 卫星账户时可以从中国的实际国情出发，建议优先编制反映非营利机构收入与支出、规模的表式Ⅱ和反映非营利机构经济贡献的表式Ⅳ，这两个表式也是目前大多数国家优先编制的。在此基础上可以尝试编制反映非营利部门结构（机构数量与成员数量）的表式Ⅴ。

五、试点开展中国非营利机构卫星账户编制的实践工作

建议进行地区或行业的试点编制，检验和评估调查制度的适用性及操作性，为在全国范围内推行 NPI 卫星账户调查制度积累经验，从而进一步完善调查制度。从地区试点编制来看，可参考中国社会组织数据，对非营利机构发展较好的地区先进行试点实践，如可选择全国非营利机构数量最多的 5 个城市：上海、南京、重庆、杭州及成都。从行业试点编制来看，建议先对教

育及卫生行业进行编制，这两类行业内的机构具有特殊性。首先，在各国数据按组织分类的增加值中，教育和研究类与卫生保健类以大概率排名靠前；其次，对于公立学校和医院是否应被划入 NPI 卫星账户核算范围，没有达成一致标准，按照指导手册的处理，它们受政府控制而不属于非营利机构，但各国现实处理各有不同，以加拿大为例，其为公立学校及医院编制了“非核心”账户。中国则可根据教育及卫生行业试点的实践情况，对公立学校、医院两类特殊机构的处理给出具体意见。

第二十三章
中国非营利机构卫星账户的核算框架[①]

本章的研究目的是将国际标准与中国情境结合，重点阐述中国 NPI 卫星账户核算面临的两个基本问题——核算对象是谁、核算内容如何呈现；进而构建中国 NPI 卫星账户的核算框架。本章内容安排如下：第一节通过对比不同国际标准关于非营利机构的核算口径，剖析中国非营利机构的特殊发展现状，界定中国非营利部门的核算口径；第二节及第三节分别构建适合中国非营利核算的账户体系和总量指标表式；第四节总结中国开展非营利机构卫星账户编制的实践思路。

第一节　中国非营利机构的核算范围界定

按照 NPI 手册等已有研究成果所形成的共识，国民经济核算体系的五大部门（非金融公司部门、金融公司部门、政府部门、住户部门、NPISH）中均存在非营利机构，卫星账户需要将它们剥离出来形成完整的非营利机构核算口径。本章对于界定中国非营利机构核算范围的思路是：首先，对不同国际标准下非营利机构的核算口径进行对比，选择适合中国非营利机构的核算口径；其次，依据中国现有法规政策及中国机构类型分类特点，调整选定的

① 本章执笔人：王勇、王云玥、赵洋。本章内容发表于《统计与信息论坛》2021 年第 11 期。

国际标准口径；最后，得到中国非营利机构的核算范围。

一、国际口径对比及中国的口径选择

目前，有三个国际核算手册界定了非营利机构的核算口径，分别是 NPI 2003 版手册、NPI 2018 版手册以及 SNA，三个手册均由 UNSD 发布。

NPI 2003 版手册中非营利机构的核算口径有五个特征：①非营利机构不以产生直接或间接利润为主要目的，可以是谋利的，但它们是“非利润分配”的，任何此类盈余必须重新投入该机构的基本任务；②它必须是一个组织，在某种程度上已经制度化，但与是不是一个具有明确法律地位的正规组织不能挂钩；③它必须是非强制性的，为它工作或参加其活动的个人拥有一定程度的自由选择权；④它必须是自治的，完全负责该组织运营的经济风险和回报；⑤它必须是独立于政府的，对于经营活动和融资的资金可以充分自行处置、使用，以致不与政府的资金合并。作为 NPI 2003 版手册的补充与更新，NPI 2018 版手册使用相似的五个特征定义，其中有一处与 NPI 2003 版手册不同：不再要求完全的“非利润分配”，允许分配利润但不可超过 50%。SNA 中对非营利机构的描述是：非营利机构是一类法律或社会实体，其创建目标虽然也是生产货物和服务，但其法律地位不允许那些建立它们、控制它们或为其提供资金的单位利用该实体获得收入、利润或其他财务收益。三类非营利机构核算口径的特征对比见表 23-1。

表 **23-1** 三类非营利机构核算口径的特征对比

SNA	NPI 2003 版手册	NPI 2018 版手册
非营利性	非营利性	严格限制利润分配
具有组织特性	具有组织特性	具有组织特性
	非强制性	非强制性
	自治性	自治性
	体制上独立于政府	体制上独立于政府

表 23-1 显示，NPI 2003 版手册与 NPI 2018 版手册关于非营利机构的核算口径较为接近，均有五个明确的界定特征，二者仅在非营利性特征上有所区别：NPI 2003 版手册严格限定非营利机构的非营利性；NPI 2018 版手册则放宽了非营利性特征。SNA 对于非营利机构的界定最为宽松，仅仅基于“非营利性”和“具有组织特性”来界定非营利机构，此口径下无法区分政府力量与社会力量引导的非营利性活动。

基于三类国际标准的区别，本章建议选择 NPI 2003 版手册的核算口径作为中国非营利机构统计口径的基础，原因如下。

（1）相较于 SNA，NPI 2003 版手册的特征定义更为具体，能够更好地区分非营利机构与其他机构。首先，“非强制性”标准将非营利机构区别于人们因法律需要所属的实体（家庭、宗族部落等）；其次，“自治性”标准可以有效地将非营利机构区别于在政府或法人公司等实体控制下的组织；最后，“体制上独立于政府”标准对非营利机构的非政府性质进行补充，与 SNA 中阐述的“其创建目标虽然也是生产货物和服务”相对应。

（2）相较于 NPI 2018 版手册，NPI 2003 版手册更适合当前中国非营利机构的统计核算。NPI 2018 版手册和 NPI 2003 版手册关于非营利机构定义的不同点在于是否严格遵循“非营利性”特征，NPI 2018 版手册允许利益相关者分配 50%之内的利润，从而扩大了非营利机构的统计口径。不建议中国使用 NPI 2018 版手册中“松口径”定义的原因如下：首先，中国非营利机构的统计核算处于起步阶段，首要工作应是进行“严口径”非营利机构的核算，与非营利机构相似的三类相关机构（可以进行 50%之内的利润分配）的核算可以暂缓。因为这些相关机构需要额外的利润分配审查、管理登记与识别的构架，这对于基础较为薄弱的中国非营利机构的管理和核算体系而言，可执行性较低。其次，对于“宽口径”非营利机构的核算研究，世界各国也处于探索阶段，目前还没有国家公布该口径下的 NPI 卫星账户[①]，因此在该口径下可借鉴的国际核算经验较少。

但是，不能直接将 NPI 2003 版手册定义的非营利机构核算范围作为中国非营利机构的核算范围，这是因为其中的“组织性”特征与中国现实情况有较大出入。因此，需要以 NPI 2003 版手册定义为基础，根据中国非营利机构的实际管理特点与发展现状，做出相对应调整。

二、基于中国实际的非营利机构核算范围

目前，中国从事非营利性活动的机构按照主导者大体分为由社会力量主导的机构和由政府力量主导的机构。由社会力量主导的中国非营利机构可分为三类：民政部门备案的社会组织、以企业身份进行工商登记的非营利机构以及非正规的民间组织。由政府力量主导的从事非营利性事业的机构包括两类组织：参照公务员法管理的人民团体与群众团体机关（以下简称“参公群团机关”）以及从事公益服务的事业单位，但是它们并非全都属于非营利机构。对由社会力量和政府力量主导的各类非营利机构的统计核算需要采取不同的处理方式。

（一）由社会力量主导的非营利机构的核算范围界定

第一，在民政部门备案的社会组织需要计入非营利部门的核算范围。社会组织在中国当前的统计核算体系中均被计入了政府部门，其分为三类：社会团体、民办非企业单位及基金会。值得注意的是社会组织这一口径与 NPISH 口径不对等，法律规定社会组织是体制上区别于提供非营利活动的政府机构，但并不区分各机构组织是以显著价格还是以不显著价格提供产品及服务。基

① 挪威称其对拓宽后的非营利机构及相关机构进行了估计核算，但并没有公布核算相关的过程、细节等，仅在网站公布了部分数据。

金会是 NPISH 的组成部分，但社会团体及民办非企业单位则不能直接确定其所属部门，如民办非营利学校属于市场性非营利机构（非金融公司部门），各类行业协会则属于 NPISH，因此无法直观地细分三类分类机构所属机构部门。对此，本章建议可通过两种方式识别其所属机构部门：首先，对于已登记机构，对其财务会计报表进行审核区分，按照 SNA 要求，若市场收入（不算财政拨款及民间捐赠）占成本 50%以上则视为市场性非营利机构；其次，对于新增机构，改良社会组织登记表，增加选项以简单区分其在 SNA 中属于 NPISH 或是非金融公司部门，减轻后续再次审核的负担。

第二，对于以企业身份在工商行政部门登记注册的非营利机构，需要计入非营利部门。此类机构的存在由中国当前民间组织的登记管理机制造成：目前，中国对社会组织的管理采用双重管理体制，社会组织成立时先由业务主管部门进行业务审查，然后由民政部门进行登记管理。为避免双重管理的烦琐性，有相当部分的非营利机构选择以企业身份注册于工商行政部门，从而获得了法人身份，但是却从事非营利活动、公益慈善事业，如“太阳村[①]”“草根之家[②]”等。这部分非营利机构与社会组织没有差异，但登记方式不规范，因此如何对其进行识别是非营利机构实践核算时的主要难题。本章认为，税收数据可以作为识别该类非营利机构的依据。非营利机构成为法律上的企业身份，就要遵守企业的税收规则和会计制度，因此无论是使用社会各界慈善捐款做公益，还是以显著或不显著价格提供产品、服务，均需按经营纳税。因此，这类以企业身份在工商行政部门登记注册的非营利机构通常通过一定

---

① 太阳村也称儿童村，位于北京市顺义区赵全营镇板桥村。其设立的目的是无偿代养代教服刑人员未成年子女，日常工作是对服刑人员无人抚养的未成年子女开展特殊教育、心理辅导、权益保护及职业培训服务。

② 草根之家创办于 2006 年，是由农民工志愿组织的自助互助的公益机构。其旨在搭建自助互助的爱心平台，促进农民工生存生活环境的改善，通过开展文艺活动、法律咨询、职业培训等系列志愿社会工作服务，提升农民工朋友自我服务、自我管理和自我发展的能力。

方法或渠道进行避税，对于真实税收远低于同规模同行却可长期经营的企业，可以在相关非营利机构调查或普查中着重进行摸底排查加以识别。

第三，对于非正规的民间组织，不纳入非营利部门口径。小部分符合登记条件的非营利机构由于无法与对应业务主管部门取得联系，放弃完成审核登记，只能成为无法律地位的非正规组织。对于该类组织，本章不建议纳入核算口径，尽管此措施与 NPI 2003 版手册所给的“具有组织特性”定义相违背。这是因为，当前中国非正规的非营利机构没有固定可靠的数据来源，在建立全面的非营利机构数据调查前，此部分机构的核算不具备现实可操作性，因此本章建议目前可以忽略此类组织。

（二）由政府力量主导的非营利机构的核算范围界定

第一，参公群团机关无须纳入非营利部门的核算范围。由于中国的特殊历史国情，目前中国的政府部门机构包括行政机关、参公群团机关和事业单位。其中，行政机关毫无疑问应作为政府部门的主要组成部分；而参公群团机关包括工会、共青团、妇联和红十字会等组织，虽然它们为特定群体提供非营利性服务，但是作为政府领导下的群团组织，其政治性突出而无法独立于政府，“自治性”“体制上独立于政府”违反了 NPI 2003 版手册，因此不能纳入非营利部门，需计入政府部门口径。

第二，从事公益服务的事业单位中，“改制为企”的公益二类事业单位需纳入非营利部门的核算范围。中国现行统计核算体系中，所有事业单位均纳入政府部门。作为中国特色体制下的产物，各类事业单位与政府、市场的关系随着经济社会发展也逐渐呈现多元化，因此将事业单位全盘纳入政府口径的核算方式也逐渐受到广泛争议。《中共中央、国务院关于分类推进事业单位改革的指导意见》对全部事业单位进行了细分，这使得将部分事业单位纳入非营利部门具有实施的可能性。中国现有事业单位的社会功能包括三个方面：承担行政职能、从事生产经营活动和从事公益服务。事业单位改革就是规范三个类别的不同发展方向，其中，从事公益服务的事业单位又分为公益一类和公益二类，二者从事的生产或服务活动均具有非营利性质，但是对于是否纳入非营利机构核算范围需要进一步探讨。

对于公益一类[①]而言，在此次改革中仍作为事业单位，它们需要政府财政全额支持，因而无法独立于政府之外，它们提供的产品及服务应属于政府为社会提供的公共服务福利，计入政府部门。公益二类与公益一类的不同之处是可获得经营性收入，并用于公益事业发展。其改革方向又分为两个层面：一是保留公益性质；二是改制为企业。保留公益性质是指具有收费性产品但不足以维持成本的公益二类事业单位，会暂时保留其事业单位性质，包括高校和县级以上公立医院，这部分单位仍与政府保持密切联系，与公益一类相似，它们对于最高领导的任命在一定程度上无法独立于政府，因此也算入政府部门。改制为企业是指提供收费性产品，且提供的生产服务可以被社会力量替代的事业单位，从而可以被剥离出事业单位体制。因此，改制为企业的事业单位实际是民办非企业单位，因为它们原本属于公益性事业单位，而不是从事生产经营活动的事业单位，意味着这类事业单位具有非营利性质。此类机构与事业单位剥离后，符合非营利机构的五个特征定义，应被纳入非营利机构的统计口径。

综上，本章提出中国非营利机构的定义为：非营利机构是独立于政府之外，其活动具有非营利性、非强制性，可以自治且有明确法律地位的正规组织。根据该定义，中国 NPI 卫星账户核算范围见图 23-1。

---

① 是指义务教育、基础性科研、公共文化、公共卫生及基层的基本医疗服务等基本公益服务，需要政府强力扶持，不宜由社会民间力量兴办或由市场进行资源配置。

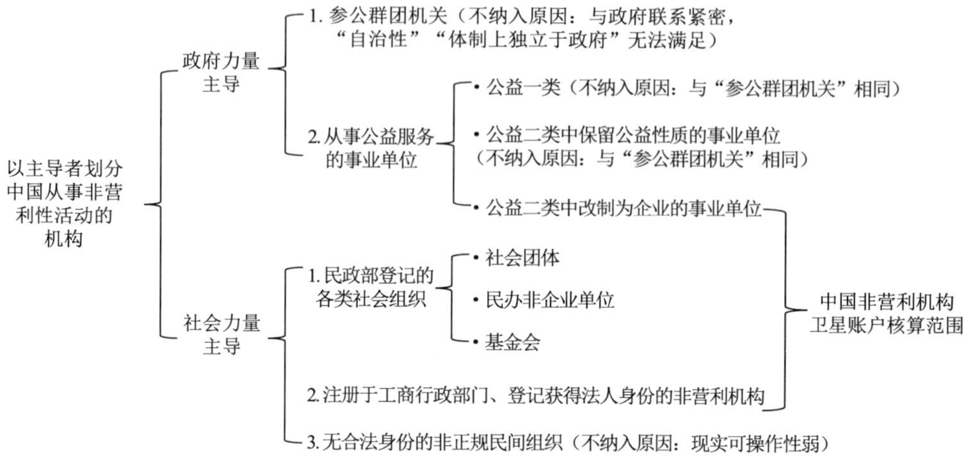

图 23-1　中国 NPI 卫星账户核算范围

第二节　中国非营利机构卫星账户的账户序列

账户序列是 NPI 卫星账户的重要构成主体及表现形式，构建一套适合中国的非营利机构的账户序列，是中国 NPI 卫星账户编制的核心工作。

一、国际标准对比及中国的构建原则

SNA 仅提出了非营利机构的定义及其范围，并没有提供账户序列，可参考的国际标准有联合国先后发布的 NPI 2003 版手册及 NPI 2018 版手册。两部国际标准手册对于账户序列的账户设置基本相同，涵括经常账户、积累账户以及资产负债表三类账户，全套账户序列共计 14 个分账户。二者的主要差异在于对市场性非营利机构的非市场产出以及志愿劳动价值这两个指标的呈现形式不同，NPI 2003 版手册采取的处理方式是指标单列，而 NPI 2018 版手册采用的处理方式是指标合并处理。

市场性非营利机构的非市场产出以及志愿劳动价值，这两个变量是对

SNA 生产范围进行了两次扩展的结果[①]，意味着对指标数据进行核算时，均在 SNA 原有的生产范围数据之外，包含这两个扩展数据。虽然 NPI 2003 版手册和 NPI 2018 版手册均将这两个变量纳入，但由于纳入形式不同，手册中账户序列表式的指标呈现形式存在差异。NPI 2003 版手册采取的处理方式是指标单列，在 NPI 2003 版手册账户的各类表式中，各指标数据常以三种形式呈现：SNA 数据、SNA 数据加上市场性非营利机构的非市场产出、SNA 数据加上市场性非营利机构的非市场产出和志愿劳动虚拟值。而 NPI 2018 版手册采用的处理方式是合并处理，账户序列中的指标数据均已包含市场性非营利机构的非市场产出和志愿劳动价值，即直接展示 NPI 2003 版手册中三项的最后一项，对于两个特殊变量不再单列出来。

考虑到表式呈现的清晰性以及各国实践的经验，本章认为中国 NPI 2003 版卫星账户的账户序列可进行如下处理：各指标包含市场性非营利机构的非市场产出这一数值，而单列志愿劳动价值。按照 SNA 的常规统计方式，志愿劳动价值被计为零，但其在非营利机构的活动中是普遍常见而具有特殊形式的投入价值，因此在非营利核算中具有单独研究的意义，需要单独列示。出于两方面原因，不单列市场性非营利机构的非市场产出这一变量，而是将其与其他类产出合并，呈现总产出值。首先，根据 NPI 2003 版手册所建议的简化估算方法，该变量不是由实际数据统计所得，而是由指标相减计算而得，为总产出[②]与总销售额（市场产出）之差，是上述由两个指标所进行的二级计算；其次，该变量仅涉及市场性的非营利机构，而不是非营利部门整体所需变量，因此对该变量选择合并处理。

---

① 在 SNA 中，志愿劳动价值计为零，市场性非营利机构的非市场产出使用市场价计价，被严重低估。NPI 卫星账户可选用“通才法”“总成本法”等方法，对二者的价值进行重估价。

② 总产出简化为总成本与总销售额之间的较大者。

二、中国非营利部门账户序列的构建

非营利部门的账户序列反映非营利部门在生产、收入和分配过程中的各种收支情况以及资产、负债和净值的变化。非营利部门账户的核心指标由SNA账户序列的指标组成，但SNA账户序列原有指标体系无法凸显非营利机构的具体特点，因而在非营利部门账户序列中引入区别于SNA的特有变量。表23-2为分账户类型的非营利部门账户序列简表，展现了涉及特有变量的部分账户，包括生产账户、收入形成账户、初始收入分配账户和收入再分配账户等。

表 **23-2** 分账户类型的非营利部门账户序列简表

交易和余额项目	非营利机构总计[a]	志愿劳动价值
I：生产账户		
P.1 产出		
P.11 市场产出		
P.11g 其中：第三方支付[b]		
……		VOV[b]志愿劳动估算价值
B.1g 增加值总额		
II.1.1：收入形成账户		
……		VOV[b]志愿劳动估算价值
B.2g 营业盈余总额		
B.3g 混合收入总额		
II.1.2：初始收入分配账户		
……		
B.5g 初始收入净额		
II.2：收入再分配账户		
D.7 其他应收款		
D.75 其他经常转移		

续表

交易和余额项目	非营利机构总计[a]	志愿劳动价值
D.751　对 NPISH 的经常转移		
D.751g[b]　政府		
D.751md[b]　会费		
D.751p[b]　住户及公司部门的赠与		
		VOV[b] 志愿劳动估算价值
D.752　住户和非住户之间的经常转移		
D.759　其他		
……		
B.6g 可支配收入总额		
II.3：实物收入再分配账户		
……		

注：项目序号后的字母是相应英文翻译最后一个单词的首字母，目的是将这个小项与上一级项目区分。以 P.11g 为例，其英文翻译为 market output(governmental)[市场产出(政府)]，g 代表 governmental。与 P.11 所代表的 market output 区分开来。g 也没有共同的含义，例如，B.1g 的 g 代表 gross（总计）。VOV 全称为 value of volunteer work（志愿劳动的价值）

a 此列数据已包含市场性非营利机构的非市场产出

b 是 NPI 卫星账户中的特有变量

表 23-2 显示，非营利部门账户序列表式中有四类特有变量。首先，是对 SNA 生产范围拓展的特有指标，包括“市场性非营利机构的非市场产出”以及“志愿劳动价值”。SNA 规定，市场性产出按销售收入估价，非市场性产出以成本计价。因此，对于市场性非营利机构，其非市场产出仍需按照销售额计价，但由于其生产目的是非营利性，产品的定价远远低于市场价格甚至低于成本，此时使用销售收入价值必定导致市场性非营利机构的非市场产出被低估。因此需要突破原有 SNA 规则对其另行核算，可以使用“总成本法”、“或有估值①”以及“重置成本②”等方法。对于志愿劳动价值而言，在 SNA

① 调查非市场产品的接收者，以确定他们必须在市场上购买产品的情况下所愿意支付的费用。

② 通过市场上出售的类似具有可比性的商品或服务的成本来推算非市场产品的价值。

中根据用人单位付出的实际成本计算志愿者工作，这导致志愿劳动的价值成本为零或接近零。但志愿者工作的价值是非营利部门的重要资源，有必要将其纳入生产范围并进行价值重估算。

其次，是为厘清政府资助而增添的细节分类特有变量，包括在“市场产出”中设置“第三方支付[①]”，在“对 NPISH 的经常转移”下设置分类指标。准确了解非营利机构各类收入来源的份额十分重要，其中来自政府资助的份额确认尤为重要，这是因为政府资助一般占非营利组织总收入的 40%至 80%。但在 SNA 中，政府对非营利机构资助的总体规模被掩盖，主要原因有两点：政府对非营利活动的外包采购合同及报销付款被视为市场销售，因此与非营利机构其他的“市场产出”合并，共同被记录；政府的资助与私人慈善的捐赠、会费相结合，并入了“其他经常转移”。非营利部门账户序列中设置的两类细节分类特有变量，能够将政府资助份额从 SNA 账户序列所统计的包含其他部门资助的总口径中剥离出来。

第三节　中国非营利机构卫星账户的总量指标表

卫星账户的总量指标表侧重于对一个指标进行分层面、多角度的描述。对这些重要指标进行独立统计，通过变量内容及形式的设置，便于描述非营利部门在各方面不同于其他机构的特征。

一、国际标准对比及中国的构建原则

就总量指标表而言，NPI 2003 版手册及 NPI 2018 版手册的主要差异在于

---

① “第三方支付”是政府为向个人提供的服务而偿付给某个组织的款项，即政府对住户的间接付款，以偿付另一个组织向个人提供的服务。

包含的内容不同。NPI 2003 版手册、NPI 2018 版手册以及 8 个实践国家[①]关于总量指标的统计表如表 23-3 所示。

表 23-3　NPI 2003 版手册、NPI 2018 版手册以及 8 个实践国家关于总量指标的统计表

NPI 2003 版手册涉及的总量指标	进行统计的国家个数/个	NPI 2018 版手册涉及的总量指标	NPI 2003 版手册涉及的总量指标	进行统计的国家个数/个	NPI 2018 版手册涉及的总量指标
收入来源	6	收入来源	增加值	7	增加值
收入使用	4		就业	2	
转移支付	2		最终消费	0	
就业及报酬	5	劳动就业数据	成员数量	7	劳动就业数据
资产积累及现状	1		产出和能力数量指标	0	
总产出	4		机构数量	4	

资料来源：作者根据各国账户制作

由表 23-3 可知，NPI 2003 版手册的总量指标表有 12 个总量指标，NPI 2018 版手册仅有 3 个总量指标。目前各国已完成并公布的 NPI 卫星账户均是在 NPI 2003 版手册指导之下完成的，8 个国家各自选择适合本国国情的总量指标进行统计，编制时间均早于 NPI 2018 版手册的发布时间。表 23-3 中“进行统计的国家个数”对应的是 NPI 2003 版手册中 12 个总量指标各自被选择的次数。可以发现，有 4 个总量指标被半数以上的国家选择，分别是“收入来源”“增加值”“就业及报酬”“成员数量”。NPI 2018 版手册也参考各国实践现状，对 NPI 2003 版手册的总量指标进行精简与整合，仅保留 3 个总量指标：“收入来源”“增加值”“劳动就业数据”。其中“劳动就业数据”不仅进行成员数量的统计，同时进行报酬价值的统计，具体形式可见表 23-5。总体来看，相较于 NPI 2003 版手册，NPI 2018 版手册所提供的总量指标表具有更强的实用性，重点统计指标更加清晰突出。

① 选取已编制两版及以上的 8 个国家，包括挪威、比利时、新西兰、墨西哥、澳大利亚、加拿大、以色列、泰国。

中国非营利部门总量指标表的设置建议参考 NPI 2018 版手册。主要原因是，NPI 2018 版手册以大量国家实际操作的经验为依据，考虑了统计实践的可操作性，对统计指标进行了精简化处理。而 NPI 2003 版手册更趋向于全面核算与细节核算，所提供的统计指标过多过细，大部分指标[①]在核算过程中不具有可操作性，或无显著统计意义，致使许多无效指标出现。中国非营利部门总量指标表的设计可以参考 NPI 2018 版手册，依据中国非营利部门特有的经济结构，选择增加值、劳动就业数据及收入来源。

二、中国非营利部门总量指标表的构建

（一）增加值总额统计表

增加值是生产过程创造的新增价值，是非营利部门所创造经济价值的直接体现。分行业的非营利部门增加值总额统计表如表 23-4 所示，体现非营利部门在不同行业间发展、分布的特征。NPI 2018 版手册建议的行业分类标准为 ISIC Rev.4，本章认为中国编制增加值总额统计表的分类标准可使用《国民经济行业分类》（GB/T 4754—2017）。一方面，GB/T 4754—2017 是中国国民经济核算体系现行分类标准，有利于在现有统计体系中对非营利部门进行快速便捷分类、历史数据的回溯；另一方面，GB/T 4754—2017 的设置以 ISIC Rev.4 为参考，为国际比较提供便利。

表 **23-4** 分行业的非营利部门增加值总额统计表

GB/T 4754—2017 门类代码	行业名称	非营利部门增加值
A	农、林、牧、渔业	
B	采矿业	
……		
T	国际组织	

① 包括转移支付、资产积累及现状、最终消费等指标。

增加值总额是生产账户的平衡项，非营利部门的增加值总额的计算方式如下：

增加值总额=（产出+志愿劳动估算价值）−中间消耗

需要注意的是，在增加值总额计算过程中，“产出”不是原有SNA口径，而是已经包括了市场性非营利机构的非市场产出。另外，作为非营利机构的重要投入资源，志愿劳动价值单列，因此没有被包括在“产出”中，在计算增加值总额时要单独计算进去。

（二）劳动就业统计表

劳动就业衡量了非营利部门中人力资源的全部范围，包括有薪员工和志愿者，分行业的非营利部门劳动就业情况统计表如表23-5所示。劳动就业统计表记录了各行业中两类劳动者在工作时长、产生经济价值两方面的数据，更详细地说明了实际产生和消耗的服务，同时便于对非营利机构生产者和其他部门生产者之间的投入结构和成本结构进行更准确的比较。

表23-5　分行业的非营利部门劳动就业情况统计表

GB/T 4754—2017门类代码	行业名称	有薪员工		志愿者	
		等同全职工作的就业数量	工资报酬	等同全职工作的就业数量	志愿劳动估算价值
A	农、林、牧、渔业				
B	采矿业				
……					
T	国际组织				

多数非营利机构产生非市场产出的资金来源是捐赠转移和无偿志愿者工

作，而不是市场销售。因此，与基于市场收入的各财务数据相比，衡量劳动者数量可以更直接地呈现非营利活动的规模。“等同全职工作的就业数量”衡量非营利部门的劳动者投入，其定义为总工时数除以全日工作职位的年均工时数[①]。有薪员工“等同全职工作的就业数量”度量的是有偿劳动力投入，志愿者“等同全职工作的就业数量”度量的是无偿劳动力投入。

“劳动估算价值”是指非营利机构使用的志愿劳动成本，也是住户部门提供劳动服务的捐赠价值，计入“住户部门转移支付”。对于此部分价值的估算，暂时没有形成统一的建议方法，《志愿者工作度量手册》提议采用“专家法”，《对无偿家庭服务工作进行估价的指南》（*Guide on Valuing Unpaid Household Service Work*）提议采用“通才法”，本章建议使用社区、福利和社会服务类职业的平均总工资。这是因为志愿者的工作与这些职业性质接近，而且这些职业的工资率一般接近收入水平的低端，但又不是最低水平，可以避免志愿者工作价值被低估。

（三）收入来源统计表

非营利机构可以获得收入的来源类型包括三类：产品购买、各类捐赠和会费。非营利机构从产品购买中获得的收益可以来自政府、公司企业和家庭，从捐赠中获得的收益可以来自政府、公司、家庭和其他非营利机构（如基金会），从会费中获得的收益可以来自个人和机构。另外，志愿劳动是住户部门对非营利机构的特殊形式捐赠，也是非营利机构的一种收入来源。

收入来源统计表记录了按交易类型和来源部门交叉分类的各项收入来源数据，如表 23-6、表 23-7 所示。表 23-6 为分行业的非营利部门收入来源统计表，表 23-7 是表 23-6 的补充，记录了表 23-6 中大项类别的细分类型[②]。

① 全日工作职位的年均工时数是指在一年的时间里，全日工作员工按照规定应该工作的小时数总和。
② 志愿劳动仅涉及住户部门，无须再次细分。

表 **23-6**　分行业的非营利部门收入来源统计表

GB/T 4754—2017 门类代码	行业名称	非政府部门购买	会费	非政府部门捐赠	非经济支助——志愿者估算值	政府部门
A	农、林、牧、渔业					
B	采矿业					
……						
T	国际组织					

表 **23-7**　收入来源细分变量：与非营利部门账户序列指标的对应关系表

收入来源统计表内的大项类别	来源和交易的细分类型	非营利部门账户序列表式内的记录口径
非政府部门购买	住户部门购买	P.11 市场产出
	公司部门购买[a]	
	非营利部门购买	
会费	住户机构会费	D.75 其他经常转移
	公司机构会费	P.11 市场产出
	非营利机构会费	
非政府部门捐赠	住户部门经常转移	D.75 其他经常转移
	其他非营利机构经常转移	
	公司部门经常转移	
	住户部门资本转移	D.9 资本转移
	其他非营利机构资本转移	
	公司部门资本转移	
非经济支助——志愿者估算值	志愿者估算值	无
政府部门	政府转移支付	D.75 其他经常转移
	政府采购合同	P.11 市场产出
	政府报销付款	

a 来自金融公司部门与非金融公司部门的收入性质相近，因此合并两个公司部门

从政策角度来看，准确了解来自政府的非营利部门收入份额尤为重要。为此，收入来源统计表特别单列了“政府部门”，记录了从政府部门获得所有收入的汇总项。相应地，表 23-6 中的“非政府部门购买”“会费”“非政府部门捐赠”等变量中不再包含来自政府的收入数据。

与前两个总量指标表不同，对于收入来源统计表，NPI 2018 版手册建议的行业分类标准为 ICNP/TSO，但本章认为中国编制分行业的非营利部门收入来源统计表时，仍可使用 GB/T 4754—2017 代替。这主要是因为 ICNP/TSO 受 NPI 2018 版手册核算范围的影响，除了非营利机构外，还涉及三类拓展的相关机构，超出了中国非营利部门的核算范围。此外，考虑到 NPI 2018 版手册中其余表式的分类准则均为 ISIC Rev.4，暂时可以先使用 GB/T 4754—2017 作为代替。

第四节　中国开展非营利机构卫星账户编制的实践思路

目前，中国非营利机构发展迅速，越来越多的非营利机构参与到社会管理并促进了社会进步。与之相对应的是，中国对于非营利机构的统计核算存在严重滞后，这不利于全面了解中国非营利机构的发展现状。卫星账户是目前国际上关于非营利机构统计核算的主要工具，能够为中国开展非营利机构核算提供参考。本章将 NPI 卫星账户核算的国际标准与中国本土情境相结合，重点解决中国 NPI 卫星账户核算面临的两大基本问题：核算对象是谁；核算内容如何呈现。对于核算范围的确定，本章的解决思路是：首先，进行国际标准口径的对比，选择中国非营利机构的基础口径；其次，依据中国现有法律法规及政策，在已有的中国机构类型分类基础上，调整基础口径得到符合中国当下初步探索阶段的非营利性部门统计口径。对于账户表式的构建，本章的解决思路是：首先，参考各国际标准账户表式间的差异，结合其他国家的实践经验、中国非营利部门的核算范围以及指标变量的特性，提取出中国 NPI 卫星账户在账户序列及总量指标表两方面的构建原则，对各类账户表式进行取舍与整合；其次，尝试对中国 NPI 卫星账户的具体表式及其包含的重点指标进行构建和描述。

当然，由于统计基础较为薄弱，中国的 NPI 卫星账户核算工作需要循序渐进，这也是国际通行做法。本章仅仅提供了 NPI 卫星账户的理论核算框架，如何实践开展需要研究制定具体措施。本章认为，可以通过多种手段有效促进非营利机构的统计核算工作。第一，建立非营利机构的科学监管体系。尝试推行备案制度，目前美国及英国正在使用类似方法，在工商行政部门进行法人登记，当社会组织进行非营利性活动需要获得免税地位时，经由民政部门审核其免税地位。第二，完善非营利部门的行业分类口径。研究探讨 ICNPO 在中国是否具有可用性；根据中国的社会行业发展情况，参考与非营利部门密切相关的行业分类标准[①]，调整 ICNPO 部分分类及子类别分类等。第三，整合非营利部门的现有数据源并拓展新的数据源。在中国当前的统计核算体系中，部分非营利机构被统计纳入政府部门口径中，因此，需要从现有各类政府部门统计数据以及相关的行政管理记录中分解剥离非营利机构数据；对于暂未被统计的非营利机构数据，可以依托中国已有的相关调查，根据非营利机构的特点调整调查的范围口径；未来，有必要对非营利部门进行针对性的重点调查。

① 例如，《健康产业统计分类（2019）》《文化及相关产业分类（2018）》《体育产业统计分类（2019）》。

第二十四章
养老金卫星账户的发展历程、核算理论与编制价值[①]

目前，中国养老金统计核算存在养老金信息披露不全面、养老金账户划分不清晰和无法反映养老金对于经济的贡献等问题。养老金卫星账户（pension satellite account，PSA）是国际上记录养老金的有效工具，可以有效弥补 SNA 关于养老金核算的局限性。目前国际上并不存在统一的养老金卫星账户编制准则，也只有加拿大完成了养老金卫星账户的编制，实现了对养老金信息的详细披露。本章拟对加拿大养老金卫星账户的核算对象、数据来源、编制经验以及养老金卫星账户的编制价值进行具体介绍。

第一节　养老金卫星账户编制的现实必要性

养老金关乎社会公平、人民福祉，是社会稳定的基础和老年人晚年生活的重要保障。近年来，中国已经基本形成了由基本养老保险、企业年金和商业养老保险三大支柱组成的养老金体系。2021 年 6 月人力资源和社会保障部发布的《2020 年度人力资源和社会保障事业发展统计公报》显示，截至 2020 年末，全国参加基本养老保险人数为 99 865 万人，比上年末增加 3111 万人。全年基本养老保险基金收入 49 229 亿元，基金支出 54 656 亿元。年末基本

① 本章执笔人：王勇、孙雅文、秦书静。

养老保险基金累计结存 58 075 亿元。年末全国有 10.5 万户企业建立企业年金，参加职工 2718 万人。年末企业年金积累基金 22 497 亿元。在商业养老金方面，截至 2020 年，共有 23 家保险公司参与个人税收递延型商业养老保险试点，参保人数 4.9 万人，累计实现保费收入 4.3 亿元。

随着养老体系的不断完善和人们对于养老金需求的提升，中国养老金核算工作近年来也取得了显著进步。人力资源和社会保障部每年发布《全国企业年金基金业务数据摘要》和《人力资源和社会保障事业发展统计公报》，展示基本养老保险以及企业年金的宏观数据，这些数据主要反映如下指标：基本养老保险收入和支出总额、全年参加基本养老保险人数、企业年金累计总额、分地区企业年金资产总额、企业年金投资收益、企业年金投资收益率。这些养老金数据的发布能够给宏观管理提供很好的支撑，为了解中国养老金现状提供有力支持。尽管如此，中国现有的养老金核算工作仍然存在以下问题：第一，养老金信息披露不全面。中国的会计政策针对企业养老金核算的规定较为简单，企业缺乏专业人员对此部分内容进行核查，企业内部受到传统文化影响，使得信息公开不透彻，因此导致企业报表中的养老金会计信息体现得并不全面；中国基本养老保险核算只在制度上实现了统一，各省份实际养老金统计口径并不一致，实际操作过程中的缺陷导致养老基金核算出现缺口，阻碍养老金信息的完整性。第二，养老金账户划分不清晰。在中国的多支柱养老金计划中，个人缴费纳入个人账户中，企业缴费纳入社会统筹中，但是个人账户与社会统筹在很长的时间里并没有实现分账管理。尤其是在没有做实个人账户试点的地区，个人账户与社会统筹实行混账管理，二者相互调剂使用。第三，无法反映养老金对于经济的贡献。从企业层面看，企业为社会所做的贡献及所承担的社会责任无法通过现有养老金核算体系得到正确的衡量；从国家层面看，无法反映养老金的经济实质，不能展现养老金参与经济活动的全过程，无法进行国际比较。

为了更好地开展养老金核算，SNA 2008 针对养老金核算引入了补充表，对政府部门和社会保障养老金计划的期初资产负债、养老金权益、交易（政府部门虚拟社会缴款、住户追加社会缴款、社会保障基金中养老金权益的其他积累、养老金权益变动）、其他经济流量和期末资产负债进行记录。补充表对未计入核心账户的养老金信息进行了一定程度的补充，但是 SNA 2008 关于养老金的核算仍然存在需要改进之处。第一，SNA 并未全面反映养老金权益。SNA 对社会保障的核算基于现收现付的形式，没有为将来的负债建立准备金，因此社会保障和主要账户中并未包括任何养老金计划的负债估计值，社会保障下累计的养老金权益没有全面地反映在 SNA 中。现收现付制度下也可能会出现养老金收支不平衡的情况，如果强制要求将社会保障下的养老金全部权益体现在 SNA 账户中，政府可能会为了将养老金权益保持在财政的可行范围内而改变权益的确定基础，导致权益核算结果并不可信。加之各国对于社会保障的覆盖范围并不相同，强制在 SNA 中进行养老金权益估计将会因统计口径不同造成国际对比困难。第二，核心账户与补充表中的养老金区别不明显。考虑到不同国家社会制度不同，SNA 2008 只将养老金权益的一部分记录在主要账户序列，将核心账户记录的养老金计划对应的权益与其他计划的近似估算的比例放在附表中。这样做的好处是可以通过补充表对 OECD 养老金数据表及《养老金概览：经合组织和 G20 指标》（Pension at a glance：OECD and G20 indicators）和《全球养老金统计》（Global pension statistics）等国际报告按照相同标准进行说明，进行跨国比较时不必考虑各国制度的差异；缺点是无法厘清记录在核心账户中的权益和只在补充表中体现的养老金计划之间的区别。第三，有效信息有限。SNA 2008 虽然解决了一部分未备资养老金计划下养老金权益的记录问题，但是对于拥有大规模社会保障部门的国家而言，补充表包括的有效信息并不多，对于被分析国家而言，进行养老金相关研究可能还需要重新计算以缩小私人养老金计划的范围。

养老金卫星账户是国际上记录养老金的有效工具，可以有效弥补SNA关于养老金核算的局限性。养老金卫星账户以SNA为基础，遵循中心框架的核算规则和惯例，属于内部（专题）卫星账户，可以视作核心账户的扩展，能够展示养老金资产水平、流入、流出、重估以及其他导致财富变化的资产数量变化。作为全面核算养老金的有效工具，养老金卫星账户系统地提供了养老金的综合存量和流量表现，不仅可以全面反映养老金的现状（缴款、投资收益、提款等），还可以反映家庭储蓄和财富变化，预测经济和税收，使用户了解养老金对经济的影响，是相对独立且具有灵活性的核算工具。目前，全球范围内积极参加养老金卫星账户编制的国家包括加拿大、哥伦比亚、澳大利亚、墨西哥和以色列等。目前国际上并不存在统一的养老金卫星账户编制准则，也只有加拿大完成了养老金卫星账户的编制，实现了对养老金信息的详细披露。哥伦比亚、澳大利亚、西班牙等国家基于由人口变化导致的养老金债务增加以及国际层面上养老金的可比性问题，提出了编制养老金卫星账户的计划。总体来看，越来越多的国际组织和国家开始关注养老金卫星账户。

本章的研究目的是对加拿大养老金卫星账户的编制情况进行梳理，重点了解加拿大养老金卫星账户的核算对象、数据来源、编制经验以及养老金卫星账户的编制价值。最后依据加拿大的编制经验对中国编制养老金卫星账户提出建议。

第二节　养老金卫星账户的发展历程

加拿大养老金卫星账户的构想最先出现在20世纪90年代，其发展历程可以分为以下几个阶段。

第一阶段（2007年以前）：提出养老金卫星账户的编制设想。2007年以前，全球范围内并不存在任何完整的养老金卫星账户信息。为了解加拿大民众如何对待养老金,以及在未来 15～20 年养老金资产和资金流动对整个经济的影响,20 世纪 90 年代加拿大首先提出构建养老金卫星账户的设想。在 2005 年的财务统计工作组（Working Party on Financial Statistics，WPFS）会议上，养老金卫星账户首次出现在公众视野中。在此次会议上，加拿大做出了一份关于加拿大家庭储蓄和财富结构成分的演变趋势说明，提出了建立加拿大养老金卫星账户的建议。2006 年国际收入和财富研究协会（The International Association for Research in Income and Wealth，IARIW）的会议上，加拿大统计局提出关于养老金改革及其对公共财政的影响，以及如何在国民账户中平衡它们的话题,进一步推动了养老金卫星账户的建立。同年的 WPFS 会议上，加拿大官方拟定在 2007 年的财务统计工作组和国民核算工作组联席会议（Joint Meeting of the Working Party on Financial Statistics and Working Party on National Accounts，WPFS-WPNA）上提交其关于养老金卫星账户的工作摘要，为养老金卫星账户在全球范围内的推广迈出第一步。

第二阶段（2007～2009 年）：建立了养老金卫星账户的核算体系并进行初步实践。编制养老金卫星账户需要确认养老金卫星账户的核算对象、框架以及数据来源。2007 年，由加拿大统计局局长帕特里克・奥哈根（Patrick O'Hagan）编写的《加拿大养老金卫星账户》（Canadian pension satellite account）中详细阐述了加拿大养老金卫星账户的编制背景、框架、数据来源以及对现有核算的突破，并且指出在未来的编制中可能会存在的问题。这篇文章不仅仅是养老金卫星账户的编制指南和基础，而且凸显了养老金卫星账户对于经济的重要性,是养老金卫星账户发展历程中的重要里程碑。2008 年，加拿大统计局首次公布了养老金卫星账户，首次发布了对于养老金资产水平的估计。2009 年，加拿大统计局第一次发布了养老金卫星账户的全面矩阵报告，涵盖了 1990 年至 2008 年期间的加拿大养老金资产水平以及 1990 年到 2007 年期间的加拿大养老金流动情况。自 2008 年发布第一版养老金卫星账户起，加拿大统计局坚持每年更新一版。

第三阶段（2010 年至今）：养老金卫星账户的实践编制走向规范化、成熟化。自 2008 年加拿大统计局发布第一版养老金卫星账户后，养老金卫星账户得到了各国的广泛关注。随着加拿大养老金卫星账户的逐年更新和编制理论的逐渐成熟，人们逐渐意识到养老金卫星账户在反映养老金信息及经济发展中的重要作用，并肯定了加拿大编制养老金卫星账户的做法。2010 年 7 月，加拿大统计局发布了《加拿大养老金卫星账户指南》（Guide to the Canadian pension satellite account），对养老金卫星账户的结构框架、详细数据来源以及核心账户进行了阐述。为推进养老金卫星账户在全球范围内的推广，2010 年 12 月，加拿大统计局在 OECD 会议上做出主题为“加拿大国民账户体系中的养老金卫星账户”（The pension satellite account in the Canadian system of national accounts）的演讲，阐述养老金卫星账户的发展现状及未来展望。在加拿大养老金卫星账户成功编制的启示下，哥伦比亚、澳大利亚、西班牙纷纷提出编制养老金卫星账户的计划。2018 年，OECD 将加拿大养老金卫星账户的编制形式纳入成员国养老金汇报范式中，为养老金核算的国际比较做出新贡献。

总体来看，虽然养老金卫星账户的发展历程并不漫长，但加拿大养老金卫星账户体现出很强的实际操作性，已经成为加拿大进行养老金统计的核心工具，在分析养老金的经济影响、制定养老金相关政策等方面展现出了其独有的优势，也为其他国家构建养老金卫星账户提供了经验。

第三节　养老金卫星账户的核算理论

明确养老金卫星账户的核算对象、具体内容的详细数据来源和账户最终的呈现形式是编制养老金卫星账户的重要环节，共同构成了养老金卫星账户的核算理论。

一、核算对象

养老金卫星账户的核算对象包括三个方面：社会保障、基于雇主的养老金计划和注册退休储蓄计划。养老金卫星账户三个层次的核算对象见图 24-1。

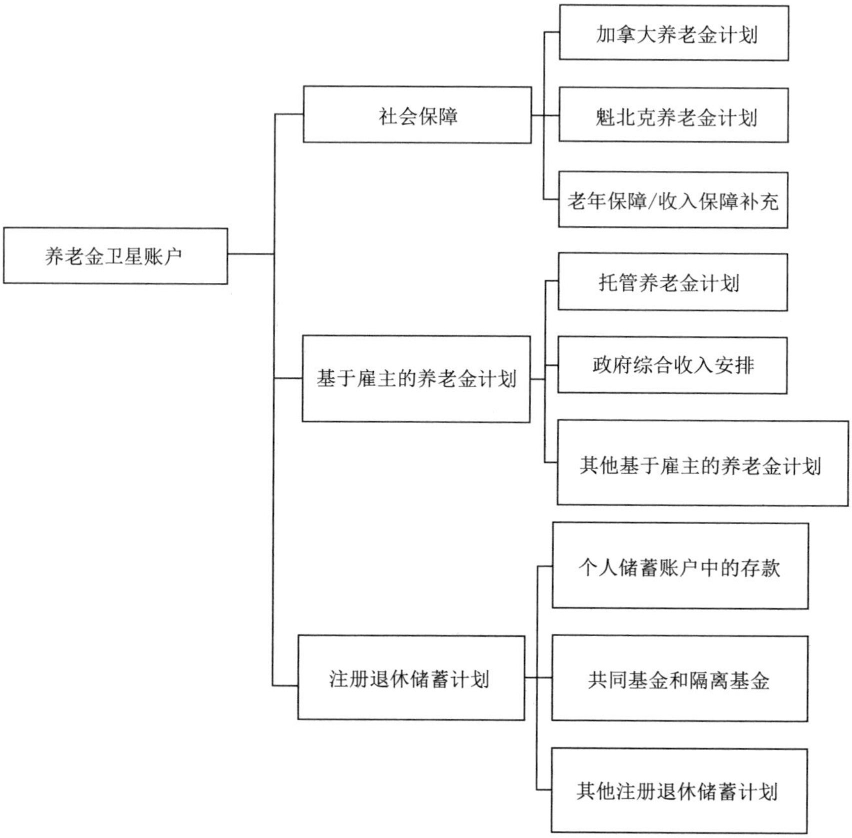

图 24-1　养老金卫星账户三个层次的核算对象

第一层次：社会保障。在加拿大养老体系中有三个社会保障计划为老年人提供退休保障：加拿大养老金计划（Canada Pension Plan，CPP）、魁北克养老金计划（Quebec Pension Plan，QPP）以及老年保障/收入保障补充（The Old Age Security/Guaranteed Income Supplement，OAS/GIS）。CPP 和 QPP 成立于 1966 年，涵盖所有在加拿大工作过的人，属于强制性、公共管理、固定收益的养老金计划，旨在为工人及其家人提供基本水平的退休收入，雇主和雇员各付一半的缴款；而 OAS/GIS 属于非缴款计划，从政府的一般收入中支出。

第二层次：基于雇主的养老金计划。该计划包括托管养老金计划（包括私人和公共部门）、政府综合收入安排和其他基于雇主的养老金计划。

第三层次：注册退休储蓄计划（Registered Retirement Saving Plan，RRSP）。加拿大注册退休储蓄计划建立于 1957 年，此计划基于自愿，允许随时取款，并具有税收优惠，但取款时需要缴税。注册退休储蓄计划包括银行和人寿保险产品中的属于存款类型的注册退休储蓄计划、共同基金和隔离基金的个人注册退休储蓄计划投资、锁定退休账户（Lock-in Retirement Account，LIRA）、锁定退休收入基金（Locked-in Retirement Income Fund，LRIF）、人寿收入基金（Life Income Fund，LIF）、注册退休收入基金（Registered Retirement Income Fund，RRIF）、人寿保险公司的投资连结型年金和自主管理个人注册退休储蓄计划。

二、数据来源

（一）主要来源依托加拿大国民账户体系（CSNA）

养老金卫星账户遵循 CSNA 的核算规则和定义，因此对养老金卫星账户的编制必须依据 CSNA 的账户。加拿大养老金数据的主要来源包括国家资产负债表账户（national balance sheet accounts，NBSA）、国民收入支出账户（national income expenditure account，NIEA）和加拿大公共账户。除此以外还添加了其他编制养老金卫星账户所必需但并不存在于 CSNA 中的数据，包括加拿大人力资源和技能发展月度报告、加拿大公共工程和政府服务月度报告、加拿大税务局（Canada Revenue Agency，CRA）月度报告、加拿大健康和人寿保险协会报告以及加拿大年度养老金调查计划。加拿大养老金卫星账户的主要数据来源如图 24-2 所示。

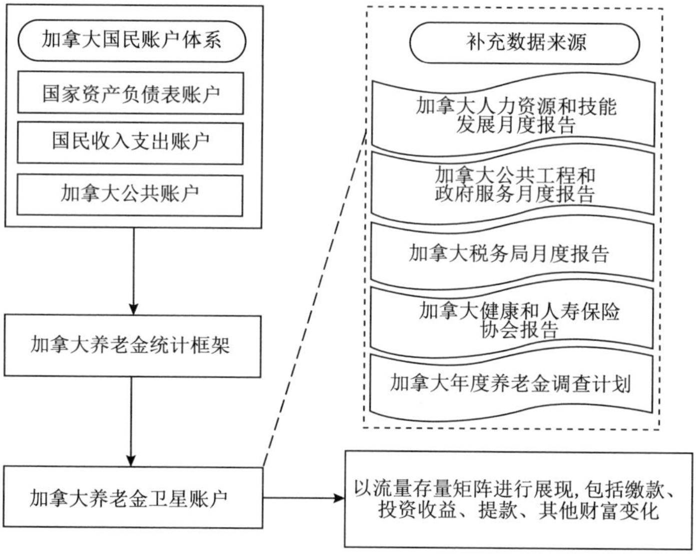

图 24-2　加拿大养老金卫星账户的主要数据来源

（二）各养老金计划的详细数据来源

加拿大养老金卫星账户提供了加拿大养老体系中社会保障、基于雇主的养老金计划、注册退休储蓄计划这三个层面的估计数，其大部分数据是可以获得的。加拿大养老金数据并不仅限于各地区的统计报表，对养老金卫星账户中不同类型的养老金计划而言，数据来源不尽相同，各养老金计划的详细数据来源如图 24-3 所示。

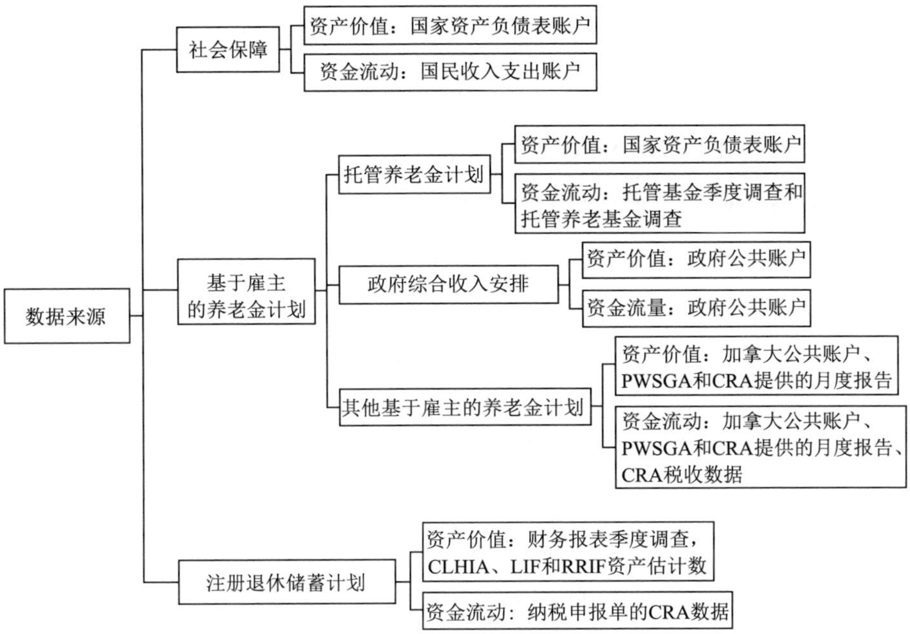

图 24-3　加拿大养老金卫星账户的详细数据来源

第一，社会保障的数据来源。CPP 资产价值取自国家资产负债表账户，对其估计主要基于加拿大养老金计划投资委员会（Canada Pension Plan Investment Board，CPPIB）的季度财务报表和年度财务报表，同时还利用了加拿大公共账户及加拿大人力资源和技能发展部（Human Resources and Skills Development Canada，HRSDC）提供的月度报告。对于 CPP 资金流动的估计基于加拿大公共账户提供的政府资产负债表信息，并由加拿大公共工程与政府服务部（Public Works and Government Services Canada，PWGSC）和 CRA 的月度报告作为补充。QPP 资产价值的来源也是国家资产负债表账户，其估计主要基于魁北克省的财务报表和年度报告。CPP 和 QPP 的提款、投资收入和缴款数据都来自国民收入支出账户中的政府部门账户，二者的缴款存在于政府收入和支出账户的经常转移中，投资收入在政府收入和支出账户的总投资收入中，提款在政府收入和支出账户中显示为向个人的转移。重估和其他变更账户估计来自 CPP 和 QPP 报告中提供的已实现和未实现的损益以及由投资组合组成的调查数据。

作为非缴费项目，OAS/GIS 来源于政府一般收入，属于现收现付计划，没有与之相关的资产方面的信息，也没有关于此类资产的财富状况、投资收入和资产重估或其他变化信息。但在提取上有可供参考的数据来源，此类计划的提款一般来自加拿大公共账户，由 PWGSC 和 CRA 的月度报表作为补充。

第二，基于雇主的养老金计划的数据来源。基于雇主的养老金计划包括托管养老金计划、政府综合收入安排和其他基于雇主的养老金计划。其中最后一项包括保险公司合同、加拿大政府年金、递延利润分享计划（deferred profit sharing plans，DPSP）。

（1）托管养老金计划数据来源。托管养老金计划的资产估计基于国家资产负债表账户中信托养老金计划（trusteed pension plans，TPP）净金融负债的市场价值估计。国家资产负债表账户中的估计数据来自加拿大统计局对托管基金的季度调查和对托管养老基金的调查。缴款估计数通过加拿大统计局的加拿大年度养老金计划调查得出。对 TPP 的收入和提款的估计基于托管养老基金季度调查的数据。重估和其他变化账户的估计数的来源包括已实现和未实现的损益以及由投资组合组成的调查数据。

（2）政府综合收入安排数据来源。养老金卫星账户框架中包含政府综合收入中非自治、无资助的政府养老金计划，对其资产的估计根据政府公共账户中报告的养老金负债的市场价值。雇主和雇员对于无资金支持公共部门计划的缴款，来自国民收入支出账户中个人部门对报酬、薪水和补充劳动力收入的估计。投资收入的估计基于国民收入支出账户对投资收入的估计。所有流动数据都来源于雇主政府的公共账户，重估和其他变化账户则根据其他养老金计划的变化进行评估。

（3）其他基于雇主的养老金计划数据来源。养老金卫星账户中保险公司合同项目包括递延年金、注册养老金计划和已付团体年金。保险公司合同中包含内容的缴款基于加拿大人寿和健康保险协会（Canadian Life and Health Insurance Association，CLHIA）对上述类别保费的估计，但是并没有关于保险公司合同的提款或投资收入的数据。加拿大政府年金被列入国家资产负债表账户个人部门资产和政府部门资产负债表上的相应负债,但是其资产估计、提款和投资收入均来自加拿大公共账户，PWSGA 和 CRA 提供的月度报告补充说明对资产的估计。由于从 1975 年开始加拿大便终止了政府年金，所以并没有与缴款相关的数据。递延利润分享计划的资产估计来自加拿大统计局的金融安全调查（survey of financial security，SFS）和 CLHIA 的加拿大年金业务。其缴款的推导也基于 CLHIA，目前没有关于收入的资料来源，投资所得收入的估计基于假设得出（使用估计的递延利润分享计划资产和为所有其他类型的基于雇主的养老金计划计算的投资收入与资产的平均比率），递延利润分享计划的提款信息使用 CRA 税收数据作为数据来源。

第三，注册退休储蓄计划的数据来源。资产估计来源于有关市场信息和指标，并根据纳税申报单的 CRA 数据来估计缴款；投资收益使用总投资收益按比例计算估计的注册退休储蓄计划资产部分得出。注册退休储蓄计划中存款内容包括特许银行、信用合作社、信托和抵押贷款公司个人注册退休储蓄计划账户中的资产以及人寿保险公司存款性个人注册退休储蓄计划账户中的资产。前三个项目的资产估计数来自财务报表季度调查，人寿保险公司存款性个人注册退休储蓄计划账户中的资产估计来自加拿大年金业务公布的 CLHIA 数据。

关于共同基金所包含资产的市场价值并没有直接可参考的估计结果，而是根据财务报表季度调查构建市场价值时间序列，此时间序列是通过共同基金的账面资产价值与共同基金中单位持有人账面价值权益总额、市场价值总额在国家资产负债表账户中的估计值来构建的。隔离基金的资产估计来自加拿大年金业务中的 CLHIA 数据。

其他单独的注册退休储蓄计划中，资产估计从 1999 年开始根据加拿大金融监测数据提供的 LIF 和 RRIF 资产估计数进行，1990 年至 1998 年期间，资产估计数根据 CLHIA、LIF 和 RRIF 资产估计数得出，1999 年的总资产估计根据 CLHIA 增长率进行预测。

三、账户结构及其特点

养老金卫星账户通过编制一组流量-存量矩阵对养老金状况进行多维度核算，属于三维矩阵，第三个维度为时间序列。养老金卫星账户有效增强了针对养老金的核算力量，可以得到养老金更全面的分析数据。养老金卫星账户在概念、定义和核算规则上遵守 CSNA 的规则，框架与 CSNA 极其相似，但却能在某些方面极大地弥补 CSNA 在养老金核算上的缺失，对遗漏的养老金进行估算。在呈现形式上，精简的加拿大养老金卫星账户流量-存量矩阵结构如表 24-1 所示。

表 **24-1** 加拿大养老金卫星账户流量-存量矩阵结构

账户	期初资产	流入：缴款、投资收入	流出	重估及其他资产变化	期末资产
社会保障	√	√	√	√	√
加拿大养老金计划	√	√	√	√	√
魁北克养老金计划	√	√	√	√	√
老年保障/收入保障补充			√		
基于雇主的养老金计划	√	√	√	√	√
信托养老金计划	√	√	√	√	√
信托养老金计划（公共部门）	√	√	√	√	√
信托养老金计划（私人部门）	√	√	√	√	√
政府综合收入安排	√	√	√	√	√

续表

账户	期初资产	流入：缴款、投资收入	流出	重估及其他资产变化	期末资产
其他基于雇主的养老金计划	√	√	√	√	√
保险公司合同	√				√
加拿大政府年金	√				√
递延利润分享计划	√				√
注册退休储蓄计划	√	√	√	√	√
个人储蓄账户中的存款	√				√
共同基金和隔离基金	√				√
其他注册退休储蓄计划	√				√

资料来源：《加拿大养老金卫星账户指南》（2010 年）

养老金卫星账户的特点体现在以下几点。

（一）采用与 CSNA 框架相似的三维矩阵

养老金卫星账户是一组集中呈现养老金流量和存量的三维矩阵账户，第三维度为时间序列。其核算框架与 CSNA 相似，CSNA 中使用的概念、定义和核算规则都被养老金卫星账户沿用。这样的做法可以使账户之间的连贯性增强，使核算分析师在进行分析时能够将养老金卫星账户数据和 CSNA 数据进行很好的整合，提高了数据的可用性，并且这种特点有利于进行跨国比较。

（二）按三大养老金类型来提供养老金信息

加拿大养老金卫星账户中体现了社会保障、基于雇主的养老金计划和注册退休储蓄计划三大养老金体系的信息，其中社会保障包含 CPP、QPP 和 OAS/GIS，基于雇主的养老金计划包括托管养老金计划、政府综合收入安排和其他基于雇主的养老金计划。注册退休储蓄计划包括个人储蓄账户中的存款、共同基金和隔离基金、其他注册退休储蓄计划。将各个计划的养老金流量和存量变化汇总到所属养老金计划中，按三大养老金计划分别展示各部分的资产、缴款、提款及其他流量变化，以汇总全国养老金的基本情况。

（三）从流量和存量两方面记录详细信息

养老金卫星账户从流量和存量两个方面进行养老金的记录，所展示的流量-存量结构中包括按照市场价值计算的财富状况（资产水平）、养老金流入（缴款和投资收入）、资金流出（提款）、重估（未实现收益和损失）方面的信息。更具体来讲，养老金财富的变化由缴款和投资收入的流入以及提款（包括支付养老金）形式的流出组成，二者都用于资助金融交易或投资活动；养老金财富的变化还包括投资的重估及其他资产变化。在封闭的流量-存量矩阵中，重估及其他资产变化包括由缴款、投资收入和提款之外的原因引起的财富状况变化，其中包括资本利得和损失以及其他成交量变动；其他资产变化中还包括管理成本和其他杂项费用。

（四）并未包含所有可能用于退休的资金来源

养老金的来源多种多样，但是由于养老金卫星账户的重点在于关注养老金实际情况，旨在通过提供有关养老金计划和养老金资金流动方面的更多细节来补充 CSNA，所以并没有包含所有可以用于退休的资金来源，比如房主权益、家庭内部的资产或转移收入等，目前并未计入养老金卫星账户中。

第四节　养老金卫星账户的编制价值

一、理论价值

养老金卫星账户很好地弥补了国民经济核算在养老金核算时的不足，有以下几点作用。

（一）更好衡量储蓄和财富变化

根据养老金卫星账户数据，过去几十年里加拿大的个人储蓄率一直在下降，但是家庭财富却在持续积累，这是因为资本收益（利得）取代了当前收入中支出的反储蓄部分。养老金资产在不断下降的个人储蓄中的占比大幅增加。养老金成为家庭净资产增长的重要贡献者，但研究也显示，随时间推移，不断增加的养老金支付可能会对家庭财富状况造成显著影响。

养老金资金来源从当前收入转变为累计资产的反储蓄，此时反储蓄成为基于雇主的养老金计划和注册退休储蓄计划中支付或提取养老金的形式。针对这一显著变化，养老金卫星账户同样提供了一个额外的分析数据集，以便于更好分析家庭消费和储蓄行为，了解个人财富及其分配情况。

（二）预测经济

养老金的各种收入组成了家庭收入的一部分，人口老龄化的加剧导致支付给居民的养老金不断增加，这也致使家庭可以获得的养老金资源越来越多。在影响居民消费支出的诸多因素中，收入是决定性的因素，居民消费支出在一定程度上与收入成正比，因此养老金提款在未来会成为预测个人支出的重要变量。个人支出在经济总量中占有重要地位，个人支出在 GDP 中占比较大，对 GDP 有显著影响，个人支出的增长对经济分析有显著作用，能够估计未来经济增长，因此在进行经济预测时决策师和分析师也将养老金提款纳入考虑范围之内。

（三）预测税收

养老金福利和注册退休储蓄计划的提款缴税是税收的来源之一，随着养老金福利提款和个人计划提款的增加，将会从中产生越来越多的税收。根据养老金计划进行的税收收入预测有助于财政规划的实施。

（四）了解养老金对资本市场的影响

社会保障、基于雇主的养老金计划和注册退休储蓄计划的投资，都是宏观经济资产的重要组成部分，养老金资产的投资收益受益于股市表现，各养老金计划的资产重估和其他资产变化可以在一定程度上反映股票市场的动态变化，资本市场的波动也受到养老金资产的影响。但随着养老金提款数额的增加，未来几年动用的养老金资产将会增多，大量养老金对市场和经济的影响目前还无法确定，但养老金卫星账户在其框架内能够有效分析这种增长趋势对资本市场的影响。

（五）分析养老金的可持续发展

老龄化给养老金体系带来的不仅仅是投资和缴款问题，在提款方面，是否有足够的累积养老金储蓄来满足未来越来越明显的老龄化趋势也是需要考虑的问题。养老金储备的缺乏势必会给政府财政以及人民生活水平造成明显的影响。为了避免此类问题的产生，有必要对养老金储蓄的年龄和收入阶层进行调查。但目前此项精算的需求超过了 CSNA 的能力范围，养老金卫星账户对养老金进行的描述更为详细，提供了重要的养老金时间序列信息，有助于对养老金可持续发展进行分析。

（六）体现养老金体系的风险

养老金可持续性问题能够反馈到养老金体系中，对养老金体系的稳定性造成一定影响。在人口老龄化加剧的情况下，养老金储蓄的负担越来越多地落在个人和雇主身上。基于此种情况，基于雇主的约定给付计划已经逐渐被雇主放弃，雇主转而支持固定缴款计划。固定缴款计划和固定收益计划之间存在根本性差异，固定收益计划中计划的发起人需要：①保证雇员退休后的收益；③制定投资选择；③若投资收益不足以支付雇员退休后的收益，计划发起人要承担投资风险。而在固定缴款计划中，雇主不担保任何退休后收益，只负责给养老金计划中的雇员账号支付特定款项，这对这些计划所涵盖的员工有着不利影响。养老金卫星账户通过对养老金进行全面的流量和存量核算，充分反映在新的计划下对雇员可能产生的影响以及由此给养老金体系带来的风险。

二、主要编制结果解读

养老金卫星账户在加拿大得到长期应用，取得了许多应用成果。在加拿大养老金卫星账户的实践应用成果中，最具影响力的研究是加拿大统计局于2009 年发布的《养老金卫星账户对加拿大的养老金制度有何影响？》（What does the pension satellite account tell about Canada’s pension system？）和 2010 年发布的《加拿大养老金卫星账户指南》，这二者成为编制养老金卫星账户的基石并展示了养老金卫星账户在核算中的重要作用。2009 年，加拿大统计局发布的《养老金卫星账户对加拿大的养老金制度有何影响？》提供了三类退休计划数据，给出养老金的增长和规模，并提供了在提高缴款金额门槛、取消对部分养老金投资境外资产的限制、放宽资产价格限制的情况下，政府和雇主是如何改变养老金投资行为的；对养老金资产如何适应家庭整体资产负债表以及养老金如何影响家庭投资、储蓄和支出进行了分析。

加拿大养老金卫星账户的主要编制结果体现在如下几个方面。

（一）养老金变化促使家庭资产负债表发生改变

加拿大家庭资产流向自 1990 年开始发生巨大改变。以 1990 年为分界点，加拿大家庭资产流向实现了由传统存款和债券向养老金和股票基金的转变。

家庭在养老金上的支出增长甚至一度超过了住房方面的资产增长（尽管房地产领域的资产水平仍然略高于家庭养老金资产），这使政府和学术界对于家庭资产的研究重点也转向了养老金。在养老金资产的带动下，加拿大家庭金融资产总额仅在 1990 年到 2007 年就由 12 000 亿美元增加至 40 000 亿美元，实现家庭金融资产的迅速增长，并且实现了家庭持有金融资产对非金融资产的持续超越。

（二）个人储蓄率逐步下降

在首次公布养老金卫星账户之后的 20 年内，扣除养老金之后的加拿大家庭个人储蓄值持续为负，截至 2007 年个人储蓄总计下降近 2000 亿美元。2000 年以来，加拿大家庭金融负债的增长速度快于其资产的增长速度，说明金融负债的增加或者金融资产积累的减少已被用于财政支出。个人储蓄率的下降趋势可以由养老金计划提款的增加来解释。20 世纪 90 年代以来，加拿大养老金计划中的储蓄已经超过了所有个人财富。由于纳税行为多在提款时才会发生，这种税收激励政策也促进了储蓄向养老金持有资产的转变。个人储蓄率的减少也是人口老龄化的一种表现，由于退休人员的消费计入个人支出，但资金来源取自养老金资产而不是当前的收入，所以人口老龄化带来的消费增加势必会减少储蓄的增长率甚至导致储蓄增长率为负。在这种情况下，伴随免税养老金资产的增加，所得税的增加也将会超过个人收入的增加。

（三）三大养老金计划基本状况分析

第一，基于雇主的养老金计划始终位于三大养老金计划之首。自 1990 年起，加拿大养老金涨势状态良好，1990 年到 2020 年养老金总额从 5900 亿美元增加至 45 824 亿美元，2020 年养老金总额比 1990 年高出近 7 倍。截至 2020 年底，虽然养老金总额和各类型养老金都在持续增加，但基于雇主的养老金计划仍位于三大养老金计划的首位，是目前数量最多、影响最大的一类养老金计划。

第二，社会保障在整体增长率中表现最优。自 1990 年开始记录以来，社会保障养老金缴款数额持续增加，其中 1991 年、1992 年、1993 年、2003 年、2004 年、2007 年缴款增长率较为突出，均在 10%左右（1991 年甚至超过 20%）。虽然社会保障是养老金体系中占比最小的组成部分，但它影响的人最多，结合 1990 年至 2020 年数据可以发现，社会保障部门缴款数额增长幅度在三大养老金计划中居首位。截至 2020 年底，社会保障养老金缴款数额达 716 亿美元，相比 1990 年的 101 亿美元高出约 6 倍，增长率排在其后的是基于雇主的养老金计划和注册退休储蓄计划，相比 1990 年分别增长了 5 倍和 3 倍。

第三，养老金提款数逐步超越缴款数。2014 年起，加拿大注册退休储蓄计划提款数超过缴款数。自 2015 年起，养老金计划提款数开始持续超过缴款总额。根据加拿大人口普查数据，截至 2019 年，17.5%的加拿大人年龄在 65 岁以上，高于 2000 年的 12.6%。退休动用养老金储蓄的情况进一步增多，将会导致提款数随着时间的推移而增加。为应对此种情况，根据现有养老金卫星账户提供的详细信息，可以采用调整缴费率的方式，以确保养老金计划在精算层面上保持合理，保持缴款数和投资收入总和始终大于提款数。

（四）新冠疫情对加拿大养老金投资收益的影响是短期的

受到新冠大流行的影响，公共卫生限制和部分企业的倒闭导致加拿大 2020 年养老金投资收益下降 7.2%。在三大养老金计划中，基于雇主的养老金计划投资收益受影响较大（−8.1%），而社会保障（−5.5%）和注册退休储蓄计划（−4.9%）的降幅较为温和。2020 年初，养老金投资收益因股市避险情绪出现亏损情况，但由于 5 月之后股市的强劲表现以及房地产市场价值反弹，推动加拿大养老金资产持续增长，并最终超过 2019 年养老金资产总额。2021 年，新冠疫情仍持续影响加拿大的经济，但市场回温使托管养老金计划和社会保障投资收益有所增长，继续推高加拿大养老金财富。

第五节 对中国编制养老金卫星账户的政策启示

OECD 和相关国际组织鼓励各国编制养老金卫星账户，开展详尽的养老金核算实践工作。面对日益严重的老龄化问题，建立一套通用、具有可比性的养老金核算方案成为中国官方统计中一项紧迫的任务。

一、中国养老金核算现状及局限性

（一）中国养老金核算的现状

中国养老金核算的现状可以从养老金相关政策及准则的完善情况，以及现有养老金核算所提供的情况两部分来进行分析。

第一，相关政策及准则的不断完善。根据市场的发展，中国的养老金会计核算准则及相关政策一直在不断完善，以适应新的市场结构。2006 年，财政部发布《企业会计准则第 9 号——职工薪酬》，首次发布关于养老金会计的处理规范。2014 年，财政部重新修订《企业会计准则第 9 号——职工薪酬》，相比之前的养老金核算准则，对设定提存计划和设定受益计划进行了区分，新增关于设定受益计划的会计处理规范并规范了养老金信息的披露内容。2015 年 1 月，《国务院关于机关事业单位工作人员养老保险制度改革的决定》印发，规定了基本养老保险在个人和单位间的缴款，明确了个人账户余额的相关处理办法。2015 年 3 月，国务院办公厅印发《机关事业单位职业年金办法》，开始实施机关事业单位工作人员职业年金制度，规定了职业年金缴纳比例及账户管理形式，确定了中国职业年金制度框架和基本内容。2016 年 9 月，人力资源和社会保障部、财政部印发《职业年金基金管理暂行办法》，对企业年金的账户管理、信息披露等问题进行了补充。2020 年 2 月，为了满足国家发展战略的需求，助力派生产业核算工作的进行，国家统计局公布《养老产业统计分类（2020）》，明确养老产业的概念界定和核算范围，为养老金卫星账户的编制奠定了基础。

第二，中国养老金核算目前可提供的信息。人力资源和社会保障部每年发布《全国企业年金基金业务数据摘要》、《养老金产品业务数据摘要》和《人力资源和社会保障事业发展统计公报》，主要内容是对基本养老保险收入和支出总额、全年参加基本养老保险人数、企业年金累计总额、企业年金的整体和分地区资产情况、各金融机构养老金产品资产及收益情况进行展示。中国社会科学院世界社保研究中心自 2018 年起发布《中国养老金精算报告》，目前发行两版，最新版为《中国养老金精算报告 2019—2050》，对基本养老保险制度覆盖面和财务状况进行预测，对企业年金发展现状和趋势进行分析。虽然对中国三大养老金支柱的情况分别进行了基本层面的呈现，但三大养老金支柱的全面信息、各部分的详细流量情况（缴款、提款、其他变化）及其对经济和家庭储蓄的影响并不能得到准确、全面的展示。

（二）中国养老金核算的局限性

第一，中国养老金信息披露不全面。中国养老金核算信息的主要来源为各省区市企业季度业务报表、信息报告报表和专项业务报表。受到传统文化影响，部分企业及个人对于养老金情况不愿进行过多披露，因此在一定程度上造成养老金信息的缺失。对于已经披露的养老金信息，由于中国存在缺乏统一的养老金会计核算科目以及核算准则不完善的问题，目前养老金核算体现出“碎片化”和“分散化”的特点，导致养老金整体统筹存在问题，不同省份对相同养老金项目的界定范围以及处理方式存在差异，各个省份在实际进行养老金核算时采用的口径不一致，虽然可以得到基础的养老金信息，但整合时的信息缺失使得最终结果不全面。

第二，养老金核算信息准确性有待提升。目前中国并不存在专门进行养老金信息整合的有效平台，很多养老金数据是从各个省份和部门集合而来，信息来源较为分散，且各相关部门只专注于本部门的统计核算工作，对于各部门之间在养老核算中的职责以及界限不明确的问题鲜有交流，导致在核算规则和数据整合上存在一定的精确性问题，如城镇职工和自雇人员养老金包括在国家基本养老金覆盖范围之内，但公务员以及事业单位职工养老金则来源于财政拨款，因此不将其包含在基本养老金范围之内，造成养老金数据整合的遗漏。类似问题的不明确处理将会大大降低信息整合的效率和质量，降低养老金核算的准确性。

第三，无法反映养老金对经济和家庭储蓄的影响。中国养老金核算缺少整体整合结果，各部分结果的呈现较为分散，缺少统一的汇总框架。虽然养老金基本信息能够在现行核算框架中得到一定反映，但养老金核算并没有和国民经济其他部分联系起来，只能展现单一养老金计划的数值，缺乏相关数据分析集用以有效估计养老金变化给市场以及家庭行为带来的影响，因此无法反映养老金现状对经济和家庭储蓄的影响。

二、对中国编制养老金卫星账户的启示

（一）建立专门的协调小组

加拿大养老金卫星账户的成功建立离不开不同机构之间的合作。中国的

养老金体系与正在进行养老金卫星账户编制的澳大利亚以及完成养老金卫星账户编制的加拿大类似。考虑目前国际编制养老金卫星账户的实际情况，本章建议参考加拿大养老金卫星账户编制情况进行中国养老金卫星账户的编制。在框架构建、表式选择、数据来源等方面可不同程度借鉴加拿大养老金卫星账户的编制细节。但养老金卫星账户的编制涉及范围较广，数据来源较为分散，因此建议统计部门参照加拿大编制养老金卫星账户的经验，联合社会保障部门、保险机构、企事业单位、税务部门等部门建立养老金卫星账户工作协调小组，在数据收集以及整理和估算方面进行统一实施，提高数据的全面性和准确性，以确保养老金卫星账户编制的有效实施。

（二）完善数据收集体系

进行养老金卫星账户编制的基础是具有全面而详细的养老金存量及流量信息，数据信息的薄弱是中国编制养老金卫星账户的另一大难题，因此急需详尽的数据支持。相比国际养老金会计核算准则，中国养老金核算仅仅是趋同，在细节和详细之处并不能做到完备细致。目前中国养老金核算的准则并不规范，对于养老金信息的描述不详细，养老金信息的质量也存在问题，这不仅会导致信息披露不全面，还会致使信息披露不具备国际可比性。因此建立养老金卫星账户的前提是完善养老金数据，建立完善的核算体系，设立单独的养老金账户，具备成熟统一的核算准则。在核算体系逐渐完善的基础上利用大数据技术，对养老金缴款、投资收入、提款及其他变化进行数据收集，这样有助于在一定程度上解决数据收集不全面、信息揭露不完全的问题。

（三）试点开展养老金卫星账户编制工作

中国养老金发展情况受到地区差异的影响，各省份养老金呈现出不同的特点。在全国范围内实施养老金账户的编制，初期可能会存在一定困难，因此建议在养老金体系较为发达的省份，如广东、山东、浙江、北京、江苏等地率先进行养老金卫星账户的编制，以期发挥试点作用，为全国范围内养老金账户编制提供经验。

第二十五章
中国自贸区核算体系的理论基础、最新进展与中国实践[①]

为应对全球经济变化趋势，中国推动自贸区建设，构建更高水平的开放型经济新体制，以推动新型全球化，维护世界经济稳定。然而，中国自贸区建设依然处于起步阶段，自贸区发展状况的核算工作还未进行较大范围的开展，尚未形成统一、完整的自贸区核算体系，导致中国自贸区发展状况核算成为难点。基于此，本章首先明晰自贸区核算体系的理论基础；其次，梳理国内外自贸区核算体系的最新进展；再次，针对现有自贸区核算体系的不足，构建指标层次体系更丰富的中国自贸区核算框架，应用AHP-熵值法、改进的TOPSIS（technique for order preference by similarity to ideal solution，逼近理想解排序法）等更为专业的核算方法，对建立的自贸区核算体系的核算框架进行实践应用；最后，为开展中国自贸区核算体系建设工作提供一些建议。

第一节　自贸区核算体系建设的现实必要性

自2008年国际金融危机之后，一些发达国家的贸易保护主义思想复苏，

---

① 本章执笔人：马晓君、谷越。本章现已作为资政建议（《关于推进我省“17+1”跨境电子商务建设的建议》）获辽宁省前副省长陈绿平领导批示。

企图建立新的世界贸易规则来谋求最大的经济利益。作为世界第二大经济体，中国对待全球化的态度对世界经济具有举足轻重的影响。为应对全球经济变化趋势，中国推动自贸区建设，构建更高水平的开放型经济新体制，这是推动新型全球化、维护世界经济稳定的重要举措之一。随着自贸区的建设和发展，中国形成了面向全球、辐射“一带一路”的自贸区网络和对外开放新格局。2013 年后，中国相继设立上海市、广东省、天津市、福建省 4 个自贸区，为加快政府转变职能、探索管理创新模式、促进贸易和投资便利化进行了积极有效的探索。2016 年，国务院在辽宁省、浙江省、河南省、湖北省、重庆市、四川省、陕西省新设立 7 个自贸区，2018 年党中央决定支持海南全岛建设自贸区，支持海南逐步探索、稳步推进中国特色自由贸易港建设，中国自贸区发展由此进入了一个崭新的时期。在国家大力发展自贸区的大势下，中国着力构建面向全球、辐射全国的自贸区网络，而核算体系的构建对核算自贸区发展状况和指导自贸区发展方向有重大意义。然而，中国自贸区建设依然处于起步阶段，自贸区发展状况的核算工作还未进行较大范围的开展，尚未形成统一、完整的自贸区核算体系，导致中国自贸区发展状况核算成为难点。因此，有必要明确自贸区核算范围，构建的核算体系理论框架要具有更强的国际可比性，不断适应世界发展的新要求。

国内外自贸区运行效果的核算研究已成为国内外学者的研究焦点，而构建自贸区核算体系已成为运行效果核算研究的中心环节。纵观现有研究成果，国外学者在自贸区研究上侧重于对自由贸易协定模式的建设与应用分析。Feltenstein 和 Plassmann（2008）以韩国、新加坡和中国香港、中国台湾地区四个知名开放自贸区为例，分析研究了区内贸易便利条件对当地经济及其溢出效应的重要作用和带来的益处。Park 等（2008）研究分析了东亚经济一体化背景下，自由贸易协定框架下的关税同盟制度为东亚各国带来的便利，并运用综合评价法和文献分析法进行了实证研究。Caporale 等（2009）研究分析了欧盟自 1993 年建立后的十五年多国间自由贸易协定的发展情况，从公民、社会、政府、自由贸易协定等多方面分析欧盟各国贸易平衡的便利性，指出在《里斯本条约》通过之后，自由贸易对欧盟经济金融和投资领域的巨大影响。Munin（2014）通过简单分析欧盟自由贸易对经济的影响，提出阿拉伯国家在 2008 年金融危机后的发展方向，即应积极开发阿拉伯国家之间的自由贸易模式，效仿欧盟展开多边合作甚至组成贸易联盟，从而使国家之间的贸易往来再上新阶段。

国内学者在自贸区核算体系的研究上则聚焦于保税区经济的影响因素、自贸区行业发展的影响因素以及自贸区综合发展核算体系构建三个方面。在保税区经济的影响因素方面，杨卓亚（2015）在总结保税区经济运行特点和区域经济理论的基础上，运用因子分析法，从对外经贸、科技、内部环境等相关维度入手，选取部分保税区的相关数据进行定量分析。叶修群等（2021）运用双重差分法深入探索保税区对地区生产要素配置效率的影响及其作用机制，为保税区转型升级政策的制定提供了科学参考。

在自贸区行业发展的影响因素方面，李放平（2014）以中国（上海）自由贸易试验区（以下简称上海自贸区）为例，采用因子分析法建立数学模型，通过专家打分筛选出推动因素、交互因素、制度因素、环境因素、保障因素 5 个影响自贸区与城市经济互动发展的关键因素。田毕飞和李伟（2015）构建了内陆自贸区建设基础模型和建设需求模型，并运用这两个模型综合分析了武汉建设内陆自贸区的影响因素。刘明显和莫洪兰（2015）运用 AHP 构建了中国—东盟自贸区金融生态环境核算体系，研究影响金融生态环境的因素，提出优化金融生态环境的政策建议。张恩娟（2016）以中国（福建）自由贸易试验区（以下简称福建自贸区）为例，分别针对厦门、福州和平潭 3 个片区构建了物流服务能力影响因素核算体系，采用模糊物元分析法进行定量分析，并在此基础上提出了促进福建自贸区物流服务能力提高的对策措施。

齐秀辉和鲁惠（2021）深入探索中国（黑龙江）自由贸易试验区（以下简称黑龙江自贸区）发展对跨境电商产业的影响机制，并立足于产业支持、生产要素、需求状况和政府政策 4 个角度挖掘黑龙江自贸区的发展态势。

在自贸区综合发展核算体系的构建方面，刘晶和杨珍增（2016）采用系统分析方法构建了一套符合中国自贸区发展定位的核算体系，并详细解释了各级指标的具体测度方法和数据来源，提出了进一步的研究方向和相关对策建议。张绍乐（2017）以经济基础条件、对外开放程度、公共政策环境、辐射带动效应为一级指标构建自贸区综合发展状况影响因素的核算体系，并以中国（河南）自由贸易试验区（以下简称河南自贸区）为例，采用 AHP 对其综合发展状况的影响因素进行核算。林涛和杜思贤（2018）通过对南沙自贸区经济基础、金融便利化、制度便利化、合作便利化等维度的创新程度进行测度，专业性地给出四个方面的具体建议，以便促进自贸区创新程度和力度的加强。徐明强等（2020）从经济、生态、科技 3 个角度构建自贸区发展状况核算体系，采用主客观权重结合的方法（AHP-熵值法）研究了自贸区发展状况。

总体而言，国内外学者在核算体系的构建方面已取得一定的研究成果，但仍存在不足：第一，核算体系研究均是先对自贸区的各个领域进行划分，然后在相应的基础上进行一、二、三级指标的构建，逐渐使之形成一个完整的核算体系，但是自贸区模式的建设还处于初级研究阶段，且缺乏数据的全面性、指标的可比性、测度结果的实际运用价值等方面的研究；第二，国内外自贸区核算体系构建多采用经济学、社会学、地质学等学科的专业指标和对应的核算方法，国内外自贸区发展水平测度研究因数据受限等原因，大多采用多决策主观方法，如主成分分析法、AHP、模糊评价法等，大多存在主观性；第三，国内学者对自贸区发展状况核算的研究只针对自贸区某一行业影响因素，或对自贸区政治、经济、人文等某一维度进行分析，对于影响自贸区发展状况因素的核算方法还处于分裂式研究水平。

基于此，本章创新点在于：第一，率先建立具有国际比较意义的权威性自贸区核算体系，统筹规划自贸区内核算工作的展开，提高自贸区核算数据的精准度和时效性。第二，针对现有自贸区核算体系的不足，构建指标层次体系更丰富的核算框架，并应用 AHP-熵值法、改进的 TOPSIS 等更为专业的核算方法，对建立的自贸区核算体系的核算框架进行实践应用，验证中国自贸区核算体系的可行性和适用性，组合运用主客观核算方法对中国自贸区发展状况进行静态和动态的比较研究。第三，针对不同中国自贸区设立专项核算体系，并对不同自贸区之间进行横向比较，多角度地展现自贸区经济、社会、民生等领域的发展状况。

第二节　自贸区核算体系的理论基础

一、自贸区的核算范围界定

国际自贸区的核算范围可简单分为两种。一种是国外常见的双边或多边的自贸区，指两个或两个以上国家或地区通过签署自由贸易协定，在 WTO 最惠国待遇的基础上，相互进一步开放市场，分阶段取消绝大部分货物的关税和非关税壁垒，改善服务业市场准入条件，实现贸易和投资的自由化，从而形成促进商品、服务和资本、技术、人员等生产要素自由流动的“大区”，如北美自贸区等。另一种是国内的自贸区，类似于世界海关组织的前身——海关合作理事会所解释的“自由区”。按照该组织 1973 年订立的《关于简化和协调海关业务制度的国际公约》（又简称《京都公约》）的解释：“自由区系指缔约方境内的一部分，进入这一部分的任何货物，就进口税费而言，通常视为在关境之外，并免于实施通常的海关监管措施。有的国家还使用其他一些称谓，例如自由港、自由仓等。[①]”自贸区指的是一国的部分领土，在这部分领土内运入的任何货物就进口关税而言，被认为在关境以外，并免于实施惯常的海关监管制度。本章提到的国内自贸区（上海、天津、广州和福建等），符合“自由贸易园区”特征。国内外自贸区核算范围界定总结见表 25-1。

表 25-1　国内外自贸区核算范围界定总结表

对比项目		国外自贸区	国内自贸区
不同点	设立主体	多个主权国家（或地区）	单个主权国家（或地区）
	区域范围	两个或多个关税地区	一个关税地区内的小范围区域
	核心政策	贸易区成员之间贸易开放、取消关税壁垒，同时保留各自独立的对外贸易政策等	以海关保税、免税政策为主，辅以所得税税费的优惠等投资政策等
	法律依据	双边或多边协议	国内立法
相同点		二者都是为降低国际贸易成本，促进对外贸易和国际商务的发展而设立的	

自贸区是区域经济一体化中最为重要和普遍的一种形式，国内外学者根据区域经济一体化合作水平和开放程度的不同，将其划分为多种形式，其中最为主流的划分是根据区域经济一体化市场融合情况和自由化水平，从高到低划分为 6 类：完全的经济一体化、经济同盟、共同市场、关税同盟、自贸区和优惠性贸易安排。因此，自贸区是自由化水平和开放程度较低的一种类型，但却是当今发展最迅速和最普遍的一种区域经济一体化形式。中国自由贸易区服务网公布的数据显示，截至 2018 年 3 月 11 日，中国已经签署自由贸易协定的自贸区有 16 家，涉及 24 个国家和地区。而中国截至 2018 年已开放了 4 批 12 家自贸区，中国自贸区突破了以往自贸区的原产地规划限制，对

① 《商务部 海关总署关于规范“自由贸易区”的函》，发布文号：商国际函〔2008〕15 号，发布日期：2008-05-09。

全球各经济体一视同仁，已经成为国内开放程度和层次最高、优惠政策最多、制度创新和优惠功能最全的一种海关特殊监管区域类型。国内外自贸区核算范围不同，核心政策和法律依据也大不相同，因此在选择核算指标时既需要指明差异，又要规避这些差异给统计结果造成严重影响，尽可能增强所选核算指标的国际横向可比性。

二、自贸区的主要类型

国际自贸区根据主要功能特点，可分为自由港型、转口集散型、贸工综合型、出口加工型、保税仓库型、商业零售型和自由边境区型等类型，如表 25-2 所示。就功能而言，世界自贸区的功能设定是根据区位条件和进出口贸易的流量确定的，并且随着国内外经济形势的发展而调整和发展。其中转口集散型自贸区是指自贸区利用优越的自然地理环境从事货物转口及分拨、货物储存、商业性加工等。贸工综合型自贸区以从事进出口贸易为主，兼从事一些简单的加工和装配制造，在发展中国家最为普遍。出口加工型自贸区以从事加工为主，以转口贸易、国际贸易、仓储运输服务为辅。保税仓库型自贸区以保税为主，免除外国货物进出口手续，较长时间处于保税状态。就性质而言又可分为商业零售型和自由边境区型。前者不允许货物的拆包零售和加工制造；后者允许免税进口原料、元件和辅料，并指定加工作业区加工制造。

表 **25-2**　国际自贸区的主要类型

类型	主要功能	代表
自由港型	主要功能是装卸、储存、包装、买卖、加工制造等，其特点是对进口的外国商品原则上不征税	新加坡、中国香港等
转口集散型	以港口装卸、货物储存和转运为主	汉堡港、不来梅自由区、马赛自由区、巴拿马科隆自贸区等
贸工综合型	主要功能包括国际贸易、简单加工和制造	目前世界上的自贸区多数属于这种类型

续表

类型	主要功能	代表
出口加工型	功能以出口加工为主，以国际贸易和储运服务功能为辅	多分布在亚太地区，主要从事以出口为导向的制造业
保税仓库型	主要发挥保税功能，境外货物不必办理进口手续即可长时间处于保税状态，可以进行再包装、混合、处理、分级、挑选等业务	荷兰阿姆斯特丹港
商业零售型	该类自贸区允许从事展示和零售业务	智利伊基克自贸区
自由边境区型	通过特殊政策促进跨境经济合作、区域开发和贸易便利化，尤其适用于边境或偏远地区	墨西哥是设置自由边境区最多的国家，利用其靠近美国的区域特点，发展出口加工业

中国自贸区大都建立在保税区的基础上，尽管保税区与自贸区都起到类似自由港的作用，但在开放程度、功能设计及监督管理等方面还存在着较大区别。与国内保税区相比，自贸区的最大特色是“境内关外”的特殊海关监管制度，即“一线放开，二线管住”。“一线”是指自贸区与国境外的通道口，“一线放开”是指境外的货物可以自由地、受海关宽松监管地自由进入自贸区，自贸区内的货物也可以自由地、受海关宽松监管地自由运出境外；“二线”则是指自贸区与海关境内的通道口，“二线管住”是指货物从自贸区进入国内非自贸区或货物从国内非自贸区进入自贸区时，海关必须依据本国海关法的规定，征收相应的税收。

目前，国内正在积极建设的内陆自贸区主要有重庆、陕西、河南等，借鉴先发地区自由贸易的发展经验，并结合地区优势，中国内陆自贸区可先采取出口加工型或转口集散型的建设模式，在贸易结构日趋合理、自贸区功能建设日渐完善的情况下，再逐步向综合性自贸区演化。从现在的经济发展程度来看，内陆地区的对外贸易中加工贸易所占比例仍然较高，出口加工或转口集散仍是主要贸易方式。内陆自贸区建设可全面发展港口作业、中转、国际配送、国际采购、转口贸易、出口加工等业务，构建空港、水港、铁路港三港合一的自贸区平台。在自贸区具备了集散功能以后，建立商品展示、离岸贸易、离岸金融、期货保税交割等功能，同时以消费保税为特征，改变内陆仅有保税物流、保税加工而没有保税消费的被动局面，避免出境购物带来的税收流失、就业流失和相关产业损失。

三、营商环境的核算范围界定

本章对于自贸区营商环境研究较为深入，下面将介绍国内外学者对营商环境研究的系统性描述，主要集中于营商环境的核算范围、核算体系构建、优化研究等方面。在全球化竞争日益激烈的当下，营商环境建设已经成为各国关注的重心。而关于营商环境的核算范围，学术界尚未界定清晰，现有范围往往是从不同角度给出的描述。基于国外各项专业营商环境报告的调研情况，本章归纳总结出国际上界定营商环境核算范围的三个主要角度[①]。

第一个角度，视营商环境为国家竞争力，指标侧重宏观经济环境、基础设施建设、劳动力受教育程度等宏观内容；这一点在世界经济论坛发布的《全球竞争力报告》中尤为明显。该报告更多地在宏观层面对营商环境进行操作化定义，由此形成的指标内容也与直接影响企业经营活动的因素相距较远。第二个角度，视营商环境为投资环境，指标侧重市场开放度、政治稳定性、投资规则与政策等与跨国贸易相关的内容；这一角度的典型报告有美国国务院发布的《投资环境报告》、中国国际贸易促进委员会编发的《企业对外投资国别（地区）营商环境指南》等。第三个角度，视营商环境为直接影响国内企业在本国经营效率、质量的要素总和，指标侧重与设立、破产、合同执行等企业经营活动直接相关的微观内容。世界银行发布的《营商环境报告》、印度产业政策与促进部发布的《印度营商便利度报告》和印度转型国家研究

① 华东师范大学法学院、企业合规研究中心，《中国营商环境评价指数研究课题报告》。

所发布的《印度营商便利度：基于企业视角的调查报告》，均以此营商环境定义为主。

国内一些学者也针对营商环境的核算范围有所研究。彭文心（2015）指出营商环境是一个地区或国家推动和限制商业活动的“法律法规”，一个好的营商环境是法律制度有力和监管程序简单且费用低的结合。倪鹏飞（2008）将营商环境概括为市场和基础设施等硬环境，以及政府的政策、服务、司法、行政、税收体系等软环境。岳侠和钱晓萍（2015）用营商便利度来对中亚五国的营商环境进行综合排名，从而分析与中国有竞争的国家最近几年吸引外资的状况。吴建安（2002）指出一国的营商环境是一个综合协调的系统，东道国客观因素与投资主体动机的结合是影响跨国公司投资流向的至关重要的原因。董志强等（2012）运用简单的 OLS 回归分析得出营商环境与经济的发展（以人均 GDP 衡量）高度正相关，同时控制了气候、地理、经济政策、历史经济条件等可能影响经济发展的多种因素。魏淑艳和孙峰（2017）通过构建东北地区投资营商环境核算体系，从自然条件、社会状况、政府环境、经济因素和基础设施等方面，对该区域投资营商环境进行核算和分析，发现资源、技术和体制的三重约束是东北地区投资营商环境差的主要成因。

通过翻阅文献、查找相关资料，本章围绕国际化营商环境对比的目标与规划，对照中国问题与韩国经验，进行系统营商环境核算体系选择，凸显国际化。世界银行发布的《营商环境报告》是目前影响力最大的营商环境报告。在营商环境的核算范围界定上，以世界银行《营商环境报告》为主要参照系，侧重选择直接影响国内或本地企业经营活动的营商环境要素，特别是和企业设立与退出、金融便利度、税务政策、市场环境、信用体系等方面相关的要素。同时，作为区域营商环境对比研究，针对营商环境，核算范围将进一步扩大，加入自然条件、市场和基础设施等硬环境，作为影响营商环境的相关因素。

由此，本章将确定两种较为科学的营商环境核算范围：国际营商环境和营商环境。国际营商环境是指影响国际投资的各种政治因素、自然因素、经济因素和社会因素相互依赖、相互完善、相互制约所形成的矛盾统一体。营商环境是指商事主体从事商事组织或经营行为的各种境况和条件，包括影响商事主体行为的政治要素、经济要素、文化要素等，是一个国家或地区有效开展交流、合作及参与竞争的依托，体现了该国或地区的经济软实力。

四、营商环境核算体系的主要类型

营商环境的早期核算体系多偏重定性分析，即先主观选取一系列影响营商环境的因素，然后通过比较进行汇总。后来的研究者在营商环境要素的选取过程中引入了量化分析方法，通过建立计量经济模型，运用多元回归分析确定解释变量，最后进行综合核算。

（一）国外营商环境核算体系的主要类型

国外对营商环境核算体系的专门研究始于美国学者依西阿·里特法克和彼得·班廷，二人于 1968 年发表的《国际商业安排的概念构架》一文中提出了核算投资环境的“冷热图分析法”（郭信昌，1993）。该方法从投资国及投资主体的立场出发，根据诸多投资环境因素对投资国进行核算，并由“热”（投资环境优良）到“冷”（投资环境不佳）逐一排序。

各国际组织、各国政府及跨国企业已经展开的营商环境核算体系，是以待核算环境中企业是否进行对外直接投资（foreign direct investment，FDI）为标准，对“营商环境”一词进行意义限缩，从而形成两种类型的营商环境核算体系。其一，待核算环境中的企业均不进行对外直接投资。此时，营商环境即为影响本国企业在本国境内经营活动的效率、质量的要素总和，与常用语中的“投资环境”存在差异。其二，待核算环境中的企业均进行对外直接投资。此时，营商环境即为影响从事对外直接投资企业经营活动的效率、质量的要素总和，与常用语中的“投资环境”等同。

不同核算范围界定方式没有优劣之分，皆为实现各自核算目的的有效手段。进行营商环境核算的第三方机构主要有以下几个，并为大部分国家及企业所熟知和应用。世界银行于 2002 年开始启动了“企业营商环境指数”的运用，这已成为核算各国从事企业经营活动是否具有宽松条件的主要指标。世界经济论坛于 2008 年开始发布“全球贸易便利指数”，用以衡量各个经济体促进贸易的能力，并指出其迫切需要改进的地方。美国传统基金会和《华尔街日报》发布的《2004 年全球经济自由度指数》报告认为经济自由程度越高，生活品质越高，经济增长速度越快。此外，关于国际竞争力也有两个权威机构进行了相关的核算，一个是世界经济论坛于 1979 年开始公布的《全球竞争力报告》，旨在衡量一国在中长期取得经济持续增长的能力；另一个是瑞士洛桑国际管理学院于 1989 年开始发布的《世界竞争力年鉴》，旨在对全球主要国家和地区的竞争力进行全面、客观的分析和预测。

从影响力来看，将营商环境与投资环境区分，聚焦国内企业经营环境的世界银行《营商环境报告》影响力最大。目前，世界银行《营商环境报告》、世界经济论坛《全球贸易促进报告》和《全球竞争力报告》的数据被各国、各跨国企业援引，用以描述本国和其他国家的营商环境；美国国务院《投资环境报告》也被其他国家作为参照。在这 4 个报告中，世界经济论坛《全球贸易促进报告》和美国国务院《投资环境报告》又都使用了世界银行《营商环境报告》的数据。同时，世界银行《营商环境报告》还被数个发展中国家借鉴，形成本国的营商环境报告。印度产业政策与促进部就以世界银行《营商环境报告》为蓝本，形成《印度营商便利度报告》。世界银行在 2003 年至 2017 年先后发布 15 份《营商环境报告》，对各国或地区相关经济指标进行核算。这一做法被其他机构和组织借鉴。《营商环境报告》是对一个国家或地区商业竞争能力的描述，在实践中对投资者具有引导作用。

（二）国内营商环境核算体系的主要类型

国内首先对“营商环境”进行系统理论研究和实践的地区是广东省。广东省组织有关单位开展“建设法治化、国际化营商环境”相关课题的调研，并委托中山大学、广东外语外贸大学开展“坚持社会主义市场化的改革方向，建设法治化、国际化营商环境”相关专题研究。2012 年 10 月，中共广东省委办公厅、广东省人民政府办公厅印发《广东省建设法治化国际化营商环境行动计划》。

《2008 中国营商环境报告》显示了中国 30 个主要城市中激励或阻碍商业活动的政府规制的范畴及形式，它采用了在其他几个主要新兴市场国家（如巴西、墨西哥和印度等）进行的区域营商环境调查的模式，并按照世界银行全球《营商环境报告》的方法论，选取了 4 项与营商环境密切相关的指标进行汇总核算：开办企业、登记物权、获取信贷、强制执行合同。并且表明了营商环境指标排名越靠前，该地政府提供的政策环境越有利于商业运营，政府对企业的约束方式越高效。这些指标虽然不能反映地方投资环境的所有方面，但提供了可供比较的依据，并为被调查的城市提供了基准参照标准，各城市可以在此基础上实施和展示今后的改革措施。

由于世界各国政治体制和经济体制的不同，世界银行的核算指标体系对不同国家的适用程度并不一致，中国、巴西、印度、阿根廷等国都曾对其提出质疑。由此，国内学者关于营商环境的研究都有不同的侧重。洪茜（2002）提出中国政府应当建立中小企业服务体系，涉及法律、资金融通、技术支持、人才开发、市场拓展等各方面的服务。蒋天虹（2004）提出要解决中小企业融资难问题，最为关键的 3 点是建立完善的法律体系、到位的中小企业服务体系和多层次的资本市场。余文建和邓蒂妮（2008）通过借鉴中国台湾省辅助性金融机构的经验，提出可推广至由国家财政和金融机构捐资，根据不同类型的中小企业设立全国性的专项担保基金，分别为不同类型的中小企业贷款提供信用保证的建议。史长宽和梁会君（2013）利用我国 30 个省级（不包括香港、澳门、台湾、西藏地区）的横截面数据，检验了各省区市营商环境细分指标与进口之间的关系，检验结果表明，各省区市商业机构开业时间的缩短对扩大进口有显著而积极的影响。许可和王瑛（2014）认为中国企业在当前经济环境中所面临的问题主要表现为金融准入困难、人力资源受教育程度不均衡、非正规部门竞争及税负高等。杨涛（2015）构建了一套适用于中国市场的营商环境核算体系，并针对山东、江苏、浙江、广东 4 地的营商环境做出了比较分析。

国内外对投资营商环境核算体系的研究是理论与实践、定性与定量的综合过程，是对问题和对策的扎实可靠的理论和实践分析；但作为主流的指数衡量法存在局限性：核算指标大多不具备预测性，可以准确核算出地方投资营商环境的区别，却多局限于事后核算，在识别特定政策行动的影响时也略显乏力。同时，国外学者对政治制度影响投资营商环境的研究基于跨国文献和案例的实证探索，将其应用于某国家内部分析的适配性和解释力是有限的，地区投资营商环境核算体系要基于区域实际进行构建。较之国际上已有的营商环境核算体系，中国在这方面的工作尚处于起步阶段。对接国际核算指标，开展营商环境核算工作，正确认识和把握本地区营商环境的现状和不足，选择适用性强、国际性高的营商环境核算体系，是优化自贸区营商环境的基础工作，也是本章的写作目的之一。

第三节　国内外自贸区核算体系的最新进展

目前，中国自贸区建设依然处于起步阶段，尚未形成统一完整的自贸区核算体系。故一方面，本节简单介绍了上海、广东、福建、天津四大自贸区的官方核算体系和已公布的第三方核算体系，在核算体系的模块构造和框架创建方面奠定了基础，为构建中国自贸区核算体系提供相关支持；另一方面，本节从核算范围划分、核算指标选择、核算体系构建和核算数据公布四个方面着重论述中国综合发展核算体系和世界银行全球营商环境核算体系，两类核算体系为第四节选取核算指标和确定核算数据获取方式提供了一定借鉴。

一、中国四大自贸区官方核算体系

（一）上海自贸区

上海自贸区是中国第一个自贸区，范围涵盖上海外高桥保税区、外高桥保税物流园区、洋山保税港区和上海浦东机场综合保税区 4 个海关特殊监管区域，总面积为 28.78 平方千米。上海自贸区自 2013 年 9 月 29 日正式挂牌成立至今，已公布核算指标如表 25-3 所示。

表 **25-3**　上海自贸区已公布核算指标

范围	一级指标	二级指标
上海自贸区核算指标	经济运行指标	累计新设企业数
		内资企业数
		外资企业数
		累计办结境外投资项目数
		中方投资总额
		进出口总值
		入驻持牌金融机构数
		新兴金融机构数
		自由贸易账户数
		累计账户收支总额

续表

范围	一级指标	二级指标
上海自贸区核算指标	经济运行指标	企业经营总收入
		商品销售额
		航运物流服务收入
		税务部门税收
		工业总产值
		跨境人民币结算总额
		跨境人民币境外借款业务累计金额
		跨境双向人民币资金池业务收支总额

上海自贸区所公布的核算指标和核算数据，存在以下局限性：第一，缺乏自贸区全区域核算数据。上海自贸区公布的核算指标和核算数据涵盖的核算范围不统一，上海自贸区范围涵盖上海外高桥保税区、外高桥保税物流园区、洋山保税港区和上海浦东机场综合保税区，但其部分核算指标和核算数据仅包含其中一个或几个区域，上海自贸区尚未公布完整的全区域内的核算数据。第二，核算指标不全面。上海自贸区所公布的核算指标仅包含少量经济运行指标，缺乏社会、民生、环境等全方位的自贸区核算指标，因此无法构成完整的核算体系。

（二）广东自贸区

2014 年 12 月 31 日，广东自贸区经国务院正式批准设立，涵盖广州南沙新区片区、深圳前海蛇口片区和珠海横琴新区片区 3 个片区。广东自贸区是当时已建成的四大自贸区中核算指标及核算数据公布最多的地区，通过对广州南沙新区片区中的 10 个国有企业、合资企业、外资企业和科研单位实地访谈发现，广东自贸区核算工作中存在以下几点问题：第一，缺乏完整的核算指标及核算数据。广东自贸区 3 个片区中只有广州南沙新区片区公布了较完整的核算指标（表 25-4），其他 2 个自贸片区没有公布相应的核算指标。因此，并没有完整的全区域的核算指标。第二，核算范围不明确。就广州南沙新区片区所公布的核算指标及核算数据来看，并未明确区分广州南沙新区和南沙自贸区，因此其核算范围不明确，不能准确反映自贸片区的信息。第三，核算指标不全面。广东自贸区所公布的核算指标只涵盖主要经济指标，缺乏社会、民生、环境等全方位的自贸区核算指标，因此无法构成完整的核算。

表 **25-4**　广东自贸区广州南沙新区片区已公布核算指标

范围	一级指标	二级指标
广东自贸区广州南沙新区片区主要经济指标	地区生产总值	地区生产总值合计
	农业	农林牧渔业总产值
	工业	工业总产值
		规模以上工业产值
		工业增加值
	建筑业	建筑业增加值
	交通运输	港口货物吞吐量
		集装箱吞吐量
	国内商贸业	商品销售总额
		社会消费品零售总额
	固定资产投资	固定资产投资额
		房地产开发
	利用外资	签订合同数
		合同利用外资
		实际利用外资
	进出口总值	进出口总额
	财政税收	一般公共预算收入
		一般公共预算支出
		税收收入总额

（三）福建自贸区

2014 年 12 月 31 日，国务院正式批复设立福建自贸区。福建自贸区从此成为继上海自贸区之后的第二批自贸区之一。福建自贸区仅公布了累计新增企业数、新增内资企业数和新增外资企业数 3 个核算指标及指标数据，并没有以自贸区为核算范围及涵盖多领域的核算数据，其核算水平有待发展。

（四）天津自贸区

天津自贸区是国务院批准在天津直辖市设立的区域性自贸区。它是中国北方第一个自贸区，也是继上海自贸区之后，中央政府设立的第二批自贸区之一。天津自贸区公布的天津自贸区经济运行数据包括新登记市场主体数据和主要经济指标数据，如表 25-5 所示，其统计现状存在的问题和上海自贸区相似，即缺乏自贸区全区域核算指标及核算数据不全面。

表 25-5　天津自贸区已公布核算指标

范围	一级指标	二级指标
天津自贸区主要经济指标	新登记市场主体数据	市场主体数
		内资企业数
		外资企业数
		个体工商户
	主要经济指标数据	固定资产投资总额
		商品销售总额
		社会消费品零售总额
		实际利用外资金额
		实际利用内资金额
		一般公共预算收入

总之，从中国四大自贸区官方核算体系的现状来看，中国自贸区官方核

算体系仍处于起步期，普遍存在以下三大问题：第一，核算范围不明确，核算数据不准确。由于自贸区划分范围分散、片区众多这一特点，核算范围分散，工作量大且难以准确划分区域，目前国内自贸区均存在核算范围不明确、核算数据不准确的问题，导致除新增主体指标外，难以提供准确的自贸区核算数据。第二，核算指标不全面，无法构成核算体系。四大自贸区所公布的核算指标均为主要经济运行指标，缺乏社会、生态和民生等重要领域的核算指标及核算数据。第三，自贸区创新不足。自贸区的创新主要集中在操作层面，如流程优化、便利程度提升、时间缩短等创新。但缺乏围绕企业需求展开的创新，企业希望得到实实在在的好处和支持，而期望与现实自贸区的发展存在较大的距离，制度创新与企业需求的结合紧密度不够依然成为限制自贸区发展的重要因素。究其原因，自贸区真正的创新主体不只是管理委员会，还包括政府机构及相关部门。创新的主体是国家各部委及执行自贸区战略的地方政府，这些政府部门需要积极地参与自贸区发展过程中，并授予执行部门（如自贸区管理委员会）更大的实质性权力。例如，海关的创新措施，需要经过海关总署的批准和认可，而自贸区的海关部门只是执行部门，根本不具有创新权力，实质性创新须经上级部门同意。核算体系的创新发展，需要国家政策的扶持；相反地，核算体系的发展成果又能促进政策的改革和创新。

因此，构建创新型自贸区核算体系，需要首先解决核算范围不明确、核算数据不准确、核算指标不全面等问题。明确自贸区核算范围是推进中国自贸区核算体系发展的关键一步，也是自贸区发展的必经之路。在此基础之上，建立一套完整的核算体系，才能保证该体系的准确性、可比性和权威性。

二、中国四大自贸区第三方核算体系

截至 2018 年，中国已经批复的 12 个自贸区分别拥有自身的定位，并主要针对其定位展开专项发展，这就使自贸区核算不仅要涵盖总体指标，还要具有针对性体现地区特色的核算指标。在此基础上，中国（上海）自由贸易试验区协同创新中心协同上海财经大学自由贸易区研究院对中国四大自贸区进行了第三方核算，并给出了核算体系，如表 25-6 至表 25-9 所示。该核算体系虽然较侧重于自贸区经济发展，无法全面描述自贸区发展全貌，但针对四大自贸区定位不同所给出的专项核算指标存在借鉴意义。依据四大自贸区的定位不同，即广东自贸区面向港澳，侧重服务贸易自由化；天津自贸区面向东北亚，促进京津冀制造业升级；福建自贸区面向台湾，侧重两岸经贸合作；上海自贸区面向全球，侧重金融中心建设，分别进行专项核算指标设计。专项核算指标权重占整个体系的权重为 30%。

表 **25-6**　广东自贸区专项核算体系：服务贸易开放度

领域	一级指标	二级指标
服务贸易开放度	金融服务领域	银行服务
		专业健康医疗保险
		融资租赁
	航运服务领域	远洋货物运输
		国际船舶管理
	商贸服务领域	增值电信
		游戏机、游艺机销售及服务
	专业服务领域	律师服务
		资信调查
		旅行社
		人才中介服务
		投资管理
		工程设计
		建筑服务
	文化服务领域	演出经纪
		娱乐场所
	社会服务领域	教育培训
		医疗服务

表 25-7　上海自贸区专项核算体系：金融中心建设

领域	一级指标	二级指标
金融中心建设	金融功能拓展	金融服务业对民营企业和外资企业全面开放
		自贸区内设立外资银行和中外合资银行
		面向国际的金融市场交易平台，境外企业参与商品期货交易
		股权托管交易机构在区内建立综合交易平台，人民币跨境再保险业务
		境外股权投资

表 25-8　天津自贸区专项核算体系：京津冀制造业升级

领域	一级指标	二级指标
京津冀制造业升级	辐射带动功能	加工贸易结算业务
		加工贸易转型公共服务平台建设
		加工贸易产品内销平台建设
		外贸综合服务企业培育情况
		大宗商品现货交易和国际贸易

表 25-9　福建自贸区专项核算体系：两岸经贸合作

领域	一级指标	二级指标
两岸经贸合作	两岸经贸自由化	台资企业进入自贸区准入限制
		闽台认证及相关检测业务互认制度
		台湾及外籍高层次人才服务体系
		闽台服务业人员职业资格互认
		闽台口岸监管机制
		国际数据专用通道

三、中国综合发展核算体系

中国统计学会课题组根据科学发展观的内涵与要求构建的综合发展核算

体系，是应我国“十二五”规划的要求所建立的，其旨在加快制定并完善有利于推动科学发展、加快转变经济发展方式的绩效考核体系和具体考核办法，弱化对经济增长速度的考核，强化对结构优化、民生改善、资源节约、环境保护、基本公共服务和社会管理等目标任务完成情况的综合考核，中国综合发展核算体系见表 25-10。

表 25-10　中国综合发展核算体系

一级指标	二级指标	三级指标
经济发展类指标	经济增长	人均 GDP、GDP 指数
	结构优化	服务业增加值占 GDP 比重
	居民消费占 GDP 比重	—
	高技术产品产值占工业总产值比重	—
	城镇化率	—
	发展质量	财政收入占 GDP 比重、全社会劳动生产率
民生改善类指标	收入分配	城乡居民收入占 GDP 比重
	基尼系数	—
	城乡居民收入比	—
	生活质量	城镇居民人均可支配收入、农村居民人均纯收入
	城乡居民家庭恩格尔系数	—
	人均住房使用面积	—
	城镇保障性住房新开工面积占住宅开发面积比重	—
	互联网普及率	—
	每万人拥有公共汽（电）车量	—
	平均预期寿命	—
	劳动就业	城镇登记失业率
社会发展类指标	公共服务支出	人均基本公共服务支出、基本公共服务支出占财政总支出比例
	区域协调	地区经济发展差异系数

续表

一级指标	二级指标	三级指标
社会发展类指标	文化教育	文化产业增加值占 GDP 比重
	平均受教育年限	—
	卫生健康	5 岁以下儿童死亡率
	社会保障	基本社会保险覆盖率
	农村、城镇居民享受最低生活保障人口比例	—
	社会安全	社会安全指数
生态建设类指标	资源消耗	单位 GDP 能耗
	单位 GDP 水耗	—
	单位 GDP 建设用地占比	—
	二氧化碳排放	人均二氧化碳排放量、单位 GDP 二氧化碳排放量
	环境治理	环境污染治理投资占 GDP 比重
	工业“三废”[a]处理达标率	—
	城市生活垃圾无害化处理率	—
	城镇生活污水处理率	—
	环境质量指数	—
科技创新类指标	科技投入	万人 R&D 人员全时当量、R&D 经费支出占 GDP 比重
	科技产出	高技术产品出口占总出口比例
	万人专利授权数	—
公众评价类指标	公众对综合发展成果的满意度	综合发展的主观感受和认可程度（通过民意调查获得）

a 工业“三废”是指工业生产过程中排出的废气、废水、固体废弃物

该综合发展核算体系具有以下特点：一是导向性。该核算体系充分发挥了导向、引领作用，激励各地区进一步增强科学发展意识和发展能力，创新体制机制，切实有效地加快科学发展进程。二是前瞻性。建立综合发展核算体系，要求视野开阔、着眼长远，不仅要兼顾已实现的全面建成小康社会的

发展现状，而且要考虑 21 世纪中叶基本实现社会主义现代化的目标。三是开放性。综合发展核算体系的建立过程，保持了核算体系的动态性和开放性，根据地区发展的新情况、新特征及中国发展阶段的变化，及时对核算体系进行补充、完善和修订。四是可操作性。核算指标的选择具有代表性，同时兼顾核算数据的可获得性，使指标可采集、可量化、可对比。该指标设置与国家“十二五”规划等相关国民经济和社会发展规划指标衔接一致，增强了核算体系的政策导向与实践意义。五是公认性。不仅要以客观指标反映地区发展的数量特征，更要把群众认可、满意作为一项重要的衡量标准，做到量化和定性核算相结合。因此，在综合发展核算体系中引入公众评价类指标，以充分考察人民群众的切身感受，提高公众对于发展的参与度和认可度，主观性指标的引入强化了“既看数字又不唯数字”的理念。

四、世界银行全球营商环境核算体系

世界银行 2001 年成立营商环境小组来构建全球营商环境核算体系，2003 年发布第一份全球《营商环境报告》，到 2016 年已经发布了 14 期报告。核算体系也从最初 5 项一级指标（开办企业、员工聘用与解聘、合同保护、获得信贷和企业破产）、20 项二级指标，逐步完善到现在的 11 项一级指标、68 项二级指标（实际使用 64 项指标，其中劳动力市场监管指标未引入核算体系），见表 25-11。世界银行营商环境测度模型的核心是反映保障私营企业建立、运营和发展壮大的制度环境和法治环境；重点是营商的便利性、效率、成本和公平的市场环境，突出私营部门追求平等市场地位的诉求；针对的对象是内资中小型企业。这也反映了该模型存在的局限，它忽略了许多重要的领域，如安全、市场规模、宏观经济稳定性、市场经济条件下的政商关系等。全球营商环境核算指标具有以下 5 个特点。

表 25-11　世界银行营商环境报告核算体系

指标集	二级指标
开办企业	合法启动和经营公司的程序数
	完成每一个程序所需的时间/天
	完成每一个程序所需的成本
	最低资本金
申请许可	依法建立仓库的程序数
	完成每一个程序所需的时间/天
	采用新建筑条例完成每一个程序所需的成本
	建筑法规质量指标
	施工前质量控制指标
	施工过程中的质量控制指标
	施工后质量控制指标
	责任和保险制度指数
	专业认证指标
	建筑质量控制指标
获得电力	获得电力需要的程序数
	完成每一个程序所需的时间/天
	完成每一个程序所需的成本
	关税指数的供应和透明度的可靠性
	电价/(美分/千瓦时)
注册财产	关于依法转让不动产所有权的程序数
	完成每一个程序所需的时间/天
	完成每一个程序所需的成本
	基础设施可靠性指标
	信息透明度指数
	地理覆盖指数
	土地纠纷解决指数
	土地管理质量指数
缴纳税款	一家制造业公司年度纳税支付(电子和联合申请付款的调整数)
	所需时间
	总税率（税前利润/%）
	postfiling（后续申报）指数（2017 年新加入指标）
获得信贷	法律权利指数
	信用信息指数
	信用社报道
	信用登记覆盖率
	公共注册处覆盖范围
投资者保护	披露程度指数
	股东权益指数
	董事责任程度指数
	所有制和控制权指数
	缓解股东诉讼指数
	企业透明度指数
	利益调整冲突程度指数
	股东治理程度指数
	少数民族投资者保护指数
执行合同	通过法院强制执行合同所需的时间/天
	通过法院强制执行合同所需的费用
	法院结构与诉讼指标
	个案管理指数
	法院自动化指数
	替代争端解决指数
	司法过程质量指数
企业破产	追讨债务所需时间/年
	恢复债务所需的成本
	结果
	有担保债权人的回收率
	诉讼程序指标
	债务人资产管理指标
	重整程序指标
	债权人参与指数
	破产框架指数
劳动力市场监管	改变招聘规则

续表

指标集	二级指标	指标集	二级指标
劳动力市场监管	雇员、工作时间	跨境贸易	文书单据的相符性
	冗余成本		边境的依从性
	工作质量		国内运输

第一，核算的主体是企业。营商环境核算围绕市场主体展开，核算体系就是世界银行为衡量各国企业运营的客观环境而设计的。世界银行将企业的生存周期划定为“企业开办、企业扩建、经营、破产”4 个阶段，每个阶段均有一些因素影响或制约企业的运营。营商环境是伴随企业活动整个过程的各种周围境况和条件的总和，包括影响企业活动的社会要素、经济要素、政治要素和法律要素等。

第二，指标可量化。世界银行认为，营商环境就是在一个国家或地区创办和经营企业的难易程度，主要包含企业在开设、经营、纳税、执行合约及破产等方面遵循政策法规所需付出的时间和成本等条件。全球营商环境核算体系采取问卷调查及案例分析的方法，从一个客观的视角来衡量各国的营商环境优劣。

第三，成本和效率是基本要求。世界银行对营商环境的核算范围界定是一个企业在开设、经营纳税、执行合约及破产等方面遵循政策法规所需要的时间和成本等条件。“时间、成本、费用”是涵盖 11 个重要指标的全部内容，是核算体系的关键词。

第四，可比较性和可借鉴性。作为较为完善的核算体系，全球营商环境核算体系目前已被各国广泛认可，成为衡量营商环境优劣的标准，受到各国政府及投资者的关注。世界银行每年发布《营商环境报告》，记录一些关键性营商改革的案例，为各国理解和改善营商环境提供借鉴和参考。

第五，提倡政府的“聪明管理”。世界银行认为，优良的营商环境即政府需要提供清晰、透明、高效的监管规则，有助于推动市场运行，同时不对企业发展设置不必要的障碍，实现“聪明的”监管，而不是一味减少监管或没有监管。改善营商环境的终极目标即为企业提供更为便利的氛围、更加透明的空间。政府应在实现有效监管和防止监管负担过重这二者之间不断维持平衡，以达到改善营商环境的目的。

第四节 中国自贸区核算体系的框架设计

本节在综合了中国四大自贸区官方核算体系、中国四大自贸区第三方核算体系、中国统计学会公布的综合发展核算体系及世界银行公布的全球营商环境核算体系的基础上，进行提炼、综合、改进和创新，初步构建中国自贸区核算体系的核算框架。本节构建的核算体系主要从自贸区基础核算体系和自贸区专项核算体系两个方面展开。

一、中国自贸区核算体系的局限性

中国自贸区建设依然处于起步阶段，尚未形成统一、完整的自贸区核算体系。各自贸区在核算范围划分、核算指标选择、指标体系构建和核算数据公布上依然存在以下问题。

一是核算范围不明确。中国自贸区多面临核算范围不明确的问题，由于中国自贸区具有跨越性、非地域连续性和多片区性等特点，每个自贸区涵盖多个自贸片区，每个自贸片区又划分为多个区块，且每个区块不全毗邻，中间具有“断带”，很难确切划分每个自贸区的核算范围。以广州南沙新区片区为例，该片区具有 7 个区块，镶嵌于广州南沙经济技术开发区内，地域因素导致难以明确划分核算范围，因此其自贸区核算范围沿用南沙经济技术开发区核算范围。

二是指标体系不全面。中国自贸区所公布的核算指标仅包含少量经济运行指标，缺乏社会、民生、环境等全方位的自贸区核算指标，因此无法构成完整的核算指标体系。这就需要核算工作者和研究者共同努力，不断丰富、创新，共建一个全面、完善的自贸区核算指标体系。

三是未建立自贸区核算数据收集平台。目前，由于自贸区核算范围划分不明确、核算指标选择不统一、指标体系构建不完善等问题，相应数据的收集难度较大，不具备横向可比性。因此建设统一的核算数据收集平台，完善核算数据收集途径，提高核算数据收集效率等问题，是现阶段中国自贸区核算工作面临的一大挑战。

四是未建立自贸区网站评估体系。自贸区网站是展示自贸区形象、发布自贸区政策信息，以及沟通企业和公众的第一道门户界面，也是电子政务建设的切入点和重要组成部分，在自贸区发展过程中具有举足轻重的作用，但中国仍未建设相关网站，从而不能帮助自贸区发挥更强的社会影响力。自贸区网站的核算体系需要依据大量的客观事实和数据，按照专门的规范、程序，遵循统一的标准和特定的核算体系，通过定量、定性对比分析，运用科学的方法，对网站建设和运营情况做出客观、公正和准确的评判。自贸区网站建设的关键一步是设置核算体系。核算体系的选择要遵循科学性、系统性、可操作性及定性与定量相结合的理念和原则，从而可以保证结果的可靠性，为下一步建设自贸区网站提供指导方向。

二、中国自贸区基础核算体系的框架设计

本节在构建核算体系时，将着力体现出经济活力指标、人才流入指标及经济增长指标等，中国自贸区核算体系是从经济发展（包含民生改善）、社会发展、生态建设、科技创新和公众评价 5 个维度测量的综合性核算体系，以此核算中国自贸区的基本发展状况。初步精炼出五大类基础指标集、18 种

二级指标，如表 25-12 所示。

表 25-12　中国自贸区基础核算指标

指标集类型	二级指标	三级指标	备注
经济发展类指标	经济增长	人均地区生产总值	
		地区生产总值指数	
		新设企业数量及注册资本总额	分为本期值、累计值，下设内资、外资企业数和注册资本总额
		商品销售总额	下设批发业、零售业、住宿业、餐饮业
		社会消费品零售总额	
	对外经济贸易	进出口总值	下设进口总额、出口总额
		利用外资总额	下设外商投资企业进出口总额、外商独资企业进出口总额、中外合资经营企业进出口总额、中外合作经营企业进出口总额
		中方境外投资总额	下设中方协议投资额、中方实际投资额、境外投资项目数
	财政及税收	税收总额	下设税收总额
		一般公共预算	下设支出、收入预算
		期末余额	下设存款、贷款期末余额
	结构优化	服务业增加值占地区生产总值比重	
		固定资产投资额	
		居民消费占地区生产总值比重	
		高技术产品产值占工业总产值比重	
	行业发展	入驻金融企业数	可分本期数及累计数进行统计，下设银行业金融机构（银行）、证券业金融机构、保险业金融机构
		金融相关服务企业数	下设融资租赁公司、股权投资企业、商业保理公司
		设立自由贸易账户数	可分本期数及累计数进行统计
		跨境人民币结算总额	
		规模以上工业总产值	下设主要工业产品产量

续表

指标集类型	二级指标	三级指标	备注
经济发展类指标	发展质量	财政收入占地区生产总值比重	
		全员劳动生产率	
社会发展类指标	收入分配	城乡居民收入占地区生产总值比重	
		基尼系数	
	公共服务支出	人均基本公共服务支出	
		基本公共服务支出占财政总支出比例	
	区域协调	地区经济发展差异系数	
	文化教育	文化产业增加值占地区生产总值比重	
		平均受教育年限	
	卫生健康	医疗产业增加值占地区生产总值比重	
	社会保障	基本社会保险覆盖率	包括医疗保险和社会保险
生态建设类指标	资源消耗	单位地区生产总值能耗	
		单位地区生产总值水耗	
		单位地区生产总值建设用地	
	二氧化碳排放	单位地区生产总值二氧化碳排放量	
	环境治理	环境污染治理投资占地区生产总值比重	
		工业“三废”处理达标率	
		环境质量指数	

续表

指标集类型	二级指标	三级指标	备注
生态建设类指标	环境治理	城市生活垃圾无害化处理率	
		城镇生活污水处理率	
科技创新类指标	R&D 投入	万人 R&D 人员全时当量	
		R&D 经费支出占地区生产总值比重	
	R&D 产出	万人专利授权数	
		高技术产业新产品销售收入	
		高技术产品出口占总出口比例	
		技术市场成交额	
公众评价类指标	公众评价	公众对综合发展成果的满意度	采用民意调查，用于衡量公众对综合发展的主观感受和认可程度

注：每一个指标应根据具体情况统计本期发生额、累计发生额，同时应计算同比、环比增长情况

三、中国自贸区专项核算体系的框架设计

本章对截至 2018 年中国建设的各个自贸区专项核算指标进行了分析与研究，中国 12 个自贸区总体方案中的总体目标可以分为加快政府职能转变、扩大投资领域的开放、推进贸易发展方式转变、深化金融领域的开放创新、完善法治领域的制度保障、培育国际化和法治化的营商环境、区域辐射带动功能突出等目标。基于国内外现有关于自贸区绩效核算的研究，结合中国自贸区总体建设目标，将“行业准入”、“政策环境”、“营商环境”、“区域辐射效率”和“产业升级”设置为中国自贸区专项核算体系的 5 个一级指标。而针对不同定位的中国自贸区的建设需求是有差异的，不同功能的自贸

区在政策优惠、产业聚集升级、贸易便利化等方面均有不同的侧重点，因此中国 12 个自贸区有必要设立专项核算体系，详细指标见表 25-13。

表 **25-13** 中国自贸区专项核算指标

一级指标名称	二级指标名称	三级指标名称
行业准入	服务业投资领域行业准入	金融服务业行业准入
		生产性服务业行业准入
		现代商业服务业行业准入
		现代物流业行业准入
		文化服务业行业准入
		社会服务业行业准入
		会览服务业行业准入
		其他服务业行业准入
	制造业投资领域行业准入	装备制造业行业准入
		电子信息和软件业行业准入
		医药科技制造业行业准入
		其他先进制造业行业准入
政策环境	政府效率	行政审批效率
		税款缴纳便利性
		政策透明度
		外汇进出限制程度
		知识产权保护水平
	政策优惠	税收优惠政策
		综合用地政策
		信贷优惠政策
		开放内销市场优惠政策
		“沿海捎带”政策
	政府监管	海关对区内企业监察
		海关货物备案控制

续表

一级指标名称	二级指标名称	三级指标名称
政策环境	政府监管	海关监管电子化水平
		信用监管体系
		金融风险防控体系
		应急联动机制
营商环境	企业营商环境	开办企业成本
		获得信贷便利度
		信息披露指数
	跨境贸易便利程度	进出口所需文件
		进出口所需时间
		进出口成本
	外商投资便利程度	外商新设企业成本
		实缴资本下限
	融资便利程度	信用信息指数
		金融机构效率
		破产保护
		融资途径
	契约执行效率	司法体系效率
		仲裁效率
区域辐射效率	口岸服务辐射效率	无水港运营效率
		国际大型会展中心数
		多式联运指数
		仓内存储效率
		转运连接性指数
	区域产业关联程度	空间集聚指数
产业升级	去产能化	淘汰落后产能
		工业品出厂价格
		工业企业盈利
		高技术产业新产品销售收入

续表

一级指标名称	二级指标名称	三级指标名称
产业升级	创新环境	人才虹吸效率
		区内企业技术吸收能力
		区内企业研发平均支出
		高等院校与企业合作研发效率
		信息基础设施水平
	创新效率	先进制造业发展状况
		制造业产业结构优化
		生产性服务业发展状况
		风险投资效率
		科研机构效率

四、中国自贸区核算体系的框架特点

本章所构建的新型中国自贸区核算体系与传统自贸区核算体系相比，具有以下 5 个特点。

一是新型核算体系从“多而全”向“少而精”迈进。传统核算体系大多是各自国家统计局制定的，从全国范围来看这样设置和推广有其必然性，但是继续沿用统计局的核算体系并不能适应自贸区的发展，因为自贸区地理范围和承载能力有限，不能满足全面调查的要求，即使能够实现也需要再次花费大量的人力、物力和财力。因此，创立“少而精”的核算体系应运而生，能够既精准又便捷地实现对自贸区发展数据的获取。

二是新型核算体系的内容能够全方位、多层次反映经济、社会、民生等方面的信息。新型核算体系的建立参考了众多现行的综合核算体系，如中国四大自贸区官方核算体系、中国四大自贸区第三方核算体系、中国综合发展核算体系、世界银行公布的全球营商环境核算体系，对各个体系中的指标进行甄别、筛选和分类、汇总，去粗取精，力求精准、全面地展现不同自贸区内经济、社会、民生的建设和发展现状。

三是新型核算体系突出了不同自贸区之间横向比较的现实意义。新型核算体系被一分为二，划分为基础核算体系和专项核算体系两大领域，然后在不同的领域中再分别设置不同的一级和二级指标，最后运用 AHP-熵值法形成对自贸区建设和运营情况的综合得分。这样建立起来的综合核算体系，使不同层次的指标都享有符合各自特性的权重，因此不同自贸区之间的横向比较才显得更有意义。

四是新型核算体系基础指标的选择更具专业性、综合性和深刻性。新型核算体系指标更多地采用计算相对量的方式，如人均地区生产总值、服务业增加值占地区生产总值比重等人均指标和比例指标，在一定程度上减少或者打破对绝对量指标的“盲信”，因为绝对量并不能展现经济、社会、民生发展的全貌。

五是专项核算体系更契合中国自贸区的战略定位。它能够更贴切地展现自贸区总体方案中的总体目标——加快政府职能转变、扩大投资领域的开放、推进贸易发展方式转变、深化金融领域的开放创新、完善法治领域的制度保障、培育国际化和法治化的营商环境、区域辐射带动功能突出。针对不同中国自贸区设立了专项核算体系，以便于了解不同区域的自贸区发展情况。

第五节　中国自贸区核算体系的应用实践

本节将目光锁定于自贸区核算体系的应用实践研究，验证中国自贸区核算体系的可行性和适用性，分析上海、广东、天津、福建四大自贸区经济、生态、科技等方面发展现状，寻找制约自贸区高质量发展的瓶颈，并就解决办法进行初步探讨。鉴于中国自贸区设立年限较短，核算数据过少、不全，确定中国自贸区的核算体系指标权重时主要选择了 AHP-熵值法和改进的 TOPSIS。

一、样本数据来源

鉴于自贸区数据公开不全，无法全面了解自贸区成立以来的发展过程；同时，自贸区专项核算体系中的指标过于具体，现无法实地调研获取自贸区市场准入和政府监管类数据，因此本章选取上海外高桥片区、广东南沙片区、天津港片区和福建厦门片区 2015～2018 年的经济、环境和科技相关的数据测度自贸区基础发展运行情况。本节相关原始数据根据四大片区所在地区统计局发布的 2015～2018 年《国民经济和社会发展统计公报》、2015～2018 年《中国环境统计年鉴》，地方环境保护局（现更名为生态环境局）发布的环境状况公告，如 2017 年《广东省水资源公报》等收集得到。相关指标数据再通过指标含义所述的公式进行运算得出。

二、基于 AHP-熵值法的自贸区核算体系应用实践

本节首先将 AHP 和熵值法相结合。在主观权重和客观权重相结合的指导下，引入熵值 e_i，则综合权重公式为

$$Q_i = e_i \times \text{AHP权重} + \left(1 - e_i\right) \times \text{熵值法权重} \tag{25-1}$$

计算各方案的综合得分为

$$Y_j = \sum_{i=1}^{n} Q_i \times P_{ij}, \ j = 1,2,\cdots,m \tag{25-2}$$

其中，P_{ij} 为广东自贸区核算指标；j 为第 j 个自贸区；i 为第 i 个指标。

基于改进的 AHP-熵值法获得权重，再进行原熵值法步骤，可以得到更

加客观、科学的排列顺序，故采用 AHP-熵值法得到的广东自贸区核算指标权重如表 25-14 所示。

表 25-14　广东自贸区核算指标权重

一级指标	二级指标	三级指标	三级指标权重	AHP 权重	熵值法权重	AHP-熵值法权重
经济发展类指标（0.6241）	经济增长（0.3617）	人均地区生产总值	0.4260	0.0935	0.0915	0.0935
		地区生产总值指数	0.2870	0.0650	0.0740	0.0652
		商品销售总额	0.2340	0.0528	0.0711	0.0532
		社会消费品零售总额	0.0530	0.0118	0.0738	0.0132
	对外经济贸易（0.2683）	进出口总值	0.6370	0.1067	0.0826	0.1061
		利用外资总额	0.3630	0.0608	0.1208	0.0629
	财政及税收（0.1439）	税收总额	0.6950	0.0625	0.0820	0.0629
		一般公共预算	0.3050	0.0274	0.0811	0.0287
	结构优化（0.1345）	服务业增加值占地区生产总值比重	0.5000	0.0420	0.0718	0.0426
		固定资产投资额	0.5000	0.0420	0.0682	0.0425
	发展质量（0.0976）	财政收入占地区生产总值比重	0.7500	0.0457	0.0940	0.0470
		全员劳动生产率	0.2500	0.0152	0.0891	0.0172
生态建设类指标（0.2269）	资源消耗（0.625）	单位地区生产总值能耗	0.4280	0.0278	0.0499	0.0388
		单位地区生产总值水耗	0.4280	0.0278	0.0488	0.0383
		单位地区生产总值建设用地	0.1440	0.0093	0.0468	0.0280
	环境治理（0.375）	单位地区生产总值二氧化碳排放量	0.3640	0.0142	0.0435	0.0288
		环境污染治理投资占地区生产总值比重	0.2278	0.0089	0.0472	0.0280
		工业“三废”处理达标率	0.2278	0.0089	0.0373	0.0231
		环境质量指数	0.1018	0.0040	0.0369	0.0204
		城市生活垃圾无害化处理率	0.0405	0.0016	0.0345	0.0181
		城镇生活污水处理率	0.0382	0.0015	0.0298	0.0156

续表

一级指标	二级指标	三级指标	三级指标权重	AHP权重	熵值法权重	AHP-熵值法权重
科技创新类指标（0.1491）	R&D投入（0.75）	万人R&D人员全时当量	0.5000	0.0389	0.0208	0.0299
		R&D经费支出占地区生产总值比重	0.5000	0.0389	0.2873	0.1631
	R&D产出（0.25）	万人专利授权数	0.5410	0.0140	0.0151	0.0146
		高技术产业新产品销售收入	0.2550	0.0066	0.0141	0.0103
		高技术产品出口占总出口比例	0.1040	0.0027	0.0071	0.0049
		技术市场成交额	0.0980	0.0026	0.0047	0.0036

注：括号内数值为权重，合计不为1是四舍五入修约所致

运用改进的AHP-熵值法得到的权重，主客观权重互相矫正，更能体现核算的科学性、合理性。从表25-14中可以看出，AHP仍存在较强的主观性，运用改进的熵值法能更好地反映自贸区经济运行情况。从AHP-熵值法权重得知，经济发展类指标中，人均地区生产总值和进出口总值仍是最重要的影响因素，地区生产总值指数、利用外资总额、税收总额是次要影响因素，这与自贸区重视对外贸易、注重经济增长与税收相符合。生态建设类指标中，单位地区生产总值二氧化碳排放量与环境污染治理投资占地区生产总值比重较为平均，这与仅用AHP得到的权重相差甚多，说明熵值法能有效平衡主观核算法的主观意识性，使结果更加贴合现实。科技创新类指标中，R&D经费支出占地区生产总值比重的权重最高，其次是万人R&D人员全时当量。这与发展地区科技创新需政府在资金和人才方面投入大量精力，共建创业孵化园相符合。说明该核算体系的建立是较为贴切实际的。四大自贸区2015～2018年核算指标得分如表25-15所示。

表 25-15　四大自贸区 2015～2018 年核算指标得分

自贸区	2015 年	2016 年	2017 年	2018 年
上海外高桥片区	0.8321	0.8459	0.8929	0.9124
天津港片区	0.5211	0.5379	0.5936	0.6364
广东南沙片区	0.3170	0.3460	0.3720	0.4010
福建厦门片区	0.2879	0.2942	0.2349	0.2965

从表 25-15 核算指标得分可知，广东南沙片区 2015～2018 年基础发展状态逐渐上涨，自贸区带来的经济增长效应持续上扬，政策带动生态建设也促进了环境的改善。同时，自贸区对高新技术产业的大力支持使自贸区内人才流入比例上涨，创业孵化园的建立也促进了当地科技的蓬勃发展。这说明本章构建的核算体系基本上满足科学合理、结构完整和可操作性强的要求。

同理，可得上海外高桥片区 2015～2018 年得分为 0.8321、0.8459、0.8929、0.9124，天津港片区 2015～2018 年得分为 0.5211、0.5379、0.5936、0.6364，福建厦门片区 2015～2018 年得分为 0.2879、0.2942、0.2349、0.2965。四大片区 2015～2018 年整体得分上涨，自贸区经济红利、生态环境改良、科技创新持续发展力不断增强。但由于改进的 AHP-熵值法得出的得分仅能有效比较一个地区年度基础情况变化，横向比较同一年 4 个自贸区发展状况的效果不佳，因此下一节又应用基于改进的 TOPSIS 对自贸区核算体系进行实践。

三、基于改进的 TOPSIS 的自贸区核算体系应用实践

（一）基于改进 TOPSIS 的自贸区经济发展类指标应用实践

TOPSIS 是一种逼近理想解的排序方法，是由 C. L. Hwang（黄正义）和 K. Yoon（尹基元）首先提出来的。其基本的处理思路是：首先，建立初始化决策矩阵；其次，基于规范化后的初始矩阵，找出有限方案中的最优方案和

最劣方案，也就是正、负理想解；再次，分别计算各个核算对象与最优方案和最劣方案的距离，获得各核算方案与最优方案的相对接近程度；最后，进行排序，并以此作为核算方案优劣的依据。该方法在获得原始数据后，先进行无量纲化处理，得到规范化决策矩阵和其权重矩阵，相乘得到加权后的规范化决策矩阵。再计算各核算指标的“理想解”和“非理想解”，公式如下：

$$\overline{A}=\left\{\max\left(P_{ij}\right)\middle|i=1,2,\cdots,m\right\} \tag{25-3}$$

$$\underline{A}=\left\{\min\left(P_{ij}\right)\middle|i=1,2,\cdots,m\right\} \tag{25-4}$$

再计算各个指标到两个数值之间的欧氏距离。

$$\overline{D_i}=\sqrt{\sum_{j=1}^{m}\left[\omega_j\left(P_{ij}-\overline{A}\right)\right]^2} \tag{25-5}$$

$$\underline{D_i}=\sqrt{\sum_{j=1}^{m}\left[\omega_j\left(P_{ij}-\underline{A}\right)\right]^2} \tag{25-6}$$

其中，$\overline{D_i}$ 为第 i 个指标与理想解的距离；$\underline{D_i}$ 为第 i 个指标与负理想解的距离；$\overline{A}$ 为理想解，是由各指标的最大值组成的向量；$\underline{A}$ 为负理想解，是由各指标的最小值组成的向量；ω_j 为第 j 个指标的权重。

计算各指标数值与两个值之间的贴近程度，值越大表明核算结果越好。

$$\omega_i=\frac{\underline{D_i}}{\overline{D_i}+\underline{D_i}} \tag{25-7}$$

代入数据，由 2018 年四大自贸区地方经济数据得到其对应的经济指标核算矩阵，标准化处理后得

$$P_{ij}=\begin{bmatrix}0.318 & 0.311 & 0.211 & 0.159\\0.157 & 0.241 & 0.341 & 0.288\\0.332 & 0.267 & 0.234 & 0.166\\0.288 & 0.310 & 0.247 & 0.155\\0.328 & 0.293 & 0.215 & 0.164\\0.393 & 0.214 & 0.197 & 0.196\\0.342 & 0.277 & 0.211 & 0.171\\0.358 & 0.223 & 0.179 & 0.240\\0.320 & 0.281 & 0.240 & 0.160\\0.262 & 0.262 & 0.318 & 0.159\\0.356 & 0.271 & 0.195 & 0.178\\0.345 & 0.282 & 0.201 & 0.172\end{bmatrix}^{\mathrm{T}}$$

根据改进的 AHP-熵值法对 TOPSIS 的指标权重进行改进，得到的 2018 年自贸区经济指标综合权重为

$$W=[0.093\quad 0.069\quad 0.062\quad 0.043\quad 0.095\quad 0.091\quad 0.072\quad 0.054\quad 0.057\quad 0.055\quad 0.070\quad 0.052]$$

计算得到的欧氏距离为

$$\overline{D_i}=[0.1834\quad 0.0824\quad 0.0370\quad 0.0128]$$

$$\underline{D_i}=[0.0488\quad 0.0947\quad 0.1739\quad 0.2633]$$

则得到四大自贸区 2018 年经济运行得分为

$$W=[0.7897\quad 0.4652\quad 0.1756\quad 0.0463]$$

同理可得,四大自贸区 2015～2018 年经济发展类指标得分如表 25-16 所示。

表 25-16 四大自贸区 2015～2018 年经济发展类指标得分

自贸区	2015 年	2016 年	2017 年	2018 年
上海外高桥片区	0.5985	0.5362	0.7143	0.7897
天津港片区	0.4327	0.4524	0.4173	0.4652
广东南沙片区	0.1549	0.1618	0.1453	0.1756
福建厦门片区	0.0437	0.0523	0.0456	0.0463

从纵向对比可以看出，上海外高桥片区得分最高，天津港片区次之，广东南沙片区和福建厦门片区排名第三、四位。这是由于上海自贸区已成功设立 3 年，经济发展能力强劲；天津自贸区依托天津港自身良好的基础条件，吸收贸易投资便利化制度红利，带动周边区域产业发展与经济增长；广东南沙片区数据得分不高，则是由于广东大部分地区经济开放力度均值高，南沙片区带动经济发展的程度还不明显；而福建厦门片区经济基础较其他三个强度较低，制度改革发展仍需大力推进。

从图 25-1 可以看出四大自贸区的横向比较，除上海外高桥片区外，自贸区呈现先上升再下降再快速上升的经济发展趋势。上海外高桥片区是由上海外高桥保税区演变成的，是上海自贸区的一部分，基础经济实力强，而 2015 年已是上海自贸区建立的第 3 年，制度创新红利已经凸显在当地经济效益上，经济发展状况无疑是四大地区中最好的，这一结论从每一列的数值对比情况即可得知。而 2016 年得分下降则是由于其他三大自贸区的揭牌成立与运行导致制度红利减少，虽然经济发展状况略有下降，但仍是四大自贸区中发展最好的地区。2017 年，得分大幅上涨，这是上海自贸区经济开放力度的增加、投资贸易便利化取得了较好成果的表现。而 2018 年得分虽然上涨，但涨幅下降，则是由于第三批自贸区揭牌正式运营，自贸区数量的增多且内陆自贸区的建立使上海自贸区（沿海型自贸区）经济带动能力略显疲态，但上涨的趋势则表明上海自贸区已建立了良好的发展制度与更为完善的金融体制，对经济影响更为全面。

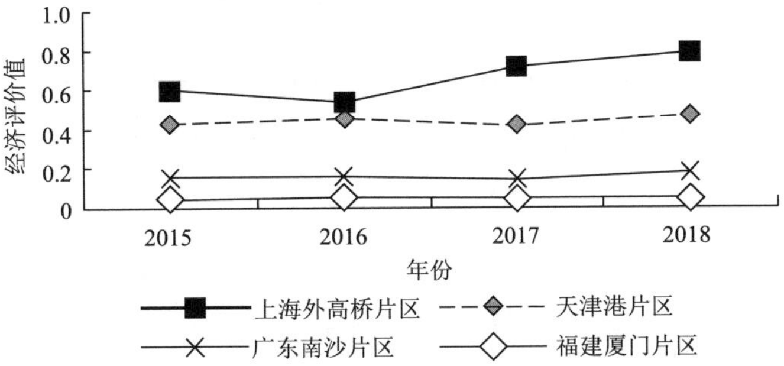

图 25-1　2015～2018 年四大自贸区经济发展趋势图

天津港片区、广东南沙片区、福建厦门片区在 2015～2016 年，经济发展类指标得分升高，是因为自贸区建立后获得了当地认可，经济发展态势得以增强。2017 年指标得分有所回落，是由三大自贸区复制上海自贸区创新制度和完善自身制度使其更符合当地发展定位所致的制度红利滞后、措施落实缓慢导致的。2018 年，得分结果又有所回升，则是第二批自贸区已创建较为完善、切合战略任务的自贸区发展制度，且复制上海自贸区经验做法的经济效应的滞后效果显现，使自贸区带动当地经济发展力度有所提升。

（二）基于改进的 TOPSIS 的自贸区生态建设类指标应用实践

同理，计算四大自贸区的生态建设类指标得分，得到四大自贸区 2017 年生态建设类指标得分，见表 25-17。从表 25-17 可以粗略看出，上海外高桥片区在生态领域明显失去了领先地位，处于四大自贸区垫底的位置，而天津港片区得分第一，广东南沙片区、福建厦门片区次之。由原始数据得知，天津市的单位地区生产总值能耗、水耗均为较低水平（相较于全国），2017 年二者仅分别为 0.421 吨标准煤/万元和 23.74 米^3/万元，且其城市污水集中处理量达到 90.02%，远高于其他城市，这与天津自贸区大力降低二氧化碳排放量，积极发展可再生资源，培育未来经济支撑，与北京划齐等级有着极大的关系。广东南沙片区、福建厦门片区在自然资源和基础环境方面明显高于天津港片区，但是在资源节约和环境保护方面力度不足。例如，广东南沙片区 2017 年单位地区生产总值能耗、水耗分别为 0.56 吨标准煤/万元和 48.2 米^3/万元。这说明广东自贸区、福建自贸区在原有良好的环境基础上施行治理力度不足、政策实施不到位。上海外高桥片区在生态建设指标下设的子指标得分均低于其他三个自贸区，这是由于上海本身的自然资源不足，后期建立的资源节约制度不完善，且环境保护力度处于中等。

表 **25-17** 四大自贸区 **2017** 年生态建设类指标得分

指标	上海外高桥片区	天津港片区	广东南沙片区	福建厦门片区
资源消耗	0.2841	0.7414	0.5827	0.3173
环境保护	0.3181	0.6100	0.5609	0.4184

（三）基于改进的 TOPSIS 的自贸区科技创新类指标应用实践

通过改进的 TOPSIS 得到 2015～2018 年四大自贸区科技创新类指标得分，如表 25-18 所示。从表 25-18 可以看出，上海外高桥片区得分最高，天津港片区得分开始较低，后几年迅速增长，而广东南沙片区和福建厦门片区得分排名先后不明显。从横向对比可以看出，2015 年是上海自贸区成立的第 3 年，政府资金投入与人才引进政策红利已经显现出来。而天津自贸区在成立之初科技创新能力与相关基础建设均弱于广东自贸区，但从自贸区成立以来，天津依托京津冀一体化、政府投入建设天津港创业孵化园、北京人才就近流入等一系列有利条件带动当地科技创新蓬勃发展。广东南沙片区虽地处珠三角，但因广东科技创新带动地区主要集中在深圳等地，南沙片区科技经济发展程度还不如天津明显，但是当地政府在2016年伊始，便成立了科技企业孵化器和科技金融创新发展基地，政府投入红利开始见效。福建自贸区科技基础较其他三个自贸区强度较低，但从后期发展可以看出自贸区的创新驱动投入与发展呈明显上升趋势。

表 **25-18**　四大自贸区 **2015～2018** 年科技创新类指标得分

自贸区	2015年	2016年	2017年	2018年
上海外高桥片区	0.5435	0.6643	0.7001	0.7270
天津港片区	0.4327	0.5883	0.6082	0.6825
广东南沙片区	0.4489	0.5380	0.5959	0.6487
福建厦门片区	0.4184	0.5212	0.5836	0.6547

第六节　开展中国自贸区核算体系建设工作的建议和展望

一、开展中国自贸区核算体系建设工作的建议

在“一带一路”倡议下，自贸区承载着重要的功能和作用。进一步深化自贸区改革开放，是党中央、国务院做出的重大决策，是在新形势下为全面深化改革和扩大开放探索新途径、积累新经验的重要举措，而全面完善的自贸区核算体系恰好反映了“一带一路”发展机遇下的中国经济发达地区的国民经济发展状况，能够更有效地推进中国国民经济核算的进一步发展。本章在自贸区核算体系创新上，根据自贸区自身的发展特色与实际情况积极推陈出新，将核算体系划分为基础核算体系和专项核算体系两大领域，并应用上海、广东、天津、福建四大自贸区经济、生态、科技等方面相关数据，应用

AHP-熵值法、TOPSIS对中国自贸区核算体系进行实践检验，验证中国自贸区核算体系的可行性和适用性，从而寻找制约自贸区高质量发展的瓶颈，并就解决办法进行初步探讨。针对目前中国自贸区核算存在核算范围狭窄、信息化平台不完善等问题，本章对中国自贸区核算体系建设的具体建议如下。

第一，明确划分核算范围，建立全面的自贸区核算。中国自贸区具有片区众多、非地域连续性、划分范围分散等特点，各自贸区统计工作量大且难以准确划分区域，从而导致自贸区存在核算范围不明确、核算数据不精确的问题。因此，政府应重视自贸区统计工作，增设自贸区统计部门，明确自贸区核算范围，完善生态环境、科技创新等方面指标数据的统计与收集工作，完善核算数据收集途径，提高数据收集效率，从而建立全面完善、科学合理、符合中国国情的自贸区核算体系。

第二，共建信息化平台，实现自贸区联动发展。建立自贸区数据收集与共享平台，实时分享最新动态与创新资源，为核算自贸区发展状况提供更科学、准确的数据支撑；同时，结合区块链、大数据等相关技术对信息安全给予保障，针对不同自贸区的战略定位，结合新型自贸区核算体系横纵向比较不同自贸区实际发展状况，从而将表现较优自贸区的政策加以推广，不断进行制度和政策创新，通过发达地区带动邻近地区的模式，消除地区行政隔阂，实现全国经济高质量发展。

第三，充分发挥自贸区制度的普惠性，因地制宜产生红利叠加。政府应积极利用自贸区所具有的制度和政策先行先试优势，深入分析中国各自贸区在贸易、金融、生态、科技等方面的政策措施，充分结合各领域自贸区的实际运行状况，通过制度和体制创新来优化各种资源和要素配置。政府根据区内企业不同的规模提供差异化服务，如对于刚开始发展的企业，政府引导自贸区根据企业实际需求提供相应的人才、技术、政策资金等支持；对于中小型企业，可提供全面而系统的服务；对于大型企业，可以根据其具体的需求，提供量身定制、个性化的服务。同时，选择经济发展基础条件较好的地区先行开展试验，深化自贸区建设内涵，协调自贸区与周边区域的协同发展，推进“新技术、新模式、新产业、新业态”的发展模式，增强自贸区的空间辐射力度，进而充分发挥自贸区的政策红利。

二、中国自贸区建设工作的未来展望

各自贸区建立的战略目标不同，必然会有不同的发展方向，但在实现战略目标的发展过程中总有必经之路。本章结合以往国内外自贸区建设相关理论与实践经验，提出如下发展方向的未来展望。

第一，健全营商环境及监管模式。中国自贸区处于启动和探索阶段，体制机制还不完善。另外，中国周边日本、韩国、新加坡的自贸区或特殊发展战略区已经运行多年，并拥有相当成熟的管理体制，中国自贸区在亚太地区面临激烈的竞争。因此，对于中国的自贸区而言，宏观层面应加强构建国际化、法治化、便利化的营商环境；中观层面继续推行并探索完善高标准的准入和监管模式；微观层面通过制度和风险资本等孵化机制培育区内企业家精神，推行全球视野的企业治理结构。

第二，人才引进与智库创建。随着中国劳动力优势的丧失，人才逐渐成为企业的核心竞争优势，只有从整个地区的人才吸引政策入手，提升企业高技术人才比例，才能达到增强技术吸收效率、降低创新成本的目的。而完善的人才引进政策不仅仅指知名的企业和品牌、具有发展前景的工作岗位和可观的收入与福利政策，还包括完善的医疗、教育、交通和文化环境。以福建自贸区为例，其在打造良好的营商环境的同时，也不能放缓社会基础建设的脚步，良好的生活环境、完善的社会设施及具有吸引力的人才政策都是吸引人才、留住人才必不可少的条件。与此同时，利用省内高校资源，建立高校创新创业孵化平台，将自贸区的资本与高校对接，将最前沿的知识输入到制造业和服务业的生产中，将人才与知识同步输送到企业中，也将资本送入高校和科研机构中，建立属于福建省的智库基地，并提供完善的创业资金扶持金融政策和低成本的运营环境，达到提升现有企业产品的科技含量与竞争力和促进高新技术产业孵化等目的。

第三，知识产权保护与 R&D 协同共建。R&D 是指研究与开发，国际上通常采用R&D活动的规模和强度指标来反映一国的科技实力和核心竞争力。一国的 R&D 水平体现着一国的政治经济实力，一个企业的 R&D 水平，体现着一个企业的竞争力，国际上的著名企业均把 R&D 视为企业的生命，无不投以巨资。R&D 活动不仅是提升对外贸易竞争力的直接推动力，更重要的是能够提升社会对外来技术的模仿、学习和吸收能力，从而缩小本地企业与外资企业之间的科技含量差距，降低技术创新成本，增强技术吸收效率，增强市场竞争力等。同时，需要推动大中型企业的 R&D 改革，令其焕发崭新的活力。此外，创新机制体制的建设和知识产权的保护都是提升高技术人才创造力和 R&D 投入产出效率的重要保障条件。建设高效可行的自贸区创新体系，要围绕企业需要和诉求建立健全创新机制体制，注重平衡基础创新研究、改良研究和应用发明研究之间的投入和产出效率，构建合理的创新投入和产出绩效评价体系，根据创新研究的不同阶段给予政策支持与推动。同时，应尽快建立起知识产权保护机制，从法律法规方面对创新与研发进行规范，提升社会对知识产权的保护意识，健全知识产权保护渠道与申诉仲裁机构等，实现从源头避免知识产权纠纷，促进良性科技发展与竞争。

第四，打造服务业与高新技术产业聚集区。产业聚集区能够有效吸引人才，促进 R&D，增强高新技术的吸收能力。以福建自贸区为例，打造服务业与高新技术产业聚集区是提升对外贸易水平的有效措施。在现有技术引进和产业孵化政策的基础上，进一步提升自贸区的政策吸引力度，将省内外的新兴服务业与高技术产业集聚于此，在产业园区内营造创新氛围，打造专业人才市场和国内外产业发展交流平台等，以最大的力度带动聚集区内企业的研发和创新热潮。同时提升贸易投资相融合的政策改革力度，紧跟社会贸易投资发展水平，有重点、有目标地引导高新技术产业发展和壮大。

第五，打造品牌推广平台，助力企业转型升级。以福建省为例，目前该省的自主品牌主要以服装业为主，缺乏高端制造业与服务业辅助，对外贸易受阻。目前全球贸易的大半都集中在中间品贸易和服务业，而具有国际影响力的跨国公司不仅主导着直接投资，还主导着一般贸易增加值的贸易模式，同时限制着一般贸易增加值的分配与技术外溢的约束条件。因此，大多发展中国家企业根本不具备与发达国家跨国公司争取市场的能力，对于发展中国家而言，亟须推进以大型企业为主体的产学研资源合作体系，扶持一系列大型企业创造自主知识产权，向着世界跨国企业方向发展。同时打造品牌推广平台，举办本土品牌推广活动，带动福建省的自主品牌走向世界，获取除国内市场外的广阔发展空间。为打破发达国家跨国公司对国际贸易规则和国际分工的垄断，除了吸引其他省份的大型企业落户外，更重要的是推动本地企业转型升级，培育本土跨国公司，建立本土企业的品牌效应，以争取更大的对外贸易市场，真正实现自贸区建设"海上丝绸之路"的政策效应。

第六，探索建设新型自贸区。海南自贸港的建立成功开创了全区域开发的新篇章。作为自贸港和特区结合的特殊区域，自贸港的税收优惠政策能够极大地促进对外贸易发展，因此迫切要求自贸区具备与自贸港相匹配的营商环境软实力和产业升级硬实力。此外，自贸港不仅仅限于货物与资金的自由流动，更注重的是服务贸易，强化自身的文化、教育、农业、旅游、大健康等领域，将会为自贸区带来更多的发展机会。

参考文献

埃森哲. 2017. 数字化颠覆: 实现乘数效应的增长[R]. 柏林: 埃森哲.

艾伟强, 初文章. 2014. 中国医疗卫生服务统计的局限及对策研究[J]. 中国卫生统计, 31(6): 1080-1081, 1083.

艾伟强, 蒋萍. 2013. 卫生卫星账户: ISIC 口径下医疗卫生服务统计扩展的有效途径[J]. 统计研究, 30(12): 24-30.

艾伟强, 王文峰. 2019. 卫生卫星账户的构建与编制: 国际经验及启示[J]. 统计与决策, 35(4): 21-24.

安琪儿, 安海忠, 王朗. 2014. 中国产业间隐含能源流动网络分析[J]. 系统工程学报, 29(6): 754-762.

包利军. 2015. 文化产业统计存在问题及对策建议[J]. 内蒙古统计, (6): 50-52.

博赫. 2008. 文化产业统计中存在的问题及其改进[J]. 统计与决策, 24(4): 17-19.

蔡虹, 许晓雯. 2005. 我国技术知识存量的构成与国际比较研究[J]. 研究与发展管理, 17(4): 15-20.

蔡敏, 刘守俊. 2020. 政府补贴对战略性新兴产业企业杠杆率的影响[J]. 当代经济研究, (8): 90-100.

蔡跃洲, 牛新星. 2022. 中国数字经济增加值规模测算及结构分析[J]. 中国社会科学, (6): 88-89.

蔡跃洲, 张钧南. 2015. 信息通信技术对中国经济增长的替代效应与渗透效应[J]. 经济研究, 50(12): 100-114.

曹小艳. 2008. 关于间接测算金融中介服务核算的国际比较[J]. 统计与决策, 24(23): 7-9.

柴雪蕊, 黄晓荣, 奚圆圆, 等. 2016. 浅析水资源资产负债表的编制[J]. 水资源与水工程学报, 27(4): 44-49.

柴源. 2018. 政府补贴、企业创新投入与企业绩效: 基于创新投入的中介效应研究[J]. 中国市场, (28): 7-11.

陈丹丹. 2017. 美国 R&D 卫星账户编制及其对中国的启示[J]. 统计研究, 34(4): 15-25.

陈菁泉, 信猛, 马晓君, 等. 2020. 中国农业生态效率测度与驱动因素[J]. 中国环境科学, 40(7): 3216-3227.

陈可. 2009. 金融核算理论中关于参考利率的确定方法[J]. 统计与决策, 25(10): 4-7.

陈亮. 2020. 数字经济核算问题研究[D]. 大连: 东北财经大学.

陈宇峰, 朱荣军. 2016. 中国区域 R&D 资本存量的再估算: 1998—2012[J]. 科学学研究, 34(1): 69-80, 141.

陈钰芬, 侯睿婕. 2019. 中国制造业分行业研发资本存量的估算[J]. 科学学研究, 37(9): 1570-1580.

成思危. 2003. 从保税区到自由贸易区: 中国保税区的改革与发展[M]. 北京: 经济科学出版社.

戴广翠, 黄东, 高岚, 等. 2007. 从森林环境经济核算看林业对国民经济的贡献:《联合国粮农组织林业环境与经济核算指南》案例研究[J]. 林业经济, 29(1): 39-44.

戴小文, 何艳秋, 钟秋波. 2015. 中国农业能源消耗碳排放变化驱动因素及其贡献研究: 基于 Kaya 恒等扩展与 LMDI 指数分解方法[J]. 中国生态农业学报, 23(11): 1445-1454.

戴育琴, 冯中朝, 李谷成. 2016. 中国农产品出口贸易隐含碳排放测算及结构分析[J]. 中国科技论坛, (1): 137-143.

邓明, 钱争鸣. 2009. 我国省际知识存量、知识生产与知识的空间溢出[J]. 数量经济技术经济研究, 26(5): 42-53.

邓卫平. 2016. 财政支农促进农业现代化的机理及实证研究[D]. 长沙: 湖南大学.

董志强, 魏下海, 汤灿晴. 2012. 制度软环境与经济发展: 基于 30 个大城市营商环境的经验研究[J]. 管理世界, (4): 9-20.

杜江, 罗珺, 王锐, 等. 2019. 粮食主产区种植业碳功能测算与时空变化规律研究[J]. 生态与农村环境学报, 35(10): 1242-1251.

杜金柱, 杜治秀. 2018. FISIM 的参考利率核算方法及对中国 GDP 影响的实证研究[J]. 管理世界, 34(7): 168-169.

杜治秀. 2019. 基于账户参考利率的 FISIM 对 GDP 与收入分配的影响研究[J]. 统计研究, 36(2): 50-62.

杜治秀, 杜金柱. 2017. 间接测算的金融中介服务的可比价核算研究[J]. 经济统计学(季刊), (2): 28-42.

段琳琳. 2019. 山东省水资源资产负债表编制研究[J]. 水资源开发与管理, 9(10): 80-84.

范雅静. 2013. 基于因子分析模型的文化产业增加值推算研究[J]. 兰州商学院学报, 29(3): 88-93, 100.

方永恒, 王睿华. 2016. 国内外文化产业研究综述[J]. 西安建筑科技大学学报(社会科学版), 35(1): 31-36.

伏虎, 马庆钰. 2019. 中外非营利部门经济核算前沿观点述评[J]. 行政管理改革, (10): 77-84.

符少花. 2020. 优化非营利组织免税资格管理比较与借鉴[J]. 税务研究, (12): 102-106.

盖思璇. 2021. 辽宁省水资源资产负债表的编制研究[D]. 大连: 东北财经大学.

甘泓, 高敏雪. 2008. 创建我国水资源环境经济核算体系的基础和思路[J]. 中国水利,

(17):1-5.

甘泓, 汪林, 秦长海, 等. 2014. 对水资源资产负债表的初步认识[J]. 中国水利, (14): 1-7.

高敏雪. 2001. 卫星帐户及其在美国的应用[J]. 统计研究, 18(8): 8-12.

高敏雪. 2005. 我们期待“第三部门”的成长[J]. 中国统计, (12): 23.

高敏雪. 2006. SEEA 对 SNA 的继承与扬弃[J]. 统计研究, 23(9): 18-22.

高敏雪. 2013. SNA-08 的新面貌以及延伸讨论[J]. 统计研究, 30(5): 8-16.

高敏雪. 2015. 《环境经济核算体系(2012)》发布对实施环境经济核算的意义[J]. 中国人民大学学报, 29(6): 47-55.

高敏雪. 2017. 研发资本化与 GDP 核算调整的整体认识与建议[J]. 统计研究, 34(4): 3-14.

高敏雪. 2018. 在国民经济核算中给予非营利机构一个名分: “中国国民经济核算体系 2016”中的一个变化[J]. 中国统计, (7): 29-31.

高敏雪. 2020a. 国民经济核算与供给侧宏观经济观察[J]. 统计研究, 37(2): 15-25.

高敏雪. 2020b. 生态系统生产总值的内涵、核算框架结构与实施条件: 统计视角下的设计与论证[J]. 生态学报, 40(2): 402-415.

高敏雪. 2020c. SEEA-2012: 第一部环境经济核算统计标准: 写在《环境经济核算体系 2012 中心框架》中文本出版发行之际[J]. 中国统计, (8): 40-43.

高敏雪. 2021. 面向新时代的国民经济核算研究议题及相关问题[J]. 统计研究, 38(10): 3-11.

高敏雪, 谷泓. 1998. 对环境经济核算的总体认识[J]. 统计研究, 15(3): 22-25.

高敏雪, 刘茜, 黎煜坤. 2018. 在 SNA-SEEA-SEEA/EEA 链条上认识生态系统核算: 《实验性生态系统核算》文本解析与延伸讨论[J]. 统计研究, 35(7): 3-15.

高敏雪, 王彦. 2000. 环境经济核算再认识[J]. 统计研究, 17(4): 50-53.

高敏雪, 张如一, 洪旸, 等. 2018. 在线付费知识产品生产交易模式与宏观核算方法研究[J]. 统计与信息论坛, 33(7): 25-33.

高敏雪, 赵碧君. 2010. 能源统计: 如何做到全覆盖[J]. 中国统计, (9): 47-48.

高文忠. 2021-01-29. 数据资产价值评估刻不容缓[N]. 中国会计报, (7).

高亚春, 付韶军. 2010. 能源统计、能源平衡表和能源账户的差异探讨[J]. 统计与决策, 26(19): 28-30.

耿建新, 胡天雨, 刘祝君. 2015. 我国国家资产负债表与自然资源资产负债表的编制与运用初探: 以 SNA2008 和 SEEA2012 为线索的分析[J]. 会计研究, (1): 15-24, 96.

工业和信息化部. 2019. 我国已成为唯一拥有全部工业门类的国家[EB/OL]. [2019-09-21]. http://tv.cctv.com/2019/09/21/ARTILLvwMkcN57SG6UQ4xoWR190921.shtml.

郭海明, 许梅, 王彤. 2022. 数字经济核算研究综述[J]. 统计与决策, 38(9): 5-10.

郭晓合, 叶修群. 2016. 从中国入世到上海自贸区扩区的产业连锁效应[J]. 经济与管理研究, 37(8): 43-51.

郭信昌. 1993. 投资环境分析・评价・优化[M]. 北京: 中国物价出版社.

国际统计信息中心课题组. 2004. 国外关于文化产业统计的界定[J]. 中国统计, (1): 54-56.

国家体育总局. 2021. 2020 年全国体育场地统计调查数据[EB/OL]. [2021-06-01]. https://www.sport.gov.cn/n315/n329/c20908193/content.html.

国家统计局. 2011. 统计单位划分及具体处理办法[EB/OL]. [2011-10-24]. https://www.stats.gov.cn/sj/tjbz/gjtjbz/202302/t20230213_1902747.html.

国家统计局. 2016. 中国国民经济核算体系 2016[J/OL]. [2017-07-21]. https://www.stats.gov.cn/xw/tjxw/tzgg/202302/P020230202401909231437.pdf.

国家统计局. 2017. 2017 年国民经济行业分类(GB/T 4754—2017)[EB/OL]. [2017-09-29]. https://www.stats.gov.cn/xxgk/tjbz/gjtjbz/201710/t20171017_1758922.html.

国家统计局. 2018a. 国家旅游及相关产业统计分类(2018)[EB/OL]. [2018-05-29]. https://www.stats.gov.cn/sj/tjbz/gjtjbz/202302/t20230213_1902767.html.

国家统计局. 2018b. 文化及相关产业分类(2018)[EB/OL]. [2018-05-09]. https://www.

stats.gov.cn/xxgk/tjbz/gjtjbz/201805/t20180509_1758925.html.

国家统计局. 2019a. 健康产业统计分类(2019)[EB/OL]. [2019-04-09]. https://www.stats.gov.cn/xxgk/tjbz/gjtjbz/201904/t20190411_1758929.html.

国家统计局. 2019b. 体育产业统计分类(2019)[EB/OL]. [2019-04-09]. https://www.stats.gov.cn/xxgk/tjbz/gjtjbz/201904/t20190411_1758930.html.

国家统计局. 2020a. 教育培训及相关产业统计分类(2020)[EB/OL]. [2020- 12-14]. https://www.stats.gov.cn/xxgk/tjbz/gjtjbz/202012/t20201221_1810321.html.

国家统计局. 2020b. 农业及相关产业统计分类(2020)[EB/OL]. [2020-12-14]. https://www.stats.gov.cn/xxgk/tjbz/gjtjbz/202012/t20201221_1810322.html.

国家统计局. 2020c. 养老产业统计分类(2020)[EB/OL]. [2020-02-28]. https://www.stats.gov.cn/xxgk/tjbz/gjtjbz/202002/t20200228_1758941.html.

国家统计局. 2021a. 2020 年全国体育产业总规模与增加值数据公告[EB/OL]. [2021-12-30]. https://www.stats.gov.cn/sj/zxfb/202302/t20230203_1901324.html.

国家统计局. 2021b. 统计用产品分类目录[EB/OL]. [2024-11-18]. http://www.stats.gov.cn/sj/tjbz/tjypflml/2010/index.html.

国家统计局. 2021c. 《数字经济及其核心产业统计分类(2021)》(国家统计局令第 33 号)[EB/OL]. [2021-06-03]. https://www.stats.gov.cn/xxgk/tjbz/gjtjbz/202106/t20210603_1818135.html.

国家统计局国民经济核算司. 2020. 中国 2018 年投入产出表[M]. 北京: 中国统计出版社.

国家统计局能源司. 2010. 能源统计工作手册[M]. 北京: 中国统计出版社.

国家知识产权局规划发展司. 2017. 战略性新兴产业专利统计分析报告(2017 年)[EB/OL]. [2017-12-25]. https://www.cnipa.gov.cn/2018-02/20180201162451945374.pdf.

国家职业分类大典修订工作委员会. 2015. 中华人民共和国职业分类大典[M]. 北京: 中国劳动社会保障出版社.

韩中. 2011. 住户部门卫星账户的构建与理论阐述[J]. 统计研究, 28(11): 27-33.
何平, 陈丹丹. 2014. R&D 支出资本化可行性研究[J]. 统计研究, 31(3): 16-19.
贺铿. 1989. 关于信息产业和信息产业投入产出表的编制方法[J]. 数量经济技术经济研究, (2): 34-40, 33.
贺正楚, 吴艳. 2011. 战略性新兴产业的评价与选择[J]. 科学研究, 29(5): 678-683, 721.
洪茜. 2002. 构建与完善我国中小企业服务体系研究[D]. 南昌: 江西财经大学.
侯风云. 2004. 中国农村人力资本收益率研究[J]. 经济研究, 39(12): 75-84.
侯俊东, 杜兰英, 李剑峰. 2009. 国外营销学界关于非营利组织营销的研究及启示[J]. 华东经济管理, 23(2): 132-136, 157.
侯孟阳, 姚顺波. 2019. 异质性条件下化肥面源污染排放的 EKC 再检验: 基于面板门槛模型的分组[J]. 农业技术经济, (4): 104-118.
侯鹏, 付卓, 祝汉收, 等. 2020. 生态资产评估及管理研究进展[J]. 生态学报, 40(24): 8851-8860.
侯睿婕, 陈钰芬. 2018. SNA 框架下中国省际 R&D 资本存量的估算[J]. 统计研究, 35(5): 19-28.
侯瑜, 杨荔茗, 杨行健. 2019. 高等教育回报率的区域及教育层次差异: 基于 CGSS 混合截面数据的实证分析[J]. 现代教育管理, (6): 49-55.
胡皓, 韩兆洲. 2010. 对 SNA(2008)FISIM 中三个问题的思考[J]. 广东商学院学报, 25(6): 10-18.
胡文龙, 史丹. 2015. 中国自然资源资产负债表框架体系研究: 以 SEEA2012、SNA2008 和国家资产负债表为基础的一种思路[J]. 中国人口・资源与环境, 25(8): 1-9.
胡向东, 王济民. 2010. 中国畜禽温室气体排放量估算[J]. 农业工程学报, 26(10): 247-252.
胡湛, 彭希哲. 2012. 发展型福利模式下的中国养老制度安排[J]. 公共管理学报, 9(3):

60-70.

黄登笑, 吴开尧, 朱启贵. 2011. 3E 核算内容框架研究[J]. 现代管理科学, (3): 13-16.

黄辉, 常见阳. 2004. 工业企业竞争力综合评价指标体系的构建[J]. 北京航空航天大学学报(社会科学版), 17(2): 32-34, 39.

黄俊卿. 2015. 浅议扎实做好文化产业统计调查监测工作[J]. 内蒙古统计, (3): 49-50.

黄璆. 2016. 物流业资产负债表卫星账户研究[J]. 统计与信息论坛, 31(3): 14-20.

黄璆. 2017. 中国物流卫星账户的构建与应用研究[D]. 大连: 东北财经大学.

黄璆. 2018. 中国物流卫星账户的构建与应用研究[M]. 南昌: 江西高校出版社.

黄溶冰, 赵谦. 2015. 自然资源核算: 从账户到资产负债表:演进与启示[J]. 财经理论与实践, 36(1): 74-77.

黄小玉, 梁兵. 1999. 对环境核算中估价及数据聚合问题的思考[J]. 统计研究, 16(S1): 82-84.

黄晓荣, 奚圆圆, 杨鹏鹏, 等. 2016. 浅析水资源资产负债表的编制[J]. 水资源与水工程学报, 27(4): 44-49.

黄晓勇, 徐明, 郭磊, 等. 2020. 社会组织蓝皮书: 中国社会组织报告[M]. 北京: 社会科学文献出版社.

黄燕芬, 顾严. 2005. "绿色 GDP 热"的冷思考[J]. 统计研究, 22(4): 51-54.

黄勇峰, 任若恩, 刘晓生. 2002. 中国制造业资本存量永续盘存法估计[J]. 经济学(季刊), 2(1): 377-396.

黄祖辉, 米松华. 2011. 农业碳足迹研究: 以浙江省为例[J]. 农业经济问题, 32(11): 40-47, 111.

贾昌麟. 2017. 天水市战略性新兴产业现状与发展方向选择[J]. 改革与开放, (21): 37-38, 41.

贾玲, 甘泓, 汪林, 等. 2017. 论水资源资产负债表的核算思路[J]. 水利学报, 48(11): 1324-1333.

贾小爱. 2013. 论 FISIM 的核算主体、客体与载体[J]. 统计研究, 30(8): 32-38.

贾小爱. 2021. 我国 FISIM 物量核算方法改革与实践检验[J]. 统计研究, 38(5): 3-14.

贾小爱, 李云发. 2018. FISIM 核算之参考利率的比较与选择[J]. 统计研究, 35(5): 9-18.

简富缋, 宋晓谕, 虞文宝, 等. 2016. 水资产负债表编制中水资源资产核算账户的建立与分析: 以黑河中游张掖市为例[J]. 中国沙漠, 36(3): 851-856.

江永宏, 孙凤娥. 2016. 研发支出资本化核算及对 GDP 和主要变量的影响[J]. 统计研究, 33(4): 8-17.

姜雯昱. 2019. 非市场教育服务产出核算探讨: 基于英国产出核算的启示[J]. 统计与决策, 35(17): 18-21.

蒋萍, 艾伟强, 王勇. 2021. 派生产业核算的理论机理与方法逻辑[J]. 统计研究, 38 (11): 24-34.

蒋萍, 蒋再平. 2020. 卫星账户研究视角与体系结构[J]. 统计研究, 37(9): 3-10.

蒋萍, 刘丹丹, 王勇. 2013. SNA 研究的最新进展: 中心框架、卫星账户和扩展研究[J]. 统计研究, 30(3): 3-9.

蒋萍, 徐强, 杨仲山. 2014. 国民经济核算初级教程[M]. 北京: 中国统计出版社.

蒋萍, 徐强, 杨仲山. 2019. 国民经济核算初级教程[M]. 2 版. 北京: 中国统计出版社.

蒋天虹. 2004. 中小企业融资模式浅析[J]. 经济与管理, (10): 42-43.

蒋先玲, 苏日娜, 孙倩. 2012. Shibor 作为中国基准利率的可行性研究[J]. 金融论坛, 17(9): 25-32, 60.

蒋月英, 王娜. 2016. 哈尔滨市文化产业统计方法制度创新研究[J]. 统计与咨询, (2): 13-16.

焦敏, 陈新军. 2014. 自然资源价值核算理论在海洋渔业资源中的应用[J]. 海洋湖沼通报, 36(3): 75-81.

金锦萍. 2019. 非营利组织营利性收入税收政策比较研究[J]. 社会保障评论, 3(4): 118-132.

金星晔, 伏霖, 李涛. 2020. 数字经济规模核算的框架、方法与特点[J]. 经济社会体制比较, (4): 69-78.

康蓉. 2009. 旅游卫星账户: 新旧框架的对比[J]. 统计研究, 26(1): 110-112.

孔晴, 陈亮, 杨肃昌. 2021. 国际文化卫星账户的构建及对我国的启示[J]. 统计与决策, 37(15): 5-9.

孔晓瑞. 2021. FISIM 产出核算参考利率的风险与期限调整的探讨[J]. 统计理论与实践, (4): 27-32.

寇晓霜. 2004. 保税区统计指标评价体系的研究[D]. 天津: 天津大学.

雷琳. 2017. 美国科技型中小企业集群发展的经验与启示: 以美国硅谷为例[J]. 经营与管理, (8): 30-33.

李鼎, 赵文哲. 2013. 财政分权与公共教育投入的研究[J]. 经济社会体制比较, (4): 207-213.

李冻菊. 2018. “超越 GDP”议程的持续重要性[J]. 经济统计学(季刊), (2): 226-244.

李芳芝, 李超. 2013. 中国教育业的产业关联及中美比较分析[J]. 统计与信息论坛, 28(12): 66-72.

李放平. 2014. 自贸区与内陆城市互动发展的影响因素研究[J]. 物流工程与管理, 36(3): 154-156.

李富佳. 2018. 区际贸易隐含碳排放转移研究进展与展望[J]. 地理科学进展, 37(10): 1303-1313.

李海东. 2004. 国民核算体系下非营利部门的单独设置研究[J]. 统计与信息论坛, 19(5): 26-28, 92.

李海东. 2006. 非市场产出的范围拓展及核算方法[J]. 统计与决策, 22(3): 17-18.

李海东. 2007. 非营利机构核算问题研究[D]. 大连: 东北财经大学.

李海东. 2014. SNA 的修订与中国非营利机构核算的改进[J]. 统计研究, 31(5): 78-84.

李海舰, 赵丽. 2021. 数据成为生产要素: 特征、机制与价值形态演进[J]. 上海经济研究, 33(8): 48-59.

李花菊. 2010. 中国水资源核算中的混合账户与经济账户[J]. 统计研究, 27(3): 89-93.

李金华. 1996. 联合国《社会和人口统计体系》[J]. 中南财经大学学报, (2): 58-60.

李金华. 2008. 中国国民经济核算体系的扩展与延伸: 来自联合国三大核算体系比较研究的启示[J]. 经济研究, (3): 125-137.

李金华. 2009. 中国环境经济核算体系范式的设计与阐释[J]. 中国社会科学, (1): 84-98.

李金华. 2015a. 联合国环境经济核算体系的发展脉络与历史贡献[J]. 国外社会科学, (3): 30-38.

李金华. 2015b. 中国国家资产负债表卫星账户设计原理研究[J]. 统计研究, 32(3): 76-83.

李金华. 2019. 国家高新区发展的格局及新工业革命背景下的走向[J]. 南京社会科学, (4): 7-17.

李金华. 2020. 联合国国民账户体系族群的结构与逻辑[J]. 国外社会科学, (3): 60-71.

李静萍. 2020. 数据资产核算研究[J]. 统计研究, 37(11): 3-14.

李立国, 杜帆. 2020. 研究生教育对经济增长贡献率的区域差异与布局结构优化[J]. 教育发展研究, 40(21): 28-36.

李明, 李德刚. 2018. 中国地方政府财政支出乘数再评估[J]. 管理世界, 34(2): 49-58.

李佩瑾, 徐蔼婷. 2016. 参考利率风险调整思路的比较与重构[J]. 统计研究, 33(6): 103-112.

李佩瑾, 朱启贵. 2019. 参考利率期限调整思路比较与重构[J]. 统计研究, 36(7): 13-25.

李实, 丁赛. 2003. 中国城镇教育收益率的长期变动趋势[J]. 中国社会科学, (6): 58-72, 206.

李婷婷. 2016. 我国企业养老金会计核算问题研究[D]. 沈阳: 辽宁大学.

李文茜, 刘益. 2017. 技术创新、企业社会责任与企业竞争力: 基于上市公司数据的实证分析[J]. 科学学与科学技术管理, 38(1): 154-165.

李向东，李南，白俊红，等. 2011. 高技术产业研发创新效率分析[J]. 中国软科学，(2): 52-61.

李晓霞. 2016. 基于模糊综合评价模型的教学评价系统的设计与实现[D]. 成都：电子科技大学.

李颖. 2019. 中国省域 R&D 资本存量的测算及空间特征研究[J]. 软科学, 33(7): 21-26, 33.

李振国，徐建新. 2020. 融合 Elman 神经网络与 EMD 的交通拥堵指数预测[J]. 软件导刊，19(11): 11-16.

李自若，夏晓华，黄桂田. 2020. 中国省际贸易流量再估算与贸易演变特征研究[J]. 统计研究, 37(8): 35-49.

联合国, 欧盟委员会, 经济合作与发展组织, 等. 2012. 国民账户体系 2008[M]. 北京：中国统计出版社.

联合国, 欧洲联盟, 联合国粮食及农业组织, 等. 2020. 环境经济核算体系 2012 中心框架[M]. 北京：中国统计出版社.

联合国教科文组织统计研究所. 2013. 国际教育标准分类法 2011[EB/OL]. [2024-10-26]. http://uis.unesco.org/sites/default/files/documents/isced-2011-ch.pdf.

联合国经济和社会事务部统计处. 1985. 社会和人口统计体系[M]. 许成钢，黄琪，钟学义，译. 北京：中国财政经济出版社.

梁斌, 夏忠梁, 陈洪. 2017. 欧盟体育卫星账户的理论框架、指标体系与实践应用[J]. 上海体育学院学报, 41(6): 4-9, 41

梁赟玲，李波. 2017. 教育外部性的收入效应：基于中国数据的实证研究[J]. 教育与经济, (4): 49-57.

林宝. 2021. 积极应对人口老龄化：内涵、目标和任务[J]. 中国人口科学, (3): 42-55, 127.

林涛，杜思贤. 2018. 南沙自贸区创新指数设计与分析[J]. 城市观察, (4): 37-45.

凌媛媛. 2015. 国外促进高新技术产业发展的主要做法和经验总结[J]. 管理观察，(15):

24-26, 29.

刘安平. 2019. 数字经济给国民经济核算带来的挑战: 兼论数字经济卫星账户的构建[J]. 统计科学与实践, (3): 32-35.

刘丹丹. 2012. 住户无酬劳动核算国际进展及对中国的启示[J]. 统计研究, 29(12): 53-60.

刘扶民. 2019. 贯彻落实《国务院办公厅关于促进全民健身和体育消费推动体育产业高质量发展的意见》推动体育产业成为国民经济支柱性产业[J]. 体育科学, 39(10): 3-10.

刘汗, 张岚. 2015. 澳大利亚水资源会计核算的经验及启示[J]. 水利发展研究, 15(5): 70-74.

刘辉群, 刘恩专. 2008. 中国保税港区发展及其绩效评价[J]. 商业研究, (11): 203-207.

刘金山, 丁卓琪. 2018. R&D资本化及对地区GDP的影响[J]. 中国科技论坛, (4): 122-127.

刘晶, 杨珍增. 2016. 中国自由贸易试验区综合绩效评价指标体系研究[J]. 亚太经济, (3): 113-121.

刘利. 2019. 中外自然资源资产核算的比较与启示[J]. 统计与决策, 35(3): 9-12.

刘玲燕. 2016. 水资源的会计处理与资产负债表编制[D]. 宁波: 宁波大学.

刘明显, 莫洪兰. 2015. 基于AHP方法的中国—东盟自贸区金融生态环境影响因素分析[J]. 当代经济, (35): 145-147.

刘强. 2015. 中国文化产业发展的区域比较研究[D]. 大连: 东北财经大学.

刘琼, 肖海峰. 2020. 农地经营规模与财政支农政策对农业碳排放的影响[J]. 资源科学, 42(6): 1063-1073.

刘生龙, 周绍杰, 胡鞍钢. 2016. 义务教育法与中国城镇教育回报率: 基于断点回归设计[J]. 经济研究, 51(2): 154-167.

刘树, 许秋起. 2002. 关于EDP核算思路的若干思考: 兼与杨缅昆教授商榷[J]. 统计研究, 19(9): 45-49.

刘卫东. 2012. 中国2007年30省区市区域间投入产出表编制理论与实践[M]. 北京: 中国

统计出版社.

刘卫东. 2014. 2010 年中国 30 省区市区域间投入产出表[M]. 北京: 中国统计出版社.

刘卫东, 陈杰, 唐志鹏, 等. 2012. 中国2007年30省区市区域间投入产出表编制理论与实践[M]. 北京: 中国统计出版社.

刘雯雯. 2019. 辽宁省地表水水环境质量评价[J]. 水利技术监督, 27(3): 146-148, 152.

刘晓波, 蒋阳升, 唐优华, 等. 2019. 综合交通大数据应用技术的发展展望[J]. 大数据, 5(3): 55-68.

刘晓敏. 2012. 产业结构变化对碳排放的影响研究[D]. 长沙: 湖南大学.

刘尧, 张玉钧, 贾倩. 2017. 生态系统服务价值评估方法研究[J]. 环境保护, 45(6): 64-68.

刘耀彬, 胡凯川, 喻群. 2017. 金融深化对绿色发展的门槛效应分析[J]. 中国人口·资源与环境, 27(9): 205-211.

刘勇. 2016. 由政府部门到社会部门: 中国非营利机构增加值核算研究[D]. 北京: 北京理工大学.

柳剑平, 程时雄. 2011. 中国 R&D 投入对生产率增长的技术溢出效应: 基于工业行业(1993—2006 年)的实证研究[J]. 数量经济技术经济研究, 28(11): 34-50.

卢媛, 张晨. 2019. 基于旅游卫星账户的旅游统计核算指标体系研究: 以广东省数据为例[J]. 统计与信息论坛, 34(10): 13-19.

鲁琳. 2017. 基于 SEEA 体系的自然资源资产负债表编制研究[D]. 蚌埠: 安徽财经大学.

陆国庆, 王舟, 张春宇. 2014. 中国战略性新兴产业政府创新补贴的绩效研究[J]. 经济研究, 49(7): 44-55.

陆训清. 2021. 如何破解民营小微企业融资难题[J]. 商业文化, (28): 115-116.

陆旸. 2012. 从开放宏观的视角看环境污染问题: 一个综述[J]. 经济研究, 47(2): 146-158.

逯东, 朱丽. 2018. 市场化程度、战略性新兴产业政策与企业创新[J]. 产业经济研究, (2): 65-77.

路逊. 2008. 对金融产出核算理论的再思考[J]. 统计与决策, 24(15): 6-8.
罗良清, 胡美玲. 2008. 中国各地区医疗卫生服务的生产效率分析[J]. 统计与信息论坛, (2): 47-51.
罗良清, 平卫英, 张雨露. 2021. 基于融合视角的中国数字经济卫星账户编制研究[J]. 统计研究, 38(1): 27-37.
罗若兰. 2019. 湘江流域水资源资产负债表的编制研究[D]. 长沙: 中南林业科技大学.
吕洁华, 王凤, 蔺泽一. 2015. 我国文化产业统计核算数据有效性的实证分析[J]. 统计与决策, 31(19): 25-28.
吕晓敏, 刘尚睿, 耿建新. 2020. 中国自然资源资产负债表编制及运用的关键问题[J]. 中国人口·资源与环境, 30(4): 26-34.
马丹, 郁霞. 2020. 数据资产: 概念演化与测度方法[J]. 统计学报, 1(2): 15-24.
马晓君, 谷越, 宋嫣琦. 2022. 能源卫星账户: 演化背景、发展历史及国际经验[J]. 统计研究, 39(1): 146-160.
马萱, 郑世林. 2010. 中国区域文化产业效率研究综述与展望[J]. 经济学动态, (3): 83-86.
满晓玮, 赵璇, 蒋艳, 等. 2018. 基于“卫生费用核算体系 2011”的北京市经常性卫生费用核算结果[J]. 中国卫生经济, 37(2): 18-23.
孟广文, 刘铭. 2011. 天津滨海新区自由贸易区建立与评价[J]. 地理学报, 66(2): 223-234.
闵继胜, 胡浩. 2012. 中国农业生产温室气体排放量的测算[J]. 中国人口·资源与环境, 22(7): 21-27.
倪鹏飞. 2008. 中国城市拿什么吸引投资者: 《2008 中国营商环境报告》摘要[J]. 资本市场, (5): 102-105.
潘安. 2017. 对外贸易、区域间贸易与碳排放转移: 基于中国地区投入产出表的研究[J]. 财经研究, 43(11): 57-69.
潘雯雯, 余保玲. 2016. 体育非营利组织的公共服务活动及发展对策[J]. 体育文化导刊,

(7): 17-22.

彭刚, 朱莉, 陈榕. 2021. SNA 视角下我国数字经济生产核算问题研究[J]. 统计研究, 38(7): 19-31.

彭文心. 2015. 欠发达地区营商环境对招商引资影响研究[J]. 经营管理者, (3): 155-156.

平卫英, 张雨露. 2021-03-31. 健全数字经济统计核算体系[N]. 中国社会科学报, (4).

齐玮, 侯宇硕. 2017. 中国农产品进出口贸易隐含碳排放的测算与分解[J]. 经济经纬, 34(2): 74-79.

齐秀辉, 鲁惠. 2021. 基于钻石模型的黑龙江自贸区跨境电商发展问题研究[J]. 商业经济, (4): 14-15, 132.

钱伯海. 1984. 国民经济核算的平衡原则[J]. 中国社会科学, (3): 21-31.

乔根森 D W, 兰德菲尔德 J S, 诺德豪斯 W D. 2013. 宏观经济测算的前沿问题: 国民经济账户的新设计[M]. 伍晓鹰, 许宪春, 高敏雪, 等译. 北京: 北京大学出版社.

邱东. 2021-04-21a. 新时代中国特色统计学问题研究与国际统计标准的中国参与[N]. 光明日报, (11).

邱东. 2021b. 深入探索 ICP 隐含的经济测度问题: 评《GDP、福利和健康: 2017 年轮 ICP 的若干思考》[J]. 统计研究, 38(9): 143-156.

屈超, 张美慧. 2015. 国际 ICT 卫星账户的构建及对中国的启示[J]. 统计研究, 32(7): 74-80.

单汨源, 潘莎, 聂荣喜, 等. 2009. 基于卓越绩效模式的企业技术创新能力模型研究[J]. 科学学与科学技术管理, 30(6): 58-62.

施发启. 2021. 我国探索编制自然资源资产负债表情况介绍[J]. 中国统计, (6): 43-45.

石晓晓. 2019. 基于水资源资产负债价值量核算的水价形成机制研究[D]. 西安: 西安理工大学.

史俊晖, 戴小文. 2020. 我国省域农业隐含碳排放及其驱动因素时空动态分析[J]. 中国农业资源与区划, 41(8): 169-180.

史苏婷. 2015. 我国养老金会计现状及改进研究[D]. 太原: 山西财经大学.

史长宽, 梁会君. 2013. 营商环境省际差异与扩大进口: 基于30个省级横截面数据的经验研究[J]. 山西财经大学学报, 35(5): 12-23.

舒春, 綦良群, 常伟. 2004. 日本、美国、中国三国高新技术产业政策的比较分析[J]. 科技与管理, 6(5): 20-22.

宋旭光. 2003. 关于EDP核算思路的若干补充: 兼与杨缅昆教授、刘树教授等商榷[J]. 统计研究, 20(12): 46-50.

宋旭光. 2014. 物联网技术对国民经济核算发展的影响[J]. 统计研究, 31(10): 3-8.

宋旭光, 花昀, 何宗樾. 2021. 区块链技术对国民经济核算发展的影响[J]. 统计研究, 38(2): 3-14.

宋元梁, 胡光旗. 2015. 陕西新兴产业与地方经济增长关系的实证研究[J]. 西安工业大学学报, 35(3): 221-226.

孙飞红. 2020. 知识生产部门对国民经济的影响研究: 基于投入产出分析[J]. 宏观经济研究, (12): 109-120.

孙凤, 张浩凌, 罗振男. 2018. 教育部门的投入溢出效应分析: 基于投入产出法的计算[J]. 清华大学教育研究, 39(5): 38-47.

孙凤娥, 江永宏. 2018. 我国地区R&D资本存量测算: 1978—2015年[J]. 统计研究, 35(2): 99-108.

孙静, 徐映梅. 2018. SNA视角下企业研发资本化核算及主要变量调整[J]. 统计研究, 35(12): 16-25.

孙立成, 程发新, 李群. 2014. 区域碳排放空间转移特征及其经济溢出效应[J]. 中国人口·资源与环境, 24(8): 17-23.

孙萍萍. 2017. 实物型水资源资产核算研究[D]. 邯郸: 河北工程大学.

孙震宇, 王璐茜. 2019. 中小企业融资方式创新研究: 以杭州地区为例[J]. 现代商贸工业, 40(36): 78-80.

孙志军. 2004. 中国教育个人收益率研究: 一个文献综述及其政策含义[J]. 中国人口科学, (5): 65-72.

唐洁珑. 2017. 国际矿产资源核算的现状及启示[J]. 财会月刊, (12): 94-99.

唐军. 2017. 国民教育账户的基本框架、主要特点及其应用前景[J]. 经济统计学(季刊), (1): 183-190.

唐志鹏, 刘卫东, 公丕萍. 2014. 出口对中国区域碳排放影响的空间效应测度: 基于1997—2007年区域间投入产出表的实证分析[J]. 地理学报, 69(10): 1403-1413.

陶春海. 2010. 中国医疗服务生产效率评价研究: 基于 DEA 和 SFA 方法的组合研究[D]. 南昌: 江西财经大学.

陶春海, 程超. 2016. 基于模糊聚类法的中国各省城市医疗卫生服务水平综合比较[J]. 统计与管理, (7): 48-49.

腾讯研究院. 2017. 中国"互联网+"数字经济指数(2017)[R/OL]. [2024-10-12]. https://www.cbdio.com/image/site2/20170420/3417eb9bbd591a62741647.pdf.

腾讯研究院. 2022. 数字经济的内涵、界定和规模测算[EB/OL]. [2022-01-10]. https://www.tisi.org/22992.

田毕飞, 李伟. 2015. 内陆自贸区的建立与评价研究: 以武汉为例[J]. 国际商务研究, 6(4): 47-55.

田贵良, 韦丁, 孙晓婕. 2018. 水资源资产负债表: 要素、框架与试编研究[J]. 人民黄河, 40(11): 65-68, 73.

田建勋. 2019. 新兴战略产业的培育机制研究[J]. 纳税, 13(16): 280.

田云, 王梦晨. 2020. 湖北省农业碳排放效率时空差异及影响因素[J]. 中国农业科学, 53(24): 5063-5072.

田云, 吴海涛. 2020. 产业结构视角下的中国粮食主产区农业碳排放公平性研究[J]. 农业技术经济, (1): 45-55.

汪劲松, 石薇. 2019. 我国水资源资产负债表编制探讨: 基于澳大利亚水资源核算启示[J]. 统计与决策, 35(14): 5-9.

王安静, 冯宗宪, 孟渤. 2017. 中国 30 省份的碳排放测算以及碳转移研究[J]. 数量经济技术经济研究, 34(8): 89-104.

王炳成, 郝兴霖, 刘露. 2020. 战略性新兴产业商业模式创新研究: 环境不确定性与组织学习匹配的视角[J]. 软科学, 34(10): 50-55.

王成仁, 田原. 2017. 美国、日本、德国典型产业发展经验与启示[J]. 经济研究参考, (25): 33-35, 92.

王方. 2013. 我国高新区政策变迁历程及发展趋势研究: 基于中国 1984—2011 年高新区政策的考察[J]. 科技进步与对策, 30(12): 31-36.

王飞, 苏莉, 李霞. 2014. 河北省战略性新兴产业发展研究[J]. 经济研究导刊, (31): 45-47.

王建伟, 焦萍. 2010. 美国的运输统计与核算: 运输卫星账户与应用[J]. 中国统计, (2): 46-47.

王晋忠, 赵杰强, 王茜. 2014. Shibor 作为中国基准利率有效性的市场属性分析[J]. 经济理论与经济管理, (2): 85-94.

王俊峰. 2009. 我国制造业 R&D 资本存量的测算(1998—2005)[J]. 统计研究, 26(4): 13-18.

王峻峰. 2021. 新兴产业报道如何以算法思维细分受众[J]. 传媒观察, (1): 87-94.

王开科. 2018. R&D 资本存量估计: 1995—2017[J]. 税务与经济, (5): 19-25.

王玲玲, 李芳林. 2017. 中国社会组织发展的社会经济效益量化测度与分析[J]. 统计与信息论坛, 32(3): 42-49.

王孟欣. 2011. 我国区域 R&D 资本存量的测算[J]. 江苏大学学报(社会科学版), 13(1): 84-88.

王名, 贾西津. 2002. 中国 NGO 的发展分析[J]. 管理世界, 18(8): 30-43, 154-155.

王宪恩, 赵思涵, 刘晓宇, 等. 2021. 碳中和目标导向的省域消费端碳排放减排模式研究: 基于多区域投入产出模型[J]. 生态经济, 37(5): 43-50.

王晓鸿, 吕璇. 2018. 经济新常态下甘肃省战略性新兴产业创新发展模式探索[J]. 科学管理研究, 36(4): 35-39.

王欣. 2019. 我国水资源资产负债表的编制研究[D]. 北京: 首都经济贸易大学.

王雅丽, 陈新军, 李纲. 2012. 资源价值核算理论在渔业资源中的应用[J]. 上海海洋大学学报, 21(2): 272-279.

王亚菲, 王春云. 2018a. 中国制造业研究与开发资本存量测算[J]. 统计研究, 35(7): 16-27.

王亚菲, 王春云. 2018b. 中国行业层面研究与试验发展资本存量核算[J]. 数量经济技术经济研究, 35(1): 94-110.

王亚平. 1999. 我国高技术产业发展 50 年的历程[J]. 经济前沿, (10): 8-11.

王珧, 张永强, 田媛, 等. 2019. 我国粮食主产区农业碳排放影响因素及空间溢出性[J]. 南方农业学报, 50(7): 1632-1639.

王永瑜, 郭立平. 2010. 绿色 GDP 核算理论与方法研究[J]. 统计研究, 27(11): 77-84.

王勇. 2016. 对社会与人口核算的再认识: 基于 SSDS 与 SNA 的比较研究[J]. 统计研究, 33(7): 85-91.

王勇, 李明颢, 师琴娜. 2022. 欧盟体育卫星账户: 探索历程、核算理论与应用价值[J]. 统计研究, 39(4): 147-160.

王勇, 王云玥, 赵洋. 2020. 非营利机构卫星账户编制的国际进展: 标准更新及国家经验[J]. 统计研究, 37(10): 17-28.

王玉涛, 俞华军, 王成栋, 等. 2019. 生态资产核算与生态补偿机制研究[J]. 中国环境管理, 11(3): 31-35.

魏淑艳, 孙峰. 2017. 东北地区投资营商环境评估与优化对策[J]. 长白学刊, (6): 84-92.

温哲. 2018. 水资源资产负债表编制研究[D]. 济南: 山东财经大学.

吴芳, 曹秋迪, 沈菊琴, 等. 2020. 水资源资产负债表编制主体及作用研究[J]. 水利经济, 38(1): 14-20, 28, 85-86.

吴建安. 2002. 中国外商直接投资环境研究[D]. 北京: 对外经济贸易大学.

吴开尧, 朱启贵. 2011. 能源卫星核算体系研究[J]. 上海交通大学学报(哲学社会科学版), 19(5): 60-67.

吴贤荣, 张俊飚, 田云, 等. 2014. 中国省域农业碳排放: 测算、效率变动及影响因素研究: 基于 DEA-Malmquist 指数分解方法与 Tobit 模型运用[J]. 资源科学, 36(1): 129-138.

吴延兵. 2006. R&D 存量、知识函数与生产效率[J]. 经济学(季刊), (3): 1129-1156.

吴亦政, 张乐琦. 2020. 面向交通环境影响评价的大气扩散模型应用策略[J]. 同济大学学报(自然科学版), 48(11): 1612-1619.

吴翌琳. 2019. 国家数字竞争力指数构建与国际比较研究[J]. 统计研究, 36(11): 14-25.

吴优. 2005. 绿色国民经济核算的发展及其思考[J]. 统计研究, 22(9): 8-11.

吴优, 曹克瑜. 1998. 对自然资源与环境核算问题的思考[J]. 统计研究, 15(2): 59-63.

武春桃. 2015. 城镇化对中国农业碳排放的影响: 省际数据的实证研究[J]. 经济经纬, 32(1): 12-18.

习近平. 2019. 坚定文化自信, 建设社会主义文化强国[J]. 求是, (12): 1-10.

向书坚. 2001. 包含环境帐户的国民经济核算矩阵[J]. 统计研究, 18(5): 17-22.

向书坚. 2006. 2003 年 SEEA 需要进一步研究的主要问题[J]. 统计研究, 23(6): 17-21.

向书坚, 黄志新. 2005. SEEA 和 NAMEA 的比较分析[J]. 统计研究, 22(10): 18-22.

向书坚, 吴文君. 2019. 中国数字经济卫星账户框架设计研究[J]. 统计研究, 36(10): 3-16.

向书坚, 张俊霞. 2005. SEEA 与 ENRAP 体系中环境核算的比较分析[C]//中国可持续发展研究会. 2005 中国可持续发展论坛: 中国可持续发展研究会 2005 年学术年会论文集(上册). 上海: 中国可持续发展研究会: 443-447.

肖杨，毛显强，袁达，等. 2006. 水环境退化经济损失的计量方法及其应用[J].环境科学研究，(6): 127-130.

熊澄宇，傅琰. 2012. 关于当前我国文化产业分类标准的研究[J]. 社会科学战线，(1): 149-154.

熊建练，肖楚博，任英华. 2017. 我国城市文化产业集聚竞争力比较研究[J]. 统计与决策，33(1): 60-63.

徐蔼婷，李佩瑾. 2017. SNA 关于 FISIM 产出核算方法的修订[J]. 经济论坛, 560(3): 4-7, 27.

徐蔼婷，连港慧. 2019. 面向知识经济的五大行业 R&D 资本存量测算研究[J]. 现代经济探讨, 454(10): 9-18.

徐蔼婷，祝瑜晗. 2017. R&D 卫星账户整体架构与编制的国际实践[J]. 统计研究，34(9): 76-89.

徐丹，于渤. 2021. 长三角城市群高技术产业集聚空间溢出效应研究[J]. 科技进步与对策，38(6): 29-37.

徐明强，董大海，常百舒. 2020. 中国自贸区发展水平评价研究[J]. 统计与信息论坛，35(6): 105-114.

徐强，陈华超. 2018. 银行产出测度的争议[J]. 经济社会体制比较, (2): 109-115.

许可，王瑛. 2014. 后危机时代对中国营商环境的再认识：基于世界银行对中国 2700 家私营企业调研数据的实证分析[J]. 改革与战略, 30(7): 118-124.

许宪春，常子豪. 2020. 关于中国数据库调查方法与资本化核算方法研究[J]. 统计研究，37(5): 14-26.

许宪春，彭志龙，陈杰. 2012. 按经济所有权原则记录国际贸易对国民账户的影响[J]. 统计研究, 29(9): 3-5.

许宪春，张美慧. 2020. 中国数字经济规模测算研究：基于国际比较的视角[J]. 中国工业经济, (5): 23-41.

许宪春，张美慧．2022．数字经济增加值测算问题研究综述[J]．计量经济学报，2(1): 19-31.

许宪春，张美慧，张钟文. 2021．“免费”内容产品核算问题研究[J]．统计研究, 38(9): 3-18.

许宪春，张钟文，胡亚茹．2022．数据资产统计与核算问题研究[J]．管理世界，38(2): 16-30.

许宪春，郑学工．2016．改革研发支出核算方法：更好地反映创新驱动作用[J]．国家行政学院学报, (5): 4-12, 141.

许源，顾海英，吴开尧．2013．中国农产品贸易隐含的 CO_2 评估：基于非竞争型投入产出模型[J]．生态经济, (8): 82-86.

薛伟. 1996．可持续发展与环境经济综合核算[J]．统计研究, 13(6): 28-32.

颜敏，王维国．2009．基于时变参数的中国教育投入对经济增长贡献率估计[J]．统计与信息论坛, 24(7): 72-78.

颜晓畅，黄桂田．2020．政府财政补贴、企业经济及创新绩效与产能过剩：基于战略性新兴产业的实证研究[J]．南开经济研究, (1): 176-198.

颜俨，姚柳杨，郎亮明，等. 2019．基于 Meta 回归方法的中国内陆河流域生态系统服务价值再评估[J]．地理学报, 74(5): 1040-1057.

杨碧琦，骆相阳，代长红．2020．ATIS 条件下的城市路网最优拥挤收费方案设计[J]．汽车实用技术, 45(21): 229-230, 237.

杨灿. 2001．可持续发展框架内的储蓄与财富核算问题[J]．统计研究, 18(3): 33-38.

杨灿. 2004. SNA 框架内的 GDP 和 EDP 核算疑难问题辨析[J]．统计研究, 21(7): 15-20.

杨华．2017．环境经济核算体系介绍及我国实施环境经济核算的思考[J]．调研世界，(11): 3-11.

杨娟. 2009. 21 世纪西欧国家养老金改革述评[J]．公共管理学报, 6(4): 105-111, 128.

杨林涛，韩兆洲，王昭颖. 2015．多视角下 R&D 资本化测算方法比较与应用[J]．数量经济技术经济研究, 32(12): 90-106.

杨缅昆. 2002. 关于 EDP 核算思路的若干质疑[J]. 统计研究, 19(3): 35-38.

杨缅昆. 2003. EDP 核算理论问题的再探讨: 与刘树、许秋起两学者商榷[J]. 统计研究, 20(12): 51-54.

杨缅昆. 2004. 环境退化: 核算理论和方法[J]. 统计研究, 21(11): 3-6.

杨涛. 2015. 营商环境评价指标体系构建研究: 基于鲁苏浙粤四省的比较分析[J]. 商业经济研究, (13): 28-31.

杨文雪. 2003. 第三部门经济核算问题商榷[J]. 云南财贸学院学报, 19(1): 91-93.

杨文雪, 李军. 2006. 对第三部门经济核算若干理论问题的再思考[J]. 云南财经大学学报, 22(5): 9-14.

杨莹. 2019. 社会组织经济贡献研究: 基于北京市的数据分析[D]. 北京: 中共中央党校.

杨越. 2015. 中国体育产业现状与未来发展重点分析: 基于三次全国经济普查的调查研究[J]. 体育科学, 35(11): 24-29.

杨昭飞. 2019. 武汉市水资源资产价值量化研究[D]. 武汉: 中南财经政法大学.

杨仲山, 张美慧. 2019. 数字经济卫星账户: 国际经验及中国编制方案的设计[J]. 统计研究, 36(5): 16-30.

杨仲山, 郑彦. 2012. ISCED(2011): 理论发展与分类变化[J]. 统计研究, 29(11): 26-30.

杨卓亚. 2015. 综合保税区向自由贸易园区转型研究: 以大连保税区为例[D]. 沈阳: 辽宁大学.

姚利辉. 2017. 基于 SEEA-2012 的综合绿色 GDP 核算体系构建研究[D]. 长沙: 中南林业科技大学.

叶炳杰, 韦健磊, 李德政, 等. 2020. 水资源资产负债表编制研究: 以嘉兴市为例[J]. 现代商贸工业, 41(18): 114-115.

叶迪, 朱林可. 2017. 地区质量声誉与企业出口表现[J]. 经济研究, 52(6): 105-119.

叶修群, 陈雯诗, 刘荣春. 2021. 保税区和出口加工区对地区全要素生产率的影响: 基于双重差分法的实证研究[J]. 中央财经大学学报, (1): 119-128.

易定红, 陈翔. 2020. 人力资本外部性、劳动要素集聚与城市化形成机制研究[J]. 经济问题, (5): 7-14.

于寄语. 2015. 人力资本、教育层次与区域经济增长: 基于中国 1997—2012 年省级面板数据的实证研究[J]. 上海经济研究, 27(12): 97-104, 114.

于孝建, 钟永红. 2009. 金融业总产出核算方法的国际研究及对我国的启示[J]. 财会通讯, (3): 143-144, 148.

于洋. 2020. 知识产权产业统计核算问题研究[R]. 北京：国家统计局科研所应用统计分析培训班.

余珮, 李珉迪. 2019. 跨国并购战略性新兴企业的绩效研究: 基于资源基础观与制度基础相结合的视角[J]. 财经科学, (12): 78-92.

余文建, 邓蒂妮. 2008. 辅助性金融机构发展与中小企业融资改善: 台湾地区的经验与借鉴[J]. 上海金融, (8): 81-84.

余泳泽. 2009. 我国高技术产业技术创新效率及其影响因素研究: 基于价值链视角下的两阶段分析[J]. 经济科学, (4): 62-74.

俞灵燕. 2015. 加强派生产业统计服务地区经济发展: 兼谈浙江的实践与体会[J]. 统计科学与实践, (8): 14-17, 46.

袁文俊. 2020. 复杂网络视角下我国省域间贸易隐含碳排放流动研究[D]. 西安: 西安建筑科技大学.

袁长伟, 王建伟, 吕荧萍. 2009. 基于运输卫星账户的运输经济核算[J]. 交通运输工程学报, 9(4): 108-113.

岳侠, 钱晓萍. 2015. 中亚五国投资环境比较研究: 中国的视角[J]. 亚太经济, (2): 73-78.

曾益, 魏晨雪, 李晓琳, 等. 2019. 征收体制改革、延迟退休年龄与养老保险基金可持续性: 基于“减税降费”背景的实证研究[J]. 公共管理学报, 16(4): 108-118, 173-174.

翟铁民, 张毓辉, 万泉, 等. 2015. 基于“卫生费用核算体系 2011”的中国卫生费用核算方法学研究[J]. 中国卫生经济, 34(3): 9-11.

张潮, 张雪. 2020. 组织能力、合作网络和制度环境: 社区非营利组织参与社会治理的有效性研究[J]. 经济社会体制比较, (2): 90-99.

张车伟. 2006. 人力资本回报率变化与收入差距: “马太效应”及其政策含义[J]. 经济研究, (12): 59-70.

张恩娟. 2016. 基于模糊物元分析的福建自贸区物流服务能力提升研究[J]. 哈尔滨师范大学自然科学学报, 32(5): 16-19, 59.

张和平. 2010. 对于大力发展战略性新兴产业的思考与建议[J]. 经济界, (3): 55-60.

张娟. 2020-11-23. 怎样提高派生产业统计质量[N]. 中国信息报, (3).

张军. 2002. 增长、资本形成与技术选择: 解释中国经济增长下降的长期因素[J]. 经济学(季刊), 1(2): 301-335.

张俊杰, 范振林, 王翻羽, 等. 2020. 自然资本核算的中国路径[J]. 中国国土资源经济, 33(10): 31-38, 60.

张琳玲. 2020. 基于模糊综合评价模型的水资源资产负债表编制与应用[D]. 兰州: 兰州财经大学.

张美慧. 2021. 数字经济供给使用表: 概念架构与编制实践研究[J]. 统计研究, 38(7): 3-18.

张若. 2010. 中国体育卫星账户构建方法与拓展应用初探[J]. 武汉体育学院学报, 44(3): 40-44.

张绍乐. 2017. 自贸区综合发展水平影响因素评价研究[J]. 区域经济评论, (6): 112-120.

张苏, 曾庆宝. 2011. 教育的人力资本代际传递效应述评[J]. 经济学动态, (8): 127-132.

张卫民, 李辰颖. 2019. 森林资源资产负债表核算系统研究[J]. 自然资源学报, 34(6):

1245-1258.

张秀红, 杨旸, 陈立永. 2012. 文化产业统计方法制度探讨[J]. 统计与管理, 27(6): 159-160.

张雪. 2013. 新形势下我国文化产业统计系统优化路径探析[J]. 同济大学学报(社会科学版), 24(3): 41-46.

张颖. 2018. 生态资产核算和负债表编制的统计规范探究: 基于 SEEA 的视角[J]. 中国地质大学学报(社会科学版), 18(2): 92-101.

张颖, 潘静. 2016. 森林碳汇经济核算及资产负债表编制研究[J]. 统计研究, 33(11): 71-76.

张永安, 胡佩. 2019. 交互效应视角下政府补助、内部资源与创新绩效关系研究: 以战略性新兴产业上市企业为例[J]. 科技进步与对策, 36(18): 68-77.

张永民. 2007. 生态系统与人类福祉: 评估框架[M]. 张永民, 译. 北京: 中国环境科学出版社.

张友棠, 刘帅. 2016. 基于自然资源资产负债表的环境责任审计体系设计: 以水资源为例[J]. 财政监督, (1): 95-97.

张宇燕, 方建春. 2020. GDP 与 IWI: 核算体系与人类福祉[J]. 经济学动态, (9): 15-29.

张毓辉, 万泉, 王秀峰. 2018. 以健康为中心的卫生费用核算体系研究[J]. 中国卫生经济, 37(5): 13-17.

张毓辉, 王秀峰, 万泉. 2017. 中国健康产业分类与核算体系研究[J]. 中国卫生经济, 36(4): 5-8.

张振助. 2009. 国际教育指标及统计的比较与借鉴[J]. 复旦教育论坛, 7(5): 50-55.

张志涛, 戴广翠, 郭晔, 等. 2018. 森林资源资产负债表编制基本框架研究[J]. 资源科学, 40(5): 929-935.

张钟文, 叶银丹, 许宪春. 2017. 高技术产业发展对经济增长和促进就业的作用研究[J]. 统计研究, 34(7): 37-48.

赵春哲, 李丹. 2019. 全球新兴产业发展趋势与经验启示[J]. 全球化, (11): 71-83, 135.

赵彦云, 吴翌琳. 2009. 基于实物量数据的文化产业增加值核算模型研究[J]. 统计研究, 26(2): 35-38.

郑光豹. 2014. 基于人力资本与 R&D 的物流全要素生产率研究[J]. 物流技术, 33(13): 312-314.

郑鸣, 朱怀镇. 2007. 高等教育与区域经济增长: 基于中国省际面板数据的实证研究[J]. 清华大学教育研究, 28(4): 76-81.

郑万腾, 戴志敏, 王麒麟. 2015. 高新技术产业发展与江西省经济增长灰色关联度对比分析[J]. 科技广场, (6): 178-184.

郑彦. 2017. 全口径教育卫星账户编制技术研究[D]. 大连: 东北财经大学.

郑彦, 夏杰锋. 2021. 卫星账户核算: 理论发展与编制应用[J]. 统计与信息论坛, 36(12): 3-11.

中国教育科学研究院中国教育发展报告课题组, 方晓东, 高丙成. 2013. 中国教育综合发展水平研究[J]. 教育研究, 34(12): 32-39.

中国信息通信研究院. 2020. 中国数字经济发展白皮书(2020 年)[EB/OL]. [2020-07-02]. https://www.caict.ac.cn/kxyj/qwfb/bps/202007/P020200703318256637020.pdf.

中国信息通信研究院. 2021a. 全球数字经济白皮书: 疫情冲击下的复苏新曙光(2021)[EB/OL]. [2021-09-13]. http://www.caict.ac.cn/kxyj/qwfb/bps/202108/P020210913403798893557.pdf.

中国信息通信研究院. 2021b. 中国数字经济就业发展研究报告: 新形态、新模式、新趋势(2021 年)[EB/OL]. [2021-03-23]. http://www.caict.ac.cn/kxyj/qwfb/ztbg/202103/P020210323383606724221.pdf.

中华人民共和国国家统计局. 2017. 中国国民经济核算体系—2016[M]. 北京: 中国统计出版社.

中华人民共和国民政部. 2020. 2019 年民政事业发展统计公报[EB/OL]. [2020-09-08]. https://www.mca.gov.cn/images3/www2017/file/202009/1601261242921.pdf.

中华人民共和国人力资源和社会保障部养老保险司. 2014. 养老保险司[EB/OL]. [2024-11-18]. http://www.mohrss.gov.cn/yanglaobxs/.

中华人民共和国中央人民政府. 中共中央关于制定国民经济和社会发展第十四个五年规划和二〇三五年远景目标的建议[EB/OL]. [2020-11-03]. https://www.gov.cn/zhengce/2020-11/03/content_5556991.htm.

周锦, 闻雯. 2012. 基于因子分析的我国文化产业发展评价[J]. 华东经济管理, 26(2): 46-50.

周胜, 刘正良. 2013. 中国教育投入的外溢效益及其计量检验[J]. 教育与经济, 29(1): 36-41.

周伟, 杨栋楠, 章浩. 2017. 京津冀协同发展中河北现代产业体系评价研究[J]. 经济研究参考, (64): 65-73.

周学锋, 高猛. 2012. 社会组织促进就业的功能与制度路径[J]. 中国行政管理, (11): 36-40.

朱发仓, 乐冠岚, 李倩倩. 2021. 数字经济增加值规模测度[J]. 调研世界, (2): 56-64.

朱力崎. 2001. 环境-经济核算中的环保活动再认识[J]. 统计研究, 18(5): 23-25.

朱启贵. 2013. 国民经济核算体系构建的理念与变革: 基于发展观演进历程的分析[J]. 人民论坛 · 学术前沿, (1): 68-73, 95.

朱向东. 2000a. 农业经济核算试行工作开端良好, 任务艰巨[J]. 调研世界, (11): 3.

朱向东. 2000b. 全面推行农业经济核算, 提高农村统计工作水平[J]. 调研世界, (10): 3-4.

朱晓青. 2004. 中国经济发展现状、问题及对策[J]. 新视野, (3): 14-16.

诸艳霞, 黄斌. 2009. 养老金结构与金融结构的相关性研究: 来自典型 OECD 国家的经验证明[J]. 公共管理学报, 6(1): 64-73, 125-126.

祝树金, 虢娟. 2008. 开放条件下的教育支出、教育溢出与经济增长[J]. 世界经济, 31(5):

56-67.

“SNA 的修订与中国国民经济核算体系改革”课题组，许宪春，彭志龙，等. 2012. 按经济所有权原则记录国际贸易对国民账户的影响[J]. 统计研究, 29(9): 3-5.

Acemoglu D, Angrist J. 2000. How large are human-capital externalities? Evidence from compulsory schooling laws[J]. NBER Macroeconomics Annual, 15(11): 9-59.

Advisory Expert Group on National Accounts. 2019. Valuation of free assets and free services[J/OL]. [2024-11-25]. https://unstats.un.org/unsd/nationalaccount/aeg/2019/M13_2_3_4_Valuation_Free_Assets_Services.pdf.

Ahmad N, Ribarsky J. 2018. Towards a framework for measuring the digital economy[R]. Copenhagen: Paper Prepared for the 35th IARIW General Conference.

Ahmad N, van de Ven P. 2018a. Recording and measuring data in the System of National Accounts[R]. Meeting of the OECD Informal Advisory Group on measuring GDP in a digitalised economy.

Aizcorbe A M. 2014. Toward a health care satellite account[J]. BEA Briefing, (5): 24-30.

Aizcorbe A M, Highfill T. 2015. Medical care expenditure indexes for the US, 1980-2006[R]. Chicago: The Society of Economic Measurement Conference.

Aizcorbe A M, Retus B A, Smith S. 2008. BEA briefing: toward a health care satellite account[J]. Survey of Current Business, (5): 24-30.

Alam M K, Bell R W, Biswas W K. 2019. Increases in soil sequestered carbon under conservation agriculture cropping decrease the estimated greenhouse gas emissions of wetland rice using life cycle assessment[J]. Journal of Cleaner Production, 224: 72-87.

Alvaredo F, Atkinson A B, Chancel L, et al. 2016. Distributional national accounts guidelines: methods and concepts used in WID. World[R]. WID. World Working Paper.

Añón Higón D. 2007. The impact of R&D spillovers on UK manufacturing TFP: a dynamic panel approach[J]. Research Policy, (7): 964-979.

Arrow K J. 1962. The economic implications of learning by doing[J]. Review of Economic Studies, 29(3): 155.

Australian Bureau of Statistics. 2011. Information paper: a future Australian transport satellite account: ABS views, 2011[EB/OL]. [2024-11-25]. https://search.abs.gov.au/s/search.html?form=simple&collection=abs-search&query=A+Future+Australian+Transport+Satellite+Account.

Australian Bureau of Statistics. 2013. Discussion paper: cultural and creative activity satellite accounts[EB/OL]. [2013-06-25]. https://www.ausstats.abs.gov.au/ausstats/subscriber.nsf/0/FA89869065846371CA257B890013D307/$File/5271055001_2013.pdf.

Australian Bureau of Statistics. 2014a. Australian environmental-economic accounts[EB/OL]. [2024-11-25]. https://www.abs.gov.au/AUSSTATS/abs@.nsf/Lookup/4655.0Explanatory%20Notes12014.

Australian Bureau of Statistics. 2014b. Australian National Accounts: Non-Profit Institutions Satellite Account[Z].

Australian Bureau of Statistics. 2014c. Australian national accounts: cultural and creative activity satellite accounts, experimental[EB/OL]. [2014-02-18]. https://www.ausstats.abs.gov.au/ausstats/subscriber.nsf/0/EFFE2547EC51F5AACA257C78000C1B53/$File/52710_2008-09.pdf.

Australian Bureau of Statistics. 2019. Energy account[EB/OL]. [2024-11-25]. https://www.abs.gov.au/statistics/industry/energy/energy-account-australia/2017-18.

Australian Bureau of Statistics. 2021. ABS integrated environmental-economic accounts[EB/OL]. [2021-09-07]. https://www.abs.gov.au/statistics/detailed-methodology-information/concepts-sources-methods/australian-system-national-accounts-concepts-sou rces-and-methods/2020-21/chapter-23-satellite-accounts/environmental-economic-accounts/abs-integrated-environmental-economic-accounts.

Autio E. 1998. Evaluation of RTD in regional systems of innovation[J]. European Planning Studies, 6(2): 131-140.

Bai Y P, Deng X Z, Jiang S J, et al. 2019. Relationship between climate change and low-carbon agricultural production: a case study in Hebei Province, China[J]. Ecological Indicators, 105: 438-447.

Balmford A, Bruner A, Cooper P, et al. 2002. Economic reasons for conserving wild nature[J]. Science, 297(5583): 950-953.

Baltagi B H. 2021. Econometric Analysis of Panel Data[M]. 6th ed. Cham: Springer.

Barefoot K, Curtis D, Jolliff W, et al. 2018. Defining and measuring the digital economy[EB/OL]. [2018-03-15]. https://www.bea.gov/system/files/papers/WP2018-4.pdf.

Bartelmus P. 2007. SEEA-2003: accounting for sustainable development?[J]. Ecological Economics, 61(4): 613-616.

Basu S, Inklaar R, Wang J C. 2011. The value of risk: measuring the service output of U. S. commercial banks[J]. Economic Inquiry, 49(1): 226-245.

Battese G E, Coelli T J. 1995. A model for technical inefficiency effects in a stochastic frontier production function for panel data[J]. Empirical Economics, 20(2): 325-332.

Bernstein J, Nadia M I. 1988. Interindustry R&D spillovers, rates of return, and production in high-tech industries[J]. American Economic Review - AEA Papers and Proceedings, 78(2): 429-434.

Blankenau W F, Simpson N B. 2004. Public education expenditures and growth[J]. Journal of Development Economics, 73(2): 583-605.

Boarini R, d'Ercole M M, Liu G. 2012. Approaches to measuring the stock of human capital:

a review of country practices[R]. Paris: OECD Statistics Working Papers.

Bos F. 2011. A national accounts satellite for human capital and education[EB/OL]. [2011-10-24]. https://mpra.ub.uni-muenchen.de/33791/.

Braibant M. 2000. The French experience with satellite accounts[EB/OL]. [2024-11-25]. https://www.iioa.org/conferences/13th/files/Braibant_FrenchSatelliteAccounts.pdf.

Brandes U. 2001. A faster algorithm for betweenness centrality[J]. The Journal of Mathematical Sociology, 25(2): 163-177.

Brazilian Institute of Geography and Statistics. 2022. Environmental-economic accounting[EB/OL]. [2024-11-25]. https://www.ibge.gov.br/busca.html?searchword=Environmental-Economic+Accounting.

Bureau of Transportation Statistics. 2011. Transportation satellite accounts: a look at transportation's role in the economy[EB/OL]. [2011-01-01]. https://rosap.ntl.bts.gov/view/dot/26197.

Bureau of Transportation Statistics. 2018. Transportation satellite accounts[EB/OL]. [2024-11-25]. https://www.bts.gov/satellite-accounts.

Cameron A C, Trivedi P K. 2010. Microeconometrics Using Stata[M]. College Station: Stata Press.

Canada Statistics. 2009. Satellite account of non-profit institutions and volunteering[EB/OL]. [2024-11-25]. https://www150.statcan.gc.ca/n1/en/cat alogue/13-015-X.

Canada Statistics. 2015. 2013 General social survey giving, volunteering and participating questionnaire[EB/OL]. [2024-11-25]. http://ccss.jhu.edu/wp-content/uploads/downloads/2015/12/Canada_STATCAN_GSSC27GVP_Questionnaire_English.pdf.

Canada Statistics. 2019. Measuring investment in data, databases and data science: conceptual framework[EB/OL]. [2019-06-24]. https://www150.statcan.gc.ca/n1/pub/13-605-x/2019001/

article/00008-eng.htm.

Canry N. 2020. Why and how should human capital be measured in national accounts?[R]. Université Paris1 Panthéon-Sorbonne (Post-Print and Working Papers).

Caporale G M, Rault C, Sova R, et al. 2009. On the bilateral trade effects of free trade agreements between the EU-15 and the CEEC-4 countries[J]. Review of World Economics, 145(2): 189-206.

Central Bureau of Statistics. 2018. Income and expenses of non-profit institutions 2015-2017[J/OL]. https://www.cbs.gov.il/he/mediarelease/DocLib/2018/259/08_18_259e.pdf.

Central Statistical Office. 2018. Compendium of environment statistics, 2015[EB/OL]. [2024-11-25]. https://unstats.un.org/unsd/environment/Compendia/Zambia_Compedium%20of%20Environment%20Statistics_2015.pdf.

Chen B, Li J S, Wu X F, et al. 2018. Global energy flows embodied in international trade: a combination of environmentally extended input-output analysis and complex network analysis[J]. Applied Energy, 210: 98-107.

Christian M S. 2012. Measuring the output of health care in the United States[J]. Survey of Current Business, (7): 35-42.

Christian M S. 2016. Net investment and stocks of human capital in the United States, 1975-2013[R]. Washington: BEA Working Papers.

Coe D T, Helpman E. 1995. International R&D spillovers[J]. European Economic Review, 39(5): 859-887

Colangelo A, Inklaar R. 2012. Bank output measurement in the euro area: a modified approach[J]. Review of Income and Wealth, 58(1): 142-165.

Commissariat Général au Développement Durable. 2014. Le compte satellite du transport[EB/OL]. [2024-11-25]. http://temis.documentation.developpement-durable.

gouv.fr/document.html?id=Temis-0081204&requestId=9&number=49.

Coremberg A. 2010. The economic value of human capital and education in an unstable economy: the case of Argentina[R]. St. Gallen: 31st General Conference of The International Association for Research in Income and Wealth.

Council of the European Union. 2011. European Union work plan for sport for 2011–2014[EB/OL]. [2024-11-25]. https://eur-lex.europa.eu/legal-content/EN/TXT/?uri=celex%3A42011Y0601%2801%29.

Council of the European Union. 2014. European Union work plan for sport (2014–2017)[EB/OL]. [2024-11-25]. https://eur-lex.europa.eu/legal-content/ EN/TXT/PDF/?uri=CELEX%3A42014Y0614%2803%29&from=EN.

Council of the European Union. 2017. European Union work plan for sport (2017–2020)[EB/OL]. [2024-11-25]. https://eur-lex.europa.eu/legal-content/EN/TXT/?uri=CELEX%3A42017Y0615%2801%29.

Crawford M J, Lee J, Jankowski J E, et al. 2014. Measuring R&D in the national accounting system[J]. Survey of Current Business, (11): 1-15.

Cross P, Wilkinson J. 2009. What does the pension satellite account tell about Canada's pension system?[J]. Canadian Economic Observer, 22(11): 9.

CSAEM. 2015. CAB Culture Satellite Account Methodological Guide(Spanish)[EB/OL]. [2024-11-25]. https://unstats.un.org/unsd/nationalaccount/workshops/2015/Montreal/LOD.asp.

Cui Y, Khan S U, Deng Y, et al. 2021. Environmental improvement value of agricultural carbon reduction and its spatiotemporal dynamic evolution: evidence from China[J]. Science of The Total Environment, 754: 142170.

Dalgaard T, Olesen J E, Petersen S O, et al. 2011. Developments in greenhouse gas emissions and net energy use in Danish agriculture: how to achieve substantial CO_2 reductions?[J].

Environmental Pollution, 159(11): 3193- 3203.

Das A, Jangili R. 2016. Financial intermediation services indirectly measured (FISIM): the role of reference rate[J]. Statistical Journal of the IAOS, 33(2): 515-524.

Dunn A, Rittmueller L, Whitmire B. 2015. Introducing the New BEA health care satellite account[J]. Survey of Current Business, (1): 6-11.

Elizabeth P, Ortiz M. 2017. Arts and cultural production satellite account state employment and compensation in 2014[J/OL]. [2017-09-25]. https://apps.bea.gov/scb/pdf/2017/09-September/0917-arts-and-cultural-production-account.pdf.

Esen S E, Hein L. 2020. Development of SEEA water accounts with a hydrological model[J]. Science of The Total Environment, 737: 140168.

Eurostat. 2008. Manual of Supply, Use and Input-Output Tables[M]. Luxembourg: Office for Official Publications of the European Communities.

European Commission. 2007. Alternative Progress Indicators to Gross Domestic Product (GDP) as a Means Towards Sustainable Development[DB/OL]. [2024-11-25]. https://www.europarl.europa.eu/RegData/etudes/etudes/join/2007/385672/IPOL-ENVI_ET(2007)385672_EN.pdf.

European Commission. 2008. White Paper on Sport[M]. London: The Stationery Office Limited.

European Commission. 2011. Communication on Sport (2011): Developing the European Dimension in Sport[M]. Luxembourg: The Publications Office of the European Union.

European Commission. 2013. Sport Satellite Accounts, A European Project: New Results[M]. Luxembourg: The Publications Office of the European Union.

European Commission. 2014. Report from the Commission to the European Parliament, the Council, the European Economic and Social Committee and the Committee of the

Regions on the implementation of the European Union work plan for sport 2011–2014[EB/OL]. [2024-11-25]. https://ec.europa.eu/assets/eac/sport/library/documents/com201422_en.pdf.

European Commission. 2017. Report from the Commission to the European Parliament, the Council, the European Economic and Social Committee and the Committee of the Regions on the implementation and relevance of the European Union work plan for sport 2014–2017[EB/OL]. [2024-11-25]. https://eur-lex.europa.eu/legal-content/EN/TXT/?uri=COM:2017:022:FIN.

European Commission. 2020. Report from the Commission to the European Parliament, the Council, the European Economic and Social Committee and the Committee of the Regions on the implementation and relevance of the European Union work plan for sport 2017–2020[EB/OL]. [2024-11-25]. https://eur-lex.europa.eu/legal-content/EN/TXT/HTML/?uri=CELEX:52020DC0293.

Eurostat. 2000. Manual on the economic accounts for agriculture and forestry[EB/OL]. [2024-11-25]. https://ec.europa.eu/eurostat/documents/3859598/5854389/KS-27-00-782-EN.PDF/e79eb663-b744-46c1-b41e-0902be421beb.

Eurostat. 2002. The European Framework for Integrated Environmental and Economic Accounting for Forests-IEEAF[EB/OL]. [2024-11-25]. https://ec.europa.eu/eurostat/documents/3859598/5859829/KS-BE-02-003-EN.PDF.pdf/5d0687cc-d770-4183-80b5-b684a 62a8917?t=1414780453000.

Fan C C, Scott A J. 2003. Industrial agglomeration and development: a survey of spatial economic issues in East Asia and a statistical analysis of Chinese regions[J]. Economic Geography, 79(3): 295-319.

Fang B S, Han X L. 1997. Measuring the contribution of transportation to the U. S. economy:

U. S. transportation satellite account[J]. Transportation Research Record, 1576(1): 99-104.

Fang B S, Han X L, Ann M L, et al. 1998. U. S. transportation satellite accounts for 1992[J]. Survey of Current Busuness, (4): 16-27.

Fang B S, Han X L, Sumiye O, et al. 2000. U. S. transportation satellite accounts for 1996[J]. Survey of Current Busuness, 80(5): 14-21.

FAO. 2004. Manual for environmental and economic accounts for forestry: a tool for cross-sectoral policy analysis[EB/OL]. [2024-11-25]. https://www.fao.org/4/j1972e/J1972E00.htm#TOC.

FAO, UNSD. 1996. A System of Economic Accounts for Food and Agriculture[EB/OL]. [2024-11-25]. https://www.fao.org/4/W0010E/W0010E00.htm#Contents.

FAO, UNSD. 2020. System of Environmental-Economic Accounting for Agriculture, Forestry and Fisheries[EB/OL]. [2024-11-25]. https://seea.un.org/sites/seea.un.org/files/ca7735en.pdf.

Federal Statistical Office. 2009. Economic accounts for the primary sector: methods[EB/OL]. [2024-11-25]. https://www.bfs.admin.ch/bfs/en/home/statistics/catalogues-databases/publications.assetdetail.344724.html.

Federal Statistical Office. 2017. Material and energy flows[EB/OL]. [2024-11-25]. https://www.destatis.de/EN/Themes/Society-Environment/Environment/Material-Energy-Flows/_node.html.

Feltenstein A, Plassmann F. 2008. The welfare analysis of a free trade zone: intermediate goods and the Asian tigers[J]. World Economy, 31(7): 905-924.

Franzluebbers A J. 2005. Soil organic carbon sequestration and agricultural greenhouse gas emissions in the southeastern USA[J]. Soil and Tillage Research, 83(1): 120-147.

Fraumeni B M, Christian M S, Samuels J D. 2021. Accumulation of human and market capital in the United States: the long view, 1948–2013[R]. Boston: NBER Working Papers.

Girvan M, Newman M E J. 2002. Community structure in social and biological networks[J]. Proceedings of the National Academy of Sciences of the United States of America, 99(12): 7821-7826.

Gobierno de México. Cuenta satélite de la cultura de México[EB/OL]. [2024-11-24]. https://www.gob.mx/cultura/documentos/cuenta-satelite-de-la-cultura-de-mexico.

Goldsmith R W. 1951. A perpetual inventory of national wealth[J]. Studies in Income and Wealth, 14: 5-73.

Goto A, Suzuki K. 1989. R&D Capital, rate of return on R&D investment and spillover of R&D in Japanese manufacturing industries[J]. The Review of Economics and Statistics, 71(4): 555.

Government of India Ministry of Statistics and Programme Implementation. 2022. Strategy for Environmental Economic Accounts in India 2022–2026[EB/OL]. [2024-11-25]. https://www.mospi.gov.in/sites/default/files/publication_reports/Environment%20Accounting%20Strategy%202022-261638528460762_0.pdf.

Griliches Z. 1979. Issues in assessing the contribution of research and development to productivity growth[J]. The Bell Journal of Economics, 10(1): 92-116.

Griliches Z. 1980. Returns to research and development expenditures in the private sector[M]//Kendrick J W, Vaccara B N. New Developments in Productivity Measurement. Chicago: University of Chicago Press: 419-454.

Hackett S M, Dilts D M. 2008. Inside the black box of business incubation: study B: scale assessment, model refinement, and incubation outcomes[J]. The Journal of Technology Transfer, 33(5): 439-471.

Hagino S, Sonoda K. 2010. Treatment of risk in the estimation of FISIM[J]. Oral Surgery Oral Medicine Oral Pathology Oral Radiology & Endodontics, 33: 334-338.

Hall B H, Mairesse J. 1995. Exploring the relationship between R&D and productivity in French manufacturing firms[J]. Journal of Econometrics, 65(1): 263-293.

Hanel P, St-Pierre A. 2002. Effects of R&D spillovers on the profitability of firms[J]. Review of Industrial Organization, 20(4): 305-322.

Himics M, Fellmann T, Barreiro-Hurlé J, et al. 2018. Does the current trade liberalization agenda contribute to greenhouse gas emission mitigation in agriculture?[J]. Food Policy, 76: 120-129.

Hottenrott H, Peters B. 2012. Innovative capability and financing constraints for innovation: more money, more innovation?[J]. Review of Economics and Statistics, 94(4): 1126-1142.

Hu A G Z, Jefferson G H, Qian J C. 2005. R&D and technology transfer: firm-level evidence from Chinese industry[J]. The Review of Economics and Statistics, 87(4): 780-786.

Hu W L, Shi D, Guo C X. 2015. The framework system of natural resource statement of assets and liabilities: an idea based on SEEA 2012, SNA 2008 and national statement of assets and liabilities[J]. Journal of Resources and Ecology, 6(6): 433-437.

Institut Des Comptes Nationaux. 2017. Compte satellite des institutions sans but lucratif 2009–2014, Bruxelles Banque nationale de Belgique[EB/OL]. [2024-11-25]. https://www.nbb.be/doc/dq/f/dq3/histo/nfds0917.pdf?utm_source=chatgpt.com.

Instituto Nacional de Estadística y Geografía. 2011. Sistema de Cuentas Nacionales de México : Cuenta satélite de las instituciones sin fines de lucro de México[EB/OL]. [2024-11-25]. https://www.inegi.org.mx/contenidos/productos/prod_serv/contenidos/espanol/bvinegi/productos/metodologias/est/702825000845.pdf.

Instituto Nacional de Estadística y Geografía. 2013. Sistema de Cuentas Nacionales de México-Cuenta satélite de la cultura de México 2013[J/OL]. [2024-11-25]. https://www.

inegi.org.mx/contenidos/productos/prod_serv/contenidos/espanol/bvinegi/productos/nueva_estruc/702825074241.pdf.

International Labour Office. 2011. Manual on the measurement of volunteer work[EB/OL]. [2024-11-25]. https://www.ilo.org/sites/default/files/wcmsp5/groups/public/%40dgreports/%40stat/documents/publication/wcms_162119.pdf?utm_source=chatgpt.com.

International Transport Forum. 2011. Transport satellite accounts: recent developments[EB/OL]. [2024-11-25]. https://www.itf-oecd.org/transport-satellite-accounts-recent-developments.

International Transport Forum. 2019a. ITF Task Force on Transport Satellite Accounts[EB/OL]. [2024-11-25]. https://www.itf-oecd.org/itf-task-force-transport-satellite-accounts.

International Transport Forum. 2019b. Summary record: ITF Transport Satellite Account Working Group[EB/OL]. [2024-11-25]. https://www.itf-oecd.org/sites/default/files/docs/trsa-first-meeting-summary.pdf.

ISWGNA Task Force on FISIM. 2013. Final report[R]. 8th Meeting of the Advisory Expert Group on National Accounts.

Jiang M H, An H Z, Gao X Y, et al. 2019. Factors driving global carbon emissions: a complex network perspective[J]. Resources, Conservation and Recycling, 146: 431-440.

Jones R, Chiripanhura B. 2010. Measuring the UK's human capital stock[J]. Economic & Labour Market Review, 4(11): 36-63.

Kao C. 1999. Spurious regression and residual-based tests for cointegration in panel data[J]. Journal of Econometrics, 90(1): 1-44.

Ker D, Mazzini E. 2020. Perspectives on the value of data and data flows[R]. Paris: OECD Digital Economy Papers.

Kim T, Park C. 2003. R&D, trade, and productivity growth in Korean manufacturing[J].

Review of World Economics, 139(3): 460-483.

Kokkinen A. 2008. Human capital and Finland's economic growth in 1910–2000[R]. Portorož: 30th General Conference of The International Association for Research in Income and Wealth.

Kurabayashi Y, Matsuda Y. 1989. A satellite account approach applied to research and development: Japanese data[R]. Washington: International Association for Research in Income and Wealth.

Le T, Gibson J, Oxley L. 2006. A forward-looking measure of the stock of human capital in New Zealand[J]. The Manchester School, 74(5): 593-609.

Lemaire M. 1987. Satellite accounts: a relevant framework for analysis in social fields[J]. The Review of Income and Wealth, 33(3): 305-325.

Li M Q, Liu S L, Sun Y X, et al. 2021. Agriculture and animal husbandry increased carbon footprint on the Qinghai-Tibet Plateau during past three decades[J]. Journal of Cleaner Production, 278: 123963.

Li S J, Zhou C S, Wang S J. 2019. Does modernization affect carbon dioxide emissions? A panel data analysis[J]. Science of The Total Environment, 663: 426-435.

Li W, Nirei M, Yamana K. 2018. Value of data: there's no such things as a free lunch in the digital economy[J/OL]. [2024-11-25]. https://www.bea.gov/system/files/papers/20190220ValueofDataLiNireiYamanaforBEAworkingpaper.pdf.

Liang X D, Yang X, Yan F H, et al. 2020. Exploring global embodied metal flows in international trade based combination of multi-regional input-output analysis and complex network analysis[J]. Resources Policy, 67: 101661.

Liu G. 2015. A stylized satellite account for human capital[R]. Oslo: Statistics Norway, Research Department Discussion Papers.

Liu G. 2018. Measuring human capital for Norway 2007–2014[R]. Oslo: Statistics Norway, Research Department Discussion Papers.

Liu Z Q. 2007. The external returns to education: evidence from Chinese cities[J]. Journal of Urban Economics, 61(3): 542-564.

McMahon W W. 2002. Education and Development: Measuring the Social Benefits[M]. Oxford : Oxford University Press.

Ministry of Culture and Sport. 2018. Satellite Account on Culture in Spain[EB/OL]. [2018-11-25]. http://www.culturaydeporte.gob.es/dam/jcr:170f30ce-2087-455f-9ddf-410803aa346f/satellite-account-on-culture-in-spain-2010-2016.pdf.

Ministry of the Environment. 2018. Environmental and Economic Accounts: Timber Forest Resources[EB/OL]. [2024-11-25]. https://sinias.ambiente.gob.ec/proyecto-sinias-web/publicaciones.jsf.

Mitchell J. 2018. A proposed framework for digital supply-use tables[R]. Paris: Working Paper for Informal Advisory Group on Measuring GDP in a Digitalised Economy.

Moretti E. 2004. Human capital externalities in cities[J]. Handbook of Regional and Urban Economics, 4(1): 2243-2291.

Munin N. 2014. EU guidelines regarding activities by Israel in the occupied territories: a diplomatic achievement or a pyrrhic victory?[J]. The Journal of Law, Society and Development, 2(1): 1-22.

Nadia D V, Francesca T. 2008. The challenge of building human capital accounts starting from education satellite account: an exercise for Italy[J]. The 3rd International Symposium on Economic Theory, Policy and Applications, (8): 43-57.

Nakamura L, Samuels J, Soloveichik R. 2017. Measuring the “free” digital economy within the GDP and productivity accounts[R]. London: Economic Statistics Centre of

Excellence Discussion Papers.

National Economic and Social Development Board. 2011. Non-Profit Institutions Satellite Account of Thailand 2006–2008 Edition[EB/OL]. [2024-11-25]. https://www.nesdc.go.th/nesdb_en/ewt_dl_link.php?filename=national_account&nid=4300.

National Forest and Wildlife Service, National Institute of Statistics and Informatics. 2021. Forest Account of Peru Methodological document[J/OL]. [2024-11-25]. https://www.inei.gob.pe/media/MenuRecursivo/publicaciones_digitales/Est/Lib1811/libro.pdf.

National Statistics Bureau Royal Government of Bhutan. 2021. Environmental Accounts Report 2021[EB/OL]. [2024-11-25]. https://www.nsb.gov.bt/publications/annual-environmental-accounts-statistics/.

Nayes E, Goffin D. 2011. Satellietrekeningen transport in 2005[EB/OL]. [2024-11-25]. https://www.plan.be/publications/publication-1043-nl-satellietrekeningen+transport+in+2005.

Niu B B, Peng S, Li C, et al. 2020. Nexus of embodied land use and greenhouse gas emissions in global agricultural trade: a quasi-input-output analysis[J]. Journal of Cleaner Production, 267: 122067.

Norman P M, McGeehan E, Mak G, et al. 2013. Transport satellite accounts are essential to boost productivity and to improve public understanding[J]. Economic Papers, 32(2): 151-160.

Norway Statistics. 2018. Satellite account for non-profit institutions[EB/OL]. [2024-11-25]. https://www.ssb.no/en/nasjonalregnskap-og-konjunkturer/nasjonalregnskap/statistikk/satellittregnskap-for-ideelle-og-frivillige-organisasjoner.

O'Hagan P. 2010. Canadian pension satellite account[EB/OL]. [2022-04-03]. https://www150.statcan.gc.ca/n1/pub/13-599-x/2010002/psa-eng.htm.

OECD. 2000. A system of health accounts[R]. Paris: OECD.

OECD. 2005. Aging and pension system reform: implications for financial markets and economic policies[R/OL]. [2024-11-25]. https://www.imf.org/external/np/g10/2005/pdf/092005.pdf.

OECD. 2009. Handbook on Deriving Capital Measures of Intellectual Property Products[M]. Paris: OECD Publishing.

OECD. 2011. How's life? Measuring well-being[R/OL]. [2024-11-25]. https://read.oecd-ilibrary.org/economics/how-s-life_9789264121164-en#page1.

OECD. 2013. OECD guidelines on measuring subjective well-being[R/OL]. [2013-03-20]. https://www.oecd.org/statistics/oecd-guidelines-on-measuring-subjective-well-being-9789264191655-en.htm.

OECD. 2014. Measuring the Digital Economy: A New Perspective[M]. Paris: OECD Publishing.

OECD. 2017a. OECD guidelines on measuring trust[R/OL]. [2017-11-23]. https://www.oecd.org/governance/oecd-guidelines-on-measuring-trust-9789264278219-en.htm.

OECD. 2017b. Towards Measuring Education and Health Volume Output: An OECD Handbook[M]. Paris: OECD Publishing.

OECD. 2017c. OECD Digital Economy Outlook 2017[M]. Pairs: OECD Publishing.

OECD. 2018a. Beyond GDP: measuring what counts for economic and social performance[R/OL]. [2024-11-25]. https://www.oecd.org/en/publications/beyond-gdp_9789264307292-en.html.

OECD. 2018b. For good measure: advancing research on well-being metrics beyond GDP[R/OL]. [2024-11-25]. https://www.oecd.org/content/dam/oecd/en/publications/reports/2018/11/for-good-measure_g1g98ae4/9789264307278-en.pdf.

OECD. 2020. Guidelines for supply-use tables for the digital economy[EB/OL]. [2024-11-25]. https://one.oecd.org/document/SDD/CSSP/WPNA(2019)1/REV1/en/pdf.

OECD, Eurostat, WHO. 2011. A System of Health Accounts 2011[M]. Paris: OECD Publishing.

Office for National Statistics. 2016. Environmental accounts[EB/OL]. [2021-11-12]. https://www.ons.gov.uk/economy/environmentalaccounts/methodologies/environmentalaccounts.

Office for Nationa Statistics. 2021. UK natural capital accounts: 2021[EB/OL]. [2024-11-25]. https://www.ons.gov.uk/economy/environmentalaccounts/bulletins/uknaturalcapitalaccounts/2021.

Orosz E, Morgan D. 2004. SHA-based National Health Accounts in Thirteen OECD Countries: A Comparative Analysis[M]. Paris: OECD Publishing.

Park D, Park I, Estrada G E B. 2008. Prospects of an ASEAN-People's Republic of China free trade area: a qualitative and quantitative analysis[J]. The Chuo-Gakuin University Review of Economics and Commerce, 24: 77-90.

Paul V K, Wasshausen D B, Zemanek S L. 2014. The arts and cultural production satellite account (ACPSA)[J/OL]. [2014-07-11]. https://www.bea.gov/research/papers/2014/arts-and-cultural-production-satellite-account-acpsa.

Pedro-Monzonís M, Jiménez-Fernández P, Solera A. 2016. The use of AQUATOOL DSS applied to the System of Environmental-Economic Accounting for Water (SEEAW)[J]. Journal of Hydrology, 533: 1-14.

Petrakis P E, Stamatakis D. 2002. Growth and educational levels: a comparative analysis[J]. Economics of Education Review, 21(5): 513-521.

Philippine Statistics Authority. 2019. Philippine Ocean Economy Satellite Accounts-Technical note[EB/OL]. [2024-11-25]. https://psa.gov.ph/statistics/ocean-economy/technical-notes.

Phillips P C B, Moon H R. 2000. Nonstationary panel data analysis: an overview of some recent developments[J]. Econometric Reviews, 19(3): 263-286.

Pionnier P A, Yamaguchi S. 2018. Compiling mineral and energy resource accounts according to the System of Environmental-Economic Accounting (SEEA) 2012[EB/OL]. [2024-11-25]. https://www.oecd.org/en/publications/compiling-mineral-and-energy-resource-accounts-according-to-the-system-of-environmental-economic-accounting-seea-2012_3fcfcd7f-en.html.

Presentación. 2019. Encuesta de hábitos y prácticas culturales 2018–2019[EB/OL]. [2024-11-25]. https://www.cultura.gob.es/dam/jcr%3Afe7a20bc-a18d-4d1c-9376-77dc684b5dd8/encuesta-de-habitos-y-practicas-culturales-2018-2019.pdf.

Rassier D G, Kornfeld R J, Strassner E H. 2019. Treatment of data in national accounts[R]. Paper Prepared for the BEA Advisory Committee.

Ravets C. 2011. Treatment of maturity in FISIM calculations[EB/OL]. [2024-11-25]. https://unstats.un.org/unsd/nationalaccount/RAmeetings/TFjuly2011/PP08-1.PDF.

Republic of North Macedonia State Statistical Office. 2022. Economic Accounts for Agriculture[EB/OL]. [2024-11-25]. https://www.stat.gov.mk/OblastOpsto_en.aspx?id=10.

Salamon L M, Anheier H K, List R, et al. 2004. Global Civil Society: Dimensions of the Non-Profit Sector[M]. West Hartford: Kumarian Press.

Santa S F. 2011. FISIM: new approach, supplement to the statistical bulletin[R]. Lisbon: Bank of Portugal.

Schenau S. 2007. The Dutch energy accounts[J/OL]. [2024-11-25]. https://unstats.un.org/unsd/envaccounting/ceea/archive/Energy/Dutch_Energy_Accounts.pdf.

Schweinfest S, Alfieri A, Chan J Y, et al. 2021. The rise, fall and rethinking of green GDP[EB/OL]. [2024-11-25]. https://seea.un.org/zh/news/rise-fall-and-rethinking-green-gdp.

Shan Y L, Liu J H, Liu Z, et al. 2016. New provincial CO_2 emission inventories in China based on apparent energy consumption data and updated emission factors[J]. Applied

Energy, 184: 742-750.

Singh V. 2004. Economic contribution of culture in Canada[EB/OL]. [2024- 10-24]. http://www.statcan.gc.ca/pub/81-595-m/81-595-m2004023-eng.pdf.

Sliker B K. 2007. 2007 R&D satellite account methodologies: R&D capital stocks and net rates of return[R]. Bureau of Economic Analysis/National Science Foundation R&D Satellite Account Background Paper.

Sport Industry Research Centre at Sheffield Hallam University. 2012. A manual for the construction of a sport satellite account(SSA)[EB/OL]. [2024-11-25]. https://ec.europa.eu/assets/eac/sport/library/documents/xg-stat-ssa-manual-september-27.pdf.

SportsEconAustria. 2012. How to create a sport satellite account[EB/OL]. [2024-11-25]. https://ec.europa.eu/assets/eac/sport/library/documents/xg-stat-austrian-methodology.pdf.

SportsEconAustria, Sport Industry Research Centre at Sheffield Hallam University. 2018. Study on the Economic Impact of Sport through Sport Satellite Accounts[M]. Luxembourg: The Publications Office of the European Union.

SportsEconAustria, Sport Industry Research Centre at Sheffield Hallam University, Hogeschool van Arnhem en Nijmegen. 2016. Study on National Sport Satellite Accounts (SSAs) in the EU[M]. Luxembourg: The Publications Office of the European Union.

SportsEconAustria, Sport Industry Research Centre at Sheffield Hallam University, Statistical Service of the Republic of Cyprus, et al. 2012. Study on the contribution of sport to economic growth and employment in the EU[EB/OL]. [2024-11-25]. https://ec.europa.eu/assets/eac/sport/library/studies/study-contribution-spors-economic-growth-final-rpt.pdf.

Statistical Office of Montenegro. 2022. Economic accounts for agriculture, forestry and environment[EB/OL]. [2024-11-25]. http://www.monstat.org/eng/page.php?id=1344&pageid=1344.

Statistical Office of the Republic of Serbia. 2021. Economic accounts for agriculture in the Republic of Serbia, 2010–2020[EB/OL]. [2024-11-25]. https://publikacije.stat.gov.rs/G2021/PdfE/G202110118.pdf.

Statistics Canada. 2010. Guide to the Canadian pension satellite account[EB/OL]. [2022-04-03]. https://www150.statcan.gc.ca/n1/en/catalogue/13-599-X.

Statistics Canada. 2014. Canadian Culture Satellite Account, 2010[EB/OL]. [2014-07-05]. https://www150.statcan.gc.ca/n1/pub/13-604-m/13-604-m2014075-eng.pdf.

Statistics Canada. 2018. Canadian transportation economic account: methodology paper[EB/OL]. [2018-12-11]. https://www150.statcan.gc.ca/n1/pub/13-607-x/2016001/1301-eng.htm.

Statistics Canada. 2019a. Methodological Guide: Canadian System of Environmental-Economic Accounting[EB/OL]. [2022-04-03]. https://www150.statcan.gc.ca/n1/pub/16-509-x/16-509-x2016001-eng.htm.

Statistics Canada. 2019b. In-depth review of satellite accounting[EB/OL]. [2019-02-07]. https://unstats.un.org/unsd/nationalaccount/aeg/2019/M13_5_2_Review_Satellite_Accounting.pdf.

Statistics Canada. 2020. Satellite accounting in Canada[EB/OL]. [2022-04-03]. https://www150.statcan.gc.ca/n1/pub/13-605-x/2020001/article/00002-eng.htm.

Statistics Canada. 2021a. Pension satellite account, 2020[EB/OL]. [2022-04-03]. https://www150.statcan.gc.ca/n1/daily-quotidien/211210/dq211210d-eng.htm.

Statistics Canada. 2021b. Pension satellite account, pension assets at market value, by type of plan[EB/OL]. [2022-04-03]. https://www150.statcan.gc.ca/t1/tbl1/en/tv.action?pid=3610057601.

Statistics Canada. 2021c. Pension satellite account: interactive tool[EB/OL]. [2022-04-03]. https://www150.statcan.gc.ca/n1/pub/71-607-x/71-607-x2019032-eng.htm.

Statistics Canada. 2022. National balance sheet accounts[EB/OL]. [2022-04-03]. https://www150.statcan.gc.ca/t1/tbl1/en/tv.action?pid=3610058001.

Statistics Denmark. 2018. Documentation of statistics: energy accounts for Denmark[EB/OL]. [2024-11-25]. https://www.dst.dk/en/Statistik/dokumentation/documentationofstatistics/energy-accounts-for-denmark.

Statistics Netherlands. 2013. Environmental accounts of the Netherlands 2013[EB/OL]. [2014-11-14]. https://www.cbs.nl/en-gb/publication/2014/46/environmental-accounts-of-the-netherlands.

Statistics Netherlands, HAN University of Applied Sciences. 2012. Methodological manual for a sport satellite account[EB/OL]. [2012-12-09]. https://www.cbs.nl/en-gb/publication/2012/37/methodological-manual-for-a- sport-satellite-account.

Statistics New Zealand. 2016. Non-profit institutions satellite account: 2013[R/OL]. [2024-11-25]. https://communityresearch.org.nz/wp-content/uploads/formidable/NPISA-2013.pdf.

Statistics New Zealand. 2020. Environmental-economic accounts: sources and methods (third edition)[EB/OL]. [2020-07-21]. https://www.stats.govt.nz/methods/environmental-economic-accounts-sources-and-methods.

Statistics Norway. 2018. Energy account and energy balance[EB/OL]. [2024-11-25]. https://www.ssb.no/en/energi-og-industri/artikler-og-publikasjoner/_attachment/369609?_ts=1673ff47a70.

Statistics Portuga. 2016. Satellite account for the sea: 2010–2013[R/OL]. [2024-11-25]. https://www.ine.pt/ngt_server/attachfileu.jsp?look_parentBoui=300613867&att_display=n&att_download=y.

Statistics South Africa. 2017. Environmental economic accounts compendium[EB/OL].

[2024-11-25]. http://www.statssa.gov.za/publications/Report-04-05-20/Report-04-05-20March2017.pdf.

Statistics South Africa. 2021. National natural capital accounting strategy: a ten-year strategy for advancing natural capital accounting in South Africa[R/OL]. [2024-11-25]. http://www.statssa.gov.za/publications/04-01-00/04-01-002021.pdf.

Steeg A M. 2009. Accounting for Tourism: The Tourism Satellite Account (TSA) in Perspective[M]. Hague: Statistics Netherlands.

Stiglitz J E, Sen A, Fitoussi J-P. 2009. Report by the commission on the measurement of economic performance and social progress[R/OL]. [2024-11-25]. https://ec.europa.eu/eurostat/documents/8131721/8131772/Stiglitz-Sen-Fitoussi-Commission-report.pdf.

Tang M H, Hong J K, Liu G W, et al. 2019. Exploring energy flows embodied in China's economy from the regional and sectoral perspectives via combination of multi-regional input-output analysis and a complex network approach[J]. Energy, 170: 1191-1201.

Teillet P. 1988. A concept of satellite accounts in the revised SNA[J]. The Review of Income and Wealth, 34(4): 411-439.

Tian Y, Zhang J B, He Y Y. 2014. Research on spatial-temporal characteristics and driving factor of agricultural carbon emissions in China[J]. Journal of Integrative Agriculture, 13(6): 1393-1403.

Ug K H, Tomohiko I. 2003. R&D and productivity growth in Japanese manufacturing firms[R]. Tokyo: Economic and Social Research Institute-Cabinet Office.

UIS. 2015. Culture satellite account: an examination of current methodologies and country experiences[EB/OL]. [2024-11-25]. https://unstats.un.org/unsd/nationalaccount/workshops/2015/Montreal/Montreal-BK2.PDF.

UK Department of Trade and Industry. 2003. Our energy future-creating a low carbon economy[R]. The Stationery Office (TSO).

UN, FAO. 2004. Integrated Environmental and Economic Accounting for Fisheries[EB/OL]. [2024-11-25]. https://www.fao.org/fishery/docs/DOCUMENT/UNhandbook/UNhandbook.pdf.

UNECE. 2016. Guide on measuring human capital[R] New York: United Nations.

UNECE. 2020. Satellite Account for Education and Training: Compilation Guide[EB/OL]. [2024-10-26]. https://www.unece.org/fileadmin/DAM/stats/publications/2020/ECECESSTAT 20201.pdf.

UNESCO. 2009. The 2009 UNESCO Framework for Cultural Statistics (FCS)[EB/OL]. [2024-11-25]. http://uis.unesco.org/sites/default/files/documents/unesco-framework-for-cultural-statistics-2009-en_0.pdf.

UNESCO. 2012. International Standard Classification of Education (ISCED) 2011[EB/OL]. [2024-10-26]. http://uis.unesco.org/sites/default/files/documents/international-standard-classification-of-education-isced-2011-en.pdf.

UNESCO. 2013. Measuring the Economic Contribution of Cultural Industries: A Review and Assessment of Current Methodological Approaches[EB/OL]. [2024-11-25]. http://uis.unesco.org/sites/default/files/documents/measuring-the-economic-contribution-of-cultura l-industries-a-review-and-assessment-of-current-methodological-approaches-en_1.pdf.

United Nations. 1993. Integrated Environmental and Economic Accounting[EB/OL]. [2024-11-25]. https://unstats.un.org/unsd/publication/SeriesF/SeriesF_61E.pdf.

United Nations. 2000. United Nations Millennium Declaration[EB/OL]. [2024-11-25]. https://www.un.org/en/development/desa/population/migration/generalassembly/docs/glo balcompact/A_RES_55_2.pdf.

United Nations. 2003a. Integrated Environmental and Economic Accounting 2003[EB/OL]. [2024-11-25]. https://unstats.un.org/unsd/environment/seea2003.pdf.

United Nations. 2003b. Handbook on Non-Profit Institutions in the System of National Accounts[M]. New York: United Nations Department of Economic and Social Affairs.

United Nations. 2009. System of National Accounts 2008[M]. New York: United Nations Department of Economic and Social Affairs.

United Nations. 2012a. System of Environmental-Economic Accounting for Water[EB/OL]. [2024-11-25]. https://unstats.un.org/unsd/publication/seriesf/Seriesf_100e.pdf.

United Nations. 2012b. System of Environmental and Economic Accounting-2012-Central Framework[M]. New York: United Nations.

United Nations. 2014. System of Environmental-Economic Accounting 2012: Experimental Ecosystem Accounting[EB/OL]. [2024-11-25]. https://seea.un.org/sites/seea.un.org/files/seea_eea_final_en_1.pdf.

United Nations. 2015. Transforming our world: the 2030 agenda for sustainable development[EB/OL]. [2024-11-25]. https://sustainabledevelopment.un.org/content/documents/21252030%20Agenda%20for%20Sustainable%20Development%20web.pdf.

United Nations. 2017. System of Environmental-Economic Accounting 2012: Applications and Extensions[EB/OL]. [2024-11-25]. https://seea.un.org/sites/seea.un.org/files/ae_final_en.pdf.

United Nations. 2018a. International Recommendations for Energy Statistics[EB/OL]. [2024-11-25]. https://unstats.un.org/unsd/energystats/methodology/documents/IRES-web.pdf.

United Nations. 2018b. Satellite Account on Nonprofit and Related Institutions and Volunteer Work[M]. New York. Department of Economic and Social Affairs Statistics Division.

United Nations. 2019a. System of Environmental Economic Accounting for Energy: SEEA-Energy[M]. New York: United Nations.

United Nations. 2019b. System of Environmental-Economic Accounting for Energy[EB/OL].

[2024-11-25]. https://seea.un.org/sites/seea.un.org/files/files/documents/2019/Dec/seea-energy_final_web.pdf.

United Nations. 2021. System of Environmental-Economic Accounting: Ecosystem Accounting[EB/OL]. [2024-11-25]. https://seea.un.org/sites/seea.un.org/files/documents/EA/seea_ea_white_cover_final.pdf.

United Nations. 2022. Guidelines on Biophysical Modelling for Ecosystem Accounting[EB/OL]. [2024-11-25]. https://seea.un.org/sites/seea.un.org/files/publications/guidancebiomodelling_v36_30032022_web.pdf.

United Nations, Economic Commission for Europe. 2018a. Guide on Valuing Unpaid Household Service Work[M]. New York: United Nations Department of Economic and Social Affairs.

United Nations, European Commission, Food and Agriculture Organization of the United Nations, et al. 2012. System of Environmental-Economic Accounting 2012: Central Framework[EB/OL]. [2024-11-25]. https://seea.un.org/sites/seea.un.org/files/seea_cf_final_en.pdf.

United Nations, European Commission, International Monetary Fund, et al. 2003. Integrated Environmental and Economic Accounting 2003[EB/OL]. [2024-11-25]. https://unstats.un.org/unsd/environment/seea2003.pdf.

United Nations, European Union, Food and Agriculture Organization of the United Nations, et al. 2017. System of Environmental-Economic Accounting 2012: Applications and Extensions[M]. New York: United Nations.

United States Committee on National Statistics. 2005. Beyond the Market: Designing Non-Market Accounts for the United States[M]. Washington: National Academies Press.

Vardon M, Castaneda J P, Nagy M, et al. 2018. How the System of Environmental-Economic

Accounting can improve environmental information systems and data quality for decision making[J]. Environmental Science and Policy, 89: 83-92.

Vicente D J, Rodríguez-Sinobas L, Garrote L, et al. 2016. Application of the system of environmental economic accounting for water SEEAW to the Spanish part of the Duero basin: lessons learned[J]. Science of The Total Environment, 563: 611-622.

Wakelin K. 2001. Productivity growth and R&D expenditure in UK manufacturing firms[J]. Research Policy, 30(7): 1079-1090.

Wang X B, Yao M T, Li J S, et al. 2019. Global embodied rare earths flows and the outflow paths of China's embodied rare earths: combining multi-regional input-output analysis with the complex network approach[J]. Journal of Cleaner Production, 216: 435-445.

Wang X C, Klemeš J J, Wang Y T, et al. 2020. Water-energy-carbon emissions nexus analysis of China: an environmental input-output model-based approach[J]. Applied Energy, 261: 224431.

Wei H. 2004. Measuring the stock of human capital for Australia[R]. Australia Bureau of Statistics.

WHO. 2003. Guide to Producing National Health Accounts[M]. Geneva: WHO Publishing.

World Commission on Environment and Development. 1987. Brundtland report[EB/OL]. [2024-11-25]. https://www.are.admin.ch/are/en/home/media/publications/sustainable-development/brundtland-report.html.

World Tourism Organization. 2019. Linking the Tsa and the SEEA: a technical note[EB/OL]. [2024-11-25]. https://webunwto.s3-eu-west-1.amazonaws.com/2019-08/tsaseeatechnote.pdf.

Xu B, Lin B Q. 2017. Factors affecting CO_2 emissions in China's agriculture sector: evidence from geographically weighted regression model[J]. Energy Policy, 104: 404-414.

Zhang L, Pang J X, Chen X P, et al. 2019. Carbon emissions, energy consumption and economic growth: evidence from the agricultural sector of China's main grain-producing areas[J]. Science of The Total Environment, 665: 1017-1025.

Zhao R Q, Liu Y, Tian M M, et al. 2018. Impacts of water and land resources exploitation on agricultural carbon emissions: the water-land-energy-carbon nexus[J]. Land Use Policy, 72: 480-492.

Zheng H R, Zhang Z K, Wei W D, et al. 2020. Regional determinants of China's consumption-based emissions in the economic transition[J]. Environmental Research Letters, 15(7): 074001.

附　　录

附表 1　产业分类表

产业名称	细分产业名称
采矿业	煤炭开采和洗选业；石油和天然气开采业；黑色金属矿采选业；有色金属矿采选业；非金属矿采选业；开采专业及辅助性活动；其他采矿业
制造业	农副食品加工业；食品制造业；酒、饮料及精制茶制造业；烟草制品业；纺织业；纺织服装、服饰业；皮革、毛皮、羽毛及其制品和制鞋业；木材加工和木、竹、藤、棕、草制品业；家具制造业；造纸和纸制品业；印刷和记录媒介复制业；文教、工美、体育和娱乐用品制造业；石油加工、炼焦和核燃料加工业；化学原料和化学制品制造业；医药制造业；化学纤维制造业；橡胶和塑料制品业；非金属矿物制品业；黑色金属冶炼和压延加工业；有色金属冶炼和压延加工业；金属制品业；通用设备制造业；专用设备制造业；汽车制造业；铁路、船舶、航空航天和其他运输设备制造业；电气机械和器材制造业；计算机、通信和其他电子设备制造业；仪器仪表制造业；其他制造业；废弃资源综合利用业；金属制品、机械和设备修理业
批发和零售业	批发业；零售业
交通运输、仓储和邮政业	铁路运输业；道路运输业；水上运输业；航空运输业；管道运输业；多式联运和运输代理业；装卸搬运和仓储业；邮政业
住宿和餐饮业	住宿业；餐饮业
其他产业	农业；林业；畜牧业；渔业；农、林、牧、渔专业及辅助性活动；房屋建筑业；土木工程建筑业；建筑安装业；建筑装饰、装修和其他建筑业；信息传输、软件和信息技术服务业；金融业；资本市场服务；保险业；房地产业；租赁和商务服务业；研究和试验发展；专业技术服务业；科技推广和应用服务业；水利、环境和公共设施管理业；居民服务、修理和其他服务业；教育；卫生和社会工作；文化、体育和娱乐业；公共管理、社会保障和社会组织；电力、热力、燃气及水生产和供应业

附表 2　产品分类表

产品名称	细分产品名称
开采产品	煤炭开采和洗选产品；石油和天然气开采产品；黑色金属矿采选产品；有色金属矿采选产品；非金属矿和其他矿产品及开采辅助活动
制造业产品	农副食品加工产品；食品制造业产品；酒、饮料和精制茶制品；烟草制品；纺织品；纺织服装、服饰；皮革、毛皮、羽毛及其制品和鞋；木、竹等加工制品和家具；造纸、印刷及相关制品；文教、工美、体育和娱乐用品；石油、煤炭及其他燃料加工品；化学原料和化学制品；医药制品；化学纤维制品；橡胶和塑料制品；非金属矿物制品；黑色金属冶炼和压延加工品；有色金属冶炼和压延加工品；金属制品；通用设备；专用设备；汽车产品；铁路、船舶、航空航天和其他运输设备；电气机械和器材；计算机、通信和其他电子设备仪器仪表；其他制造品、废弃物加工品和各类制品维修
批发和零售业产品	批发；零售
交通运输业	铁路运输；道路运输；水上运输；航空运输；其他交通运输和仓储；邮政
住宿和餐饮业产品	住宿；餐饮
其他产品	农产品；林产品；畜牧产品；渔产品；农、林、牧、渔服务产品；电力、热力生产和供应；燃气生产和供应；水的生产和供应；房屋建筑；土木工程建筑；建筑安装；建筑装饰、装修和其他建筑服务；电信、广播电视和卫星传输服务；互联网和相关服务；软件和信息技术服务；货币金融和其他金融服务；资本市场服务；保险；房地产；租赁和商务服务；研究和试验发展；综合技术服务；水利、环境和公共设施管理；居民服务、修理和其他服务；教育；卫生和社会工作；文化、体育和娱乐；公共管理、社会保障和社会组织

附表 3 中国 **2018** 年交

产业部门		采矿业	制造业	批发和零售业	交通运				
					营业性交通运输业				
					铁路	道路	水上	航空	其他
采矿业		478 811 647	21 284 536	0	0	0	0	0	0
制造业		30 931 505	10 931 511 132	0	0	0	0	0	0
批发和零售业		0	0	1 234 343 808	5 405	495 303	132 350	836	1 820 459
营业性交通运输业	铁路	0	255 664	83 868 742	347 371	223 113	0	2 811 623	0
	道路	0	619 962	4 007	238 949 651	99 955	91 235	2 983 603	165 465
	水上	0	74 299	0	103 550	54 408 337	0	1 094 606	0
	航空	0	229 785	0	35 973	29 517	72 277 148	109 374	0
	其他	0	892 728	4 053 206	4 105 704	958 122	355 543	245 440 581	453 417
	邮政	0	11 195	0	68 148	56	0	39 939	83 185 761
内部交通运输业	铁路	0	0	0	0	0	0	0	0
	道路	0	0	0	0	0	0	0	0
	水上	0	0	0	0	0	0	0	0
	航空	0	0	0	0	0	0	0	0
	其他	0	0	0	0	0	0	0	0
住宿和餐饮业		0	0	237 400	3 587	20 144	3 337	541 756	15 226
其他产业		7 458 773	24 311 494	13 607 896	29 106	4 002 691	272 659	276 131	1 239 881
合计		517 201 925	10 977 107 162	1 250 272 737	87 964 053	248 128 535	56 127 446	73 542 649	255 555 292

通运输卫星账户供给表　　　　单位：万元

输业						住宿和餐饮业	其他产业	购买者价格总供给
	内部交通运输业							
邮政	铁路	道路	水上	航空	其他			
0	0	0	0	0	0	0	3 273 191	503 369 374
0	0	0	0	0	0	0	2 966 020	10 965 408 657
21 158	0	0	0	0	0	52 922	3 283 502	1 240 155 743
0	0	0	0	0	0	284 869	87 791 382	87 791 382
0	0	0	0	0	10 669	724 513	243 649 060	243 649 060
0	0	0	0	0	0	195 387	55 876 179	55 876 179
0	0	0	0	0	112	53 294	72 735 203	72 735 203
0	0	0	0	0	6 020	1 004 265	257 269 586	257 269 586
0	0	0	0	0	12 978	355 304	83 673 381	83 673 381
1 904 158	0	0	0	0	0	0	1 904 158	1 904 158
0	279 716 836	0	0	0	0	0	279 716 836	279 716 836
0	0	12 555 770	0	0	0	0	12 555 770	12 555 770
0	0	0	17 330 028	0	0	0	17 330 028	17 330 028
0	0	0	0	0	0	0	0	0
23 656	0	0	0	0	0	447 367 519	1 924 123	450 136 748
2 321 432	0	0	0	0	0	2 120 953	10 420 381 183	10 476 022 199
86 170 889	1 904 158	279 716 836	12 555 770	17 330 028	0	449 571 173	10 434 445 651	24 747 594 296

附表 4　中国 **2018** 年交通

产品部门		中间								
		采矿业	制造业	批发和零售业	营业性交通运输业					
					铁路	道路	水上	航空	其他	邮政
采矿业		86 180 292	684 291 995	138 787	86 613	1 109	1 458	35 603	100 734	49 578
制造业		139 985 848	5 956 645 629	57 595 462	7 509 624	61 708 286	17 860 388	27 735 214	81 813 953	19 282 598
批发和零售业		857 977	2 226 813	2 185 678	7	449	232	2	4 572	51
营业性交通运输产品	铁路	659 343	14 747 916	8 097 325	4 680 609	308 783	43 556	2 812 721	120 608	0
	道路	1 050 608	15 434 984	11 962 033	380 770	23 917 535	101 984	29 689 029	6 018 520	0
	水上	415 170	6 276 738	5 622 079	56 163	129 624	3 900 616	7 850 773	19 127	0
	航空	318 476	8 658 877	6 277 039	26 601	274 596	37 229	1 906 845	3 846 737	0
	其他	661 130	7 805 349	10 007 033	441 110	9 194 775	8 396 645	8 677 839	2 879 958	0
	邮政	101 956	5 249 831	21 963 017	13 855	159 217	7 485	254 707	6 279 744	0
内部交通运输产品	铁路	14 970	334 837	183 842	0	0	0	0	0	0
	道路	1 229 853	18 068 346	14 002 875	0	0	0	0	0	0
	水上	95 808	1 448 478	1 297 403	0	0	0	0	0	0
	航空	61 593	1 674 627	1 213 979	0	0	0	0	0	0
	其他	0	0	0	0	0	0	0	0	0
住宿和餐饮		2 897 796	50 420 394	8 867 349	206 182	5 876 445	161 928	2 863 790	6 508 213	1 914 105
其他产业		85 436 908	1 414 773 399	349 456 867	18 451 012	60 104 784	11 003 827	17 120 020	65 759 667	22 364 417
中间投入合计		319 967 728	8 188 058 213	498 870 768	31 852 545	161 675 604	41 515 347	59 298 177	205 379 053	62 775 443
增加值小计(SNA 生产者价格)		197 219 436	2 299 146 058	751 110 892	56 144 893	99 830 615	16 631 174	16 232 246	50 176 237	23 395 443
总投入		517 187 164	10 487 204 271	1 249 981 660	87 997 438	261 506 219	58 146 521	75 530 423	255 555 290	86 170 886

运输卫星账户使用表　　　　单位：万元

使用								最终使用合计	购买者价格总使用
内部交通运输业					住宿和餐饮业	其他产业	中间使用合计		
铁路	道路	水上	航空	其他					
1 966	1 299	336	8 536	0	104 836	155 766 962	926 770 104	17 038 932	943 809 036
170 499	72 236 333	4 121 628	6 650 125	0	171 203 426	2 739 544 830	9 364 063 843	4 068 740 506	13 432 804 349
0	525	53	0	0	76	15 085	5 291 520	0	5 291 520
0	0	0	0	435 676	25 418 164	57 454 386	10 984 162	68 438 548	68 438 548
0	0	0	0	1 932 621	31 600 109	122 293 522	2 715 521	125 009 043	125 009 043
0	0	0	0	18 875	1 911 682	26 213 581	16 344 489	42 558 069	42 558 069
0	0	0	0	330 026	50 581 295	82 999 058	25 372 739	108 371 797	108 371 797
0	0	0	0	37 707	3 416 959	51 944 891	1 026 429	52 971 320	52 971 320
0	0	0	0	457 301	13 515 422	48 030 613	1 602 001	49 632 614	49 632 614
0	0	0	0	9 892	577 095	1 120 635	433 196	1 553 831	1 553 831
0	0	0	0	2 262 346	36 991 402	72 554 821	73 782 008	146 336 829	146 336 829
0	0	0	0	4 356	441 157	3 287 202	6 533 891	9 821 093	9 821 093
0	0	0	0	63 827	9 782 422	12 796 449	8 162 657	20 959 106	20 959 106
0	0	0	0	0	0	0	0	0	0
4 681	6 879 026	30 362	686 656	0	1 052 997	197 250 757	285 620 681	218 070 667	503 691 347
418 912	70 359 258	2 063 218	4 104 900	0	109 217 089	2 461 253 910	4 691 888 188	6 433 162 776	11 125 050 964
596 059	149 476 440	6 215 597	11 450 217	0	287 131 051	5 728 067 252	15 752 329 494	10 888 995 376	26 641 324 870
1 274 715	116 862 710	3 118 345	3 892 036	0	162 424 820	4 768 956 583	8 566 416 203		
1 870 774	266 339 150	9 333 942	15 342 253	0	449 555 871	10 497 023 835	24 318 745 697		

附表 5 中国 **2018** 年文化卫星账户供给表

单位：万元

产业部门	文化产业							
	文化核心产业						文化相关产业	
	新闻信息服务	内容创作生产	创意设计服务	文化传播渠道	文化投资运营	文化娱乐休闲服务	文化辅助生产和中介服务	文化装备生产
造纸、印刷及相关制品	33 461 202	53 795 317	44 271 744	30 629 869	2 316 545	13 899 268	40 668 230	10 810 542
文教、工美、体育和娱乐用品	18 183 950	29 234 197	24 058 765	16 645 308	1 258 889	7 553 333	22 100 493	5 874 815
文化、体育和娱乐	21 227 973	34 128 049	28 086 241	19 431 760	1 469 629	8 817 773	25 800 152	6 858 268
其他产品	5 164 634	8 303 142	6 833 208	4 727 627	357 552	2 145 310	6 277 017	1 668 574
总产出合计（基本价格）	78 037 759	125 460 704	103 249 958	71 434 564	5 402 614	32 415 684	94 845 891	25 212 199

产业部门	文化产业	国民经济其他产业	产业部门合计	进口	生产者价格总供给	增值税	商业和运输费	购买者价格总供给
	文化相关产业							
	文化消费终端生产							
造纸、印刷及相关制品	27 541 143	5 498 737	262 892 596	17 645 407	280 538 002	6 581 764	56 618 272	343 738 038

续表

产业部门	文化产业 / 文化相关产业 / 文化消费终端生产	国民经济其他产业	产业部门合计	进口	生产者价格总供给	增值税	商业和运输费	购买者价格总供给
文教、工美、体育和娱乐用品	14 966 790	5 288 268	145 164 807	5 115 547	150 280 355	−2872122	20 359 379	167 767 612
文化、体育和娱乐	17 472 255	1 258 242	164 550 341	25 627 595	190 177 936	2 122 294	0	192 300 229
其他产品	4 250 891	23 689 211 095	23 728 939 049	1 672 869 227	25 401 808 277	612 688 364	−76 977 651	25 937 518 991
总产出合计（基本价格）	64 231 078	23 701 256 342	24 301 546 793	1 721 257 776	26 022 804 570	618 520 300	0	26 641 324 870

附表 6 中国 **2018** 年

产业部门	中间					
	文化核心产业					
	新闻信息服务	内容创作生产	创意设计服务	文化传播渠道	文化投资运营	文化娱乐休闲服务
造纸、印刷及相关制品	15 279 017	24 563 959	20 215 315	13 986 177	1 057 778	6 346 669
文教、工美、体育和娱乐用品	1 952 055	3 138 304	2 582 719	1 786 882	135 142	810 854
文化、体育和娱乐	1 382 769	2 223 068	1 829 510	1 265 766	95 730	574 381
其他产品	37 152 049	59 729 064	49 155 019	34 008 414	2 572 065	15 432 390
中间投入合计	55 765 891	89 654 394	73 782 564	51 047 239	3 860 716	23 164 293
劳动者报酬	12 975 968	20 861 363	17 168 203	11 878 001	898 336	5 390 017
生产税净额	1 039 063	1 670 494	1 374 761	951 143	71 935	431 611
固定资产折旧	3 098 165	4 980 897	4 099 111	2 836 013	214 488	1 286 930
营业盈余	5 158 671	8 293 556	6 825 319	4 722 168	357 139	2 142 833
增加值小计	22 271 868	35 806 310	29 467 394	20 387 325	1 541 899	9 251 391
总投入	78 037 759	125 460 704	103 249 958	71 434 564	5 402 614	32 415 684

文化卫星账户使用表

单位：万元

使用						
文化相关产业			国民经济其他产业	中间使用	最终使用合计	购买者价格总使用
文化辅助生产和中介服务	文化装备生产	文化消费终端生产				
18 569 883	4 936 298	12 575 807	209 342 572	326 873 474	16 864 563	343 738 038
2 372 498	630 664	1 606 692	54 892 302	69 908 113	97 859 499	167 767 612
1 680 597	446 741	1 138 126	48 038 151	58 674 838	133 625 392	192 300 229
45 154 029	12 002 970	30 578 994	14 993 169 553	15 278 954 546	10 658 564 445	25 937 518 991
67 777 006	18 016 673	45 899 618	15 305 442 578	15 734 410 971	10 906 913 899	26 641 324 870
15 770 791	4 192 236	10 680 219	4 650 459 272	4 750 274 407		
1 262 862	335 697	855 229	301 762 055	309 754 851		
3 765 462	1 000 946	2 550 028	1 313 150 671	1 336 982 712		
6 269 770	1 666 648	4 245 983	2 130 441 765	2 170 123 852		
27 068 885	7 195 526	18 331 460	8 395 813 764	8 567 135 822		
94 845 891	25 212 199	64 231 078	23 701 256 342	24 301 546 793		

索引